권력의 법칙

The 48 Laws of Power
by Robert Greene

권력의 법칙

THE 48 LAWS OF
POWER

ROBERT GREENE

로버트 그린 지음 | 안진환 · 이수경 옮김

웅진 지식하우스

PART 2
권력 획득의 법칙

PART 3
권력 유지의 법칙

PART 4
권력 행사의 법칙

지난 3천 년간 변하지 않은
권력 세계를 지배하는 법칙

이 지속적인 이중성의 게임은 흉계가 넘치던 옛 귀족들의 궁정세계에 존재하던 권력 역학과 매우 흡사하다. 어느 역사를 보든 궁정이라는 곳은 언제나 권력을 지닌 인물, 즉 왕이나 여왕, 황제, 리더 주위에 형성되었다. 궁정을 가득 채우고 있던 궁정신하들은 특히 미묘한 입장에 처하지 않을 수 없었다. 그들은 주군을 섬겨야 했지만, 너무 드러나게 비위를 맞추거나 아첨하는 듯이 보이면 주변 궁정신하들의 반감을 사곤 했다. 따라서 교묘한 방법으로 주군의 환심을 사야 했다. 그리고 그런 교묘한 처신에 능했던 궁정신하들조차도 여전히 동료들로부터 자신을 보호해야 했다. 동료들 역시 언제나 총애를 받는 신하를 밀어내기 위한 책략에 몰두해 있었기 때문이다.

한편 궁정은 가장 높은 수준의 교양과 품위를 대표하는 곳이었다. 폭력적으로 권력을 행사하거나 너무 공공연한 방법을 동원하면 은근한 멸시의 대상이 되었다. 궁정 사람들은 힘을 사용하는 동료를 조용하고도 은밀하게 적대시했다. 이것이 궁정신하의 딜레마였다. 우아함의 전형으로 보이는 동시에 가장 교묘한 방법으로 상대의 의표를 찌르고 훼방을 놓아야 했던 것이다. 그래서 성공적인 궁정신하는 언제든 간접적으로 움직이는 법을 배웠다. 설령 상대의 등을 찌르더라도, 손에 벨벳 장갑을 끼고 얼굴에는 더없이 온화한 웃음을 흘리며 그렇게 했다. 완벽한 궁정신하는 강압이나 노골적인 배반 행위를 이용하는 대신, 유혹이나 매혹, 기만, 교묘한 전략 등을 통해 자신의 뜻을 이루었으며 늘 몇 수 앞을 계획하고 행동했다. 궁정 생활은 지속적인 경계와 전술적 사고를 요하는, 결코 끝이 없는 게임이었다. 문명화된 전쟁이었던 셈이다.

오늘날 우리는 궁정신하의 그것과 흡사한 역설에 직면해 있다. 모든 것이 교양 있고 품위 있으며 민주적이고 공정해 보여야 한다. 그러나 만약 너무 엄격하게 그 규칙들에 준거해서 움직이면, 다시 말해서 규칙들을 문자 그대로 받아들이면, 그렇게 멍청하지 않은 주변 사람들에게 짓밟히게 된다. 르네상스 시대의 위대한 외교관이자 궁정신하였던 니콜로 마키아벨리(Niccolò Machiavelli)는 이렇게 썼다. "항상 선하게 살려는 사람은 선하지 않은 수많은 사람들 사이에서 파멸에 이를 수밖에 없다." 궁정은 세련된 품위의 정점으로 간주되었다. 그러나 그 화려한 표면 밑에서는 탐욕과 질투, 욕정, 증오 등 어두운 감정들의 가마솥이 부글부글 끓었다. 오늘날 우리의 세계도 이와 유사하게 공정성의 정점으로 간주되고 있다. 그러나 역시 똑같은 추한 감정들이 전과 다름없이 우리 내부를 휘젓고 있다. 게임은 변하지 않았다. 겉으로는 고상한 것들을 존중하는 듯 보여야 하며, 바보가 아니라면 속으로는 빠르게 계산할 줄 알아야 한다. 나폴레옹의 충고대로, 강철 손 위에 벨벳 장갑을 끼는 법을 서둘러 배워야 한다. 당신 역시 옛날의 궁정신하들처럼 간접적으로 움직이는 기술을 익힌다면, 상대를 유혹하고 기만하고 교묘한 술책으로 물리치는 법을 배운다면, 권력의 정점에 오를 수 있을 것이다. 사람들을 당신 의지에 따라 움직이게 만들면서도 당신이 무슨 일을 했는지는 모르게 할 수 있을 것이다. 당신이 무슨 일을 했는지 모른다면, 그들이 당신에게 원한을 품거나 저항할 일도 없을 것이다.

아무리 간접적이라 해도 의식적으로 권력 게임을 벌인다는 개념은 어

의심할 여지없이 궁정은 예절과 품위가 중요하게 지켜지는 곳이다. 만일 그렇지 않다면 그곳은 살육과 파괴로 가득할 것이다. 지금 미소 짓고 포용하는 자들도, 예절만 아니라면, 서로를 모욕하고 칼로 찔러 죽일 것이다.
– 체스터필드 경(Lord Chesterfield, 1694~1773)

떤 사람들에게는 사악하고 반사회적인 과거의 유물로 보인다. 그들은 권력과는 아무런 관계가 없는 방식으로 처신함으로써 그런 게임에서 벗어날 수 있다고 말한다. 그러나 당신은 이런 사람들을 조심해야 한다. 겉으로는 그렇게 말하지만 실제로는 권력 게임에 정통한 최고수들인 경우가 많기 때문이다. 그들이 그런 전략을 구사하는 이유는 당연히 자기들이 뒤에서 조종하고 있다는 사실을 교묘하게 위장하기 위해서다. 예를 들면 이런 유형의 사람들은 종종 자신이 약하고 권력이 없다는 점을 일종의 도덕적 덕목으로 내세운다. 그러나 진정으로 권력이 없는 사람들은, 자신의 이익과 관련된 모종의 동기가 있다면 몰라도 그저 동정이나 존경을 얻기 위해 자신이 약하다는 사실을 떠벌리지는 않는 법이다. 자신이 약하다는 점을 공개적으로 드러내는 것은 사실은 권력 게임에서 매우 효과적인 전략, 교묘하면서도 기만적인 전략인 것이다(전략적 후퇴에 대해 논하는 제39법칙을 참고하라).

권력 게임에 관심이 없는 척하는 사람들의 또 다른 전략은 삶의 모든 영역에서 평등을 요구하는 것이다. 지위나 힘에 관계없이 모든 사람이 똑같은 대접을 받아야 한다고 말이다. 그러나 권력의 폐해를 피하기 위해 모든 사람을 평등하고 공정하게 대하려 해도, 몇몇 사람들이 다른 사람들보다 어떤 일을 잘한다는 문제까지 외면할 수는 없을 것이다. 모든 사람을 똑같이 대하는 것은 차이를 무시하고, 상대적으로 열등한 사람은 치켜세우며 뛰어난 사람은 억누르는 것을 의미한다. 이런 방식을 고수하는 사람들 중 상당수 역시 사실은 또 다른 권력 전략을 구사하고 있는 것이며, 자신들의 방식에 따라 보상을 재분배하려는 것이다.

권력 게임을 피하는 또 하나의 방법은 완벽한 정직성과 솔직성을 표방하는 것이 될 수도 있다. 권력을 추구하는 사람들의 주요 기법 중 하나가 기만과 비밀주의이기 때문이다. 그러나 완벽한 정직성을 추구하다 보면 많은 사람들에게 상처를 주고 모욕을 줄 수밖에 없다. 그들 중 일부는 앙갚음을 계획할 것이다. 또한 그 어느 누구도 당신의 정직하고 솔직한 발언을 완벽하게 객관적이며 전혀 사심이 없는 것으로 받아들이지 않을 것이다. 사람들의 그런 태도는 결국 합리적인 것이다. 정직성을 이용하는

> 양들이 사나운 날짐승을 싫어하는 것은 전혀 이상하지 않다. 그러나 양이 맹금을 싫어한다고 해서 양을 잡아가는 맹금을 비난할 수는 없는 법이다. 양들은 자기들끼리 속삭인다. "맹금은 나쁜 동물이야. 그러니까 맹금과 반대되는 것은 뭐든지 다 좋다고 말할 수 있는 거 아냐." 양들의 이런 말에 본질적으로 잘못된 것은 없다. 하지만 맹금은 어리둥절한 표정을 지으며 말할 것이다. "우리는 착한 양들에게 전혀 나쁜 감정이 없어. 사실 우린 그들을 사랑해. 부드러운 양고기보다 더 맛있는 건 없으니까."
> – 프리드리히 니체(Friedrich Nietzsche, 1844~1900)

것 역시 권력 전략 가운데 하나로서, 사람들에게 자신이 고상하고 선량하며 이기심 없는 인물이라는 확신을 주려는 것이기 때문이다. 이는 설득의 한 형태이자, 심지어 교묘한 형태의 강요라고 할 수 있다.

마지막으로, 권력 게임에 관심이 없다고 주장하는 사람들은 순진한 척 가장하는 것일 수도 있다. 권력을 추구한다는 비난으로부터 자신을 보호하기 위해서 말이다. 이 역시 경계의 대상으로 삼아야 한다. 순진한 외양이 기만의 효과적인 수단이 될 수도 있기 때문이다. 또한 진정한 순진함조차도 권력의 덫에서 자유롭지 못하다. 권력과 결코 무관할 수 없다는 의미다. 아이들은 많은 면에서 순진할지 모르지만, 주변 사람들에 대한 통제력을 얻으려는 원초적 욕구에 따라 행동하는 경우도 많다. 아이들은 어른들의 세계에서 무력감을 느끼며, 그로 인해 적잖은 고통을 받는다. 그래서 자신이 원하는 바를 이루기 위해서라면 어떤 수단이든 이용하려고 한다. 진정으로 순수한 사람들 역시 권력 게임에 임하기도 하며, 종종 오싹하도록 효과적으로 게임을 수행하기도 한다. 그들은 대개 반성이나 숙고에 방해받지 않기 때문이다. 다시 말하지만, 순수를 내세우거나 드러내는 사람은 가장 순수하지 않은 사람이다.

이렇게 짐짓 권력에 무관심한 체하는 사람들은 자신들의 도덕적 자질과 경건한 언동, 예민한 정의감 등을 과시하게 마련인데, 우리는 그런 모습에서 그들의 실체를 파악할 수 있다. 우리 모두는 권력에 굶주려 있고, 또 우리의 거의 모든 행동은 권력을 얻으려는 목적에 맞춰져 있다. 결국 무관심을 가장하는 사람들은 우리 눈에 먼지를 뿌리는 것뿐이며, 도덕적 우월성이라는 연막으로 자신들의 권력 게임을 가리려 하는 것뿐이다. 그들을 자세히 관찰해보면, 사실 그들이야말로 간접적인 조종에 가장 능란한 사람들이라는 것을 알 수 있다. 설령 그들 가운데 일부는 무의식적으로 그렇게 한다고 해도 말이다. 그럼에도 그들은 자신들의 일상적인 전술을 공개적으로 거론하는 것에 대해서는 크게 분개한다.

세상이 흉계가 난무하는 거대한 궁정과 같고 우리가 그 안에 갇혀 있는 것이라면, 권력 게임에서 벗어나려는 시도는 아무런 소용이 없는 일이다. 그러면 공연히 권력만 잃게 될 뿐이고, 권력을 잃게 되면 비참해지게 마련이다. 불가피한 것에 맞서 싸우는 대신에, 논쟁을 하고 푸념을 늘어놓고 죄책감을 느끼는 대신에 그 게임을 남보다 잘하는 것이 훨씬 낫다. 사실 권력을 잘 다루면 다룰수록, 당신은 더 나은 친구, 더 나은 연인, 더 나은 남편, 더 나은 아내, 더 나은 인간이 될 수 있다. 완벽한 궁정 신하의 길을 따르면(제28법칙을 보라), 당신은 다른 사람들로 하여금 스스로에 대해 더 좋은 느낌을 갖도록 만들고, 그들이 느끼는 기쁨의 원천이 될 수 있다. 사람들은 점점 당신의 능력에 의존하게 될 것이고, 당신의 존재를 바람직하게 여기게 될 것이다. 이 책에서 소개하는 48가지 법칙에 숙달하게 되면, 당신은 다른 사람들이 권력을 서투르게 다루다가(즉 불의 속성도 모르면서 불을 다루다가) 겪는 고통까지 덜어줄 수 있다. 권력 게임이 불가피하다면, 그것을 거부하거나 서투르게 다루는 것보다는 게임의 달인이 되는 것이 낫지 않겠는가.

권력 게임을 배우는 일은 세상을 보는 특정한 방식을 요한다. 관점의 변화를 요구한다는 뜻이다. 이는 노력은 물론이고 수년간의 연습이 필요한 일이다. 권력 게임에 필요한 많은 부분들이 천성적으로 타고나는 것이 아니기 때문이다. 먼저 몇몇 기본 기술을 익혀야 하는데, 일단 그것들만 정복하고 나면 당신은 권력의 법칙들을 보다 쉽게 적용할 수 있게 될 것이다.

이 기본 기술들 가운데 가장 중요한 것이자 권력의 결정적인 토대가 되는 것은 감정 통제 능력이다. 상황에 대한 감정적 대응은 권력의 가장 큰 장애인 동시에, 감정 표출로 얻는 순간적인 만족보다 훨씬 더 대가를 치르게 하는 크나큰 실수다. 감정은 이성을 흐리게 한다. 상황을 명확하게 보지 못하면 통제력을 가지고 상황에 대처할 수도, 대응할 수도 없게 된다.

분노는 감정적 대응 가운데서도 가장 파괴적이다. 시야를 흐리게 만들기 때문이다. 분노는 또한 잔물결 효과를 일으켜 상황을 더욱 통제할 수 없게 만들고 적으로 하여금 결의를 다지게 만든다. 만일 당신에게 해를 입힌 적을 파괴하고자 한다면, 분노를 표하는 것보다는 친교를 가장함으

궁수가 쏜 화살은 한 사람을 죽일 수도, 죽이지 못할 수도 있다. 그러나 지혜로운 자가 세운 전략은 뱃속의 아기도 죽일 수 있다.
– 카우틸라(Kautilya, 고대 인도의 사상가, 기원전 3세기)

로써 상대의 경계를 풀어놓는 것이 훨씬 낫다.

사랑과 애정 역시 잠재적 파괴성을 지닌다. 그런 감정을 느끼는 대상에 대해 권력 게임을 할 것이라고는 전혀 의심하지 않게 되며, 결과적으로 그들의 사리사욕을 보지 못하는 경우가 많기 때문이다. 분노나 사랑은 억제할 수도 없고, 회피할 수도 없다. 또 억제하거나 회피하려고 해서도 안 된다. 다만 그것을 표현하는 방법에 주의를 기울여야 한다. 가장 중요한 것은 그런 감정이 어떤 식으로든 당신의 계획이나 전략에 영향을 끼치게 하지 말아야 한다는 것이다.

감정 통제는 현재와 거리를 두면서 과거와 미래에 대해 객관적으로 생각하는 능력과 관계가 깊다. 두 개의 얼굴을 가진 로마의 신 야누스(모든 문과 출입구의 수호신)처럼, 당신은 동시에 양쪽 방향을 다 볼 수 있어야 한다. 그래야 어느 방향에서 오는 위험이든 즉각 대처할 수 있기 때문이다. 당신 자신을 위해서 창조해야 하는 얼굴은 바로 그렇게 한쪽은 항상 미래를 바라보고 다른 쪽은 늘 과거를 바라보는 양면의 얼굴이어야 한다.

미래에 대해서는 "단 하루도 방심하지 않는다"를 모토로 삼아야 한다. 그 어떤 것에도 놀라는 일이 있어서는 안 된다. 어떤 문제든 늘 예상하고 있어야 한다는 뜻이다. 막연히 계획의 해피엔딩을 꿈꾸며 시간을 보내는 대신에, 발생 가능한 여러 경우의 수들과 함정을 계산하고 따져봐야 한다. 더 멀리 볼수록, 더 많은 수를 내다보고 계획을 짤수록, 당신은 더 강력해진다.

야누스의 또 다른 얼굴은 지속적으로 과거를 바라본다. 그렇지만 과거의 상처를 기억하거나 원한을 되새기기 위해서가 아니다. 그런 식으로 과거에 의존하는 것은 자신의 권력에 재갈을 물리는 꼴이 될 뿐이다. 게임의 반은 당신을 갉아먹고 당신의 이성을 흐리게 하는 과거의 사건들에 대해 잊는 법을 배우는 것이다. 뒤쪽을 바라보는 눈의 진정한 목적은 쉼 없이 스스로를 교육하기 위해서다. 결국 앞서 산 사람들로부터 교훈을 얻기 위해 과거를 봐야 한다는 의미다(이 책에 소개한 많은 역사적 사례들이 큰 도움을 제공할 것이다). 과거를 보고 나서는 가까운 곳으로 눈을 돌려야 한다. 당신 자신의 행동과 친구들의 행동을 보기 위해서 말이다. 그렇게 함으로써 당신은 가장 생생한 교훈을 얻을 수 있다. 개인적 경험을 토대로 배우기 때문이다.

먼저 당신이 과거에 저지른 실수들, 특히 당신이 가장 참담하게 기억하는 실수들을 검토하는 것에서 시작하라. 이 책의 48법칙에 비추어 그것들을 분석하고, 거기서 교훈을 도출한 다음 맹세를 하라. "다시는 그런 실수를 되풀이하지 않으리라. 다시는 그런 함정에 빠지지 않으리라." 이런 식으로 스스로를 평가하고 그에 준해 행동을 유지할 수 있다면, 당신은 과거의 패턴들을 깨뜨리는 방법을 배울 수 있다. 이는 엄청나게 귀중한 기술이다.

권력은 외양을 가지고 게임하는 능력을 요구한다. 이를 위해서 당신은 많은 가면을 활용하고 기만 전략이 가득한 가방을 들고 다녀야 한다. 기만과 가장을 추하고 비윤리적인 것이라고 여겨서는 안 된다. 모든 인간관계에는 다양한 차원에서 기만이 필요하고, 어떤 면에서 보면 인간과 동물을 구별해주는 것은 거짓말하고 속이는 능력이다. 그리스 신화, 고대 인도의 서사시 마하바라타, 고대 중동의 길가메시 서사시를 보면 기만적인 기술을 사용하는 것은 신들의 특권이다. 예를 들어, 영웅 오디세우스는 신들의 교활함에 맞서고 신들의 지혜와 기만술에 필적하는 능력, 그들의 권력 일부를 훔치는 능력으로 인해 평가받았다. 기만은 문명세계에서 사용되는 고도의 기술이며 권력 게임에서 가장 강력한 무기가 될 수 있는 수단이다.

당신 스스로 자신에 대해 약간 거리를 두지 않으면 기만 전략에서 성공할 수 없다. 여러 개의 얼굴을 가지고 있다가 그날, 그 순간에 필요한 가면을 꺼내 써야 한다는 뜻이다. 당신 자신을 포함하여 모든 겉모습에 대해 그러한 유연한 접근 태도를 취하면, 당신은 내면적인 부담에서 상당 부분 벗어날 수 있다. 배우와 같은 변화무쌍한 얼굴을 만들고, 진짜 의도를 감추고, 상대를 덫으로 유혹하는 기술을 연마하라. 외양을 가지고 게임하며 기만술에 통달하는 것은 삶이 주는 미학적 즐거움 중의 하나다. 또한 그것은 권력을 손에 넣기 위한 핵심적인 수단이기도 하다.

기만이 가장 강력한 무기라면 인내는 당신이 꼭 갖춰야 하는 방패다.

원칙은 없고 사건만이 존재할 뿐이다. 선악은 없고 상황만 있을 뿐이다. 뛰어난 사람은 사건과 상황을 토대로 그것들을 이끌어 나간다. 만일 원칙과 정해진 법이 있다면, 국가는 우리가 옷을 갈아입듯이 그것들을 바꾸지 않을 것이며, 결과적으로 한 개인이 국가보다 현명해지는 일은 기대하기 힘들 것이다.
– 오노레 드 발자크
(Honoré de Balzac, 1799~1850)

인내는 바보 같은 실수를 저지르는 것을 막아준다. 감정 통제와 마찬가지로 인내 역시 하나의 기술이다. 저절로 생기는 것이 아니라 노력하여 익혀야 한다는 얘기다. 권력의 세계에서 저절로 타고나는 것은 아무것도 없다. 권력은 자연세계의 그 무엇보다도 신과 유사한 속성을 지닌다. 그리고 인내는 무한한 시간을 가진 신들의 최고 덕목이다. 천천히 시간을 두고 미래로 향하는 몇 가지 단계만 내다보면, 초목은 다시 푸르게 우거지고 모든 좋은 일은 일어나게 되어 있다. 반면 성급함은 나약한 인간이라는 인상을 만들어낸다. 그것은 권력으로 향하는 길을 가로막는 중대한 장애물이다.

권력은 근본적으로 도덕과 관계가 없다. 권력을 얻기 위한 가장 중요한 기술 가운데 하나는 선악을 판단하는 것이 아니라 상황을 보는 능력이다. 거듭 강조하건대, 권력은 게임이다. 그리고 그 게임에서 당신은 의도가 아니라 행동의 결과로 상대를 판단해야 한다. 당신이 보고 느끼는 것들을 가지고 상대의 전략과 힘을 측정해야 한다. 의도를 부각시켜서 남들의 눈을 흐리고 속이는 경우가 얼마나 많은가! 상대(친구든 적이든)의 행동이 엄청난 파멸과 혼란을 초래했다면, 그들이 애초에 좋은 의도를 가졌다거나 당신의 이익을 염두에 두었다고 한들 무슨 소용이 있는가? 선의를 가지고 그랬다면서 온갖 종류의 합리화로 자신의 실수나 행동을 덮으려고 하는 것은 인간의 본성이다. 그러한 변명을 들을 때마다 속으로 조용히 비웃어라. 실상은 힘을 얻으려는 수단일 뿐인 그들의 도덕적인 변명을 그대로 믿고 그들의 의도와 행동을 판단해서는 안 된다.

권력은 게임이다. 상대는 당신의 맞은편에 앉아 있다. 두 사람 모두 신사처럼 점잖게 행동한다. 게임의 규칙을 지키고 사사로운 감정을 개입시키지 말아야 한다. 당신의 전략을 구사하되 최대한 침착하게 상대의 움직임을 관찰하라. 결국 상대의 좋은 의도가 아니라 상대가 점잖고 품위 있게 게임을 하는지 여부가 더 중요해질 것이다. 상대의 행동이 가져오는 결과와 외면적인 상황을 보는 눈을 길러라. 그 밖의 다른 요소들에 휘둘리지 말라.

권력의 절반은 당신이 하지 '않는' 일, 당신이 끌려들지 '않는' 일에 의해 결정된다. 이를 염두에 두고 당신은 치러야 하는 대가를 기준으로 상황과 사물을 판단하는 능력을 키워야 한다. 니체는 이렇게 말했다. "때때로 어떤 것의 가치는 그것을 통해 무엇을 얻느냐가 아니라 그것을 위해 어떤 대가를 치러야 하는가에 달려 있다." 당신은 가치 있는 모종의 목표를 달성할 수도 있다. 하지만 그것을 위해 치를 대가가 무엇인지 생각해보라. 이 기준은 모든 것에 적용할 수 있다. 예컨대, 다른 사람들과 협동해야 하거나 타인을 도와야 하는지 생각해보라. 결국 인생은 짧고 기회는 많지 않다. 당신이 쓸 수 있는 에너지 역시 한정되어 있다. 이런 의미에서 시간은 그 무엇보다도 중요한 요소다. 타인의 일에 귀중한 시간이나 정신적인 평정과 에너지를 낭비하지 말라. 그것은 너무나 커다란 대가다.

권력은 사회적인 게임이다. 이 게임의 기술에 능하려면 사람을 이해하고 연구하는 능력을 길러야 한다. 17세기의 훌륭한 사상가이자 궁정고문인 발타사르 그라시안(Baltasar Gracián)은 이렇게 썼다. "많은 사람들이 동물과 식물의 속성을 연구하는 데 시간을 투자한다. 우리의 삶과 죽음을 함께 할 사람들의 속성을 연구하는 것은 얼마나 더 중요하겠는가!" 권력 게임에서 능숙한 플레이어가 되기 위해서는 인간 심리를 꿰뚫어야 한다. 상대의 동기를 간파하고, 사람들의 행동을 둘러싼 뿌연 연막을 꿰뚫고 그 너머를 봐야 한다. 감춰진 동기를 알아내는 것은 권력을 얻기 위한 가장 핵심적인 열쇠다. 일단 그것을 간파하면 당신 앞에는 기만과 유혹과 조작을 위한 무궁무진한 가능성의 길이 열린다.

인간은 끝도 없이 복잡한 존재다. 평생을 관찰해도 완벽하게 이해하기란 불가능하다. 따라서 당신은 지금 당장 훈련을 시작해야 한다. 또한 그 과정에서 한 가지 원칙을 꼭 기억해야 한다. 누구를 연구하고 누구를 신뢰할 것인지 구별해놓지 말라. 어느 누구도 완전히 믿지는 말고 모든 사람을 면밀히 연구하라. 여기에는 친구나 사랑하는 이도 예외가 될 수 없다.

마지막으로, 항상 간접적인 길을 통해 권력에 이르는 방법을 배워야 한다. 당신의 교활함을 현명하게 위장하라. 다른 곳에 몇 번 맞고 되튄 다음 최종적으로 목표 공을 맞히는 당구공처럼, 가장 우회적인 방법으로 모든 움직임을 계획하고 실행해야 한다. 간접적으로 움직이는 방법을 익히면, 완벽한 전략가이자 조종자의 모습을 점잖은 신사의 외양 뒤에 감춘 채 현대의 궁정 안에서 성공을 거둘 수 있다.

이 책을 일종의 우회적인 기술에 대한 안내서로 생각하라. 이 책에 소개한 법칙들은 권력 게임을 연구하고 훌륭하게 활용한 사람들에 관한 많은 글에 기초를 두고 있다. 이 글들이 쓰인 시기는 3천 년 이상에 걸쳐 있으며, 그 가운데는 고대 중국이나 르네상스 시대 이탈리아 등 다양한 사회에서 나온 것들이 포함되어 있다. 그러나 모두 공통된 주제와 교훈을 담고 있으며, 아직 그 누구도 명확히 규정한 적이 없는 권력의 본질에 대해 우리에게 많은 것을 알려준다. 이 책은 역사 속의 가장 뛰어난 전략가(손자, 클라우제비츠), 정치가(비스마르크, 탈레랑), 궁정신하(카스틸리오네, 그라시안), 유혹의 고수(니농 드 랑클로, 카사노바), 사기꾼('옐로 키드' 베일) 등에 관한 글들 가운데 정수를 뽑아 그것을 토대로 엮은 것이다.

이 법칙들은 간단한 전제를 기초로 한다. 어떤 행동은 거의 항상 권력을 강화하지만(법칙 준수), 어떤 행동은 권력을 약화시키고 심지어는 파멸로 이끈다(법칙 위반)는 점이다. 이러한 법칙 위반과 준수를 역사적인 사례를 통해 살펴볼 것이다. 이 법칙들은 시대를 초월한 보편성을 지닌다.

이 책은 여러 가지 방식으로 활용할 수 있다. 처음부터 끝까지 통독하면 권력의 전반적인 특성에 대해 알 수 있다. 몇몇 법칙은 당신의 삶과 직접적인 연관성이 없어 보일 수도 있지만, 시간이 지나면 모든 법칙이 가치 있으며 서로 관련되어 있다는 것을 깨닫게 될 것이다. 권력이라는 주제에 대해 전체적으로 조망하고 나면, 당신 자신의 과거를 평가하고 지금 당면한 문제들에 대해 더 큰 통제력을 얻을 수 있을 것이다. 이 책을 제대로 독파하고 나면 읽고 한참 시간이 흐른 후에도 사고와 재평가를 위한 영감이 떠오를 것이다.

또한 이 책은 아무 데나 마음 내키는 대로 읽거나, 특정한 시점에 당신에게 필요해 보이는 법칙만 먼저 골라 읽어도 무방하도록 구성되어 있다. 예를 들어 당신이 상사와 문제를 겪고 있으며, 아무리 노력해도 왜 인정받거나 승진하지 못하는지 모르겠다고 치자. 이 책에 나오는 몇 가지 법칙들은 윗사람과 아랫사람의 관계를 다루고 있으므로, 그 부분을 읽어보면 당신은 거의 틀림없이 그 법칙 가운데 하나를 위반하고 있음을 알게 될 것이다.

마지막으로, 책을 죽 훑어보면서 권력의 선배들이 저지른 실수와 그들의 성공담 가운데 재미삼아 흥미로운 부분만 골라 읽을 수도 있다. 그러나 이런 목적으로 이 책을 읽는 사람에게는 경고를 해주고 싶다. 잠시 그런 시도를 했더라도 다시 원래 자리로 돌아오라. 권력은 그 자체로 무한히 유혹적이며 기만적인 특성을 지닌다. 권력은 복잡하게 뒤얽힌 미로와 같다. 그 미로 안의 수많은 문제들을 푸는 데 열중하다 보면, 당신은 자신도 모르는 사이에 즐거운 쾌감을 느끼며 몰두했었다는 사실을 깨닫게 된다. 다시 말해, 권력을 진지하게 받아들일 때 그것은 가장 매력적이고 즐거운 것이 된다. 그러한 중요한 문제 앞에서 경박한 사람이 되지 말라. 권력의 신들은 경박한 자들을 향해 얼굴을 찌푸린다. 그들은 권력을 연구하고 숙고하는 자에게 궁극적인 기쁨과 만족을 주며, 재미삼아 겉만 핥는 자에게는 벌을 내릴 것이다.

> 항상 선하려고 애쓰는 자는 선하지 않은 많은 사람들 틈에서 반드시 파멸하게 되어 있다. 그러므로 권력을 지키고자 하는 군주는 선하지 않게 되는 법을 배워야 하며, 그렇게 배운 바를 필요에 따라서 이용하거나 이용하지 말아야 한다.
>
> ─ 《군주론》, 니콜로 마키아벨리(1469~1527)

PART 1

———————— 권력의 세계에 들어서려는 자는 그 본질부터 명확하게 파악해야 한다. 권력은 게임이다. 나를 중심으로 일어나는 모든 일에 통제력을 행사하는 것, 내가 원하는 대로 다른 사람을 움직이는 것이 바로 권력이다. 따라서 앞길을 가로막는 모든 것들을 물리치고, 조력자와 먹잇감을 구별해 그에 맞는 전략을 구사하겠다는 목표를 세우고 도덕이나 사회적 통념과는 거리를 두어야 한다. 이것이 권력 세계의 윤리다.

권력 게임에 필요한 재능은 타고나는 것이 아니다. 게다가 본능적인 감정 표출은 오히려 권력 게임에 장애가 되기 때문에, 감정이 시키는 대로 행동해서는 결코 권력의 세계에 가까이 가지 못한다. 권력자가 되기 위해선 중요한 기술들을 끊임없이 갈고 닦아야 하며 세련된 행동규칙을 익혀야 한다. 일단 그것들을 정복한 후에야 권력의 세계에 들어설 자격이 주어진다.

출발점은 권력이 당신의 본질이 아닌 외양을 가지고 하는 게임이라는 점을 아는 것이다. 상황에 맞게 자신을 재창조하라. 여러 개의 가면을 가지고 있다가 그날 그 순간에 맞게 바꿔 써야 한다는 뜻이다. 또한 표정뿐만 아니라 자신 안의 감정을 통제할 수 있어야 한다. 쉽게 분노하거나 즐거워하는 것은 전략적으로 비생산적이다. 상황을 냉철하게 보지 못하면 급변하는 상황을 통제할 수도, 대응할 수도 없게 된다.

이어지는 다섯 개의 장은 당신 자신을 재창조하고, 궁극적으로는 대중의 지지를 얻어 권력의 왕좌를 차지하는 일련의 과정을 담고 있다. 모든 사람들이 당신이 가리키는 방향을 보게 하고, 당신이 진짜 하려는 일을 눈치 채지 못하게 하는 전략들이다. 이 행동 지침을 가슴 깊이 새긴다면 당신이 하고자 하는 일은 절반 이상 달성된 셈이다.

권력의 원천

Law
01

자신을 재창조하라

...

자기 혁신

사회가 떠맡기는 역할을 그저 그냥 받아들이지 말라.
대중의 관심을 끄는 동시에 결코 그들을 지루하게 만들지 않을
새로운 아이덴티티를 창출함으로써 당신 자신을 재창조하라.
다른 사람들이 당신의 이미지를 정의 내리도록 놔두지 말고,
당신 스스로 이미지를 만드는 주체가 되어라.
사람들 앞에서 보이는 몸짓과 행동에 극적인 장치를 결합하라.
당신의 권력은 강화될 것이고,
됨됨이는 실제보다 더 대단해 보일 것이다.

법칙 준수 사례 1: 뛰어난 흥행사 황제, 카이사르

기원전 65년, 율리우스 카이사르(Julius Caesar)는 로마의 조영관으로 선출되면서 이름을 떨치기 시작했다. 조영관은 식량공급을 관리하고 축제와 각종 경기의 운영을 책임지는 관직이었다. 카이사르는 야생동물 사냥, 화려한 검투사 시합, 연극 콘테스트 등 여러 행사와 볼거리들을 적시에 개최하여 대중의 주목을 받았다. 몇몇 행사와 경기들은 자비를 들여 개최하기도 했다. 그래서 시민들은 카이사르의 이름을 들으면 화려하고 인기 많은 행사를 떠올렸다. 이러한 대중들의 인기는 그가 나중에 집정관이 될 때까지 권력의 토대가 되었다. 카이사르는 뛰어난 흥행사로서의 이미지를 구축했던 것이다.

기원전 49년, 두 경쟁자인 카이사르와 폼페이우스 사이에 갈등이 고조되어 내전의 분위기가 감돌았다. 어느 날 카이사르는 연극 공연을 관람한 뒤에 깊은 생각에 잠겨 천천히 어둠 속을 걷다가 루비콘 강가의 진지로 돌아갔다. 루비콘은 갈리아와 이탈리아를 경계 짓는 강이었고, 갈리아는 그가 이미 정복한 땅이었다. 군대를 이끌고 루비콘 강을 건너 이탈리아로 들어간다는 것은 폼페이우스와 전쟁을 하겠다는 의미였다.

카이사르는 참모들 앞에서 루비콘 강을 건널 것인가 말 것인가를 놓고 마치 무대 위의 배우처럼 독백을 했다. 그리고 강가에 나타난 키 큰 병사를 손으로 가리키며 말했다. 그 병사는 나팔을 불다가 잠시 후 루비콘 강의 다리를 건너갔다. "저것을 신이 보내는 신호로 생각하자. 적들에게 복수하기 위하여 그 신호를 따르자. 주사위는 이미 던져졌다." 카이사르는 손으로 루비콘 강을 가리키고 시선은 장군들에게로 향한 채 엄숙하고 극적인 어조로 말했다. 사실 장군들은 주저하고 있었다. 그러나 그의 웅변에 압도되어 마음을 바꾸었다. 평범하고 단조로운 연설이었다면 결코 그러한 효과를 내지 못했을 것이다. 장군들은 같은 대의를 향해 하나로 뭉쳤다. 카이사르는 군대를 이끌고 루비콘 강을 건넜고 이듬해 폼페이우스를 무찔렀다. 이후 카이사르는 로마의 독재자로 군림했다.

카이사르는 전쟁터에서 항상 힘 있고 의욕적인 모습을 보였다. 말 타는 솜씨는 그 어떤 병사에도 뒤지지 않았고, 용맹함과 인내력을 발휘해서 뛰어난 공적들을 이루곤 했다. 가장 힘센 말을 타고 전장에 나가 군대를 지휘하는 카이사르의 모습을 보면서 병사들은 그를 신과 같은 존재로 느꼈다. 카이사르는 병사들이 따라야 할 모델이 되었다. 로마에 있는 모든 군대들 중에서 카이사르의 군대가 가장 충성심이 강했다. 과거 그가 기획한 행사들에 열광했던 시민들처럼, 병사들은 그의 목표와 일체감을 느꼈다.

폼페이우스를 무찌르고 난 후 공연과 행사의 규모는 더욱 커졌다. 전차 경주는 더 화려해졌고 검투사 시합은 극적인 요소가 한층 강해졌다. 카이사르는 귀족들끼리 싸워 죽음까지 이르는 시합을 조직하기도 했다. 인공호수를 만들어 가상 해전을 벌이기도 했다. 로마 도처에서 연극이 공연되었고 타르페이아 바위가 있는 산에 커다란 극장이 새로 지어졌다. 사람들이 공연을 보기 위해 곳곳에서 모여드는 바람에 로마로 가는 길에는 수많은 천막이 세워졌다. 기원전 45년, 카이사르는 이집트에서 전투를 끝내고 로마로 돌아올 때 극적인 효과를 내기 위해 클레오파트라를 데리고 와서 시민들을 깜짝 놀라게 했다.

이것들은 단순히 대중을 즐겁게 해주기 위한 수단이 아니었다. 그로 인해 대중은 카이사르를 실제보다 훨씬 더 대단한 사람으로 생각하게 되었다. 카이사르는 대중적 이미지 관리에 능한 고수였다. 그는 대중 앞에 나설 때 가장 화려하고 멋진 자줏빛 옷을 입었다. 카이사르는 사람들한테 가장 인기 있고 주목받는 인물이었다. 카이사르는 외모에 대한 허영심이 강했다. 원로원이나 군중 앞에 나설 때는 항상 월계관을 썼는데, 이는 대머리를 가리기 위해서였다는 이야기도 있다. 또한 카이사르는 뛰어난 웅변가였다. 적게 말하면서 많은 것을 전달하는 법을 알았으며, 효과를 극대화하려면 언제 연설을 끝내야 할지 직감적으로 알았다. 대중 앞에 나설 때면 항상 깜짝 놀랄 만한 무언가를 계획했고, 극적 효과를 높이는 발언을 준비했다.

카이사르는 로마 시민들에게는 인기 있었지만 경쟁자들에게는 증오와 공포의 대상이었다. 기원전 44년 3월 15일 브루투스와 카시우스가 주도하는 일단의 음모자들이 원로원에서 그를 칼로 찔러 죽였다. 카이사르는 심지어 죽어가면서도 극적 효과를 잊지 않았다. 그는 옷을 끌어올려 얼굴을 덮고 옷의 아랫부분은 다리 위에 걸쳐 드리워지도록 하여, 천에 덮인 채 품위 있는 모습을 보이고자 했다. 로마의 역사가 수에토니우스(Suetonius)의 말에 따르면, 브루투스가 두 번째 칼을 찌르려고 하자 카이사르는 그리스어로 "브루투스, 너마저?"라는 마지막 말을 던졌다고 한다. 마치 연극 대사처럼 말이다.

해석 ——

로마에서 연극은 대중을 위한 행사였다. 사람들은 객석을 가득 채우고 앉아서, 희극을 보면 웃고 슬픈 비극을 보면 눈물을 흘렸다. 연극은 삶의 희로애락을 극적인 형태로 보여준다. 마치 종교적인 의식처럼 연극은 평범한 시민들에게 즉각적이고 강력한 영향을 미쳤다.

율리우스 카이사르는 권력과 연극 사이의 중요한 관계를 처음으로 간파한 정치인일 것이다. 이것은 그가 연극을 좋아했기 때문에 가능했다. 카이사르는 세계라는 무대에서 스스로 배우이자 연출자가 됨으로써 연극에 대한 애정을 또 다른 형태로 승화시켰다. 그는 대본을 읽듯이 말을 했으며 몸짓과 행동을 할 때는 자신의 모습이 청중에게 어떻게 비칠지 늘 의식했다. 이따금 대중을 깜짝 놀라게 하는 장치를 활용했고 연설에 극적 요소를 가미했다. 연설할 때는 몸짓과 손짓을 크게 하여 시민들이 의미를 쉽게 이해할 수 있게 했다. 그 덕분에 카이사르는 대단한 인기를 누렸다.

카이사르는 모든 리더와 권력자들이 이상으로 삼을 만한 인물이다. 당신도 놀랄 만한 요소, 긴장감, 정서적 공감, 대상과의 상징적 일체감 등의 극적인 장치를 이용해 영향력을 강화하는 법을 익혀야 한다. 아울러 카이사르처럼 항상 청중을 의식해야 한다. 그들이 무엇을 즐거워하고 무엇을 지루해하는지 알아야 한다는 뜻이다. 당신은 늘 무대의 중심에서 관심의 초점이 되어야 하며 그 자리를 다른 누구에게도 내주어서는 안 된다.

법칙 준수 사례 2: 남자로 다시 태어난 뒤드방

1831년 오로르 뒤팽 뒤드방(Aurore Dupin Dudevant)이라는 젊은 여인이 남편과 가족을 떠나 혼자 파리로 갔다. 작가를 꿈꾸는 그녀에게 결혼 생활은 감옥과도 같았다. 꿈을 이루기 위한 시간도 자유도 없었기 때문이다. 그녀는 글을 쓰면서 독립적인 삶을 살기로 했다.

하지만 뒤드방은 파리에 도착한 직후 냉혹한 현실에 직면했다. 자유를 누리며 살려면 돈이 있어야 했다. 여자에게 돈이 생기려면 결혼을 하거나 매춘을 하는 길밖에 없었다. 당시에 여자가 글을 써서 생계를 유지하기란 거의 불가능했다. 여자들은 취미로 글을 썼으며 대개 남편이나 상속 재산으로 재정적인 지원을 받았다. 뒤드방이 처음으로 자신의 글을 편집자에게 보여주었을 때 편집자는 이렇게 말했다. "소설을 쓰지 말고 아기나 만드시는 게 낫겠습니다."

뒤드방은 자신이 불가능한 것을 추구했다는 사실을 깨달았다. 그래서 다른 여자들이 한 번도 사용한 적이 없는 전략을 생각해냈다. 자기 자신을 완전히 재창조하여 새로운 대중적인 이미지를 만드는 전략이었다. 그 전까지 여성 작가들은 대부분 여성 독자들을 위해서 글을 쓰는 2류 예술가의 역할에만 머물렀다. 뒤드방은 게임의 법칙을 바꿔 자신이 남자 역할을 하기로 마음먹었다.

1832년에 한 출판업자가 뒤드방의 첫 번째 소설 《앵디아나(Indiana)》를 출간해주기로 동의했다. 그녀는 이 책을 '조르주 상드(George Sand)'라는 필명으로 발표했다. 사람들은 이 주목받는 신인 작가가 남자라고 생각했다. 뒤드방은 조르주 상드라는 필명을 쓰기 전에도 남자 옷을 즐겨 입곤 했었다(그녀는 남자 셔츠와 승마용 바지를 더 편하게 느꼈다). 유명해진 후에도 그러한 이미지를 더욱 강화했다. 남자용 긴 코트를 입고 회색 모자를 썼으며 묵직한 부츠에 세련된 넥타이까지 맸다. 시가를 피웠고, 사람들 사이에서도 짐짓 남자처럼 행동하면서 대화를 주도하거나 서슴지 않고 거친 표현을 사용했다.

사람들은 남성과 여성의 매력을 겸비한 이 작가에게 호기심을 느꼈다. 남성 예술가들은 상드를 자기들의 무리에 끼워주었다. 상드는 그들과 어울려 술을 마시고 담배를 피웠으며 뮈세, 리스트, 쇼팽 등 당대 최고의 예술가들과 연애를 했다. 언제나 먼저 구애를 한 것은 상드였으며 먼저 상대를 차버린 것도 상드였다.

상드의 남성 페르소나(외적인 인격)는 호기심 많은 대중으로부터 그녀를 보호해주는 방패였다. 그녀는 세상에 나가면 완전히 남자처럼 행동했지만, 혼자 있을 때는 원래의 모습으로 돌아갔다. 또한 그녀는 '조르주 상드'라는 페르소나가 진부하고 예측 가능한 캐릭터가 될 수 있음을 알았다. 그래서 이를 피하기 위해 이따금 자신의 이미지에 극적인 변화를 가했다. 유명한 예술가들과 연애를 하는 대신, 정치에 관여하고 시위를 주도하거나 학생운동을 부추겼다. 이제 그녀가 죽은 지 오래되었고 그녀의 소설을 읽는 이들도 많지 않지만, 그녀가 만들어낸 연극적인 캐릭터는 아직도 사람들의 마음속에 매력적인 존재로 남아 있다.

해석 ──

상드와 같은 자리에 있던 지인과 예술가들은 자신들이 남자와 함께 있다는 느낌을 받았다. 그러나 그녀는 일기나 귀스타브 플로베르 같은 가까운 지인에게 보낸 편지에서, 자신은 남자가 되고 싶은 욕망이 전혀 없으며 대중 앞에 서기 위해서 남자처럼 연극을 할 뿐이라고 고백했다. 그녀가 진정 원한 것은 자신의 정체성과 캐릭터를 결정할 수 있는 힘이었다. 그녀는 사회가 자신에게 정한 한계를 거부했다. 하지만 그녀는 힘을 얻기 위해 자신의 원래 모습을 이용하지 않았다. 대신 원하는 바에 따라 유연하게 활용할 수 있는 페르소나, 대중의 관심을 끌고 자신의 존재감을 강화할 수 있는 페르소나를 창조했다.

세상은 당신에게 어떤 특정한 역할을 부여하게 마련이다. 그 역할을 수동적으로 받아들이면 당신의 운명은 거기서 끝이다. 당신은 그 역할에 주어진 작은 권력에 만족할 수밖에 없다. 당신이 그 역할을 선택했든, 외부의 힘에 의해 어쩔 수 없이 맡았든 말이다. 그러나 배우는 다양한 역할을 연기한다. 변화무쌍한 배우가 되어 힘을 키워라. 배우가 될 수 없다면 적어도 새로운 아이덴티티, 세상이 만들어놓은 한계에 구애받지 않는 아이덴티티를 창조하라. 이는 프로메테우스와 같은 도전 정신을 필요로 하며 당신은 자신의 창조물에 대해 책임을 져야 한다.

당신이 새로 만든 아이덴티티는 당신을 세상으로부터 보호해준다. 그것은 '당신'이 아니기 때문이다. 그것은 당신이 필요에 따라 입고 벗는 옷과 같다. 당신은 새로 창조한 당신의 모습 때문에 어떠한 심리적인 부담도 느낄 필요가 없다. 그리고 새로운 페르소나는 원래의 당신과 다른 무엇이며, 당신에게 극적인 존재감을 부여한다. 객석의 뒷줄에 앉은 이들은 무대 위 당신의 목소리와 외양을 믿을 것이며, 앞줄에 앉은 이들은 당신의 대담함과 뻔뻔스러움에 감탄을 금치 못할 것이다.

> 사람들이 사회 속의 인간은 뛰어난 배우라고 하지 않는가? 그 말은 인간이 감정이 있다는 뜻이 아니라, 아무것도 느끼지 못하지만 가장에 뛰어나다는 뜻이다.
>
> – 드니 디드로(Denis Diderot, 1713~1784)

권력의 열쇠: 자신을 재창조하라

선천적으로 타고난 성격을 성인이 된 후에도 반드시 유지하는 것은 아니다. 유전적인 특성들 이외에도 부모, 친구, 주변 사람들이 당신의 인격을 형성하는 데 영향을 미친다. 권력을 갖기 위해서는 당신 스스로 그 과정을 통제하고, 다른 이들이 거기에 영향을 가하지 못하도록 해야 한다. 당신을 권력을 가진 사람으로 재창조하라. 점토로 모형을 빚듯이 당신을 다른 모습으로 빚어내는 데 능해야 한다. 스스로를 창조하는 예술가가 되어야 한다는 의미다.

사실 자기 창조라는 개념은 예술의 세계에서 나왔다. 과거 수천 년 동안에는 오로지 왕과 군주만이 대중적 이미지를 만들어내고 자신의 아이덴티티를 결정할 자유를 누렸다. 또 왕과 부유한 영주만이 그림 속에 있는 자신의 이미지를 관찰한 뒤에 원하는 모습으로 다시 그리게 할 수 있었다. 나머지 평범한 사람들은 사회가 그들에게 요구하는 제한적인 역할만 했으며 자아에 대한 의식도 거의 갖지 못했다.

스페인 화가 벨라스케스(Velázquez)가 1656년에 그린 〈시녀들〉이란 그림을 보면 이러한 상황에 변화가 일어났음을 추측할 수 있다. 이 그림의 왼쪽에는 화가의 모습이 보인다. 그림 속의 화가는 화폭 앞에 서서 그림을 그리는 중이다. 하지만 그림의 뒷면만 보이기 때문에 그가 무엇을 그리고 있는지는 보이지 않는다. 화가 옆에는 공주와 시녀들과 난쟁이가 서 있다. 화가가 그리고 있는 그림의 모델은 우리에게 직접적으로 보이지 않지만, 뒤쪽 벽에 붙은 거울 속에 스페인의 왕과 왕비가 조그맣게 비쳐 보인다. 두 사람은 화가를 마주 보고 앞쪽 어딘가에 서 있는 것이 분명하지만 우리가 보는 그림의 바깥에 존재한다.

이 그림은 사람들이 사회에서 자신의 위치를 결정하는 힘과 관련하여 커다란 변화가 일어나고 있다는 사실을 암시한다. 화가인 벨라스케스가 왕과 왕비보다 훨씬 잘 보이는 위치에 표현되어 있기 때문이다. 어떤 의미에서 보면 화가는 왕과 왕비보다 더 큰 힘을 가지고 있다. 그가 그들의 이미지를 통제하고 있기 때문이다. 벨라스케스는 자신을 수동적인 노예와 같은 화가로 생각하지 않았다. 대신 스스로 힘을 가진 자로 재창조했다. 실제로 서구 사회에서 귀족들 이외에 자신의 이미지를 마음대로 바꿀 수 있었던 사람은 화가와 작가들이었다. 오늘날 자기 창조라는 개념은 사회의 모든 이들에게 스며들어서 누구나 그것을 추구하게 되었다. 벨라스케스와 마찬가지로 당신은 그림 속에서 당신의 위치를 결정할 수 있는 힘을, 당신 자신의 이미지를 창조하는 힘을 지녀야 한다.

자기 창조의 첫 번째 단계는 자기의식이다. 자기 자신을 배우로 생각하고 자신의 외양과 감정을 통제해야 한다는 뜻이다. 디드로가 말했듯이, 항상 솔직하고 거짓 없는 사람은 나쁜 배우다. 자기감정을 감추지 않고 다 드러내는 사람은 귀찮고 거북한 존재가 될 뿐이다. 그들의 진실성에도 불구하고 우리는 그들을 진지하게 받아들이기가 힘들다. 사람들 앞에서 눈물을 보이면 잠깐은 동정심을 이끌어낼 수 있을지 모르지만, 동정심은 곧 경멸과 짜증으로 바뀌고 만다. 사람들은 그가 주목을 받기 위해서 눈물을 흘린다고 생각하고, 사람들의 사악한 자아는 그의 요구를 만족시켜주기 싫어한다.

훌륭한 배우는 자신을 통제할 줄 안다. 훌륭한 배우는 솔직하고 진심에서 우러나온 것처럼 '연기'하고 슬프거나 동정심을 느끼는 척지만, 실제로 그런 감정을 꼭 느끼는 것은 아니다. 그들은 다른 사람들이 이해할 수 있는 형태로 감정을 외면화할 뿐이다. 배역에 몰입하는 연기는 실제 현실에서 치명적인 결과를 낳는다. 보여주는 감정이 전부 진짜여야 한다면 어떤 통치자나 리더도 자신의 역할을 제대로 수행해낼 수 없다. 따라서 자기통제 방법을 배워야 한다. 배우와 같은 유연성을 터득하여 상황에 따라 필요한 감정에 맞게 얼굴을 바꿔라.

자기 창조의 두 번째 단계는 기억에 남는 이미지를 창출하는 것이다. 이는 조르주 상드가 사용한 전략과 맥을 같이 하는 것으로, 사람들의 관심을 끌어내고 무대 위의 다른 배우들과 확실히 차별화되는 이미지를 만드는 것을 말한다. 에이브러햄 링컨(Abraham Lincoln)이 이러한 전략을 사용했다. 그때까지 미국 역사에서 그렇게 촌스럽고 소박한 이미지의 대통령은 없었다. 그러나 링컨은 그런 이미지를 선거에서 오히려 유리하게 이용했다. 링컨은 그러한 특징들을 원래부터 갖고 있기도 했지만 그런 이미지를 일부러 강조하기 위해 모자를 쓰고 턱수염을 길렀다(전에는 턱수염을 기른 대통령이 없었다). 링컨은 또한 사진을 활용하여 자신의 이미지를 널리 알린 최초의 대통령이었다.

그러나 훌륭한 연극은 흥미로운 겉모습이나 단 한 번의 특별한 장면으로만 만들어지는 것이 아니다. 연극은 시간을 두고 사건들이 펼쳐지면서 진행된다. 그러므로 리듬과 타이밍이 매우 중요하다. 연극의 리듬에서 중요한 요소 가운데 하나는 긴장감이다. 예를 들어 유명한 마술사 후디니는 탈출 묘기를 단 몇 초 만에 끝낼 수도 있었음에도 일부러 몇 분씩 시간을 끌었다. 관객이 손에 땀을 쥐는 긴장감을 느끼게 하기 위해서였다.

관객이 그러한 지속적인 긴장감을 갖게 만들려면, 사건을 천천히 전개하다가 당신이 통제할 수 있는 속도와 패턴에 맞춰 적절한 순간에 속도를 높여야 한다. 나폴레옹이나 마오쩌둥 같은 위대한 통치자들은 모두 극적인 타이밍을 활용하여 대중을 놀라게 했다. 프랭클린 델러노 루스벨트(Franklin Delano Roosevelt) 역시 특정한 순서와 리듬에 따라 정치적 사건을 배열하는 것의 중요성을 잘 알고 있었다.

1932년 대통령 선거 당시 미국은 심각한 경제 위기에 봉착해 있었다. 수많은 은행들이 문을 닫았고 경제지표들은 비관적이었다. 루스벨트는 선거에서 승리한 직후 잠시 후퇴하는 전략을 취했다. 그는 자신이 구상하는 계획이나 각료 임명에 관해서 한마디도 하지 않았다. 심지어 대통령직 이양을 논의하기 위해 현직 대통령인 허버트 후버를 만나는 것도 거부했다. 국민들은 긴장과 염려 속에서 루스벨트의 취임을 기다렸다.

루스벨트는 취임 연설에서 갑자기 극적으로 태도를 바꾸었다. 그는 미국을 완전히 새로운 방향으로 이끌고 나갈 것을 약속하며 힘 있는 연설을 했다. 전임 대통령들이 보여준 소극적인 태도와는 완전히 반대되는 이미지였다. 이후 그는 각료 임명과 과감한 법률 시행 등에서 신속한 결단력을 보이며 빠른 속도로 일련의 개혁과 정책을 수행해나갔다. 루스벨트가 취임 후 여러 개혁안을 추진한 이 기간은 '100일 의회(Hundred Days)'라고 알려져 있다. 당시 미국이 나라 분위기를 성공적으로 쇄신할 수 있었던 것은, 루스벨트가 현명하게 속도 조절을 하고 이전 정권과 극적인 대조를 이루는 리더십을 발휘했기 때문이기도 했다. 그는 국민들을 긴장하게 만든 다음 과감한 행동과 정책을 눈앞에 내놓았다. 그 결과 그러한 정책들은 더욱 효과적으로 국민들에게 다가갔다. 당신도 이와 같은 방식으로 사건들을 연출할 줄 알아야 한다. 손에 쥔 패를 절대 한 번에 보여주지 말고, 극적 효과를 최대화할 수 있는 순서로 보여주어라.

또한 훌륭한 연극은 적을 속이고 혼란에 빠뜨릴 수 있다. 2차 세계대전 중 독일의 극작가 베르톨트 브레히트는 할리우드에서 시나리오 작가로 활동했다. 전쟁이 끝난 후 그는 공산당 동조 혐의로 하원 반미활동위원회에 출두하게 되었다. 위원회에 불려간 다른 작가들은 분노에 가득 찬 감정적인 언사를 쏟아놓곤 했다. 그러나 브레히트는 영리했다. 그는 매력적인 말로 위원들의 마음을 빼앗기도 하고 거짓말로 우롱하기도 하며, 마치 바이올린 켜듯 자유자재로 그들을 다뤘다. 그는 자신의 행동과 반응을 신중하게 미리 준비해갔고 특정한 소도구도 활용했다. 위원회 의장이 시가를 좋아한다는 사실을 알고 시가를 준비해가서 뻐끔뻐끔 피웠다. 또한 애매모호하고 양면적인 의미를 지닌 말과 행동을 교묘하게 활용하여 위원들의 판단을 흐렸다. 그는 분노에 가득한 격론을 펼치는 대신에 미리 준비한 차분한 행동들을 연출했고, 결국 위원회는 그를 무사히 돌려보냈다.

극적 효과를 창출하는 또 다른 수단은, 사건의 전개가 클라이맥스에 가까워진 시점에서 사람들의 찬탄을 이끌어내는 행동, 승리의 예감을 상징적으로 나타내고 당신의 대범함을 드러내는 결정적 행동을 보여주는 것이다. 카이사르가 루비콘 강을 건넌 것이 이에 해당한다. 그의 결단은 병사들의 감탄을 끌어냈으며 그에게 영웅적인 면모를 부여했다. 또한 무대에 들어서는 순간과 무대에서 나가는 순간도 중요하다. 클레오파트라는 이집트에서 카이사르를 처음 만날 때 양탄자에 말린 모습으로 나타나, 양탄자가 카이사르의 발치에서 펼쳐지도록 연출했다. 조지 워싱턴(George Washington)은 두 번이나 화려한 박수갈채를 받으며 권력의 자리에서 물러났다(처음에는 장군으로서, 그다음엔 세 번째 임기를 거부한 대통령으로서). 워싱턴은 물러나는 순간을 극적이고 상징적으로 만드는 법을 알고 있었다. 당신 역시 무대를 오르는 순간과 내려오는 순간을 신중하게 계획해야 한다.

그러나 때로 과장된 연기는 역효과를 낼 수도 있음을 명심하라. 관심을 끌려고 지나치게 애쓰다가 오히려 일을 그르칠 수도 있다. 리처드 버튼(Richard Burton)은 배우 생활 초반에 무대 위에서 아무것도 하지 않고 가만히 있으면 사람들의 관심을 끌 수 있다는 사실을 깨달았다. 당신이 무엇을 하느냐가 아니라 어떻게 하느냐가 더욱 중요하다. 때때로 사회라는 무대에서는 침묵하며 우아한 태도를 보이는 편이 과장된 연기를 하며 필요 이상으로 움직이는 것보다 더 낫다.

마지막으로, 다양한 역할을 해내는 방법을 배워야 한다. 그 순간에 필요한 얼굴이 되라는 얘기다. 상황에 맞는 가면을 꺼내 쓰고 변화무쌍한 인물이 되어라. 비스마르크는 이것에 누구보다도 능한 고수였다. 그는 자유주의자 앞에서는 자유주의자가 되고, 강경론자 앞에서는 강경론자가 되었다. 사람들은 그의 진짜 모습을 파악할 수 없었다. 파악할 수 없는 대상을 무너뜨리기는 불가능하다.

| **이미지** | 그리스 신화의 바다의 신 프로테우스. 그가 가진 힘은 필요할 때마다 자유자재로 자신의 모습을 바꾸는 능력에서 기인한다. 아가멤논의 동생인 메넬라오스가 프로테우스를 잡으려고 하자 프로테우스는 사자, 뱀, 표범, 멧돼지, 물, 나무로 변신했다.

| **근거** | 모든 사람들 앞에서 그 어떤 존재든 되는 방법을 익혀라. 신중한 프로테우스 같은 사람은 학자들 사이에서는 학자가 되고 성인들 사이에서는 성인이 된다. 이는 상대의 마음을 얻는 기술이다. 사람들은 자기와 비슷한 것을 좋아하기 때문이다. 상대의 기질을 눈여겨보고 그것에 맞게 당신을 변화시켜라. 상대를 봐가며 진지해지기도, 쾌활해지기도 하라. 용의주도하게 당신의 분위기를 바꿔라.

– 발타사르 그라시안(1601~1658)

뒤집어보기

이 법칙은 뒤집어볼 수가 없다. 나쁜 연극은 그저 나쁜 연극일 뿐이다. 심지어 자연스럽게 보이는 것에도 연기가 필요하다. 나쁜 연기는 상황을 악화시킬 뿐이다. 물론 극적인 요소가 지나치게 과장되어서도 안 된다. 꾸민 티가 너무 나는 부자연스러운 행동은 피하라. 이 역시 나쁜 연극의 일종이다. 과도한 연기를 피하라는 연극의 오래된 법칙에 위반되기 때문이다. 본질적으로 이 법칙을 뒤집기는 불가능하다.

Law 02

상대가 어떤 사람인지
정확히 알라
...
조력자와 먹잇감

세상에는 실로 다양한 사람들이 존재한다.
따라서 모든 사람이 당신의 전략에 똑같이 반응할 것으로
추정해서는 안 된다.
어떤 사람들은 자신이 당한 일에 대해 평생 이를 갈며
복수를 꿈꾼다.
희생양이나 적수는 신중하게 골라야 한다.
사람을 잘못 건드리면 큰코다칠 수도 있다.

맞수와 얼간이, 그리고 희생자: 예비 분류

권력자로 부상하기까지 당신은 많은 유형의 맞수와 얼간이와 희생자들을 만나게 된다. 권력의 기술에서 최고 경지는 양 떼 속의 늑대를 구분하고, 산토끼 무리 속의 여우를 찾아내며, 독수리 무리 속의 매를 식별해내는 능력이다. 그런 것들을 잘 구별해낸다면 당신은 사람들에게 무리한 강수를 구사하지 않고도 성공을 거둘 수 있을 것이다. 하지만 접촉하는 모두를 아무런 구분 없이 맹목적으로 대한다면, 당신의 눈에서 눈물이 마를 날이 없을 것이다. 물론 살아남기나 한다면 말이다. 인간의 유형을 파악하고 그에 맞춰 행동하는 능력을 갖는 것은 대단히 중요하다. 다음은 과거의 권모술수 대가들(사기꾼들과 그 밖의 대가들)이 정글에 난 발자국들 중 가장 위험하고 다루기 힘들다고 여긴 다섯 가지 유형이다.

거만하고 자존심 강한 유형. 비록 처음에는 내색하지 않겠지만, 이런 사람의 자존심을 건드리는 행위는 대단히 위험하다. 그런 사람을 약간이라도 경시하는 태도를 보였다간 엄청난 폭력이 더해진 복수를 불러오게 된다. 당신은 이렇게 말할지도 모른다. "나는 그저 파티 석상에서 이런저런 이야기를 했을 뿐인데……. 게다가 다들 취해 있었다." 그러나 그것은 아무런 상관이 없다. 이런 사람들의 과도한 반응은 전혀 근거가 없으며, 따라서 그를 이해해보려고 해봐야 아무 소용이 없다. 만약 과민한 데다 자존심이 강한 상대를 만나면 곧바로 도주하라. 당신은 그런 사람에게 아무것도 기대할 수 없기 때문이다.

자신감이 없는 유형. 이런 유형의 인간은 거만하고 자존심 강한 유형과 관계가 있지만 폭력성이 덜하고 식별하기가 더 어렵다. 그의 자아는 취약하고, 자신감도 대단히 부족하다. 그래서 만약 자신이 기만이나 공격을 당했다고 느끼면, 쉽게 상처 입고 속에서 부글부글 끓는다. 그는 평생이 걸리더라도 야금야금 끈질기게 당신을 공격해 결국에는 큰 상처를 입히는 스타일이다. 이런 유형의 사람을 기만하거나 해를 끼쳤다는 사실을 깨달았을 경우, 오랜 기간 그의 눈에서 멀어져야 한다. 그의 근처에도 가지 말라. 만약 그랬다가는 죽을 때까지 당신을 물고 늘어질 것이다.

의심이 많은 유형. 앞에 언급된 유형들의 또 다른 변종으로, 이런 유형은 미래의 스탈린이다. 그는 다른 사람들에게서 자신이 보고 싶은 것만 (일반적으로 최악의 것만) 보며 모든 사람이 자신을 노리고 있다는 상상에 빠져 있다. 사실 이 유형은 앞의 유형들에 비하면 덜 위험하다. 균형 감각이 부족하기 때문에 쉽게 속는다. 스탈린이 항상 기만을 당했던 것처럼 말이다. 그의 의심 많은 본성을 자극하면 그는 쉽게 다른 사람을 적대하게 된다. 하지만 그의 의심이 당신을 향하는 경우, 몸조심을 해야 한다.

뱀처럼 교활하면서 기억력이 뛰어난 유형. 상처를 입거나 기만을 당했을 때, 이런 유형의 사람은 자신의 분노를 겉으로 드러내지 않는다. 그는 이해타산을 계산하며 꾹 참는다. 그러다 묵은 빚을 청산할 수 있는 기회가 오면 가차 없이 보복을 한다. 이런 사람은 그의 생활 다른 부분에서 드러나는 이해타산과 교활함을 통해 식별할 수 있다. 그는 대개 냉정하고 인정이 없다. 이런 뱀과 같은 유형에게는 더욱 신중해야 하며, 만약 그에게 어떤 식으로 해를 끼쳤다면, 그를 완전히 몰락시키거나 완전히 제거하라.

솔직하고 겸손하며 대체로 지능이 뛰어나지 않은 유형. 아, 우리는 이런 매력적인 봉을 만났을 때 귀가 쫑긋해진다. 하지만 생각보다 속이기가 쉽지 않다. 때로는 계략에 빠지는 것조차 어느 정도 지능과 상상력을 요구하기 때문이다. 자신에게 돌아오는 이득을 계산할 수 있을 정도의 지력은 갖춰야 한다는 의미다. 둔감한 사람이 미끼를 물지 않는 이유는 미끼 자체를 인식하지 못하기 때문이다. 그 정도로 뭘 모르면 속일 수도 없다. 이런 유형의 사람이 위험한 이유는 그가 남에게 해를 끼치거나 보복을 하기 때문이 아니라 그를 속이려고 노력하는 동안 당신의 시간과 에너지, 자원을 비롯해 온전한 정신마저 낭비할 수 있기 때문이다. 이런

아기레의 등에 태형이 가해졌다."
아기레는 감옥에서 풀려난 뒤 자신에게 판결을 내린 에스키벨(Esquivel)을 죽이겠다고 말했다. 에스키벨은 임기가 끝나자 약 1,500킬로미터 떨어진 리마로 도망쳤다. 하지만 15일 만에 아기레가 그를 추적해왔다. 겁에 질린 판사는 키토까지 약 2천 킬로미터를 도주했고 20일이 지나자 아기레도 그곳에 도착했다.
가르실라소의 말에 따르면, "에스키벨은 그가 나타났다는 소식을 듣는 순간 또다시 여정에 나서 2,400킬로미터를 이동해 쿠스코로 갔다. 하지만 이번에도 며칠 만에 아기레가 쫓아왔다. 그는 맨발로 원수를 추격하면서 태형의 수치를 당한 자는 말을 타서도 안 되고 자신의 모습을 남에게 보여서도 안 된다고 말하고 다녔다. 이런 식으로 아기레는 3년 4개월 동안 알칼데를 쫓아다녔다." 끈질긴 추격에 진력이 난 에스키벨은 쿠스코를 떠나지 않았다. 그 도시는 엄격한 통치가 이루어지고 있어서 이곳이라면 안전할지도 모른다고 생각했기 때문이다. 그는 성당 근처에 집을 마련하고 외출할 때는 반드시 장검이나 단검을 소지했다. "하지만 어느 월요일 정오에 아기레가 그의 집으로 들어가 복도를 지나고 살롱과 방들을 거쳐 내실까지 거침없이 진입했다. 내실은 장서를 보관해두는 곳이었다. 마침내 그곳에서 아기레는 책을 읽다가 잠든 그를 발견하고는 칼로 찔러 죽였다. 이어서 살인자는 밖으로 나왔지만 모자를 두고 왔다는 사실을 문득

사람을 식별할 수 있도록 일종의 테스트(일종의 농담이나 재미있는 이야기)를 준비해두어야 한다. 만약 그의 반응이 신통치 않다면, 바로 이 유형의 사람을 상대하고 있다고 봐도 된다. 그런 사람에게 계속 도전을 해도 상관없지만 모든 책임은 당신에게 있음을 명심하라.

법칙 위반 사례 1: 상대를 잘못 고른 무하마드

13세기 초, 호라즘의 샤(shah)인 무하마드(Muhammad)는 수차례의 전쟁을 통해 거대한 제국을 구축했다. 그의 제국은 오늘날 터키의 서부에서 아프가니스탄 남부까지 뻗어 있었다. 제국의 심장부는 아시아의 위대한 수도, 사마르칸트였다. 샤의 군대는 강력하고 잘 훈련되어 있었고 며칠 내로 20만 명의 전사들을 동원할 수 있었다.

1219년, 무하마드는 동쪽에 있는 새로운 부족의 지도자가 보낸 사절을 접견했다. 사절단은 온갖 종류의 진귀한 선물을 가져와 위대한 무하마드에게 바쳤다. 몽골은 아직 작지만 계속 팽창하고 있었다. 칭기즈 칸(Chingiz Khan)은 유럽으로 향하는 비단길의 재개통을 원했고 그 교역로를 함께 공유하자고 제안하면서 동시에 두 제국 사이의 평화를 약속했다.

무하마드는 동쪽에서 갑자기 등장한 그 제국을 알지 못했기에 그런 요구를 하는 칭기즈 칸이 대단히 거만하다고 생각했다. 그자는 자신과 대등하게 대화를 하고 있지 않은가. 그는 칸의 제안을 묵살했다. 칭기즈 칸은 이번에는 낙타 100마리에 중국에서 약탈한 희귀품들을 실은 대상을 파견했다. 하지만 대상들이 사마르칸트 접경 지역에 도착했을 때 그 지역의 지사인 이날치크가 그들을 체포해서 우두머리들을 처형해버렸다.

칭기즈 칸은 또다시 사절을 파견해 이전의 제안과 함께 문제의 지사를 처벌해줄 것을 요구했다. 그러자 무하마드는 사절 중 한 명의 목을 베고 나머지는 머리를 밀어버린 다음 돌려보냈다. 그것은 몽골인에게는 지독한 모독 행위였다. 칭기즈 칸은 샤에게 서신을 보냈다. "당신은 전쟁을 선택했다. 그에 상응하는 일이 일어날 것이며 그것이 어떤 일이 될지는 우리도 모른다. 오로지 신만이 알 뿐." 칭기즈 칸은 이날치크가 다스리는 지역을 공격해 주도를 함락시켰다. 그리고 이날치크를 생포해 그의 눈과 귀에 녹인 은을 부어 죽였다.

다음 해까지 칭기즈 칸은 일련의 게릴라전을 전개하며 샤의 군대를 무찔렀다. 몽골 군은 완전히 새로운 형태의 전술을 구사했다. 병사들은 말을 타고 엄청난 속도로 이동했을 뿐만 아니라 마상에서 활을 쏘는 기술의 달인이었다. 그의 군대가 가진 속도와 유연성은 무하마드를 혼란에 빠뜨렸다. 칭기즈 칸의 군대가 어디서 출몰할지 전혀 예측할 수 없었다. 결국 사마르칸트는 함락되었다. 무하마드는 도주했고 1년 뒤 사망했다. 그의 거대한 제국도 완전히 파괴되었다. 칭기즈 칸은 사마르칸트와 비단길을 지배하게 되었다.

해석 ——

당신이 대적하는 상대가 당신보다 약하다거나 덜 중요하다고 생각하지 말라. 화를 잘 내지 않는 사람일 경우 그들의 속마음을 파악하기란 무척 어렵기 때문에 그런 사람들을 무례하게 대하는 경우가 있다. 그러나 그들의 명예나 자존심을 건드린다면 그런 사람들도 갑자기 화를 내거나 과격하게 복수를 할 수도 있다는 사실을 잊지 말라. 설령 터무니없는 요구를 하는 사람이라고 할지라도 우선은 정중하게 거절하라. 당신이 다른 누군가를 제대로 알기 전에는 절대로 모욕을 주지 말라. 당신이 대적하는 사람이 칭기즈 칸일지도 모르니까.

법칙 위반 사례 2: 악명 높은 사기꾼 조직의 최후

1910년대 말, 미국에서 가장 악명 높은 사기꾼들이 콜로라도 주의 덴버에 모여 사기꾼 조직을 결성했다. 겨울 동안 그들은 남부의 여러 주에 흩어져서 각종 사기행각을 벌였다. 1920년, 조직의 지도자인 조 퓨리(Joe Furey)는 텍사스 주를 돌아다니며 고전적인 야바위로 수십만 달러를 모았다. 포트워스에서 그는 J. 프랭크 노플리트(J. Frank Norfleet)라는 얼간이를 만나 사기를 쳤다. 노플리트는 거대한 목장을 소유하고 있는 목축업자였다. 그는 일확천금을 벌게 해준다는 말에 속아 4만 5천 달러를 퓨리와 그의 일당들에게 건네주었다. 며칠 뒤 그들은 노플리트에게 그의 몫이라며 '100만' 달러를 지급했다. 하지만 그 돈뭉치는 맨 위와 바닥만 진짜 지폐였을 뿐 나머지는 신문지 조각을 쌓아놓은 휴지 조각이었다.

퓨리와 그의 일당들은 이런 식으로 수백 번도 넘게 사기를 쳤다. 피해자들은 나중에야 자신이 얼마나 쉽게 속았는지 깨달았지만 때늦은 후회였다. 하지만 노플리트는 그냥 당하고만 있지 않았다. 경찰에 가서 호소해봤지만, 아무 소용이 없자 직접 놈들을 추적하기로 했다. 노플리트는 형사에게 말했다. "내 일생을 바쳐서라도 놈들을 모두 잡아들이겠소." 그는 아내에게 목장 일을 맡기고 전국을 다니며 같은 수법으로 돈을 털린 사람들을 찾았다. 마침내 한 사람이 나섰다. 두 사람은 샌프란시스코에서 사기단의 한 명을 찾아내 감옥에 보내는 데 성공했다. 체포된 자는 오랜 세월 감옥에서 썩기보다 자살을 택했다.

노플리트는 거기서 멈추지 않았다. 그는 몬태나 주에서 또 한 명의 사기꾼을 붙잡아 그를 소처럼 묶은 뒤 경찰서까지 가는 내내 질퍽한 도로 위를 질질 끌고 다녔다. 그는 캐나다와 멕시코까지 가서 퓨리와 그의 오른팔인 W. B. 스펜서(W. B. Spencer)를 추적했다. 몬트리올에서는 스펜서와 길거리에서 추격전까지 벌였지만 놓치고 말았다. 카우보이나 다름없는 추적자는 계속 그의 뒤를 쫓아 솔트 레이크 시티에서 마침내 그를 찾아냈다. 스펜서는 노플리트의 분노를 마주하기보다 법의 자비를 택할 요량으로 경찰에 자수했다.

노플리트는 플로리다 주의 잭슨빌에서 퓨리를 찾아내 직접 텍사스로 끌고 와서 법의 심판을 받게 만들었다. 그래도 그는 멈추지 않았다. 덴버에 가서 사기꾼 조직을 완전히 소탕하기로 결심했다. 그는 거금의 돈과 1년의 세월을 허비한 끝에 사기단의 우두머리들을 감옥에 집어넣는 데 성공했다. 그의 추적을 가까스로 피했던 조직원들은 노플리트에게 어찌나 단단히 겁을 먹었던지 스스로 자수해버렸다.

5년간에 걸친 추적 끝에 노플리트는 혼자 힘으로 미국에서 가장 큰 사기단을 붕괴시켰다. 그러는 동안 알거지가 됐고 결혼 생활도 파경에 이르렀지만, 그는 자신의 삶에 만족을 느끼며 임종을 맞았다.

해석 ──

사람들은 대부분 사기를 당하면 수치심을 느끼며 거의 체념 상태가 된다. 세상에 공짜 점심은 없으며, 쉽게 돈을 벌고자 했던 탐욕 때문에 사기꾼의 먹잇감이 되었다고 후회한다. 하지만 어떤 사람들은 자신이 의당 치러야 할 대가를 치른 셈이라는 것을 인정하지 않는다. 귀가 얇고 한때 탐욕에 눈이 멀었던 자신의 약점을 인정하기보다, 자신을 무고한 희생양으로 생각한다.

이와 같은 사람들이 정직과 정의를 수호하는 십자군 전사처럼 보일지도 모르지만, 사실 그들은 자신감이 부족한 사람들이다. 그들은 놀림을 당하거나 사기를 당하면 필사적으로 손실을 회복하려고 발버둥 친다. 노플리트는 생업을 내팽개치고, 결혼 생활을 돌보지 않은 채 몇 년 동안 싸구려 호텔을 전전했다. 그런 희생이 과연 사기로 인한 금전적 손실에 대한 복수로서 가치가 있는 것일까? 노플리트와 같은 사람들은 자신이 느낀 당혹감을 극복하기 위해서라면 어떤 대가를 치러도 상관이 없다.

사람들은 모두 어느 정도의 불안감을 갖고 있으며, 그들의 불안감을 자극하는 것이 얼간이들을 속이는 가장 좋은 방법이 되기도 한다. 하지만 권력의 세계에서는 모든 것이 정도의 문제여서 보통 사람에 비해 불안감이 심한 사람은 커다란 위협이 된다. 주의하라. 기만이나 속임수를 쓰려고 할 때, 당신의 표적을 잘 연구해야 한다. 불안감이 크고 자아가 너무 취약한 사람은 약간의 모욕도 참지 못한다. 만약 당신이 그와 같은 유형의 인간을 다루고 있다면, 우선 그들을 시험하라. 이를테면, 기분이 상할 만한 농담을 던져보는 것이다. 자신감이 있는 사람이라면 웃어넘긴다. 하지만 자신감이 부족한 사람은 모욕적으로 받아들인다. 만약 상대가 이런 유형이라고 의심이 든다면, 다른 희생자를 찾는 것이 낫다.

법칙 위반 사례 3: 겉모습만 본 정문공

기원전 5세기, 제후국 진(晉)의 공자였던 중이(重耳)는 다른 나라를 떠돌아 다니는 신세가 되었다. 그는 궁핍한 생활을 하면서도 언젠가 고국으로 돌아가 제후다운 삶을 되찾을 날을 기다렸다. 한번은 정(鄭)나라를 지날 때였다. 그곳의 군주인 정문공(鄭文公)이 그에게 무례를 범했다. 정나라의 대부인 숙첨(叔詹)이 그 장면을 보고 이렇게 간했다. "이분은 존귀한 공자이십니다. 전하께서는 그를 우대하시어 우리 편으로 삼으시기 바랍니다." 하지만 정문공은 중이의 초라한 행색 때문에 그의 조언을 무시하고 다시 중이를 모욕했다. 숙첨이 또다시 군주에게 말했다. "만약 전하께서 중이를 우대하실 마음이 없다면, 차라리 그를 죽여서 훗날의 재앙을 없애버리십시오." 정문공은 그저 코웃음을 쳤다.

세월이 흐른 뒤, 중이는 귀국하여 진문공(晉文公)으로 즉위했다. 그는 자신이 곤궁할 때 친절을 베풀었던 사람들과 무례하게 대했던 사람들을 잊지 않았다. 정문공에게 당한 모욕도 결코 잊지 않았다. 그래서 기회가 오자마자 군대를 보내 정나라를 공격하게 했다. 정나라는 8개의 성을 빼앗기고 정문공도 망명길에 오르는 신세가 되었다.

해석 ——

당신이 지금 상대하고 있는 인물이 나중에 어떻게 될지 결코 알 수 없다. 지금은 지위도 낮고 가난하지만 내일은 권력자가 될 수도 있다. 사람은 망각의 동물이라지만 모욕을 당했던 순간은 결코 잊지 못한다.

정문공이 중이가 야망이 있고 계산적이며 교활한 유형, 즉 기억력이 뛰어난 뱀과 같은 인물이라는 것을 무슨 수로 알겠는가. 그것을 알아낼 도리가 없다. 하지만 바로 그렇기 때문에, 공연히 운명에 도전하는 짓 따위는 하지 않는 편이 낫다. 불필요하게 다른 사람을 모욕해서 얻을 수 있는 것은 아무것도 없다. 비록 상대방이 약해 보이더라도, 그를 자극하지 말아야 한다. 언젠가 그 사람이 당신에게 해를 끼칠 수 있는 위치에 도달할지도 모르는 위험에 비해 남을 모욕해서 얻는 만족감은 극히 미미하다.

법칙 위반 사례 4: 미술품 중개상들의 실수

1920년은 미국의 미술품 중개상들에게 특히 힘든 해였다. 고가 미술품 애호가들(지난 세기의 악덕 자본가들)이 하나 둘 세상을 떠나는 고령이 되었지만 그들을 대신할 새로운 백만장자들은 아직 등장하지 않은 상황이었다. 이렇게 상황이 절박하다 보니 미술품 중개상들은 자신의 자원들을 하나로 합치기로 했다. 그동안 미술품 중개상은 서로 반목하며 경쟁해왔던 터라 이는 전례 없는 일이었다.

거부 고객들을 주로 상대해왔던 조지프 듀빈(Joseph Duveen)을 포함하여 미국의 5대 미술품 중개인들이 동맹에 참가했다. 그들은 새로운 고객을 탐색했고 헨리 포드(Henry Ford)가 마지막 희망이라는 결론을 내렸다. 포드는 미술품 시장에 발을 들여놓은 적이 없지만 그들이 펼치는 공동전선의 표적이 되었다.

중개상들은 '세계 100대 미술품('우연히도' 모두 그들이 보유한 작품이었다)' 목록을 만들어 포드에게 보여주기로 했다. 단 한 번의 구매만으로도 포드는 세계 최고의 수집가가 될 수 있을 터였다. 컨소시엄은 몇 주에 걸친 작업을 통해 화려한 작품집을 만들어냈다. 그것은 바로 세 권짜리 전집으로 원본을 아름답게 재현한 삽화와 각각의 작품에 대한 미술사학자들의 주석이 들어 있었다. 그들은 미시간 주 디어본에 있는 포드의 자택을 방문했다. 그들은 포드의 집이 대단히 소박한 것을 보고 깜짝 놀랐다. 다시 말해, 포드는 자기를 과시하는 성격이 아니었던 것이다.

포드는 서재에서 일행을 맞이했다. 책장을 넘기면서 포드는 기쁨과 감동의 표정을 지었다. 흥분한 중개상들은 곧 수백만 달러의 돈이 금고에 쌓이는 장면을 상상하기 시작했다. 마침내 포드는 고개를 들고 이렇게 말했다. "신사 여러분, 이렇게 아름다운 색채의 삽화가 들어간 것을 보면 분명 책 가격이 엄청나겠군요!" "하지만 포드 씨!" 듀빈이 흥분을 감추지 못한 채 말했다. "우리는 이 책을 팔려고 온 것이 아닙니다. 우리는 특별히 당신에게 그 그림들을 보여드리기 위해 그 책을 만들었습니다. 이 책은 당신에게 드리는 선물에 불과해요." 포드는 당황한 기색을 보였다. "신사 여러분." 그가 말했다. "여러분은 정말 친절하시군요. 하지만 나는 알지도 못하는 분들에게 이처럼 아름답고 비싼 선물을 받아야 할 이유를 모르겠습니다." 듀빈은 책에 실린 삽화는 자기들이 그에게 팔고 싶어하는 그림의 복사본이라고 설명했다. 포드도 마침내 상황을 이해했다. "하지만 신사 여러분." 그가 분명하게 말했다. "바로 여기 이 책 속에 있는 삽화들이 이렇게 아름다운데 내가 무엇 때문에 원본을 가져야 합니까?"

해석 ——

조지프 듀빈은 잠재 고객들의 약점과 취향을 파악한 뒤에 그들을 만나는 수법을 자랑으로 삼았다. 하지만 상황이 너무나 절박했던 나머지 처음으로 이와 같은 전술을 버리고 포드에 대한 공략에 나섰다. 그가 자신의 오판으로 인한 충격에서 벗어나기까지는 수개월이 걸렸다. 포드는 구태여 공을 들여 작업할 가치가 없는, 겸손하고 평범한 사람이었다. 그는 융통성 없는 두뇌를 가진 인간형의 화신이어서 사기를 당하기에는 너무나 상상력이 부족했다. 그 후 듀빈은 자신의 에너지를 아껴서 멜런 가문이나 모건 가문을 고객으로 만드는 데 썼다. 그들은 그가 덫을 놓을 수 있을 정도로 교활한 인물들이었기 때문이다.

권력의 열쇠: 상대가 어떤 사람인지 정확히 알라

권력을 잡고 유지하는 데 가장 중요한 것은 사람을 평가하고 우리가 누구를 상대하고 있는지를 판단하는 능력이다. 그런 역량이 없다면 장님이나 다름없다. 즉 엉뚱한 사람을 작업 대상으로 고르게 되는 것이다. 당신은 그에게 아첨을 한다고 생각하지만 실제로는 그를 모욕하고 있을 수 있다. 어떤 행동에 돌입하기 전에, 상대가 어떤 유형인지를 가늠해보라. 그들의 약점과 그들의 갑옷에 생긴 균열, 그들이 자신 있어 하는 분야와 그렇지 못한 분야를 연구하라. 당신은 그들을 상대할지 여부를 결정하기 전에 그들을 속속들이 파악하고 있어야 한다.

마지막으로 다음 두 가지 사항에 유의하라. 첫째, 상대를 가늠하고 판단할 때 결코 자신의 본능에 의지하지 말라. 부정확한 지표에 의존할 경우 최악의 실수를 저지르게 될 것이다. 상대를 파악하는 전술은 오직 구체적 지식을 수집하는 것밖에 없다. 시간이 오래 걸리더라도 상대방을 연구하고 감시하기를 게을리 해서는 안 된다. 그런 노력이 결국에는 보상을 받게 될 것이다.

둘째, 외형을 절대 신뢰하지 말라. 뱀의 심장을 가진 자는 그것을 감추기 위해 친절을 가장할 수 있다. 겉으로는 난폭한 자가 실제로는 겁쟁이인 경우도 많다. 그들의 외형을 꿰뚫고 표리부동한 측면을 볼 수 있어야 한다. 상대방이 스스로 각색하여 제공하는 겉모습을 그대로 받아들이지 말라. 외형은 거의 신뢰할 수 없는 정보다.

| **이미지** | 사냥꾼. 그는 늑대를 잡는 덫으로 여우를 잡으려고 하지 않는다. 그는 아무도 지나가지 않는 장소에 미끼를 놓지 않는다. 그는 사냥감의 습관과 은신처를 알고 있고 거기에 맞추어 사냥을 한다.

| **근거** | 미래의 어느 시점에 당신에게 도움을 줄 일이 전혀 없을 정도로 가치 없는 사람은 없다. 따라서 그들에게 단 한 번이라도 경멸하는 태도를 보인 적이 있다면, 그들의 도움을 받지 못한다. 잘못은 종종 용서를 받지만 모욕은 결코 용서받을 수 없다. 우리의 자존심은 모욕을 영원히 기억하기 때문이다.

− 체스터필드 경(1694∼1773)

뒤집어보기

상대방에 대한 무지로부터 얻을 수 있는 것은 아무것도 없다. 양과 사자를 구분하는 방법을 모른다면 대가를 치르게 된다. 이 법칙은 무슨 수를 쓰든지 지켜야 한다. 왜냐하면 이 법칙에 대한 반대 사례는 존재하지 않기 때문이다.

Law 03

냉철한 이성을 유지하라

...

감정 통제

분노와 감정 노출은 전략적으로 비생산적이다.
당신은 항상 침착함과 객관성을 유지해야 한다.
만약 적을 화나게 하면서 당신 자신은 침착할 수 있다면,
당신은 결정적 이점을 확보하게 된다.
적의 평정을 흐트러뜨려라.
적의 자만 속에서 맹점을 찾아 휘저어놓아라.
그러면 당신이 적을 조종할 수 있게 된다.

법칙 위반 사례: 먼저 폭발한 나폴레옹

1809년 1월, 나폴레옹(Napoléon Banaparte)은 스페인 전쟁을 치르다 말고 서둘러 파리로 돌아왔다. 자신의 스파이와 심복들에 따르면 외무장관 탈레랑(Talleyrand)이 경시총감 푸셰와 모반을 꾀했다는 소문이 진짜였기 때문이다. 충격을 받은 황제는 파리에 도착하자마자 장관들을 궁정으로 불러들였다. 그는 장관들이 도착하자 곧바로 회의를 열고 방 안을 이리저리 서성거리기 시작했다. 그러면서 반역자들이 자신에 대항해 음모를 꾸미고 있다는 이야기를 두서없이 늘어놓았다. 투기꾼들은 주식시장을 폭락시키고 있으며, 입법자들은 자신의 정책을 지연시키고 있으며, 자기 밑의 장관들은 몰래 자신을 해하려 한다는 이야기였다.

나폴레옹이 이야기하는 동안 탈레랑은 무관심한 얼굴로 벽난로 선반에 기대어 있었다. 나폴레옹은 탈레랑의 얼굴을 똑바로 쳐다보며 큰 소리로 말했다. "장관들이 마음속에 의심을 품는 순간 반역은 시작되는 거요." 황제는 '반역'이란 말에 탈레랑이 겁을 먹을 거라 생각했다. 하지만 탈레랑은 지루하다는 듯 미소를 지을 뿐이었다.

반역죄로 목이 달아날 판인데도 장관이 전혀 동요하지 않자 나폴레옹은 약이 올랐다. 그래서 장관 중에 자신이 죽길 바라는 사람이 있다고 말하면서 탈레랑에게 한 발 가까이 다가섰다. 탈레랑은 표정 하나 변하지 않은 채 황제를 마주 보았다. 마침내 황제는 폭발하고 말았다. 그는 탈레랑의 얼굴에 대고 소리를 질렀다. "이 겁쟁이에 믿음이라곤 추호도 없는 자 같으니. 당신이 신성하게 여기는 건 하나도 없지. 자기 아버지도 팔아버릴 작자 같으니라고! 내가 재물을 그렇게나 많이 주었는데 이제 나를 해치려 들다니." 나머지 장관들은 믿을 수 없다는 듯 서로를 바라보았다. 유럽 대부분을 정복한 두려움 모르는 장군이 그토록 이성을 잃은 모습은 처음 보았기 때문이다.

"유리처럼 박살이 나도 싸." 나폴레옹은 발을 구르며 말을 이었다. "내겐 그럴 만한 힘이 충분히 있어. 하지만 당신에겐 그렇게 하는 것도 아까워. 튈르리 궁전에서 참수시켰어야 하는 건데. 하지만 시간은 아직도 얼마든지 있어." 씩씩대며 고함을 지르는 나폴레옹의 얼굴은 벌겋게 달아올랐고 눈은 튀어나올 것만 같았다. "당신은 비단 양말만 신었지 머저리 나 다름없어. 자네 아낸 또 어떻고? 상 카를로가 자네 아내의 애인이란 얘긴 나한테 안 했지?" "폐하, 그건 폐하께나 저에게나 전혀 중요한 일이 아니라고 생각했기 때문입니다." 탈레랑이 차분한 목소리로 말했다. 당황한 기색은 전혀 없었다. 나폴레옹은 몇 번의 모욕을 더 주더니 회의실을 나갔다. 탈레랑은 절름거리는 특유의 발걸음으로 천천히 방을 가로질렀다(탈레랑은 어린 시절 사고로 다리를 다쳤다—옮긴이). 하인이 외투를 입혀줄 때 그가 동료 장관들을 보고 말했다(장관들은 모두 그를 다시 보지 못할 거라 생각했다). "여러분, 정말 가엾지 않소. 그렇게 위대하다는 사람이 매너는 저렇게 형편없다니."

나폴레옹은 외무장관을 체포하지 않았다. 그를 해임시키고 궁정에서 축출하는 것에 그쳤다. 탈레랑 같은 사람에겐 모욕을 주는 게 가장 큰 응징이라고 생각했기 때문이다. 나폴레옹이 탈레랑을 오래도록 몰아세웠다는 소문은 금세 퍼졌다. 당시 황제는 완전히 이성을 잃었지만, 탈레랑은 평정과 위엄을 잃지 않고 오히려 황제에게 굴욕을 주었다는 식이었다. 그 일로 사람들은 나폴레옹이 내리막길을 걷고 있다고 생각하게 되었다. 나중에 탈레랑은 이렇게 말했다. "그것이 바로 종말의 시작이었다."

해석 ——

정말로 그때가 종말의 시작이었다. 워털루 전쟁은 그로부터 6년 뒤의 일이지만 나폴레옹은 서서히 몰락의 수렁으로 빠져들고 있었고, 1812년의 러시아 침공은 대재앙이나 다름없었다. 탈레랑은 황제의 몰락을 처음으로 감지한 사람이었다. 특히 스페인과의 내전은 황제가 이미 분별력을 잃었다는 증거였다. 그리고 1808년에 외무장관은 향후 유럽의 평화를 위해선 나폴레옹이 사라져야 한다고 결론을 내렸다. 그래서 푸셰와 결탁해 음모를 꾸몄다.

노련한 두 정치가의 음모가 중도에 발각되어 수포로 돌아간 것을 보면 사실 그 음모는 단순히 나폴레옹을 약 올리려는 책략이었을지도 모른다. 나폴레옹이 실수를 저지르게 하려고 단순히 물을 흐렸을 뿐인지도 모르

Ceremony)》, A. L. 새들러 (A. L. Sadler), 1962

는데, 나폴레옹은 거기에 넘어가 완전히 이성을 잃고 말았다. 그로 인해 그는 대중적 이미지에 큰 타격을 입었다.

분노로 반응하면 바로 이런 문제가 생긴다. 화를 내면 사람들은 처음에 두려워하고 겁을 먹는다. 하지만 며칠 후 폭풍우가 잠잠해지면 다른 반응들이 고개를 든다. 사람들은 당신이 이성을 잃을 수 있다는 사실에 당황하고 불안해하며, 당신이 화나서 쏟아낸 말들에 원한을 품는다. 사람은 이성을 잃으면 지나치게 상대방을 몰아세운다. 그런 거센 공격이 몇 번 있고 나면 사람들은 당신에게 등을 돌리고 당신이 물러나기만을 기다릴 것이다.

가장 중요한 각료 둘이 음모를 꾸몄다는 소식을 접했을 때 나폴레옹이 화가 나고 불안해하는 건 당연했다. 하지만 이성을 잃고 극도로 화를 낸 것은 결과적으로 그의 절망감만 드러낸 셈이 되었다. 그것은 상황을 통제할 힘을 잃었다는 것과 다름없다. 강자는 결코 이런 식으로 약점을 내보이지 않는다.

나폴레옹은 다른 식으로 대처했어야 했다. 먼저 두 사람이 자신에게 등을 돌린 이유가 무엇인지 찬찬히 생각해보고, 둘의 이야기에 귀를 기울일 수 있다. 또 그들을 다시 자기편으로 만들거나 아니면 그들을 투옥시키거나 사형에 처해 자신의 권력을 과시할 수 있다. 하지만 나폴레옹은 노발대발하고 상대를 몰아붙이며 모욕을 줌으로써 후환을 남기고 말았다. 조용하고 확실하게 유대 관계를 끊으면 그만이다.

유념하라. 노발대발한다고 사람들이 겁먹거나 충성심을 갖지는 않는다. 당신의 권력에 의구심과 불안감만 가지게 될 뿐이다. 그런 식의 감정 폭발은 당신의 약점을 드러내 당신의 몰락을 재촉하는 경우가 많다.

법칙 준수 사례: 하일레 셀라시에의 노련한 정치

1920년대 말, 하일레 셀라시에(Haile Selassie)는 에티오피아의 통치권을 완전히 장악한다는 목표를 거의 이뤘다. 그가 보기에 에티오피아에는 강력하고 통합된 리더십이 필요했다. 당시 셀라시에는 선대 여왕의 의붓

딸이었던 자우디투(Zauditu) 여황제의 섭정이자 왕위 후계자로서 몇 년 동안 에티오피아의 다양한 군벌 세력을 약화시켜놓았다. 이제 그의 길을 가로막고 있는 장애물은 여황제와 그의 남편 라스 구그사(Ras Gugsa)뿐이었다. 셀라시에는 이 부부가 자신을 없애고 싶어한다는 걸 알았다. 그래서 그들이 음모를 꾸미지 못하도록 구그사를 에피오피아 북쪽 베게메데르 지역의 지사로 임명해 여황제가 사는 수도에서 떠나 있게 했다.

몇 년 동안 구그사는 지방관의 임무를 충실하게 해냈다. 하지만 셀라시에는 그를 믿지 않았다. 그는 구그사와 여황제가 복수의 칼을 갈고 있다는 것을 알았다. 셀라시에는 자신이 어떻게 해야 하는지를 잘 알았다. 구그사의 성미를 건드려 준비가 덜 된 채 행동에 나서게 하는 것이었다.

에티오피아 북쪽의 아제부 갈라스 부족은 몇 년 동안 왕권에 저항해왔다. 이들은 인근 촌락의 물건을 훔치고 약탈했으며 세금 내기를 거부했다. 셀라시에는 그들의 세력이 더 강성해지도록 놔두었다. 1929년, 셀라시에는 구그사에게 군대를 이끌고 가서 그들 골칫거리 부족을 치라고 명령했다. 구그사는 그러겠다고 했지만 속으로는 화가 부글부글 끓었다. 자신은 아제부 갈라스와 아무 원한도 없었고, 게다가 그런 명령을 받은 게 자존심이 상했다. 그는 군대를 조직하면서 추문을 퍼뜨렸다. 셀라시에가 교황과 한통속이 되어 에티오피아를 로마 가톨릭으로 개종시켜 이탈리아의 식민국가로 만들려 한다는 것이었다(에티오피아 국민들 대다수는 기독교와 이슬람교를 믿는다—옮긴이). 구그사의 군대는 급속히 불어났다. 1930년 3월, 3만 5천 명의 대군은 아제부 갈라스가 아닌 수도 아디스아바바를 향해 진군했다. 구그사는 자신감에 차서 이 전쟁이 셀라시에를 폐위시키고 진정한 기독교 국가로 거듭나기 위한 성전이라고 주장했다.

하지만 그는 그것이 자신을 잡으려는 덫임을 알지 못했다. 구그사에게 아제부 갈라스를 치라는 명령을 내리기 전에, 셀라시에는 에티오피아 교회를 자기편으로 만들어놓은 뒤였다. 그리고 구그사의 핵심 동맹자들을 뇌물로 매수해 전장에 나타나지 말라고 일렀다. 남쪽으로 행군하는 반란군의 머리 위로 비행기에서 전단지가 뿌려졌다. 교회의 수장들이 셀라시에를 에티오피아의 진정한 기독교 지도자로 인정하며, 구그사는 내란 획

책 혐의로 파문한다는 내용이었다. 성전의 명분은 심각하게 훼손되었다. 게다가 동맹군들이 전장에 나타나지 않자 사기가 꺾인 병사들은 달아나거나 전열에서 이탈해버렸다.

전투가 개시되자 반란군은 금세 무너졌다. 항복을 거부한 구그사는 전장에서 싸우다 목숨을 잃었다. 남편의 전사 소식에 충격을 받은 여황제는 며칠 만에 세상을 떠났다. 4월 30일 셀라시에는 스스로 '에티오피아 황제'임을 선포했다.

해석 ——

하일레 셀라시에는 늘 몇 수 앞을 내다보았다. 라스 구그사가 때와 장소를 골라서 반란을 일으키게 놔두었다간 큰 위험이 닥치리란 걸 알았다. 그래서 셀라시에는 남자의 자존심을 건드려 그가 반란을 일으키도록 몰아갔다. 구그사가 자신과 아무 원한도 없는 사람들을 상대로, 그것도 자신의 적을 위해 싸우도록 한 것이다. 향후 일이 어떻게 전개될지를 따져본 셀라시에는 구그사의 반란이 무위로 끝날 것이며, 마지막 남은 두 적을 제거하는 데 이를 활용할 수 있으리라 확신했다.

이 법칙의 정수는 이것이다. 물을 가만히 놔두면 적이 선수를 쳐서 상황을 장악하게 될 것이다. 따라서 물을 휘저어 물고기를 표면에 떠오르게 하라. 적이 준비를 채 갖추기 전에 움직이게 만들어 주도권을 빼앗는 것이다. 이때는 자존심, 허영심, 사랑, 증오 등의 통제하기 힘든 감정들을 이용하는 것이 최선책이다. 물을 휘저으면 물고기는 어쩔 줄 모르고 미끼를 향해 뛰어오를 것이다. 화를 내면 낼수록 그들은 통제력을 잃고 마침내는 당신이 만든 물살에 휩쓸려 익사할 것이다.

> 군주는 화 때문에 군대를 출정시키는 일이 없어야 하고,
> 지도자는 분노 때문에 전쟁을 일으키는 일이 없어야 한다.
>
> – 손자(孫子, 기원전 4세기)

2급 관료 긴요에게 료가쿠 스님이라는 형이 있었는데, 성질이 아주 고약했다. 그가 살던 절 옆에 커다란 팽나무 한 그루가 자라고 있었다. 사람들은 그 나무를 '팽나무 스님'이라 불렀다. 스님은 '당치도 않은 별명'이라며 나무를 베어버렸다. 그루터기가 아직 남아 있었기에 사람들은 그것을 '그루터기 스님'이라 불렀다. 료가쿠는 더욱 노발대발하며 뿌리째 뽑아버렸다. 그러자 시궁창 같은 커다란 구멍이 생겼고, 사람들은 그것을 '시궁창 스님'이라 불렀다.
– 《도연초》, 겐코, 14세기

권력의 열쇠: 냉철한 이성을 유지하라

화를 내는 사람들은 결국 어처구니없는 모습을 연출하게 마련이다. 이들은 상황을 너무 심각하게 받아들여 자신에게 가해진 상처나 모욕을 과장한다. 하지만 그런 모습은 균형 감각을 잃은 것처럼 보인다. 모욕에 너무 예민하게 반응하는 모습이 우스꽝스럽게 보이기까지 한다. 가장 터무니없는 오해는 화를 폭발시키는 것이 곧 권력이라 믿는 것이다. 하지만 사실은 그 반대다. 사나운 행동은 권력이 아니라, 무력하다는 표시다. 당신이 분노를 폭발시키면 사람들은 때때로 겁을 먹기도 하겠지만, 결국 당신은 존경심을 잃을 것이다. 또 그토록 통제력이 없으니 몰래 해를 가하기도 쉬울 거라고 생각할 것이다.

그렇다고 분노나 감정적인 반응을 억누르는 것이 능사는 아니다. 감정을 억누르면 에너지를 허비하고 자기도 모르게 이상한 행동을 할 수 있기 때문이다. 대신 우리의 관점을 바꿔야 한다. 사회라는 틀 속에서는 그리고 권력 게임에서는 그 어떤 것도 개인적으로 받아들여서는 안 된다는 것을 직시해야 한다.

사람들은 누구나 지금 이 순간이 닥치기 전에 일어난 일련의 사건들의 고리 속에 얽혀 있다. 우리의 분노는 어린 시절 겪은 문제에서 비롯되는 경우가 많은데, 그 문제는 또 우리 부모가 어린 시절 겪은 문제에서 비롯되는 경우가 많다. 이런 식으로 꼬리에 꼬리를 물고 이어진다. 우리의 분노는 다른 사람들과의 상호작용에 뿌리를 두고 있기도 하다. 사람과의 관계 속에서 느낀 실망감과 상처 따위에 말이다. 표면적으로는 어떤 개인이 분노를 일으키는 주범인 것 같지만, 사실 분노의 원인은 훨씬 복잡한 문제다. 만일 어떤 사람이 당신을 향해 화를 터뜨리면(그리고 그 화가 지나치면) 당신은 그 화가 온전히 당신만 향하고 있는 게 아님을 알아야 한다. 당신은 그렇게 대단한 존재일 리 없다. 훨씬 더 커다란, 오랫동안 쌓인 수십 가지 상처가 원인이다. 그리고 알고 보면 이는 신경 쓸 가치도 없는 일이다. 그것을 개인적인 원한으로 보지 말고, 막강한 수를 위장한 감정 분출로 보라. 당신을 통제하거나 응징하려는 시도인 것이다.

이렇게 관점을 바꾸면, 보다 명확하고 에너지가 넘치는 상태에서 권력 게임을 벌일 수 있다. 과민 반응을 해서 상대가 쳐놓은 감정의 덫에 걸리는 대신, 역으로 통제력을 잃은 그들을 당신에게 유리하게 이용하라. 상대방은 이성을 잃고 당신은 이성을 잃지 않은 상황을 말이다.

3세기경, 중국의 삼국시대에 중요한 전투가 펼쳐지고 있었다. 조조(曹操)의 책사들이 장군 몇몇이 적군과 내통한 문서를 발견하고서는 이들을 붙잡아 처형시키라고 종용했다. 하지만 조조는 문서를 불살라버리고 그일을 잊어버리라고 명했다. 전투가 한창인 이 중대한 시기에 진영을 들쑤셔 시시비비를 가려서 좋을 일이 없었기 때문이다. 그가 화를 내면 장군들의 배반에 이목이 집중될 것이고, 그러면 군대의 사기가 떨어질 것이었다. 시시비비는 나중에 따지고 혐의가 있는 장군들은 적당한 때에 처리하면 된다. 조조는 이성을 잃지 않고 올바른 결정을 내렸다.

이 모습을 나폴레옹이 탈레랑에게 보인 반응과 한번 비교해보자. 나폴레옹은 음모 사건을 감정적으로 대응하지 말고 조조처럼 승부를 걸었어야 했다. 자신의 행동이 낳을 모든 결과를 꼼꼼히 따져봐야 했다. 아마도 탈레랑을 무시하거나, 그를 서서히 권력에서 몰아내 나중에 응징하는 것이 결국에는 더 강력한 힘을 발휘했을 것이다.

분노를 터뜨리면 선택지만 줄어들 뿐이고, 권력자는 선택지 없이는 강성해질 수 없다. 문제에 감정적으로 대응하지 않도록 스스로를 훈련시키고 나면, 엄청난 권력을 손에 넣을 수 있는 위치에 서게 된다. 이제는 당신이 다른 사람들의 감정적 반응을 이용하면 되기 때문이다. 남자답지 못하다고 자극하거나, 사람들 면전에서 승리를 쉽사리 손에 쥘 수 있다고 유혹하면, 불안한 사람들은 마음이 동요되어 서둘러 행동에 나선다. 마술사 후디니는 자신보다 덜 알려진 클레퍼니가 도전해왔을 때, 뻔해 보이는 약점을 드러내 작전에 말려들게 했다. 그러면 적을 손쉽게 해치울 수 있다. 상대방이 자만심에 차 있을 때도 당신이 실제보다 약한 것처럼 가장해 적이 서둘러 행동에 나서도록 부추겨라.

제나라 군대의 책사이자 손자의 사상을 충실히 따랐던 손빈(孫臏)이 군대를 이끌고 위나라를 치러 갔다. 당시 위나라 군대는 제나라 군대의 두 배였다. 손빈은 이렇게 제안했다. "군대가 위나라에 들어가는 날에는 아궁이를 10만 개 걸고, 이틀째에는 그것을 5만 개로 줄이고, 사흘째에는 3만 개만 남겨놓기로 합시다." 사흘째가 되었을 때 위나라 장군이 소리쳤다. "제나라 병사들은 겁쟁이로구나. 적진에 온 지 사흘밖에 안 되었는데 벌써 절반 이상이 도망갔으니!" 그래서 장군은 중무장해 움직임이 느린 기병대는 뒤에 남겨놓은 채, 가볍게 무장한 군대를 이끌고 제나라 진영으로 재빨리 쳐들어갔다. 손빈의 군대는 퇴각하는 척하며 위나라 군대를 좁은 길로 끌어들였다. 거기에 매복해 있던 제나라 군사들이 위나라 군사들을 박살내버렸다. 손빈은 나머지 군대를 손쉽게 쳐부술 수 있었다.

마지막으로, 성급한 사람을 상대할 때 최선책은 아무 반응을 하지 않는 것이다. 탈레랑의 전술을 본받아라. 자기는 이성을 잃고 있는데 상대방은 아무렇지 않게 냉정을 유지하고 있으면 바짝 약이 오른다. 이렇게 상대방을 불안하게 만들어 유리한 입지를 확보하면, 귀족이라도 되는 듯 만사가 지루하다는 태도를 취하라(단, 조롱이나 의기양양한 태도 말고 그저 무관심해 보여야 한다). 그러면 상대방은 불같이 화를 낼 것이다. 상대방이 감정적 동요에 휘말려 이성을 잃으면 당신은 여러 번 승리를 거머쥘 수 있다. 상대방이 유치하게 구는 와중에 당신은 품위와 평정을 잃지 않는 것도 그런 승리의 순간 중 하나다.

| **이미지** | 물고기가 있는 연못. 물이 맑고 고요하면 물고기는 깊숙한 물속에서 나오지 않는다. 물을 휘저어라. 그러면 물고기가 나타날 것이다. 물을 좀더 휘저으면 물고기는 화가 나서 표면으로 뛰어올라 가까이 다가오는 건 뭐든 다 물려 할 것이다. 새로 미끼를 끼운 낚싯바늘까지도.

| **근거** | 적이 화를 잘 낸다면, 그를 자극하라. 적이 자만심에 차 있다면, 그의 자만심이 고개를 들게 만들어라. …… 적을 움직이는 데 능한 자는 적이 행동에 나설 만한 상황을 만든다. 적이 덤벼들 무언가로 유혹하는 것이다. 미끼를 내밀고 적을 계속 움직이게 한 후 정예 군대를 이용해 공격한다.

ㅡ 손자(기원전 4세기)

뒤집어보기

사람의 감정을 이용할 때는 신중해야 한다. 사전에 적을 면밀히 연구하라. 어떤 물고기는 건드리지 않고 연못 바닥에 내버려두는 것이 좋다.

고대 페니키아의 수도 티레의 지도자들은 알렉산드로스 대왕의 공격에도 끄떡없다고 자신했다. 동양을 정복한 알렉산드로스 대왕은 티레를 공격했지만, 도시는 물 위에 자리 잡고 있어 방어가 튼튼했다. 그들은 알렉산드로스에게 사절을 보내 그가 황제인 것은 인정하지만 티레에 들어오지는 못할 거라고 전했다. 이 말에 알렉산드로스는 진노해서 즉각 포위 공격에 나섰다. 4개월이 지나도 끄떡없자 알렉산드로스도 더 이상 싸움이 가치 없다 여기고 티레와 협정을 맺기로 했다. 하지만 이미 알렉산드로스를 약 올리는 데 성공했고, 그를 막아낼 수 있다는 생각에 티레인들은 협상을 거부하고 알렉산드로스가 보낸 사절을 죽이기까지 했다.

그러자 알렉산드로스는 화가 머리끝까지 치밀었다. 이제 포위 공격이 얼마나 오래갈지, 거기에 얼마나 많은 군대가 필요할지는 중요하지 않았다. 어떻게 해서든 티레를 손에 넣을 작정이었다. 이렇게 알렉산드로스가 단단히 결심하고 공격하자 티레는 며칠 만에 잿더미로 변했고 시민들은 노예로 팔려갔다.

당신도 손빈처럼 강자를 약 올려 그가 가진 힘을 분산시킬 수 있다. 하지만 그 전에 먼저 물을 살펴봐야 한다. 빈틈을 찾아야 하는 것이다. 빈틈이 없는 적을(즉 도저히 무너뜨릴 수 없는 적을) 건드렸다간 아무것도 얻지 못하고 오히려 모든 것을 잃게 될 것이다. 신중하게 약 올릴 상대를 고르라. 절대 상어를 건드리지 말라.

마지막으로 타이밍을 잘 잡아 분노를 터뜨리는 게 당신에게 좋을 때도 있다. 하지만 이때도 분노를 사전에 계산하고 적절히 통제할 줄 알아야 한다. 그러고 나서야 정확히 어떻게, 또 누구에게 화를 터뜨릴지 결정할 수 있다. 장기적으로 당신에게 불리하게 작용할 반응은 절대 자극하지 말라. 또 벼락처럼 화내는 일은 가급적 줄여야 그런 화가 더욱 위협적이고 의미 있다. 의도적으로 연출한 것이든 아니든, 너무 자주 화를 분출하면 약발이 서지 않는다.

Law
04

이미지와 상징을 앞세워라

...

권력의 아우라

인상적인 이미지와 웅대한 상징은 권력의 아우라를 창출한다.

모두가 그에 반응하지 않을 수 없다는 뜻이다.

당신을 둘러싼 사람들에게 멋진 광경을 보여주어라.

흥미로운 볼거리와 찬란한 상징은 당신의 존재감을 드높여준다.

이런 광경에 취하면 사람들은 당신이 진짜 하려는 일을

눈치 채지 못할 것이다.

법칙 준수 사례 1: 베를린의 달 의사

1780년대 초반 베를린에는 바이슬레더(Weisleder) 박사가 신기하고도 굉장한 의술을 행한다는 소문이 파다했다. 그가 커다란 비어홀을 개조해 그곳에서 기적을 연출하면서 장님, 절름발이 등 일반 의학으로 고칠 수 없는 병을 가진 사람들이 그를 찾아왔다. 환자를 달빛에 쏘여 치료를 한다고 해서 사람들은 그를 '베를린의 달 의사'라고 불렀다.

1783년, 바이슬레더 박사가 끔찍한 병에 걸린 부잣집 여자를 고쳤다는 말이 돌았다. 그는 단숨에 유명인사가 되었다. 전에 그의 환자들은 누더기를 걸친 빈민들이 대부분이었지만 이제 해가 뉘엿뉘엿 지기 시작하면 고급 마차가 당도하고 프록코트를 걸친 신사들과 커다란 머리장식을 한 부인들이 줄을 지었다.

비어홀 안에 들어서면 기이하고도 흥분되는 광경이 방문객을 맞았다. 입구에는 각계각층의 사람들과 온갖 인종이 발 디딜 틈 없이 꽉 들어차 있어 그야말로 바벨탑을 이루었다. 비어홀의 북쪽에 난 기다란 창문에서는 반짝이는 은색 달빛이 묘한 각도에서 쏟아져 들어왔다. 의사와 그의 아내(그녀 역시 치료 능력을 갖고 있는 것처럼 보였다)가 시술을 하는 곳은 2층이었고, 이곳에 가려면 홀 끝자락에 있는 계단을 이용해야 했다. 환자들이 서 있는 줄이 계단에 가까워지면 위층에서 고함이나 비명소리가 들려왔고, 장님이었던 신사가 갑자기 눈을 떴다는 이야기가 입에서 입으로 전해졌다.

위층에 올라가면 줄은 두 갈래로 나뉘었다. 한쪽은 의사가 있는 북쪽 방을 향하고, 다른 한쪽은 여자들만 치료하는 남쪽 방을 향했다. 몇 시간 기다린 끝에야 남자 환자들은 마침내 그 놀라운 의사 앞에 갈 수 있었다. 반백의 머리가 듬성듬성 나 있는 나이 지긋한 노인은 예민해 보였다. 그는 환자를(가령 아버지의 손을 잡고 온 어린 소년을) 데려다 아픈 부위의 옷을 벗긴 후, 달빛이 비쳐드는 창 쪽으로 들어올렸다. 그러고는 상처 부위나 병이 난 곳을 손으로 문지르면서 알아들을 수 없는 말을 중얼거리고 의미심장한 얼굴로 달을 바라보았다. 이 과정이 끝나면 치료비를 받은 후 환자를 집으로 보냈다. 남쪽 방에서도 여자 환자들을 상대로 똑같은 일이 벌어졌다. 생각해보면 이상한 일이었다. 달이 동시에 두 곳에 나타날 수는, 즉 달이 두 방의 창문 모두에서 보일 수는 없었으니 말이다. 하지만 달을 그저 떠올리거나, 달을 상징하는 것만으로도 충분했던 모양이다. 치료를 받은 여자들은 불평이 없었고 나중에는 달 의사의 아내 역시 그와 똑같은 치유 능력을 갖고 있다고 장담했다.

해석 ─

바이슬레더 박사는 의학에는 문외한이었을지 모르지만, 인간 본성만큼은 잘 이해하고 있었다. 그는 사람들이 항상 말이나 합리적 설명을 필요로 하는 것은 아니며, 과학의 힘을 꼭 눈으로 보여줘야 하는 것도 아님을 알고 있었다. 사람들은 감정에 호소해주길 원했다. 그러면 나머지는 사람들이 다 알아서 한다. 지구에서 약 25만 마일 떨어진 바위 덩어리에 반사된 빛으로 자신의 병이 낫는다고 상상하는 식으로 말이다. 바이슬레더 박사는 약을 마련할 필요도, 달의 힘에 관해 구구절절 설명할 필요도, 달빛을 증폭시키는 우스꽝스러운 장치를 구할 필요도 전혀 없었다. 연출은 단순할수록 좋았다. 창문으로 쏟아져 들어오는 달빛과, 천상으로 이어지는 듯한 계단과, (눈에 직접 보이든 보이지 않든) 달빛만 있으면 충분했다. 그 외에 다른 장치가 더해지면 달빛의 효과가 떨어질 뿐이었다. 달은 인류 역사 이래 공상의 주된 원천이 될 정도로 강력한 존재였다. 바이슬레더 박사는 그저 자신을 달의 이미지와 연관시키는 것만으로 힘을 얻어냈다.

유념하라. 권력을 얻고자 할 때는 지름길을 잘 골라야 한다. 당신은 항상 사람들의 의구심을 피할 수 있어야 한다. 당신의 뜻에 따르지 않으려 하는 사람들의 고집스러운 열망을 말이다. 이때 이미지는 효과적인 지름길이다. 이미지는 의심과 반감의 근원지인 머리에 가 닿는 게 아니라, 가슴에 직접 가 닿기 때문이다. 이미지는 눈을 압도하여 강력한 연상을 일으키며, 사람들을 한데로 끌어 모아 감정의 동요를 일으킨다. 두 눈에 새하얀 달빛만 비춰주면 당신의 먹잇감은 두 눈을 똑바로 뜬 채 당하는 셈이다.

그때 안토니우스가 클레오파트라를 저녁식사에 초대한다는 전갈을 보냈다. 하지만 클레오파트라는 안토니우스가 자신을 찾아오는 것이 더 좋겠다고 생각했다. 안토니우스는 ……그 청을 받아들이고는 클레오파트라에게 갔다. 안토니우스를 맞이하기 위한 준비는 말로 표현할 수 없을 정도로 대단했다. 무엇보다 놀란 것은 엄청나게 많은 동물이다. 수많은 불빛이 지붕과 사방에서 동시에 비치고 있었다. 또 불빛들이 서로 엮어서 장관을 연출했다. 사각형을 이루는 것이 있는가 하면 원을 이루고 있는 것들도 있었다. 동물로 기막힌 장관을 연출하여 눈을 이렇게 즐겁게 할 수는 없을 것이었다.
– 《안토니우스의 생애(Life of Antony)》, 플루타르코스(Plutarchos, 46~120년경)

법칙 준수 사례 2: 사냥의 여신, 디아나의 환생

앙리 2세(Henri II)는 왕세자 시절이었던 1536년에 첫 번째 정부 디안 드 푸아티에(Diane de Poitiers)를 만났다. 노르망디 지사의 미망인이었던 디안은 당시 서른일곱 살이었다. 앙리는 혈기왕성한 열일곱 살이었다. 처음에 둘의 관계는 앙리가 디안에게 열정적으로 정신적인 사랑을 쏟아붓는 플라토닉 러브로 보였다. 하지만 곧 앙리는 아내인 카트린 드 메디시스보다 디안의 침실을 더 자주 찾았다.

1547년, 앙리가 왕위에 올랐을 때 디안 드 푸아티에는 벌써 마흔여덟 살이었다. 정부로서는 치명적 위협이었다. 냉수 목욕을 하고 젊음의 묘약을 마신다는 소문에도 불구하고 나이를 속일 순 없었다. 앙리는 다시 왕비의 침실로 돌아갈 수도 있었고, (이전의 다른 왕들이 그랬던 것처럼) 새로운 정부를 들일 수도 있었다. 앙리는 스물여덟 살에 불과했고, 용모도 늠름했다. 하지만 디안은 쉽게 포기하지 않았다. 그녀는 지난 11년 동안 그랬던 것처럼 앙리를 계속 사로잡을 작정이었다.

디안의 비밀무기는 상징과 이미지였다. 디안은 늘 이것에 지대한 관심을 기울였다. 앙리의 정부가 된 초반부터 그녀는 자신과 앙리의 이름 이니셜로 상징을 만들어 둘의 결합을 나타냈다. 이 아이디어는 앙리에게도 주문처럼 작용했다. 앙리는 자신의 궁정 예복 및 기념물, 루브르 박물관 정면, 파리의 왕궁 등 어디에나 이 상징을 붙였다. 디안은 검정과 흰색 옷만 입었고, 상징에도 가급적이면 이 색깔들을 이용했다. 누구나 그 표장과 그 안에 담긴 뜻을 알아보았다. 앙리가 왕이 되자 디안은 한 걸음 더 나아갔다. 자신과 이름이 비슷한 로마의 여신 디아나의 분신이 되기로 마음먹은 것이다. 디아나는 왕실의 전통적인 오락거리이자, 앙리가 좋아하는 사냥의 여신이었다. 디아나가 르네상스 시대 예술에서 순결과 정숙을 상징한다는 점도 중요했다. 디안 같은 여자가 디아나 여신의 분신이 되면, 프랑스 왕궁에 정숙의 이미지를 심어 존경심을 일으킬 수 있었다. 그것이 앙리와의 '정숙한' 관계를 상징해주면, 과거 간통을 일삼던 정부들과는 격이 달라질 것이었다.

디아나의 분신이 되기 위해 디안은 먼저 아네에 있는 자신의 성을 완전히 개조했다. 그녀는 궁전을 완전히 허물고 그 자리에 로마 시대 사원 양식을 따라 도리아식 기둥이 들어간 장대한 건물을 세웠다. 노르망디산(産) 새하얀 석재에는 검정색 규소가 점점이 박혀 있어 디안의 트레이드마크인 검은색과 흰색을 나타냈다. 기둥과 문, 창문, 카펫에는 그녀와 앙리의 이름 첫 자를 딴 문양을 장식했다. 그리고 성문과 건물 정면에 디아나 여신을 상징하는 초승달과 수사슴, 사냥개를 장식했다. 건물 내부에는 디아나 여신의 이야기가 담긴 거대한 태피스트리가 바닥과 벽을 덮었다. 정원에는 구종이 만든 유명한 조각상 '정숙한 디안'이 서 있었다. 현재 루브르 박물관에 있는 이 조각상은 디안 드 푸아티에를 쏙 빼박은 모습이다. 이 외에도 디아나의 모습을 담은 그림들과 각종 예술품을 성 구석구석에 배치했다.

앙리는 아네 성을 보고 압도되었고, 디안 드 푸아티에의 이미지를 로마 여신으로 떠받들게 되었다. 1548년 왕실 행사에 참석하기 위해 앙리와 디안이 나란히 리옹을 찾았을 때, 시민들은 사냥하는 디아나 여신의 그림으로 두 사람을 환영했다. 당대 프랑스 최고의 시인이었던 피에르 드 롱사르도 디아나 여신을 칭송하는 시를 썼다. 이처럼 디안 때문에 디아나 여신을 숭배하는 풍조가 일기 시작했다. 앙리는 그녀를 평생 숭배하는 것을 자신의 운명처럼 느꼈다. 그는 1559년에 죽을 때까지 그녀에게만 충실했다. 그녀를 공작부인으로 봉하고, 많은 재물을 주었으며, 자신의 처음이자 마지막이었던 정부에게 거의 종교적인 헌신을 보여주었다.

해석 ——

디안 드 푸아티에는 평범한 중산층 출신이었지만 20년 넘게 앙리를 사로잡을 수 있었다. 앙리가 세상을 떠날 즈음 디안은 예순 살을 훌쩍 넘은 나이였지만, 디안에 대한 앙리의 헌신은 식을 줄 몰랐다. 디안은 왕을 잘 알고 있었다. 그는 머리 쓰는 일보다 야외 활동을 사랑했다. 특히 화려한 페넌트(가늘고 긴 삼각기—옮긴이)와 멋지게 성장(盛裝)한 말과 아름답게 차려입은 여인들이 함께 하는 마상 창 시합을 좋아했다. 디안에게는 시각적 화려함을 좋아하는 앙리의 모습이 순진한 어린아이처럼 보였고, 언

교토 북부에 사카모토야 헤차구안이라는 남자가 살고 있었다. 도요토미 히데요시가 1588년 10월 기타노에서 대규모 다도회를 열었을 때, 헤차구안은 길이 7피트의 막대기 위에 반경 9피트나 되는 커다란 빨간색 양산을 만들어 세웠다. 손잡이 주변에는 2피트 길이의 갈대로 담장을 둘렀다. 갈대 담장에 햇살이 반사되어 양산의 빛깔이 사방으로 퍼져나가는 식이었다. 히데요시는 이 양산을 보고 아주 흡족하게 여겨 헤차구안의 세금을 면제해주었다.
— 《일본의 다도》, A. L. 새들러, 1962

제든 기회만 있으면 이 약점을 이용했다.

디안의 기지가 가장 돋보였던 부분은 디아나 여신의 이미지를 끌어온 것이다. 이로써 디안은 승부를 물리적 차원에서 정신적 상징 차원으로 끌어올렸다. 일개 왕의 정부가 권력과 순결의 상징이 된다는 것은 지극히 힘든 일이었지만 디안은 그 일을 해냈다. 여신의 이미지가 받쳐주지 않았다면 디안은 늙어가는 정부에 불과했을 것이다. 어깨 양편에 여신 디아나의 이미지와 상징을 단 덕분에 그녀는 숭배해야 할 신화적 인물로 보였다.

당신 역시 이러한 이미지를 이용할 수 있다. 디안이 자기만의 색깔과 이름 문양을 이용한 것처럼, 당신을 상징하는 시각적인 단서들을 만들어 내라. 그러한 트레이드마크를 확립해 당신의 격을 높여라. 그다음에는 승부를 한 차원 끌어올려야 한다. 과거에서 당신의 상황에 꼭 들어맞을 이미지나 상징을 찾아내 그것들을 망토처럼 어깨에 두르고 다녀라. 그러면 당신은 실제보다 더 커 보일 것이다.

> 태양은 조신(朝臣)처럼 주위에 늘어선 다른 별들에 빛을 비춰준다. 모두에게 공평하게 똑같이 빛을 비춘다. 생명을 움트게 하고 기쁨과 활기를 일으키는 태양은 모든 곳에 혜택을 준다. 그리고 변함없이 항상 똑같다. 그래서 나는 태양을 위대한 지도자를 나타내는 가장 장엄한 이미지로 선택했다.
>
> – 태양왕 루이 14세(1638~1715)

권력의 열쇠: 이미지와 상징을 앞세워라

당신이 처한 상황을 말로 호소하는 것은 위험천만한 일이다. 말은 위험한 도구인 데다 종종 엇나가기 때문이다. 사람들이 말로 설득을 하면, 우리는 십중팔구 나름의 말로 그 내용을 곱씹다가 결국엔 정반대로 생각해버리는 경우가 많다. (바로 이런 부분 때문에 인간 본성이 괴팍하다는 것이다.) 또 말은 우리에게 해를 입히기도 한다. 말은 화자의 의도와 무관한 어떤 생각들을 불러일으키기 때문이다.

반면 시각적 이미지는 복잡하게 얽힌 말의 미로를 단숨에 통과한다. 감정적 호소력을 갖고 즉각 가 닿기 때문에, 내용을 곱씹거나 의심할 틈을 주지 않는다. 음악처럼 시각적 이미지도 합리적이고 이성적인 사고를 거칠 필요가 없다. '달 의사' 바이슬레더 박사가 자기 의술의 정당성을 입증하려 했다고 해보자. 자신을 믿지 않는 사람들에게 달이 가진 치유력을, 그리고 자신이 하늘 높이 떠 있는 물체와 연관이 있다는 사실을 말로 납득시키려 했다면 과연 성공할 수 있었을까. 영리하게도 그는 말이 필요 없는 대단한 장관을 연출할 줄 알았다. 환자들이 비어홀에 들어서는 순간 보이는 달의 모습만으로도 충분히 많은 메시지가 전해졌다.

숙지하라. 말을 하면 수세에 몰린다. 스스로에게 설명이 필요한 순간, 당신의 권력은 이미 의심을 받고 있는 것이다. 반면 이미지는 스스로 당위성을 가진다. 이미지는 의심받을 일이 없고, 강력한 연상 작용을 일으키며, 의도와 어긋난 해석을 허용하지 않는다. 또 즉각 의사 전달이 되며, 사회적 차이를 뛰어넘는 유대감을 구축해준다. 말이 논쟁과 분열을 일으킨다면, 이미지는 사람들을 한데 결집시킨다. 이미지는 권력을 쥘 때 빠져서는 안 될 도구다.

상징도 똑같은 힘을 지닌다. 이때 상징은 (디아나 조각상처럼) 시각적인 것이든 ('태양왕'이란 말처럼) 시각적인 이미지를 말로 표현한 것이든 상관없다. 상징물은 ('디아나'의 이미지가 정숙을 상징한 것처럼) 추상적인 무언가를 더 나타내게 된다. 순결, 애국심, 용기, 사랑 같은 추상적인 개념엔 감정적이고 강력한 연상을 일으킬 여지가 다분하다. 상징은 표현의 지름길로, 하나의 단순한 어구나 물건에 수십 가지 의미가 들어갈 수 있다. 루이 14세가 설명한 것처럼 태양왕이라는 상징은 여러 층위에서 해석이 가능하다. 하지만 그 상징의 묘미는 태양이 가지는 여러 의미를 굳이 설명할 필요가 없다는 것이다. 태양은 백성들의 마음에 직접 가 닿아, 그를 다른 왕들과 구별시켜주었으며, 말로는 도저히 불가능했을 위엄을 갖게 해주었다. 상징에는 헤아릴 수 없이 많은 힘이 들어 있다.

상징과 이미지를 이용하는 첫 번째 단계는 오감 중에서도 시각이 막강한 힘을 가진다는 사실을 이해하는 것이다. 르네상스가 일어나기 전만

해도, 시각은 (미각, 촉각 등의) 다른 감각과 비슷한 수준으로 작용하는 것으로 알려졌다. 하지만 르네상스 시대 이후로는 시각이 다른 감각들을 압도하게 되었다. 사람들은 무엇보다 시각에 의존했다. 발타사르 그라시안은 "진실은 일반적으로 눈에 보이는 '것이지, 귀에 들리는 일은 거의 없다"고 말했다. 르네상스 시대의 이탈리아 화가 프라 필리포 리피는 무어인들에게 포로로 잡혀 노예가 되었을 때, 하얀 벽에다 목탄으로 주인의 모습을 그려 자유를 얻었다. 말로 설득하는 것보다 이미지 하나가 강력한 힘을 발휘한 것이다.

당신은 사물을 시각적으로 배열하는 방법에 대해서 항상 관심을 가져야 한다. 예를 들어 색깔 같은 요소는 엄청난 상징 효과를 지닌다. 사기꾼 옐로 키드 베일은 자신의 가짜 주식을 선전하는 뉴스레터에 '빨간 글씨 뉴스레터'라는 이름을 붙이고는, 상당한 비용을 들여 빨간색 잉크로 인쇄를 했다. 이 색깔에서는 위급성과 힘, 행운이 느껴졌다. 베일은 사기를 칠 때 이런 세세한 부분이 핵심적 열쇠가 된다는 걸 알았다(오늘날 광고나 매스마케팅 일을 하는 사람들도 마찬가지다). 어떤 물건을 팔 때 물건 제목에 '금'이란 말을 사용한다면 그 부분을 금색으로 인쇄하라. 사람들은 말보다 색깔에 더 반응할 것이다.

시각적 이미지는 커다란 감정적 힘을 지닌다. 로마 황제 콘스탄티누스(Constantinus)는 태양을 신으로 숭배했다. 그러던 어느 날 하늘을 올려다보았는데, 태양 위에 십자가가 겹쳐져 있는 게 보였다. 그는 이것을 새로운 종교가 세력을 떨치리란 뜻으로 해석했다. 그래서 얼마 후 자신은 물론이고 로마 제국을 기독교로 개종시켰다. 그 어떤 설교나 전도도 그보다 더 막강한 힘을 발휘하진 못했을 것이다. 오늘날 이렇게 곧바로 메시지를 전달할 수 있는 이미지와 상징을 찾아 당신과 연결시켜라. 그러면 당신은 큰 힘을 얻게 된다.

그 중에서도 새로운 조합을 사용하는 것이 효과적이다. 여러 이미지와 상징을 섞어 여태껏 한 번도 본 적 없는 것을 만들어내라. 단 당신의 새로운 생각과 메시지, 신앙을 명확히 드러내야 한다. 이렇게 과거의 것에서 새로운 이미지와 상징을 만들어내면 낭만적인 효과가 발생한다. 그것을 본 사람들의 연상 작용이 활발해져 창조 작업에 동참하고 있다는 느낌이 들기 때문이다.

시각적 이미지에서 순서는 매우 중요하다. 예를 들어 가장 먼저 나타나는 것은 권력을 상징한다. 그 이미지를 한가운데 놓으면 중심적 위치를 차지하는 것처럼 보인다.

2차 세계대전이 끝나갈 무렵 아이젠하워(Eisenhower) 장군은 미군 부대에게 나치로부터 해방된 파리로 들어갈 때 연합군의 진두에 서라고 명령했다. 하지만 프랑스의 샤를 드골(Charles de Gaulle) 장군은 그렇게 되었다간 프랑스의 운명을 미국인들에게 맡기는 꼴이 될 거란 사실을 깨달았다. 그래서 교묘한 작전을 써서 자신과 프랑스 제2기갑사단이 해방군의 진두에 설 수 있도록 했다. 이 전략은 효과가 있었다. 이 어려운 작전을 무사히 성공시키자 연합군은 그를 프랑스 독립국의 새 지도자로 대우해주었다. 드골은 리더라면 반드시 군대 맨 앞에 서야 한다는 사실을 알고 있었다. 리더가 필요로 하는 감정적 반응을 불러일으키는 데는 그러한 시각적 효과가 중요한 것이다.

상징으로 승부를 벌이는 상황이 여의치 않을 수도 있다. '태양왕' 노릇을 하거나 디아나 여신의 망토를 어깨에 두르는 게 더 이상 불가능해질 수도 있다는 이야기다. 하지만 그럴 때도 우회적으로 자신을 그런 상징과 연관시킬 수 있다. 최근 인물들을 통해 당신의 신화를 만들어내면 된다. 지금은 편안히 잠들어 있지만 대중의 눈에 여전히 막강한 힘을 발휘하는 사람으로 말이다. 여기에 담긴 뜻은 스스로에게 아우라를 입히라는 것이다. 당신의 진부하고 평범한 외양으로는 만들어지지 않는 풍채를 말이다. 디안 드 푸아티에는 혼자서는 그렇게 뿜어져 나오는 듯한 힘을 지닐 수 없었지만 디아나 여신의 상징 덕에 인간의 운명을 뛰어넘는 신성한 존재로 보일 수 있었다.

상징을 이용하면 사람들 마음을 상하게 하지 않는다는 이점도 있다. 상징이 잔인한 말보다 부드러운 경우가 많기 때문이다. 심리 치료사 밀턴 H. 에릭슨 박사는 항상 메시지를 전할 수 있는 상징과 이미지를 찾으려 애썼다. 그는 환자를 대할 때 문제와 관련 없는 이야기를 꺼내곤 했다. 예를 들면 1950년대 치료 활동을 했던 애리조나 주에서 차를 몰고 사막을 통과한 이야기를 하는 식이었다. 그런 경험을 이야기하다 보면 결국 그 사람의 문제로 짐작되는 것에 대한 적절한 상징을 찾을 수가 있었다. 예를 들어 환자가 고립감을 느낄 경우, 에릭슨 박사는 나무가 홀로 서 있으면 바람에 만신창이가 된다는 이야기를 하곤 했다. 나무를 상징으로 삼아 감정적 고리를 만들면 환자는 마음을 열고 박사의 질문에 응했다.

이 상징의 힘을 팀이나 군대를 집결시켜 사기를 북돋우고 단결시키는 방편으로 활용하라. 1648년 프랑스에서 반란이 일어났을 때 왕당파들은 반역자들을 (조그만 아이들이 덩치 큰 아이를 겁줄 때 쓰는) '새총(프랑스어로 Fronde)'에 비유하며 깎아내렸다. 레츠 추기경은 이 험담을 역으로 이용해 반란군의 상징으로 삼았다. 이제 반란은 프롱드의 난으로, 반란군들은 프롱드당으로 알려졌다. 그리고 모자에는 새총을 상징하는 장식 띠를 달기 시작했고, 새총은 반란군의 집결 구호가 되었다. 새총을 상징으로 삼지 않았다면 반란은 십중팔구 흐지부지되고 말았을 것이다. 항상 당신의 대의를 나타내주는 상징을 찾아라. 감정적 연상 작용이 강하면 강할수록 좋다.

이미지와 상징을 활용하는 가장 좋은 방법은 상징을 조합해 웅장한 장관을 연출하는 것이다. 사람들이 넋을 놓고 팍팍한 현실을 잊을 수 있을 정도로 말이다. 이는 어렵지 않은 일이다. 사람들은 웅장하고, 화려하고, 실물보다 큰 것을 좋아한다. 감정에 호소하면 사람들은 당신이 연출한 장관을 보려고 앞 다투어 몰려들 것이다. 시각적 이미지야말로 사람들의 마음에 와닿는 가장 손쉬운 길이다.

| **이미지** | 십자가와 태양. 십자가 수난과 환하게 내뿜는 광채. 이 두 가지가 서로 겹쳐지면, 새로운 실재가 형상을 갖춘다. 새로운 힘이 세력을 떨치게 되는 것이다. 이러한 상징에는 설명이 필요 없다.

| **근거** | 사람들은 항상 사물의 피상적인 겉모습에서 강한 인상을 받는다.

…… 제후는 때를 잘 골라서 백성에게 바쁜 일을 시키기도 하고 축제나 구경거리를 만들어 만사를 잊게도 해야 한다.

– 니콜로 마키아벨리(1469~1527)

뒤집어보기

이미지와 상징을 무시하고 권력을 손에 쥘 수 있는 경우는 없다. 이 법칙에는 반증 사례가 없다.

목숨을 걸고 평판을 지켜라

...

대중의 지지

평판은 권력의 초석이다.

평판 하나만으로도 상대를 위협하고 승리를 거둘 수 있다.

하지만 일단 평판에 흠집이 나면

당신은 취약해지고 사방에서 공격을 받게 된다.

평판을 훼손하려는 공격 가능성에 늘 대비하고 미연에 방지하라.

한편 적의 평판에 구멍을 냄으로써

적을 파멸시키는 방법을 익혀라.

적의 평판에 일격을 가한 후에는 옆으로 비켜서서

적이 여론의 물매를 맞고 거꾸러지는 모습을 지켜보라.

법칙 준수 사례 1: 100명의 군사로 대군에 맞선 제갈량

중국 삼국시대(207~265년)의 전쟁이 한창일 때, 촉나라 군대를 이끌던 명장 제갈량(諸葛亮)은 대군을 멀리 파견하고 자신은 일단의 병사들과 함께 작은 마을에서 휴식을 취했다. 그때 보초들이 황급히 달려오더니 15만에 달하는 사마의(司馬懿)의 적군이 다가오고 있다는 소식을 전했다. 겨우 100명의 병사들을 가지고 적군을 맞는다는 것은 역부족이었다. 제갈량이 아무리 명장이라고는 하지만 생포될 게 분명했다.

하지만 제갈량은 운명을 한탄하며 시간을 낭비하지 않았다. 그는 곧바로 병사들에게 깃발을 내리고 성문을 열어젖힌 다음, 숨어 있으라고 명령했다. 그런 다음 자신은 도복(道服)을 입은 채로 성벽 위 가장 눈에 띄는 곳에 앉았다. 제갈량은 향을 피우고 현악기를 연주하며 노래를 부르기 시작했다. 몇 분 후, 적의 군대가 끝없는 행렬을 이루며 몰려왔다. 제갈량은 못 본 체하고 계속 악기를 연주하며 노래를 불렀다.

곧 적군이 성문 앞에 멈춰 섰다. 적장 사마의는 성벽에 앉아 있는 사람을 금방 알아보았다.

적의 병사들은 수비도 없이 활짝 열린 성문 안으로 밀고 들어갈 태세였지만 사마의는 더 이상 나아가지 않고 머뭇거리며 제갈량을 살펴보았다. 그런 다음 즉각 회군하라고 명령했다.

해석 ──

'와룡(臥龍)'으로 알려진 제갈량은 삼국시대에 전설적인 공적을 세운 인물이다. 한번은 적장이 찾아와서 정보와 도움을 주겠다고 제안했다. 제갈량은 그것이 함정이라는 사실을 즉시 알아차렸다. 거짓 배신자의 목을 베어야 마땅했다. 그러나 도끼가 그의 목에 떨어지려는 찰나, 제갈량은 처형을 중단시키고 이중 첩자가 되겠다면 목숨을 살려주겠다고 제안했다. 적장은 이에 동의하고 적에게 허위 정보를 제공하기 시작했다. 이후 제갈량은 계속되는 전투에서 연승을 거둘 수 있었다.

또 제갈량은 인장을 훔쳐 적의 군대를 멀리 파견한다는 거짓 문서를 만들기도 했다. 적의 군대가 떠나고 나자 그는 세 개의 도시를 손에 넣어

적국의 주요 수송 경로를 장악했다. 또 한번은 적들이 그들의 최고 장군을 배신자라고 믿게 만들어 결국 그가 자신의 군대를 등지고 제갈량의 군대에 합류하도록 유도했다. 이렇듯 와룡은 중국에서 가장 영리한 사람, 늘 유사시에 활용할 꾀를 갖고 있는 사람이라는 평판을 주의 깊게 구축해나갔다. 이러한 평판은 어떤 무기보다도 더 강력하게 적을 두려움으로 몰아넣었다.

사마의도 그의 명성을 익히 알고 있었다. 그는 텅 빈 도시에 왔다가 제갈량이 성벽에 앉아 노래를 부르는 모습을 보고 혼란에 빠졌다. 도복과 노래, 향. 그것은 분명히 위협의 게임이었다. 제갈량은 자신을 조롱하고 있는 듯 보였다. 자신을 함정에 빠뜨리는 듯 보였다. 너무 뻔한 게임이라 제갈량이 정말 혼자이며 절망적인 상태일지도 모른다는 생각이 순간적으로 사마의의 뇌리를 스쳤다. 그러나 제갈량에 대한 두려움이 너무도 컸기 때문에 감히 그것을 확인하는 모험을 감행할 수가 없었다. 그것이 바로 평판의 힘이다. 이로 인해 제갈량은 화살 한 번 쏘지 않고도 엄청난 규모의 대군을 방어할 수 있었으며 심지어는 그들을 후퇴시킬 수 있었다.

> 키케로(Cicero)가 말했듯이, 명성에 집착하지 않는다고 주장하는 사람들도 그런 내용의 책을 쓰고는 표지에 자신의 이름을 넣는다. 명성을 경멸함으로써 이름을 날리고 싶은 것이다. 다른 것들은 모두 교환하거나 양도할 수 있다. 친구에게 우리의 물건을 내줄 수는 있다. 필요하다면 목숨도 내줄 수는 있다. 그러나 명성을 공유하거나 다른 누군가에게 선물로 주는 경우는 찾아보기 힘들다.
>
> – 몽테뉴(Montaigne, 1533~1592)

법칙 준수 사례 2: 상대의 명성을 갉아먹는 바넘

1841년, P. T. 바넘(P. T. Barnum)은 미국 최고의 흥행사라는 평판을 구축하고자 했다. 그래서 맨해튼에 있는 아메리카 박물관을 인수하여 진귀한 것들을 전시함으로써 자신의 명성을 다지고 싶었다. 그런데 해당 박물관의 호가는 무려 1만 5천 달러였다. 바넘은 현금 대신 수십 장의

아주 미미한 것이지요. 그토록 불경스럽고 천한 양들을 잡수신 것을 어찌 죄라고 말할 수 있겠습니까? 아닙니다, 폐하. 그런 놈들은 폐하처럼 고귀하신 분께 잡아먹히는 것이 마땅하지요. 그리고 양치기들도 처벌을 받는 것이 마땅합니다. 우리 짐승들에게 끔찍한 엄청난 지배력을 휘두르는 나쁜 놈들이니까 말입니다." 여우의 말이 끝나자 함성이 일었다. 그 누구도 감히 호랑이나 곰, 여타의 지체 높은 짐승들이 저지른 악랄한 죄를 냉담하게 비판하지 못했다. 모두 그들이 진정한 성자라며 입을 모았다.

곧이어 당나귀가 나와서 말했다.

"저는 대수도원의 초원에 갔었습니다. 초원에는 풀이 아주 많았고 저는 배가 고팠지요. 틀림없이 탐욕이 저를 공격해서였을 겁니다. 제 혀의 너비만큼 풀을 뜯어먹었지요. 솔직히 말하면 저는 어떠한 풀도 먹을 권리가 없었는데 말입니다."

이윽고 모두가 당나귀를 향해 목소리를 높이기 시작했다. 책을 통해 어느 정도 학식을 쌓은 늑대는 그처럼 저주받은 짐승은 무례한 행동에 대해 응분의 대가를 치러야 한다고, 그들이 이처럼 끔찍한 곤경에 처한 것은 모두 그 뻔뻔스러운 짐승 때문이라고 주장했다. 짐승들은 당나귀가 교수대에 올라야 한다고 결정했다. 다른 이의 초원을 파괴하다니 사악하기 짝이 없군! 모두들 이렇게 주장했다. 당나귀 역시 그토록 괘씸한 죄를 사할 수 있는 길은 죽음밖에 없다는 것을 잘 알고 있었다.

보증서들과 신원 증명서들을 준비하여 박물관의 소유주들에게 호소하는 제안서를 작성했다. 그리하여 소유주들은 바넘과 구두 계약을 맺었지만, 마지막 순간에 주요 파트너가 마음을 바꾸는 바람에 박물관은 필(Peale)의 박물관에 매각되었다. 바넘은 격노했다. 그러나 상대 파트너는 비즈니스는 비즈니스라며, 아메리카 박물관이 필의 박물관에 매각된 것은 필의 박물관은 명성이 있는 반면 바넘은 명성이 없기 때문이라고 설명했다.

바넘은 자신이 의지할 명성이 없다면 필의 박물관이 가진 명성을 무너뜨릴 수밖에 없다는 결론을 내렸다. 그리하여 박물관 소유주들이 박물관 운영 방법이나 사람들을 즐겁게 해주는 방법을 전혀 모르는 '실패한 은행 중역들'이라는 내용으로 편지를 써서 각 신문사에 보냈다. 또한 필의 박물관이 박물관을 하나 더 매입한 탓에 자금난에 허덕이게 될 것이니 필 박물관의 주식을 사지 말라고 경고했다. 이러한 캠페인은 효과를 발휘하여 주식이 곤두박질치기 시작했다. 더 이상 필의 경력과 평판을 신뢰할 수 없게 된 아메리카 박물관의 소유주들도 거래에서 손을 떼고 모든 것을 바넘에게 넘겼다.

필의 박물관이 명성을 회복하기까지는 수년이 걸렸으며, 그들은 바넘이 행한 일을 결코 잊지 않았다. 필은 바넘을 공격하기로 결심했다. '지식인을 위한 오락'이라는 명성을 구축하여 자기 박물관의 프로그램이 천박한 경쟁자의 프로그램보다 더 과학적이라고 홍보했다. 필의 '과학적' 프로그램 가운데 하나는 최면이었다. 한동안 최면 공연은 수많은 관객을 끌어들이며 성공을 거두는 듯했다. 그러나 바넘은 필의 명성을 다시 공격함으로써 이에 맞서 싸우기로 결심했다.

바넘은 자신도 최면 공연을 계획하여 어린 소녀에게 최면을 거는 것처럼 보이게 했다. 소녀가 깊은 최면 상태에 빠진 듯하자, 그는 관중석에서 몇 명을 불러내 최면을 걸어보았다. 그러나 아무리 노력해도 최면에 빠지지 않았다. 그러자 많은 이들이 웃음을 터뜨리기 시작했다. 바넘은 좌절한 듯 보였고, 어린 소녀가 진짜 최면 상태에 빠졌다는 것을 입증하기 위해 소녀의 손가락 하나를 잘라보겠다고 선언했다. 그러면서 칼을 갈자 소녀는 얼른 눈을 뜨고 황급히 달아났다. 그 광경에 관객들은 폭소를 터뜨렸다. 그가 몇 주 동안 다른 패러디와 함께 이러한 공연을 되풀이하자, 사람들은 더 이상 필의 공연을 진지하게 받아들이지 않았다. 필의 관객들은 하루가 다르게 줄었고, 몇 주 후에는 막을 내리고 말았다. 이후 바넘은 대담하고 무모하며 타고난 흥행 수완을 가졌다는 평판을 구축하여 평생토록 그 명성을 유지했다. 반면 필은 명성을 다시 회복하지 못했다.

해석 ——

바넘은 필의 명성을 손상시키기 위해 두 가지 전술을 사용했다. 첫 번째 전술은 단순하다. 해당 박물관의 안정성과 지불 능력에 대해 불신을 퍼뜨린 것이다. 불신은 막강한 무기다. 당신이 불신이라는 방도를 꺼내놓는 순간, 당신의 적들은 끔찍한 딜레마에 빠진다. 물론 그들은 소문을 부인하고 심지어는 당신이 명예를 훼손했음을 입증할 수도 있다. 그러나 불신의 층은 여전히 남을 것이다. 그는 어째서 그토록 필사적으로 자신을 변호했을까? 그 소문이 어느 정도는 진짜인 게 아닐까? 이러한 의문이 남는다는 얘기다. 반면 상대가 쉬운 길을 택하여 반박도 하지 않은 채 그저 당신을 무시해버린다면 불신은 더욱 강력해질 것이다. 소문이 적절히 퍼지기만 하면 당신의 경쟁자들은 분노하고 동요할 것이며, 이 때문에 자신을 변호하는 과정에서 많은 실수를 저지를 것이다. 명성에 의존할 수 없는 사람에게는 더할 나위 없이 완벽한 무기다.

나름의 평판을 확보하고 나자 바넘은 좀더 온화한 두 번째 전술, 즉 가짜 최면 공연을 사용했다. 이로써 경쟁자의 명성을 조롱한 것이다. 이것 역시 대성공이었다. 일단 확고한 존경의 토대를 구축하고 나면 적수를 조롱해야 한다. 이는 상대를 수세로 몰아넣는 동시에 당신에 대한 관심을 증폭시켜 당신의 명성을 강화해준다. 반면, 이 시점에서 노골적인 중상이나 욕설을 퍼붓는 것은 지나치게 강력한 전술이 될 수 있다. 노골적인 중상이나 욕설은 추하게 마련이며, 따라서 도움이 되기보다는 해가 될 가능성이 높다. 그러나 온화한 비판과 조롱은 당신이 경쟁자를 깎아내림으로써 유쾌한 웃음을 이끌어낼 수 있을 정도로 자신의 가치를 충분히 자각하고 있다는 암시가 된다. 유머러스한 태도는 당신을 선량한 연예인으로 부각시키는 동시에 라이벌의 평판에는 흠집을 낼 수 있다.

> 나쁜 평판으로 맞서기보다는 나쁜 양심으로 맞서는 것이 쉬운 법이다.
>
> – 프리드리히 니체(1844~1900)

권력의 열쇠: 목숨을 걸고 평판을 지켜라

아무리 가까운 친구라고 해도 당신이 이해할 수 없는 부분을 조금씩 갖고 있다. 그들은 남들에게는 절대 내보이지 않는 내밀한 성격적 특성들을 갖고 있다. 이처럼 다른 이들이 가진 이해할 수 없는 부분들에 대해 오랫동안 생각하다 보면 커다란 혼란이 찾아올 수 있다. 당신은 결국 이러한 사실을 무시하고 눈에 가장 잘 띄는 겉모습을 토대로, 즉 그 사람의 옷차림이나 제스처, 말, 행동 등을 토대로 판단하는 쪽을 택한다. 더불어 살아가는 사회에서 겉모습은 그 사람을 판단하는 바로미터가 된다. 따라서 절대 잘못 꾀어들어 그릇된 믿음을 심어줘서는 안 된다. 단 한 번의 실수도, 즉 당신의 겉모습에 단 한 번 어색하거나 갑작스러운 변화가 가해져도 그 결과는 참담할 수 있다.

평판을 구축하고 유지하는 일이 그토록 중요한 것도 부분적으로는 이런 이유에서다.

평판은 겉모습으로 사람을 판단하는 위험한 게임에서 당신의 본모습을 파악하고자 안간힘을 쓰는 사람들의 날카로운 시선을 분산시키고 세상이 당신을 판단하는 방식까지 어느 정도 통제하게 해줌으로써 당신을 보호해줄 것이다. 즉 강력한 입지를 구축해준다는 얘기다. 평판은 요술 지팡이와도 같은 힘을 갖고 있다. 한 번만 휘둘러도 당신의 힘이 배가될 수 있으며, 사람들이 황급히 달아나게 만들 수도 있다. 똑같은 행동을 해도 그것이 멋지게 비치느냐 끔찍하게 비치느냐는 전적으로 행위자의 평판에 의해 좌우될 수 있다.

고대 중국의 위나라 궁정에 미자하(彌子瑕)라는 사람이 있었다. 그는 왕의 총신으로, 공손하고 상냥하다는 평판을 갖고 있었다. 위나라에는 "왕의 마차를 몰래 타는 사람은 누구든 발을 잘라버린다"는 법이 있었지만, 미자하는 어머니가 병이 들었을 때 왕의 허락을 받은 척하며 왕의 마차를 타고 어머니를 찾아갔다. 그 사실을 알게 된 왕은 이렇게 말했다. "미자하는 효성이 지극하구나! 발이 잘릴 수도 있다는 사실을 잊을 정도였으니 말이다!"

어느 날 미자하와 왕이 함께 과수원을 산책하고 있었다. 미자하는 복숭아를 하나 따서 다 먹지 못하고 절반을 남겨 왕에게 주었다. 그러자 왕은 이렇게 말했다. "나를 얼마나 사랑하면 복숭아 맛까지 잊고 나머지 절반을 내게 먹으라고 주겠느냐!"

그러나 그를 시기한 조신들은 미자하가 실제로는 사악하고 오만하다는 소문을 퍼뜨리기 시작했다. 결국 그들은 그의 평판을 깎아내리는 데 성공했다. 그러자 왕은 그의 행동을 새로운 시선으로 보기 시작했다. "그는 내 허락을 받은 척하며 내 마차를 탄 적이 있다. 또 한 번은 내게 먹다 남은 복숭아를 주었다." 왕의 총애를 받을 때에는 매력적으로 보였던 행동들이 이제는 처벌할 구실이 되었다. 미자하의 두 발의 운명은 전적으로 그의 평판이 어떠했느냐에 달려 있었던 것이다.

우선 당신은 관대하다는 평판이든 정직하다는 평판이든 혹은 교활하다는 평판이든 한 가지의 두드러진 평판을 구축하고자 노력해야 한다. 당신이 그러한 한 가지 속성으로 부각되면 사람들은 당신에 대해 얘기하기 시작할 것이다. 그런 다음에는 당신의 평판이 최대한 많은 사람에게 알려지게 하고(단, 교묘하게 확고한 기반을 토대로 천천히 구축되도록 주의를 기울여야 한다) 그것이 삽시간에 퍼져나가는 것을 지켜보라.

확고한 평판은 당신의 존재를 부각시키고 당신이 굳이 많은 에너지를 쏟아붓지 않아도 당신의 장점들을 과장해준다. 확고한 평판은 또한 다른 이들에게 존경심을, 심지어는 두려움을 주입시키는 독특한 분위기를 창출할 수 있다. 2차 세계대전 때 독일의 장군 에르빈 롬멜(Erwin Rommel)은 교활함과 기만 작전으로 모든 사람들을 공포에 떨게 만든다는 평판을 갖고 있었다. 그의 부대가 지쳐 있을 때에도, 영국군의 탱크가 독일 탱크의 다섯 배에 달했을 때에도, 그가 접근한다는 소식만 들리면 영국군은 퇴각하기에 바빴다.

평판은 당신보다 앞서 나간다. 따라서 평판을 통해 존경이 구축되면 당신이 자리에 없어도 혹은 아무 말도 하지 않아도 일의 상당 부분이 이뤄지게 마련이다.

성공은 과거에 거둔 여러 번의 승리에 의해 결정되는 듯하다. 헨리 키신저가 평화 중재 외교에서 성공을 거둔 것은 주로 양쪽의 의견 차를 해소한다는 평판 덕분이었다. 그 어떤 사람도 키신저조차 동요시킬 수 없을 정도로 비합리적인 사람으로 비치고 싶지는 않았던 것이다. 어떤 협상이든 키신저의 이름이 개입되는 순간, 평화조약은 기정사실이 되는 듯 보였다.

한 가지 확실한 속성을 토대로 단순한 평판을 구축하라. 그러면 이 단하나의 속성, 이를테면 효율성이나 매혹성 등이 당신의 존재를 알리고 다른 사람들을 매료시키는 일종의 명함이 될 것이다. 예를 들어, 정직하다는 평판을 구축하면 당신은 온갖 종류의 기만을 행할 수 있다. 카사노바는 자신의 평판을 훌륭한 유인물로 활용함으로써 미래의 정복 대상들을 향해 발을 내딛을 수 있었다. 여자들은 그에 대한 소문을 듣는 순간, 호기심이 발동하여 무엇 때문에 그가 로맨스에서 그토록 큰 성공을 거두는지 확인하고 싶어했다.

어쩌면 당신은 이미 평판에 오점이 생겨 새로운 평판을 구축하지 못하고 있을 수도 있다. 그런 경우에는 당신의 이미지를 중화시켜주는 이미지의 사람과 교제하는 것이 현명하다. 그 사람의 좋은 이미지를 활용하여 당신의 이미지에 덧칠을 하고 격상시키라는 얘기다. 예를 들어, 부정직하다는 평판을 혼자 지우기는 힘들겠지만 정직의 귀감이 되는 사람이 있다면 도움이 될 것이다. 바넘의 경우, 저속한 오락을 주최한다는 평판을 지우기 위해 유럽에서 가수 제니 린드(Jenny Lind)를 데려왔다. 그녀는 상류층의 스타라는 평판을 갖고 있었기 때문에 바넘은 그녀의 전국 순회공연을 후원함으로써 자신의 이미지를 격상시킬 수 있었다. 이와 유사하게, 19세기 후반 미국의 대규모 악덕 자본가들은 오랫동안 잔인하고 야비하다는 평판을 갖고 있었다. 그러나 예술품을 수집하기 시작하여 모건과 프릭 같은 이름들이 다빈치나 렘브란트 같은 이름과 영구적으로 연결되면서 불쾌한 이미지를 어느 정도 완화할 수 있었다.

평판은 보물과도 같아서 주의 깊게 수집하여 축적해야 한다. 특히 초반에는 적의 모든 공격을 예상하여 엄격한 보호 작전을 펼쳐야 한다. 일단 평판이 굳어지고 나면, 적들의 중상에 화를 내서도, 방어적으로 대처해서도 안 된다. 그것은 당신의 평판이 불안정하며 그에 대해 확신이 없다는 신호다. 절대 필사적으로 자신을 방어하는 것처럼 보이지 말라. 반면 다른 이의 평판에 대한 공격은 강력한 무기가 된다. 특히 상대보다 힘이 약한 경우에는 더더욱 그러하다. 그러한 전투에서는 상대가 잃을 것이 훨씬 더 많으므로, 상대가 당신의 비방을 갚아주고자 할 때, 당신의 평판은 그리 중요한 표적이 되지 않는다. 바넘은 초창기에 그러한 전술을 매우 효과적으로 활용했다. 그러나 이러한 전술은 반드시 노련하게 이용해야 한다. 시시한 복수심에 휩싸인 것처럼 보여서는 안 된다. 적의 명성을 현명하게 무너뜨리지 않을 경우, 오히려 당신의 평판이 무너질 수 있기 때문이다.

전기를 발명한 사람으로 간주되는 토머스 에디슨(Thomas Edison)은 직류를 토대로 한 시스템만이 쓸모 있는 시스템이라고 믿었다. 그런데 세르비아의 과학자 니콜라 테슬라(Nikola Tesla)가 교류 시스템을 개발하는 데 성공하자 분노를 억누를 수 없었다. 에디슨은 테슬라의 평판을 손상시키기로 결심했다. 교류 시스템은 본질적으로 위험하며 따라서 테슬라가 그것을 장려하는 것은 무책임한 행동이라는 믿음을 대중에게 퍼뜨리기로 말이다.

그리하여 에디슨은 온갖 종류의 애완동물을 잡아다가 교류로 그들을 감전사시켰다. 이것만으로 목표한 바를 이루지 못하자, 1890년에는 뉴욕 주 교도소 당국에서 세계 최초의 교류 전기 처형을 집행하게 했다. 그러나 사람을 죽이기엔 전압이 너무 약했다. 결국 그들은 사형 절차를 다시 한 번 반복해야 했다. 아마도 그것은 미국을 통틀어 가장 잔인한 사형 집행이었을 것이다. 정말이지 처참한 광경이었다.

장기적으로 에디슨은 자신의 이름을 남겼지만 당시 에디슨의 평판은 테슬라의 평판보다 더 심하게 손상되었다. 결국 그는 물러설 수밖에 없었다. 이를 통해 얻을 수 있는 교훈은 간단하다. 너무 지나치게 공격하지 말라는 것이다. 과도하게 공격할 경우, 공격의 대상보다 공격 당사자의 복수에 더 많은 관심이 주목될 것이다. 당신의 평판이 확고하다면 좀더 교묘한 전술, 일테면 풍자나 조롱 등을 사용하여 적을 약화시키는 동시에 당신 자신은 매력적인 악당으로 부각시켜라. 힘 센 사자는 자신의 앞을 지나가는 쥐를 그저 갖고 놀 뿐이다. 그 이상의 반응을 보일 경우, 사자의 무시무시한 평판이 훼손될 것이다.

| **이미지** | 다이아몬드와 루비로 가득한 광산. 캐기만 하면 보석이 나온다. 당신의 부는 보장된 셈이다. 목숨을 걸고 그것을 지켜라. 사방에서 강도들과 도둑들이 나타날 것이다. 결코 당신의 부를 당연한 것으로 받아들이지 말라. 지속적으로 그것을 갱신하라. 시간이 흐르면 보석의 광채는 사라지고, 완전히 묻혀서 보이지 않게 될 것이다.

| **근거** | 그러므로 나는 우리 궁정 조신이 기술과 잔꾀로 자신의 타고난 가치를 강화하고 어느 곳을 가든 반드시 그의 긍정적인 평판이 앞서 도착하기를 바라야 한다. …… 수많은 사람들의 의견에 좌우되는 듯 보이는 명성은 그 사람의 가치에 대해 모종의 확고한 믿음을 심어주며, 그리하여 사람들의 마음속에 그를 존경하고자 하는 의향이 생기고 준비가 갖춰지면 그 사람의 가치는 쉽게 강화될 것이다.

— 발다사레 카스틸리오네(Baldassare Castiglione, 1478~1529)

뒤집어보기

이 법칙은 뒤집어볼 수가 없다. 평판은 극도로 중요하다. 따라서 이 법칙에는 예외가 적용되지 않는다. 다른 이들의 시선을 신경 쓰지 않는다면 무례하고 오만하다는 평판을 얻을 것이다. 그러나 그것 역시 그 자체로 귀중한 이미지가 될 수 있다. 오스카 와일드(Oscar Wilde)는 그것을 최대한 이용했다. 사회를 이루고 살아가는 우리들은 다른 이들의 의견에 의존해야 한다. 따라서 평판을 무시함으로써 얻을 수 있는 것은 아무것도 없다. 다른 이들의 인식을 신경 쓰지 않을 경우, 다른 이들이 당신을 대신하여 당신에 대한 인식을 마음대로 결정해버린다. 당신이 당신 운명의 주인이 되어라. 아울러 당신의 평판의 주인이 되어라.

PART 2

——————— 정상으로 향하는 첫걸음을 떼었다면 구체적인 실행 계획을 점검하라. 당신이 얻을 것만 생각하지 말고 당신이 치러야 하는 대가를 염두에 두면서 상황과 사물을 판단하는 능력이 필요하다. 특히 물러설 때와 나아갈 때를 아는 것이 중요하다. 때론 상대보다 멍청하게 보이고, 때론 마치 왕이 된 것처럼 행동할 줄 아는 유연함을 갖춰야 한다.

그렇게 하기 위해서는 우선 인간의 심리를 꿰뚫어 봐야 한다. 상대의 행동에 속지 말고 그 뒤에 숨은 의도를 간파해야 한다. 사람들의 말이 만들어내는 뿌연 연막을 꿰뚫고 그 너머를 봐야 한다. 감춰진 동기를 알아내는 것은 권력을 얻기 위한 가장 핵심적인 열쇠다. 일단 상대의 카드를 읽게 되면 당신 앞에는 기만과 유혹과 조작을 위한 무궁무진한 가능성이 열린다.

이어지는 내용은 당신을 도울 사람들 혹은 라이벌이 될 사람들에게 다가가는 방법을 담고 있다. 각각의 법칙을 적용할 때 한 가지 원칙만을 기억하라. 어느 누구도 완전히 믿지 말고 모든 사람을 면밀히 연구하라는 것이다. 여기에는 친구나 사랑하는 이도 예외가 될 수 없다.

그러고 난 후 심리적 허점을 공략할지, 우회적으로 다가가거나 직접적인 방법을 쓸 것인지 판가름할 수 있을 것이다. 권력 획득의 법칙을 완벽하게 익힌다면, 완벽한 전략가이자 조종자의 모습을 점잖은 신사의 외양 속에 감춘 채 현대판 궁정에서 성공을 거둘 수 있을 것이다.

권력 획득의 법칙

무슨 수를 쓰든 관심을 끌어라

...

루머와 신비화 전략

모든 것이 보이는 바에 의해 판단된다.

보이지 않는 것은 알아주지 않는 법이다.

결코 군중 속에 녹아들거나 망각 속에 묻히지 말라.

고개를 내밀어라. 반드시 두드러져라.

관심을 끌어당기는 자석이 되어, 덤덤하고 소심한 무리들보다

더 커 보이고 더 화려해 보이고 더 신비로워 보이도록 하라.

1항: 자극적이고 수치스러운 것으로 당신의 이름을 부각시켜라

잊을 수 없는, 심지어는 물의를 일으키는 이미지를 구축함으로써 관심을 끌어라. 추문을 일으켜라. 당신을 실제 모습보다 더 커 보이게 하는 것, 주위 사람들보다 더 빛나게 만드는 것이라면 무엇이든 하라. 관심의 종류를 구분하지 말라. 어떤 유형의 평판이든 당신에게 권력을 가져다줄 것이다. 무시당하는 것보다는 비방과 공격을 당하는 편이 낫다.

법칙 준수 사례: 바넘의 흥행 전략

19세기 미국 최고의 흥행사였던 P. T. 바넘은 서커스 단장인 아론 터너(Aaron Turner)의 보조로 경력을 시작했다. 1836년에 이 서커스단은 공연을 위해 메릴랜드 주 아나폴리스에 자리를 잡았다. 개막일 아침 바넘은 검은색 새 양복을 입고 시내를 산책했다. 그런데 사람들이 그를 따라오기 시작했다. 누군가 한 명이 그가 에프라임 에이버리(Ephraim K. Avery) 목사라고 외쳤다. 에프라임 에이버리 목사는 살인혐의를 받다가 무죄 선고를 받았지만 사람들은 여전히 그를 범죄자로 믿고 있었다. 분노한 군중들이 바넘의 양복을 찢으며 폭행하려 들었다. 바넘은 거기서 아니라고 주장해봤자 통하지 않을 거라고 생각했다. 그래서 자신을 따라오면 자신의 신원을 확인할 수 있을 거라고 호소했다.

서커스단에 도착하자 아론 터너는 모두 자신이 꾸민 일이라고 털어놓았다. 바넘이 에이버리 목사라는 소문을 퍼뜨린 장본인이 바로 그였다. 사람들은 모두 돌아갔지만 죽을 고비를 넘긴 바넘은 그리 유쾌하지 않았다. 바넘은 터너에게 대체 왜 그런 장난을 했느냐고 물었다. 그러자 터너가 대답했다. "바넘 군, 모두 우리를 위해서였다네. 우리가 성공하려면 무조건 유명해지는 것밖에 없다는 점을 명심하게." 실제로 마을 사람들은 그날 있었던 일에 대해 얘기했고, 그날 밤 서커스를 보기 위해 찾아들었다. 그렇게 해서 그들은 아나폴리스에서 매일 밤 공연을 가질 수 있었다. 바넘은 평생 잊지 못할 교훈을 배웠다.

말벌과 왕자
핀 테일이라는 말벌은 자신의 이름을 영원히 남길 방법을 궁리했다. 그리하여 어느 날 왕궁으로 들어가 잠들어 있는 어린 왕자를 쏘았다. 왕자는 잠에서 깨어 울기 시작했다. 왕과 조신들이 황급히 달려왔다. 말벌은 울부짖는 왕자를 계속해서 쏘았다. 말벌을 잡으려던 조신들까지 차례로 한 명씩 쏘고 말았다. 궁정에 있는 사람들이 모두 달려왔고, 순식간에 소문이 퍼져 백성들도 궁정으로 몰려들었다. 마을에는 한바탕 소란이 일었고 상점들도 모두 문을 닫았다. 말벌은 이 모든 일을 끝내기 전에 혼잣말로 이렇게 중얼거렸다. "이름에 명성이 뒤따르지 않으면, 그것은 불에 불꽃이 없는 것과도 같지. 어떤 대가가 따르더라도 반드시 주목을 끌어야 해."
– 인도 우화

바넘이 처음으로 벌인 사업은 온갖 희한한 것들을 전시한 뉴욕의 아메리카 박물관이었다. 어느 날 거리를 걷는데 거지가 다가왔다. 바넘은 그에게 돈을 주기보다는 그를 고용하기로 했다. 그는 그를 박물관으로 데려와서 벽돌 다섯 장을 주며 주변의 몇 블록을 천천히 돌라고 지시했다. 몇몇 지점에서 벽돌을 한 장씩 내려놓되 한 손에는 항상 벽돌 한 장을 들고 있어야 하며, 돌아올 때에는 내려놓은 벽돌을 손에 들고 있는 벽돌과 바꿔야 한다고 덧붙였다. 이와 더불어, 계속 진지한 표정을 지어야 하며 어떠한 질문에도 대답하지 말 것을 주문했다. 박물관 뒷문에 이르면 안으로 들어갔다가 다시 뒷문으로 빠져나와 벽돌을 들고 거리를 도는 일을 반복해야 했다.

그가 거리를 돌기 시작하자 사람들이 그의 이상한 행동을 지켜보았다. 네 바퀴째가 되자, 구경꾼들이 떼를 지어 몰려들었다. 그가 박물관 안으로 들어가면 사람들도 그를 구경하기 위해 표를 사서 들어갔다. 그들 중 대다수는 자연스럽게 박물관의 전시품을 구경했다. 이렇게 해서 첫날에만 1천 명이 넘는 사람들이 박물관 안으로 자연스럽게 '이끌려' 들어갔다. 며칠 후, 경찰은 구경꾼들 때문에 교통이 정체된다며 벽돌을 들고 거리를 도는 행위를 중단시켰다. 하지만 이미 뉴욕 사람들 수천 명이 아메리카 박물관을 다녀갔으며, 그들 중 많은 이들이 바넘의 팬이 되었다.

또한 바넘은 거리가 내다보이는 발코니에 음악 밴드를 배치하고 그 위에 "수백만 시민들을 위한 무료 음악 공연"이라고 새겨진 거대한 현수막을 걸었다. 그러나 바넘은 일부러 형편없는 음악가들을 고용했다. 밴드의 연주가 시작되자 사람들은 서둘러 박물관 표를 구입하여 안으로 들어갔다. 밴드의 소음과 군중의 야유소리를 피하기 위해서였다.

바넘이 맨 처음 전국을 순회하며 사람들에게 구경시켜준 진귀한 것들 가운데 하나는 바로 조이스 헤스(Joice Heth)라는 여자였다. 바넘은 그녀가 161세라고 주장하며 한때 조지 워싱턴의 유모였던 노예라고 홍보했다. 그러나 몇 달 후 관객들의 열기가 시들해지자, 바넘은 여러 신문사에 익명의 편지를 보내어 조이스 헤스가 사실은 가짜라고 밝혔다. 그는 이렇게 썼다. "조이스 헤스는 인간이 아니라 고래의 뼈와 탄성고무, 수많

설사 조롱을 받을 때에도
이름이 알려지고 있는
셈이다.
– 피에트로 아레티노
(1492~1556)

군주에게 선물하는 작품은
어떤 방식으로든 특별하게
보여야 한다. 화가는 또한
행동을 통해서도 궁정의
관심을 끌고자 시도할 수
있다. 바사리는
소도마(Sodoma)가 '개인
생활에서 보여주는
괴벽스러운 행동으로나
훌륭한 화가라는 평판으로나
모두 유명했다'고 판단했다.
'그처럼 기묘하고
변덕스러운 사람들 속에서
즐거움을 찾았던' 교황 레오
10세(Leo X)는 소도마에게
기사 작위를 내렸다. 이로써
소도마는 마음껏 미치광이
행세를 할 수 있었다.
반 만데르(Van Mander)는
코르넬리스 케텔(Cornelis
Ketel)이 입과 발로 그린
실험작들을 유명 인사들이
'기이하다는 이유로'
사들이는 것을 이상하게
여겼다. 사실 케텔의 작품은
티치아노와 우고 다 카르피,
팔마 지오바네 등의 유사한
실험작에 약간의 변형을
가한 것에 지나지 않았는데
말이다.
보스키니(Boschini)에 따르면
이들은 '지고의 창조자가
사용한 방법을 모방하고
싶어서' 손가락으로 그림을
그렸다. 반 만데르가 전하는
바에 따르면,
고사르트(Gossaert)는 종이로
만든 멋진 옷을 입어 카를
5세의 주목을 끌었다. 그가
사용한 전술은 예전에
디노크라테스(Dinocrates)가
알렉산드로스 대왕에게
접근하기 위해 나체의
헤라클레스로 변장하고
재판을 내리는 왕 앞에
모습을 드러낼 때 사용한
것이었다.
– 《궁정 화가(The Court
Artist)》, 마르틴 바른케
(Martin Warnke), 1993

은 용수철로 만든 자동 조작 인형이다." 기사가 보도되자 사람들은 갑자기 조이스 헤스에게 관심을 가지기 시작했고, 전에 그녀를 봤던 사람들도 그녀가 로봇이라는 소문이 사실인지 확인하기 위해 다시 찾아왔다.

1842년 바넘은 인어 시체로 소문이 난 기묘한 물건을 사들였다. 머리는 원숭이를 닮았고 몸통은 물고기였지만, 머리와 몸통이 완벽하게 결합되어 있었다. 정말 진귀한 물건이 아닐 수 없었다. 바넘은 몇 가지 조사를 해본 후에 그것이 일본에서 교묘하게 만든 물건이라는 것을 알아냈다.

바넘은 곧 전국 신문에 피지 제도에서 인어가 잡혔다는 보도 자료를 보냈다. 인어들의 모습을 담은 목각화까지 배포했다. 그가 자신의 박물관에 피지에서 잡힌 인어의 표본이라며 가짜 인어를 전시하자 전국에서 이 신비한 생명체에 관한 논쟁이 벌어졌다. 바넘이 이러한 홍보를 하기 전에는 인어에 관심을 갖는 사람도, 인어에 대해 아는 사람도 없었지만, 불과 두세 달 만에 이제는 모두가 인어에 대해 얘기를 나누기 시작했다. 기록적인 수의 사람들이 피지 제도에서 잡은 인어를 보고 그것을 둘러싼 논쟁을 확인하기 위해 떼를 지어 몰려들었다.

몇 년 후, 바넘은 코네티컷 출신의 다섯 살배기 난쟁이 '엄지 장군(General Tom Thumb)'을 데리고 유럽 순회 공연에 나섰다. 그는 이 난쟁이 꼬마에게 묘기들을 훈련시키고 그가 열한 살의 영국 소년이라고 주장했다. 이 순회 공연을 통해 바넘의 이름은 엄청난 주목을 끌었다. 심지어는 차분하고 침착한 여인의 전형인 빅토리아 여왕까지 버킹엄 궁전에서 공연을 해달라고 요청하기에 이르렀다. 영국 언론은 그를 조롱했을지 모르지만 빅토리아 여왕은 그 공연을 보고 평생토록 그를 동경했다.

해석 ——

바넘은 주목을 끄는 것과 관련하여 핵심적인 진실을 잘 알고 있었다. 그것은 바로 사람들의 시선이 집중되면 그 사람에게는 특별한 적법성이 부여된다는 것이다. 바넘에게 관심을 창출하는 것은 관객을 창출하는 것을 의미했다. 그는 훗날 이렇게 썼다. "관객 한 사람 한 사람이 모두 밝은 희망을 상징한다." 그리고 관객들은 집단적인 행동을 하는 경향이 있다. 한 사람이 걸음을 멈추고 길가에 벽돌을 내려놓는 거지를 쳐다보면 다른 사람들도 따라하게 된다는 얘기다. 곧이어 사람들이 몰려들 것이다. 그런 다음 약간의 자극이 가해지면 그들은 당신의 박물관으로 들어가거나 당신의 공연을 구경한다. 관중을 모으려면 색다르고 기묘한 무언가를 해야 한다. 관중은 이례적이고 불가해한 것에 자석처럼 이끌리므로 어떤 종류의 호기심이든 이러한 목적을 달성해줄 것이다. 그리고 일단 관중의 관심을 끌었다면, 절대 그것을 놓치지 말라. 관심이 다른 사람들에게로 방향을 전환하는 순간, 당신은 손해를 보게 된다. 바넘은 관중의 주목이 매우 귀중한 상품임을 알았기에 경쟁자들이 받고 있는 주목을 가차 없이 흡수했다.

정상으로 향하는 첫걸음을 떼었다면 관심을 끌어 모으는 데 전력을 쏟아라. 관심의 '질'은 중요하지 않다. 바넘은 자신의 공연이 혹독한 비판을 받아도, 사람들에게 뭇매를 맞아도 절대 불평하지 않았다. 어느 신문사의 비평가가 그를 혹독하게 매도할 경우, 바넘은 그 사람을 다음 쇼의 첫 공연에 초대하여 가장 좋은 자리를 내주었다. 심지어 바넘은 단지 자신의 이름이 신문에서 사라지지 않게 하기 위해 익명으로 자신의 공연을 비방하는 편지를 보내기도 했다. 바넘에게 관심은 긍정적인 것이든 부정적인 것이든 성공의 주요 요소였던 것이다. 명성과 영예 그리고 권력을 갈망하는 사람에게 최악의 운명은 바로 무시당하는 것이다.

> 궁정 조신은 마상 창시합과 같은 대중적 구경거리에 무장을 하고 참석할 경우
> …… 자석이 쇠붙이를 끌어당기듯 확실하게 구경꾼들의 시선을 끌어당기기 위해
> 반드시 자신의 말에게 아름다운 장식 마구를 씌우고, 자신 역시 적절한 문장과 독
> 특한 제명을 착용하는 등 적절한 복장을 갖출 것이다.
>
> – 발다사레 카스틸리오네(1478~1529)

권력의 열쇠: 무슨 수를 쓰든 관심을 끌어라

주변 사람들보다 더 밝게 타오르는 것은 타고나는 기술이 아니다. '자석이 쇠붙이를 끌어당기듯 확실하게' 주목을 끄는 법은 학습을 통해 배워야 한다. 경력의 초기 단계에는 당신의 이름과 평판을 다른 사람들과 구별되는 한 가지 자질, 즉 한 가지 이미지에 연결시켜야 한다. 이러한 이미지는 사람들을 즐겁게 하거나 사람들이 대화 주제로 삼을 만한 독특한 의상 스타일 혹은 독특한 버릇 등이 될 수도 있다. 일단 이미지가 구축되면 당신은 풍채를 갖게 된다. 하늘에 당신의 별을 빛낼 수 있는 자리를 확보하게 된다는 얘기다.

사람들은 이처럼 독특한 외양이 논쟁의 대상이 되어서는 안 된다고, 공격을 받는 것은 다소 나쁜 일이라고 생각한다. 절대 그렇지 않다. 지속적으로 성공을 거두고 당신의 평판이 다른 사람에게 가려지지 않으려면 관심의 종류를 따져서는 안 된다. 어쨌든 관심은 종류에 관계없이 모두 도움이 될 테니까 말이다. 앞에서 예로 든 바넘은 개인적인 공격을 환영하고 자신을 방어할 필요성을 느끼지 못했다. 오히려 그는 일부러 협잡꾼의 이미지를 얻으려고 노력했다.

루이 14세의 궁정에는 재능 있는 작가들과 예술가들, 대단한 미인들, 나무랄 데 없이 선한 남녀들이 많았지만, 늘 화제가 된 사람은 바로 로쳉(Lauzun) 공작이었다. 로쳉 공작은 키가 유난히 작고 행동이 매우 오만했다. 왕의 정부와 잠자리를 함께 하기도 하고 궁정 조신들뿐만 아니라 왕을 공개적으로 모욕하기도 했다. 그러나 루이는 공작의 괴벽스러운 행동에 현혹되어 그의 모습이 보이지 않으면 못 견뎌했다. 이유는 간단했다. 공작의 기묘한 성격이 관심을 끌었기 때문이다. 그에게 매료된 사람들은 어떤 대가를 치르더라도 그를 곁에 두고 싶어했다.

사회는 전설적인 인물들, 일반 대중에 비해 두드러지는 사람들을 갈망한다. 그러니 결코 다른 사람들과 차별화되며 다른 이들의 이목을 끄는 속성들을 두려워하지 말라. 논쟁의 대상이 되어라. 추문이라도 좋다. 무시당하는 것보다는 공격과 비방을 당하는 편이 낫다. 이 법칙은 어떠한 직업에나 적용된다. 모든 직업에는 쇼와 관련된 특성이 어느 정도는 존재하게 마련이다.

위대한 과학자 토머스 에디슨은 기금을 모으기 위해서는 어떠한 대가를 치르더라도 대중의 눈에서 벗어나선 안 된다는 사실을 잘 알고 있었다. 그가 대중에게 자신의 발명품을 시연하고 그들의 주목을 끈 방식은 발명품 자체만큼이나 중요한 역할을 했다.

에디슨은 전기와 관련하여 자신이 발견한 것을 전시하기 위해 화려한 실험을 기획하기도 하고, 당시에는 기술적으로 불가능해서 자신이 직접 발명할 의도는 없었지만 대중의 주목을 끌 수 있는 미래의 발명품들, 이를테면 로봇 혹은 생각을 사진으로 찍을 수 있는 기계 등에 대해 떠벌리기도 했다. 또한 최대의 라이벌인 니콜라 테슬라보다 더 많은 관심을 끌기 위해 가능한 모든 수단을 동원했다. 이 때문에 니콜라 테슬라는 실제로 에디슨보다 더 영리했을 가능성이 높은데도 불구하고 그만큼 이름이 알려지지 않았다. 1915년, 에디슨과 테슬라가 노벨 물리학상 공동 수상자가 될 거라는 소문이 돌았다. 그러나 그 상은 결국 두 명의 다른 영국 물리학자에게 돌아갔다. 나중에야 밝혀진 사실이지만, 에디슨이 테슬라와 공동 수상을 하지 않겠다며 상을 거부했다고 한다. 그 무렵, 에디슨은 테슬라보다 명성이 높았으며, 따라서 공동 수상으로 라이벌에게 이목을 끌 기회를 허용하느니 차라리 거부하기로 한 것이다.

지위가 낮아 주목을 끌 기회가 거의 없는 사람이라면 주변에서 가장 두드러지고 유명하며 권력 있는 사람을 공격하는 것이 효과적이다. 16세기 초반, 로마에서 하인으로 일하던 피에트로 아레티노(Pietro Aretino)는 시인으로 관심을 끌고픈 마음에 교황과 애완 코끼리에 대한 교황의 애정을 조롱하는 풍자시를 출간했다. 그 덕분에 아레티노는 곧바로 대중의 주목을 끌 수 있었다. 권력을 가진 사람을 비방하여 공격하는 것도 유사한 효과를 낸다. 그러나 대중의 주목을 끌고 난 후에는 그러한 전술을 함부로 사용해선 안 된다는 점을 명심하라. 그러한 행동이 되풀이되면 진부하게 느껴질 테니까 말이다.

일단 주목의 대상이 되고 나면, 관심을 끄는 방식을 지속적으로 조정하고 변경해야 한다. 그렇지 않으면 사람들은 신물을 내며 다른 새로운 스타에게로 눈을 돌릴 것이다. 이러한 게임에는 끊임없는 경계와 창의성이 필요하다. 파블로 피카소(Pablo Picasso)는 결코 자신이 무대 뒤로 사라지는 것을 허용하지 않았다. 자신의 이름이 특정 양식에 너무 고착되면 그는 일부러 사람들의 예상을 뒤엎는 새로운 그림들을 내놓음으로써 대중들을 놀라게 했다. 그는 사람들이 자신의 작품에 지나치게 익숙해지도록 허용하는 것보다는 차라리 흉측하고 혼란스러운 것을 창조하는 것이 낫다고 믿었다. 명심하라. 사람들은 예측 가능한 행동을 하는 사람은 자신보다 열등하다고 느끼는 경향이 있다. 그들의 예상을 뒤엎음으로써 지배권을 가진 사람이 당신이라는 점을 입증하면, 당신은 그들의 존경을 거머쥘 뿐 아니라 빠르게 변하는 그들의 관심을 단단히 움켜쥘 수 있다.

> | **이미지** | 각광. 화려한 조명을 받는 배우는 고귀한 존재로 부각되게 마련이다. 사람들의 시선이 모두 그에게로 쏠린다. 그러나 각광의 좁은 광선 속에는 한 사람만 들어갈 수 있다. 당신이 각광의 초점이 되기 위해 가능한 모든 수단을 동원하라. 다른 배우들이 모두 어둠 속에 있을 때 당신 혼자 각광을 받을 수 있도록 당신의 제스처를 크고 재미있게, 심지어 불명예스럽게 만들어라.

> | **근거** | 과시하고 눈에 띄는 존재가 되어라. …… 눈에 띄지 않는 것은 존재하지 않는 것과 같다. …… 처음으로 모든 피조물을 빛나게 만든 것은 빛이었다. 과시는 수많은 빈 공간을 메워주고 결함을 덮어주며 모든 것들에게 제2의 삶을 부여한다. 특히 진정한 우수성이 뒷받침된다면 더욱 그러하다.
>
> – 발타사르 그라시안(1601~1658)

2항: 신비감을 조성하라

점차 진부하고 평범해지는 세상에서는 수수께끼처럼 보이는 것이 즉각적인 주목을 끈다. 당신이 하고자 하는 일을 너무 명확하게 알리지 말라. 패를 전부 보여주지 말라는 얘기다. 신비한 분위기는 당신의 존재를 부각시키며, 기대를 창출한다. 모두가 다음에 일어날 일을 파악하기 위해 당신을 주시할 것이다. 신비감을 이용하여 사람들을 속이고 유혹하며 심지어는 위협하라.

법칙 준수 사례: 베일에 싸인 무희, 마타 하리

1905년 초, 동양에서 온 한 무희에 대한 소문이 파리에 퍼지기 시작했다. 무희는 춤을 추면서 몸에 두르고 있던 여러 겹의 베일을 차례로 한 겹씩 벗는다고 했다. 그녀의 춤을 목격한 한 기자는 "극동 출신의 여인이 향수와 보석을 가득 안고 유럽으로 와서 무료함으로 가득한 유럽의 도시에 풍부한 동양의 색채와 삶을 도입했다"고 보도했다. 머지않아 그 무희의 이름이 알려졌다. 그녀의 이름은 마타 하리(Mata Hari)였다.

그해 겨울, 인도의 조각상들과 유물 장식이 동양의 신비를 한껏 자아내는 살롱에는 특별히 초대된 소규모의 관객이 모였다. 관현악단이 힌두 음악과 자바 음악을 연주했다. 마타 하리는 관객들의 궁금증이 한껏 고조될 때까지 기다렸다가 어느 순간 파격적인 의상을 입고 등장했다. 그녀는 인도의 보석들로 뒤덮인 흰색 브래지어와 몸의 곡선을 그대로 드러내는 사롱(인도 등지에서 치마처럼 허리에 두르는 옷—옮긴이), 그것을 지탱하는 보석 허리띠, 여러 개의 팔찌들을 착용하고 있었다. 곧이어 마타 하리는 춤을 추기 시작했다. 마치 황홀경에 빠진 듯 온몸을 흔드는 그녀의 춤이 발산하는 매력에 관객들은 흥분했다. 그녀는 그 춤이 인도의 신화와 자바의 민간 설화를 토대로 나온 것이라고 설명했다. 마타 하리가 나체로 성스러운 춤을 춘다는 소문이 퍼지자 파리의 상류층과 여러 외국 대사들은 이 살롱에 초대를 받기 위해 경쟁을 벌이기 시작했다.

대중들은 그녀에 대해 더 많이 알고 싶어했다. 그녀는 기자들에게 자신은 사실 네덜란드 출신인데 자바에서 자랐다고 말했다. 그리고 인도에서 보낸 시간과 그곳에서 성스러운 힌두 춤을 배우게 된 과정을 설명하고, 인도 여성들은 총도 쏘고 말도 탈 수 있으며 대수학을 하고 철학에 대해 토론한다고 말했다. 그해 여름, 마타 하리의 춤을 실제로 본 사람은 극소수에 불과했지만 그녀의 이름은 모든 사람들의 입에 오르내렸다.

마타 하리가 인터뷰를 할 때마다 그녀의 과거도 계속해서 바뀌었다. 이제 그녀는 자신이 인도에서 자랐고, 할머니는 자바 공주의 딸이었으며, 수마트라 섬에 살면서 그곳에서 "총을 들고 말을 타며 목숨을 걸고 모험을 하기도 했다"고 말했다. 기자들은 이처럼 그녀의 과거가 계속 바뀌는 것을 전혀 개의치 않았다. 그들은 그녀를 인도의 여신, 보들레르의 시에 등장하는 생명체로 여겼고, 이 신비로운 동양 여자를 자신이 원하는 대로 상상했다.

1905년 8월, 마타 하리는 처음으로 대중 앞에서 공연을 했다. 개막식 밤에는 그녀를 보기 위해 몰려든 군중들 사이에서 폭동이 일어나기도 했다. 이제 그녀는 숭배의 대상이 되었고, 많은 이들이 그녀를 모방했다. 한 평론가는 이렇게 썼다. "마타 하리는 인도의 모든 시(詩)와 인도의 신비주의, 인도의 관능, 인도의 최면적인 마력의 화신이 되고 있다." 또 다른 평론가는 이렇게 썼다. "인도에 그처럼 놀라운 보물이 또 있다면, 프랑스인들은 전부 갠지스 강변으로 이주할 것이다."

머지않아 마타 하리와 그녀의 성스러운 인도 춤에 대한 명성은 파리를 넘어 다른 지역으로까지 퍼져나갔다. 베를린과 빈, 밀라노에서도 그녀를 초청했다. 이후 몇 년 동안 그녀는 유럽 전역에서 공연을 하며 최상류층 사람들과 어울리고 막대한 수입을 올려 그 시대의 여성으로서는 좀처럼 누리기 힘든 독립적인 생활을 영위하게 되었다. 그러던 중 1차 세계대전이 끝나갈 무렵 그녀는 프랑스에서 독일 스파이로 체포되었다. 재판정에서 진실이 밝혀졌다. 마타 하리는 인도 출신도, 자바 출신도 아니었고, 동양에서 자란 적도 없었으며, 동양인의 피는 한 방울도 섞이지 않았다. 그녀의 본명은 마르가레타 첼레(Margaretha Zelle)였으며, 네덜란드 프리슬란트 주 북부에서 태어났다.

해석 ──

1904년, 마르가레타 첼레는 거의 무일푼으로 파리에 왔다. 해마다 젊은 여성들이 화가의 모델이나 나이트클럽의 무희, 폴리베르제르(Folies

Bergere, 파리에 있는 뮤직홀 겸 버라이어티쇼 극장—옮긴이)의 배우로 일하기 위해 파리로 몰려들었다. 첼레는 그런 여자들 중 하나였다.

하지만 첼레는 야망이 큰 여자였다. 사실 그녀는 춤을 춰본 적도 없었고 극장에서 공연을 해본 적도 없었다. 어릴 때 가족과 함께 여행을 하면서 자바와 수마트라에서 현지 춤을 본 것이 전부였다. 하지만 그녀는 중요한 것은 춤이나 얼굴, 외모 따위가 아니라 신비감이라는 것을 분명하게 이해하고 있었다. 그녀의 신비로운 분위기는 그녀의 춤뿐만 아니라 그녀의 의상과 그녀가 들려주는 이야기 혹은 자신의 과거에 대한 끊임없는 거짓말에까지 영향을 미쳤다. 그녀에 대해 확실하게 말할 수 있는 것은 아무것도 없었다. 그녀는 늘 변화했고 새로운 의상과 새로운 춤, 새로운 이야기로 관객을 매료시켰다. 이러한 신비감 때문에 대중은 끊임없이 더 많은 것을 알고자 했고, 이것은 그녀의 다음 공연에 대한 관심으로 이어졌다. 마타 하리의 외모는 파리로 몰려든 다른 여성들보다 크게 나을 것이 없었으며 춤이 특별히 뛰어난 것도 아니었다. 그런 그녀가 자기만의 차별화된 매력으로 대중의 주목을 끌 수 있었던 것은 바로 신비감 때문이었다. 사람들이 신비에 매혹되는 것은, 신비에는 끊임없는 해석이 뒤따르며 결코 물리지 않기 때문이다. 신비로움은 불가해하다. 그리고 불가해한 것, 즉 이해할 수 없는 것은 권력을 창출한다.

권력의 열쇠: 신비감을 조성하라

과거에 세상은 위협적이고 알 수 없는 것들로 가득 차 있었다. 질병과 재난, 변덕스러운 독재자, 죽음의 신비 등등. 이처럼 이해할 수 없는 것들에는 신비와 영혼이라는 이름이 덧씌워졌다. 그러나 사람들은 수백 년에 걸쳐 과학과 논리를 통해 어둠을 밝히고자 노력해왔다. 신비하고 꺼림칙했던 것들은 이제 익숙하고 편안해졌다. 그러나 이처럼 어둠을 밝히는 과정에는 대가가 따르는 법이다. 모든 미스터리와 신비가 밝혀진 세상에서 우리는 남몰래 수수께끼를, 즉 쉽게 해석되거나 이해되거나 납득할 수 없는 것을 갈망하게 된다.

그것이 신비의 힘이다. 신비는 해석의 층을 자아내고 우리의 상상력을 자극하며 그 안에 기묘한 무언가가 감춰져 있다는 믿음을 준다. 세상이 너무도 익숙해지고 그 안에 사는 사람들까지 예측 가능해졌다는 점을 감안하면, 이제 세상 자체를 신비로 감싸기만 하면 거의 언제나 각광을 받고 사람들의 주목을 끌 수 있을 것이다.

신비감을 조성한다고 해서 반드시 당신 자신을 장엄하거나 경외심을 일으키는 존재로 만들 필요는 없다. 그보다는 일상적인 행동에서 표출되는 신비, 미묘한 신비가 사람들을 매혹시키고 주목을 끄는 데 훨씬 더 강력한 힘을 발휘한다. 대부분의 사람들은 직설적으로 행동하기 때문에 마치 펼쳐놓은 책처럼 속을 훤히 읽을 수 있으며, 자신의 말이나 이미지를 통제하는 데 거의 주의를 기울이지 않기 때문에 남들이 쉽게 예측할 수 있다. 따라서 그저 참고 침묵을 지키며 이따금씩 모호한 말을 내뱉고 의도적으로 모순된 모습을 보이고 아주 미묘한 방식으로 이상한 행동을 하기만 해도 신비의 아우라를 창출할 수 있을 것이다. 그렇게 되면 주변 사람들이 끊임없이 당신을 해석하려고 노력함으로써 그 아우라를 극대화할 수 있다.

예술가들과 사기꾼들은 신비한 분위기를 창출하는 것과 관심을 끄는 것 사이의 중요한 연결고리를 적절히 이해하는 사람들이다. 귀족 사기꾼 빅토르 루스티히(Victor Lustig) 백작은 이러한 게임을 완벽하게 수행했다. 그는 늘 독특하고 전혀 이해할 수 없는 행동을 했다. 그가 일본인 운전사가 모는 리무진을 타고 최고급 호텔에 나타났을 때 사람들은 일본인 운전사를 처음 보았기 때문에 그 자체로도 이국적이고 기묘한 느낌을 받았다. 루스티히는 값비싼 옷을 입었고 거기에다 언제나 훈장이나 꽃 한 송이, 완장 등을 달았다. 이 어울리지 않는 모습이 오히려 기묘한 분위기를 자아내어 사람들의 호기심을 자극했다. 그가 호텔에 있을 때면, 끊임없이 전보가 도착하는 광경이 목격되곤 했는데, 일본인 운전사가 전보를 가져다주면 그는 가차 없이 그것을 찢어버리곤 했다. (사실 그 전보들은 아무 내용도 없는 가짜였다.) 또한 그는 식당에 혼자 앉아서 두꺼운 책을 읽으며 사람들에게 미소를 지어 보였다. 그러면서도 늘 그들과 어느 정도 거리를 유지했다. 며칠 후에는 호텔 전체가 이 수수께끼 같은 남자에 대한 이야기로 술렁거렸다.

이 모든 관심 덕분에 루스티히는 미끼를 쉽게 던질 수 있었다. 사람들은 그의 신임을 얻고 싶어했고 그와의 교제를 간청했다. 모두가 이 신비한 귀족과 함께 있는 모습을 다른 이들에게 보여주고 싶어했다. 그리고 이 혼란스러운 수수께끼가 존재하는 한, 그들은 자신이 강탈당하고 있다는 사실조차 깨닫지 못했다.

신비감은 평범한 사람을 지적이고 난해한 사람처럼 보이게 만들어준다. 그것은 평범한 외모와 지성을 가진 여인 마타 하리를 여신처럼 보이게 만들었고 그녀의 춤을 성스러운 것으로 탈바꿈시켰다. 예술가의 경우, 신비감을 조성하면 그 사람의 작품까지 호기심을 자아낸다. 마르셀 뒤샹은 이러한 책략을 매우 효과적으로 이용했다. 방법은 간단하다. 당신의 작품에 대해 설명하기보다는 이따금씩 호기심을 자극하는 애매한 말로 사람들을 자극한 다음, 한 걸음 물러서서 그들이 스스로 모든 것을 해석하도록 만드는 것이다.

신비로운 사람들은 다른 사람들을 자신보다 열등한 지위, 즉 그들을 파악하고자 노력하는 지위로 끌어내린다. 위대한 지도자들은 모두 신비의 아우라가 사람들의 이목을 끌고 위협적인 존재감을 창출한다는 사실을 잘 알고 있었다. 예를 들어, 마오쩌둥은 수수께끼 같은 이미지를 현명하게 이용했다. 그는 일관성이 없거나 모순적으로 비치는 것을 걱정하지 않았다. 그 누구도, 심지어는 그의 아내조차도 그를 이해할 수 없다고 느꼈으며, 따라서 그는 실제보다 훨씬 더 커 보였다. 이것은 또한 대중이 그에게 지속적인 관심을 쏟았으며 그의 다음 행동을 궁금해했다는 의미이기도 하다.

사회적 지위 때문에 자신의 행동을 미스터리로 완전히 감싸는 것이 불가능한 경우에는 최소한 자신을 분명하지 않은 존재로 만드는 법을 배워야 한다. 가끔씩은 다른 이들의 예상에서 벗어나는 방식으로 행동하라. 이러한 방식을 활용하면 당신은 주변 사람들을 계속 수세로 몰아넣음으로써 당신을 강력하게 만드는, 그런 종류의 주목을 유도할 수 있다. 수수께끼를 적절하게 도출할 경우, 당신의 적을 공포로 몰아넣는, 그런 종류의 주목까지 이끌어낼 수 있다.

제2차 포에니 전쟁(기원전 219~202년) 때 위대한 카르타고의 장군 한니발(Hannibal)은 로마를 쑥대밭으로 만들고 있었다. 한니발은 영리함과 이중성으로 유명한 사람이었다.

한니발이 이끄는 카르타고 군대는 로마 군보다 규모가 작은데도 불구하고 끊임없이 그들의 허를 찔렀다. 그러던 중, 한번은 정찰대의 오판으로 그의 군대가 바다를 등지고 늪지로 들어가게 되었다. 이때를 놓치지 않고 로마 군은 내륙으로 향하는 산길을 막았다. 로마의 장군 파비우스(Fabius)는 드디어 한니발을 잡을 수 있다는 회열감에 사로잡혔다. 그는 최고의 보초병들을 골라 산길에 세워두고, 한니발의 군대를 괴멸하는 계획을 세웠다. 그러나 한밤중에 보초들은 기묘한 광경을 목격했다. 엄청난 빛의 행렬이 산을 올라오고 있는 것이 아닌가? 셀 수 없이 많은 불빛이었다. 그것이 한니발의 군대라면, 그 수가 갑자기 수십 배로 불어난 셈이었다.

보초들은 그것이 어떤 의미일까를 놓고 논쟁을 벌이기 시작했다. 바다에서 증원 부대가 온 것이 아닐까? 해당 지역에 부대를 숨겨놓았던 것은 아닐까? 혹시 유령이 아닐까? 어떠한 해석도 말이 되지 않았다.

이윽고 그들이 지켜보는 가운데 산 전체에 불이 붙었고 저 아래쪽에서부터 수십만 개의 나팔을 불기라도 하듯 끔찍한 소리가 들려왔다. 그들은 생각했다. '이건 마귀야.' 로마 군대에서 가장 용감한 보초들은 결국 공황 상태에 빠져 달아나고 말았다.

다음 날 한니발은 이미 늪지를 빠져나간 상태였다. 어떤 계략을 쓴 것일까? 정말로 마술을 부려 악귀들을 불러낸 것일까? 사실 한니발은 짐을 싣기 위해 데려온 황소들의 뿔에 나뭇가지들을 묶으라고 지시했다. 그런 다음, 그 나뭇가지에 불을 붙여 막대한 규모의 군대가 횃불을 들고 산을 오르는 것처럼 보이게 했다. 불이 점점 타 내려오자 황소들은 미친 듯이 울부짖으면서 날뛰고 다니며 온 산에 불을 붙였다. 이 작전이 성공하는 데 핵심적인 역할을 한 것은 횃불이나 산불, 괴상한 소리 등이 아니라 로마 군 보초들의 관심을 유발하는 수수께끼를 만들어 점진적으로 그들을 위협한 사실이다. 보초들은 이 기괴한 광경을 설명할 길이 없었다. 만일 설명할 수만 있었다면 보초들은 모두 자리를 지켰을 것이다.

어떤 상황에서 함정에 빠지거나 궁지에 몰려 수세에 처해 있다면 간단한 실험을 해보라. 즉 쉽게 설명하거나 해석할 수 없는 행동을 해보라는 얘기다. 단순한 행동을 선택하되 적을 동요시키는 방식, 즉 여러 가지로 해석이 가능하여 당신의 의도를 불분명하게 만드는 방식으로 그것을 실행하라. 단순히 예측 불가능해서는 안 된다(물론 이 전술 역시 성공할 수는 있다. 제25법칙 참조). 그보다는 한니발처럼 해독이 불가능한 상황을 연출하라. 당신의 미친 짓에 대해 어떠한 방식도, 어떠한 이유도, 단 하나의 설명도 없는 것처럼 보일 것이다. 적절하게만 이용하면 당신은 두려움과 공포를 조장하여 보초들이 자리를 이탈하게 만들 것이다. 여기에는 '햄릿의 거짓 광기' 전술이라는 이름을 붙일 수 있다. 셰익스피어의 희곡에서 햄릿 역시 알 수 없는 행동으로 그의 계부인 클라우디우스에게 겁을 줌으로써 이러한 전술을 매우 효과적으로 사용했다. 신비감은 당신을 보다 강력하게, 당신의 권력을 보다 위협적으로 보이게 해준다.

| 이미지 | 베일의 춤. 베일이 무희를 감싸고 있다. 베일이 어느 한곳을 드러낼 때마다 흥분을 자아낸다. 베일에 감춰진 부분은 관심을 극대화한다. 그것이 바로 신비감의 본질이다.

| 근거 | 즉각 신원을 드러내지 않는 사람은 기대를 불러일으킨다. …… 어떤 것에든 약간의 신비감을 섞으면, 바로 그 신비감이 존경을 유발한다. 설명을 할 때에는 너무 많은 것을 밝히지 말라. …… 이렇게 되면 당신은 신의 방식으로 사람들에게 궁금증과 관심을 유발하게 된다.

– 빌타사르 그라시안(1601~1658)

뒤집어보기

정상으로 향하는 첫 단계에서는 어떤 대가를 치르더라도 주목을 끌어야 한다. 그러나 점점 더 높이 올라갈수록 지속적으로 방식을 수정하고 조정해야 한다. 절대 동일한 전술로 사람들을 물리게 해서는 안 된다. 신비감은 권력의 아우라를 발전시키고 대중들에게 경이로움을 유발하지만, 반드시 신중하고 절제된 것처럼 비쳐야 한다. 마타 하리는 거짓말을 지나치게 많이 했다. 설사 그녀가 스파이가 아니었다고 해도, 당시에는 그렇게 가정하는 것이 합당할 수밖에 없었다. 그녀의 모든 거짓말을 감안할 때, 지극히 의심스럽고 사악하게 보였기 때문이다. 당신의 신비감이 사기꾼이라는 평판으로 천천히 변형되도록 허용하지 말라. 당신이 조성한 신비감은 무해하고 유쾌한 일종의 게임처럼 보여야 한다. 결코 선을 넘어서는 안 되며, 따라서 멈춰야 할 때를 아는 것도 중요하다.

관심에 대한 욕구를 미뤄야 하는 경우, 결코 추문과 악평을 만들어선 안 되는 경우도 있다. 당신이 끌어 모은 관심이 당신 윗사람의 (확고하지 않은) 평판을 손상시키거나 그에 도전하는 상황을 만들어선 안 된다. 그렇게 되면 당신은 보잘것없고 무모한 존재로 비칠 것이다. 주목을 끌어야 할 때와 포기해야 할 때를 파악하는 데에도 기술이 필요하다.

롤라 몬테즈는 관심 끄는 기술에 매우 능한 여자였다. 그녀는 아일랜드의 중간 계급 출신으로, 한때 프란츠 리스트의 연인이었으며 나중에는 바이에른의 왕 루트비히의 정부가 되었다.

1850년, 런던에서는 당대 최고의 배우 찰스 존 킨(Charles John Kean)의 주연으로 셰익스피어의 〈맥베스(Macbeth)〉 공연이 무대에 올랐다. 영국 사교계의 주요 인사들이 모두 참석했고, 심지어는 빅토리아 여왕과 그 부군인 앨버트 공까지 대중 앞에 모습을 드러낼 것이라는 소문이 돌았다. 여왕이 참석할 경우에는 사람들이 모두 여왕이 도착하기 전에 자리에 앉아 있는 게 관례였다. 따라서 관객들은 조금 일찍 도착해서 여왕이 귀빈석에 들어서자 모두 일어나서 박수를 쳤다. 여왕 부부는 고개를 숙여 답례했다. 모두가 자리에 앉자 조명이 꺼졌다. 그때 갑자기 모두의 시선이 빅토리아 여왕의 귀빈석 반대편으로 향했다. 어둠 속에서 한 여자가 나타나 여왕보다 늦게 자리에 앉은 것이다. 롤라 몬테즈였다. 검은색 머리에는 다이아몬드 장식을, 어깨에는 긴 모피 코트를 걸치고 있었다. 흰 담비 모피 코트가 내려가면서 목 부분이 깊게 파인 진홍색 벨벳드레스가 드러나자 사람들은 놀라서 속닥거렸다. 여왕 부부는 일부러 롤라를 외면하고 있었다. 관객들도 빅토리아를 따라 롤라를 외면했고, 그날 연극이 끝날 때까지 롤라는 그렇게 무시를 당했다. 그날 밤 이후, 상류층 사람들 가운데 감히 롤라와 어울리려고 하는 사람은 아무도 없었다. 자석 같은 힘을 발휘하던 그녀의 권력이 뒤엎어진 것이다. 사람들은 그녀의 눈에 띄지 않으려고 애썼고, 영국에서 그녀의 미래는 끝이 나고 말았다.

관심을 과도하게 탐하는 것처럼 비치지 말라. 그것은 불안하다는 신호이며 불안은 권력을 날려버린다. 때로는 관심의 한가운데 자리하는 것이 불리할 수도 있다는 점을 명심하라. 예를 들어, 왕이나 여왕 혹은 그와 동등한 지위의 사람이 있을 때에는 머리를 숙이고 어둠 속으로 물러나라. 결코 경쟁하려 들어선 안 된다.

덫을 놓고 적을 불러들여라
...
주도권 장악

상대를 움직이게 만들면 통제권은 당신 손에 들어온다.
상대로 하여금 자신의 계획을 포기하고
당신에게 오도록 만드는 것이 언제나 더 유리하다.
굉장한 이득이 있을 것이라고 유혹하고, 상대가 오면 공격하라.
그래야 절대적으로 유리한 입장을 차지할 수 있다.

법칙 준수 사례: 엘바 섬을 빠져나온 괴물

1814년 빈 회의가 열리자 유럽의 열강들은 몰락한 나폴레옹 제국의 잔해를 나누어 갖기 위해 모였다. 도시는 온통 축제 분위기였고, 연일 열리는 무도회는 화려하기 그지없었다. 하지만 나폴레옹의 그림자가 회의장을 뒤덮고 있었다. 나폴레옹은 처형당한 것이 아니라 이탈리아 해안에서 그리 멀지 않은 엘바 섬으로 유배되었기 때문이다.

비록 섬에 갇혀 있기는 해도, 나폴레옹 보나파르트가 얼마나 대담하고 창조적인 인물인지를 생각한다면, 결코 마음을 놓을 수 없었다. 오스트리아는 그를 암살하려는 음모를 꾸몄지만, 너무 위험한 일이라고 결론을 내렸다. 러시아의 변덕스러운 차르, 알렉산드르 1세(Aleksandr I)는 의회가 폴란드의 일부를 러시아에 양도하는 것을 거부하자 발작을 일으킴으로써 불안을 더욱 가중시켰다. "조심하시오. 안 그러면 내가 그 괴물을 풀어놓겠소." 그는 이렇게 위협했다. 모두들 그것이 나폴레옹을 의미한다는 사실을 알고 있었다. 빈에 모인 정치가들 중 유일하게 나폴레옹의 외무장관이었던 탈레랑만이 차분하고 근심이 없어 보였다. 마치 다른 사람이 모르는 것을 그만이 알고 있는 것 같았다.

한편 엘바 섬에 유배 중인 나폴레옹의 삶은 그의 옛 영광에 대한 조롱이나 다름이 없었다. 그는 엘바의 '왕'으로서 궁정을 거느릴 수 있도록 허용되었다. 그의 궁정에는 요리사 한 명과 의상 담당 하녀, 공식 피아니스트, 몇몇 궁전 신하들이 있었다. 이 모든 것이 나폴레옹을 모욕하려는 의도였다.

그해 겨울, 너무나 이상하고 극적인 사건들이 발생했다. 엘바 섬은 영국 해군의 전함들로 둘러싸여 있었고 그들의 함포는 모든 탈출로를 봉쇄하고 있었다. 그럼에도 어찌 된 일인지, 1815년 2월 26일 백주 대낮에 900명의 병사를 실은 한 척의 배가 나폴레옹을 태우고 출항했다. 영국 해군이 그 배를 추적했지만 나폴레옹의 배는 멀리 달아나버렸다. 그의 탈출 소식이 전해지자 전 유럽 사회가 경악했다. 빈 회의의 정치가들은 공포에 떨었다.

나폴레옹은 단순히 프랑스로 돌아간 정도가 아니라 왕좌를 되찾겠다는 희망을 품고 한 줌의 무리에 불과한 군대를 이끌고 파리로 행군했다. 그의 전략은 성공했다. 모든 계층의 프랑스 국민들이 그의 발 앞에 무릎을 꿇었다. 네(Ney) 원수가 거느린 군대가 파리에서 그를 체포하기 위해 출동했지만, 병사들은 옛 지휘관의 모습을 보는 순간, 주인을 바꾸어버렸다. 다시 나폴레옹이 황제로 선포됐다. 지원자들이 그의 군대로 몰려들었다. 노도와 같은 열정이 온 나라를 휩쓸었다. 파리에서는 군중이 광란에 빠졌다. 국왕은 외국으로 도주했다.

이후 100일 동안 나폴레옹이 프랑스를 통치했다. 하지만 곧 열정은 가라앉았다. 프랑스는 파산 상태에 빠져 있었고, 나폴레옹이 할 수 있는 일은 없었다. 그해 6월의 워털루 전투에서 그는 영원히 무너졌다. 그의 적들도 교훈을 얻었다. 그들은 나폴레옹을 아프리카 서부 해안 인근의 황량한 섬, 세인트헬레나로 추방했다. 이번에는 탈출을 꿈꿀 수도 없는 곳이었다.

해석 ——

몇 년이 흐른 뒤 나폴레옹이 극적으로 엘바를 탈출할 수 있었던 비밀이 밝혀졌다. 그가 이런 대담한 행동을 결심하기 전에, 그의 궁정을 방문한 자가 있었다. 그는 나폴레옹에게 프랑스에서는 그의 인기가 그 어느 때보다 높기 때문에 프랑스는 다시 한 번 그를 받아들일 것이라고 귀띔했다. 이들 방문자들 중 한 사람이 오스트리아의 콜러(Koller) 장군이었다. 그는 나폴레옹에게 그가 탈출한다면, 영국을 포함하여 유럽의 열강들이 그의 복위를 환영할 것이라고 말했다. 또한 영국이 그의 탈출을 막지 않을 것이라는 암시를 주었다. 실제로 그의 탈출극은 태양이 최고조에 달한 오후의 정점에 영국인들의 모든 망원경들이 지켜보는 가운데 벌어졌다.

나폴레옹이 몰랐던 사실이 있다. 이 모든 사건의 배후에 있는 사람이 바로 자신의 전임 외무장관, 탈레랑이라는 것이다. 게다가 그가 이 일을 벌인 이유는 과거의 영광을 되살리는 것이 아니라 나폴레옹의 영원한 몰락에 있었다. 황제의 욕망이 존재하는 한 유럽의 안정은 없다고 생각한 그는 이미 오래전에 그에게 등을 돌린 상태였다. 나폴레옹의 유배지가 엘바로 결정됐을 때, 탈레랑은 반대했다. 그는 나폴레옹을 더 먼 곳으로 보내지 않으면 유럽은 결코 평화를 얻을 수 없다고 주장했다. 하지만 그의 말은 받아들여지지 않았다.

탈레랑은 더 이상 자신의 주장을 밀어붙이지 않고 때를 기다렸다. 은밀한 작업을 통해, 영국과 오스트리아의 외무장관인 캐슬레이와 메테르니히를 설득하는 데 성공했다.

이들은 힘을 합쳐 나폴레옹이 탈출하도록 유인했다. 콜러가 엘바를 방문하여 유배된 자의 귀에 영광을 약속하는 말들을 속삭인 것도 계획의 일부였다. 마치 카드놀이의 대가처럼, 탈레랑은 모든 일을 내다보았다. 그는 나폴레옹이 함정에 걸려들 것이라고 믿었다. 또한 나폴레옹이 프랑스를 전쟁으로 몰고 가게 될 것이며, 그 전쟁은 프랑스의 약화된 상황을 고려할 때, 불과 몇 개월 가지 못할 것도 미리 예견했다. 빈에서는 한 외교관이 이 모든 사태의 배후에 탈레랑이 존재한다는 사실을 깨닫고 이렇게 말했다. "그는 흑사병을 없애려고 집에 불을 놓았다."

> 나는 사슴을 잡으려고 덫을 놓고서는
>
> 정찰을 위해 무리보다 일찍 도착한 암사슴을 쏘지는 않는다.
>
> 대신 무리 전체가 주위에 몰려들 때까지 기다린다.
>
> – 오토 폰 비스마르크(Otto von Bismarck, 1815~1898)

권력의 열쇠: 덫을 놓고 적을 불러들여라

역사에서 이런 식의 시나리오가 얼마나 자주 반복됐던가! 공격적인 지도자는 일련의 과감한 행동을 구사하는데, 그것은 더 많은 권력을 장악하는 것으로 시작한다. 하지만 서서히 그의 힘은 정점에 도달하게 되고 그 순간 모든 것이 그에게 불리하게 돌아간다. 그가 만든 적들이 하나로 뭉치게 되며, 그 결과 그는 자신의 권력을 유지하기 위해 여기저기로 분주하게 뛰어다니느라 힘을 소진시킨다. 이런 유형이 반복되는 이유는 공격적인 사람이 완벽한 통제력을 장악하게 되는 경우가 거의 없기 때문이다. 그는 한두 수를 넘어 그 이상을 볼 수 없으며, 이번의 과감한 수가 초래한 결과를 알 수가 없다. 점차 늘어만 가는 적대 세력의 움직임에 대응하느라, 그리고 자신의 성급한 행동이 초래할 결과를 예측하지 못하기 때문에, 그의 공격적 에너지는 오히려 독으로 작용한다.

권력의 세계에서 당신은 반드시 스스로 자문해보아야 한다. 여기저기 쫓아다니며 문제를 해결하고 적을 물리치려고 노력해봐야, 결국 내가 주도권을 장악하지 못한다면 무슨 소용이 있을까? 왜 나는 항상 상황을 유도하지 못하고 끌려다니기만 하는 것일까? 답은 간단하다. 권력에 대한 생각이 잘못됐기 때문이다. 당신은 공격적인 행동을 효과적인 행동으로 오해하고 있다. 하지만 대부분의 경우, 가장 효과적인 행동은 한 걸음 물러서서 평정을 유지한 채, 상대가 당신이 놓은 덫에 걸려서 좌절하게 놔두고 단기적 승리보다는 장기적 권력을 추구하는 것이다.

기억하라! 권력의 핵심은 주도권을 잃지 않으면서 상대로 하여금 당신의 움직임에 반응하게 만들고, 상대나 주변 사람들을 항상 방어적 상태에 머물게 하는 것이다. 상대가 당신에게 오게 만들 때, 당신은 상황을 통제할 수 있게 된다. 그리고 상황을 통제하는 자가 권력을 손에 쥐게 된다. 그런 입장에 서려면 두 가지 전제조건을 만족시켜야 한다. 우선 자신의 감정을 다스릴 줄 알아야 하며, 결코 분노가 자신을 지배하지 못하게 해야 한다. 동시에 당신은 다른 사람의 유인에 의해 미끼를 물었을 때, 사람들이 본능적으로 분노하며 반응하는 특징을 잘 활용해야만 한다. 결국 다른 사람으로 하여금 당신을 쫓아오게 만드는 능력은 어떤 공격적 도구보다 훨씬 더 강력한 무기가 된다.

계략의 달인이자 이 섬세한 술수를 완수해낸 탈레랑의 사례를 살펴보자. 첫째, 그는 나폴레옹을 멀리 추방해야 한다고 생각했지만 반대자들에게 끝까지 주장하지는 않았다. 자신의 논리를 주장하고 다른 사람들을 설득하고 싶어하는 욕구가 자신에게 불리하게 작용하는 경우가 비일비재하다. 나폴레옹이 여전히 위협적이라고 생각하는 사람은 극소수에 불과했으며, 따라서 탈레랑이 그들을 설득하려고 상당한 에너지를 소모했다면, 고작 자신을 더욱 바보로 만드는 결과를 초래했을 것이다. 그는 입을 닫고 감정을 억제했다. 그리고 나폴레옹에게 도저히 뿌리칠 수 없는 덫을 놓았다. 그는 상대의 약점과 충동적 성향, 영광에 대한 갈망, 대중들의 나폴레옹에 대한 사랑을 잘 알고 있었기 때문에 그 모든 요소를 완벽하게 조율했다. 그리고 나폴레옹은 그가 던진 미끼를 물었다. 탈레랑은 누구보다도 프랑스의 궁핍한 상황을 잘 알고 있었기 때문에 나폴레옹이 탈출에 성공한다 하더라도 오래가지 않아 몰락할 것이라고 예상했다. 그래서 탈레랑은 시기와 장소를 손아귀에 넣고 적절하게 덫을 놓을 수 있었다.

사람들마다 갖고 있는 에너지의 한계가 있고, 어느 순간 그 에너지는 정점에 도달한다. 다른 사람이 우리를 쫓아오게 할 경우, 그는 힘을 소진할 수밖에 없다. 1905년, 러시아와 일본은 전쟁 중이었다. 일본의 전투함은 근대화된 지 얼마 안 되었기 때문에 러시아의 해군력보다 약했다. 일본의 해군제독 도고 헤이하치로(東鄕平八郎)는 일본 해군이 형편없다는 거짓 정보를 유포했다. 단 한차례의 맹공으로 일본 함대를 전멸시킬 수 있다고 믿은 러시아 함대는 발트해를 떠나 일본으로 향했다. 지브롤터 해협을 지나 수에즈 운하를 거쳐 인도양을 통과하는 항로가 가장 빨랐지만, 러시아는 그 경로를 택할 수 없었다. 일본의 동맹국이었던 영국 해군이 그 항로를 장악하고 있었기 때문이다. 러시아 함대는 결국 아프리카 최남단의 희망봉을 돌아야 했다. 덕분에 항해 거리가 6천 해리나 더 늘어났다. 러시아 함대가 희망봉을 돌자, 일본인들은 또 다른 거짓 정보를 흘렸다. 일본 함대도 반격을 위해 항해 중이라는 것이다. 러시아 함대는 최고의 경계 상태를 유지한 채 일본으로 향했다. 마침내 목적지에 이르렀을 때 러시아 해군은 팽팽한 긴장으로 인한 피로와 과로 상태에 빠져 있었고, 반면 일본 해군은 느긋하게 그들을 기다리고 있었다. 불리한 승산과 현대적인 해전에 대한 경험 부족에도 불구하고, 일본 함대는 러시아 함대를 전멸시켰다.

상대를 우리가 있는 곳으로 끌어들일 때 얻게 되는 또 하나의 이점은 우리의 영역에서 싸울 수 있다는 것이다. 낯선 곳에 있다는 사실은 사람을 긴장시키기 때문에 잦은 실수를 저지르게 된다. 협상이나 회담에서도, 언제나 상대를 우리의 영역, 즉 우리가 선택한 영역으로 유인하는 것이 현명한 선택이다. 우리는 길을 잘 알고 있지만, 상대는 전혀 익숙하지 않기 때문에 방어적인 위치에 서게 된다.

다른 사람을 조종하는 것은 위험한 게임이다. 일단 자신이 조종당하고 있다고 의식하면, 점점 더 그를 통제하기가 어려워진다. 하지만 상대로 하여금 우리에게 오게 만든다면, 상대는 자신이 상황을 지배하고 있다는 환상을 품게 된다. 그는 자기를 끌어당기고 있는 끈의 존재를 느끼지 못한다. 그것은 마치 나폴레옹이 엘바 섬을 탈출하고 황제로 복위하는 과정에서 자신이 모든 상황을 지배하고 있다고 믿었던 것이나 똑같다.

모든 것은 우리의 미끼가 얼마나 달콤한가에 달려 있다. 우리의 미끼가 충분히 매력적이라면, 감정적 동요와 갈망으로 인해 상대는 맹목적으로 현실을 무시하게 될 것이다. 그들의 탐욕이 크면 클수록, 그들은 더욱 멀리 끌려다니게 될 것이다.

19세기의 유명한 악덕 자본가, 대니얼 드류(Daniel Drew)는 주식시장을 쥐고 흔드는 데 능숙했다. 그는 특정 주식을 사거나 팔고, 주가를 올리거나 떨어뜨리고자 할 때 직접적인 방법에 의존하지 않았다. 그의 수법 중 하나는 이런 것이었다. 그는 월스트리트 근처의 회원제 클럽에 허겁지겁 들어가서 마치 주식시장으로 가는 도중에 들른 체하며, 손수건을 꺼내 미간의 땀을 닦는다. 손수건을 꺼낼 때 종이 한 장이 떨어진다. 물론 그는 모른 체한다. 드류의 움직임은 초미의 관심사였기 때문에 사람들은 떨어진 종이를 얼른 줍는다. 혹시 그 종이에 주식에 대한 내부정보가 적혀 있을지도 모르기 때문이다. 곧 소문이 퍼지고 클럽 회원들은 떼를 지어 그 주식을 사거나 팖으로써 완전히 드류의 손아귀에 놀아나게 된다.

만약 상대가 스스로 무덤을 판다면, 우리가 굳이 수고를 할 이유가 무엇인가? 소매치기들은 이런 원리를 완벽하게 써먹는다. 소매치기의 핵심은 지갑이 어느 주머니에 들어 있는지를 알아내는 것이다. 경험 많은 소매치기들은 기차역과 같이 '소매치기 주의'라는 표지가 잘 보이는 장소에서 표적을 물색한다. 사람들은 그 표지를 보고 문득 자신의 지갑이 잘 있는지 확인한다. 스스로 주의를 환기하는 이 행동이야말로 소매치기를 도와주는 것이다. 그래서 심지어는 소매치기들이 직접 '소매치기 주의' 표지를 붙인다는 이야기도 있다.

상대가 우리를 찾아오게 만들 때, 때로는 그들이 우리의 손바닥 안에서 놀고 있다는 사실을 일부러 알려주는 편이 더 나은 경우도 있다. 노골적인 통제를 위해 가면을 벗어 던지는 것이다. 상대방은 심리적으로 큰 충격을 받게 된다. 다른 사람을 자기에게 오게 만들 경우 그 사람은 대단히 강력한 존재이자 존경심을 요구하는 인물로 보이게 된다.

르네상스 시대의 위대한 미술가이자 건축가인 필리포 브루넬레스키(Filippo Brunelleschi)는 자신의 권위에 대한 상징으로 다른 사람이 자신을 찾아오게 만드는 책략의 뛰어난 실천자이기도 했다. 한번은 그가 피렌체에 있는 산타 마리아 델 피오레 성당의 돔을 보수하는 일을 맡게 됐다. 그것은 대단히 중요하고 명성을 높이는 일이었다. 하지만 피렌체 시 당국이 브루넬레스키와 함께 일할 2인자로 로렌초 기베르티(Lorenzo Ghiberti)를 고용하자 이 위대한 미술가는 은밀하게 계략을 꾸몄다. 그는 기베르티가 연줄을 통해 그 일을 맡게 됐으며 아무 일도 하지 않고 공적의 절반을 가로챌 것이라고 생각했다. 공사가 중요한 단계에 도달했을 때, 브루넬레스키는 갑자기 알 수 없는 병에 걸려 일을 그만두어야겠다고 말했다. 더불어 기베르티가 있으니 그가 공사를 맡으면 된다고 말했다. 곧 기베르티의 무능이 드러났고 당국자들은 브루넬레스키를 찾아와 애걸을 했다. 하지만 그는 기베르티가 공사를 끝내야 한다는 말만 되풀이했다. 결국 당국자들은 문제가 무엇인지를 깨달았다. 그들은 기베르티를 해고했다.

모종의 기적에 의해, 브루넬레스키는 며칠 만에 병에서 회복됐다. 그는 발끈 화를 냈다가 오히려 자신을 바보로 만드는 실수를 저지르지 않았다. 그는 그저 '다른 사람이 찾아오게 만드는' 기법을 실천했을 뿐이다.

만약 당신이 한 번만 다른 사람으로 하여금 당신을 찾아오게 하여 위신을 세웠다면, 다음부터는 그런 노력을 하지 않아도 당신의 위엄에 굴복하게 될 것이다.

| **이미지** | 곰을 사냥하기 위해 꿀을 바른 덫. 곰 사냥꾼은 사냥감을 쫓지 않는다. 곰이 추적의 기미를 눈치 챌 경우 따라잡기가 거의 불가능하며, 막다른 궁지에 몰아넣는 데 성공해도 이번에는 곰이 사나워진다. 그 대신 사냥꾼은 꿀을 미끼로 삼아 덫을 놓는다. 그는 곰을 쫓느라 체력을 소모하지도 않고 생명의 위험을 무릅쓰지도 않는다. 그는 미끼를 던지고 곰을 기다릴 뿐이다.

| **근거** | 훌륭한 전사는 적에게 가지 않고 적이 오게 만든다. 이것이 적과 자신의 충만과 고갈의 원칙이다. 적이 당신을 찾아오게 만들면, 적의 힘은 언제나 고갈되게 마련이다. 당신이 적을 쫓아가지 않으면, 당신의 힘은 항상 충만해 있다. 충만한 힘으로 고갈된 힘을 공격하는 것은 돌로 달걀을 내리치는 것과 다름없다.

– 장예(張預), 《손자병법》 주해, 11세기

뒤집어보기

비록 적이 당신을 쫓아다니다 스스로 지치게 만드는 것이 현명한 방법이기는 하지만, 정반대의 방법으로 기습적으로 상대방을 타격하여 적의 사기를 꺾음으로써 에너지를 소진시킬 수도 있다. 상대가 당신을 찾아오게 하는 대신, 당신이 그들을 쫓아가 결말을 강요함으로써 주도권을 장악한다. 신속한 공격이 가공할 무기가 될 수 있는 것은 상대에게 생각할 여유를 주지 않고 서둘러 반응하게 만들기 때문이다. 시간에 쫓기는 사람은 실수를 저지르게 마련이며, 방어적인 자세를 취하게 된다. 이런 전술은 미끼를 던지고 기다리는 전술과는 상반되는 것처럼 보이지만, 결국 같은 기능을 발휘한다. 적이 우리에게 유리한 방향으로 반응하게 만드는 것이다.

체사레 보르자(Cesare Borgia)와 나폴레옹과 같은 사람들은 적의 공포심을 자극해 통제력을 장악하기 위해 속도의 요소를 활용했다. 눈에 띄지도 않았던 재빠른 움직임은 적을 공포에 빠뜨리고 사기를 꺾는다. 당신은 상황에 따라 전술을 선택해야 한다. 만약 시간이 당신 편이고 적어도 상대방과 당신의 전력이 비등하다고 판단될 경우, 적이 당신에게 오도록 함으로써 그들의 힘을 고갈시켜야 한다. 만약 시간이 흐를수록 당신이 불리해지는 경우(시간을 끌면 오히려 상대가 전력을 회복할 수 있는 기회를 주게 될 경우)라면 그들에게 그런 기회를 주지 말아야 한다. 신속하게 상대를 타격하여 그들이 도망갈 수 있는 여지를 주지 않는다. 권투선수 조 루이스(Joe Louis)는 이렇게 말했다. "그가 도망갈 수는 있지만 숨을 수는 없다."

말이 아닌 행동으로
승리를 쟁취하라
...
논쟁의 부작용

논쟁을 통해 거둔 잠깐의 승리는 상처뿐인 영광에 불과하다.
상대가 갖게 되는 분개와 악의가 일시적인 입장 변화보다
더 강하고 더 오래 지속되기 때문이다.
행동을 통해 당신에게 동의하게 만드는 것이 훨씬 더 강력하다.
설명하지 말고, 행동으로 보여주어라.

법칙 준수 사례: 죽음을 부른 고집

기원전 131년, 로마의 집정관인 푸블리우스 크라수스 디베스 무키아누스(Publius Crassus Dives Mucianus)는 그리스 도시 페르가무스를 포위했다. 그는 성벽을 뚫고 돌진하려면 공성용 망치가 필요하다고 생각했다. 며칠 전 아테네 항구의 조선소에서 본 크고 단단한 선박용 돛대 두 개가 떠올랐다. 그는 즉시 둘 중에 큰 돛대를 보내라고 명령을 내렸다. 하지만 아테네의 공병장교는 집정관이 원하는 것은 작은 돛대일 것이라고 판단해 명령을 전달하러 온 병사와 말다툼을 벌였다. 그는 공성용 망치로 쓰기에는 작은 돛대가 더 적합하고 운반하기도 더 쉽다고 주장했다.

그가 도면까지 그려가며 설명하자 전령은 수긍했지만 집정관의 명령을 어길 수 없다며 마침내 공병장교를 설득했다.

전령들이 떠나자 공병장교는 그 문제를 다시 생각했다. 그는 자문해보았다. 실패를 초래할 것이 뻔한 명령을 따르다니 그게 다 무슨 짓이란 말인가? 결국 그는 전령과의 약속을 어기고 작은 돛대를 보냈다. 그러면서 집정관도 작은 돛대가 얼마나 효과적인지를 깨닫고 그에게 마땅한 보상을 제공할 것이라고 확신했다.

작은 돛대가 도착하자 무키아누스는 전령에게 어찌 된 일이냐고 물었다. 그들은 공병장교가 작은 돛대의 이점에 대해 끈질기게 주장했지만 그래도 결국은 큰 돛대를 보내기로 했다고 말했다. 무키아누스는 너무 분노한 나머지 적의 증원 병력이 도착하기 전에 성벽을 돌파하는 데 정신을 집중할 수 없었다. 그는 오직 건방진 공병장교 때문에 속을 부글부글 끓이다가 끝내 그 장교를 즉시 소환하라는 명령을 내렸다.

며칠 뒤에 도착한 공병장교는 집정관에게 작은 돛대가 유리한 이유를 다시 한 번 설명했다. 전령들에게 주장했던 대로였다. 그는 이런 문제에 관한 한 전문가의 조언을 듣는 것이 현명한 일이며, 결코 후회하지 않을 것이라고 말했다. 무키아누스는 그가 자신의 주장을 마치자 그의 옷을 벗기고 병사들 앞에서 채찍질과 매질을 가해 죽여버렸다.

해석 ──

역사에는 이름이 남아 있지 않지만 그 공병장교는 일생 동안 돛대와 기둥들을 설계했으며, 훌륭한 공학자로 존경을 받는 인물이었다. 그는 자신이 옳다는 사실을 알고 있었다. 짧을수록 더 빠른 속도를 내기 때문에 더 강한 힘을 전달할 수 있을 것이다. 물론 집정관도 그의 논리를 수긍했을 것이다. 그 분야의 전문가인 공병장교 앞에서 집정권이 무슨 수로 자신의 무지를 계속 주장할 수 있다는 말인가?

그 공병장교는 어디서나 흔히 볼 수 있는 전형적인 논쟁꾼이다. 논쟁꾼의 말은 결코 중립적이지 않으며, 윗사람과 논쟁을 벌이는 것은 자신보다 권력이 더 센 사람의 지성을 공격하는 것이라는 사실을 이해하지 못한다. 또한 그는 상대의 특성에 대해 아무런 주의를 하지 않는다. 양 당사자가 모두 자신이 옳다고 믿기 때문에, 상대방의 말에 생각을 바꾸게 되는 경우는 거의 없다. 막다른 골목에 몰린 논쟁꾼일수록 더욱 자신의 주장을 내세우게 마련이다. 상대방의 입장을 우습게 만들고, 논리적 약점을 들춰내면 상대방은 결코 자신의 주장을 굽히지 않을 것이다. 그때는 소크라테스라 하더라도 사태를 수습하지 못한다.

이것은 자신보다 위에 있는 사람과 논쟁을 회피하는 단순한 문제가 아니다. 사람들은 모두 자신의 의견이 맞다고 생각한다. 따라서 내 생각이 옳다는 사실을 간접적으로 증명하는 방법을 배워야 한다.

법칙 준수 사례: 미켈란젤로의 속임수

1502년 이탈리아 피렌체, 산타 마리아 델 피오레 성당의 공사현장에는 거대한 대리석 블록이 서 있었다. 한때 그것은 장엄한 형태의 원석이었지만 실력 없는 조각가가 인물상의 다리가 돼야 할 부분에 엉뚱하게 구멍을 뚫어버렸고 그 때문에 망쳐진 상태가 되었다. 피렌체의 시장인 피에로 소데리니(Piero Soderini)는 레오나르도 다 빈치나 다른 대가들에게 조각을 의뢰하여 어떻게든 그 대리석을 살려보고 싶었지만, 모두가 그 원석은 이미 쓸모없어졌다고 말해 포기하고 말았다. 결국 돈만 날리

11일째 되는 날, 대신은 술탄 앞에 소환됐다. 판결문 낭독이 끝나자 대신은 밧줄로 묶여 개의 우리에 던져졌다. 그러자 개들이 꼬리를 흔들며 그를 향해 달려갔다. 그의 어깨를 헛바닥으로 핥다가 그와 함께 뛰어놀기 시작했다. 술탄을 비롯한 모든 참석자들은 아연실색했으며, 술탄은 대신에게 왜 개들이 그를 물어뜯지 않는지 물었다. 대신이 대답했다. "소신은 열흘 동안 이 개들과 함께 지냈습니다. 술탄께서도 지금 그 결과를 직접 보고 계십니다. 소신은 30년 동안 술탄을 모셨는데 지금 그 결과가 어떻습니까? 소신은 저의 적이 제기한 혐의에 근거해 사형을 선고받았습니다." 술탄은 부끄러움으로 얼굴을 붉혔다. 그는 대신에게 사과를 한 뒤 좋은 의복을 하사했으며, 그의 명예를 훼손한 자들도 그에게 넘겼다. 고귀한 성품의 대신은 그들을 모두 풀어주었고 그 이후에도 그들을 호의로 대했다.
– 《치밀한 계략: 아랍의 지혜와 술책(The Subtle Ruse: The Book of Arabic Wisdom and Guile)》, 13세기

고 원석은 교회의 어두운 실내에서 먼지를 뒤집어쓰게 된 것이다.

당시 로마에 살고 있던 미켈란젤로(Michelangelo)에게 피렌체의 친구들이 편지를 보내기 전까지, 대리석은 그렇게 방치되어 있었다. 편지에서 그들은 주장했다. 오로지 미켈란젤로만이 그 대리석으로 무엇인가를 해낼 수 있을 것이라고 말이다. 미켈란젤로는 피렌체까지 와서 대리석의 상태를 점검한 뒤, 대리석이 잘려나간 상태에 맞는 포즈를 채택한다면, 훌륭한 인물상이 될 것이라는 결론을 내렸다. 시장은 시간 낭비라고 주장했지만 결국 허락했다. 미켈란젤로는 돌팔매를 하고 있는 소년 다비드 상을 조각하기로 했다.

몇 주일 뒤, 미켈란젤로가 조각에 마지막 손질을 가하고 있을 때, 시장이 작업장을 방문했다. 그는 마치 전문적인 미술품 감정사라도 되는 양 거대한 작품을 관찰하더니 작품이 장려하기는 한데 코가 너무 큰 것 같다고 말했다. 미켈란젤로는 소데리니가 거대한 인물상의 바로 밑에 서 있기 때문에 전체를 균형 잡힌 시각으로 볼 수 없다는 사실을 알아챘다. 그는 아무 말도 하지 않고 시장에게 작업대로 올라오라고 손짓했다. 코의 높이까지 올라가자, 미켈란젤로는 조각칼과 바닥에 쌓인 대리석 가루를 한 줌 집었다. 그리고 아래쪽 작업대에 있는 시장이 볼 수 있도록 조각칼을 톡톡 두드리며 대리석 가루를 조금씩 밑으로 떨어뜨렸다. 그 모습이 마치 코의 모양을 손보고 있는 것 같았다. 몇 분 동안 코를 다듬는 흉내를 내고 있던 그는 옆으로 한 걸음 물러서며 말했다. "이제 다시 한 번 봐주시죠." "됐습니다. 코를 손보니 한결 나아 보이는군요." 시장이 말했다. "마치 살아 있는 사람의 코 같습니다."

해석 ——

미켈란젤로는 코의 모양을 바꿀 경우 조각품을 망칠 것이라고 생각했다. 하지만 고객은 자신의 심미적 안목에 대해 자부심을 갖고 있었다. 그와 논쟁을 벌이는 것은 아무런 이익이 되지 않을 뿐만 아니라, 미래의 고객을 끊는 행위였다. 미켈란젤로는 어리석은 사람이 아니었다. 그의 해결책은 시장의 시야에 변화를 주면서(그를 코 가까이에 다가서게 하는 것),

시야 때문에 그가 전체 작품을 잘못 이해했다는 사실을 깨닫지 못하게 하는 것이었다.

미켈란젤로는 자신의 작품에 손대지 않으면서 시장에게는 그가 바라는 대로 개선했다는 인상을 주었던 것이다. 논쟁이 아니라 행동으로 승리하는 방법은 이처럼 두 배의 효과를 가져다준다. 상대의 기분을 상하게 하지 않으면서 자신의 주장을 관철하는 방법이다.

권력의 열쇠: 말이 아닌 행동으로 승리를 쟁취하라

권력의 세계에서는 자신의 행동이 다른 사람에게 미치는 장기적 영향을 판단하는 방법을 배워야 한다. 논쟁을 통해 어떤 주장을 증명하거나 승리를 쟁취하려고 할 경우, 문제는 그것이 상대에게 어떤 영향을 미쳤는지 결코 확신할 수 없다는 것이다. 어쩌면 예의상 당신의 주장에 동의하는 척했을 뿐 속으로는 당신을 욕하고 있을지도 모른다. 혹은 당신이 무심코 내뱉은 말에 기분이 상했을 수도 있다. 말이란 상대방의 기분이나 불안감의 정도에 따라 해석이 달라진다. 심지어 가장 설득력이 있는 말조차 믿을 수 없을 정도다. 그래서 어떤 사람과 합의를 이루었지만 며칠 뒤에는 순전히 습관에 의해 그것을 뒤집어버리기도 한다.

말은 누구나 할 수 있다. 모두가 열띤 논쟁을 하는 순간에는, 자신의 주장을 관철시키기 위해 어떤 말이든 하게 된다. 성경을 언급할 수도 있고 입증하기 어려운 통계치를 근거로 제시할 수도 있다. 그처럼 허황된 말들이 난무하는 상황에서 과연 누구를 설득시킬 수 있다는 말인가? 행동으로 보여주는 것이 훨씬 더 설득력 있다. 그것은 눈으로 직접 확인할 수 있기 때문이다. "됐습니다. 코를 손보니 한결 나아 보이는군요." 여기에는 어떤 오해의 여지도 존재하지 않는다. 눈앞에 있는 증거를 반박할 수 있는 사람은 아무도 없다. 발타사르 그라시안은 다음과 같이 논평했다. "진실은 대체로 눈에 보이지 귀에 들리지 않는다."

크리스토퍼 렌(Christopher Wren) 경은 영국의 르네상스 인물에 해당한다. 그는 수학과 과학, 물리, 생리학 등의 과학에 능통했다. 그는 영국

파라오 아프리에스(Apries)가 폐위당하자 아모세 2세(Ahmose II)가 왕위에 올랐다. 그는 사이스 지역에 있는 사우프라는 마을의 토착민이었다. 초기에 이집트인들은 그의 미천한 출신 때문에 그를 업신여겼다. 하지만 나중에 그는 그들을 자신의 발밑에 무릎을 꿇게 만들었다. 그렇다고 강력한 수단을 사용한 것은 아니었다. 그에게는 발을 씻는 황금 욕조가 있었는데, 그는 물론 손님들도 거기에서 발을 씻곤 했다. 그는 황금 욕조를 녹여 한 신의 입상을 만들었다. 그리고 도시에서 가장 적절한 장소를 찾아 거기에 세웠다. 이집트인들은 그 신상을 찾아가 거기에 깊은 존경심을 표하기 시작했다. 신상의 효과는 곧 아모세 2세의 귀에도 들어갔다. 그는 회의를 소집해 사람들이 그토록 숭배하고 있는 신상이 원래는 발 씻는 욕조였으며 많은 사람들이 거기에 오줌을 싸거나 먹은 것을 토해놓기도 했다는 사실을 공개했다. 그는 이어서 자신의 경우도 이와 비슷해서 한때는 평민에 불과했지만, 지금은 이집트의 왕이 됐다고 말했다. 따라서 이집트인들은 신상이 된 욕조를 찾아가 존경을 표하는 것처럼, 새로운 왕에게도 경의와 존경을 표시하는 것이 마땅하다고 말했다. 이런 식으로 아모세 2세는 이집트인들을 설득해 그를 지배자로 인정하게 만들었다.
– 《역사(The Histories)》, 헤로도토스(Herodotos), 기원전 5세기

의 가장 유명한 건축가로서 오랜 경력을 쌓은 인물이지만 종종 후원자로부터 무리한 설계 변경을 요구받곤 했다. 하지만 단 한 번도 자신의 주장을 내세우다가 상대의 기분을 상하게 한 적이 없었다. 그에게는 자신의 주장을 증명할 수 있는 다른 방법이 있었다.

1688년, 렌은 웨스트민스터 시의 시청 건물을 설계했다. 하지만 시장은 만족하지 않았고 과민 반응을 보이기까지 했다. 2층의 바닥이 너무 약해서 1층에 있는 자신의 사무실로 무너지는 것이 아니냐며 걱정했다. 그러면서 두 개의 돌기둥을 세워 2층을 지지해달라고 요구했다. 렌은 뛰어난 공학자로서, 기둥을 추가할 필요가 전혀 없으며, 시장의 걱정이 아무런 근거가 없다는 것을 알고 있었다. 하지만 그는 기둥을 세웠고 시장은 무척 고마워했다. 몇 년이 지난 뒤에 높은 작업대 위에서 일을 하던 인부들은 두 기둥이 천장에 닿지 않는다는 사실을 발견했다.

두 기둥은 그저 장식에 불과했다. 하지만 두 사람 모두 자신이 원하던 것을 얻었다. 시장은 안심할 수 있었고 렌은 자신의 설계에 추가적인 기둥은 불필요하다는 사실을 후세 사람들도 이해하게 될 것이라는 비밀을 간직하게 됐다.

자신의 생각을 행동으로 보일 때의 이점은 상대가 방어적인 태도를 취하지 않기 때문에 그를 더 쉽게 설득할 수 있다는 것이다. 상대에게 전달하려는 의미를 물리적으로 느끼게 할 경우, 그것은 말보다 훨씬 더 설득력이 강하다.

니키타 흐루시초프(Nikita Khrushchyov)가 스탈린의 죄상을 밝히는 연설을 하는데 한 야유꾼이 갑자기 끼어들었다. "당신은 스탈린의 동지였소." 그가 외쳤다. "그렇다면 왜 그때 그를 저지하지 못했소?" 흐루시초프는 야유꾼을 보지 못했는지 이렇게 고함을 쳤다. "방금 누가 말했소?" 아무도 손을 들지 않았다. 긴장된 가운데 몇 초간 침묵이 흐르자 마침내 흐루시초프가 조용히 말했다. "자, 이제 여러분도 내가 왜 그를 저지하지 못했는지 알았을 거요." 스탈린의 면전에서는 누구도 두려움에 떨 수밖에 없었다고 말로 설득하기보다 스탈린을 마주 대하는 것이 어떤 기분인지를 사람들에게 직접 느끼게 했던 것이다. 실연은 직관적이기 때문에 더 이상의 논쟁이 필요 없다.

상징은 행동보다 설득력이 강하다. 깃발, 신화, 기념물 등의 상징물은 말없이도 모든 사람들을 이해시킨다. 1975년 헨리 키신저(Henry Kissinger)는 이스라엘이 1967년 전쟁에서 빼앗은 시나이 사막의 영토를 팔레스타인에게 돌려주는 문제를 협상하고 있었다. 협상이 교착 상태에 빠지자 그는 갑자기 회담을 휴회하고 관광에 나서기로 했다. 그는 마사다(Masada)로 알려진 고대 요새의 유적을 방문했는데, 그곳은 73년에 700명의 이스라엘 전사들이 로마 군대에 포위되자 포로가 되기보다는 집단 자살을 택했던 역사의 현장이었다. 따라서 키신저가 그곳을 방문한 데는 상징적 의미가 있었다. 이스라엘이 팔레스타인 사람들의 집단 자살을 초래하고 있다고 간접적으로 비난했던 것이다. 비록 그 방문이 이스라엘인들의 마음을 바꾸지는 못했지만, 그들은 적어도 다른 어떤 경고보다 더 심각하게 미국의 제안을 생각해보게 되었다. 이처럼 상징은 거대한 감성적 의미를 전달한다.

영향력을 목표로 삼거나 그것을 지키고 싶을 경우, 간접적 경로를 찾아라. 또한 전투를 할 때와 피할 때를 신중하게 파악해야 한다. 결국 다른 사람의 동의 여부가 중요하지 않을 경우(즉 시간이 지나면 상대가 자연히 당신의 의도를 이해하게 될 경우)에는 자신의 생각을 행동으로 보여줄 필요가 없다. 당신의 힘을 아끼고 그냥 갈 길을 가기만 하면 된다.

| **이미지** | 시소. 논쟁자들은 올라갔다 내려가기를 반복할 뿐이다. 발을 구르거나 몸을 위로 솟구치는 행위를 하지 말고 시소에서 내려서 그들에게 당신이 의도하는 바를 보여라. 그들을 꼭대기에 올려놓고 중력이 그들을 부드럽게 땅으로 내려 보내게 내버려두라.

| **근거** | 결코 논쟁하지 말라. 아무리 토론을 해봤자 소용이 없다. 오로지 결과만 보여주어라.

– 벤저민 디즈레일리(Benjamin Disraeli, 1804~1881)

뒤집어보기

권력의 세계에서 논쟁이 유용한 경우는 하나다. 기만 전술을 수행 중이거나 거짓말을 하다가 들켰을 때, 사람들의 주의를 다른 곳으로 돌릴 수 있다는 것이다. 그런 경우에는 모든 설득력을 동원해 논쟁을 벌이는 편이 유리하다. 상대를 논쟁에 끌어들임으로써 그들의 관심을 멀어지게 하는 것이다. 거짓말을 하다가 들켰을 경우에는 격정적이고 확신에 찬 모습을 보일수록, 당신이 진실하게 보일 가능성이 높다.

이 기술 덕분에 많은 사기꾼들이 뻔뻔한 거짓말을 감출 수 있었다. 뛰어난 사기꾼인 빅토르 루스티히 백작은 한때 미국 전역을 돌아다니며 10여 명의 얼간이들에게 돈을 복제하는 가짜 기계를 팔았다. 피해자들은 자신들이 속았다는 것을 뒤늦게 알았지만 경찰에 신고하지 않았다. 하지만 오클라호마 렘센 카운티의 보안관 리처드는 1만 달러를 날린 후 가만히 있지 않았다. 그는 시카고의 한 호텔까지 루스티히를 추적해왔다.

루스티히는 문을 노크하는 소리를 들었다. 문을 열자 한 남자가 자신을 향해 총구를 겨누고 있었다. "무슨 문제가 있습니까?" 그는 침착하게 물었다. "이 빌어먹을 자식아!" 보안관이 호통을 쳤다. "네놈을 죽여버리겠어. 그 빌어먹을 기계로 내 돈을 사기 쳤잖아!" 루스티히는 당황한 표정을 지었다. "그러니까 당신 말은 그것이 작동을 안 한다는 뜻인가요?" 그는 재차 물었다. "원래 안 된다는 것은 네놈이 더 잘 알잖아." 보안관이 대답했다. "절대 그럴 리 없어요." 루스티히가 말했다. "작동이 안 될 까닭이 없다고요. 정확하게 작동을 시키기는 한 겁니까?" "네놈이 말한 대로 정확하게 했다고." 보안관이 말했다. "그럴 리가요. 틀림없이 잘못 조작했을 겁니다." 루스티히가 말했다. 논쟁은 제자리를 빙빙 돌았고, 보안관의 총구도 더 이상 루스티히의 배를 겨냥하고 있지 않았다.

이어서 루스티히는 논쟁 전술의 2단계로 넘어갔다. 그가 기계 조작법에 대해 온갖 기술적인 용어들을 쏟아내자 보안관은 당황하기 시작했다. 자신이 정말 정확하게 작동하기는 했는지 자신이 없어졌다. "봐요." 루스티히가 말했다. "지금 당장 당신 돈을 돌려드리죠. 기계를 작동시키는 방법에 대해 지침서도 써드리겠습니다. 오클라호마에 가서 제가 직접 확인시켜 드릴 수도 있어요. 그러면 절대 사용 방법을 까먹지 않을 겁니다." 보안관도 마지못해 동의했다. 루스티히는 1만 달러를 주면서 기분을 풀고 일주일간 시카고에서 실컷 즐기라고까지 말했다. 보안관은 약간 얼떨떨한 채 방을 나섰다. 며칠 후 신문에 난 짧은 기사를 읽고 루스티히는 회심의 미소를 지었다. 리처드 보안관이 위조지폐를 유통시킨 혐의로 체포되어 유죄 판결을 받았다는 기사였다. 루스티히는 논쟁에서 승리했고 보안관은 더 이상 그를 추적할 수 없었다.

정직하고 아량있는
태도를 보여라

...

경계심 풀기

한 번의 정직한 처신이 열 번의 부정직한 행동을 덮어주는 법이다.
정직하고 아량 있는 태도를 보이면
아무리 의심이 많은 사람이라도 경계심을 풀게 된다.
그렇게 상대의 갑옷에 구멍을 내고 나면,
당신은 마음대로 속이고 조종할 수 있다.
적시에 제공하는 선물(일종의 '트로이의 목마')도
동일한 효력을 발휘한다.

법칙 준수 사례: 알 카포네를 속인 사기꾼

돌팔이 의사 프란체스코 보리
1695년에 죽은 밀라노의 프란체스코 주세페 보리는 특별한 종류의 협잡꾼이자 사기꾼의 선구적인 인물이었다. …… 그의 전성시대는 암스테르담으로 이주한 뒤에 시작되었다. 그곳에서 그는 '최고의 명의'라는 소리를 들으며 많은 수행원을 이끌고 여섯 마리의 말이 끄는 마차를 타고 다녔다. …… 환자들이 끊이지 않았고, 거동이 불편한 환자들은 파리에서 암스테르담까지 의자식 가마에 실려왔다. 보리는 진료비를 받지 않았다. 또한 가난한 사람들에게 많은 돈을 나눠주었고 우편이나 환어음 등의 방식을 통해서 진찰비를 받은 적도 없었다. 그럼에도 불구하고 매우 잘 살았기 때문에 그에게 '현자(賢者)의 돌'이 있다는 소문이 떠돌았다. 그런데 어느 날 보리는 암스테르담에서 자취를 감췄다. 사람들이 그에게 맡겨놓았던 돈과 다이아몬드를 가지고 떠나버린 것이었다.
– 《돌팔이의 힘(The Power of the Charlatan)》, 그레테 데 프란체스코(Grete De Francesco), 1939

1926년 말끔하게 차려입은 키 큰 남자가 당시 암흑가의 최고 거물이었던 알 카포네(Al Capone)를 찾아왔다. 남자는 세련된 유럽 억양으로 자신을 빅토르 루스티히 백작이라고 소개했다. 그는 카포네에게 자신한테 5만 달러를 주면 두 배로 불려주겠다고 제안했다. 카포네는 그만한 '투자액'을 잃어도 큰 타격이 없을 만큼 돈이 많았지만, 낯선 사람에게 큰돈을 맡기는 사람이 절대 아니었다. 카포네는 백작을 다시 훑어보았다. 그는 품위 있고 세련된 태도를 가졌으며 평범한 사람들과는 달라 보였다. 카포네는 백작의 제안을 따르기로 했다. 그는 직접 돈을 세어 백작에게 건네며 말했다. "좋소. 두 달 안에 이 돈을 두 배로 늘려 오시오." 루스티히는 그 돈을 시카고에 있는 은행 금고에 넣어두고, 또 다른 계획을 위해 뉴욕으로 떠났다.

루스티히는 5만 달러를 금고에 넣은 뒤 그것을 두 배로 불리기 위한 아무런 노력도 하지 않았다. 두 달 후 그는 시카고로 돌아가 금고의 돈을 꺼내서 다시 카포네를 찾아갔다. 그는 카포네 옆에 서 있는 무표정한 경호원들을 흘끗 보고 나서, 미안한 표정을 지으며 카포네에게 말했다. "카포네 씨, 정말로 미안합니다. 안타깝게도 계획이 실패했습니다."

카포네는 천천히 자리에서 일어났다. 그는 이 자를 어느 강물에 빠뜨려 죽일까 하는 눈초리로 루스티히를 노려보았다. 그때 루스티히가 주머니에서 5만 달러를 꺼내 책상 위에 올려놓았다. "여기 당신 돈을 가져왔습니다. 진심으로 사과드립니다. 어떻게 말씀을 드려야 할지 모르겠군요. 제가 생각한 대로 일이 잘 풀리질 않았습니다. 당신과 저를 위해서 돈을 두 배로 불렸으면 좋았을 텐데, 계획이 실패하고 말았습니다."

카포네는 이해할 수 없다는 표정으로 다시 의자에 앉았다. "백작, 나는 처음부터 당신이 사기꾼임을 알고 있었소. 하지만 10만 달러를 받거나 아니면 한 푼도 돌려받지 못하거나, 둘 중 하나일 거라 생각했소. 그런데 이렇게 돈을 돌려주다니……." 백작은 다시 한 번 사과했다. "카포네 씨, 정말 죄송합니다." 그리고 돌아가려고 모자를 집어 들었다. 그때 카포네가 말했다. "당신은 정직한 사람이군요! 그 일이 실패해 당신이 곤란한 상황에 처했다면, 이걸 가져다 쓰시오." 카포네는 5만 달러 중에서 천 달러짜리 지폐 다섯 장을 세어 그에게 건넸다. 루스티히는 놀란 표정을 지으며 고개를 숙여 고맙다고 말하고는 돈을 가지고 떠났다.

그 5천 달러는 루스티히가 애초부터 목표하던 돈이었다.

해석 ──

여러 나라 언어를 구사할 줄 알며 세련되고 품위 있는 몸가짐을 지닌 빅토르 루스티히 백작은 당대 최고의 사기꾼 가운데 하나였다. 그는 대담하고 뻔뻔할 뿐만 아니라 인간의 심리를 꿰뚫는 데 뛰어난 인물이었다. 루스티히는 만난 지 몇 분 만에 상대의 약점을 파악했고, 잘 속아 넘어오는 사람을 금세 알아챘다. 루스티히는 대부분의 사람들이 사기꾼에 대비해 방어 태세를 갖춘다는 것을 잘 알고 있었다. 루스티히가 할 일은 그러한 방어 태세를 무너뜨리는 것이었다.

이를 위한 한 가지 확실한 방법은 정직하고 성실한 태도를 보여주는 것이다. 정직하게 행동하는 사람을 누가 믿지 않을 수 있겠는가? 원래 루스티히는 상황에 따라 정직함을 적절히 이용하는 사람이었지만 카포네 앞에서는 더 높은 수를 썼다. 평범한 사기꾼은 카포네 같은 거물에게 감히 접근하지 못한다. 평범한 사기꾼이라면 약한 상대, 전혀 눈치 채지 못하는 어리숙한 상대를 고를 것이다. 카포네 같은 인물을 잘못 건드렸다가는 평생을 두려움 속에 살아야 하기 때문이다. 그러나 루스티히는 카포네 같은 사람은 아무도 신뢰하지 않는다는 사실을 잘 알고 있었다. 그의 주변에는 정직하고 관대한 사람이 아무도 없었으며, 항상 늑대들에 둘러싸여 살아간다는 것은 긴장과 피로와 우울함을 동반하는 일이었다. 따라서 카포네 같은 인물은 정직한 인물을 그리워하고, 모든 사람이 불순하고 간악한 음모를 품는 것은 아니라고 믿고 싶어한다.

카포네는 루스티히의 정직한 태도 앞에서 경계심을 풀어버렸다. 전혀 예상하지 못한 뜻밖의 태도를 보였기 때문이다. 진정한 사기꾼은 이러한 인간의 심리를 노린다. 이러한 심리 상태에 노출된 먹잇감은 늑대의 목표를 간파하지 못하고 쉽게 속아 넘어가게 마련이다.

루스티히가 사용한 전략을 기억하라. 적시에 정직과 아량을 보여주면 세상에서 가장 잔인하고 냉혹한 야수라도 당신 뜻대로 움직일 수 있다.

> 적어도 하나 이상의 목표물이 시야에 확보되지 않으면 나에겐 온 세상이 회색 빛으로 보인다. 그럴 때는 인생이 공허하고 우울하다. 나는 정직한 인간들을 이해할 수 없다. 그들은 지루함으로 가득한 절망적인 삶을 산다.
>
> – 빅토르 루스티히 백작(1890~1947)

권력의 열쇠: 정직하고 아량 있는 태도를 보여라

기만의 핵심은 상대의 주의를 다른 데로 돌리는 것이다. 상대의 주의를 흐트러뜨리면, 당신은 그가 눈치 채지 못하는 사이에 모종의 행동을 할 시간과 공간을 벌 수 있다. 때때로 친절하고 관대하며 정직한 행동은 가장 효과적인 도구가 된다. 그러한 태도를 보이면 상대의 의심이 눈 녹 듯 사라진다. 그러면 상대는 갑자기 어린아이처럼 되어 당신의 친절한 행동을 곧이곧대로 받아들인다.

고대 중국에서는 이것을 '갖기 전에 먼저 주기' 라고 불렀다. 무언가를 먼저 주면 상대는 자신이 잃게 될 것을 미처 눈치 채지 못한다. 이는 활용도가 무궁무진한 전략이다. 힘을 가진 자라 할지라도 대놓고 상대의 것을 빼앗는 것은 위험하다. 나중에 상대가 복수를 도모할 것이기 때문이다. 또 아무리 정중한 태도라 할지라도 원하는 바를 상대에게 그냥 요청하는 것 역시 위험하다. 상대가 얻을 이익이 없는 상황이라면 당신의 요구를 괘씸하게 생각할 것이다. 따라서 먼저 주고 나서 당신이 얻을 것을 취하라. 그래야 분위기가 부드러워지고, 상대가 당신에게 요구할 일이 줄어들고, 상대의 주의를 딴 데로 돌릴 수 있다. 주는 것에는 여러 가지 형태가 있다. 선물일 수도 있고, 관대한 행동일 수도 있으며, 호의를 베풀거나 '정직한' 고백을 하는 것일 수도 있다.

정직한 모습을 보이는 전략은 처음 만나는 자리에서 사용하면 효과가 크다. 사람은 습관의 동물이기 때문에 쉽사리 생각을 바꾸지 않는다. 관계를 맺은 초반에 상대가 당신을 정직한 사람이라고 믿으면, 그러한 믿음과 첫인상은 오래가게 마련이다. 그러면 당신은 상대를 조종할 수 있는 우위에 서게 된다.

알 카포네와 마찬가지로 제이 굴드 역시 좀처럼 사람을 믿지 않았다. 그는 기만과 강압적인 수단을 통해 이미 서른셋의 나이에 억만장자가 된 인물이었다. 1860년대 후반 굴드는 이리 철도회사(Erie Railroad)에 많은 돈을 투자했다. 그런데 얼마 후 이리 철도회사의 위조증권이 시장에 넘쳐난다는 것을 알게 되었다. 그는 많은 돈을 잃고 커다란 곤경에 처할지도 모르는 상황이었다.

그때 존 고든-고든(John Gordon-Gordon)이라는 스코틀랜드 귀족이 도움을 주겠다고 제안했다. 그는 철도회사에 투자하여 약간의 돈을 번 사람이었다.

고든-고든은 필체 전문가를 고용하여 위조증권을 만든 범인이 이리 철도회사의 고위 중역들이라는 사실을 밝혀냈다. 굴드는 고든-고든에게 매우 고마워했고, 고든-고든은 굴드에게 함께 힘을 합쳐 이리 철도회사의 주식을 대거 사들여 지배주주가 되자고 제안했다. 굴드는 동의했다. 한동안 사업은 잘되어가는 것처럼 보였다. 두 남자는 친한 친구가 되었고, 고든-고든이 주식을 더 사들이기 위한 돈을 요청할 때마다 굴드는 돈을 기꺼이 건네주었다. 하지만 1873년 고든-고든이 갑자기 자신의 보유 주식을 전부 팔아 처분했다. 그는 큰돈을 벌었지만 굴드가 갖고 있는 주식의 가격은 형편없이 떨어졌다. 이후 고든-고든은 자취를 감추었다.

조사를 해본 결과, 고든-고든의 본명은 존 크라우닝스필드(John Crowningsfield)였고 상선 선원과 런던의 술집 여자 사이에서 태어난 사생아였다. 그가 사기꾼임을 눈치 챌 수 있는 단서들이 많았지만, 처음에 보여준 정직한 인상 때문에 굴드는 전혀 의심하지 않았다. 그러다가 수백만 달러를 잃고 나서야 그가 사기꾼임을 알게 된 것이다.

때로는 한 번의 정직한 행동으로는 부족하다. 신망 있는 행동을 여러 번 보여줌으로써 정직하다는 평판을 쌓아야 할 때도 있다. 단 그러한 행동들은 일관성을 지녀야 한다. 일단 정직하다는 평판이 생기고 나면 첫 인상과 마찬가지로 쉽게 흔들리지 않는다.

고대 중국 정나라의 무공이 점점 강력해지고 있는 이웃 호나라를 정복하기로 마음먹었다. 무공은 그러한 계획을 아무한테도 말하지 않고, 자신의 딸을 호나라 왕에게 시집 보냈다. 그런 뒤 회의를 열어 신하들에게 물었다. "전쟁을 일으키려고 하는데 어느 나라를 정벌하는 것이 좋겠는가?" 그가 예상한 대로 신하 하나가 이렇게 대답했다. "호나라를 쳐야 마땅하다고 생각합니다." 그러자 무공은 크게 노하며 말했다. "호나라는 형제와 같은 나라다. 어찌 그런 나라를 정벌하자 하느냐?" 무공은 분별없는 말을 한 죄로 그 신하를 처형해버렸다. 호나라의 왕은 이 소식을 듣고 마음이 놓였다. 그리고 정나라 무공의 신의를 보여주는 증표들과 자기 딸을 시집 보낸 사실 등을 생각하여 정나라의 침략에 대비한 아무런 조치도 취하지 않았다. 몇 주 후 정나라 군대는 호나라를 공격하여 빼앗아버렸다.

정직은 상대의 경계심을 해제시키는 좋은 방법이지만, 그것이 유일한 방법은 아니다. 후하게 베푸는 관대한 행동도 효과가 있다. 선물을 마다할 사람은 거의 없다. 설사 원수가 보내는 선물이라고 해도 말이다. 선물은 사람들 마음속에 있는 유아적인 심리를 작동시켜 그 사람을 무장 해제시켜버린다. 어떤 사람은 상대의 행동을 매우 냉소적으로 바라보는 경우도 있지만 마키아벨리식 선물, 즉 다른 동기와 속셈이 숨겨진 선물을 알아보는 경우는 드물다. 선물은 기만 작전을 숨기기 위한 훌륭한 수단이다.

수천 년 전 고대 그리스 사람들이 트로이의 파리스가 납치해간 헬레네를 되찾기 위해서 바다를 건너 트로이로 갔다. 이 트로이 전쟁이 10년간 지속되면서 많은 영웅들이 죽었지만 전쟁은 쉽게 끝나지 않았다. 그러던 어느 날 예언자 칼카스가 그리스인들에게 말했다.

"성벽을 공격하는 것으로는 소용없습니다. 다른 작전을 강구해야 합니다. 힘만으로는 트로이를 함락시킬 수 없으니 교묘한 계략을 세워야 합니다." 그러자 영리한 오디세우스가 거대한 목마를 만들어 그 안에 병사들을 숨긴 뒤에 트로이인들에게 선물로 주자고 제안했다. 아킬레우스의 아들 네오프톨레모스는 사내답지 못한 비겁한 방법이라며 반대했다. 그런 기만적인 전략으로 승리하느니 전장에서 수천 명이 전사하는 것이 낫다는 것이었다. 그러나 또 10년을 싸우다가 명예롭게 전사하는 쪽과 빠른 승리를 거둘 가능성이 있는 쪽 중에서, 병사들은 후자를 택했다. 그리고 신속하게 목마를 제작했다. 이 작전이 성공을 거두어 마침내 트로이를 함락시켰다. 10년의 싸움보다 선물 하나가 더 큰 일을 해낸 것이다.

친절도 기만 작전의 무기가 될 수 있다. 고대 로마인들은 오랫동안 팔리스키인들의 도시를 공격했으나 한 번도 성공을 거두지 못했다. 어느 날 로마의 장군 카밀루스는 팔리스키인들의 도시 외곽에서 야영을 하고 있었다. 그때 한 남자가 아이들을 데리고 다가왔다. 남자는 팔리스키인 교사였고, 아이들은 그 도시의 귀족과 부잣집 자녀들이었다. 남자는 아이들을 산책시킨다고 말하고 데리고 나왔지만, 실은 아이들을 인질로 바쳐서 카밀루스의 환심을 사려는 것이었다.

카밀루스는 아이들을 인질로 받아들이지 않았다. 그는 교사의 옷을 벗기고 손을 목 뒤로 묶은 다음, 아이들에게 회초리를 나눠주고 도시까지 돌아가는 내내 매질을 하라고 했다. 이것은 팔리스키인들에게 즉시 영향을 미쳤다. 카밀루스가 아이들을 인질로 이용하는 것을 단호히 거부하자 팔리스키인들은 더 이상 저항하지 않고 항복했다. 카밀루스는 모든 것을 정확히 계산하고 있었다. 어느 경우든 그가 잃을 것은 없었다. 아이들을 인질을 삼는다고 해서 당장 전쟁이 끝나지는 않을 것임을 알고 있었다. 그는 상황을 반대로 이용해 오히려 적의 신뢰와 존경을 얻었으며 적이 경계심을 풀게 했다. 때로 친절은 완강한 적군도 무너뜨린다. 상대의 마음을 정확하게 겨냥하면 상대는 싸울 의지를 잃어버린다.

사람의 감정을 잘 이용하여 친절을 베풀면 카포네 같은 사람도 어린아이처럼 만들 수 있다. 하지만 감정을 이용하는 접근법이 모두 그렇듯, 이 전술은 매우 신중하게 사용해야 한다. 만일 상대가 당신의 의도를 간파하면, 감사와 호의로 가득했던 감정도 금세 격렬한 증오와 불신으로 바뀔 수 있다. 진심 어린 행동으로 보일 자신이 없다면 섣불리 불장난을 해서는 안 된다.

| **이미지** | 트로이의 목마. 적이 거부할 수 없는 멋진 선물 안에 교활한 책략이 숨겨져 있다. 적이 스스로 성문을 열게 해야 한다. 일단 안으로 들어가면 쑥대밭으로 만들 수 있다.

| **근거** | 진나라의 헌공은 우나라를 치고자 했을 때 옥과 말을 선물로 보냈다. 진나라의 지백은 구유를 치고자 했을 때 그들에게 거대한 종을 선물로 보냈다. 그러므로 이르기를 "장차 빼앗고자 한다면 반드시 먼저 주어라"라고 하는 것이다.

— 한비자(韓非子, 기원전 3세기)

뒤집어보기

당신이 기만 전략을 계속 수행해왔다면 아무리 정직하고 관대하고 친절하게 행동해도 상대는 속지 않는다. 오히려 상대는 더욱 경계할 뿐이다. 이미 사람들이 당신의 기만을 목격한 적이 있는 경우 갑자기 정직하게 행동하면 의심만 불러일으킨다. 그런 경우에는 차라리 드러내놓고 악당이 되는 편이 낫다.

희대의 사기꾼인 루스티히 백작은 이번엔 정부 관리 행세를 하며 사업가에게 접근했다. 정부가 에펠 탑을 철거해서 고철을 처분하려 한다고 말했다. 사업가는 루스티히의 말을 그대로 믿고 거금을 건넬 준비를 했다. 그러나 마지막 순간에 사업가는 의심을 품었다. 루스티히가 아무래도 수상쩍게 느껴진 것이다. 돈을 받기로 한 날 루스티히는 상대의 의심을 감지했다.

루스티히는 사업가 쪽으로 몸을 기울이고 은밀한 목소리로 봉급이 적어서 먹고살기가 힘들다고 속삭였다. 사업가는 곧 루스티히가 뇌물을 요구하는 것임을 알아챘다. 그는 의심을 접고 긴장을 풀었다. 이제 루스티히를 믿을 수 있었다. 대개 공무원이란 비리를 일삼는 부정직한 인간들이라고 생각하는 그에게 루스티히는 진짜 공무원처럼 보였던 것이다. 사업가는 루스티히에게 돈을 건넸다. 루스티히는 부정직하게 행동함으로써 상대의 신뢰를 얻은 것이다. 이 경우에는 만일 정직한 전략으로만 밀고 나갔다면 효과가 없었을 것이다.

프랑스의 외교관 탈레랑은 나이가 들수록 속임수와 기만에 능한 인물로 유명해졌다. 그는 빈 회의(1814~1815)에서 터무니없는 이야기를 늘어놓곤 했다. 물론 사람들은 거짓말이라는 것을 알았다. 그가 이처럼 부정직한 모습을 보이는 것은 진짜 상대를 속일 때를 감추기 위한 것이었다. 어느 날 그는 친구들과 있는 자리에서 짐짓 진실한 태도를 취하며 이렇게 말했다. "사업을 할 때는 손에 든 패를 보여줘야 하는 거야." 친구들은 자신의 귀를 의심했다. 평생 자기 패를 남에게 보여준 적 없는 사람이 남들한테는 패를 보이라고 말하고 있었기 때문이다. 이러한 전술은 탈레랑이 진짜 속이는 것과 가짜로 속이는 것을 구분하기 어렵게 만들었다. 그는 부정직하다는 평판을 오히려 끌어안아 계속 기만 작전을 활용할 수 있었다.

권력의 세계에서 확고부동한 것은 없다. 때로는 기만적인 성향을 공공연하게 드러냄으로써 진짜 속셈을 감출 수 있으며, 부정직함을 정직하게 드러낸 것 때문에 존경을 받게 된다.

자비나 의리가 아니라
이익에 호소하라

...

협상의 기술

협력자에게 도움을 요청할 때는
과거에 당신이 베풀었던 배려나 도움 따위를 상기시키지 말라.
그러면 상대는 당신의 요청을 회피할 방법을 찾게 된다.
대신 당신을 도와주면 상대에게 생기는 이익을 밝히고
과도할 정도로 강조하라.
그래야 상대의 열정적인 반응을 이끌어낼 수 있다.

법칙 위반 사례: 평화주의자 스테파노의 판단착오

농부와 사과나무
*한 농부의 정원에
사과나무가 있었다. 이
사과나무는 열매를 맺지
못했고, 참새와 베짱이들만
늘 찾아와서 놀았다.
사과나무를 베어버리기로
결심한 농부는 도끼를 들고
나무 아래쪽을 힘차게 내리
찍었다. 참새와 베짱이들이
자신들의 보금자리인 나무를
베지 말라고 애원했다.
그들은 나무를 베지 않으면
농부가 일할 때 옆에서
노래를 불러주겠다고 했다.
농부는 그 말에도
아랑곳하지 않고 연거푸
도끼로 나무를 찍었다.
그런데 나무 밑둥의 구멍에
꿀이 가득한 꿀벌집이 있는
것을 발견했다. 농부는 꿀을
손으로 찍어 맛보더니
도끼를 내려놓고 이후
정성을 다해 나무를
돌보았다. 어떤 사람들은
이익이 있어야만 움직인다.
— 〈이솝 우화〉, 기원전 6세기*

14세기 초 카스트루치오 카스트라카니(Castruccio Castracani)라는 젊은이가 일개 병사에서 이탈리아 루카 시의 통치자 자리에 오르게 되었다. 포지오 가문이 그가 권력의 정점에 오르도록(음모와 유혈투쟁을 통해 이루어졌다) 도움을 주었다. 그러나 카스트라카니는 권력을 잡은 뒤에 그들을 등한시했다. 1325년 카스트라카니가 피렌체와 싸우기 위해 도시에서 멀리 떠나 있을 때, 포지오 가문은 다른 귀족 집안들과 힘을 합쳐 야심에 눈이 먼 카스트라카니를 제거할 음모를 꾸몄다.

반란의 첫 번째 단계로서, 그들은 카스트라카니가 자리를 비운 동안 도시를 지배하고 있는 총독을 살해했다. 곳곳에서 폭동이 일었고, 카스트라카니 지지자들과 포지오 지지자들 사이에 금방이라도 전쟁이 벌어질 태세였다. 긴장이 최고조에 달했을 즈음, 포지오 가문의 원로인 스테파노 디 포지오(Stefano di Poggio)가 중재자로 나서면서 양측은 무기를 내려놓게 되었다.

평화주의자인 스테파노는 애초부터 음모에 가담하지 않았다. 그는 가문 사람들에게 그러한 방식은 결국 유혈사태를 초래할 것이라고 말했다. 그러면서 자신이 중재자로 나서, 카스트라카니를 설득해 포지오 가문의 요구를 들어주도록 만들겠다고 약속했다. 스테파노는 그 집안에서 가장 나이 많고 지혜로운 사람이었기 때문에, 포지오 사람들은 그의 평화적 중재안을 믿어보기로 했다.

한편 카스트라카니는 반란 소식을 듣고 급히 루카로 돌아왔다. 그리고 스테파노의 노력 덕분에 싸움이 중단되고 평화가 찾아왔다는 것을 알게 되었다.

스테파노는 반란을 잠재운 것에 대해 카스트라카니가 자신에게 고마워할 것이라고 생각했다. 그래서 카스트라카니를 찾아가 자신이 반란을 진정시킨 과정을 설명하고 카스트라카니의 자비를 구했다. 스테파노는 포지오 사람들이 미숙하고 경솔하여 반란을 일으켰으며 권력을 갖고 싶은 마음에 그런 것이라고 말했다. 또한 과거에 포지오 가문이 카스트라카니를 도와준 일을 상기시키면서, 포지오 사람들을 너그럽게 용서하고 그들의 불만에 귀 기울여달라고 간청했다. 스테파노는 이제 다들 무기를 내려놓았으니 그 요청만 들어주면 된다고 말했다.

카스트라카니는 조용히 모든 얘기를 들었다. 화가 난 기미도 전혀 없었다. 그는 공정하게 모든 일을 처리할 테니 안심하라고 말하고, 포지오 가문 사람들을 모두 궁으로 불러달라고 했다. 그러면서 자신이 관용과 친절을 베풀 기회가 생겨서 너무나 다행이라고 말했다. 그날 저녁 포지오 가문 사람들이 궁으로 들어왔다. 카스트라카니는 즉시 그들을 감옥에 가두고 며칠 뒤에 스테파노를 비롯한 모두를 처형했다.

해석 ───

스테파노 디 포지오는 대의가 정당하고 고결하면 된다고 믿는 사람의 전형이다. 물론 정의와 감사하는 마음에 호소하여 성공하는 경우도 있지만 그러한 방식을 쓰면 대개 비참한 결과가 초래된다. 특히 카스트라카니 같은 인물을 대할 때는 더욱 그렇다. 카스트라카니는 음모와 피비린내 나는 싸움을 통해 권좌에 오른 자였다. 이 냉혈한은 가장 가깝고 헌신적인 친구마저도 죽인 인물이었다. 주변 사람들이 카스트라카니를 비난하자 그는 오래된 친구가 아니라 새로운 적을 죽인 것이라고 말했다.

카스트라카니는 힘과 이익에만 관심이 있는 사람이다. 반란이 일어났을 때 그것을 잠재운 다음 카스트라카니에게 자비를 간청한 것은 매우 위험한 방법이었다. 하지만 스테파노가 그러한 치명적인 실수를 저질렀다 하더라도 그에게는 다른 선택안이 있었다. 카스트라카니에게 돈을 제시하거나, 미래를 위한 모종의 약속을 제안하거나, 포지오 가문이 카스트라카니의 권력 유지를 도와줄 수 있다는 점을 지적할 수도 있었다. 예를 들어, 포지오 가문이 로마의 여러 중요한 가문을 움직일 수 있는 힘을 지녔고, 중차대한 혼사들에 영향력을 행사할 수 있다는 점을 지적할 수 있었을 것이다.

하지만 스테파노는 과거를 상기시키며 카스트라카니가 포지오 가문에게 입은 은혜를 들먹였다. 인간이 언제나 감사할 줄 아는 것은 아니다. 그리고 은혜란 기꺼이 저버리고 싶은 무거운 부담으로 느껴지는 법이다.

대부분의 사람들은 지독하게 자기중심적이어서 오로지 자기 자신에게만 관심이 있다. 그들은 누가 어떤 말을 해도 항상 자기 상황만 생각한다. 그리고 아무리 멀리 떨어진 곳의 말이라도 자신에게 영향을 주는 이야기가 조금이라도 나오면 온 신경과 관심을 집중한다. – 아르투르 쇼펜하우어, (1788~1860)

카스트라카니는 포지오 사람들을 제거함으로써 그들에 대한 부담을 지워버렸다.

법칙 준수 사례: 현실적인 아테네의 선택

펠로폰네소스 전쟁 직전인 기원전 433년, 코르키라 섬(이후 코르푸 섬)과 그리스의 도시국가 코린트 사이에 갈등이 고조되어 일촉즉발의 상황이었다. 양측은 아테네를 자기편으로 끌어오기 위해서 아테네에 사절을 파견했다. 아테네가 도와주는 쪽이 이길 것이 분명했기 때문이다.

코르키라가 먼저 사절을 보냈다. 코르키라의 사절은 자신들이 예전에 아테네를 도와준 적이 없을 뿐만 아니라 심지어 아테네의 적국과 동맹을 맺은 일이 있음을 인정했다. 또한 코르키라와 아테네는 그 어떤 우정관계도 맺고 있지 않았다. 사절은 코르키라의 안전과 평화를 염려하는 마음에 아테네를 찾아왔노라고 말했다. 그는 아테네와 코르키라가 동맹을 맺으면 서로 이익이 될 것이라고 말했다. 코르키라는 규모와 힘 면에서 아테네에 버금가는 해군을 가지고 있었다. 둘이 합치면 경쟁국인 스파르타를 위협할 만큼 막강한 해군을 이룰 수 있었다. 코르키라가 아테네에게 제시할 수 있는 것은 그것뿐이었다.

딱딱하고 객관적인 코르키라의 접근 방식과 대조적으로, 코린트의 사절은 화려하고 열정적인 연설을 했다. 그는 과거에 코린트가 아테네를 위해 해준 일들을 나열했다. 그러면서 아테네가 그러한 우방국을 저버리고 과거의 적국과 동맹을 맺으면 다른 나라들이 어떻게 생각하겠느냐고 물었다. 의리를 지킬 줄 모르는 아테네와 관계를 끊어버릴지 모른다는 것이다. 그는 또한 그리스의 전통적인 규칙을 언급하고, 좋은 일들을 행한 코린트에게 보상을 해줄 필요성을 강조했다. 마지막으로 사절은 이제 아테네가 코린트에게 은혜를 갚아야 하지 않겠느냐고 말했다.

사절들이 돌아간 후 아테네 사람들은 회의를 소집해 이 문제를 토의했다. 그리고 투표 결과 압도적인 표 차이로 코르키라와 동맹을 맺기로 결정을 내렸다.

역사는 아테네인들을 고상하고 품위 있는 사람들로 기억하지만, 사실 그들은 뛰어난 현실주의자들이었다. 그들을 움직이는 것은 화려한 수사나 감정적인 호소가 아니라 다분히 현실적이고 실용적인 주장, 특히 그들의 힘을 증대시키는 제안들이었다.

코린트의 사절은 코린트가 과거 아테네를 도와준 일들을 강조함으로써 아테네 사람들의 심기를 불편하게 만들었다. 그것은 아테네 사람들에게 미안한 마음을 가지라고, 은혜를 갚을 의무감을 느끼라고 요구한 셈이었다. 하지만 아테네 사람들은 과거의 일에 별로 개의치 않았다. 그리고 코린트를 저버리면 다른 동맹국들이 아테네를 배은망덕하다고 생각할지언정, 그리스 최고의 세력인 아테네와의 관계를 섣불리 끊지는 못할 것이라고 생각했다. 아테네는 막강한 도시국가였으므로 설사 동맹국들 중 하나가 변절의 기미를 보인다고 해도 쉽게 다시 자기편으로 끌어올 수 있었다.

과거에 대해 말하는 것과 미래에 대해 말하는 것 사이에서 선택해야 할 때, 실용적인 사람은 미래를 택하고 과거를 잊는다. 코르키라 사람들은 실용적인 사람에게는 실용적으로 이야기하는 것이 최선임을 알고 있었다. 실제로 대부분의 사람들은 실용적이고 현실주의적이다. 자신의 이익에 반하는 쪽으로 행동하는 사람은 거의 없는 법이다.

> 약한 자가 강한 자에게 복종하는 것은 당연한 법칙입니다. 그리고 우리는 우리가 충분히 힘을 가진 나라라고 생각합니다. 지금까지 당신들 역시 그렇게 생각해왔습니다. 하지만 지금 당신들은 이익을 따져보고 난 뒤 옳고 그름의 관점에서 이야기를 하고 있습니다. 그러나 그러한 생각 때문에 사람들이 우월한 힘을 지닌 자가 제공하는 좋은 기회를 마다한 적은 한 번도 없습니다.
>
> – 아테네의 사절이 스파르타에 한 말, 투키디데스(Thucydides, 기원전 465~395년경)의 《펠로폰네소스 전쟁(The Peloponnesian War)》 중에서

권력의 열쇠: 자비나 의리가 아니라 이익에 호소하라

권력을 추구하다 보면 당신보다 더 큰 힘을 가진 사람에게 도움을 청해야 하는 경우가 반드시 생긴다. 도움을 청하는 데에도 기술이 필요하다. 이러한 기술을 발휘할 때는 상대를 제대로 이해하고 당신의 니즈와 상대의 니즈를 혼동하지 않는 것이 중요하다.

대부분의 사람들은 자신의 욕구와 욕망에 빠져 있기 때문에 그러한 기술을 익히지 못한다. 그들은 상대방이 아무런 사심 없이 자신을 도와줄 것이라고 생각한다. 자신의 욕구를 상대방도 중요하게 여겨줄 것처럼 생각한다. 절대 그럴 리가 없는데도 말이다. 또 때때로 사람들은 더 큰 문제를 들먹인다. 훌륭한 대의, 사랑이나 은혜 같은 고결한 감정을 말이다. 하지만 현실만큼 호소력을 갖는 것은 없다. 가장 큰 권력을 가진 사람조차도 자신의 욕구와 니즈를 중요시하기 때문에, 그의 이익에 호소하지 않으면 그는 당신과 이야기하는 것을 그저 시간 낭비로 여길 것이다.

16세기 포르투갈이 일본과 유럽의 교역을 독점하고 있던 시기에 포르투갈 선교사들은 일본인들을 가톨릭으로 개종시키려고 오랫동안 애썼다. 선교사들은 약간의 성공을 거두었을 뿐 일본의 지배계층까지 파고들지는 못했다. 17세기 초에 이르자 그들의 개종 노력은 일본 천황의 반감을 사게 되었다. 비슷한 시기에 많은 수의 네덜란드인들이 일본에 도착했다. 그러자 천황은 상당히 안도했다. 천황은 유럽인들에게 총포와 항해술에 관한 지식을 배우고 싶어했는데, 마침내 종교 전도와는 무관한 유럽인이 도착한 것이었다. 네덜란드인들은 오로지 무역에만 관심이 있었다. 천황은 즉시 포르투갈인들을 쫓아냈다. 그때부터 일본은 현실주의적인 네덜란드만 상대했다.

일본과 네덜란드는 문화적 차이가 큰 나라였다. 그러나 둘 다 시대와 공간을 뛰어넘는 보편적인 관심사, 즉 '자기 이익'을 추구한다는 공통점을 지녔다. 당신이 만나는 모든 사람도 다른 문화, 다른 과거를 가지고 있다. 그러나 이익에 호소하면 당신과 상대방 사이에 존재하는 차이를 뛰어넘을 수 있다. 애매하게 말할 필요 없다. 귀중한 정보를 알려주겠다고, 당신의 금고를 황금으로 채워주겠다고, 더 오래 행복하게 살게 해주겠다고 말하라. 이것은 누구나 이해할 수 있는 말이다.

여기서 중요한 것은 상대방의 심리를 이해하는 일이다. 그가 허영심이 강한가? 세상의 평판과 사회적 위치에 신경 쓰는가? 당신이 제거하는 것을 도와줄 수 있는 적을 가지고 있는가? 돈이나 권력에만 관심이 있는가?

12세기에 몽골이 중국을 침략했을 때 몽골 사람들은 2천 년 이상 번성해온 중국 문화를 말살하겠다고 위협했다. 몽골의 통치자 칭기즈 칸이 보기에 중국에는 말을 기를 만한 목초지도 형편없었다. 그는 중국의 모든 도시와 땅을 철저하게 파괴하기로 결심했다. "중국인들을 몰살하고 풀을 자라게 하는 것이 더 낫다"고 판단했기 때문이다. 이때 중국을 구한 것은 군대의 병사나 장군도, 왕도 아니었다. 옐루 추사이라는 인물이었다. 추사이는 외국인이었지만 중국 문화를 높이 평가했다. 그는 칭기즈 칸의 신임을 받는 고문이 된 후에, 중국을 파괴하는 대신 그곳 사람들에게 세금을 거두면 좋을 것이라고 설득했다. 칭기즈 칸은 그것이 현명하다고 생각하여 추사이의 말대로 했다.

칭기즈 칸은 오랜 공격 끝에 개봉을 점령하고 그곳 주민들을 모두 말살하기로 결심했다(그는 자신에게 저항한 도시에 항상 그렇게 했다). 그때 추사이가 중국 최고의 장인과 기술자들이 개봉에 있으므로 그들을 죽이지 말고 이용하라고 조언했다. 그리하여 개봉 사람들은 목숨을 구했다. 이전에 칭기즈 칸은 그런 자비를 베푼 적이 한 번도 없었다. 그러나 개봉을 구한 것은 칭기즈 칸의 자비로움이 아니었다. 추사이는 칭기즈 칸을 잘 알고 있었다. 칭기즈 칸은 야만적인 인물로서 문화 따위에는 아무 관심이 없고 현실적인 결과에만 관심을 두었다. 추사이는 그를 움직이는 유일한 감정, 즉 탐욕에 호소한 것이다.

이익은 사람들을 움직이는 지레와 같다. 당신이 상대의 욕구를 충족시켜주거나 상대의 목표 달성에 기여할 수 있음을 보여주면, 상대는 도와달라는 당신의 요청을 뿌리칠 수 없다. 권력을 손에 넣기 위한 과정에서 당신은 상대의 입장을 생각해보고, 그의 니즈와 이익을 파악하고, 진실을 흐릿하게 가리는 감정이라는 장막을 없애는 법을 익혀야 한다. 이 기술을 배우면 목표하는 바를 모두 이룰 수 있다.

| **이미지** | 밧줄. 자비와 감사라는 밧줄은 나약하기 그지없어서 조금만 충격을 가해도 곧 끊어져버린다. 그러한 밧줄을 생명줄로 삼지 말라. 상호 이해관계라는 밧줄은 수많은 튼튼한 가닥으로 꼬여 있어서 쉽게 끊어지지 않는다. 이 밧줄은 오랫동안 사용할 수 있다.

| **근거** | 출세에 성공하는 가장 빠르고 좋은 방법은 사람들로 하여금 당신의 이익을 돕는 것이 그들에게도 이익이 된다는 것을 분명히 알려주는 것이다.

– 장 드 라 브뤼예르(Jean de La Bruyère, 1645~1696)

뒤집어보기

어떤 사람들은 이익을 강조하며 접근하는 것을 추하고 창피한 일이라고 생각한다. 그런 사람들은 자선, 자비, 정의 등을 실천할 수 있는 것을 더 좋아한다. 그들은 그러한 것을 베풂으로써 당신보다 우월감을 느낀다. 그들에게 도움을 청할 때는 그들의 힘과 지위를 강조하고 치켜세워주라. 그들이 원하는 것은 당신에게 우월감을 느끼는 기회다. 이는 그들을 취하게 만드는 술과 같다. 우월감을 충족시켜주면 그들은 기꺼이 당신의 계획에 재정적인 지원을 해주고, 당신에게 힘 있는 다른 사람을 소개시켜줄 것이다.

단 이 모든 것을 많은 사람들이 목격하게 하고(수가 많을수록 좋다) 훌륭한 대의를 위한 것임을 알게 하라. 따라서 모든 사람에게 이익이라는 동기를 이용해 접근해서는 안 된다. 이익을 좇아 움직이는 사람으로 비치기 싫어하는 이들도 있기 때문이다. 그들은 자비와 선한 마음을 과시할 기회를 원한다.

주저하지 말고 그들에게 그런 기회를 주어라. 그들로서는 도움을 요청받는 것이 전혀 나쁜 일이 아니다. 사실 그들은 베푸는 것, 또는 베푸는 것처럼 보이는 것을 좋아한다. 또한 힘 있는 사람들 사이에도 차이가 있음을 명심하고 그들을 움직이게 만드는 것이 무엇인지 파악하라. 상대에게 탐욕스러운 기질이 엿보인다면 절대 자비에 호소하지 말라. 상대가 자비롭고 우아하게 보이고 싶어한다면 절대 탐욕에 호소하지 말라.

Law
11

돈의 노예가 되지 마라
...
공짜 점심의 함정

공짜로 제공되는 것에는 위험이 담겨 있게 마련이다.
대개 술수나 모종의 부담이 숨겨져 있기 때문이다.
가치를 지닌 것에는 반드시 값을 치러야 한다.
당신 나름대로 값을 치름으로써
부담이나 죄의식 혹은 책략에서 벗어나라.
일반적으로 충분한 값을 지불하는 것이 현명한 선택이다.
잘고 인색한 행태로 탁월한 리더가 되는 것은 불가능하다.
돈을 아끼지 말라. 넉넉한 씀씀이는 권력의 신호이자 자석이다.

돈과 권력

권력의 영역에서는 모든 것이 비용을 기준으로 평가되어야 하며, 모든 것에는 합당한 값이 있음을 잊어선 안 된다. 공짜로 혹은 싼값으로 얻게 된 것에는 종종 심적인 가격표가 붙는다. 이 심적 가격표는 부담감과 좋지 않은 품질을 감수한 느낌 그리고 그로 인한 불안감 등이 복잡하게 뒤섞여서 만들어진다. 권력가들은 일찌감치 그들의 가장 귀중한 자원을 보호해야 한다는 점을 터득했다. 얽매이지 않는 독립성 그리고 술책의 여지가 바로 그것이다. 그들은 온전히 제값을 치름으로써 위험한 일이나 걱정에 연루되는 것을 방지했다.

또한 돈에 대해 융통성 있고 개방적인 태도를 견지하면 전략적 관대함이 얼마나 가치 있는 것인지 깨닫게 된다. 전략적 관대함은 '무언가를 얻고자 한다면 먼저 베풀어라'는 오랜 비법의 변형이라고 할 수 있다. 당신이 적절한 선물을 주면 상대는 신세를 졌다는 느낌을 받는다. 관대함은 또한 사람들을 누그러뜨려 쉽게 속을 수 있는 상태로 만들어준다. 관대하다는 평판을 얻으면, 사람들은 당신이 벌이는 권력 게임을 쉽게 알아차리지 못하고 오히려 당신을 존경할 것이다. 당신이 가진 것을 전략적으로 나눠주면 다른 궁정 조신들을 매료시켜 즐거움을 얻고 귀중한 동맹을 구축할 수 있다.

권력의 대가들을 보라. 카이사르, 엘리자베스 여왕, 미켈란젤로, 메디치 등등. 이 중에서는 구두쇠를 찾아볼 수 없다. 심지어 사기꾼도 남을 속이기 위해서는 아낌없이 돈을 쓴다. 인색한 사람은 사람들의 눈길을 끌지 못한다. 카사노바는 여자를 유혹할 때 자신뿐만 아니라 지갑까지 모두 내주었다. 권력자들은 돈이 심리적으로 부담을 지우기도 하지만 한편으로는 예절과 사교의 기반이 되어준다는 점을 잘 알고 있었다. 그들은 돈의 인간적 측면을 또 하나의 무기로 활용했다.

누구나 돈을 갖고 놀 수는 있지만 돈을 창의적으로 그리고 전략적으로 사용하지 못하여 자멸의 길을 걷는 사람도 수없이 많다. 이들은 권력자의 정반대 유형으로서 당신은 그들을 구분해내는 법을 배워야 한다. 그래야만 해로운 속성을 피하거나 그들의 고지식함을 이용할 수 있을 테니까 말이다.

탐욕의 노예: 탐욕의 노예들은 돈의 인간적인 측면을 무시한다. 냉정하고 무자비한 그들은 생명력 없는 대차대조표만 들여다본다. 그들은 다른 이들을 그저 담보물로 혹은 부의 장애물로 간주하기 때문에, 사람들의 감정을 짓밟고 귀중한 동맹자들을 멀리한다. 아무도 탐욕의 노예와는 함께 일하려 들지 않으므로, 수년이 지나고 나면 그들은 외톨이가 된다. 이것이 바로 그들이 낙오자라는 증거다.

탐욕의 노예는 사기꾼의 밥이 된다. 그들은 쉽게 돈을 벌 수 있다는 미끼에 현혹되어 계략의 낚싯바늘과 낚싯줄을, 심지어는 추까지 몽땅 삼켜버린다. 그들은 (사람들은 신경 쓰지 않고) 숫자와 씨름하는 데만 매달려서 다른 이들의 심리는 물론이고 자신의 심리에도 어둡기 때문에 쉽게 속아넘어간다. 그들에게 이용당하기 전에 피하라. 그렇지 않으면 그들의 탐욕을 당신에게 유리하게 이용하라.

홍정의 귀재: 권력가들은 모든 것을 비용으로 판단한다. 여기서 비용이란 비단 돈만을 의미하는 것이 아니라, 시간과 위엄, 정신적 피해 등을 모두 아우른다. 그러나 홍정의 귀재들은 이런 식으로 가치를 판단하지 못한다. 그들은 귀중한 시간을 홍정에 낭비하며 다른 데서는 더 싼 값에 얻을 수 있었다고 불평한다. 무엇보다도 그들이 홍정해서 구입한 물건은 보잘것없는 경우가 대부분이다. 어쩌면 비싼 돈을 내고 수리를 해야 할수도 있다. 혹은 품질이 좋으면 몇 년씩 쓸 수 있는 물건인데 같은 기간에 두세 번씩 새로 사야 할 수도 있다. 여기에는 (홍정 때문에 종종 가격에 속아서 사게 된다는 점에서) 금전적으로도 비용이 따르지만, 시간과 정신적 피해 등의 비용까지 따르기 때문에 보통 사람들은 이러한 홍정을 벌이지 않는다. 그러나 홍정의 귀재들은 홍정 자체를 목적으로 삼는다.

이러한 유형은 자신도 손해를 볼 뿐만 아니라 다른 사람에게까지 커다란 영향을 미친다. 그들에게 저항하지 못하면, 눈을 부릅뜨고 더 싼 값을 찾아야 한다는 불안감이 당신에게까지 전염될 것이다. 그들과 언쟁을 벌이지 말고, 그들을 바꾸려 노력하지도 말라. 그보다는 그저 머릿속으로 흥정을 벌이는 데 들어가는 숨은 금전적 비용뿐 아니라 시간적 피해와 정신적 피해까지 합산해보라.

사디스트: 돈의 사디스트들은 돈을 자신의 권력을 확인시켜주는 수단으로 이용하여 지독한 권력 게임을 벌인다. 예를 들면, 돈을 갚으면서도 우편으로 수표를 보내겠다며 당신을 기다리게 만들지도 모른다. 당신의 고용주가 이런 사람이라면 일을 할 때 일일이 간섭하여 방해를 하며 짜증을 유발할 것이다. 사디스트들은 돈을 내고 무언가를 사면 그 판매자를 괴롭히고 혹사시켜도 된다고 생각하는 경향이 있다. 재수 없게 이런 사람에게 걸려들면 그들의 파괴적인 권력 게임에 얽히기보다는 금전적 손실을 받아들이는 편이 장기적으로 더 이익이다.

무차별 제공자: 관대함은 분명히 권력에 도움을 준다. 관대함은 사람들을 매료시키고 누그러뜨리며 그들을 동맹자로 만든다. 그러나 이러한 태도도 확실한 목적을 머릿속에 새기고 전략적으로 이용해야 한다. 무차별 제공자는 모두에게 사랑받고 존경받고 싶어서 무조건 베푸는 사람이다. 그들의 관대함은 너무 무조건적이고 절실해서 원하는 효과를 내지 못한다. 아무한테나 베푸는데 누가 그것을 특별하게 느끼겠는가? 이러한 유형과 관계를 맺으면 만족할 줄 모르는 그들의 감정적 욕구 때문에 종종 부담감을 느낄 것이다.

법칙 위반 사례 1: 엘도라도에 미친 스페인

1532년 프란시스코 피사로(Francisco Pizarro)가 페루를 정복한 후 잉카 제국의 금이 스페인으로 쏟아져 들어오자, 스페인 사람들은 너도 나도 곧 신세계의 부자가 될 거라는 꿈에 젖어들었다. 곧이어 페루 동쪽에 사는 인디언 추장의 이야기가 퍼져나갔다. 1년에 한 번씩 금가루를 뒤집어쓰고 호수에 몸을 던지는 의식을 치른다는 소문이었다. 스페인어로

'금가루를 칠한 사람'을 '엘도라도(El Dorado)'라고 하는데, 점점 소문이 왜곡되면서 '엘도라도'는 어떤 제국의 이름으로 바뀌었다. 이 제국은 잉카보다 부유하며, 길과 건물에 모두 금칠이 되어 있다고 했다. 이러한 헛소문이 난 것도 무리는 아니었다. 금가루를 뒤집어쓰고 호수에 뛰어들어 이를 씻어낼 만큼 재력 있는 추장이라면 황금의 제국을 통치할 만한 인물이 틀림없을 테니까 말이다. 머지않아 스페인 사람들은 엘도라도를 찾아 남아메리카 북부 전역을 뒤지기 시작했다.

1541년 2월, 피사로의 형제인 곤살로(Gonzalo)는 최대 규모의 원정대를 이끌고 에콰도르의 키토를 떠났다. 340명의 스페인 사람들은 번쩍이는 갑옷과 색색의 비단으로 몸을 치장하고, 짐꾼 겸 정찰대를 맡은 인디언 4천 명과 돼지 4천 마리, 라마 수십 마리, 개 천여 마리와 함께 동쪽으로 향했다. 그러나 곧 폭우를 만나 가재도구들과 음식이 모두 못쓰게 되어버렸다. 한편 곤살로 피사로는 도중에 인디언을 만날 때마다 엘도라도에 관해 물어보았다. 당연히 그들은 그런 얘기는 금시초문이라고 대답했다. 하지만 곤잘로는 그들이 일부러 숨긴다고 생각하여 모조리 고문하고 개의 먹이로 던져주었다. 순식간에 인디언들 사이에는 스페인 사람들의 살인 행각에 대한 소문이 퍼졌다. 인디언들은 곤살로에게 화를 입지 않으려면 적당히 엘도라도 이야기를 꾸며내어 그를 최대한 멀리 보내야 한다는 것을 깨달았다. 곤살로 일행은 인디언들이 알려준 정보를 따라 계속 깊은 정글로 들어갔다.

하지만 엘도라도는 나타나지 않았고, 원정대는 사기를 잃어갔다. 제복은 오래전에 낡아 해졌고 갑옷은 녹슬어서 벗어버렸으며, 신발도 갈기갈기 찢어져서 맨발로 걸어야 했다. 짐꾼으로 데려간 인디언 노예들은 이미 죽거나 도망쳤다. 식량이 떨어지자 그들은 돼지들은 물론이고, 수천 마리의 사냥개와 라마까지 모두 잡아먹었다. 이제 나무뿌리와 과일로 간신히 목숨을 이어가고 있었다. 더 이상 이런 식으로 버틸 수 없다고 생각한 피사로는 위험을 무릅쓰고 강을 따라 가보기로 결심했다. 썩은 나무로 바지선을 만들었지만, 위험한 나포 강을 따라 내려가는 것도 결코 쉬운 일은 아니었다. 곤살로는 강가에 천막을 치고 바지선에 정찰대를 태

일본 속담 중에
"공짜로 준 것보다 더 비싼 것은 없다"는 말이 있다.
– 《마음으로 통하는 길(The Unspoken Way)》, 마쓰모토 미치히로, 1988

위 인디언 마을을 찾아 식량을 구해오라고 지시했다. 그러나 아무리 기다려도 정찰대는 돌아오지 않았다. 원정대를 버리고 달아난 것이 틀림없었다.

비가 끝도 없이 내렸다. 엘도라도 따위는 잊은 지 오래였다. 그들은 이제 오직 키토로 돌아가는 것만 바랐다. 1542년 8월, 길을 나선 수천 명의 원정대 가운데 겨우 100여 명만이 키토로 돌아왔다. 그들은 마치 지옥에서 빠져나온 사람들 같았다. 앙상한 뼈에 넝마를 걸쳤고, 온몸이 상처투성이였기 때문에 누가 누군지 알아보기도 힘들었다. 그들은 1년 반 동안 무려 3,200킬로미터를 헤매다가 돌아온 셈이었다. 원정에는 막대한 돈이 들어갔지만 그들이 얻은 거라곤 아무것도 없었다. 엘도라도도, 금도 찾을 수 없었던 것이다.

해석

곤살로 피사로가 참담하게 실패한 이후에도 스페인 사람들은 계속해서 엘도라도를 찾아 원정길에 올랐다. 그리고 피사로와 똑같이 마을마다 불을 지르고 약탈을 했으며, 인디언들을 고문했다. 그들은 결국 고생만 하고 금은 찾아내지 못했다. 원정에 들어간 돈은 계산할 수도 없을 정도였다. 그러나 원정이 매번 실패로 돌아갔음에도 환상의 유혹은 사라질 줄 몰랐다.

엘도라도 원정은 (인디언과 스페인 사람들을 모두 포함하여) 수백만 명의 목숨을 앗아갔을 뿐 아니라 스페인 제국의 몰락을 재촉했다. 스페인은 금에 과도하게 집착했다. 실제로 많은 양의 금이 스페인으로 흘러 들어갔지만, 농업이나 여타의 생산업에 사용되기보다는 다음 번 원정이나 사치품을 구입하는 데 쓰였다. 남자들이 금을 찾아 떠나는 바람에 인구는 크게 줄었다. 농장들은 황폐해졌고, 전쟁 병력도 부족했다. 17세기 말에 스페인의 인구는 절반 이상 줄었다. 마드리드만 해도 인구가 40만 명에서 15만 명으로 감소했다. 시간과 비용을 그렇게 쏟아붓고도 얻는 것은 거의 없었고, 결국 스페인은 다시는 회복하지 못할 몰락의 길로 들어섰다.

권력을 얻기 위해서는 자기 단련이 필요하다. 부자가 될 거라는 희망,

그것도 순식간에 부자가 될 거라는 희망은 감정에 혼란을 가져온다. 갑자스럽게 부유해진 사람들은 언제든 부를 더 얻을 수 있다고 믿는다. 공짜가 코앞에 있다고, 돈이 굴러들어올 거라고 믿는 것이다.

이러한 환상에 빠진 탐욕스러운 졸부들은 진정한 권력의 토대, 이를테면 자제력과 다른 이들의 호의 등을 무시해버린다. 명심하라. 갑작스레 얻은 부가 오래 지속되는 경우는 드물다. 단단한 토대 위에 구축된 것이 아니기 때문이다. 돈 욕심에 이끌려 안전하고 견고한 진짜 권력의 요새를 버려선 안 된다. 권력을 목표로 삼으면 돈은 저절로 따라올 것이다. 엘도라도는 멍청이들이나 찾아 헤매게 놔둬라.

법칙 위반 사례 2: 애물단지가 된 블렌하임 궁전

18세기 초반 영국 사회에서 가장 영향력 있는 인물은 말버러(Marlborough) 공작 부부였다. 공작은 프랑스와의 전투들을 승리를 이끌어 유럽 최고의 장군이자 전략가라는 명성을 얻었다. 한편 그의 아내인 말버러 공작부인은 갖가지 술책을 사용하여 1702년에 영국의 통치자가 된 앤(Anne) 여왕의 총애를 받고 있었다. 1704년, 말버러 공작이 블렌하임 전투에서 승리를 거두자, 여왕은 그의 공로를 치하하고자 우드스톡에 있는 영지와 그곳에 커다란 저택을 지을 수 있도록 돈을 하사했다. 공작은 저택을 짓기도 전에 블렌하임 궁전이라는 이름을 붙이고, 폭넓은 지식과 교양을 지닌 건축가 겸 극작가 존 밴브루(John Vanbrugh)에게 설계를 맡겼다. 그렇게 해서 1705년, 엄청난 기대와 팡파르 속에서 건축이 시작되었다.

밴브루는 극작가의 감각을 살려 블렌하임 궁전을 말버러의 탁월성과 영향력을 기리는 기념물로 만들고자 했다. 새로운 궁전은 인공 호수와 거대한 다리, 고상한 정원들을 비롯하여 환상적인 특징을 갖춘 곳이 될 터였다. 그러나 공작부인은 그의 설계를 마음에 들어하지 않았다. 그녀는 밴브루가 평범한 나무숲 따위를 만드는 데 돈을 낭비하고 있다고 생각했다. 가능한 한 빨리 궁전이 완공되길 바랐던 공작부인은 자잘한 것에 일일이 간섭하며 밴브루와 인부들을 괴롭혔다. 하찮은 문제들에 열을 올렸으며, 비용을 일일이 따지며 제동을 걸었다. 블렌하임을 둘러싸고 문제가 끊이지 않으면서 앤 여왕과도 사이가 나빠졌다. 1711년, 앤 여왕은 그녀를 궁정에서 내쫓았다. 공작부인은 (지위와 궁정의 연금을 잃었다고 몹시 분개하며) 궁정을 떠나면서 놋쇠 문고리까지 설치물을 모조리 떼어갔다.

이후 10년이 넘는 기간 동안 자금 조달이 어려워지면서 블렌하임 궁건설은 중단되었다가 재개되기를 반복했다. 공작부인은 이 모든 것이 밴브루 때문이라고 생각했다. 그녀는 돌과 석회를 새로 들여올 때마다 트집을 잡고 계단에 설치되는 난간과 장두리 벽판의 길이까지 일일이 쟀으며 인부들과 도급업자들, 측량 기사들이 빈둥거린다고 욕설을 퍼부었다. 새로 지은 궁전에서 평온하게 말년을 보내고 싶었던 말버러 공작의 바람과는 달리 한시도 바람 잘 날이 없었다. 임금을 받지 못한 인부들이 공작부인을 고소하자 공작부인이 건축가를 고소하면서 또다시 공사가 중단되었다. 결국 공작은 블렌하임 궁전에서 단 하룻밤도 보내지 못한 채 숨을 거두고 말았다.

공작부인은 시가 200만 파운드가 넘는 거대한 사유지를 상속받았다. 궁전을 완공하고도 남을 재산이었지만 공작부인은 인부들에게 임금을 주지 않았다. 밴브루 역시 급료도 받지 못한 채 쫓겨났다. 몇 년 후 다른 사람이 밴브루의 설계대로 블렌하임 궁전을 완공했지만, 공작부인의 출입 금지령 때문에 밴브루는 1726년에 숨을 거둘 때까지 자신의 가장 위대한 건축물에 발도 들여놓지 못했다. 블렌하임 궁전은 낭만주의 운동의 예시가 되어 완전히 새로운 건축 양식을 주도했지만, 정작 그 설계자에게는 20여 년 동안 악몽을 안겨주었다.

해석 ──

말버러 공작부인에게 돈은 가학적인 권력 게임을 벌이는 수단이었다. 그녀는 돈의 상실이 권력의 상실을 상징한다고 생각했다. 그녀를 더욱 화나게 만드는 것은 다름 아닌 밴브루의 존재였다. 그는 훌륭한 예술가였다. 그녀는 자신이 도달할 수 없는 명성을 구축한 그의 힘을 시기한 것이다. 하지만 그녀에게는 돈이 있었다. 그래서 자잘한 세부사항들로 그를 괴롭히고 매도하여 결국에는 그의 인생까지 망쳐놓았던 것이다.

이러한 종류의 사디즘은 엄청난 비용을 부과한다. 10년 만에 끝날 공사를 20년이 걸리게 하고, 수많은 관계를 망쳐놓는다. 공작부인은 여왕과의 사이가 소원해졌으며, (그저 블렌하임 궁전에서 평온하고 살기를 바랐던) 공작도 큰 고통을 겪었다. 밴브루 역시 끝없는 소송에 휘말려 수년간 허송세월을 보내야 했다. 마지막으로 후대의 평가를 토대로 한 가지 덧붙이자면, 밴브루는 천재로 인정받지만 공작부인은 영원히 천박한 여자로 기억된다.

권력자들은 그릇이 커야 한다. 무슨 일이 있어도 절대 인색한 모습을 보여선 안 된다. 돈은 그 사람이 관대한지 인색한지를 가장 두드러지게 보여주는 수단이다. 그러니 돈을 쓸 때는 후하게 써서 관대하다는 평판을 구축하라. 결국에는 그것이 커다란 이익이 되어 돌아올 것이다. 금전적인 세부사항에 눈이 멀어 자신의 이미지에 대한 큰 그림을 놓쳐서는 안 된다. 사람들을 화나게 만들면 당신은 장기적으로 그 비용을 치러야 한다. 당신이 고용주로서 부하들의 일에 간섭하고 싶다면 급료를 두둑하게 주어라. 권력을 보여주기보다는 돈을 주는 것이 그들의 복종을 쉽게 살 수 있는 방법이다.

법칙 준수 사례 1: 아레티노의 후원자 찾기 전략

미천한 구두직공의 아들 피에트로 아레티노는 신랄한 풍자작가로 이름을 날렸다. 그러나 르네상스 시대의 예술가들이 모두 그러했듯이, 그도 편안한 삶을 보장해줄 후원자를 찾아야 했다. 1528년, 아레티노는 후원자를 찾는 게임에서 새로운 전략을 시도하기로 했다. 그는 로마를 떠나 그를 아는 사람이 없는 베네치아에 가서 자리를 잡았다. 그는 저축할 만큼의 돈을 벌긴 했지만 결코 부자는 아니었다. 그러나 새 집으로 이사한 후 그는 가난한 사람들과 부유한 사람들을 모두 초대해 연회와 오락으로 그들을 즐겁게 해주었다. 곤돌라 사공들에게 팁을 듬뿍 주어 그들을 친구로 만들었고, 거리의 부랑자들과 고아들, 세탁부들에게도 후하게 돈을 주었다. 얼마 후 베네치아에는 아레티노가 그저 훌륭한 작가만이 아니라 힘을 가진 사람이라는, 즉 귀족이라는 소문이 빠르게 퍼져나갔다.

곧이어 예술가들과 세력가들이 아레티노의 집을 빈번하게 드나들기 시작했다. 2, 3년 만에 그는 유명인사가 되었다. 고관들도 베네치아를 방문할 때면 반드시 그의 집에 들렀다. 그는 관대함을 유지하기 위해 저축한 돈의 대부분을 날렸지만 그 대신 영향력과 명성을 얻었다. 이 두 가지는 권력의 토대에서 주춧돌의 역할을 한다. 다른 곳과 마찬가지로 르네상스 시대의 이탈리아에서도 자유롭게 돈을 쓰는 능력은 부유층의 특권이었으므로 귀족들은 아레티노가 영향력 있는 사람이라고 생각했다. 씀씀이가 그러했기 때문이다. 사람들은 그의 영향력을 사고자 했다. 공작들과 공작부인들, 부유한 상인들, 심지어 교황들과 군주들도 그의 총애를 얻기 위해 서로 경쟁하듯 선물 공세를 퍼부었다.

아레티노의 씀씀이는 물론 전략적인 것이었으며 그러한 전략은 마법처럼 효과를 발휘했다. 그러나 진짜 돈과 안락을 얻기 위해서는 엄청난 부자의 후원이 필요했다. 그러한 기회를 찾아 이곳저곳을 기웃거리던 그는 마침내 매우 부유한 만토바 후작을 발견하고 그에게 헌정하는 서사시를 썼다. 이것은 후원을 모색하는 작가들이 흔히 취하는 전략이었다. 헌정에 대한 대가로 그들은 다음 서사시를 쓸 수 있을 정도의 작은 연금을 받았다. 그러면 계속해서 일종의 노예처럼 비굴하게 삶을 허비해야 했다. 그러나 아레티노가 원한 것은 하찮은 연금이 아니라 권력이었다. 따라서 연금에 눈이 멀어 고용되길 바라는 통속적인 예술가가 아니라 상대와 동등한 입장이라는 암시를 주기 위해 후작에게 시를 헌정할 때도 그것을 선물 형태로 제공했다.

아레티노의 선물 공세는 거기서 멈추지 않았다. 그는 베네치아 최고의 예술가였던 조각가 자코포 산소비노(Jacopo Sansovino)와 화가 티치아노(Tiziano)와도 절친했는데, 이 두 사람을 설득하여 선물 공세 계획에 끌

어들였다. 아레티노는 작업을 시작하기 전에 후작에 대해 연구하고 그의
취향을 알아냈다. 그리하여 후작이 가장 좋아할 만한 소재를 알아내어
산소비노와 티치아노에게 귀띔해준 다음, 산소비노의 조각 한 점과 티치
아노의 그림 한 점을 세 사람 공동의 선물로 후작에게 보냈다. 후작이 무
척 기뻐했음은 물론이다.

　다음 몇 달 동안 아레티노는 후작이 좋아하는 칼과 안장, 베네치아 특
산품인 유리 등을 보냈다. 머지않아 세 사람은 후작으로부터 보답을 받
기 시작했다. 그리고 그의 전략은 점점 더 커다란 효과를 냈다. 아레티노
친구의 사위가 만토바의 감옥에 갇히자, 후작이 나서서 그를 석방시켜준
것이다. 또 아레티노에게는 베네치아에서 막강한 영향력을 가진 부유한
상인 친구가 있었는데, 후작과의 친분을 이용하여 이 사람에게도 호의를
베풀어 그가 필요할 때마다 자신을 도와주게 만들었다. 이러한 영향력의
범위는 점점 넓게 원을 그리며 퍼져나갔다. 시간이 흐르면서 아레티노는
후작의 막강한 정치적 힘을 이용하는 것은 물론이고 후작의 도움을 받아
상류층 여성들을 만나기도 했다.

　그러나 아레티노는 점점 자신이 투자하는 것에 비해 후작의 보답이 충
분하지 않다고 느끼기 시작했고, 결국 둘의 관계는 틀어졌다. 그러나 그
는 결코 애걸 등의 비굴한 태도를 보이지 않았다. 두 사람은 선물을 교환
함으로써 대등한 관계를 유지했으므로, 돈이 개입되는 것은 옳지 않았
다. 그는 그저 후작의 영향권에서 물러나와 다른 부유한 먹잇감을 사냥
하다가 처음에는 프랑스의 프랑수아 왕에게, 그다음에는 메디치가와 우
르비노, 황제 카를 5세 등에게 의존했다. 후원자가 많다는 것은 결국 그
중 어느 누구에게도 굽실거릴 필요가 없다는 의미였으며, 따라서 그의
권력은 막강한 귀족의 권력과 맞먹는 듯 보였다.

해석 ──

　아레티노는 돈의 두 가지 기본적인 속성을 잘 알고 있었다. 첫째, 돈은
돌고 돌면서 권력을 끌어온다는 것이다. 돈으로는 생명력 없는 물건이
아니라 사람들에 대한 권력을 사야 한다. 아레티노는 돈이 끊임없이 순

성공을 달성한 것이다.
인색한 사람들과 탐욕스러운
사람들은 어떤 세상에서든
멸시를 당한다.
– 《왕들을 위한 통치 지침서
(The Book of Government
or Rules for Kings)》,
니잠 알물크(Nizam
Al-Mulk), 11세기

환하게 만들어 영향력의 범위를 지속적으로 넓힘으로써 결국 자신이 들인 비용보다 더 큰 보상을 받았다.

둘째, 아레티노는 선물의 핵심적인 속성을 잘 알고 있었다. 선물을 주는 것은 적어도 당신이 상대와 동등하다는, 혹은 당신이 상대보다 우월하다는 의미다. 선물에는 또한 부담감이나 의무감이 따른다. 예를 들어, 친구들이 당신에게 공짜로 무언가를 준다면, 그들은 보답으로 무언가를 기대하고 있으며 그것을 얻기 위해 당신에게 부담을 안겨주는 것이다. (전체적으로 이러한 메커니즘은 그들이 의식한 상태에서 일어날 수도 있고 그렇지 않을 수도 있다. 그러나 어쨌든 작동 원리는 이러하다.)

아레티노는 이러한 채무에 얽매이는 것을 피했다. 하인처럼 행동하며 권력자들이 생계를 책임져주길 기대하기보다는 전체적인 역학을 자신에게 유리하게 돌려놓았다. 권력자들에게 빚을 진 상태가 되기보다는 권력자들이 그에게 빚을 진 상태로 만든 것이다. 이것이 그의 선물 공세의 핵심이었다. 그것이 바로 그를 사회의 최상류층으로 오르도록 해준 사다리였다는 얘기다. 생을 마감할 무렵 그는 유럽에서 가장 유명한 작가가 되어 있었다

명심하라. 돈은 권력 관계를 결정할 수는 있지만 그러한 관계가 반드시 당신이 가진 돈의 액수에 따라 좌우되는 것은 아니다. 그보다는 그 사용 방식에 따라 좌우된다. 힘 있는 사람들은 관대하게 베풀면서 물건이 아닌 영향력을 구입한다. 재산이 없다는 이유로 열등한 입지를 수긍하고 산다면 영원히 그 안에 갇혀버릴 것이다. 아레티노가 이탈리아의 귀족들에게 사용한 비법을 활용하라. 당신이 그들과 동등하다고 상상하라. 귀족 놀음을 하고 관대하게 베풀면서 문을 개방하고, 당신의 돈을 순환시켜 돈을 영향력으로 바꿈으로써 힘 있는 사람이라는 이미지를 구축하라.

법칙 준수 사례 2: 유대인 야코프의 자선

야코프 로트실트(제임스 로스차일드) 남작은 1820년대 초반 파리에서 큰돈을 벌게 되자, 곤란한 문제에 직면했다. 독일 출신의 유대인이 무슨

수로 외국인을 싫어하는 프랑스 상류층 사람들의 존경을 살 수 있단 말인가? 하지만 로트실트는 권력을 이해하는 사람이었다. 부는 어느 정도의 지위를 가져다주지만 사회적으로 외톨이가 되면 부도, 지위도 오래가지 못한다는 것을 그는 잘 알고 있었다. 그리하여 그는 당시의 사회를 바라보며 어떻게 하면 그들의 마음을 얻을 수 있을지 생각해보았다.

자선? 프랑스인들은 배려라곤 눈곱만큼도 없는 사람들이었다. 정치적 영향력? 그것은 이미 갖고 있었다. 게다가 그것 때문에 오히려 사람들이 그를 더 의심하고 있었다. 한 가지 약점이 있다면 그것은 바로 권태라고 그는 결론지었다. 왕정복고 시대의 프랑스 상류층 사람들은 뭔가 재미있는 것을 갈구하고 있었다. 그래서 로트실트는 그들을 접대하는 데 많은 돈을 쓰기 시작했다. 프랑스 최고의 건축가들을 고용하여 정원과 무도회장을 꾸미고, 프랑스 최고의 요리사 마리 앙투안 카렘을 고용하여 가장 성대한 파티를 준비했다. 아무리 독일 출신의 유대인이 여는 파티라고 해도 프랑스인들은 그 유혹을 거부할 수 없었다. 로트실트는 매주 한 번씩 저녁 파티를 열었고 참가자들은 점점 많아졌다. 2, 3년 후 그는 외부인에게 권력을 보장해주는 유일한 한 가지, 바로 사회적 수용을 달성했다.

해석 ——

전략적 관대함은 지지 기반을 구축하는 데 커다란 무기 역할을 한다. 특히 외부인에게는 더욱 그러하다. 그러나 로트실트 남작은 그 이상의 기지를 발휘했다. 자신을 추하고 신뢰할 수 없는 사람으로 보이게 한 것, 그리하여 자신과 프랑스인들 사이에 장벽을 쌓은 것은 바로 그가 벌어들인 돈이라는 점을 그는 잘 알고 있었다. 이것을 극복하는 최선의 방법은 말 그대로 돈을 펑펑 쓰는 것이었다. 이것은 그가 돈보다 프랑스의 문화와 사회를 더 가치 있게 생각하고 있음을 보여주는 신호였다. 로트실트의 방식은 미국 북서부에서 유명한 포틀래치와 흡사하다. 포틀래치는 인디언 부족들이 정기적으로 모닥불을 피워놓고 대규모의 축제를 벌여 먹고 마시면서 그동안 모은 부를 무너뜨림으로써 다른 부족들보다 더 막강

페르시아의 왕 캄비세스가 이집트 원정 중일 때, 많은 그리스인들이 이집트를 찾았다. 이유는 제각각이었다. 기회를 노리고 장사를 하러 온 듯한 사람도 있었고, 군인으로 간 사람도 있었으며, 분명히 구경하러 온 사람들도 있었을 것이다. 그런 구경꾼들 가운데에는 사모스 섬의 폴리크라테스의 동생이자 아에아세스의 아들로 유배 중인 실로손도 있었다. 실로손은 이집트에 있으면서 특별한 행운을 얻었다. 그가 다홍색 망토를 두르고 멤피스 거리를 어슬렁거리고 있는데, 우연히 다리우스가 그를 보고, 갑자기 그 망토가 몹시 갖고 싶어져서 돈을 제시하며 제안을 했다. 당시 다리우스는 캄비세스 근위대의 일원으로서 그리 중요한 인물이 아니었다. "돈을 받고 팔진 않겠소. 꼭 갖고 싶다면 그냥 드리겠소." 그러자 다리우스는 그에게 고맙다고 하고는 망토를 가져갔다. 순간 실로손은 자신이 바보처럼 착해서 망토를 잃었다고 생각했다. 이후 캄비세스가 죽고 7명의 공모자가 마구스에게 반란을 일으켜 다리우스가 왕위에 올랐다. 실로손의 귀에도 예전에 이집트에서 다홍색 망토를 달라고 하여 내준 그 남자가 페르시아의 왕이 되었다는 소식이 들어갔다. 그는 서둘러 수사로 달려가서 왕궁 입구에 앉아 자신이 왕의 은인이라고 주장했다. 보초가 이를 다리우스에게 보고하자, 다리우스는 어리둥절해하며 그 남자가 누구냐고 물었다. "내가 왕위에 오른 것이 최근의 일이니, 그리스인에게 신세를 졌을 리 만무하다. 그리스인은

한 힘을 가졌음을 상징적으로 보여주는 행사다. 여기서 말하는 힘은 돈이 아니라 돈을 쓰는 능력과 포틀래치를 통해 파괴한 그 모든 것을 재건할 정도로 우월하다는 확신에 기인한다.

결국 로트실트 남작의 파티는 프랑스 비즈니스계뿐 아니라 프랑스 사회로 편입되고자 하는 그의 열망을 반영하는 것이었다. 그는 자신만의 포틀래치에 돈을 아낌없이 씀으로써 자신의 권력이 돈을 넘어 문화의 영역까지 손을 뻗고 있음을 입증하고자 했다. 그러나 그가 얻은 지지 기반은 결코 돈만으로는 살 수 없는 것이었다. 재산을 지키기 위해서는 재산을 '낭비해야' 했다. 이것이 전략적 관대함의 핵심이다. 즉 물건을 사는 것이 아니라 사람들의 마음을 얻기 위해 노력함으로써 재산을 융통성 있게 쓸 수 있는 능력이 바로 전략적 관대함의 핵심이라는 뜻이다.

법칙 준수 사례 3: 메디치 가문의 성공 비결

르네상스 시대에 피렌체의 메디치 가문은 은행업으로 엄청난 돈을 벌어들여 막강한 권력을 구축했다. 그러나 수백 년 동안 명맥을 이어온 피렌체 공화국에서 돈으로 권력을 사는 것은 피렌체의 민주주의 가치에 반하는 일이었다. 가문을 처음으로 일으켜세운 메디치가의 주인 코시모 데 메디치(Cosimo de'Medici)는 이를 피하기 위해 저자세를 취했다. 결코 자신의 부를 과시하지 않기로 한 것이다. 그러나 그의 손자 로렌초(Lorenzo)가 성년이 된 1470년대에 이르자, 그들의 부는 더욱 증대되고 영향력 또한 막강해져서 더 이상 조용히 살 수가 없게 되었다.

로렌초는 사람들의 관심을 다른 곳으로 돌려놓는 전략을 구사함으로써 이 문제에 대처했다. 그것은 늘 부유한 사람들에게 효과를 발휘해온 전략으로, 역사상 유례 없을 정도로 저명한 예술 후원자가 되는 것이었다. 그림에 막대한 돈을 쏟아부은 것은 물론이고, 젊은 화가들을 위해 이탈리아 최고 수준의 도제 학교를 설립했다. 젊은 시절의 미켈란젤로가 로렌초의 주목을 끈 것도 바로 그가 설립한 학교에서였다. 로렌초는 미켈란젤로를 자신의 집으로 불러들여 그곳에서 살게 해주었다. 레오나르도 다 빈치도 마찬가지였다. 미켈란젤로와 레오나르도는 로렌초의 학교에서 충실한 예술가가 됨으로써 그 관대함에 보답했다.

로렌초는 적과 마주칠 때마다 후원이라는 무기를 휘둘렀다. 1472년 피렌체의 오랜 적인 피사가 반란을 일으키겠다고 위협하자, 로렌초는 피사의 대학에 돈을 쏟아부음으로써 그들을 달랬다. 이 대학은 한때 이름을 날렸지만 오래전에 빛을 잃은 터였다. 피사 사람들은 문화에 대한 사랑에 양분을 공급하며 전투 욕구를 누그러뜨리는 그의 교활한 책략에 속수무책으로 당하고 말았다.

해석 ——

로렌초는 분명히 예술을 사랑했지만, 예술가들에 대한 후원에는 실리적인 목적이 포함되어 있었다. 그는 그 실용적인 기능을 예리하게 자각하고 있었다. 당시 피렌체에서는 은행업으로 돈을 버는 사람을 존경하지 않았다. 예술은 돈의 정반대쪽에, 즉 종교와도 흡사한 초월성을 과시하는 저 반대쪽 끝에 위치해 있었다. 로렌초는 예술에 돈을 씀으로써 스스로를 고상하게 포장하여 그의 부가 추악한 원천에서 나왔다는 사람들의 생각을 희석시켰다. 만족스럽지 못한 현실에서 주의를 분산시키고 대신 예술이나 종교의 망토를 걸치는 것은 전략적 관대함을 가장 적절하게 활용한 예라고 할 수 있다.

법칙 준수 사례 4: 루이14세의 선물

루이 14세(Louis XIV)는 돈의 전략적 힘을 확실하게 알고 있었다. 그가 왕위에 오르기 얼마 전부터 힘 있는 귀족들은 군주제를 위협하는 불화의 씨앗이 되어 반란의 조짐을 보이고 있었다. 그리하여 루이 14세는 이들 귀족들이 궁정에서 자리를 보전하는 데 막대한 돈을 쓰게 하는 방식으로 그들을 피폐하게 만들었다. 왕이 하사하는 막대한 부조에 의존할 수밖에 없게 만듦으로써 그들을 수중에 넣은 것이다.

다음으로 루이는 전략적 관대함을 발휘하여 귀족들이 무릎을 꿇게 만들었다. 과도한 영향력을 휘두르거나 문제를 일으키는 궁정 조신이 있을 때마다 막대한 돈을 사용하여 단단한 땅을 무르게 만들듯 그 사람의 의지를 약화시킨 것이다. 먼저 그는 목표 대상을 무시하여 그를 초조하게 만들었다. 얼마 후면 그 사람의 아들이 갑자기 좋은 관직에 임명되거나 그의 고향에 후한 기금이 들어오거나 그 당사자가 오래전부터 갈망하던 그림을 받게 되었다. 선물은 루이의 손에서 나오는 것이었다. 마지막으로 몇 주나 몇 달이 지나서 루이는 그동안 필요로 했던 지지를 요청한다. 그러면 한때 왕을 방해할 수 있다면 무슨 짓이든 하겠다고 맹세한 사람도 어느새 전의를 상실했음을 깨닫는다. 직접적으로 뇌물을 주었다면 상대는 오히려 반란을 일으켰을 것이다. 루이의 방법은 그보다 훨씬 더 교활하고 음흉했다. 아무것도 뿌리내릴 수 없을 만큼 단단한 땅이 나올 때마다 루이는 씨를 뿌리기 전에 먼저 땅을 무르게 만든 것이다.

해석 ——

루이는 사람들의 돈에 대한 태도에는 어린 시절부터 뿌리박힌 감정적 요소가 있다는 것을 잘 알고 있었다. 어릴 때 부모님에 대한 모든 종류의 복잡한 감정은 선물을 둘러싼 것이었다. 우리는 선물을 주는 것을 사랑과 인정의 신호로 간주한다. 그리고 그러한 감정적 요소는 결코 사라지지 않는다. 금전적인 것이든 아니든 선물을 받는 사람은 갑자기 어린아이처럼 약해진다. 특히 선물이 권위 있는 사람의 것이라면 더욱 그렇다. 열어보지 않고는 견딜 수가 없다. 루이가 단단한 땅을 무르게 만들었듯이 단호한 결의도 어느새 풀어지고 만다.

가장 효과적인 방법은 느닷없이 의외의 선물을 주는 것이다. 그러면 한 번도 받아보지 못한 선물이라서 혹은 상대로부터 냉대를 받다가 받은 선물이라서 더욱 인상적으로 느껴질 것이다. 선물은 자주 줄수록 무기로서의 효과가 무뎌진다. 한 사람에게 선물을 너무 자주 주다 보면 그 사람은 당신의 선물을 당연하게 받아들이거나 동정으로 생각하고 오히려 화를 낼 것이다. 그러나 예기치 못한 순간에 꼭 한 번 선물을 준다면 버릇을 망칠 염려가 없다. 그로 인해 당신은 상대를 손아귀에 넣게 된다.

법칙 준수 사례 5: 전설이 된 찻잔

　17세기 에도(도쿄의 옛 이름)에 후시미야라는 골동품상이 살았다. 어느 날 그가 마을의 어느 찻집에 들렀을 때의 일이다. 그는 차 한 잔을 마신 다음, 찻잔을 유심히 살펴보더니 돈을 주고 샀다. 이를 지켜보던 동네 장인은 후시미야가 나갈 때까지 기다렸다가 찻집 주인인 노파에게 그 남자가 누구냐고 물었다. 노파는 그가 일본에서 가장 유명한 감정가이자 골동품상이라고 말했다. 그 말이 끝나자마자 장인은 후시미야를 쫓아가서는 그 찻잔을 자기에게 팔라고 사정했다. 후시미야가 그렇게 감정했다면 그 찻잔은 매우 귀중한 것임에 틀림없었다. 후시미야는 크게 웃어젖히며 설명했다. "이건 평범한 비젠 석기(備前炻器, 일본에서 제조된 석기의 일종―옮긴이) 찻잔입니다. 그리 귀한 것이 아니지요. 제가 이것을 유심히 들여다본 것은 김이 이상하게 올라와서 어디가 새는 것이 아닐까 해서였습니다."(다도 애호가들은 자연적으로 생겨난 기묘하거나 우연적인 미에 관심을 보였다.) 그래도 장인이 찻잔에서 눈을 떼지 못하자 후시미야는 공짜로 찻잔을 그에게 주었다.

　장인은 그 찻잔을 여기저기 갖고 다니며 값을 높게 쳐줄 전문가를 찾았지만 모두들 그저 평범한 찻잔으로 평가했다. 이윽고 그는 생업을 젖혀둔 채 그 찻잔으로 한 밑천을 잡아보려는 생각에만 매달리게 되었다. 결국 그는 에도에 있는 후시미야의 골동품상까지 찾아갔다. 후시미야는 남자가 그 찻잔을 귀한 것이라고 믿게 된 것은 자기 때문이며, 그로 인해 본의 아니게 그를 괴롭혔음을 깨닫고 친절을 베풀려는 마음에 그에게 (금화) 100냥을 주고 그 찻잔을 되샀다. 평범한 찻잔이었지만 이 장인의 집착을 덜어주고 싶었기 때문이다. 장인은 그에게 고맙다는 인사를 하고 돌아갔다.

　곧이어 후시미야가 그 찻잔을 샀다는 소문이 퍼졌다. 일본의 모든 상인들이 그 잔을 팔라고 성화였다. 그가 100냥을 주고 샀다면 그보다 훨씬 더 가치가 높을 거라는 생각에서였다. 그는 자신이 그 잔을 사게 된 배경을 설명하려 했지만, 상인들은 포기하지 않았다. 결국 후시미야는 포기하고 잔을 팔려고 내놓았다.

돈은 사기를 당해 잃어버렸을 때가 가장 유용하게 사용된 경우다. 신중함을 단번에 구입한 셈이기 때문이다.
― 아르투어 쇼펜하우어 (1788~1860)

경매가 열리자 두 명이 동시에 200냥을 부르고는 서로 자신이 먼저 불렀다며 싸우기 시작했다. 두 사람의 싸움으로 탁자가 넘어가면서 찻잔이 바닥으로 떨어져 산산조각 났다. 경매는 그대로 끝이 났다. 후시미야는 이제 모든 게 마무리되었다고 생각하며 풀로 컵을 이어 붙여 보관해두었다. 그러나 몇 년 후, 훌륭한 다도의 대가 마쓰다이라 후마이가 그의 가게를 찾아와 잔을 보여달라고 했다. 그 무렵 그 찻잔은 이미 전설이 되어 있었다. 후마이는 잔을 살펴보고는 이렇게 말했다. "잔만 놓고 보면 그리 귀한 것이 아니지만 대가들은 본래의 가치보다는 그에 관련된 이야기와 감정을 더 소중하게 여기지요." 그는 많은 돈을 내고 잔을 사 갔다. 그렇게 해서 평범하다 못해 풀로 붙이기까지 한 찻잔이 일본에서 가장 유명한 물건 가운데 하나가 되었다.

해석 ─

이 이야기는 우선 돈의 본질적인 면을 보여준다. 돈을 만든 것은 인간이고 거기에 의미와 가치를 부여하는 것도 인간이라는 점이다. 두 번째로 돈에 대해서든 물건에 대해서든 궁정신하가 가장 귀중하게 여기는 것은 감상과 그 안에 담긴 감정이다. 이러한 것들이 돈과 물건에 가치를 부여하는 것이다. 교훈은 간단하다. 당신의 선물과 관대한 행동이 감정과 연결될수록 그것이 갖는 영향력은 더욱 강력해진다. 감정과 연결된 혹은 심금을 울리는 사물이나 개념은 값비싸지만 생명력 없는 선물에 낭비하는 돈보다는 더 큰 힘을 가진다.

법칙 준수 사례 6: 100냥과 95냥의 차이

부유한 다도 애호가인 아키모토 스즈토모(秋元鈴朝)는 어느 날 하인에게 (금화) 100냥을 주면서 어떤 상인에게 가서 다완(茶盌, 가루차를 마실 때 사용하는 사발―옮긴이)을 사오라고 지시했다. 그러나 하인은 다완을 보고는 그것이 100냥의 값어치가 없을 것 같다는 생각에 한참 흥정을 벌여 95냥으로 값을 깎았다. 며칠 뒤 스즈토모가 그 다완을 사용하려고 내놓자 하인은 자신이 95냥에 깎았다고 자랑했다.

그러자 스즈토모가 대꾸했다. "이런 무식한 놈! 다완에 금화 100냥의 가격을 붙였다면 그것은 틀림없이 돈에 쪼들려 어쩔 수 없이 내놓은 그 집의 가보일 것이다. 그랬다면 그들은 150냥을 지불할 사람을 찾고 싶었을 것이다. 그런 사람의 마음을 헤아리기는커녕 오히려 값을 깎는 바보가 어디 있단 말이냐? 그건 둘째치고 100냥을 주고 산 골동품이라면 소장 가치가 있지만, 95냥짜리라면 하찮은 물건처럼 보일 뿐이다. 그러니 이 다완을 다시는 내 눈앞에 안 보이게 치워라!" 그는 다시는 그 다완을 꺼내지 않았다.

해석 ──

흥정을 해서 다섯 냥을 아낄 수는 있지만 그로 인해 상대에게 모욕감을 주고 그 물건에 싸구려라는 인상을 주었다면 당신의 평판은 손상될 것이다. 평판은 권력자들이 무엇보다도 중요하게 생각하는 것이다. 제값을 치르는 법을 배우라. 그것이 결국에는 많은 것을 절약하는 방법이다.

법칙 준수 사례 7: 박에서 나온 말

17세기 초반, 일본에서 큰 전투를 앞둔 장군들이 향 냄새로 시합을 벌이며 시간을 때우고 있었다. 장군들은 활과 화살, 안장 등을 비롯하여 군인들이 소중히 여기는 물건들을 하나씩 내놓고 우승자에게 이것을 상으로 주기로 했다. 우연히 그곳을 지나던 일본의 명장 다테 마사무네(伊達政宗)가 그들에게 합류했다. 그는 상으로 그의 허리끈에 달아놓은 박을 내놓았다. 모두가 웃음을 터뜨렸다. 이런 싸구려 물건을 갖고 싶어하는 사람은 아무도 없었다. 결국 시종 한 명이 그 박을 가져갔다.

그러나 시합이 끝나고 장군들이 밖에서 잡담을 나누고 있을 때 마사무네는 자신의 멋진 말을 끌고 와서 시종에게 건넸다. "받아라. 그 박에서 말이 한 마리 나왔구나." 장군들은 어리둥절하며 마사무네의 선물을 비웃은 것을 후회했다.

해석 ——

마사무네는 돈이 있으면 다른 이들을 기쁘게 해줄 수 있는 능력을 갖게 된다는 점을 알고 있었다. 그러한 능력을 가지면 존경을 받게 된다. 박에서 말을 탄생시키는 것은 당신의 힘을 궁극적으로 입증하는 것이다.

| **이미지** | 강. 사람들은 자신을 보호하고 자원을 절약하기 위해 강에 댐을 쌓는다. 그러나 곧 수질이 나빠지고 물이 썩는다. 흐르지 않는 물에서는 가장 더러운 생명체만 살 수 있다. 아무것도 들어오거나 나갈 수 없게 되면서 모든 교류가 중단된다. 댐을 허물어라. 물이 흐르면 풍요와 부와 힘이 창출되고 이러한 것들은 점점 더 큰 원을 그리며 순환한다. 좋은 것들이 번창하기 위해서 강은 주기적으로 홍수가 져야 한다.

| **근거** | 큰 인물이 인색하게 행동한다면 그는 엄청난 바보인 셈이다. 고위직에 있는 사람에게 탐욕만큼 해로운 악은 없다. 인색한 사람은 땅도, 명예도 정복할 수 없다. 뜻을 펼치도록 도와줄 친구들을 만들 수 없기 때문이다. 친구를 갖고자 한다면 자신의 소유물에 집착하지 말고 좋은 선물을 주어 친구를 만들어라. 자석이 미묘하게 쇠를 끌어당기듯, 사람이 베푸는 금은보화도 사람들의 마음을 끌어당긴다.

– 《장미 이야기(*The Romance of the Rose*)》, 기욤 드 로리(Guillaume de Lorris, 1200~1238)

뒤집어보기

권력자들은 공짜로 제공되는 것에는 반드시 책략이 있다는 점을 잊지 않는다. 갚지 말라며 호의를 베푸는 친구들은 나중에 돈으로 갚는 것보다 훨씬 더 비싼 무언가를 요구할 것이다. 제값을 치르지 않는 것에는 물질적으로나 심리적으로나 문제가 숨어 있다. 그러니 반드시 값을, 그것도 제값을 치르라.

뒤집어서 이 법칙을 상대방에게 적용하면 훌륭한 기만과 사기의 기회를 얻을 수 있다. 공짜를 미끼로 내거는 것은 사기꾼들의 고전적인 수법이다.

이러한 수법을 가장 능숙하게 이용한 사람은 '옐로 키드', 조지프 베일이다. 옐로 키드는 사기를 칠 수 있는 것은 바로 인간들의 탐욕 때문이라는 점을 일찌감치 터득했다. 그는 이렇게 썼다. "나를 비롯한 사기꾼들에게 사기를 당한 사람들은 공짜를 얻겠다는 욕망 때문에 커다란 대가를 치른 것이다. 이 세상에 공짜는 없다는 것을 모두가 깨닫는다면 범죄가 줄고 우리 모두가 훨씬 더 조화롭게 살아갈 것이다. 그러나 그럴 가능성은 없다고 생각한다." 수년 동안 베일은 쉽게 돈을 벌게 해주겠다며 사람들을 꼬일 수 있는 갖가지 방법들을 고안했다. 일례로 그는 부동산을 '공짜'로 주겠다고 제안한 다음, 등록비로 25달러를 내야 한다고 말했다. 그러면 사람들은 땅을 공짜로 준다는데 그 정도 수수료는 감수해야 한다고 생각했다. 덕분에 옐로 키드는 허위 등록으로 수천 달러를 챙겼다. 또 경마의 승부가 정해져 있다는 거짓말을 하기도 하고 주식을 사면 몇 주 만에 두 배로 불려주겠다고 사기를 치기도 했다. 그가 이런 이야기를 꾸며낼 때마다 공짜를 얻을 수 있다는 생각에 그의 제물들은 눈이 휘둥그레졌다.

교훈은 간단하다. 사기를 치고 싶다면 쉽게 돈을 벌 수 있다는 얘기로 미끼를 던져라. 사람들은 천성적으로 게으르기 때문에 열심히 일해서 돈을 벌기보다는 돈이 저절로 굴러들어오기를 바란다. 그들에게 수백만 달러를 버는 방법을 싼값에 팔아라. (P. T. 바넘도 말년에는 이렇게 했다). 바보들이 수천 명 모이면 그 돈이 크게 불어날 것이다. 쉽게 돈을 벌 수 있다는 얘기에 한 번 넘어간 사람도 다시 속아 넘어갈 여지는 있다. 탐욕은 그만큼 눈을 멀게 할 정도로 강력하다. 옐로 키드가 말했듯이, 사기를 치면서 누리는 재미의 절반은, 탐욕은 아무것도 지불하지 않는다는 도덕적 교훈을 가르치는 데서 나온다.

친구처럼 행동하고
스파이처럼 움직여라

...

정보전

경쟁자에 대해 아는 것만큼 중요한 일은 없다.
스파이들을 활용해, 경쟁우위를 점하는 데 도움이 되는
정보를 입수하라.
더 나은 방법은 직접 스파이가 되는 것이다.
사교적인 만남에서도 촉각을 곤두세우고 상대를 탐색하라.
간접적인 질문을 통해 사람들의 약점과 의중을 파악하라.
교묘한 탐색의 기회를 제공하지 않는 환경은 없다.

법칙 준수 사례: 스파이 뺨치는 미술품 거래상

조지프 듀빈은 당대 최고의 미술품 거래상이었다. 그는 1904년에서 1940년까지 미국의 백만장자들이 모이는 미술품 수집시장을 거의 독점하다시피 했다. 하지만 거물 하나만은 그를 피해가고 있었다. 바로 기업가 앤드류 멜런(Andrew Mellon)이었다. 듀빈은 반드시 멜런을 자신의 고객으로 만들겠다고 마음을 먹었다.

듀빈의 친구들은 그건 이룰 수 없는 꿈이라고 말했다. 멜런은 고집불통인 데다 과묵한 사람이었다. 더구나 듀빈이 사람 비위 잘 맞추고 말이 많다는 것을 알고 그를 만나지 않겠다고 분명히 밝힌 터였다. 그러니 포기하라는 친구들에게 듀빈은 이렇게 말했다. "멜런은 나한테서 그림을 사게 될 뿐만 아니라, '나한테서만' 그림을 사게 될 걸세." 듀빈은 몇 년 동안 먹잇감의 뒤를 쫓으며 그의 습관과 취향, 공포증 등을 연구했다. 이 작업을 위해 멜런이 부리는 사람들 몇 명을 몰래 돈으로 매수해 그들에게서 값진 정보를 캐냈다. 그리하여 드디어 행동에 나설 때는 멜런의 아내만큼이나 멜런에 대해 잘 알게 되었다.

1921년 런던을 방문한 멜런은 클라리지 호텔 3층의 대궐 같은 방에 묵고 있었다. 듀빈은 그 방의 바로 아래 2층에 방을 예약했다. 시중을 들어주는 호텔 보이에게는 멜런의 보이와 친분을 쌓아두라고 일러둔 터였다. 계획을 실행에 옮기기로 한 운명의 그날이 오자, 멜런의 보이가 듀빈의 보이에게 방금 멜런에게 외투를 입혀주었으며 그 기업가가 엘리베이터를 타러 복도를 나섰다고 알려주었다. 듀빈의 보이는 듀빈에게 이 이야기를 전했다.

듀빈의 보이는 서둘러 듀빈에게 외투를 입혀주었다. 몇 초 후 듀빈은 엘리베이터에 들어섰다. 멜런이 탄 바로 그 엘리베이터였다. "안녕하세요, 멜런 씨. 처음 뵙겠습니다." 듀빈이 자기소개를 하며 말문을 열었다. "전 지금 그림을 몇 점 보러 내셔널 갤러리에 가는 길입니다만." 참 묘하게도 멜런 역시 바로 거기에 가려던 참이었다. 그래서 듀빈은 먹잇감과 함께 성공이 확실히 보장되는 장소로 갈 수가 있었다. 그리고 함께 미술관을 이리저리 도는 동안 해박한 지식으로 그 거물을 깜짝 놀라게 만들었다. 또 한 번 참 묘하게도, 둘의 취향은 유난히 비슷한 것처럼 보였다.

멜런은 놀랍고도 기뻤다. 듀빈은 그의 예상과는 전혀 다른 사람이었다. 그는 매력적이고 사근사근할 뿐 아니라, 고상한 취향까지 갖고 있었다. 둘이 뉴욕으로 돌아왔을 때 멜런은 듀빈의 갤러리에 들렀는데 곧 그곳의 수집품과 사랑에 빠져버렸다. 모든 작품들이 딱 그가 모으고 싶어 하던 종류여서 놀라움을 금치 못했다. 그 뒤로 평생 동안 멜런은 듀빈의 최고 고객이자 가장 손 큰 고객이 되었다.

해석 ——

조지프 듀빈처럼 야심 있고 능력 있는 사람은 일을 운에 맡기는 법이 절대 없다. 운이 풀리길 바라는 것, 다시 말해 이 고객 저 고객의 마음을 살 수 있길 바라기만 하는 게 무슨 소용이 있단 말인가? 그건 눈 가린 채 오리에게 총을 쏘는 것이나 마찬가지다. 지식으로 조금만 무장을 해보라. 그러면 목표가 커진다.

멜런은 듀빈이 낚은 가장 커다란 대어였다. 사실 듀빈이 정탐한 백만 장자는 그 외에도 많았다. 잠재 고객의 집에서 일하는 사람들을 돈으로 매수하는 방식을 통해, 듀빈은 그들이 어디를 오가고, 취향은 어떻게 바뀌었는지와 관련해 귀중한 정보를 항상 손에 넣을 수 있었다. 갖가지 사소한 정보를 통해 작전을 한 단계 더 진행시키기도 했다. 듀빈의 경쟁자 중 헨리 프릭을 고객으로 만들고 싶어하던 자가 하나 있었는데, 그가 뉴욕의 이 갑부를 만날라 치면 육감(六感)이라도 가진 사람처럼 듀빈이 항상 한 발 앞서 와 있었다. 듀빈의 능력에 경쟁자들은 낙심한 나머지 부유한 고객 뒤를 쫓는 걸 포기해버리는 사람들이 많았다.

예술적 경지의 정탐이란 바로 이런 것이다. 이 능력이 있으면 당신은 모든 능력과 천리안을 겸비한 것처럼 보인다. 표적에 대해 잘 알면 당신은 매력적인 사람으로 비칠 뿐 아니라, 그가 바라는 것이 무엇인지도 꿰뚫게 된다. 당신의 힘이 어디서 나오는지는 그 누구의 눈에도 보이지 않는다. 사람들은 보이지 않는 것과는 싸울 수 없는 법이다.

소가 냄새를 이용하고, 브라만이 경전을 이용하고, 나머지 세상 사람들이 보통 눈을 이용할 때, 통치자는 스파이를 통해 세상을 본다.

– 카우틸랴 (기원전 3세기)

권력의 열쇠: 친구처럼 행동하고 스파이처럼 움직여라

권력의 세계에서는 미래에 일어나는 일을 어느 정도 통제할 수 있어야 한다. 그런데 이때 생기는 문제 중 하나가 사람들은 자신의 생각과 감정, 계획을 모두 털어놓지 않는다는 것이다. 사람들은 할 말 안 할 말을 가려 자기 성품의 가장 중요한 부분은 숨겨두는 경우가 많다. 자신의 약점이나 속마음, 집착 등을 말이다. 그 결과 당신은 사람들의 움직임을 예측하지 못해 오리무중 상태에 있게 된다. 이때 활용할 수 있는 요령이 그들을 정밀히 탐색해 그들이 간직하고 있는 비밀과 숨기고 있는 의도를 밝혀내는 것이다. 사람들에게 당신이 어쩔 작정인지는 눈치 채지 못하게 하고 말이다.

사실 이는 그리 어려운 일이 아니다. 친분 있는 연락원만 있으면 친구에 대해서든 적에 대해서든 당신에게 몰래 정보를 모아다 줄 것이기 때문이다. 별점이나 타로점은 다른 이들이나 보게 하라. 당신에게는 미래를 내다볼 수 있는 보다 구체적인 방편이 있으니 말이다.

정탐을 하는 가장 흔한 방법은 듀빈처럼 다른 사람들을 활용하는 것이다. 이 방법은 간단하고 막강하긴 하지만, 위험 부담이 크다. 정보는 확실하게 손에 넣을 수 있지만 정탐 작업을 하는 사람들을 통제할 방법이 없기 때문이다. 따라서 당신 자신이 직접 스파이가 되어 친구인 척하면서 몰래 정보를 모으는 것이 가장 바람직하다.

프랑스의 정치가 탈레랑은 이 기술의 최고 달인이었다. 그는 정중한 대화 속에서 사람들의 비밀을 캐내는 능력이 남달랐다. 탈레랑과 동시대 사람이었던 드 비트롤스(de Vitrolles) 남작은 이렇게 말하기도 했다. "탈레랑의 대화는 기지와 우아함이 가장 큰 특징이었다. 그는 투명한 베일을 덮듯 뭔가가 함축된 암시적인 말들로 자기 생각을 덮어 가릴 줄 알았다. 탈레랑은 꼭 필요한 때에만 대화 속에 자기 성격을 불어넣었다." 여기서 핵심은 탈레랑이 대화에서 자기 자신을 억누를 줄 알았다는 것이다. 그러면 다른 사람들이 자신에 대해 끝없이 이야기하게 되어 부지불식간에 그들의 의도나 계획이 드러난다.

탈레랑은 대화의 달인이었지만, 결코 자신의 생각에 대해 이야기하는 법이 없었다. 그저 남들이 그들 생각을 털어놓게 만들었을 뿐이다. 탈레랑은 외국의 외교관을 대상으로 친목 도모를 위한 제스처 게임이나 사교 모임을 열곤 했지만, 정작 자신은 사람들 말을 조심스레 저울질하고, 사람들을 감언이설로 부추겨 기밀을 캐내고, 자신이 프랑스 외무장관으로 일하는 데 더없이 귀중한 정보들을 모으곤 했다.

빈 회의에서는 다른 방법으로 정탐을 하기도 했다. 겉보기에 비밀 같은 일을(실제로는 그가 꾸며낸 이야기였다) 불쑥 털어놓고는 상대방의 반응을 살피는 것이다. 이를테면 외교관 모임에 갔다가 한 믿을 만한 소식통에게서 들었다며, 러시아 황제가 반역죄로 고위 장성을 체포할 계획이라고 이야기하는 식이었다. 그렇게 꾸며낸 이야기에 외교관들이 어떻게 반응하는지 살펴서 러시아 군대가 약화된다는 소식에 누가 가장 흥분하는지 알아낸다. 그건 바로 그 나라 정부가 러시아에 대해 모종의 계획을 세워두고 있다는 뜻 아니겠는가? 폰 슈테텐(von Stetten) 남작의 말처럼 "탈레랑은 공중으로 총을 한 방 쏘고 누가 창밖으로 뛰쳐나가는지 지켜보는 사람"이었다.

친목 모임에서든 악의 없는 만남에서든 주의를 기울여라. 그런 자리에서는 사람들이 경계심을 풀기 때문이다. 당신 자신을 드러내고픈 생각을 억누르면 사람들이 이것저것 털어놓게 만들 수 있다. 이 기법에서 가장 기막힌 대목은 사람들이 당신의 관심을 우정으로 착각하기 때문에 당신은 여러 가지를 알게 될 뿐 아니라, 동맹군까지 얻게 된다는 것이다.

하지만 이 전략을 쓸 때는 주의를 기울이고 또 조심해야 한다. 당신이 대화를 위장해 자신의 비밀을 캐내고 있다고 사람들이 의심하기 시작하면 당신을 피하려 들 것이기 때문이다. 그러니 귀중한 정보보다 우정 어린 수다를 강조해야 한다. 당신이 보물 같은 정보를 구하고 있다는 것을

어떤 사람이 당신에게 거짓말을 하고 있다는 생각이 들면, 그의 말을 다 믿는 것처럼 행세하라. 그러면 그는 용기를 얻어 계속 말을 늘어놓을 것이다. 그렇게 자기주장을 더 격렬하게 믿고 나가다보면 무심결에 진실을 털놓게 될 것이다. 반대로 어떤 사람이 당신에게 무언가 숨기려 하는데 그게 어설프다면, 그 사람 말을 못 믿겠다는 듯 행세하라. 당신 쪽에서 반대하고 나오면 그는 속에 담아두고 있던 진실을 꺼내어 어떻게든 당신의 의혹을 없애려 할 것이다.
– 아르투르 쇼펜하우어
(1788~1860)

드러내서는 안 된다. 그러다 보면 당신이 캐묻는 질문 속에 당신이 찾고 자 하는 정보보다 당신의 의도가 더 드러나게 된다.

라 로슈푸코에게서도 정탐 요량을 하나 배울 수 있다. 그에 따르면, "허심탄회함은 사람들에게서 지극히 찾아보기 힘들지만, 가장 영리한 책략이 되는 경우가 많다. 다른 사람의 기밀과 비밀을 끌어내려면 허심 탄회해야 한다." 상대방에게 마음을 툭 터놓은 척하면 사람들이 자신의 비밀을 터놓을 가능성이 커진다는 이야기다. 사람들에게 가짜 고백을 하 고 그들에게서 진짜 고백을 얻어내라.

철학자 아르투르 쇼펜하우어가 일러주는 요령도 있다. 대화 도중 계속 격렬한 반론으로 맞서 상대방을 짜증나게 만들라는 것이다. 심기가 완전 히 뒤틀린 상대방은 감정적으로 반응을 하다 자신과 관련된 진실을 실토 할 것이다. 당신은 나중에 그런 진실들을 활용해 그를 곤경에 빠뜨릴 수 있다.

간접 정탐을 하는 방법은 이 말고도 또 있다. 사람들이 본심을 드러내 도록 작은 덫을 놓는 것이다. 7세기 페르시아의 왕 호스로 2세(Chosroes II)는 부하의 의중을 꿰뚫어보는 방법을 알고 있었다. 예를 들어, 자신의 궁정신하 둘이 최근 유난히 가까워졌다 싶으면 그 중 한 사람을 곁으로 불러 나머지 한 사람이 반역자라는 정보를 입수했으니 곧 죽일 거라고 귀띔을 하는 것이다. 그리고 자신은 그 신하를 누구보다 믿으며 이 이야 기는 반드시 비밀에 부쳐야 한다고 말한다. 그리고 나서 그 둘을 유심히 지켜본다. 나머지 신하가 왕을 대하는 태도가 변함이 없으면, 왕은 자신 이 불렀던 신하가 비밀을 지켰다고 결론을 내리고 그를 더 높은 관직에 등용했다. 그리고 나중에 그 신하를 불러 이런 식으로 털어놓았다. "모 종의 정보가 들어와서 자네 친구를 죽이려 했는데, 그 문제를 깊이 조사 해본 결과 사실무근인 것으로 밝혀졌네." 한편 나머지 신하가 긴장한 모 습으로 거리를 두며 왕을 피하기 시작하면 비밀이 누설됐다고 판단했다. 그럴 경우 나머지 신하를 궁 밖으로 내쫓았다. 모든 일이 다 시험이었으 며, 자신은 더 이상 그를 신뢰할 수 없게 되었다고 일러주면서 말이다. 반면 비밀을 누설한 신하는 나라 밖으로 내쳐 두 번 다시 발을 들이지 못하게 했다.

경험적 정보가 아닌 사람의 성격을 드러내는 이러한 정탐 형태가 기이하게 보일 수도 있다. 하지만 문제는 생기기 전에 미리 해결하는 것이 가장 좋은 법이다.

사람들이 어떤 행동을 하도록 유도해보면, 그들이 얼마나 충성스럽고 정직한지 등을 알아낼 수 있다. 그리고 이런 지식은 매우 유용하고 값진 지식이 된다. 그것만 손에 넣으면, 사람들이 장차 어떤 식으로 행동할지 예측할 수 있기 때문이다.

| **이미지** | 스파이의 제3의 눈. 두 눈으로 사는 세상에서, 제3의 눈이 있으면 신처럼 모든 걸 알 수 있다. 당신은 다른 사람들보다 더 멀리 내다보게 되고, 사람들을 더욱 깊이 꿰뚫어보게 된다. 이 눈에서 벗어날 수 있는 사람은 당신 말고는 아무도 없다.

| **근거** | 최고의 주군과 현명한 장군이 적군을 정복하고 범인(凡人)들보다 더 큰 전공을 쌓는 이유는, 적군의 상황을 미리 알고 있기 때문이다. 이러한 '선지(先知)'는 영혼이나 신을 통해서 얻어지는 게 아니다. 또 과거의 사건을 통해 유추하거나 점으로 헤아린다고 알 수 있는 것도 아니다. 그러한 지식은 반드시 적군의 상황을 잘 아는 자, 바로 첩자에게서 얻어내야 한다.

– 손자, 《손자병법》, 기원전 4세기

뒤집어보기

권력자에게 정보는 무엇보다 중대하다. 하지만 당신이 다른 사람을 정탐하는 바로 그 순간에 상대방도 당신을 정탐할 수 있다. 따라서 거짓 정보를 흘리는 것이 정보전의 가장 강력한 무기 중 하나가 된다. 윈스턴 처칠(Winston Churchill)은 이렇게 말했다. "진실은 너무도 귀해서 항상 거짓말이라는 경호원들을 대동하고 다녀야 한다." 당신의 진실에 적이 침투하지 못하도록, 당신도 그런 경호원을 주위에 둬야만 한다. 당신의 뜻에 따르는 정보를 심을 수 있으면, 게임은 당신이 장악하게 된다.

1944년 나치는 런던을 겨냥한 로켓 미사일 공격을 갑자기 대폭 확대했다. 이때 런던에 떨어진 V-1 비행폭탄은 2천 개가 넘었으며, 사망자는 5천 명 이상이었고, 부상자는 그보다도 많았다. 하지만 어쩐 일인지 독일군은 목표 지점을 번번이 놓치곤 했다. 타워브리지나 피커딜리를 노린 폭탄은 런던 시를 간발의 차로 비켜가 인구가 덜 붐비는 교외지역에 떨어졌다. 그것은 바로 독일군이 영국에 심어둔 비밀 요원들에 의지해 목표 지점을 정했기 때문이다. 독일군은 이 요원들의 정체가 벌써 발각되었다는 사실을, 그리고 영국의 지휘를 받는 요원들이 독일군 진영에서 교묘하게 허위 정보를 흘리고 있다는 사실을 미처 알지 못했던 것이다.

폭탄은 떨어질 때마다 매번 목표 지점을 더욱 심하게 빗나갔다. 전쟁이 끝날 즈음에는 시골 목장에 떨어질 정도였다. 사람들에게 거짓 정보를 흘려라. 그러면 당신은 누구보다 유리한 입지에 서게 된다. 스파이가 당신에게 제3의 눈이 되어준다면, 허위 정보는 적군의 눈 하나를 잃게 한다. 애꾸가 된 적군은 항상 목표물을 놓치고 말 것이다.

상대보다 멍청하게 보여라

...

의심 회피 전략

상대보다 더 멍청해 보이고 싶은 사람은 없다.
이를 역이용해 상대가 당신보다 더 똑똑하다고 느끼게 해주어라.
일단 당신이 자기보다 못하다는 확신이 서면,
당신의 숨은 의도를 결코 의심하지 않을 것이다.

법칙 준수 사례: 19세기 최대의 사기극

1872년 겨울, 미국의 금융업자 애스베리 하펜딩(Asbury Harpending)은 런던을 방문하던 중 "미국 서부에서 다이아몬드 광산이 발견됐다"는 전보를 받았다. 전보는 캘리포니아 은행의 소유주인 윌리엄 랠스턴(William Ralston)이 보낸 것이었다. 하지만 하펜딩은 그것을 짓궂은 장난으로 생각했다. 아마도 남아프리카공화국에서 최근 거대한 다이아몬드 광산이 발견된 것에서 힌트를 얻었을 것이라고 짐작했다. 미국 서부에서 금광이 발견됐다는 보도가 처음 나왔을 때, 사람들은 믿을 수 없다는 반응을 보였지만 그것이 진짜로 밝혀진 적이 있기는 했다. 하지만 서부의 다이아몬드 광산은 도저히 믿을 수 없었다. 하펜딩은 전보를 세계 최고의 부자인 로트실트 남작에게 보여주며, 농담임에 틀림없다고 말했다. 하지만 남작은 이렇게 대답했다. "너무 자신하지 말게. 미국은 대단히 넓은 나라야. 그래서 이미 세상을 여러 차례 놀라게 했지. 아마 우리를 놀라게 할 일이 더 있을지도 몰라." 그 말에 하펜딩은 즉시 배를 타고 미국으로 돌아왔다.

하펜딩이 샌프란시스코에 도착했을 때, 그곳은 1840년대 말의 골드러시를 연상케 하는 들뜬 분위기였다. 촌스럽고 지저분한 행색의 두 남자, 필립 아놀드(Philip Arnold)와 존 슬랙(John Slack)이 다이아몬드 광산을 발견한 주인공이었다. 그들은 와이오밍 주에 있는 광산의 정확한 위치를 밝히기를 꺼려했다. 몇 주 전에 광산 전문가를 안내할 때도 일부러 먼길을 돌아가서 광산의 위치를 알지 못하게 했다. 그곳에 도착한 뒤, 전문가는 두 사람이 다이아몬드를 캐내는 장면을 지켜보았다. 샌프란시스코로 돌아온 전문가는 그들이 캔 다이아몬드를 여러 보석상에게 보여주었는데, 그들 중 한 보석상은 그것의 가치를 150만 달러라고 평가했다.

하펜딩과 랠스턴은 아놀드와 슬랙에게 함께 뉴욕으로 가자고 제안했다. 뉴욕의 보석상인 찰스 티파니(Charles Tiffany)에게 감정을 받아보자는 것이었다. 두 사람은 불안해했다. 교활한 도시인을 어떻게 믿는단 말인가? 티파니와 이들 금융업자들이 작당해 그들에게서 광산을 몽땅 훔쳐가기라도 한다면? 랠스턴은 그들을 안심시키기 위해 먼저 두 사람에게 10만 달러를 제공하고 추가로 30만 달러를 그들 앞으로 예탁해두었다. 만약 거래가 완료된다면, 그들은 추가로 30만 달러를 받게 될 것이다. 그들도 결국 동의했다.

그렇게 해서 그들은 뉴욕에 도착했다. 새뮤얼 L. 발로우의 맨션에서 열린 모임에는 뉴욕 상류사회의 주요 인사들이 참석했다. 남북전쟁 당시 북군의 최고사령관이었던 조지 브링턴 매클렐런 장군과 벤저민 버틀러 장군,《뉴욕 트리뷴》의 편집장인 호레이스 그릴리, 하펜딩, 랠스턴, 티파니가 그들이다. 하지만 슬랙과 아놀드는 관광이나 즐기겠다고 했다.

티파니는 다이아몬드가 진짜이며 금전적 가치가 상당히 높다고 평가했다. 두 금융업자는 흥분을 감추지 못했다. 그들은 로트실트를 비롯한 실업계의 거물들에게 전보를 보내 다이아몬드 광산이 진짜임을 알리며 그들을 공동투자자로 초대했다. 그들은 또한 광산 전문가와 동행해 광산을 답사하고 싶다고 말했다. 광산 발견자들은 마지못해 동의했다. 샌프란시스코로 돌아갈 때가 되자 티파니가 감정한 다이아몬드 원석들은 안전한 보관을 위해 하펜딩에게 맡겨두었다.

몇 주 뒤, 루이스 재닌(Louis Janin)이라는 미국 최고의 광산 전문가가 그들과 합류했다. 재닌은 천성적으로 의심이 많은 사람이라 그에게 광산의 진위 확인을 맡기기로 했던 것이다. 재닌과 하펜딩 외에도 몇 명의 금융업자들이 동행했다. 이번에도 아놀드와 슬랙은 조사단을 복잡하게 이어진 계곡들 사이로 끌고 다니며, 일행들로 하여금 방향 감각을 완전히 잃게 만들었다. 광산에 도착하자 재닌은 금융업자들이 지켜보는 가운데 일대를 파헤치고 개미언덕을 무너뜨리고 바위를 뒤집어가면서 약간의 에메랄드와 루비, 사파이어와 많은 다이아몬드를 캐냈다. 채굴 작업은 8일 동안 이어졌고, 마침내 재닌도 확신을 갖게 됐다. 그는 투자자들에게 사상 최대의 다이아몬드 광산이라고 말했다. "인부 100명과 적절한 기계만 투입하면 매달 100만 달러 상당의 다이아몬드를 캐낼 수 있을 겁니다."

며칠 뒤 샌프란시스코에 돌아온 랠스턴과 하펜딩 일행은 신속하게 개인투자자들로 구성된 자산 1천만 달러의 기업을 설립했다. 우선 그들은 아놀드와 슬랙을 제거할 필요가 있었다. 그들에게는 광산의 실제 가치를 밝히고 싶지 않았다. 그래서 흥분을 감추고 북미산 주머니쥐가 죽은 체하듯 시치미를 뗐다. 그리고 재닌의 말이 틀렸을지도 모를 일이며, 실제로는 다이아몬드 매장량이 많지 않을 수도 있다고 말했다. 그 말에 광산 발견자들은 발끈했다. 그러자 이번에는 다른 전술로 나갔다. 만약 그들이 광산에 대한 지분을 주장한다면, 신설된 기업을 운영하게 될 파렴치한 기업가와 투자자들에게 모든 것을 사기당할 수도 있다는 식으로 말했다. 그러니 이미 제안한 70만 달러에 만족하는 편이 더 낫지 않겠느냐고 구슬렸다. 이번엔 알아듣는 듯했다. 그들은 결국 70만 달러를 받는 조건으로 광산에 대한 권리를 금융업자들에게 양도하고 광산 위치가 표시된 지도를 넘긴다는 계약에 서명했다.

다이아몬드 광산 소식은 산불처럼 신속하게 퍼졌다. 탐광자들이 와이오밍 전역으로 몰려들었다. 그동안 하펜딩과 그의 무리들은 투자자들에게서 끌어모은 수백만 달러를 써가며 장비를 구입하고, 광산업계의 최고 인력을 고용하고, 뉴욕과 샌프란시스코에 호화로운 사무실을 마련했다.

몇 주 뒤 그들이 광산을 다시 방문했을 때, 그들은 믿기 어려운 사실을 발견했다. 다이아몬드는커녕 단 한 개의 루비조차 나오지 않았다. 모든 것이 가짜였던 것이다. 그들은 파산했다. 하펜딩이 세계 최고 부자들을 19세기 최대의 사기극에 끌어들인 셈이었다.

해석 ——

아놀드와 슬랙은 엄청난 사기극을 위해 가짜 공학자를 내세우거나 티파니에게 뇌물을 준 것이 아니다. 전문가들은 모두 진짜였다. 그들 모두 광산의 존재와 다이아몬드의 가치를 진짜로 믿었다. 그 모든 사람들을 속인 것은 다름 아닌 아놀드와 슬랙이었다. 그들 두 사람은 너무나 촌뜨기 같았고, 어리숙해 보였다. 그런 그들이 그렇게 대담한 사기 행각을 벌일 능력이 있다고는 상상조차 할 수 없다. 탐광자들은 그저 자신의 표적보다 멍청하게 보여야 한다는 법칙(사기꾼의 제1계명)을 따랐을 뿐이다.

사기의 원리는 단순했다. 몇 달 전 아놀드와 슬랙은 다이아몬드 광산을 '발견'했다고 발표한 뒤, 유럽으로 건너가 1만 2천 달러짜리 진짜 다이아몬드를 구입했다(비용의 일부는 그들이 금광에서 일하던 광부 시절에 모아두었던 자금이다). 이어서 그들은 가짜 광산에 이 원석들을 심어두었다. 첫 번째 전문가는 바로 그것을 파낸 뒤 샌프란시스코로 갖고 왔던 것이다. 티파니를 비롯해 이들 광물을 평가했던 보석상들은 너무 흥분한 나머지 다이아몬드의 가치를 과대평가했다. 그러자 랠스턴은 탐광자들에게 10만 달러를 일종의 보증금으로 제공했다. 두 탐광자는 뉴욕에 갔다온 후 바로 암스테르담으로 가서 다이아몬드 원석을 산 다음 샌프란시스코로 돌아갔다. 따라서 두 번째로 그들이 원석을 광산에 심어놓은 뒤에는 더 많은 원석들이 발견될 수 있었던 것이다.

음모의 성공은 무엇보다 아놀드와 슬랙이 자신의 역할을 완벽하게 수행한 데 있었다. 뉴욕에서 두 사람은 시골뜨기 이미지를 완벽하게 연출하기 위해 사이즈가 작은 바지와 코트를 입고 대도시에서 보는 것마다 모두 놀라는 것처럼 연기했다. 이들 시골뜨기들이 그 시대의 가장 교활하고 비열한 금융업자들에게 사기를 치고 있을지도 모른다고 의심한 사람은 아무도 없었다. 하펜딩과 랠스턴, 심지어는 로트실트까지 광산의 존재를 믿게 되자 누구도 믿지 않을 수 없었던 것이다.

이 일로 하펜딩의 명성은 무너졌고 다시 회복하지 못했다. 로트실트는 교훈을 뼈저리게 새기고 다시는 사기를 당하지 않았다. 슬랙은 돈을 갖고 사라진 후 모습을 드러내지 않았다. 아놀드는 켄터키의 집으로 돌아갔다. 그가 채굴권을 판 행위는 완벽하게 적법했던 것이다. 구매자들은 최고 전문가들의 조언을 받았고 광산에서 다이아몬드가 나오든 말든 그것은 전적으로 구매자들의 문제였다. 아놀드는 사취한 돈을 이용해 농장을 확장하고 직접 은행도 설립했다.

권력의 열쇠: 상대보다 멍청하게 보여라

우리는 다른 사람이 자신보다 더 똑똑한 것을 못 견뎌 한다. 그런 감정을 다른 방식으로 정당화시켜보려고 애쓰기도 한다. "그의 지식은 단지 책에서 얻은 것일 뿐이고 현실은 내가 더 잘 알아.""돈 많은 부모 밑에서 교육을 잘 받았으니까 그렇지. 우리 부모님이 그렇게 부자였다면, 내가 특권층의 자식이었다면…….""그는 자기가 생각하는 것만큼 영리하지 않아." 마지막에 언급됐지만 가장 중요한 변명 중 하나는 이것이다. "그녀가 자신의 한정된 분야에서는 나보다 더 많이 알지도 모르지. 하지만 다른 분야에서는 별 볼 일 없어. 아인슈타인도 물리학을 빼면 아무것도 몰랐다잖아."

지능이라는 개념은 사람들 대부분의 허영에서 실로 큰 비중을 차지한다. 따라서 부주의하게 다른 사람의 두뇌를 모욕하거나 이의를 제기하는 짓은 치명적인 결과를 초래할 수 있다. 그것은 도저히 용서할 수 없는 죄가 된다. 하지만 이 철칙을 유리하게 활용하는 능력만 갖추면, 당신은 온갖 종류의 속임수를 구사할 수 있게 된다. 상대가 당신보다 더 똑똑하다고 느끼게 만들면 그들은 우월감에 빠져 당신을 전혀 의심하지 않게 된다. 그때 당신은 상대를 제압할 수 있다.

1865년, 프로이센의 총리 오토 폰 비스마르크(Otto von Bismarck)는 오스트리아가 조약에 서명해주기를 바랐다. 조약은 전적으로 프로이센에 유리하고 오스트리아에 불리한 내용이었다. 따라서 비스마르크는 오스트리아가 동의할 수 있도록 주의 깊게 전략을 수립해야만 했다. 오스트리아 측 협상자는 블로메 백작(Count Blome)으로 카드놀이를 무척이나 좋아했다. 그가 특히 좋아하는 게임은 켕즈(quinze)였다. 그는 상대방이 켕즈를 하는 방식을 보면 그의 성품을 판단할 수 있다는 말을 자주 했다.

협상 전날 밤, 비스마르크는 블로메와 켕즈 게임을 했다. 프로이센인은 훗날 이렇게 기록했다. "그날 나는 생애 마지막으로 켕즈를 했다. 나는 너무도 무모하게 게임을 해서 모든 사람들이 경악할 정도였다. 나는 수천 탈러(taler, 당시의 화폐단위)를 잃었지만 [블로메에 대한] 속임수는 성공했다. 그는 내가 생각보다 훨씬 더 무모한 사람이며 그 때문에 게임에서 돈을 잃었다고 믿게 됐으니까 말이다." 비스마르크는 무모하게 보였을 뿐만 아니라 아무 생각 없는 바보처럼 굴며 엉뚱한 말을 내뱉거나 넘치는 에너지를 주체하지 못해 흥분에 빠진 채 말을 더듬거리기까지 했다.

이러한 태도를 보고 블로메는 귀중한 정보를 얻었다고 생각했다. 비스마르크는 공격적이라는 평판이 있었는데, 그가 게임을 하는 방식을 보고 더욱 확신하게 된 것이다. 블로메는 공격적인 사람은 어리석거나 경솔한 성향이 있음을 잘 알고 있었다. 그런 까닭에, 조약에 서명하는 순간이 왔을 때, 블로메는 조약의 내용이 오스트리아에 유리하다고 생각했다. 비스마르크처럼 경솔한 바보는 냉정한 계산이나 기만 능력이 부족하다고 생각하고 조약문을 힐끗 훑어본 뒤에 바로 서명했다. 작은 글자로 적힌 구절은 보지 못한 채 말이다. 잉크가 마르자마자 기쁨에 넘친 비스마르크가 그를 향해 외쳤다. "맙소사, 이 문서에 서명할 오스트리아 외교관이 있을 줄은 꿈에도 생각하지 못했어!"

중국에는 "돼지가죽을 뒤집어쓰고 호랑이를 사냥한다"는 속담이 있다. 사냥꾼이 돼지가죽을 뒤집어쓰고 돼지 코 모양의 주둥이를 달고서 돼지 소리를 내며 호랑이에게 접근하는 사냥 기법에서 나온 말이다. 호랑이는 돼지가 가까이 온다고 생각하고 손쉬운 먹잇감을 얻는 공상에 빠진 채 기다린다. 하지만 최후에 웃는 것은 사냥꾼이다.

돼지로 가장하는 기법은 호랑이처럼 거만하고 자부심 강한 상대에게 잘 먹혀든다. 그들이 당신을 쉽게 생각할수록, 형세를 뒤집기도 쉽다. 이 술책은 또한 야망을 갖고 있지만 아직 낮은 지위에 속해 있을 때도 매우 유용하다. 완벽한 기만은 실제보다 지적 능력이 떨어지거나 심지어는 멍청하게 보이는 것이다. 아무런 해를 끼칠 수 없는 돼지처럼 보이면, 아무도 당신이 위험한 야망을 품고 있다고 의심하지 않는다. 사람들은 심지어 당신을 호감이 가고 순종적이라는 이유로 승진을 시켜줄지도 모른다. 로마의 황제가 되기 전 클라우디우스나 훗날 루이 13세가 되는 프랑스의 왕자는 한때 바보가 되는 전술을 구사했다. 자신보다 서열이 높은 사람들이 왕좌를 노리고 있을지도 모른다고 의심했기 때문이다. 그들은 그렇게 젊은 시절을 바보로 지냄으로써 자유로울 수 있었다. 그리고 강건한 정신력과 결단력을 발휘할 시기가 왔을 때, 그들은 무방비 상태에 있던 적들에게 기습을 감행했다.

분명 당신의 지능은 있는 그대로 드러내지 말아야 할 자질이다. 하지만 그런 자질을 지능으로만 한정할 이유는 없다. 취향이나 교양 역시 인간의 허영심에서 지능 다음으로 높은 자리를 차지한다. 상대가 당신보다 더 교양이 있다고 믿게 하라. 그러면 상대는 방패를 내릴 것이다. 아놀드와 슬랙이 그랬던 것처럼, 완벽한 순진성은 놀라운 효과를 가져온다. 저들 똑똑한 금융업자들은 뒤에서 그들을 비웃었지만 최후에 웃은 자는 누구였는가? 따라서 당신은 상대가 더 똑똑하고 더 세련됐다고 느끼게 만들어야 한다. 우월감에 빠진 상대는 당신을 계속 주변에 머물게 할 것이다. 당신이 그들 주위에 머무는 기간이 길어질수록 그들을 속일 수 있는 기회도 더 많아질 것이다.

| **이미지** | 주머니쥐. 주머니쥐는 죽은 척함으로써 바보 흉내를 낸다. 그래서 포식자들은 주머니쥐를 버리고 간다. 그렇게 못생기고, 멍청하며, 겁이 많은 작은 동물이 그와 같은 속임수를 쓸 거라고 과연 누가 생각할 수 있겠는가?

| **근거** | 멍청이처럼 행동하는 전술을 활용할 줄 알아야 한다. 현명한 사람은 그런 전술을 기회가 있을 때마다 사용한다. 모르는 척 연기하는 가운데 최고의 지혜가 존재하는 경우도 있다. 정말로 모르는 것은 곤란하지만 모르는 것처럼 연기를 할 수는 있어야 한다. 바보들 사이에서 똑똑한 체하는 것이나 정신병자들 사이에서 제정신을 갖고 있는 것은 별로 좋지 않다. 바보처럼 행동하는 자는 바보가 아니다. 모든 사람에게 좋은 대접을 받을 수 있는 가장 좋은 방법은 가장 멍청한 짐승의 가죽을 뒤집어쓰는 것이다.

— 발타사르 그라시안(1601~1658)

뒤집어보기

당신이 똑똑하다는 것을 보여주는 것이 도움이 되는 경우는 거의 없다. 당신은 항상 실제보다 멍청하게 보이는 것이 좋다. 만약 사람들이 우연히 진실을(우리가 겉보기보다 훨씬 더 똑똑하다는 사실을) 알았을 때, 그들은 당신이 사려 깊은 사람이라고 생각하고 처음부터 똑똑한 모습을 보였을 경우보다 훨씬 더 존경하게 된다. 물론 정상을 향한 여정의 출발 단계에서 너무 어리석은 척할 수도 없을 것이다. 당신은 상사가 아주 섬세한 방식으로, 주위의 경쟁자들보다 당신이 더 똑똑하다는 사실을 알아주기를 원할 수도 있다. 하지만 서열의 사다리를 오르는 동안에는 당신의 능력을 감출 필요가 있다.

하지만 그것이 반대로 적용되는 상황도 있다. 즉 당신의 지적 능력을 과장되게 부풀려서 거짓을 숨겨야 하는 경우 말이다. 대부분의 상황에서와 마찬가지로, 지능의 문제에서도 겉모습이 성공을 좌우한다. 만약 당신이 권위와 지식을 갖고 있는 것처럼 보이게 되면, 사람들은 당신이 하는 말을 믿는다. 이것은 궁지를 벗어날 때 아주 유용하다.

미술품 중개상인 조지프 듀빈은 실업계의 거물이 뉴욕의 자택에서 연 야회에 참석했다. 듀빈은 최근 그 거물에게 뒤러의 그림을 상당한 고가에 판매한 적이 있었다. 손님들 중에는 젊은 프랑스인 미술 비평가도 있었는데, 그는 대단히 지식이 많고 자신감이 넘쳐 보였다. 실업가의 딸이 그에게 자랑하려고 뒤러의 그림을 보여주었다. 그 그림은 아직 손님들에게 공개되지 않은 상태였다. 비평가는 한동안 그림을 살펴보다가 이렇게 말했다. "그런데 제가 보기에는 뒤러의 그림이 아닌 것 같습니다." 실업가의 딸이 서둘러 아버지에게 그의 말을 전달하러 갔을 때, 비평가도 그녀 뒤를 쫓아갔다. 딸의 이야기를 들은 실업가는 무척 당황하며 어찌 된 일이냐는 듯 듀빈을 바라보았다. 듀빈은 그저 웃기만 했다. "정말 재미있군요." 듀빈은 말했다. "젊은이, 이 그림을 보고 속아서 가짜라고 말한 사람이 적어도 스무 명은 된다는 사실을 알고 있나? 자네도 똑같은 실수를 저지르고 있구먼." 그의 자신감 넘치는 어조와 권위 있는 태도에 프랑스인은 주눅이 들어 자신의 실수를 사과했다.

듀빈은 미술품 시장에 가짜 그림들이 유통되고 있다는 사실을 알고 있었다. 그래서 진품과 위작을 가려내기 위해 최선을 다했지만, 그림을 팔려는 의욕이 넘치다 보면 가끔 작품의 진위와 관련해 과대포장을 하는 경우가 있었다. 그에게 중요한 것은 구매자가 뒤러의 작품을 샀다고 믿는 것이고, 따라서 듀빈은 자신이 결코 뒤집힐 수 없는 권위를 갖고 있는 척하여 모든 사람들에게 자신의 '전문성'을 확신시켜야 했다. 여기서 중요한 것은 필요하다면 마치 교수라도 되는 것처럼 행동해도 되지만 결코 자신의 지식을 과시하기 위해서 그런 행태를 보이지는 말라는 것이다.

힘을 집중하라

...

집중과 분산

힘과 에너지를 가장 강력한 한 점으로 집중시켜 보전하라.
풍부한 광산을 찾아 깊이 파는 것이
이 광산 저 광산 집적대는 것보다 훨씬 많은 것을 안겨준다.
집중은 언제나 분산을 이기는 법이다.
당신을 밀어줄 권력의 원천을 찾을 때에도
핵심적인 후원자 한 명에게 집중하라.
오랜 기간 우유를 제공할 살찐 젖소 말이다.

법칙 위반 사례: 승자의 함정에 빠진 오왕 부차

거위와 말

거위가 목초지에서 풀밭을 파헤치다 근처에서 풀을 먹고 있던 말에게 모욕을 당했다고 생각했다. 그래서 위협적인 말투로 말에게 말했다. "내가 너보다 더 고귀하고 완벽한 동물이야. 왜냐하면 네 신체기능은 오로지 한 가지 영역에만 국한되어 있기 때문이지. 하지만 나는 너처럼 땅위를 걸어 다닐 수도 있지만 날개가 있어서 하늘을 날 수도 있어. 게다가 마음만 먹으면 연못이나 호수에서 놀면서 차가운 물로 기분전환을 할 수도 있지. 나는 새와 물고기, 네발짐승이 가진 능력을 다 갖고 있다고." 말은 코웃음을 치며 대꾸했다. "네가 세 가지 영역을 오갈 수 있는 것은 사실이지만 그 중 어디에서도 뛰어난 존재가 아니야. 너의 비행은 너무나 둔하고 어색해서 종달새나 제비의 수준에 도저히 미치지 못해. 너는 물 위에서 수영을 할 수 있지만 물고기들처럼 물속에서 살 수는 없어. 물속에서 먹을 것을 구할 수도 없고 유연하게 파도를 탈 수도 없지. 게다가 네가 땅위에서 넓은 발과 긴 목을 쭉 뻗은 채 뒤뚱거릴 때는 동물들의 웃음거리가 되지. 나는 내가 오직 지상에서만 움직일 수 있도록 생겨먹었다는 사실을 인정해. 하지만 나를 봐. 내 움직임은 너무나 우아하고 내 몸은 매끈하게 잘 빠졌어. 내 힘은 또 얼마나 강하고 달릴 때는 또 얼마나 빠른지! 나는 거위처럼 여러 곳에서

기원전 6세기 초, 오나라는 북쪽 국경에 인접한 국가들과 전쟁을 벌였다. 오나라는 신흥 강국으로 중국의 중심에서 성장한 중원의 국가들과 같은 위대한 역사나 문화가 아직 없었다. 오왕 부차(夫差)는 이들 중원 국가들을 정복해 나라의 지위를 격상시키려고 했다.

전쟁 초반에는 몇 차례 승리를 거두었으나 곧 교착 상태에 빠졌다. 한쪽 전선에서 승리하면 곧 다른 전선이 취약해졌다. 오왕의 책사인 오자서(伍子胥)는 왕에게 남쪽 오랑캐 국가인 월나라가 오나라의 취약점을 알아채고 침공을 준비하고 있다고 경고했다. 그러나 오왕 부차는 그저 웃어넘겼다. 한 번만 더 대승을 거둔다면 위대한 중원을 차지할 수 있는 순간이었다.

기원전 490년, 오자서는 자신의 아들을 제나라로 보냈다. 그것은 오왕이 계속 전쟁을 벌일 경우 오나라가 멸망할 것이라는 경고였다. 오왕은 배신감에 치를 떨며 오자서에게 자결을 명령했다. 오자서는 자신의 가슴에 칼을 꽂으며 외쳤다. "왕이시여, 내 눈을 뽑아다 성문에 걸어두시오. 나는 승리한 월나라 군대가 입성하는 광경을 지켜보겠소."

오자서가 예언한 것처럼, 몇 년 뒤 월나라 군대가 오나라로 쳐들어와 성문을 통과했다. 오랑캐의 군사들이 궁전을 포위하자 오왕은 오자서가 죽으면서 했던 말이 떠올랐다. 오자서의 눈이 자신의 치욕을 지켜보고 있는 것 같았다. 수치심을 참지 못한 오왕 부차는 저승에서 오자서의 힐난하는 눈초리를 피하기 위해 얼굴을 가리고 자결했다.

해석 ——

오나라의 이야기는 제국들이 과도한 팽창을 꾀하다 파멸에 이르는 것을 보여주는 사례다. 감당 못할 정도로 끝없는 야망에 집착했던 많은 제국들이 파멸의 길에 들어서 다시는 회복하지 못했다. 아테네가 바로 그랬다. 아테네인들은 멀리 떨어진 시칠리아 섬을 탐하다가 쇠락하기 시작했다. 로마는 제국의 국경을 확장하여 광대한 영역을 집어삼켰지만 동시에 취약성을 드러내어 야만족의 침략을 받을 수밖에 없었다. 무익한 팽

창이 그들 제국을 멸망으로 이끌었던 셈이다.

오나라의 몰락은 병력을 여러 전선에 분산시켜 가까운 이익을 추구하고 먼 곳의 위험을 보지 못했을 때 어떤 결과가 생기는지를 보여준다. 손자는 이렇게 말했다. "만약 당신이 위험에 처하지 않았다면, 결코 싸우지 말라." 이것은 절대적인 법칙이다. 즉 자신의 한계 이상으로 팽창하면 반드시 붕괴한다. 힘을 한곳에 집중하지 않고 여러 목표들 사이에서 방황하거나 눈앞의 승리에 취해 목적의식이나 균형 감각을 상실해서는 안 된다. 집중되고 응집된 것이 힘을 가진다. 흩어지고 분열되고 팽창한 것은 몰락하고 만다. 지나치게 팽창한 것일수록 강하게 추락한다.

법칙 준수 사례: 로트실트 가문의 게토 전략

로트실트(Rothschild) 금융 가문은 독일 프랑크푸르트의 게토에서 미천하게 출발했다. 프랑크푸르트에서는 유대인이 게토 바깥 세계와 어울리는 것을 법으로 금지했지만, 유대인들은 오히려 그것을 장점으로 만들었다. 그 덕분에 자립심을 키우고 자신의 문화를 지킬 수 있었던 것이다. 제1대 로트실트인 마이어 암셀(Mayer Amschel)은 18세기 말 대부업으로 재산을 축적했는데, 집중과 응집에서 나오는 힘을 잘 이해하고 있었다.

우선 마이어 암셀은 투룬 운트 탁시스(Thurn und Taxis) 공작 가문의 주거래 은행 역할에만 집중했다. 둘째, 그는 자신의 사업을 절대 외부인의 손에 맡기지 않고 자식들과 친척들만 채용했다. 가문의 통합과 유대가 긴밀할수록 힘은 더욱 강해졌다. 마이어 암셀은 1812년 죽음을 앞두었을 때, 상속자를 지정하지 않고 자식들이 함께 가업을 잇도록 하였다. 가족의 분열이나 외부인의 침투를 막기 위해서였다.

가업을 물려받은 마이어 암셀의 자식들은 좀더 시야를 넓혀 부의 핵심은 유럽 전역에 금융업의 교두보를 확보하는 데 있다고 판단했다. 다섯 명의 형제 가운데 나탄은 이미 런던에 점포를 개업한 상태였다. 1813년, 야코프는 파리로 진출했다. 암셀은 프랑크푸르트에 그대로 남았고 잘로몬은 빈에 사업 거점을 마련했으며 막내인 카를은 나폴리로 갔다. 그리

힘이 분산되지 않도록
주의하라. 한곳에
집중하도록 끊임없이
노력하라. 천재는 다른
사람들이 하는 것을 보고
무엇이든 할 수 있다고
생각하지만, 어떤 경우든
무분별한 소모에 대해
후회할 날이 반드시 온다.
- 요한 폰 괴테(1749~1832)

고 각자 자기 분야를 담당하면서, 유럽의 금융시장에 대한 영향력을 공고하게 다져나갔다.

사업 영역이 넓어지면서 로트실트 가문은 그들의 아버지가 경고했던 바로 그 위험에 직면했다. 분열과 불화가 그것이다. 하지만 그들은 과거의 게토 전략(외부인을 배제하고 그들의 힘을 집중하는 전술)을 구사하여 위기를 극복하고 유럽의 재계와 정계에서 가장 강력한 세력을 구축할 수 있었다. 또한 로트실트 가문은 유럽 전역에서 가장 빠른 통신체계를 구축하여 여러 가지 정보를 경쟁자들보다 먼저 확보했다. 그들은 사실상 정보를 독점했다. 게다가 그들의 내부통신이나 서간문은 프랑크푸르트 이디시어와 암호로 작성되어 오로지 로트실트 형제들만 해독할 수 있었다. 이 정보를 가로채봐야 아무런 소용이 없었다. 로트실트 가문의 암호를 해독하려고 시도했던 한 은행가는 이렇게 고백했다. "가장 약삭빠른 은행가조차 로트실트의 미궁 속에서 길을 찾을 수 없었다."

1824년, 야코프 로트실트는 결혼을 해야겠다고 결심했다. 하지만 외부에서 신부를 맞아들일 경우 그들 사업의 비밀이 새어나갈 가능성이 있었다. 따라서 야코프는 가문 내에서 신부를 고르기로 하고, 자신의 동생인 잘로몬의 딸을 배우자로 선택했다. 이것은 완벽한 해결책이었다. 제임스의 선택은 이제 가문의 정책이 됐다. 2년 뒤, 나탄은 자신의 딸을 잘로몬의 아들에게 시집 보냈다. 이후 형제들의 자녀들 사이에서 18건의 결혼이 성사되었는데, 그들 중 열여섯 쌍은 사촌 간의 결혼이었다.

"우리는 시계를 움직이는 각각의 부속품이다. 각각의 부품이 전부 중요하다." 잘로몬이 말했다. 사업의 각 부분들은 서로 완벽한 조화를 이룬 채 시계처럼 돌아갔다. 부와 권력을 가진 많은 가문들이 19세기 전반기에 위기를 극복하지 못했지만, 로트실트 가문은 긴밀함을 바탕으로 사상 유례가 없는 부를 일구었다.

해석 ───

로트실트 가문은 안정과 변화가 공존하는 시대에 탄생했다. 그들은 수세기 동안 변화가 없었던 지역의 출신이었지만, 산업혁명과 프랑스 혁명 그리고 끊임없이 이어지는 격변들로 점철된 한 시대에 살았다. 로트실트 가문은 가문의 전통을 유지하면서 자기 시대의 변화에 적응한 집중의 법칙의 상징적 존재다.

특히 파리에 기반을 세운 야코프 로트실트가 가장 잘 보여준다. 야코프는 나폴레옹의 몰락과 부르봉 왕가의 복귀, 오를레앙 왕조파 군주의 등극, 공화정으로의 회귀 그리고 마침내 나폴레옹 3세의 등극에 이르는 모든 과정을 목격했다. 격변 속에서 프랑스의 양식이나 패션은 급속도로 변화했다. 과거의 잔재처럼 보이지도 않으면서, 야코프는 마치 게토가 가족들 내에 존재하기라도 하는 듯이 자신의 가문을 이끌었다. 그는 자기 집안의 내적 응집력과 힘을 지켜냈다. 그의 가문이 격변 속에서도 번영을 누릴 수 있었던 것은 굳건하게 과거에 뿌리를 내리고 있었기 때문이다. 집중은 로트실트 가문의 권력과 부, 안정성의 기초를 이룬다.

> 언제나 최고의 전략은 누구보다 강해지는 것이다. 따라서 처음에는 전반적인 우세를, 이어서 결정적인 지점에서 우세를 추구해야 한다. …… 전력을 집중하는 것만큼 고차원적이고 단순한 전략적 법칙은 없다. …… 간단히 말해, 첫 번째 원칙은 전력을 궁극적인 수준까지 집중시켜 행동하는 것이다.
>
> – 《전쟁론》, 카를 폰 클라우제비츠(Carl von Clausewitz, 1780~1831)

권력의 열쇠: 힘을 집중하라

세상은 점점 더 분화하고 있다. 국가, 정치 집단, 가족, 심지어 개인들 사이에서도 분화가 일어나고 있다. 총체적 분열과 분산 속에서 우리는 잠시도 한 가지 문제에 집중하지 못하고 수천 가지 문제 속에서 이리저리 방황을 한다. 현대 사회의 부조화 수준은 그 어느 때보다 심각하지만 우리는 거기에 적응할 수밖에 없다.

해결책은 한 발 물러서서 우리의 내면이나 전통, 생각과 행동이 더욱 집중된 형태를 찾아가는 것이다. 쇼펜하우어가 쓴 것처럼, "지능은 집중의 정도이지 확산의 정도가 아니다." 나폴레옹은 병력을 적의 약점에 집중시키는 기동의 중요성을 알고 있었다. 그것이 바로 그가 전장에서 승리할 수 있었던 비결이다. 하지만 그의 의지력과 지성 또한 똑같은 집중의 개념에 바탕을 두고 있다. 한 가지 목표에 전적으로 집중하며, 그런 자질을 집중도가 떨어진 상대에게 적용한다면 언제나 표적을 명중시키고 상대를 압도할 수 있다.

카사노바 역시 단일 목표에 집중하고 목표를 달성할 때까지 거기에만 몰두했다. 그가 여자들을 유혹할 수 있었던 비결은 자신이 원하는 여성에게만 집중하여 모든 것을 바쳤기 때문이다. 그는 한 여성을 목표로 삼은 뒤에는 결코 다른 여자를 생각하지 않았다. 베네치아 공작의 궁에 있는 감옥에 수감되었을 때는 오로지 탈옥이라는 단일 목표에만 정신을 집중했다. 비록 감방이 바뀌는 바람에 몇 달간의 땅굴 작업이 수포로 돌아가는 불운을 겪기도 했지만, 그는 결코 좌절하지 않았다. 그는 작업을 멈추지 않았고 결국 탈옥에 성공했다. "나는 항상 믿어왔다." 그는 훗날 이렇게 썼다. "어떤 사람이 무엇인가를 하겠다는 생각을 머릿속에 품고 오로지 거기에만 헌신한다면 어떤 어려움에도 불구하고 반드시 성공한다. 그런 사람은 능히 총리나 교황도 될 수 있다."

단일 목표, 단일 과업에 집중하라. 권력의 세계에서 당신은 영향력 있는 다른 사람의 도움을 필요로 하게 된다. 어리석은 자들은 이 사람 저 사람 사이를 잠시 스쳐 지나다니며 교제 범위를 넓힘으로써 도움을 얻고자 한다. 하지만 집중의 원칙에 따르면, 한 사람의 적절한 권력의 원천에 기대는 것이 에너지를 아끼고 더 큰 힘을 얻는 방법이다. 과학자인 니콜라 테슬라는 한 사람에게만 의존할 경우 독립성을 유지할 수 없을 것이라고 믿었기 때문에 가난한 말년을 보내야 했다. 그는 심지어 J. P. 모건(J. P. Morgan)이 상당한 이윤이 보장되는 계약을 제안했는데도 거부했다. 결국 테슬라는 '독립성'을 고집하다가 10여 명의 후원자에게 아첨을 해야만 했다. 말년에 가서야 후회했지만 이미 늦은 때였다.

르네상스 시대의 미술가와 작가들도 이 같은 문제 때문에 씨름을 했다. 16세기 작가 피에트로 아레티노도 그 중 한 명이었다. 아레티노는 이곳저곳을 기웃거리며 공작들에게 아첨을 해야 했다. 그러다가 더 이상 참을 수 없게 된 그는 카를 5세에게 의지하기로 했다. 그는 단 한 사람의 권력자에게 의탁함으로써 더욱 자유로워졌다. 미켈란젤로는 그런 자유를 교황 율리우스 2세에게서 찾았고, 갈릴레오는 메디치 가문에서 발견했다. 당신도 단일 후원자에게 집중하라. 그는 당신의 충성심을 높이 평가하고 당신의 봉사에 의존하게 된다. 장기적으로는 주인이 하인에게 봉사하는 것이다.

끝으로, 권력은 그 자체로서 집중된 형태로 존재한다. 어떤 조직에서든 소수의 집단이 통제권을 장악하는 것은 불가피한 일이다. 최고 직책을 가졌지만 통제권을 쥐지 못하는 사람도 많다. 권력의 게임에서는 오로지 어리석은 자만이 목표를 정하지 않은 채 도리깨를 휘두른다. 당신은 반드시 누가 조직을 통제하고 있고 누가 막후의 실세인지를 파악해야 한다. 17세기 초, 리슐리외는 프랑스 정치무대에서 최고 지위를 향해 올라가기 시작했을 때 결정을 내리는 사람은 루이 13세가 아니라는 것을 발견했다. 그것은 바로 왕의 모후였다. 따라서 그는 모후에게 밀착했고 최고 대신의 자리에까지 올라가는 데 성공했다.

| **이미지** | 화살. 한 대의 화살로 두 개의 표적을 동시에 명중시킬 수 없다. 생각의 갈피를 잡지 못할 경우, 적의 심장을 맞힐 수 없다. 정신과 화살이 하나가 돼야 한다. 정신력과 체력이 집중됐을 때만이 화살은 표적을 명중시키고 적의 심장을 뚫을 수 있다.

| **근거** | 확산이 아닌 집중을 선택하라. 완벽성은 양이 아니라 질에 있다. 양만으로는 결코 평범한 수준을 벗어나지 못한다. 폭넓은 관심을 가진 사람은 이것저것 손가락으로 찔러보지만 아무것도 얻지 못한다. 집중은 탁월성을 부여하고 최고의 영웅으로 부상하게 한다.

– 발타사르 그라시안(1601~1658)

뒤집어보기

집중 속에 위험이 존재하고, 분산이 적절한 전술이 되는 상황도 있다. 마오쩌둥과 중국 공산당은 국민당과 싸울 때 여러 전선에서 장기전을 펼치며 사보타주와 매복전술을 주요 무기로 활용했다. 약자에게는 분산이 더 적합한 전술이 될 수 있다. 실제로 그것은 게릴라전의 핵심 원칙이기도 하다. 더 강한 적을 상대할 때, 전력을 한곳에 집중하면 쉽게 적의 표적이 된다. 주위 환경 속으로 스며들어 적을 피함으로써 그들에게 좌절감을 안겨주는 편이 더 낫다.

단 한 사람의 권력자에게 의지할 경우에도 위험이 따른다. 만약 그 사람이 사망하거나, 다른 곳으로 이동하거나, 지위가 떨어질 경우, 그에 따른 타격을 고스란히 받게 된다. 체사레 보르자가 바로 그런 일을 겪었다. 그의 권력은 그의 아버지 교황 알렉산데르 6세에게서 비롯되었다. 교황은 체사레에게 군대와 전쟁의 명분을 제공했다. 그런데 그가 갑자기 서거하자(아마도 독살당했을 것이다) 체사레 역시 죽은 것이나 마찬가지였다. 그동안 그는 너무나 많은 적을 만들었던 것이다. 당신이 항상 보호를 받고자 한다면 여러 권력의 근원에 연줄을 갖는 것이 현명하다. 특히 급격한 변화가 있거나 적이 많을 때 그것은 현명한 처신이 된다. 분산은 심지어 각각의 근원들을 서로 대립하게 만드는 전술을 구사할 수 있게 만든다. 비록 당신이 하나의 권력에 집중하더라도, 경계를 늦추지 말고 주인이나 후원자가 더 이상 당신을 도와줄 수 없는 시기를 대비해야 한다.

끝으로, 목적에만 너무 집착하다 보면, 당신은 매우 지루한 인물로 전락할 수 있다. 특히 예술계에서 그런 경향이 심하다. 르네상스 시대의 미술가 파올로 우첼로는 오로지 원근법에만 집착을 했다. 그의 그림들은 생동감이 떨어지고 부자연스럽게 보였다. 반면 레오나르도 다 빈치는 건축, 그림, 전쟁, 조각, 기계 등 다양한 분야에 관심을 가졌다. 그에게는 분산이 힘의 원천이었던 것이다. 하지만 그와 같은 재능은 매우 드문 것이므로 보통 사람들은 집중을 하는 편이 더 낫다.

신앙심을 이용해
추종자를 창출하라
...
메시아 전략

사람들은 무언가를 믿고 싶은 압도적인 열망을 갖고 있다.
그들에게 새로운 신앙의 대상을 제시하여
그러한 열망의 지향점이 되어라.
말은 모호하게 하되 희망과 기대는 넘치게 하라.
이성이나 명료한 사고보다 열정을 강조하라.
새로운 신봉자들에게 의식을 거행하게 하고,
당신을 위해 희생할 것을 요구하라.
특히 조직화된 종교나 장엄한 대의가 없는 상황이라면,
당신이 창시한 새로운 신앙 체계가 막강한 권력을 창출해줄 것이다.

숭배와 같은 추종을 창출하는 5단계 전략

잘 속는 사람들이 늘어나는 것, 돌팔이를 지지하는 사람들이 늘어나는 것은 돌팔이에게 좋은 일이었다. 그만큼 그가 승리를 거둘 기회도 많아지기 때문이다. 르네상스 시대 이후 수백 년 동안 과학이 대중화되는 시기에도 돌팔이를 믿는 사람들이 많아졌다. 근대에 들어오면서 지식이 급격히 증가하고 그것이 인쇄수단을 통해 퍼지면서 웬만큼 교육받은 사람들이 늘어났지만, 사실 그런 사람들이 야바위꾼들의 표적이 되곤 했다. 그들의 바람, 의견, 그들이 선호하거나 싫어하는 대상을 잘 이용하면 진짜 큰 힘을 얻을 수 있었다. 근대적 지식이 보급될수록 돌팔이의 제국도 확장되어갔다. 돌팔이들은, 지식을 아무리 악용하거나 왜곡했다 할지라도, 기본적으로 과학을 기초로 해서 자기주장을 폈다. 이를테면 화학에서 차용한 기술을 이용해 금을 만들거나, 의학적 장치를 이용해 진통제를 만들거나 하는 식이었다. 때문에 완전히 무식한 사람들에게는 먹히지 않았다. 무식한 자들이 지닌 건전한 상식은 돌팔이의 부조리한 주장을 막아주는 방패 역할을 했다. 돌팔이가 좋아하는 상대는 어중간하게 배운 사람들, 상식을 버리고 약간 왜곡된 정보를 받아들일 사람들, 잠깐 불완전하게나마 과학이나 교육을 접해본 사람들이었다. …… 인간은 언제나 신비로운 것 앞에서 경탄하는 경향이 있다. 이는 삶의 견고한 기초가 흔들리는 역사의 특정한 시기, 오랫동안 굳건하게 믿어온 경제적 또는 정신적

적은 노력으로 최대의 권력을 얻을 수 있는 효과적인 방법 가운데 하나는 숭배와도 같은 추종을 창출하는 것이다. 수많은 추종자가 있으면 다양한 종류의 기만을 실행할 수 있는 길이 열린다. 추종자들은 당신을 숭배할 뿐만 아니라, 당신을 적으로부터 보호해주고 자발적으로 나서 당신을 숭배하는 일에 다른 이들까지 끌어들인다. 이러한 권력이 생기면 당신은 한 차원 높은 영역에 들어서게 된다. 당신의 의지력을 동원하여 꾀를 쓰거나 힘들게 애쓸 필요가 없어지기 때문이다. 또한 추앙의 대상인 당신은 죄를 범할 리가 없는 인물로 보인다.

추종 세력을 만드는 일이 대단히 어렵게 느껴질지 모르지만 실상은 매우 간단하다. 인간은 본래 무언가를 믿고 싶어하는 강렬한 욕구를 갖고 있다. 그래서 남에게 잘 속는다. 사람은 의심하는 기간이 길어지면 참지 못하고, 믿을 대상의 부재에서 기인하는 공허함을 견디지 못한다. 새로운 대의, 만병통치약, 단기간에 부자 되는 법, 최신 기술 트렌드나 예술 운동을 눈앞에 들이대면, 사람들은 미끼를 물듯 그것에 금방 달려든다. 역사를 살펴보라. 군중을 단시간에 끌어 모은 새로운 경향이나 숭배 대상의 사례를 무수히 발견할 수 있다. 몇 세기, 몇 년, 몇 달이 지나면 대개 그것들은 바보같이 느껴지지만 그 당시에는 대단히 매력적이고 심원하며 신성하게까지 보인다.

무언가를 믿고 싶은 갈망 때문에 사람들은 아무것도 없는 상태에서 성인과 신념을 만들어낸다. 이러한 인간의 성향을 간과하지 말라. 당신 자신을 숭배의 대상으로 만들어라. 사람들로 하여금 당신을 우러러보게 만들어라.

16~17세기 유럽의 돌팔이 의사들은 숭배하는 무리를 만드는 데 탁월한 기술을 발휘했다. 당시 사람들은 새로운 변화를 맞고 있었다. 종교의 힘이 점점 약해지고 과학이 떠오르고 있었다. 사람들은 새로운 대의와 신념을 갈망했다. 그런 시기에 돌팔이 의사나 약장수들이 만병통치약이나 연금술을 이용한 부자 되는 법을 선전하며 돌아다녔다. 그들은 이 마을 저 마을로 재빨리 근거지를 옮기며 소수의 사람들을 상대로 장사를

했다. 그러다가 어느 순간 인간의 본성을 간파하게 되었다. 사람이 많이 모일수록 속이기도 더 쉽다는 것을 알게 된 것이다.

약장수는 대개 나무로 된 높은 단 위에 올라갔다. 그러면 사람들이 그 주변에 구름같이 모였다. 집단이 형성되면 이성보다 감정이 큰 힘을 발휘하는 법이다. 만일 사람들을 개별적으로 만나 이야기했다면 약장수는 그저 웃음거리가 되었을 것이다. 그러나 한곳에 모인 사람들은 모두가 열심히 귀를 기울이는 분위기에 자기도 모르게 휩쓸렸다. 그런 상황에서 회의적인 마음을 품기란 불가능했다. 혹여 약장수의 말에 빈틈이 있더라도 그것은 곧 군중의 열광적인 분위기에 묻혀버렸다. 열정이 마치 전염병처럼 사람들 사이에 퍼져, 감히 의심의 말을 퍼뜨리는 사람에게는 폭력적인 반응을 보이기도 했다. 수십 년에 걸쳐 이러한 과정을 반복하고 연구하면서 약장수들은 그런 상황에 대한 적응력을 키웠고, 결국 군중을 끌어 모아 추종자로, 나아가 숭배 집단으로 만드는 완벽한 기술을 터득했다.

약장수의 이야기가 기이하고 낡은 사례처럼 들릴지도 모른다. 하지만 지금도 우리 주변에는 수많은 약장수가 존재한다. 그들은 수백 년 전 선배들이 만들어놓은, 효과가 검증된 방법들을 사용하고 있다. 단지 만병통치약의 이름이 바뀌고 숭배 집단의 외양이 현대적으로 변했을 뿐이다. 이러한 현대의 약장수는 비즈니스, 패션, 정치, 예술 등 삶의 모든 영역에 존재한다. 아마도 그들 대부분은 선배들의 역사를 의식하지 못한 채 그 전통을 따르고 있을 것이다. 그러나 당신은 보다 체계적이고 의도적으로 그 방법을 사용해야 한다. 오래전 우리의 선배들이 만들어놓은 다음 다섯 단계를 따라야 한다는 뜻이다.

1단계: 애매모호하고 단순하게 표현하라

숭배자들을 만들기 위해서는 먼저 관심을 끌어야 한다. 이를 위해서는 행동이 아니라 말을 이용해야 한다. 행동은 분명하게 눈에 보여 읽어낼 수 있지만, 말은 모호하고 속이는 수단이 될 수 있기 때문이다. 당신의 연설과 대화와 인터뷰에 두 가지 요소가 반드시 들어가야 한다. 하나는

가치관에 대한 확신이 흔들리는 시기에 특히 더 그러했다. 그런 시기에는 돌팔이에게 속는 사람들이 급격히 늘어난다. 17세기에 한 영국인은 그들을 '자살하는 사람들'이라고 불렀다.
– 《돌팔이의 힘(The power of the Charlatan)》, 그레테 데 프란체스코(Grete de Francesco), 1939

뭔가 위대하고 변혁적인 것에 대한 약속이고, 다른 하나는 모호함이다. 이 두 가지를 섞으면 청중은 온갖 상상 속에서 자신이 보고 싶은 것만 보게 된다.

모호함을 매력적인 것으로 만들려면 의미는 불분명하되 큰 감동을 주는 말, 열정으로 가득한 말을 사용해야 한다. 단순한 대상에 멋진 제목을 붙이거나, 숫자를 활용하거나, 모호한 개념에 신조어를 붙이는 것도 효과적이다. 이는 전문지식의 분위기를 조성하여 당신을 심오한 사람으로 비치게 한다. 마찬가지 원리로, 새롭고 참신한 것을 숭배의 대상으로 제시하여 그것을 이해하는 사람이 거의 없게끔 하라. 모호한 약속, 희미하지만 매력적인 개념, 인간의 열정이 결합되면 사람의 영혼을 파고들 수 있다.

그러나 너무 모호해지면 신뢰를 잃을 수도 있다. 하지만 역시 구체적인 것이 더 위험하다. 당신을 추종함으로써 얻을 이익을 상세하게 설명해주면, 사람들은 당신이 자기들을 만족시켜주길 바라게 된다.

또한 당신의 말은 단순하고 간결해야 한다. 대부분 사람들의 문제는 복합적인 원인을 갖고 있다. 거기에는 심리적 강박관념, 상호 연결된 사회적 요인들, 뿌리가 오래되어서 해결하기 힘든 원인들이 관련되어 있다. 그러나 그것들을 모두 따져서 해결책을 찾을 만한 인내심을 가진 사람은 거의 없다. 대부분 사람들은 간단한 해법이 문제를 해결해줄 수 있다는 말을 듣고 싶어한다. 그러한 해결책을 제시해주면 당신에게는 권력과 추종자가 생긴다. 현실의 삶에 대해 구구절절 설명을 늘어놓지 말고 옛 선배들의 원시적인 해결책으로, 전통적 처방법과 신비로운 만병통치약으로 돌아가라.

2단계: 지적인 요소 대신 시각적이고 감각적인 요소를 강조하라

사람들이 당신 주위에 모인 후에는 두 가지 위험이 생긴다. 지루함과 의심이다. 사람들은 지루해지면 다른 곳으로 발길을 돌린다. 또 의심을 품으면 거리를 두고 당신의 말에 대해 이성적으로 생각하기 시작한다. 그러면 당신이 공들여 만들어놓은 흐릿한 안개가 걷히고 당신의 의도가

신이 된 올빼미

별 한 점 없는 깜깜한 밤, 올빼미 한 마리가 떡갈나무 가지에 앉아 있었다. 두더지 두 마리가 올빼미 모르게 살짝 나무 옆을 지나가려고 했다. 그때 올빼미가 말했다. "너희들(You)!" 두더지들은 두려움과 놀라움에 벌벌 떨면서 물었다. "누구 말이야?" 두더지들은 깜깜한 어둠 속이라 아무도 자신들을 볼 수 없을 거라고 생각했다. 올빼미가 말했다. "너희 둘(You tow)!" 두더지들은 황급히 달아난 뒤에, 다른 동물들에게 올빼미가 모든 동물 중에 가장 똑똑하다고 말했다. 어둠 속에서도 볼 수 있고 어떤 질문에도 대답할 수 있기 때문이라는 것이었다. 그러자 뱀잡이수리가 말했다. '내가 직접 확인해봐야겠어.' 뱀잡이수리는 깜깜한 밤에 올빼미를 찾아가서 물었다. '내 발이 몇 개인 줄 알아?' 올빼미가 "둘(Two)" 하고 대답했다. 맞는 말이었다. 뱀잡이수리가 다른 질문을 했다. "'다시 말해서' 또는 '그러니까'를 다른 말로 뭐라고 하는지 알아?' 올빼미가 대답했다. "즉(To wit)." 뱀잡이수리가 또 물었다. "연인이 사랑하는 사람을 왜 찾아가게?" 올빼미가 대답했다. "구애하러(To woo)." (올빼미가 한 말들은 올빼미 울음소리를 나타내는 단어 'hoo'와 발음이 비슷하다—옮긴이) 뱀잡이수리는 그 길로 동물들한테 돌아가 올빼미가 진짜 세상에서 가장 위대하고 똑똑하다고 말했다. 어둠 속에서도 볼 수 있고 어떤 질문에도 대답할 수 있기 때문이라는 것이었다. 붉은여우가 물었다. "올빼미가 낮에도 볼

드러나기 십상이다. 지루해하는 이들을 즐겁게 해주고, 의심을 품는 자들을 없애야 한다.

　해결책은 연극을 하거나 그와 유사한 도구를 동원하는 것이다. 당신 주변에 화려한 장치들을 만들고, 눈을 즐겁게 하는 요소와 시각적 효과로 사람들을 현혹하라. 그러면 그들은 당신의 생각에 의심을 품지 않고 당신의 틈을 발견하지 못할 뿐만 아니라, 오히려 당신은 더 많은 관심을 받고 더 많은 추종자를 얻게 된다. 인간의 오감에 호소하라. 향기로운 향을 피우고, 부드러운 음악을 들려주고, 화려한 차트와 그래프를 보여주어라. 혹은 가벼운 최신 기술 장치를 활용해 과학적인 전문성을 갖춘 척할 수도 있다. 낯선 문화나 관습의 이국적인 요소를 활용하여 연극적 효과를 창출하고, 진부하고 평범한 일을 특별한 무엇처럼 보이게 만들어라.

3단계: 조직화된 종교의 형태를 빌려와 체계를 갖춰라

　추종자들이 늘어나면 조직적인 체계를 갖춰야 한다. 종교적인 분위기를 고양하면서도 편안한 분위기를 지닌 체계를 만들어라. 종교 조직은 오랫동안 많은 사람들에게 침범할 수 없는 권위를 지녀왔고, 세속화된 오늘날에도 영향력을 행사하고 있다. 종교 자체는 과거에 비해 힘이 약해졌어도 그 조직적 형태는 여전히 힘을 발휘한다. 종교가 지닌 고상하고 거룩한 분위기는 여러 가지 방식으로 활용할 수 있다. 추종자들을 위해 의식을 거행하고, 그들에게 위계질서를 부여하고, 거룩한 정도에 따라 차례를 정하고, 종교적인 분위기를 풍기는 이름과 직책을 주어라. 추종자들에게 희생을 요청하여 당신의 금고를 채우고 권력을 강화하라. 당신들의 회합이 지닌 준종교적인 특성을 부각시키고, 선지자처럼 행동하고 말하라. 당신은 독재자가 아니라 사제, 정신적 지도자, 현자, 주술사가 되어야 한다. 희미하고 신비로운 종교적인 안개 뒤에 당신의 진짜 힘을 감추어라.

수 있을까?" 동면쥐와 푸들도 같은 질문을 했다. "맞아, 올빼미가 낮에도 볼 수 있을까?" 다른 동물들은 이 바보 같은 질문에 배꼽을 쥐고 웃었다. 그리고 붉은여우와 동면쥐와 푸들을 비난하며 그들을 먼곳으로 쫓아버렸다. 동물들은 올빼미에게 심부름꾼을 보내 동물들의 지도자가 되어달라고 부탁했다. 올빼미가 동물들 앞에 나타났을 때는 햇빛이 밝게 비치는 한낮이었다. 올빼미는 매우 천천히 걸어다녔고, 아주 근엄한 분위기가 풍겼다. 올빼미는 커다랗고 날카로운 눈으로 주변을 둘러보았다. 장엄함이 느껴지는 순간이었다. 플리머스록종의 닭이 소리쳤다. "신이 오셨다!" 그러자 다른 동물들도 소리쳤다. "신이 오셨다!" 동물들은 올빼미가 가는 곳마다 따라다녔다. 올빼미가 어떤 물건에 부딪히면 동물들도 마찬가지로 부딪혔다. 마침내 올빼미는 고속도로에 도착했다. 올빼미가 고속도로 한가운데를 걸어가자 다른 동물들도 그를 따랐다. 조금 후 멀리 보면서 높은 데서 날던 매가 시속 80킬로미터로 달려오는 트럭을 발견했다. 매는 뱀잡이수리에게 그 사실을 알리고, 뱀잡이수리는 올빼미에게 알렸다. 뱀잡이수리가 말했다. "앞쪽에 위험한 것이 있습니다." 올빼미가 말했다. "즉(To wit)?" "무섭지 않으십니까?" "누구(Who)?" 올빼미는 차분하게 말했다. 그의 눈에는 트럭이 보이지 않았기 때문이다. 동물들이 입을 모아 외쳤다. "신이다!

역시 신이야!' 그때 트럭이 그들을 치고 지나갔다. 몇몇 동물은 조금 다치기만 했지만, 올빼미를 비롯한 대부분은 죽고 말았다. 교훈: 많은 사람들을 오랫동안 속이는 일은 가능하다.
– 《서버 카니발(The Thurber Carnival)》, 제임스 서버(James Thurber, 1894∼1961)

4단계: 수입의 원천을 감추어라

추종자 무리가 커지고 종교 조직 같은 형태가 갖춰지면, 당신의 금고는 추종자들의 돈으로 채워지기 시작한다. 하지만 돈과 권력에 굶주린 사람처럼 비치면 안 된다. 이 즈음 당신은 수입의 원천을 위장해야 한다.

추종자들은 당신을 따르면 좋은 일이 생길 것이라고 믿고 싶어한다. 당신 주변에 화려하고 근사한 것들이 넘치면 그것은 당신의 신념체계가 옳다는 증거가 된다. 당신의 부가 사실은 추종자들의 호주머니에서 나왔다는 사실을 철저히 감추어라. 대신 당신의 방법이 옳기 때문에 부가 생긴 것처럼 보이게 하라. 추종자들은 자기도 당신과 같은 부를 얻을 수 있으리라 믿고 당신의 행동 하나하나를 따라할 것이다. 그리고 당신을 모방하는 데 몰두한 나머지 당신의 기만적인 특성을 알아채지 못한다.

5단계: '우리 vs. 저들'의 대립구도를 만들어라

추종자 그룹이 점점 커질수록 더욱 많은 사람들을 끌어당긴다. 그러나 조심하지 않으면 타성이 생겨, 시간이 지날수록 권태가 스며들고 무리의 단결력이 약해진다. 그것을 막으려면 '우리 vs. 저들'의 대립구도를 만들어야 한다. 대부분의 종교 조직이나 신념체계에는 그러한 구도가 깔려 있게 마련이다.

먼저 추종자들이 자신을 배타적인 집단의 일원으로 생각하도록 만들어라. 공동의 목표 아래 하나로 결속해야 함을 상기시켜라. 그다음 결속력을 강화하기 위해서 사악한 적이 우리 쪽 집단을 파괴하려 한다는 생각을 심어주어라. 당신의 길을 방해하려 드는 불신자들은 언제나 있게 마련이다. 당신의 기만적 본성을 밝혀내려고 시도하는 외부인은 모두 그러한 사악한 세력으로 규정하라.

적이 없으면 만들어야 한다. 대항해야 하는 허수아비를 만들어주면 추종자들은 똘똘 뭉칠 것이다. 그들에게는 믿어야 할 신념과 파괴해야 할 이교도가 있는 셈이다.

법칙 준수 사례 1: 전 유럽을 속인 가짜 연금술사

1653년, 스물일곱 살의 밀라노 젊은이 프란체스코 주세페 보리(Francesco Giuseppe Borri)는 자신이 신비로운 환상을 보았다고 주장했다. 그는 천사장 미카엘이 나타나 그가 새로운 교황의 군대 총사령관으로 선택되었음을 선포했다고 말하면서 온 도시를 돌아다녔다. 자신이 앞으로 새로운 세상을 탄생시킬 군대의 지휘관이 될 것이라는 얘기였다. 또 보리에게 사람의 영혼을 꿰뚫어보는 힘이 생겼으며 보리가 곧 현자(賢者)의 돌을 발견하게 될 것이라고 말했다는 것이었다. 현자의 돌은 비금속을 황금으로 변화시키는 힘이 있다고 믿어져 많은 이들이 오랫동안 찾아 헤매던 물건이었다. 보리를 알고 지내던 사람들은 보리가 환상을 보았다는 소문을 듣고 깜짝 놀랐다. 또 보리가 완전히 변한 것을 보고 믿을 수가 없었다. 그전까지 보리는 술과 여자와 도박에 빠져 살던 청년이었기 때문이다. 그랬던 그가 모든 것을 버린 뒤 연금술을 연구하고 신비주의와 초자연적인 힘에 열중하고 있는 것이었다.

보리의 변화는 기적으로 느껴질 만큼 갑작스럽게 찾아왔고 그의 말에는 열정이 넘쳤다. 그러자 곧 그를 따르는 추종자들이 생기기 시작했다. 동시에 이탈리아의 종교재판소도 그를 주시하기 시작했다. 당시 종교재판소는 신비주의에 가담하는 자들을 잡아가곤 했다. 그래서 보리는 이탈리아를 떠났다. 그는 오스트리아, 네덜란드 등 유럽 이곳저곳을 방랑하면서 "나를 따르는 자는 기쁜 일이 생길 것"이라고 말하고 다녔다. 가는 곳마다 추종자들이 생겨났다. 방법은 간단했다. 그는 갈수록 더욱 자세한 내용을 덧붙여 자신이 본 환상을 들려주었으며, 자신을 믿는 사람의 영혼을 봐주겠다고 말했다(영혼을 봐달라는 사람들이 줄을 이었다). 보리는 최면에 걸린 듯한 황홀한 표정으로 상대의 눈을 몇 분간 응시한 뒤에, 그 사람의 영혼이 보인다고 말하고 그 사람의 깨달음 상태와 영적 성장을 이룰 수 있는 가능성을 들려주었다. 만일 가능성이 보이는 사람은 그의 제자가 되었다.

보리가 제자들의 영혼에서 무엇을 보았느냐에 따라서 그들은 여섯 등급으로 나뉘었다. 노력과 헌신도에 따라 더 높은 등급으로 올라갈 수도 있었다. 사람들은 보리를 '각하' 또는 '최고의 명의'라고 불렀다. 보리는 사람들에게 청빈한 생활을 맹세하게 했다. 그래서 그들은 조금도 주저하지 않고 소유한 모든 물건과 돈을 보리에게 맡겼다. 보리가 "곧 나의 화학 연구가 만족스러운 결과를 얻어 현자의 돌을 발견하게 될 것이오. 그러면 그것을 이용해 우리 모두 원하는 만큼 금을 가지게 될 것이오"라고 말했기 때문이다.

부가 쌓이자 보리의 생활도 달라졌다. 그는 도시에서 가장 호화로운 저택을 빌려 잠시 거주하면서 그곳을 최고급 가구와 장식품들로 꾸몄다. 또 여섯 마리의 검은 말이 끄는, 보석으로 장식한 마차를 타고 다녔다. 그는 절대 한곳에 오래 머물지 않았다. 더 많은 영혼을 돌보러 간다고 말하고 모습을 감추면 그의 명성은 더욱 높아졌다. 실제로 하는 일은 하나도 없음에도 그는 갈수록 유명해졌다.

유럽 곳곳에서 장님과 절름발이와 불치병에 걸린 이들이 보리에게 신비한 치유 능력이 있다는 소문을 듣고 찾아왔다. 그는 치료비를 받지 않았고 사람들은 그런 그를 존경해 마지않았다. 그가 기적을 일으켜 병자를 고쳤다는 소문까지 퍼졌다. 보리가 자신의 기적에 관해서 약간 암시하는 말만 던지면, 사람들은 상상을 통해서 그것을 엄청나게 부풀려 전했다. 예를 들어, 보리의 부는 제자들이 갖다 바친 재산으로 쌓은 것이었지만, 사람들은 그가 드디어 현자의 돌을 발견한 것이라고 추측했다. 교회 당국은 이단자라고 비난하며 그를 추궁했지만 보리는 근엄한 침묵으로 대응했다. 그럴수록 그의 명성은 높아졌고 추종자들은 더욱 맹목적이되었다. 원래 위대한 인물은 박해와 탄압을 받는 법 아니던가? 예수 그리스도가 살아 있을 때 그를 이해한 사람이 얼마나 되었는가? 보리는 한마디도 할 필요가 없었다. 그의 추종자들은 이제 교황을 적그리스도라고 부르기까지 했다.

그러던 어느 날 보리는 암스테르담에 머물고 있다가 사람들이 맡겨둔 엄청난 양의 돈과 다이아몬드를 가지고 자취를 감췄다(그는 자신의 특별한 능력으로 다이아몬드 표면의 흠을 지울 수 있다고 주장했다). 마침내 종교재판소는 도피 중이던 그를 붙잡았다. 그는 남은 인생 20년을 로마의 감옥에서 보냈다. 그러나 그의 초자연적 능력에 대한 대중의 믿음이 워낙 강했기 때문에, 그가 죽는 날까지 부유한 추종자들이 끊임없이 그를 만나러 왔다. 심지어 스웨덴의 크리스티나 여왕도 그를 찾아왔다. 추종자들은 보리가 현자의 돌을 찾는 연구를 계속할 수 있도록 재정적인 지원을 해주었다.

해석 ──

방탕한 삶에 싫증을 느낀 보리는 그 생활을 접고 초자연적인 힘의 연구에 몰두하기로 결심했다. 그런데 그가 인생의 전환 계기를 설명하면서 신비한 경험을 넌지시 암시하면, 사람들은 더 자세한 이야기를 듣고 싶어했다. 초자연적이고 신비로운 체험을 계기로 삶이 변화했다고 말하면 자신에게 힘이 생긴다는 것을 깨달은 보리는 신비한 경험을 지어내기 시작했다. 그가 본 환상이 장대할수록, 추종자들에게 더 큰 희생을 요구할수록, 그의 이야기는 더 호소력을 발휘해 신뢰를 얻었다.

기억하라. 사람들은 진실에 별로 관심이 없다. 열심히 노력해서 삶이 변화했다고, 피로와 권태와 우울함 같은 평범한 이유를 계기로 변화했다는 이야기를 듣고 싶어하지 않는다. 그들은 뭔가 로맨틱하고 초자연적인 것을 믿고 싶어한다. 천사의 이야기를, 육체를 떠난 신비로운 경험을 듣고 싶어한다. 그들이 원하는 이야기를 들려주어라. 신비로운 무언가로 인해 개인적인 변화를 겪었다는 암시를 주고 그것에 영묘한 색채를 더하라. 그러면 당신을 숭배하는 추종자들이 몰려들 것이다. 사람들의 욕망에 맞춰 움직여라. 구세주는 자신을 따르는 이들의 욕망을 그대로 비추어 보여줘야 한다. 그리고 항상 거창한 목표를 향하라. 당신이 제시하는 환상이 크고 대담할수록 더 효과적이다.

법칙 준수 사례 2: 기적을 일으키는 산속의 명의

1700년대 중반 미하엘 쉬파흐(Michael Schüppach)라는 스위스 시골의 사가 자연의 치유력을 이용해 기적처럼 병을 낫게 한다는 소문이 퍼졌

건강의 사원
1780년대 말 스코틀랜드의
돌팔이 의사 제임스
그레이엄(James Graham)
에게는…… 수많은
추종자가 생겼으며 이로써
런던에서 큰돈을 벌었다.
…… 그레이엄은 멋진
과학적 기술을 사람들에게
보여주곤 했다.
1772년에…… 그레이엄은
필라델피아에 가서 벤저민
프랭클린을 만난 후
프랭클린의 전기 실험에
관심을 갖게 되었다.
그레이엄이 만병통치약을
팔기 위해 런던에 세운
'건강의 사원'에 있는
장치들은 그러한 전기
실험에서 영향을 받은 것
같다. …… 건강의 사원에서
그가 환자를 진료하는 가장
넓은 방에는 '세상에서 가장
큰 공기펌프'가 있었는데,
질병에 대한 '철학적
탐구'를 돕는 장치였다. 또한
금박을 입힌 '거대한 금속
전도체' 주변에 '에테르와
각종 에센스'가 든
유리병들과 증류기가 놓여
있었다. …… 1844년
라이프치히에서 마술의
역사에 관한 책을 낸
J. 에네모제르
(J. Ennemoser)는
그레이엄의 집에 대해
이렇게 말했다. "그 집은
…… 유용함과 쾌적한
분위기를 동시에 갖고 있다.
집 안에서는 장엄한 느낌이
풍겼다. 한 목격자의 말로는
안뜰에도 예술품과 발명품과
화려한 물건들을
진열해놓았다고 한다.
방들의 벽에는 인공
전깃불을 이용해 둥근 아치
무너기가 빨갛게 빛나고
별빛이 반짝였다. 또한
형형색색의 투명한 유리들이
섬세하게 장식되어 있었다.
이 모든 것이 황홀감을
주었으며 상상력을 강렬하게

다. 곧 유럽 전역에서 갖가지 중병과 가벼운 질환을 가진 부유한 사람들이 쉬파흐를 찾아갔다. 그들은 쉬파흐가 살고 있는 알프스 산맥의 마을 랑그나우까지 멀고 고된 길을 마다하지 않고 찾아갔다. 방문객들은 험한 산길을 걸어 올라가며 알프스 자연의 멋지고 웅장한 경관을 구경했다. 랑그나우에 도착할 무렵이면 그들은 이미 건강해진 것 같은 기분을 느꼈다.

'산속의 명의'라고 알려진 쉬파흐의 작은 진료실에는 진풍경이 벌어졌다. 각종 약초로 만든 치료제가 든 형형색색의 약병들이 벽을 따라 진열되어 있는 방 안에는 각지에서 온 수많은 사람들로 가득 차곤 했던 것이다. 당시 대부분의 의사들이 처방하는 약은 지독하게 쓴맛이 났고 난해한 라틴어 이름이 붙어 있었다(지금도 여전히 그렇듯이 말이다). 그러나 쉬파흐의 약들은 '기쁨의 오일', '작은 꽃의 심장', '악귀 퇴치제' 같은 이름을 갖고 있었고 맛도 달콤하고 먹기 좋았다.

이 산속의 명의를 만나려면 인내심을 갖고 기다려야 했다. 매일 유럽 각지에서 소변이 든 병을 들고 찾아오는 심부름꾼들이 80명이 넘었기 때문이다. 쉬파흐는 소변을 살펴보거나 환자의 증상이 적힌 종이만 보아도 무슨 병인지 알 수 있다고 말했다(물론 그는 약을 처방하기 전에 증상이 적힌 종이를 주의 깊게 읽었다). 쉬파흐는 복잡한 도시에서 떨어져 소박하고 경건한 생활을 하다 보니 그러한 지혜가 생겼다고 말했다. 환자들과 상담하면서 사람의 영혼이 자연과 조화를 이루는 방법에 대해서도 설명했다.

쉬파흐는 다양한 치료법을 개발했는데, 모두 당시의 일반적인 치료법과는 완전히 다른 것이었다. 예를 들어 그는 전기충격 요법의 신봉자였다. 전기충격 요법이 자연의 치유력과 관계가 있느냐는 질문을 받으면, 그는 전류가 자연 현상의 일부이며 자신은 번개의 힘을 모방하는 것이라고 설명했다. 어떤 환자는 자기 몸 안에 일곱 개의 악귀가 살고 있다면서 쉬파흐에게 도움을 청했다. 쉬파흐는 전기충격으로 그를 치료하면서, 악귀가 하나씩 하나씩 환자의 몸에서 빠져나가는 모습이 보인다고 큰 소리로 외쳤다. 또 어떤 환자는 자신이 짐마차와 마부를 삼켜서 가슴이 답답하고 지독하게 아프다고 호소했다. 그러자 쉬파흐는 환자의 뱃속에서 채찍 휘두르는 소리가 들린다고 말했다. 그런 다음 깨끗이 낫게 해줄 테니 걱정 말라며 환자에게 진정제와 하제(下劑)를 투여했다. 환자는 진료실 밖에 있는 의자에서 잠이 들었다. 얼마 후 잠에서 깨어난 환자는 구토를 하기 시작했고, 구토하고 있을 때 짐마차 한 대가 옆을 쏜살같이 지나가는 것을 보았다(쉬파흐가 연출한 것이다). 마차를 목격하고 채찍 소리까지 들은 환자는 쉬파흐의 치료 덕분에 몸이 나았다고 믿었다.

산속의 명의 쉬파흐의 명성은 날로 높아져갔다. 괴테를 비롯하여 유명 인사들도 쉬파흐를 찾아왔다. 그는 자연적인 모든 것을 숭배의 대상으로 여기는 자연 예찬론의 중심인물이 되었다. 또한 쉬파흐는 환자의 기분을 북돋우고 즐겁게 만드는 효과적인 방법을 고안해 활용했다. 그를 만나본 어떤 학자는 이렇게 말했다. "어떤 사람은 사람들과 어울려 서 있거나 앉아 있고, 어떤 사람은 카드놀이를 했다. 때로는 젊은 여자도 옆에 있었다. 연주회가 열리고, 식사가 제공되고, 소규모의 발레가 공연되기도 했다. 상류사회의 즐거운 여흥거리와 자연 속의 자유로움이 조화롭게 어울려 있었다. 설령 산속의 명의가 질병을 고치지 못한다 해도, 그를 찾아가면 적어도 우울증은 치료될 수 있다."

해석 ——

쉬파흐는 원래 평범한 시골의사였다. 그는 어렸을 때부터 보아온 시골의 전통적인 치료법을 가끔 사용했는데 그것이 효과가 있는 경우를 종종 경험했다. 그 이후 약초와 자연적인 민간 치료법에 주력하기 시작했다. 실제로 그의 자연 치료법은 환자들에게 심리적으로 큰 효과를 가져왔다. 당시 대부분의 약이 사람들에게 두려움과 고통을 준 반면, 쉬파흐의 치료법과 약들은 편안하고 부드러웠다. 환자의 기분이 좋아지는 것은 쉬파흐 치료법의 핵심이었다. 환자들은 그의 실력을 워낙 신뢰했기 때문에 건강해지고 있다고 믿게 되었다. 쉬파흐는 환자들이 자기 병에 대해 비합리적이고 이상한 설명을 해도 비웃지 않고, 오히려 그들의 심리상태와 우울한 기분을 이용해서 그가 뛰어난 치료를 한 것처럼 보이게 만들었다.

자극했다고 한다."
방문객들은 건강한 삶을 위한 규칙이 적힌 종이를 받았다. '위대한 아폴로의 방'에서 그들은 신비로운 의식에 참여하여 다음과 같은 노래를 불렀다.
"맞이하라, 생명의 공기여, 에테르여! 자기력의 마법을 맞이하라!' 그들이 자기력의 마법을 맞이하는 동안 창밖이 어두워지면, 천장에 전기로 만든 별빛이 나타났고 방 한쪽에서 '장밋빛 기운이 감도는 건강의 여신'이 젊고 아름다운 모습으로 나타났다. …… 건강의 사원에는 매일 저녁마다 수많은 방문객이 찾아왔다. 어떤 병이든 치료해준다는 4미터에 가까운 크기의 '위대한 천상의 침대'에 누워보는 것이 유행이 되었다. …… 에네모제르는 이렇게 말했다. "그 침대는 호화로운 방 안에 있었고, 원통형 통로가 옆방과 연결되어 있어 그것을 통해 치료의 기운이 흘러들어왔다. …… 그와 동시에 온갖 종류의 기분 좋은 약초 냄새와 동양의 향 냄새가 유리관을 통해 은은하게 퍼졌다. 천상의 침대는 여섯 개의 투명하고 튼튼한 기둥 위에 놓여 있었다. 이불과 베개는 자줏빛과 하늘색의 아틀라스 비단으로 만들었고, 매트리스에는 페르시아 궁전의 분위기가 나도록 아라비아 향수를 적셔두었다. 침대가 있는 방을 그레이엄은 '지성소(至聖所)'라고 불렀다. …… 뿐만 아니라 이 방에는 하모니카, 피리, 부드러운 목소리, 커다란 오르간이 만들어내는 아름다운 화음이 가득했다."
– 《돌팔이의 힘》, 그레테 데 프란체스코, 1939

쉬파흐의 사례는 추종 세력을 만드는 과정에 관한 중요한 교훈을 전해준다. 첫째, 당신은 사람들의 의지를 이용할 방법, 당신의 힘에 대한 신뢰가 너무 강해서 그들이 온갖 이익을 얻게 된다고 상상하게 만들 방법을 찾아야 한다. 결국 그들의 믿음 때문에 효과가 나타나는 것이지만, 변화를 만들어낸 원인은 바로 당신이라고 인식시켜야 한다. 사람들이 열정적으로 믿을 만한 신념, 대의, 공상적 실체를 만들어라. 그러면 그들은 당신을 치료자, 선지자, 천재로 숭배할 것이다.

둘째, 쉬파흐는 자연과 소박함이 지닌 변치 않는 힘을 가르쳐준다. 사실 자연은 독이 있는 식물, 잔인한 맹수, 갑작스러운 재해, 전염병 등 두렵고 무서운 요소들로 가득하다. 자연에 치유력이 있고 자연이 편안함을 준다는 믿음은 사실 만들어진 신화이며 낭만적인 생각일 뿐이다. 그러나 자연에 호소하면 당신은 큰 힘을 얻을 수 있다. 특히 복잡하고 긴장이 가득한 시대에는 더욱 그러하다.

하지만 이러한 전략은 적절히 구사해야만 효과를 발휘한다. 자연을 일종의 연극 무대로 활용하되 당신이 연출자가 되어 그 무대에 시대와 상황에 맞는 특성을 부여하라. 쉬파흐는 소박하고 전통적인 지식을 강조하고 자신만의 치료법을 연극적 소품으로 사용함으로써 그러한 연출자 역할을 완벽하게 해냈다. 그는 자연을 하나의 숭배의 대상이자 인공적인 실체로 만들어 내세웠다. 역설적이지만, '자연주의적인' 효과를 창출하기 위해서는 의식적으로 많은 노력을 기울여야 하며 자연을 연극적인 대상으로 변화시켜야 한다. 그렇지 않으면 아무도 관심을 기울이지 않을 것이다. 자연 역시 시대의 흐름을 따라야 한다.

법칙 준수 사례 3: 사기꾼이 된 과학자

1788년, 쉰다섯 살인 의사이자 과학자 프란츠 메스머(Franz Mesmer)는 동물자력 이론의 선구자였다. 그는 동물의 몸 안에 자기(磁氣)가 존재하며, 그 보이지 않는 힘을 이용하면 기적적인 치료를 행할 수 있다고 믿었다. 그러나 오스트리아 빈의 의학계에서는 그의 이론에 냉소와 비웃음만을 보냈다. 메스머는 자신이 수많은 치료를 행했다고 주장했고, 대표적인 성과로 눈먼 소녀의 시력을 회복시켜준 일을 들었다. 그러나 소녀를 검사해본 다른 의사는 그녀가 여전히 장님이라고 판정했고, 소녀 자신도 앞이 보이지 않는다고 말했다. 메스머는 그의 적들이 소녀를 매수하여 자신을 중상하는 것이라고 반박했지만, 오히려 더 조롱거리만 되었다. 메스머는 이성적인 성향이 강한 빈 시민들에게는 자신의 이론이 먹히지 않는다고 판단하고, 파리로 가서 새 삶을 살기로 결심했다.

메스머는 파리에서 고급 주택을 빌려 아름답게 장식했다. 창문에는 스테인드글라스를 설치해 종교적이고 신성한 분위기를 조성했고, 사방의 벽에 거울을 붙여서 최면 효과를 노렸다. 그는 동물자력의 힘을 직접 보여주겠다고 선전하며 질병과 우울증에 걸린 사람들을 초청했다. 곧 각계각층의 파리 시민들(남자보다는 여자들이 그의 말에 더 이끌렸다)이 메스머의 기적을 보기 위해 돈을 내고 찾아왔다.

메스머의 집에서는 오렌지 꽃향기와 이국적인 향 냄새가 은은하게 풍겼다. 치료가 시연되는 응접실에 들어가 있으면, 다른 방에서 흘러들어오는 하프 소리와 부드러운 여자의 노랫소리가 들렸다. 응접실 한가운데는 기다란 타원형의 용기에 자력이 있다는 물이 담겨 있었다. 용기의 금속 뚜껑에 구멍이 여러 개 나 있고, 그 구멍으로 긴 철제 막대기들이 튀어나와 있었다. 환자들이 용기 주변에 둘러앉아서 자력을 지닌 그 막대기를 아픈 부위에 갖다 댄 다음 옆에 있는 사람들과 손을 잡으면, 그들의 몸으로 자력이 전달된다는 것이었다. 때로는 환자들을 끈으로 묶어 연결해놓기도 했다.

메스머가 방에서 나가면 잘생기고 건장한 젊은 조수들이 자력을 띤 물이 담긴 단지를 들고 들어왔다. 그리고 물을 환자들한테 뿌린 다음, 치유력이 있는 액체를 환자의 몸에 문지르며 마사지를 하면서 최면에 가까운 상태로 만들었다. 몇 분 후 여자들은 일종의 정신착란과 유사한 흥분 상태에 빠졌다. 어떤 여자는 울기 시작했고, 어떤 여자는 비명을 지르며 머리를 잡아뜯었고, 어떤 여자는 미친 듯이 웃었다. 흥분 상태가 최고조에 이르면, 황금색 꽃으로 장식된 하늘거리는 비단옷을 입은 메스머가 하얀

세 개에다 염소처럼 수염이 있는 녹색 괴물이요!" 레브 페이벨은 무리 사이에서 랍비의 모습을 발견했다. "세상에! 랍비도 뛰어가는 걸 보니 무슨 일이 일어난 게 틀림없어. 아니 땐 굴뚝에 연기 나겠어?" 레브 페이벨은 모자를 챙겨들고 나가 달리기 시작했다. "진짜 무슨 일이 생긴 줄 누가 알아?" 그는 회당 쪽으로 숨을 헐떡이며 달려가면서 혼자 중얼거렸다.
– 《유대인 민담집(A Treasury of Jewish Folklore)》, 네이선 오수벨 (Nathan Ausubel) 편(編), 1948

자력 막대기를 들고 방으로 들어왔다. 그리고 환자들 옆을 돌아다니면서 그들을 진정시켰다. 많은 여자들은 자신을 제압하는 메스머의 신비로운 힘이 그의 날카로운 눈빛과 표정에서 나오는 것 같다고 말했다. 그 신비로운 힘이 그들 몸 안의 자력을 활성화하기도 하고, 안정시키기도 한다고 생각했다.

파리에 온 지 몇 개월 만에 메스머는 유명인사가 되었다. 루이 16세의 왕비인 마리-앙투아네트도 메스머의 지지자였다. 파리의 의학계 전문가들은 그를 비난했지만 그것은 별로 중요하지 않았다. 그를 추종하는 환자와 제자들이 점점 늘어나 그는 엄청난 수입을 거둬들였다.

메스머는 자신의 이론을 확장하여, 인류 모두가 자력의 힘을 이용하면 조화로운 삶을 살 수 있다고 주장했다. 이는 프랑스 혁명이라는 혼란스러운 시기에 많은 사람들에게 매력적인 이론으로 다가갔다. 메스머를 숭배하는 추종 세력이 전국에 생겨났고 많은 도시에서 '조화 공동체'라는 것이 생겨나 자력을 실험했다. 시간이 흐르면서 이 공동체들은 주로 방탕한 난봉꾼들이 이끌었으며, 그들의 모임은 흥청망청하는 난잡한 파티로 변해갔다.

메스머의 인기가 최고조에 이르렀을 즈음 프랑스의 한 위원회가 다년간 동물자력 이론을 실험하여 연구한 보고서를 발표했다. 보고서의 결론은, 자력의 효과는 일종의 집단 히스테리와 자기암시에서 기인한다는 것이었다. 이 보고서는 근거 자료가 풍부했기 때문에 메스머의 평판에 치명타를 가했다. 메스머는 프랑스를 떠나 사람들의 눈에 띄지 않는 곳에서 지냈다. 그러나 몇 년 후 메스머를 모방한 사람들이 다시 유럽 여기저기서 나타나 최면술 신봉자들도 그 어느 때보다 늘어났다.

해석 ——

메스머의 삶은 크게 두 시기로 나뉜다. 빈에 있을 때 그는 자신의 이론이 옳다고 굳게 믿고 그것을 증명해 보이기 위해 갖은 노력을 했다. 그러나 동료들에게 무시당하고 좌절감만 깊어지자 새로운 전략을 택했다. 그는 자신을 아는 사람이 없는 파리로 갔다. 파리는 그의 이론이 결실을 맺을 수 있는 비옥한 토양이 되어주었다. 메스머는 연극과 볼거리를 좋아하는 프랑스인들의 성향에 호소하기 위하여, 자신의 집을 일종의 신비한 요술세계처럼 만들었다. 그는 집 안을 후각과 시각, 청각을 자극하는 감각적인 요소들로 가득 채웠다. 더 중요한 점은 이때부터 집단을 대상으로 자력 치료를 행했다는 사실이다. 집단적인 분위기 속에서는 자력이 더 큰 효과를 발휘했고, 한 사람의 믿음은 다른 사람에게 자연스럽게 전염됐으며 의심을 품는 사람을 금세 제압할 수 있었다.

메스머는 자력이론의 옹호자에서 온갖 술수를 동원해 대중을 사로잡는 사기꾼으로 변모했다. 무엇보다도 그는 인간의 의식 표면 아래서 끓고 있는 억압된 성적 욕구를 이용했다. 집단이 형성되면 통합에 대한 열망이 깨어나기 시작한다. 이러한 열망은 문명의 역사보다도 오래된 것이다. 이 열망은 커다란 대의에 가려 보이지 않을 수도 있지만 그 아래에는 억압된 성적 욕구가 존재하며, 메스머는 그것을 자기 목적을 위해 이용하는 방법을 알고 있었다.

집단이 형성되면 의심하는 경향, 거리를 두고 이성적으로 사고하는 경향이 감소한다. 또 의심을 품는 회의주의자가 있더라도 집단의 열정에 전염되어 곧 동화되어버린다. 이것이 바로 추종 집단을 만들 때 당신이 얻을 수 있는 힘이다. 또한 사람들의 억압된 성적 욕구를 이용하면, 그들은 자신의 흥분된 감정이 당신의 신비로운 힘 때문이라고 믿는다. 일종의 난잡하고 쾌락적인 분위기 속에서 일체감을 느끼고 싶어하는, 사람들의 내재된 욕망을 이용하면 당신은 막강한 힘을 가질 수 있다.

숭배 집단을 형성하는 효과적인 방법 하나는 종교와 과학을 혼합하는 것이다. 최신 기술 트렌드나 유행에 고상한 대의, 신비로운 믿음, 새로운 치료법을 접목시켜라. 사람들은 엄청난 호응을 보이며 열광할 것이고, 그들은 당신조차도 인식하지 못하는 엄청난 힘이 당신에게 있다고 믿을 것이다.

| **이미지** | 자석. 자석의 보이지 않는 힘이 물건을 끌어당기고, 그 물건 역시 자성을 띠어 다른 물건을 끌어당긴다. 그렇게 전체 자력은 계속 증가한다. 그러

나 처음의 자석을 치우면 다른 물건들도 모두 흩어진다. 자석이 되어 보이지 않는 힘으로 사람들의 상상력을 끌어당기고 그들을 결집시켜라. 일단 사람들이 당신 주변에 모여들면 그 무엇도 그들을 떼어낼 수 없다.

| **근거** | 사기꾼은 사람들이 믿고 싶어하는 것을 믿을 수 있는 가능성을 열어줌으로써 커다란 힘을 얻는다. …… 남의 말을 잘 믿는 사람들은 거리를 둘 줄 모른다. 그들은 기적을 행하는 사람 주위에 소 떼처럼 모여들고, 그의 독특한 기운에 휩쓸리며, 엄숙한 태도로 착각에 빠진다.

– 그레테 데 프란체스코

뒤집어보기

추종 세력을 만드는 이유 중 하나는 개인보다 집단을 속이는 일이 더 쉽고 집단이 당신에게 더 큰 힘을 가져다줄 수 있기 때문이다. 하지만 여기에도 위험은 있다. 어느 순간 집단이 당신의 정체를 간파하면, 당신은 한 사람이 아니라 분노하는 군중을 마주해야 한다. 성난 군중은 과거 당신을 따르던 때에 보이던 열정만큼이나 격렬하게 당신을 짓밟을 것이다. 약장수는 언제든 이런 위험에 빠질 수 있었다. 그래서 만병통치약이 엉터리이고 자신의 말이 속임수라는 것이 드러나기 전에 종적을 감춰야 했다. 너무 굼뜨게 움직이면 목숨까지 위태로울 수 있었다. 군중을 다루는 것은 불을 다루는 일과 흡사하다. 따라서 혹여 의심의 불꽃이 튀지 않는지, 군중을 선동해 당신에게 대항하려는 적이 숨어 있지 않은지 늘 촉수를 세워 살펴야 한다. 군중의 감정을 상대하려면 적응력을 키워야 하고, 그들의 분위기나 욕구에 맞춰 그때그때 민첩하고 적절하게 움직여야 한다. 첩자를 이용하라. 모든 것을 완전히 파악하고 있으면서 언제든 튈 수 있게 짐을 싸두어라.

그러므로 경우에 따라서는 한 사람씩 개별적으로 상대하는 것이 나을 수도 있다. 사람을 정상적인 환경으로부터 고립시키는 것은 집단에 집어넣는 것과 유사한 효과를 낼 수 있다. 고립되어 있으면 특정한 암시나 협

박에 굴복하기가 더 쉽다. 적절한 상대를 고르라. 그래야 당신의 정체가
탄로 났을 때 군중으로부터 도망치는 것보다 더 쉬울 것이다.

Law
16

계획은 처음부터 끝까지
치밀하게 짜라

...

전략 프로그래밍

마무리가 가장 중요하다.
당신의 힘겨운 작업을 도로에 그치게 만들거나
영예를 뺏기게 만들 가능성이 있는 모든 장애와 결과를
충분히 고려해서 끝까지 치밀하게 계획을 짜라.
그러면 예기치 않았던 상황에 압도당할 일도 없게 되고,
언제 그만둬야 할지도 알게 된다.
미리 생각해둠으로써 행운과 도움이 미래를 결정하게 인도하라.

법칙 위반 사례: 막무가내 탐험가, 발보아

1510년, 배 한 척이 히스파니올라 섬(현재의 아이티와 도미니카 공화국)을 출발해 베네수엘라로 향했다. 포위당한 스페인 식민지를 구하기 위해서였다. 그런데 항구에서 몇 킬로미터쯤 나아가자 밀항자 한 명이 식량 상자에서 기어 나왔다. 바스코 누녜스 데 발보아(Vasco Núñez de Ballboa)였다. 스페인 귀족인 발보아는 금을 찾아 신대륙에 왔다가 빚더미에 올라앉은 후 빚쟁이들한테서 도망치기 위해 이 배에 몰래 숨어 탄 것이었다.

콜럼버스가 아메리카를 발견한 이후 황금의 땅 엘도라도에 대한 소문이 퍼지자, 그때부터 발보아의 머릿속은 온통 황금을 찾겠다는 생각으로 가득했다. 발보아는 엘도라도를 찾아 아메리카 대륙으로 건너간 초기 탐험가들 중 하나였다. 그는 반드시 황금의 땅을 찾아내겠다는 열망과 오기로 똘똘 뭉쳐 있었다. 이제 빚쟁이들로부터도 자유로워졌으니 꿈을 향해 돌진하는 일만 남아 있었다.

발보아가 몰래 탄 배의 주인은 부유한 법률가인 프란시스코 페르난데스 데 엔시소(Francisco Fernández de Enciso)였다. 엔시소는 밀항자가 있다는 말을 듣고 불같이 화를 냈다. 그는 첫 번째 섬이 나타나면 발보아를 내려놓으라고 명령했다. 그런데 그들이 구하러 가는 식민지가 완전히 적들의 손에 넘어갔다는 소식이 들어왔다. 발보아는 기회를 놓치지 않았다. 그는 선원들에게 지난번에 파나마로 항해를 나갔던 이야기, 거기서 들은 황금의 땅에 대한 이야기를 들려주었다. 흥분한 선원들은 엔시소에게 발보아의 목숨을 살려주자고, 파나마로 가서 식민지를 건설하자고 설득했다. 몇 주 후 그들은 파나마에 상륙해 그곳에 '다리엔'이라는 이름을 붙였다.

다리엔의 첫 총독은 엔시소였다. 그러나 발보아는 다른 사람이 주도권을 쥐도록 놔둘 인물이 아니었다. 그는 선원들을 부추겨 엔시소 반대 운동을 벌였고, 결국 선원들은 발보아를 총독으로 추대하고자 했다. 엔시소는 목숨을 잃을까 두려워 스페인으로 달아나버렸다. 몇 개월 뒤, 스페인 왕실에서 새로운 총독을 파견했지만 발보아는 그 역시 쫓아버렸다.

그는 스페인으로 돌아가는 길에 죽었다. 단순한 익사 사고였지만, 발보아가 총독을 살해하고 그 자리를 빼앗은 것처럼 되어버렸다.

이전에 발보아는 허장성세로 궁지에서 빠져나온 경험이 여러 번 있었지만 이번엔 절망적이었다. 부와 영예의 꿈은 끝난 것처럼 보였다. 만일 엘도라도를 발견해 그 소유권을 얻으려면 스페인 왕의 승인을 받아야 했다. 그런데 이제 반역자가 되었으니 승인을 받을 수 있을 리 만무했다. 해결책이 하나 있기는 했다. 파나마의 인디언들에게 들은 말로는, 중앙아메리카의 지협 건너편에 드넓은 바다가 있는데 그 해안을 따라 남쪽으로 가면 거대한 황금의 땅이 있다는 것이었다. 발보아는 파나마의 위험한 정글을 뚫고 나아가 그 새로운 바다에 발을 담그는 최초의 유럽인이 되기로 결심했다. 거기서부터 행군하여 엘도라도까지 갈 생각이었다. 만일 발보아가 스페인의 이름으로 이 탐험에 성공한다면, 스페인 왕은 그의 공을 치하하고 처벌도 면해줄 것이었다. 따라서 체포당하기 전에 새로운 바다와 황금의 땅을 찾아내야 했다.

1513년 발보아는 병사 190명과 함께 출발했다. 지협을 반쯤 건넜을 즈음(지협의 폭은 약 145킬로미터였다) 흡혈 곤충, 폭우, 열병 등으로 많은 병사들이 죽고 겨우 60명만 살아남았다. 험난한 여행 끝에 마침내 어느 산꼭대기에 이른 발보아는 태평양을 내려다본 최초의 유럽인이 되었다. 며칠 후 그는 무장한 채 카스티야의 깃발을 들고 태평양 연안으로 행진해 들어가 주변의 모든 바다와 땅과 섬을 스페인 왕의 소유라고 선언했다.

인디언들은 온갖 금과 보석과 진주를 건네며 발보아를 환영했다. 생전 처음 보는 것들이었다. 그것들이 어디서 났는지 인디언들에게 묻자, 그들은 남쪽에 있는 잉카족의 땅을 가리켰다. 그러나 발보아에게는 병사들이 얼마 남아 있지 않았다. 그래서 일단 다리엔으로 돌아간 뒤에, 보석과 황금을 스페인 왕실에 증거로 보내면서 엘도라도 정복을 위한 지원군을 요청하기로 했다.

발보아가 서쪽에 있는 넓은 대양을 발견했으며 엘도라도를 정복할 계획이라는 소식은 곧 스페인에 전해졌다. 발보아는 이제 반역자에서 영웅이 되었다. 왕실은 그가 새로운 땅의 총독임을 선포했다. 그러나 스페인

왕과 수도승과 의사

옛날 타타르 지방의 한 왕이
귀족들과 길을 거닐던 중,
길가에 수도승 하나가 앉아
있는 것을 보았다. 수도승은
이렇게 외치고 있었다.
"나한테 100디나르를 주는
사람에게는 귀중한 조언을
해주겠소." 왕은 걸음을
멈추고 말했다.
"100디나르에 해준다는
그 조언이란 게 대체
무엇이오?" "폐하,
100디나르를 주시면 즉시
말씀드리겠나이다." 왕은
굉장히 특별한 조언을
기대하면서 그에게 돈을
건넸다. 그러자 수도승이
말했다. "제 조언은 '반드시
일의 결과를 생각해본 뒤에
일을 행하라'는 것입니다."
그러자 귀족들은 수도승이
영악하게도 돈을 먼저
달라고 했다면서 웃음을
터뜨렸다. 하지만 왕은
말했다. "아주 훌륭한
조언인데 왜들 비웃는단
말입니까? 행동하기 전에
먼저 신중하게 생각해야
한다는 사실을 모르는
사람은 없소. 허나 우리는
날마다 그 사실을 잊고
행동하기 때문에 나쁜
결과를 얻는 거요. 나는
이 수도승의 조언이 매우
값지다고 생각하오."
왕은 수도승의 조언을 늘
기억하기로 결심하고,
그 말을 금에다 새겨 왕궁의
벽에 붙여놓고 심지어
자신이 사용하는 은그릇에도
새겨놓게 했다. 그로부터
얼마 후 한 신하가 왕을
암살하려는 음모를 꾸몄다.
그 신하는 궁정 의사에게
뇌물을 주면서, 왕에게
독침을 놓아주면 나중에
총리 자리를 주마고
약속했다. 어느 날 왕의 피를
뽑아야 할 일이 생겨 의사가
왕의 방에 들어갔다. 옆에는
피를 담기 위한 은그릇이

왕은 그의 발견 소식을 듣기 전에 이미 발보아를 체포하기 위해 배 10여 척을 출발시킨 터였다. 발보아를 체포하러 오는 무리의 지휘관은 일명 '페드라리아스'라고 불리는 페드로 아리아스 다빌라(Pedro Arias Dávila)였다. 파나마에 도착한 페드라리아스는 발보아가 이미 사면을 받았으며 자신이 이제 과거의 반역자와 총독의 임무를 공동으로 수행해야 한다는 사실을 알게 되었다.

발보아 역시 기분이 나빴다. 그는 황금을 찾기 위해, 그의 유일한 꿈인 엘도라도를 찾기 위해 죽을 고비를 수차례 넘겼다. 그런데 이제 부와 영예를 신참자와 나눠 가진다고 생각하니 참을 수가 없었다. 발보아는 페드라리아스가 시기심 많은 인물이며 그 역시 현재의 상황을 불만스러워 한다는 사실을 알았다. 이번에도 발보아는 주도권을 먼저 잡는 것이 해결책이라고 생각했다. 그래서 자신이 큰 규모의 군대를 이끌고 배를 건조할 재료와 도구를 가지고 정글을 넘어가겠다고 말했다. 일단 태평양 해안에 닿으면, 함대를 조직해서 잉카를 정복할 심산이었다. 그런데 놀랍게도 페드라리아스는 이 의견에 동의했다. 어쩌면 발보아의 계획이 성공할 가능성이 없다고 생각했는지도 모른다. 실제로 정글을 행군하는 동안 수백 명의 병사들이 죽었고, 그들이 가져간 선박 건조용 목재는 폭우를 만나 못쓰게 되었다. 그러나 발보아는 기죽지 않았다. 세상의 그 무엇도 그의 길을 방해할 수는 없었다. 그는 태평양 연안에 도착하자마자 목재를 만들기 위해 나무를 베기 시작했다. 그러나 남은 병사가 너무 적은 데다 모두 기진맥진해 있었기 때문에 다리엔으로 돌아가야만 했다.

페드라리아스는 새로운 계획을 의논하자면서 발보아에게 식민지의 변두리 지역에서 만나자고 했다. 그러나 그것은 함정이었다. 발보아를 맞이한 것은 프란시스코 피사로였다. 피사로는 발보아가 처음 지협을 건널 때 함께 했던 오랜 친구였다. 수백 명의 병사를 이끌고 나온 피사로는 옛 친구를 체포해 페드라리아스에게 넘겼다. 발보아는 반역 혐의로 법정에 섰고, 며칠 뒤 부하들과 함께 머리를 잘렸다. 몇 년 후 피사로는 페루에 도착했고, 발보아의 모든 업적은 묻혀버리고 말았다.

해석 ——

대부분의 사람들은 이성이 아니라 감정의 지배를 받는다. 그들은 막연한 계획을 세우기 때문에 갑자기 장애물을 만나면 임기응변으로 대응할 수밖에 없다. 하지만 임기응변으로 위기를 넘기고 나면 또 다음 위기를 맞아야 한다. 임기응변은 몇 단계 앞을 염두에 두고 끝까지 치밀하게 계획을 짜는 것과 비교가 되지 않는다.

발보아는 부와 명예를 얻겠다는 꿈이 있었지만 그것을 얻기 위한 계획은 막연하고 모호했다. 결국 그의 대담한 업적과 태평양을 발견한 사실은 거의 잊혀져버렸다. 권력의 세계에서 용납될 수 없는 중대한 실책을 저질렀기 때문이다. 그는 목표까지 가다 말고 다른 이들이 목표물을 빼앗을 수 있는 가능성을 열어주었다. 진정한 권력을 가진 자는 멀리 있는 위험까지 간파해낸다. 그러나 발보아는 자신의 운명 앞에 놓인 위험을 알아채지 못했다. 즉 정복의 위업을 가로챌 경쟁자를, '황금'이라는 말을 듣는 순간 공중을 맴돌며 군침을 흘릴 독수리를 알아채지 못한 것이다. 발보아는 페루를 정복할 때까지 잉카의 비밀을 발설하지 말고 혼자만 알고 있어야 했다. 그랬다면 그는 부와 명예를 지키고 목숨도 보전했을 것이다. 페드라리아스가 나타났을 때 현명한 사람이라면 그를 제거하고 그의 군대를 장악할 묘책을 꾸몄을 것이다. 그러나 발보아는 눈앞의 상황에 감정적으로 대응했을 뿐 몇 수 앞을 내다보지는 못했다.

다른 사람이 이익과 영광을 취해버린다면 아무리 원대한 꿈을 꾸어도 소용없는 일이다. 막연한 황금빛 꿈을 꾸느라 이성을 잃어버리지 말라. 끝까지 치밀하게 계획을 세우라.

법칙 준수 사례: 비스마르크의 치밀한 수 읽기

1863년 프로이센의 총리 오토 폰 비스마르크는 유럽의 정치 상황을 꼼꼼히 분석했다. 당시 주요 세력은 영국, 프랑스, 오스트리아였다. 독일 연방에 속한 나라들은 느슨하게 동맹을 맺고 있었고, 프로이센도 그 중 하나였다. 독일 연방 가운데 주도적인 국가였던 오스트리아는 연방 내의

놓여 있었다. 그때 은그릇에 새겨진 문구가 의사의 눈에 들어왔다. '반드시 일의 결과를 생각해본 뒤에 일을 행하라.' 의사는 음모를 꾸미는 신하가 왕이 되면 자신 역시 죽일 것이라 생각했다. 왕은 의사가 벌벌 떨고 있음을 알아채고 이유를 물었다. 의사는 모든 사실을 자백했다. 음모를 꾸민 신하는 즉시 체포되었다. 그리고 왕은 수도승에게 조언을 들을 때 옆에 있던 귀족들을 불러 말했다. "아직도 그 수도승이 우스워 보이시오?"
– 《꿈의 대상(Caravan of Dreams)》, 이드리스 샤, 1968

다른 국가들이 분열된 채 약소국으로 남아 있으면서 오스트리아에 복종하도록 만들려고 애썼다. 하지만 비스마르크는 프로이센이 오스트리아의 종속국 같은 지위에서 벗어나야 한다고 생각했다.

비스마르크는 게임을 시작했다. 그는 먼저 덴마크와 전쟁을 시작했다. 예전에 프로이센의 영토였던 슐레스비히-홀슈타인을 되찾기 위해서였다. 그는 프로이센이 움직이기 시작하면 프랑스와 영국이 민감하게 대응한다는 것을 알고, 오스트리아를 전쟁에 끌어들였다. 두 나라가 동맹을 맺어 슐레스비히-홀슈타인을 되찾으면 양국 모두에게 득이 될 것이라고 주장하면서 말이다. 전쟁이 끝난 뒤 비스마르크는 슐레스비히-홀슈타인이 프로이센에 귀속되어야 한다고 주장했다. 당연히 오스트리아는 분노했고, 두 나라는 협상을 했다. 결국 오스트리아는 슐레스비히를 프로이센에 넘기기로 동의했고, 1년 뒤에는 홀슈타인도 프로이센에 팔았다. 서서히 오스트리아는 힘이 약해지고 프로이센이 강자로 부상하고 있었다.

비스마르크의 다음 작전은 대담함이었다. 1866년, 그는 프로이센 왕 빌헬름을 설득해 독일 연방에서 탈퇴하고 오스트리아와 전쟁을 벌이도록 했다. 프로이센의 왕비, 왕세자, 다른 독일 공국들의 군주들은 전쟁을 거세게 반대했다. 그러나 비스마르크는 한 치도 굽히지 않고 밀어붙였고, 월등한 군사력을 바탕으로 '7주 전쟁'에서 오스트리아를 물리쳤다. 그러자 프로이센 왕과 장군들은 아예 빈까지 밀고 들어가자고 주장했다. 오스트리아 영토를 가급적 많이 빼앗자는 것이었다. 그러나 비스마르크는 반대하며 마치 평화를 원하는 사람처럼 행동했다. 그렇게 함으로써 그는 프로이센과 다른 독일 국가들의 독립을 보장받았다. 프로이센은 이제 독일 내에서 막강한 세력으로 자리 잡았을 뿐만 아니라 새로 성립된 북독일 연방의 중심국이 되었다.

프랑스와 영국은 비스마르크를 보며 아틸라(Attila, 5세기 유럽을 침입한 훈족의 왕—옮긴이)를 떠올렸고, 비스마르크가 유럽 전체를 장악하려는 의도가 아닐까 두려워했다. 일단 정복의 길에 나서면 어디쯤에서 멈출지 아무도 알 수 없었다. 실제로 3년 뒤에 비스마르크는 프랑스를 자극하여 전쟁을 일으켰다. 처음에 그는 프랑스의 벨기에 합병을 용인하는 듯하다가, 마지막 순간에 마음을 바꿨다. 비스마르크는 묘한 신경전을 통해 프랑스의 나폴레옹 3세를 격노하게 만들었고, 프로이센 왕에게는 프랑스에 대한 분노를 품게 만들었다. 그 결과 1870년에 프로이센-프랑스 전쟁이 일어났다. 프로이센은 막강한 군사력으로 몇 개월 만에 승리를 거두었다. 비스마르크는 프랑스 땅을 빼앗는 것에 반대했지만, 장군들이 우겨 알자스-로렌 지방을 독일 연방에 병합했다.

이제 유럽의 모든 국가가 이 '철혈 재상'이 이끄는 프로이센의 다음 행보를 두려워하게 되었다. 1년 뒤 비스마르크는 독일을 통일하여 독일제국을 건설했다. 프로이센 왕은 제국의 황제가 되고, 비스마르크는 제국의 총리가 되었다. 그러나 이후의 상황은 사람들의 예상과 다르게 전개되었다. 비스마르크는 더 이상 전쟁을 원하지 않았다. 유럽 열강들이 다른 대륙에서 식민지를 건설하려고 안간힘을 쓰는 동안, 비스마르크는 독일의 식민지 개척을 엄격하게 제한했다. 더 많은 영토보다는 독일의 안정을 원했기 때문이다. 그는 여생 동안 유럽의 평화를 유지하고 전쟁 발발을 막기 위해 노력했다. 사람들은 세월이 흐르면서 비스마르크가 성격이 유해졌다고 생각했다. 하지만 그것은 착각일 뿐이다. 비스마르크는 처음부터 세워둔 계획의 마지막 장을 실현하고 있었던 것이다.

해석 ——

대부분의 사람들은 공격을 멈춰야 할 때를 모른다. 이유는 간단하다. 애초에 목표를 구체적으로 세우지 않기 때문이다. 그들은 한번 승리를 맛보고 나면 더 많은 승리를 갈망한다. 도중에서 멈추는 것, 목표를 정해놓고 거기까지만 가는 것은 있을 수 없는 일처럼 느껴진다. 그러나 권력을 유지하기 위해서는 그래야 한다. 또 다른 승리를 향해 너무 멀리 가는 사람은 결국 내리막길을 걷게 된다. 그것을 막기 위한 유일한 해결책은 멀리 내다보고 계획을 짜는 것이다. 올림포스의 신들이 구름을 뚫고 모든 만물의 운명을 내다본 것처럼, 밝은 눈과 머리로 앞날을 계산하고 내다보라.

비스마르크는 정치계에 발을 들여놓았을 때 한 가지 목표를 품었다.

프로이센의 주도하에 독립된 통일 독일을 이루는 것이었다. 덴마크와 전쟁을 벌인 것도, 영토 정복보다는 프로이센의 민족감정을 자극하여 단결을 꾀하기 위해서였다. 오스트리아와 전쟁을 한 것도 프로이센의 독립을 위한 하나의 과정이었다(그래서 오스트리아의 영토를 획득하려고 하지 않은 것이다). 프랑스와의 전쟁을 조장한 것도 공동의 적에 대항해 독일 민족을 단결시킴으로써 통일을 위한 발판을 마련하기 위해서였다.

목표를 달성하자 비스마르크는 멈추었다. 그는 더 많은 승리를 꿈꾸지 않았으며, 더 많은 나라를 정복하라는 유혹에 굴복하지 않았다. 그는 고삐를 단단히 쥐고서, 장군들이나 왕이나 프로이센 국민들이 새로운 영토를 정복하라고 목소리를 높일 때마다 고삐를 잡아당겼다. 그 어떤 것도 그의 계획을 망칠 수 없었다. 그는 결코 헛된 도취감에 빠져 신중하게 계획해둔 목표를 넘어서 더 나아가지 않았다.

> 경험이 우리에게 가르쳐주는 바에 따르면, 만일 미리 앞서 내다보고 계획을 수립하면, 때가 왔을 때 신속하게 움직여 그 계획을 실행할 수 있다.
>
> – 리슐리외 추기경(1585~1642)

권력의 열쇠: 계획은 처음부터 끝까지 치밀하게 짜라

고대 그리스인들은 신들이 미래를 완벽하게 내다볼 줄 안다고 믿었다. 신들은 앞으로 다가올 모든 일의 복잡하고 세세한 부분까지 꿰뚫을 수 있었다. 반면 인간은 운명의 희생양이었으며, 당장의 일과 감정에 사로잡혀 눈앞의 위험 너머를 보지 못하는 존재로 여겨졌다. 멀리 내다보고 미리 계획을 세우는 오디세우스 같은 영웅들은 운명에 반항하는 존재로, 미래를 결정하는 신들과 비슷한 존재로 여겨졌다. 이는 지금도 마찬가지다. 앞날을 내다보고 끈기 있는 태도로 계획을 실현하는 사람은 신과 유사한 능력을 가진 사람으로 보인다.

대부분의 사람들은 현재 순간에 사로잡혀 있기 때문에 그러한 통찰력을 갖고 계획을 세우지 못한다. 따라서 눈앞의 위험이나 쾌락을 대담하게 무시할 줄 아는 자에게는 권력이 생긴다. 그것은 상황에 즉흥적으로 반응하는 인간의 자연스러운 경향을 극복하고, 한 발 물러서서 상황 너머에 있는 보다 커다란 무언가를 파악하는 힘이다. 사람들은 자신이 미래를 인식하고 있다고, 앞일을 생각하며 계획을 세우고 있다고 믿는다. 그러나 그것은 착각이다. 사실 그들은 자신의 욕망에 굴복하고 있으며, 원하는 미래상을 그리고 있다. 현실이 아닌 상상에 의존하여 막연하고 모호한 계획만을 갖고 있는 것이다. 사람들은 결과까지 염두에 두고 있다고 믿지만 사실은 해피엔딩을 꿈꾸고 있을 뿐이다. 스스로의 욕망에 노예가 되어 자신을 기만하고 있는 것이다.

기원전 415년, 아테네인들은 시칠리아를 공격했다. 시칠리아 원정을 통해 부와 힘을 얻고 16년간 계속된 펠로폰네소스 전쟁을 끝낼 생각이었다. 그들은 조국에서 멀리 떨어진 곳을 공격하는 데 따르는 위험을 고려하지 못했다. 또 시칠리아 사람들이 고향 땅에서 벌어지는 전투이기 때문에 더 치열하게 싸울 것이고, 아테네의 적들이 동맹하여 대항해올 것이고, 전쟁이 여러 개의 전선에서 동시에 일어나 아테네 병력이 현격히 소진될 것을 예상하지 못했다. 시칠리아 원정은 참담하게 실패했다. 그 후 역사상 가장 진보한 문명 가운데 하나인 아테네는 쇠퇴의 길을 걷기 시작했다. 아테네인들의 가장 큰 실수는 머리가 아니라 마음에 이끌려 움직였다는 사실이다. 그들은 영광을 얻을 기회만 보았지 멀리서 다가올 위험은 보지 못했다.

17세기, 프랑스의 레츠 추기경(Cardinal de Retz)은 인간이 꾸미는 책략의 특성과 대부분의 음모가 실패하는 이유에 관해 통찰력을 갖고 있다고 스스로 자부했던 인물이다. 레츠 추기경은 1651년 프랑스의 군주제에 대항했던 지도자 가운데 한 명이었다. 반란이 일어나자 젊은 왕 루이 14세와 측근들은 반란이 일어난 파리를 떠나 멀리 떨어진 궁에 머물렀다. 왕이 멀어지자 반란군은 심적인 부담을 덜고 안도의 숨을 내쉬었다. 그러나 이것이 오히려 그들에게는 치명적이었다. 파리에서 멀어지자 왕의 측근들은 더욱 수월하게 교묘한 공작을 펼 수 있었던 것이다. 레츠 추기경은 후에 이렇게 썼다. "사람들이 실수를 저지르는 가장 흔한 원인은 현재의 위험에만 집중하고 멀리 있는 위험은 간과하기 때문이다."

앞날의 위험, 멀리서 태동하고 있는 위험을 볼 수 있으면 수많은 실책을 미리 피할 수 있다. 작은 위험은 피하지만 결국 더 큰 불길로 들어갈 수 있다는 것을 알게 되면, 부적절한 계획을 즉시 취소할 것이다. 무엇을 하느냐가 아니라 무엇을 하지 않느냐에 따라서 당신의 권력이 좌우된다. 성급하고 어리석은 행동을 자제함으로써 커다란 곤경에 빠지는 것을 막아라. 행동하기 전에 세밀한 계획을 세워라. 막연한 계획에 이끌려 스스로 불행을 자초하지 말라. 이번의 행동이 의도하지 않은 결과를 낳을 것인가? 새로운 적이 생겨나지는 않을 것인가? 나의 움직임을 다른 사람이 교묘하게 이용하게 될 것인가? 철저하게 생각하고 따져보라. 이 세상에는 불행한 결말이 행복한 결말보다 훨씬 많다. 마음속의 해피엔딩에 휘둘려 눈이 흐려지지 말라.

1848년 프랑스 대통령 선거에서 질서당의 루이 아돌프 티에르(Louis-Adolphe Thiers)와 우익의 대표주자인 루이 외젠 카베냐크(Louis Eugène Cavaignac)가 맞붙었다. 그런데 티에르는 자신의 지지도가 현저히 떨어지는 것을 알고 해결책을 모색했다. 그때 그가 주목한 인물이 있었다. 위대한 나폴레옹 1세의 조카이자 제헌의회 의원인 루이 보나파르트(Louis Bonaparte)였다. 당시 보나파르트는 바보 같은 인물로 여겨졌으나 티에르가 보기에는 이용가치가 있었다. 강력한 통치자를 열망하는 국민들에게 보나파르트는 옛 황제의 혈통이라는 점과 나폴레옹이라는 이름만으로도 크게 어필할 거라고 생각했다. 티에르는 보나파르트를 꼭두각시로 이용하다가 나중에 무대에서 내쫓을 생각이었다. 이 계획의 첫 번째 단계는 완벽하게 성공했다. 보나파르트가 선거에서 압승을 거둔 것이다. 하지만 티에르가 간과한 것이 있었다. 사실 이 '바보'는 굉장한 야망을 품은 인물이었다. 3년 후 루이 보나파르트는 의회를 해산하고 자신을 황제로 선포했으며, 이후 18년간 프랑스를 지배하며 티에르와 그 측근들을 엄청나게 탄압했다.

마지막 순간이 모든 것을 결정한다. 부와 명예와 영광을 차지할 주인공은 제일 마지막에 결정된다. 당신은 마지막 결말을 명확하게 그려두고, 행동하는 내내 그것을 염두에 두어야 한다. 또한 머리 위를 선회하는 탐욕스러운 독수리들을, 당신이 이룬 성과를 거저 낚아채려고 호시탐탐 노리는 적들을 물리칠 방법을 알아야 한다. 당신이 경솔한 판단을 내리도록 만드는 수많은 위기들을 미리 예측해야 한다. 비스마르크는 끝까지 치밀하게 계획을 짰기 때문에 그러한 위험을 피할 수 있었다. 그는 위기가 찾아와도 본래 계획을 잊지 않았고, 다른 이들이 영광을 훔쳐가도록 방관하지 않았다. 일단 목표를 달성하자, 그는 거북이처럼 안전한 껍데기 속으로 들어가버렸다. 이러한 자기통제 능력은 신과 같은 힘을 가져다준다.

앞의 단계들을 내다보고 끝까지 계획을 세우면, 순간의 감정이나 욕망에 휩쓸리지 않게 된다. 목표가 분명할수록 불안과 모호함은 사라질 것이다. 범인(凡人)들은 불안과 모호함 때문에 목표를 이루지 못한다. 마지막 목표를 바라보고, 거기에 이르는 동안 탈선을 허용하지 말라.

| **이미지** | 올림포스 신들. 신들은 높은 구름 위에서 인간의 행동을 내려다보고, 모든 원대한 꿈의 결말을, 그 꿈들이 재앙과 비극으로 끝날 것임을 미리 내다본다. 그리고 순간에 사로잡혀 행동하는 인간의 어리석음과 착각에 빠져 사는 인간의 미련함을 비웃는다.

| **근거** | 어떤 일에서 빠져나오는 것보다 처음부터 들어가지 않는 것이 훨씬 더 쉽다. 우리는 갈대와 반대로 행동해야 한다. 갈대는 처음 나올 때는 길고 곧은 줄기를 뻗지만, 시간이 지나면 마치 모든 힘을 잃은 것처럼 …… 여러 개의 조밀한 마디가 생겨난다. 처음의 힘찬 기운과 활력을 잃어버린 것이다. 우리는 초반에 부드럽고 침착하게 시작해야 한다. 그래야 앞으로 다가올 충돌에 대비하여, 일을 완수하기 위해 정력적으로 돌진해야 할 때를 대비하여 힘을 아낄 수 있다. 처음에는 우리가 상황을 주도하고 통제하지만, 일단 궤도에 오르고 나면 상황이 우리를 주도하여 휩쓸어버리기 쉽다.

– 몽테뉴(Montaigne, 1533~1592)

뒤집어보기

전략가들은 계획을 세울 때는 대안이 있어야 하고 어느 정도 유연성을 지녀야 한다고 말한다. 물론 맞는 말이다. 계획에 너무 얽매이면 갑작스러운 상황 변화에 적절히 대응하기가 어렵다. 여러 가능성을 검토하고 목표물을 결정한 다음에는, 대안들도 마련하고 목표에 이르는 다른 경로들도 살펴두어야 한다.

그러나 치밀하게 세운 계획을 엄격하게 지킴으로써 잃는 경우보다, 모호한 목표를 세우고 상황 변화에 임기응변으로 대응함으로써 잃는 경우가 더 많다. 따라서 이 법칙을 뒤집어보는 것은 무의미하다. 앞일을 예상하고 끝까지 치밀하게 계획하기를 거부하면 아무것도 얻을 수 없기 때문이다. 충분히 멀리 그리고 분명하게 내다보면 당신은 미래가 불확실하다는 것도, 따라서 상황에 맞는 적응력을 가져야 한다는 것도 알게 된다. 명확한 목표와 장기적인 계획을 갖고 있어야만 그러한 자유로운 적응력도 생기는 법이다.

Law
17

별다른 노력 없이
성과를 달성한 척하라

...

능력 포장하기

당신의 행동은 자연스러워 보여야 하고,

또 쉽게 실행되는 것처럼 보여야 한다.

모든 노고와 수단, 계책을 절대 드러내지 말라.

행동할 때는 별다른 노력을 기울이지 않는 것처럼 보여라.

훨씬 더 많은 것을 할 수 있다는 듯이 말이다.

얼마나 열심히 노력하는지 드러내고 싶은 유혹을 물리쳐라.

능력에 대한 의문만 키울 뿐이다.

다른 사람들에게 당신만의 비결을 가르쳐주지 말라.

당신에게 불리한 쪽으로 역이용될 수도 있기 때문이다.

법칙 준수 사례 1: 다도(茶道)에 숨은 뜻

센 리큐(千利休)는 일본의 다도(茶道)를 정립한 인물이다. 그는 귀족 태생이 아니었음에도 출세하여 권력의 자리에 올랐다. 도요토미 히데요시(豊臣秀吉)의 총애를 받으며 다도에 관한 일을 맡아보았으며, 정치적인 조언을 하기도 했다. 리큐는 성과 뒤에 숨겨진 노력을 드러내지 않고 자연스럽게 보이는 것이 성공의 비결이라고 생각했다.

어느 날 리큐는 아들과 함께 지인의 집에서 열리는 다도 의식에 참석하러 갔다. 아들이 그 집의 대문을 들어서며 고풍스러운 대문 덕분에 집 전체에 호젓하고 고상한 분위기가 풍긴다고 말했다. 그러자 리큐가 말했다. "내 생각은 다르다. 보아하니 꽤나 멀리 떨어진 산중의 사원에서 가져온 것 같구나. 또 그것을 가져오기 위해 인부들을 쓰느라 많은 돈을 들였을 게 틀림없다." 집 주인이 대문 하나에 그토록 많은 노력을 쏟아 붓는 사람이라면, 다도 의식에서도 자연스러움보다는 인위적인 노력과 치장을 과시할 것이 분명하다고 생각했다. 리큐는 그날 다도 의식에서 일찍 자리를 떴다. 주인이 드러내는 노고와 겉치레를 참을 수 없었던 것이다.

또 다른 날 저녁, 리큐는 친구 집에서 차를 마시다가 친구가 집 밖으로 나가는 것을 보았다. 친구는 깜깜한 바깥으로 초롱불을 들고 나가더니 나무에서 레몬을 하나 따가지고 들어왔다. 리큐는 강한 인상을 받았다. 손님의 입맛을 돋우기 위해 문득 밖에 나가 레몬을 따왔다고 생각했기 때문이다. 하지만 조금 후 친구가 값비싼 떡과 레몬을 함께 내놓자 리큐는 그가 비싼 음식에 곁들일 레몬을 따는 모습을 보여주려고 처음부터 계획했다는 사실을 깨달았다. 그의 행동은 전혀 자연스러운 것이 아니라, 주인의 접대 솜씨를 보여주기 위한 방법이었다. 그는 자신이 노력하고 있다는 것을 드러내고 싶었던 것이다. 리큐는 떡이 담긴 접시를 정중하게 사양하고 그 집을 나왔다.

한번은 도요토미 히데요시가 다도 의식을 행하러 리큐의 집을 방문하기로 했다. 그런데 전날 밤에 눈이 내렸다. 리큐는 한 가지 아이디어를 생각해냈다. 그는 정원에서 집 현관을 따라 놓인 디딤돌 하나하나 위에 돌 크기에 꼭 맞는 방석을 올려놓았다. 날이 밝기 직전에 리큐가 밖을 내다보니 눈이 그쳐 있었다. 그는 밖으로 나가 조심스럽게 방석을 치웠다. 리큐의 집에 도착한 히데요시는 눈앞에 펼쳐진 아름다운 광경에 감탄했다. 눈이 하얗게 쌓인 정원에 동그란 디딤돌들만 눈이 쌓이지 않은 채 현관으로 이어져 있었던 것이다. 그것을 보고 히데요시는 리큐의 정중함과 존경의 마음을 읽을 수 있었다.

센 리큐가 죽은 후에도 그의 사상은 다도 관습과 상류사회의 문화에 큰 영향을 끼쳤다. 에도 시대, 도쿠가와 이에야스(德川家康)의 아들인 요리노부(賴宣)는 리큐의 가르침을 공부한 인물이었다. 요리노부의 정원에는 유명한 장인이 만든 석등(石燈)이 하나 있었는데, 영주인 사카이 다다카쓰(酒井忠勝)가 그 석등을 구경하고 싶다고 했다. 요리노부는 사카이의 방문을 큰 영광이라고 생각하고, 하인들에게 집 안팎을 깨끗하게 정리하라고 지시했다. 그런데 다도의 정신과 미적 감각을 알 리 없는 하인들은 정원에 있는 석등의 화창(火窓, 석등의 불을 켜놓는 부분에 뚫은 창―옮긴이) 크기가 너무 작아 보기 흉하다고 생각했다. 그래서 인부를 불러다가 화창을 더 크게 수리해놓았다. 사카이가 오기 며칠 전, 요리노부는 정원을 둘러보다가 화창 모양이 바뀐 것을 보고 크게 노했다. 그는 석등을 망쳐놓은 바보를 붙잡아다 당장이라도 칼로 찌를 태세였다. 석등 본래의 자연스러운 미가 훼손되어버렸으니 사카이가 찾아와서 무엇을 본단 말인가.

그러나 요리노부는 마음을 가라앉히고 자신이 석등을 두 개 샀다는 사실을 떠올렸다. 나머지 하나는 기슈 섬의 영지에 있었다. 그는 기다란 배한 척과 노를 잘 젓는 인부들을 구해 이틀 안에 섬에 있는 석등을 가져오라고 명했다. 그것은 거의 불가능해 보였지만 인부들이 밤낮으로 노를 젓고 순풍까지 불어준 덕분에 이틀 안에 석등을 옮겨올 수 있었다. 새로 가져온 석등은 첫 번째 것보다 훨씬 훌륭하고 아름다웠다. 20년 동안 대나무숲 속에서 사람의 손을 전혀 타지 않았기 때문에 고풍스러운 분위기가 풍겼고 보기 좋게 이끼가 덮여 있어 자연스러운 멋을 더했다. 그날 오후 늦게 사카이가 요리노부의 집에 도착했다. 사카이는 자신이 상상했던 것보다 훨씬 우아하고 격조가 있다면서 석등의 아름다움에 경탄했다. 그러한 감동을 주기 위해서 요리노부가 들인 시간과 노고를 전혀 알지 못했다.

격투의 스승
360가지 기술에 능통한 격투 스승이 있었다. 그에게는 유독 아끼는 제자가 있었다. 그래서 그 제자에게 359가지 기술을 가르쳐주었다. 하지만 웬일인지 마지막 기술은 전수하지 않았다. 몇 개월 후 제자는 기술을 익혀 누구와 맞붙어도 이겼다. 그는 자기 실력을 너무 자랑스럽게 여긴 나머지 하루는 술탄 앞에서 가르침에 대한 고마움과 어른에 대한 예의만 아니면 스승도 때려눕힐 수 있다고 큰소리를 쳤다. 술탄은 그의 건방진 태도에 화가 나서 즉시 왕궁 안에서 시합을 열게 했다. 징이 울리자 젊은 제자는 힘차게 고함을 지르며 스승에게 달려갔다. 그러나 스승은 360번째 기술로 제자를 맞았다. 스승은 제자를 머리 위로 높이 들었다가 땅에 내리 꽂았다. 술탄을 비롯한 관중은 커다란 환호를 보냈다. 술탄이 스승에게 그렇게 강한 적을 어떻게 이겼냐고 묻자, 스승은 이런 경우를 대비해 마지막 기술을 아껴두었다고 답했다. 그리고 아는 것을 전부 가르친 어느 궁술 고수의 이야기를 들려주었다. 그 궁술고수는 이렇게 탄식했다고 했다. "나한테 궁술을 배운 자는 전부 나중에 나를 표적으로 삼았소"
– 사디의 이야기(A Story of Saadi), R. G. H. 시유(R. G. H. Siu)의 《권력의 기술(The Craft of Power)》 중에서, 1979

해석 ——

센 리큐는 별다른 노고 없이 실현된 것처럼 보이는 자연스러운 아름다움을 최고로 쳤다. 자연은 고유의 법칙과 질서에 의해 그러한 아름다움을 창조해낸다. 그러나 인간은 노력을 기울이고 계획을 세워야만 그러한 효과를 창출할 수 있다. 하지만 거기에 들어간 노력을 드러내면 효과가 없어지고 만다. 리큐 부자(父子)가 방문한 집의 고풍스러운 대문은 너무 먼 곳에서 왔고, 리큐의 친구가 레몬을 딴 행동은 미리 계획한 티가 나고 말았다.

당신은 때로 미적인 효과를 내기 위해서 요령과 교묘한 장치를 이용해야 한다(디딤돌 위의 방석, 밤새 노를 저은 인부들을 떠올려보라). 그러나 당신이 그 장치를 만들어내기 위해 얼마나 고심하고 노력했는지를 상대방은 짐작하지 못해야 한다. 자연은 아름다움의 창조 비결을 우리에게 가르쳐주지 않는다. 자연을 모방하면, 즉 별 노력을 기울이지 않은 것처럼 가장하면 당신은 자연과 유사한 힘을 갖게 된다.

법칙 준수 사례 2: 불가능에 도전한 마술사

탈출 묘기의 천재였던 마술사 해리 후디니(Harry Houdini)는 "불가능을 가능으로"라는 문구를 적어 공연 광고를 낸 적이 있다. 실제로 그의 탈출 묘기를 본 사람들은 그가 인간의 능력으로는 도저히 불가능한 일을 보여준다고 느끼곤 했다.

1904년 어느 날 저녁, 4천 명의 런던 시민이 후디니의 묘기를 보기 위해 공연장을 가득 채웠다. 이날 공연에서는 "역사상 가장 튼튼한 수갑을 푸는 묘기"가 선보일 예정이었다. 수갑 양쪽에 각각 여섯 개의 자물쇠와 아홉 개의 회전판이 달려 있었다. 버밍엄의 한 제조업자가 5년이나 걸려 만든 수갑이었다. 전문가들이 나와 수갑을 살펴본 뒤 그렇게 복잡하고 정교한 수갑은 처음 본다고 말했다. 이 세상 누구도 그 수갑을 풀고 빠져 나올 수 없을 것 같았다.

관객들이 지켜보는 가운데 전문가들이 후디니의 손목에 수갑을 채웠다. 잠시 후 이 탈출의 천재는 무대 위에 놓인 검은 상자 속으로 들어갔다. 시간이 꽤 흘렀는데도 아무런 기척이 없자 사람들은 후디니도 이번에는 별수 없이 실패하는 게 아닐까 불안해하기 시작했다. 그런데 얼마 후 후디니가 상자에서 나오더니, 코트를 벗을 수 있도록 잠깐 수갑을 풀어달라고 했다. 상자 안이 너무 덥다는 것이었다. 공연 진행자들은 그의 요청을 거절했다. 푸는 동안 수갑의 작동원리를 파악하려는 속셈이라고 생각했기 때문이다. 그러자 후디니는 손을 사용하지 않고 코트를 어깨까지 끌어올려 뒤집은 다음, 이빨로 조끼 주머니에서 작은 칼을 꺼내 머리를 움직이면서 코트를 잘라냈다. 코트를 벗은 후디니는 다시 상자 속으로 들어갔다. 그의 솜씨는 놀라웠고, 관객들은 환호를 보냈다.

관객들은 다시 한참 동안 기다려야 했다. 모두가 손에 땀을 쥐고 지켜보는 가운데 마침내 후디니가 모습을 드러냈다. 그는 자유로워진 손으로 수갑을 높이 들어올려 보였다. 지금까지도 그가 어떻게 수갑을 풀었는지는 아무도 모른다. 수갑을 푸는 데 거의 한 시간이 걸렸지만, 후디니는 처음부터 걱정하거나 불안해하는 기색이 전혀 없었다. 극적 효과와 긴장감을 높이려고 일부러 탈출 시간을 질질 끈 것 같기도 했다. 상자 안이 덥다는 불평 역시 연출된 행동이라고 생각했다.

후디니는 그 외에도 여러 가지 묘기를 펼쳤다. 한번은 방부제 처리를 하여 미라로 만든 거대한 '바다 괴물(보스턴 앞바다에서 끌어올린, 문어와 고래를 섞어놓은 것 같은 괴상한 생물체였다)'의 몸속에서 빠져나왔고, 한번은 거대한 봉투 속에 들어갔다가 종이를 하나도 찢지 않고 탈출했다. 벽돌로 된 벽을 뚫고 나왔고, 스트레이트 재킷(정신병자나 죄수의 난동을 막기 위한 구속복—옮긴이)을 입은 채 공중에 매달려 있다가 몸을 이리저리 움직여 빠져나오기도 했으며, 손에는 수갑을 차고 두 발은 사슬로 묶인 채 높은 다리에서 차가운 물속으로 뛰어내리기도 했다. 또 손을 자물쇠로 묶고 물이 가득 찬 유리 상자 안에 잠수한 채 숨도 쉬지 않고 거의 한 시간 동안 발버둥 치다가 아슬아슬하게 빠져나왔다. 그런 상황에서 탈출하는 것은 거의 초인적인 일이었다. 그게 어떻게 가능했는지도 아무도 알 수 없었다. 후디니가 단 한 마디도 하지 않았기 때문에 관객들은 단지 이러쿵저러쿵 추측만 할 뿐이었다. 그럴수록 후디니의 명성은 더 높아졌다. 그 중에서도 가장 놀라웠던 묘기는 4.5톤이나 되는 코끼리를 관객들 눈앞에서 사라지게 만든 일이다. 게다가 그는 이 묘기를 19주 이상 무대에서 선보였다. 코끼리를 숨길 만한 공간도 없었기에 어떻게 코끼리가 감쪽같이 사라질 수 있는지 설명할 수 있는 사람은 아무도 없었다.

후디니는 탈출 묘기를 너무나 쉽게 해내는 것처럼 보였다. 그래서 어떤 사람들은 그가 초자연적인 힘이나 심령의 기운을 이용해 몸을 마음대로 움직인다고 생각했다. 그러던 중 클레피니(Kleppini)라는 독일의 탈출 마술사가 후디니의 비법을 안다고 주장하고 나섰다. 후디니가 정교한 속임수 장치를 사용한다는 것이었다. 또한 클레피니는 자신이 네덜란드에서 열린 수갑 풀기 공연에서 후디니를 이긴 적이 있다고 말했다.

후디니는 언제나 사람들이 맘대로 추측하도록 놔두었지만, 그가 새빨간 거짓말을 하는 것은 도저히 참을 수 없었다. 그래서 1902년 클레피니에게 수갑 풀기 시합을 제안했다. 클레피니는 기꺼이 응했다. 클레피니는 첩자를 이용하여 후디니가 즐겨 사용하는, 글자 맞추기식 자물쇠가 달린 프랑스제 수갑을 푸는 암호를 알아냈다. 무대에서 자신이 그 수갑을 골라 후디니의 '초인적인' 묘기도 실은 도구를 교묘하게 이용하는 술수에 불과하다는 사실을 만천하에 공개할 작정이었다.

시합 날, 예상대로 후디니는 클레피니에게 수갑을 고르라고 했다. 클레피니는 글자 맞추기식 자물쇠가 달린 수갑을 선택했다. 그리고 잠시 틈을 타 무대 뒤로 가서 자물쇠를 테스트해보았다.

후디니는 클레피니의 속셈을 알아채기라도 한 듯이 클레피니에게 그 수갑을 채우지 않으려고 했다. 두 남자는 말다툼을 시작했다. 그러다 싸움이 커져 무대 위에서 드잡이까지 했다. 얼마 후 후디니가 포기한 듯 클레피니에게 수갑을 채웠다. 이후 몇 분 동안 클레피니는 수갑을 풀려고 애썼다. 하지만 이상했다. 방금 전 분명히 암호를 확인했는데, 도저히 풀리지 않았다. 클레피니는 땀을 뻘뻘 흘리며 안간힘을 썼다. 기다리다 못한 관중은 하나둘 공연장을 떠났다. 결국 녹초가 된 클레피니는 패배를 인정하고 수갑을 풀어달라고 요청했다.

클레피니가 무대 뒤에서 테스트할 때는 'CLEFS(프랑스어로 '열쇠'라는 뜻)'라는 암호로 자물쇠가 열렸지만, 이제 후디니는 'FRAUD(영어로 '사기'라는 뜻)'라는 암호로 열었다. 후디니가 어떻게 이런 묘기를 부렸는지는 클레피니도 도저히 알 수 없었다.

해석 ——

우리는 후디니의 놀라운 묘기들에 숨은 비밀을 알지 못한다. 그러나 한 가지는 확실하다. 그 모든 것은 초자연적인 힘이나 마술이 아니라, 피나는 노력과 끝없는 연습의 결과라는 점이다. 하지만 후디니는 자신의 노력을 세상 사람들에게 전혀 드러내지 않았다. 후디니는 그 어떤 것도 우연에 맡기지 않았다. 그는 밤낮으로 자물쇠의 원리를 연구했고, 오래전부터 사용된 손재주 요술을 찾아서 공부했으며, 기계학 전문서적들을 독파했다. 또한 항상 몸을 움직여 유연성을 잃지 않도록 노력했으며 근육과 호흡을 통제하는 방법을 익혔다.

마술의 세계에 입문한 지 얼마 안 되었을 때, 후디니는 나이 든 일본인 마술사와 순회 공연을 다녔다. 그때 일본인 마술사는 그에게 상아로 만든 공을 삼켰다가 다시 토해내는 방법을 가르쳐주었다. 후디니는 기다란 실에 껍질을 깐 감자를 매달아서 삼켰다 뱉어내는 연습을 수없이 반복한 끝에 나중에는 실 없이도 감자를 자유자재로 토해낼 수 있었다. 런던에서 열린 수갑 탈출 묘기 때 주최 측은 공연 시작 전에 후디니의 몸을 샅샅이 수색했지만, 후디니의 목구멍 안은 확인하지 못했다. 후디니는 탈출에 사용할 조그만 도구를 목구멍에 숨겼을지도 모른다. 그렇다 하더라도 클레피니는 잘못 생각한 것이다. 후디니의 놀라운 탈출 묘기는 그 어떤 도구가 아니라 그의 연습과 노력과 연구 결과였기 때문이다.

사실 클레피니는 한 수 위인 후디니에게 당한 것이다. 후디니는 모든

당신 능력의 범위를 남이 알게 하지 말라. 존경을 얻고자 한다면, 현명한 자는 자신의 지식과 능력을 바닥까지 드러내 보여주지 않는 법이다. 현명한 자는 자신의 능력을 사람들에게 보여주기는 하되 사람들이 그것을 이해하지는 못하게 한다. 아무도 그의 능력의 범위를 알아서는 안 된다. 알면 실망하기 때문이다. 그를 완전히 간파할 수 있는 기회가 주어져서는 안 된다. 능력의 한계를 정확하게 알 때보다 그것에 대해 추측하고 의심할 때 그를 더욱 존경하게 된다.
– 발타사르 그라시안
(1601~1658)

일을 미리 계획하고 있었다. 그래서 상대방이 수갑의 암호를 알아내도록 놔두었고, 무대에서 그 수갑을 고르도록 했다. 그리고 몸싸움을 하는 동안 교묘한 동작으로 재빨리 암호를 'FRAUD'로 바꾸었다. 암호 바꾸기 기술도 몇 주일 동안 연습한 결과였다. 하지만 관중은 그의 기술 뒤에 수많은 땀과 노고가 숨어 있음을 알지 못했다. 또한 후디니 자신은 결코 초조한 모습을 보이지 않으면서 오히려 보는 사람들을 초조하게 만들었다(그는 탈출 시간을 일부러 오래 끌어서 긴장을 고조시켜 관객들이 손에 땀을 쥐게 했다). 모두가 불가능하다고 생각하는 순간, 후디니는 우아하고 멋지게 나타나 사람들을 열광시켰다. 사람들의 눈에 초인처럼 비친 것은 당연했다.

당신도 사람들 앞에 나서기 전에, 무대 위에 오르기 전에 끝없이 연습하고 연구해야 한다. 침착한 모습 뒤에 숨겨진 땀과 노력을 드러내지 말라. 그것을 드러내면 근면하고 정직한 사람으로 비칠 것이라고 생각할지 모르지만, 더 약한 존재로 비칠 뿐이다. 사람들은 자신도 연습하고 노력하면 당신처럼 해낼 수 있다고 생각할 것이다. 당신이 흘린 땀과 당신의 비결을 감추어라. 그러면 신과 같은 고상함과 평정을 가진 사람으로 보인다. 인간은 신이 가진 힘의 원천을 결코 볼 수 없다. 단지 그 결과만을 볼 뿐이다.

> 우리는 시 한 줄 쓰는 데 몇 시간이 걸릴지도 모른다. 하지만 그 시구가 순간적인
> 영감으로 보이지 않는다면, 그 수많은 생각의 뜨개질은 아무런 의미가 없으리.
>
> – 〈아담의 저주(Adam's Curse)〉, 윌리엄 버틀러 예이츠(William Butler Yeats, 1865~1939)

권력의 열쇠: 별다른 노력 없이 성과를 달성한 척하라

인간이 처음으로 힘을 인식한 것은 원시시대에 자연과 마주쳤을 때다. 밤하늘에 번쩍이는 번개, 갑작스러운 홍수, 날쌔고 잔인한 맹수 같은 것들 말이다. 이러한 힘들은 어떤 생각이나 계획의 결과물이 아니었다. 그것들은 갑자기 모습을 드러내고, 삶과 죽음을 좌우하는 장대한 힘을 보

여줌으로써 인간에게 경외감을 주었다. 인간은 늘 자연의 힘을 모방하고 싶어했다. 과학기술의 발전으로 우리는 자연의 속도와 웅대한 힘을 재창조했지만, 한 가지가 부족하다. 우리가 만든 기계는 시끄럽고 요란하게 돌아가면서 엄청난 노력을 보여준다. 최고급 성능의 기술 장치가 등장한다 해도, 사람들은 여전히 전혀 힘들지 않은 듯 쉽고 편안하게 움직이는 것을 동경하고 바란다. 우리가 어린아이의 요구를 들어주는 것은, 아이가 아무렇지도 않게 당연하다는 듯 말하기 때문이다. 당신이 그러한 종류의 편안한 외양을 만들 수 있다면, 사람들은 그 옛날 자연에서 느꼈던 경외감을 당신에게서 느낄 것이다.

이러한 원리를 처음으로 상세히 설명한 유럽인은 가장 인공적인 공간인 르네상스 시대의 궁정 출신인 발다사레 카스틸리오네였다. 그는 1528년에 출간된 《궁정인(Il cortegiano)》에서 궁정신하가 갖춰야 하는 태도와 예의범절을 상세하게 규정했다. 카스틸리오네는 그러한 행동을 할 때 '스프레차투라(sprezzatura)'를 갖춰야 한다고 설명했다. 스프레차투라는 어려운 것을 쉽게 한 듯이 보이는 능력을 말한다. 그는 다음과 같이 썼다. "궁정신하는 뭐든지 태연하게 행동하도록 연습함으로써, 예술적 기교를 감추고 말과 행동이 꾸며냈거나 공들여 만든 것이라는 인상을 주지 말아야 한다." 사람들은 범상치 않은 재주를 보면 찬탄을 보낸다. 그것이 자연스럽고 우아하면 그 찬탄은 열 배로 늘어난다. 카스틸리오네는 또 이렇게 썼다. "반면 …… 힘들게 일을 행하고 …… 그것에 계속 신경을 쓰는 것은 …… 우아함과 기품이 없어 보이며 그가 어떤 일을 행하든 무시하게 된다."

스프레차투라라는 개념의 상당 부분은 예술에서 그 기원을 찾을 수 있다. 르네상스의 위대한 예술가들은 작품을 창조하는 과정을 철저하게 숨겼다. 그리고 완성된 작품만을 대중 앞에 드러냈다. 미켈란젤로는 심지어 교황에게도 작품이 탄생하는 과정을 보여주지 않았다. 르네상스 예술가들은 후원자에게도 자신의 작업실을 공개하지 않았다. 다른 사람이 자신을 모방할까 봐 두려워서가 아니었다. 중간 과정을 공개하면 자연스러운 아름다움이, 걸작을 대면하는 순간의 경외감이 훼손되기 때문이다.

르네상스 시대의 화가이자 비평가였던 조르조 바사리(Giorgio Vasari)는 파올로 우첼로(Paolo Uccello)의 작품을 비웃었다. 우첼로는 원근법에 집착했다. 우첼로의 그림을 보면 그가 원근을 살리기 위해 애쓴 흔적이 쉽게 드러난다. 원근법 효과를 노린 노력이 오히려 그림을 압도하여, 그림은 추하고 부자연스럽게 보였다. 우리는 어떤 행동이나 일에 너무 많은 노력을 쏟는 사람들을 볼 때도 비슷한 느낌을 받는다. 그들이 애쓰는 모습을 보면 환상이 깨지고 불편한 기분이 든다. 반면 침착하고 우아하게 행동하는 사람을 볼 때 우리는 편안하게 느낀다. 사실은 피나는 노력과 연습을 했다 하더라도, 우리는 그가 자연스럽게 그런 행동을 하고 있다고 믿는다.

스프레차투라는 모든 형태의 권력에 적용할 수 있다. 권력은 당신이 창출하는 외양과 환상에 크게 의존하기 때문이다. 당신이 대중 앞에서 하는 행동은 예술작품과 같다. 시각적 호소력이 있어야 하고, 기대감을 조성해야 하며, 때로는 대중을 즐겁게 해야 한다. 겉으로 보여주는 결과물의 내부 원리를 드러내면 당신도 그저 평범한 사람이 되고 만다. 이해할 수 있는 것은 경외의 대상이 되지 못한다. 사람들은 '돈과 시간만 있으면 나도 얼마든지 할 수 있다'고 생각하게 된다. 당신이 얼마나 영리한지 과시하고 싶은 유혹을 떨쳐라. 영리함이 작동하는 원리를 감추어라.

탈레랑은 이를 일상생활에 훌륭하게 적용했다. 그래서 권력과 힘을 가진 자라는 이미지를 강화할 수 있었다. 그는 열심히 노력하는 것을 늘 피하고, 대신 다른 이들을 시켰다. 다른 사람들을 시켜 염탐하고 조사하고 상황을 치밀하게 분석했다. 이처럼 다른 사람들이 가져온 정보를 마음대로 활용하는 동시에, 자신은 전혀 애쓰지 않은 체했다. 어떤 사건이 일어날 것 같다는 정보를 첩자가 전해오면, 탈레랑은 사람들과 대화할 때 그 사건이 곧 발생할 것 같은 직감을 느낀 듯이 이야기했다. 사람들은 그가 천리안을 가졌다고 믿었다. 또 탈레랑은 항상 간결하고 박력 있는 말과 위트로 상황을 뛰어나게 요약했다. 그러나 그것은 많은 생각과 연구에서 나온 것이었다. 탈레랑은 정부 고관들에게, 심지어 나폴레옹에게도 엄청난 힘을 가진 인물이라는 인상을 주었다. 이는 무엇보다도 그가 탁월한 능력을 보일 때 수월하게 해낸 듯한 여유를 지녔기에 가능했다.

당신의 비결과 수법을 감춰야 하는 이유가 또 있다. 상대가 그 비결을 당신에게 불리한 쪽으로 역이용할 수 있기 때문이다. 입을 다물고 있는 편이 훨씬 현명하다. 우리는 우리가 해낸 것을 세상이 알아주길 바란다. 영리함과 노고에 대해 박수를 받아서 허영심을 채우고 싶어한다. 때로는 뛰어난 성과를 이루기까지 고생한 것에 대해 동정을 받고 싶어한다. 하지만 자랑하고 떠벌리고 싶은 욕망을 통제하라. 그것은 당신이 생각한 것과 정반대의 효과를 낸다. 기억하라. 당신의 행동이 신비감에 둘러싸일수록 당신의 힘은 더 막강해진다. 그 일을 해낼 수 있는 유일한 사람처럼 보여라. 아무도 지니지 못한 재능을 지닌 것처럼 보이면 엄청난 힘이 생긴다. 마지막으로, 우아하고 수월하게 일을 해낸 것처럼 비치면, 사람들은 당신이 조금만 더 노력하면 엄청난 일을 해낼 거라고 믿는다. 더 나아가 당신을 두려워하게 된다. 당신의 권력은 무한대가 된다. 아무도 당신의 한계를 가늠할 수 없기 때문이다.

| **이미지** | 경주마. 가까이서 보면 분투하는 모습, 말을 통제하려는 노력, 고통스러울 만큼 가쁜 호흡이 느껴진다. 그러나 멀리 관중석에서 보면 허공을 가르며 날아가듯 우아하게 달리는 모습뿐이다. 사람들과 거리를 유지하라. 그러면 그들은 당신의 여유 있는 모습만 볼 것이다.

| **근거** | 아무리 평범할지라도 어떤 일이든 태연하게 해내면, 그것을 행한 사람의 능력이 드러날 뿐 아니라 그의 능력이 실제보다 훨씬 뛰어난 것처럼 여겨진다. 보는 사람 입장에서는 수월하게 무언가를 해내는 사람이 틀림없이 실제보다 훨씬 뛰어난 기술을 갖고 있다고 믿게 되기 때문이다.

– 발다사레 카스틸리오네(1478~1529)

뒤집어보기

당신의 행동을 비밀스러운 장막으로 가리되 약간은 편하고 가벼운 분위기를 가미해야 한다. 감추려는 노력이 너무 강렬하면 불쾌한 느낌이나 편집증적인 인상을 줄 수도 있다. 너무 진지하게만 게임에 임하지 말라. 후디니는 자신의 비법을 감추는 것 자체를 하나의 게임처럼, 쇼의 일부처럼 연출했다. 완성될 때까지 작품을 드러내지 않는 것은 중요하다. 그러나 그것을 꽁꽁 싸매는 데 너무 집착하면 화가 폰토르모와 같은 운명을 맞을 수 있다. 폰토르모는 인생 후반부에 자신의 프레스코화를 대중에게 보이지 않고 감추려 애쓰다가 미쳐버리고 말았다. 따라서 당신 자신에 대한 유머 감각을 어느 정도 유지하라.

당신이 하는 일의 비밀스러운 부분을 드러내는 것이 유용할 때도 있다. 이는 당신이 상대하는 관객의 취향이나 시대의 특성에 따라 달라진다. 미국의 흥행사 P. T. 바넘은 관객들도 쇼에 참여한다는 느낌을 받고 싶어한다는 것을 알았다. 또 그의 비법을 알면 관객이 즐거워한다는 것도 알았다. 관객이 즐거워한 이유는, 바넘의 비법을 드러내는 것이 권력의 원천을 대중에게 감추는 사람의 정체를 폭로하는 것과 유사한 느낌을 주었고, 그것이 미국인의 민주주의 정신에 어필했기 때문인지도 모른다. 관객들은 바넘의 유머와 솔직함을 높게 샀다. 심지어 바넘은 한창 활동하던 시기에 쓴 자서전에서 자신의 속임수들을 솔직하게 고백하기도 했다.

떠벌리고 싶은 마음 때문이 아니라 신중한 계획의 일부로서 비법과 요령의 일부분을 밝힌다면, 그것은 대단히 똑똑한 행동이다. 그러면 관객은 자신들이 좀더 우월해졌고 쇼에 참여하고 있다고 착각한다. 사실 당신의 비법 대부분은 아직 모르는 상태인데도 말이다.

사람들의 환상을 이용하라

...

대중의 기대심리

진실은 추하고 불쾌하기 때문에 종종 외면을 당한다.
각성에 따르는 분노에 대비되어 있지 않다면,
절대 진실이나 현실에 호소하지 말라.
가혹하고 힘겨운 일상에 지친 사람들은
환상과 공상을 만들어낼 수 있는 사람을
사막의 오아시스로 여기고 찾아든다.
실로 거대한 권력은 대중의 환상에서 나오는 것이다.

법칙 준수 사례: 베네치아에 나타난 신비로운 남자

도시국가 베네치아는 오랫동안 번영을 누렸다. 중세와 르네상스 전성기 동안 베네치아는 동방 교역을 독점하여 유럽에서 가장 부유한 도시국가가 되었다. 또한 베네치아 정부가 비교적 관대한 편이었기 때문에 시민들은 다른 도시국가에 비해 많은 자유를 누렸다. 그러나 16세기에 이르자 상황이 달라졌다. 신세계가 발견되면서 힘의 중심이 스페인과 포르투갈, 그리고 나중에는 네덜란드와 영국으로 옮겨간 것이다. 베네치아는 점차 경제적인 힘이 약화되었다. 게다가 1570년 오스만튀르크에게 키프로스 섬을 빼앗기면서 베네치아는 결정적인 타격을 입었다.

베네치아의 귀족 가문들은 파산했고 은행들이 하나둘 문을 닫기 시작했다. 우울한 그늘이 베네치아 전역에 드리웠다. 시민들은 베네치아의 화려한 과거를 익히 들어 알고 있었다. 번영을 구가하던 때가 그리 멀지 않은 과거라서 더욱 상실감이 컸다. 시민들은 행운의 여신이 잠시 짓궂은 장난을 치는 것뿐이라고, 영광의 시대가 곧 돌아오리라고 믿었다. 하지만 당장은 어떻게 해야 한단 말인가?

1589년, 베네치아에 이상한 소문이 돌기 시작했다. 일 브라가디노(Il Bragadino)라는 신비로운 남자가 베네치아에 나타났다는 것이다. 그는 연금술의 달인으로, 마법의 물질로 금을 만들어 엄청난 부자가 되었다고 했다. 몇 년 전에 한 베네치아 귀족이 폴란드를 지나가다가 어떤 학자에게서 연금술에 정통한 사람이 나타나면 베네치아가 예전의 권세와 영광을 되찾을 것이라는 예언을 들었던 터라, 브라가디노에 대한 소문은 금세 퍼져나갔다. 브라가디노가 늘 금화를 짤랑거리며 갖고 다니고 그의 집에 있는 물건은 전부 금으로 만들어졌다는 소문이 퍼지자, 일부 시민들은 그가 베네치아에 다시 부와 번영을 가져다줄 것이라고 기대했다.

베네치아의 주요 가문 사람들은 브라가디노가 살고 있는 브레시아로 찾아갔다. 그들은 브라가디노의 저택을 둘러보았고, 브라가디노가 아무 짝에도 쓸모없는 광석 물질을 금가루로 변화시키는 것을 경탄하며 지켜보았다. 베네치아 원로원은 브라가디노를 베네치아에 머물게 하면서 정부의 돈으로 그를 먹여 살릴 것인가 하는 문제를 토론했다. 그런데 그 즈음 만토바의 대공도 브라가디노를 데려가려 한다는 소문이 들렸다. 브라가디노의 저택에서 만토바 대공을 위한 성대한 파티가 열렸는데 금단추가 달린 옷, 금시계, 금접시 등 모든 것이 금이었다고 했다. 브라가디노를 만토바 대공에게 뺏길까 봐 두려워진 베네치아 원로원은 거의 만장일치로 브라가디노를 베네치아로 불러들이기로 했다. 그의 호화로운 생활을 유지해주려면 많은 비용이 들겠지만, 당장 와주기만 한다면 그만한 비용쯤은 아무것도 아니었다.

그해 말에 브라가디노가 드디어 베네치아에 도착했다. 그는 짙은 눈썹 아래 날카로운 검은 눈을 갖고 있었으며, 커다란 검은색 맹견 두 마리를 항상 데리고 다녔다. 그에게서는 범접하기 어려운 위엄이 느껴졌다. 브라가디노는 주데카 섬의 호화로운 저택에 거처를 정했다. 베네치아는 그의 화려한 연회와 값비싼 옷에 들어가는 비용을 지원해주고 그가 원하는 모든 것을 들어주었다. 베네치아 전체에 연금술 바람이 불었다. 거리 곳곳에서 행상인들이 석탄, 증류기구, 풀무, 연금술 책자를 팔았다. 다들 연금술을 배우겠다고 난리였다. 그런 와중에 브라가디노만은 침착했다.

그는 금 만드는 일을 전혀 서두르지 않았다. 그리고 묘하게도 이처럼 동요 없는 침착함 때문에 그의 인기는 더욱 치솟았고 추종자가 늘어났다. 유럽 전역에서, 심지어 아시아에서도 그를 보기 위해 찾아와 선물을 바쳤다. 하지만 그는 여전히 사람들이 그토록 기다리는 기적을 보여줄 기미가 없었다. 마침내 시민들은 조바심을 내기 시작했다. 처음에 원로원 의원들은 시민들에게 그를 닦달하지 말라고 부탁했다. 변덕스러운 사람이니 부드럽게 달래는 편이 낫다면서 말이다. 하지만 나중에는 귀족들까지 불안해지기 시작했고, 시민들은 그에게 들어간 엄청난 비용을 상기시키며 원로원을 압박했다.

브라가디노는 의심하는 자들에게 냉소를 보냈다. 그리고 이미 베네치아 조폐국에 금을 만들어내는 신비로운 물질을 잘 보관해두었다고 말했다. 그 물질을 단단히 봉한 채 7년간 놔두면 조폐국에 있는 금을 30배 이상으로 늘릴 수 있다고 했다. 원로원 의원들은 브라가디노의 말대로 기다리자고 했다. 하지만 일부 의원들은 7년 동안이나 어떻게 기다리느냐

일렀다. 왕은 분개하면서 말했다. "괘씸한지고! 모두가 눈물을 흘리는데 감히 웃고 있다니! 그런 불경스러운 자의 피를 내 발에 묻힐 수는 없다. 그러니 용감한 늑대여, 그대가 수사슴을 처치하여 왕비의 고귀한 영혼을 달래주도록 하라." 그러자 수사슴이 말했다. "전하, 부디 눈물을 거두소서. 이제 슬퍼하며 울지 않으셔도 됩니다. 왕비 마마의 모습이 조금 아까 제 눈에 보였는데 장미꽃에 둘러싸여 편안히 누워 계셨습니다. 저는 금방 왕비 마마를 알아보았지요. 왕비께서 이렇게 말씀하셨습니다. '쓸데없는 장례식은 그만 끝내고 눈물도 거두어라. 나는 이곳 극락에서 천 가지 기쁨을 맛보았으며 수많은 성인들과 대화도 나누었다. 다만 왕이 슬퍼하는 것은 잠시 그대로 두라. 그 모습을 보니 내가 기쁘도다.'" 수사슴이 말을 마치자마자 동물들이 외쳤다. "기적이다! 기적이야!" 수사슴은 처벌은커녕 멋진 상을 받았다. 꿈같은 이야기와 달콤한 말로 왕의 귀를 즐겁게 하고, 멋지고 근사한 이야기를 꾸며내어 들려주어라. 그가 당신에 대해 어떤 분노를 품고 있든, 그는 미끼를 덥석 물고 당신을 가장 소중한 친구로 삼을 것이다.
– 《우화집》, 장 드 라퐁텐 (1621~1695)

고 발끈했다. 시민들 역시 거기에 동의했다. 마침내 사람들은 브라가디노에게 금을 만드는 능력을 당장 보여달라고 요구했다.

브라가디노는 거만한 태도로 나왔다. 인내심이 부족한 베네치아 시민들이 자신을 배신했으니 금을 만들 수 없다는 것이었다. 그는 베네치아를 떠나 파도바로 갔다가 1590년에는 바이에른 대공의 초청을 받아 뮌헨으로 갔다. 바이에른 대공은 과거에 엄청난 부를 누렸지만 방탕한 생활로 재정적인 곤궁을 겪고 있었다. 그래서 브라가디노의 연금술을 통해 과거의 부를 되찾고 싶어했다. 브라가디노는 그의 지원을 받으며 베네치아에서 누렸던 호화로운 생활을 다시 시작했고, 똑같은 패턴이 반복되었다.

해석 ——

키프로스 출신인 마무냐(Mamugnà)는 과거에 베네치아에서 살았던 적이 있었다. 그는 나중에 연금술사 브라가디노가 되어 다시 베네치아에 나타났다. 그는 베네치아에 우울한 분위기가 감돌고 있음을, 시민들이 과거의 번영을 되찾고 싶어한다는 것을 알았다. 다른 사기꾼들은 얄팍한 손재주나 속임수로 사기를 쳤지만, 마무냐는 인간의 본성을 이용하기로 했다. 그는 처음부터 베네치아를 목표물로 정하고 해외로 나갔고, 가짜 연금술을 통해 돈을 좀 번 다음 이탈리아로 돌아와 브레시아에 가게를 차렸다. 거기서 조금씩 평판을 쌓았고, 그러한 평판이 베네치아에까지 소문이 나기를 기다렸다. 멀리에서 바라보면 신비한 힘에 대한 환상이 더욱 커지는 법이다.

그는 사람들에게 연금술을 보여준답시고 천박한 시범을 보이지 않았다. 화려한 저택과 의복, 손안에 짤랑거리는 금화들이면 충분했다. 겉으로 드러나는 부가 뛰어난 연금술사라는 명성을 입증해주었고, 그 덕분에 만토바 대공 같은 후원자들이 돈을 대주어 부유한 생활을 영위할 수 있었다. 이는 또다시 연금술사로서의 명성을 더욱 높여주었다. 일단 명성이 확고해지자 원로원 의원들과 대공들은 앞 다퉈 그를 데려가려고 했다. 그가 시범을 보여줄 필요성이 잠깐 있기는 했다. 하지만 그 전까지 사람들을 속이기는 쉬웠다. 그들이 믿고 싶어했기 때문이다. 시범을 보

사람들이 쉽게 믿을 거짓말을 하고 싶다면, 그들이 믿지 않을 진실을 이야기하지 말라.
– 도쿠가와 이에야스(17세기)

일 때도, 원로원 의원들은 브라가디노가 금을 만들 수 있다는 사실을 믿고 싶은 마음이 너무 절실했기 때문에 브라가디노의 소매에 숨겨진 유리 파이프에서 금가루가 흘러내리는 것을 알아채지 못했다. 브라가디노는 사람들의 환상을 만들어내는 연금술사였다. 눈앞에 환상의 장막이 씌워지자 사람들은 간단한 속임수도 눈치 채지 못했다.

우리 마음속에 자리 잡은 환상은 이와 같은 힘을 발휘한다. 그러한 환상은 곤궁과 쇠퇴의 시기일수록 더욱 큰 힘을 가진다. 사람들은 대개 자신의 잘못이나 어리석음 때문에 문제가 생겼다고 생각하지 않는다. 대신 외부의 다른 존재를 탓하고 싶어한다. 그것이 타인이든, 세상이든, 신이든 말이다. 따라서 구원 역시 외부에서 와야 한다고 생각한다. 브라가디노가 베네치아 경제의 쇠퇴에 관해 꼼꼼하고 이성적인 분석을 했다면, 상황을 개선하기 위한 실제적이고 엄격한 조치들을 제안했다면, 아마 경멸과 조롱만 받았을 것이다. 현실은 너무 추하고 해결책의 실천은 너무 힘들기 때문이다. 아마 선조들이 제국을 건설할 때 쏟았던 것만큼의 노력을 기울여야 할지도 몰랐다. 그러나 환상(이 경우에는 연금술이라는 허구)은 이해하기도 쉽고 훨씬 입맛에도 맞았다.

권력을 얻으려면 주변 사람들에게 기쁨과 즐거움을 주어야 한다. 그리고 그러한 즐거움은 사람들의 환상에 부응해주는 데서 나온다. 고된 노력을 통해 점진적으로 개선할 수 있다고 말하지 말라. 달을 따주겠다고, 일거에 놀라운 변화를 일으키겠다고, 황금을 만들어주겠다고 약속하라.

> 터무니없는 가설에 근사한 색깔을 덧칠해 표현하는 기술을 가진 사람은 사람들로 하여금 얼마든지 그 가설을 받아들이게 만들 수 있다.
>
> – 데이비드 흄(David Hume, 1711~1776)

권력의 열쇠: 사람들의 환상을 이용하라

환상은 결코 홀로 힘을 발휘할 수 없다. 단조롭고 지루한 배경이 있어야 한다. 현실이 답답하고 괴로울 때 환상이 뿌리를 내리고 꽃피울 수 있는 법이다. 16세기 베네치아의 현실은 영광을 잃은 상실감과 우울함뿐이었다. 이때 누군가가 나타나 연금술의 기적을 통해 과거의 영광을 되찾을 수 있다는 환상을 뿌렸다. 현실이 더욱 악화되는 동안에도, 시민들은 행복한 꿈을 꾸면서 모래가 금으로 바뀌는 모습을, 베네치아가 힘과 번영을 되찾는 모습을 그렸다.

괴로운 현실에서 환상을 만들어내는 사람은 막강한 힘을 가지게 된다. 대중을 사로잡을 환상을 찾을 때는 그들의 어깨를 무겁게 짓누르는 현실이 무엇인지에 주목하라. 자신은 멋진 삶을 살고 있다고 가식적으로 말하는 사람들의 이야기를 그대로 믿지 말라. 그들을 진짜 답답하게 구속하는 요인이 무엇인지 파헤쳐라. 그것을 알아낸다면, 당신은 엄청난 힘의 세계로 들어가는 열쇠를 손에 쥔 것과 마찬가지다.

시대와 사람은 변하지만 억압적인 현실의 몇 가지 특성은 변하지 않는다. 당신은 거기에서 권력을 얻는 기회를 발견할 수 있다.

현실: 변화가 느리고 점진적이다. 변화를 이루려면 노력, 약간의 행운, 자기희생, 많은 인내가 따라야 한다.

환상: 갑작스러운 변화를 통해 운명이 완전히 바뀐다. 노력, 행운, 자기희생, 시간이 필요 없다.

이것은 지금도 많은 사기꾼들이 써먹는 환상이며, 브라가디노의 성공에 핵심적인 역할을 한 환상이기도 하다. 거대하고 완전한 변화를 약속하라. 빈곤이 부로, 병이 건강으로, 비극이 환희로 바뀐다고 말하라. 그러면 추종자들이 당신을 따를 것이다.

16세기 독일의 돌팔이 의사 레온하르트 투르나이서(Leonhard Thurneisser)는 의학을 공부한 적이 없음에도 불구하고 어떻게 브란덴부르크 선제후의 주치의가 될 수 있었을까? 투르나이서는 절단술, 거머리 요법, 쓰디쓴 하제 등을 사용하지 않고, 달콤한 만병통치약 하나만 먹으면 병이 낫는다고 장담했다. 상류사회와 궁정 사람들은 특히 그가 엄청나게 비싸게 파는 '마시는 금'을 사려고 앞을 다퉜다. 알 수 없는 병에 걸린 사람에게는 별점을 보고 부적을 써주었다. 희생과 고통 없이 행복과 건강을 얻을 수 있다는 환상을 누가 거부하겠는가!

현실: 사회에는 엄격한 규칙과 경계가 있다. 우리는 그 한계를 이해하며, 매일 똑같은 익숙한 범위 안에서 움직여야 한다는 사실을 알고 있다.
환상: 현실과 다른 규칙과 모험에 대한 기대가 존재하는, 완전히 새로운 세계로 들어갈 수 있다.

1700년대 초, 런던에는 신비로운 이방인에 대한 이야기가 떠돌았다. 그의 이름은 조지 살마나자르(George Psalmanazar)였다. 그는 대부분의 영국인들이 환상의 땅으로 생각하는 포르모사(Formosa, 지금의 타이완)에서 온 청년이었다. 그는 옥스퍼드 대학에 초청되어 학생들에게 포르모사 언어를 가르쳤다. 몇 년 후에는 성서를 포르모사어로 번역했고 포르모사의 역사와 지리에 관한 책도 저술했다. 이 책은 출간 즉시 베스트셀러가 되었다. 영국 왕실은 그에게 좋은 포도주와 음식을 대접했으며, 그는 어딜 가나 자신의 고향 포르모사의 신기한 풍습에 관한 이야기를 들려주었다.
그러나 살마나자르가 죽은 후 그의 유언장을 읽은 사람들은 충격적인 사실을 알았다. 그는 상상력이 풍부한 프랑스인일 뿐이었다. 그가 포르모사에 대해 말한 모든 것, 즉 포르모사의 문자와 언어, 포르모사 문학, 포르모사의 문화와 풍습 등은 전부 지어낸 것이었다. 그는 영국인들이 그곳에 대해 전혀 모른다는 사실을 이용해 정교한 이야기를 꾸며냈고, 이국적이고 낯선 것에 대한 그들의 동경을 충족시켜주었다. 영국 사회는 사람들이 위험한 꿈을 꾸는 것을 엄격하게 통제했기 때문에, 그는 사람들의 억압된 심리와 환상을 완벽하게 이용할 수 있었다.
이국적인 것에 대한 환상은 때로 성적(性的)인 요소와 관련성을 지닌다. 하지만 너무 가까이서 볼 수 있도록 해서는 안 된다. 실재적이고 육체적인 것은 환상의 힘을 방해하기 때문이다. 볼 수 있고 파악할 수 있으면, 결국 싫증나게 마련이다. 이는 대부분의 매춘부들이 맞는 운명이다.

정부(情婦)의 육체적 매력은 남자로 하여금 다른 종류의 쾌락, 더 새로운 쾌락을 갈망하도록 자극할 뿐이다. 환상에 어느 정도 비현실적인 부분이 있어야만 권력을 얻을 수 있다. 1차 세계대전 전에 파리 대중의 주목을 받은 무희이자 고급 창녀인 마타 하리는 평범한 외모를 지녔다. 그녀가 힘을 가질 수 있었던 것은 이국적이고 낯설고 이해할 수 없는 신비로운 존재감에 대한 환상을 만들었기 때문이다. 그녀를 돋보이게 한 것은 성적인 매력이 아니라 사회적 관습을 깼다는 사실이다.

색다른 것에 대한 환상의 또 다른 형태는 지루한 일상에서 벗어날 수 있다는 희망이다. 사기꾼들은 흥미로운 모험이 없는 현실 세계의 답답함과 권태를 이용한다. 이를테면, 스페인의 사라진 보물을 찾을 수 있다고, 게다가 매혹적인 아가씨나 남미 어느 나라의 왕을 만날 수 있다고 속삭이는 것이다. 권태로운 일상에 해방을 가져다줄 무언가를 제시하는 것이다.

현실: 현실 사회는 파편화되어 있고 갈등으로 가득하다.
환상: 영혼의 신비로운 결합을 통해 통합을 이룰 수 있다.

1920년대에 오스카 하첼(Oscar Hartzell)이라는 사기꾼이 프랜시스 드레이크 경(Sir Francis Drake, 16세기 영국의 해군제독―옮긴이)의 이름을 빌려 사기극을 벌였다. 그는 자신이 오래전에 사라진 '드레이크의 보물'을 찾았으며, 드레이크라는 성을 가진 사람에게 그 보물의 상당량을 나눠주겠다고 약속했다. 미국 중서부 지방에서 수천 명의 사람들이 이 사기꾼의 말에 넘어갔다. 하첼은 그들을 이용해, 드레이크의 보물을 마땅히 가져야 할 상속자들을 인정하지 않으려는 사람들과 정부에 대항하는 조직적인 무리를 만들었다. 이들 억압받는 드레이크 가문 사람들로 이루어진 정신적인 결사체는 힘을 집결해 집회와 시위를 벌였다. 이와 같은 단결체를 만들면 당신에게 커다란 힘이 생기지만, 이 힘은 당신에게 불리한 방향으로 변하기가 쉽다. 이는 선동 정치가들이 자주 사용하는 방식이다.

현실: 죽은 자는 다시 살릴 수 없으며 과거는 돌이킬 수 없다.

환상: 이러한 참을 수 없는 사실을 단번에 바꿀 수 있다.

이러한 환상은 여러 가지 방식으로 변형되어 사용된다. 이것은 섬세한 기술이 필요하다.

네덜란드 화가 베르메르(Vermeer)의 작품은 그 중요성과 아름다움에서 높은 평가를 받아왔지만, 남아 있는 그림의 수가 매우 적어 희귀한 가치를 지닌다. 그런데 1930년대에 베르메르의 그림이 미술시장에 나타나기 시작했다. 전문가들도 진품이라고 판정했다. 이 그림들을 소유하는 것은 수집가들의 꿈이 되었다. 마치 죽은 베르메르가 살아 돌아온 것 같았다.

나중에 밝혀진 바에 따르면, 그 그림들은 한 반 메헤렌(Han van Meegeren)이라는 네덜란드 화가의 위작이었다. 그가 베르메르를 선택한 것은 환상의 본질을 알고 있었기 때문이다. 일반 대중과 전문가들은 그 그림들이 진짜라고 간절히 믿고 싶어했기 때문에 그것들이 진짜로 보일 수밖에 없었던 것이다.

기억하라. 환상을 유지하는 열쇠는 거리다. 멀리 있는 것은 매혹적이고, 기대감을 주며, 단순하고 아무 문제가 없어 보인다. 따라서 당신이 제시하는 것은 만질 수 있는 실체가 없어야 한다. 그것을 가깝고 익숙한 것으로 만들지 말라. 멀리 있는 신기루로 유지하되 상대가 다가가면 더 멀리 떨어뜨려라. 그 환상에 대해 너무 직접적으로 설명하지 말고 모호한 채로 놔두어라. 상대가 유혹을 느낄 만큼은 가까이 오게 하되, 꿈꾸고 갈망할 수 있을 만큼의 거리는 유지해야 한다.

| **이미지** | 달. 달은 손에 넣을 수 없고, 항상 모양을 바꾸며, 사라졌다가 곧 나타난다. 우리는 달을 보며 상상하고, 호기심을 가지고, 연모한다. 달은 결코 우리에게 익숙해지지 않고 계속 우리를 꿈꾸게 만든다. 명백한 대상을 제시하지 말라. 대신 달을 따주겠다고 약속하라.

| **근거** | 거짓말은 아름답게 미화하여 환상으로 만들 수 있는 매력적인 유혹물

이다. 거짓말에는 신비로운 개념의 옷을 입힐 수 있다. 진실은 차갑고 냉정한 사실이며, 받아들이기에 그리 편안하지 않다. 거짓말은 더 입맛에 맞는다. 이야기를 꾸며낼 줄 모르고 항상 진실만을 말하는 사람은 미움을 받는다. …… 나는 진실을 말하는 것보다 꾸며낸 이야기를 하는 것이 훨씬 유익하고 재미있다는 것을 깨달았다.

– 조지프 베일(일명 '옐로 키드', 1875~1976)

뒤집어보기

대중의 환상을 이용하면 권력을 얻을 수 있지만 거기에는 위험도 존재한다. 대개 환상에는 연극적인 요소가 포함된다. 대중은 자신이 속고 있다는 것을 대충은 알지만, 어쨌거나 그 환상과 꿈을 깨지 않고 놔둔다. 지루한 일상을 잠시 잊을 수 있다는 사실을 즐기는 것이다. 그러므로 가벼운 분위기를 유지하라. 당신이 실제로 모종의 결과물이나 성과를 보여주기를 사람들이 기대하도록 만들지 말라. 그러면 당신이 너무 위험해질 수 있다.

브라가디노는 베네치아를 떠난 후 뮌헨으로 갔다. 하지만 이성적이고 냉정한 바이에른 사람들은 연금술을 잘 믿지 않았다. 오로지 바이에른 대공만이 그를 믿었다. 곤궁한 재정 상태에서 벗어나고 싶은 마음이 간절했기 때문이다. 브라가디노는 베네치아에서와 같은 방식으로 게임을 했다. 사람들이 바치는 선물을 받고, 그들을 계속 기다리게 만들었다. 그러자 바이에른 사람들은 비용은 비용대로 드는데 구체적인 결과가 없다면서 분노를 터뜨렸다. 1592년 바이에른 사람들은 공정한 심판을 해야 한다고 외쳤고, 결국 브라가디노는 교수형에 처해졌다. 전과 같은 방법을 썼지만, 이번에는 대중의 인내심의 한계를 오판한 것이 문제였다. 대중의 환상을 현실로 만들어주지 못하자 비극을 맞이한 것이다.

한편 환상이 언제나 멋지고 화려해야 한다고 생각하지는 말라. 물론 환상은 현실과 대조를 이루는 것이지만, 때로는 현실 자체가 너무 극적이어서 단순한 것에 대한 갈망이 환상이 될 수도 있기 때문이다. 에이브러햄 링컨이 턱수염이 있는 소박한 변호사의 이미지로 대중에게 어필하여 대통령 선거에서 승리한 것을 생각해보라.

P. T. 바넘은 엄지손가락 톰이라는 난쟁이와 함께 성공적인 공연을 펼쳤다. 이 난쟁이는 나폴레옹을 비롯한 역사 속의 유명한 지도자로 분장하고 무대에 올라 그들을 비꼬며 우스꽝스럽게 풍자했다. 사람들은 공연을 보며 즐거워했고 심지어 빅토리아 여왕도 재미있어 했다. 당시 사람들이 원하는 환상, 즉 '허영심 가득한 역사 속의 통치자는 신물 난다, 평범한 국민이 최고다'라는 생각에 어필했기 때문에 성공한 것이다. 엄지손가락 톰은 환상의 익숙한 패턴, 즉 낯설고 신비로운 것이 이상화되는 방식을 뒤집었다. 하지만 그의 방식은 권력의 법칙에 위배되지는 않는다. 그 아래에는 평범하고 소박한 사람은 아무 문제가 없으며 힘 있고 부유한 사람들보다 더 행복하다는 환상이 깔려 있기 때문이다.

링컨과 엄지손가락 톰 모두 평범한 서민의 이미지를 이용했지만 거리를 유지하는 데 신경을 썼다. 당신 역시 이러한 환상을 이용할 때는 주의 깊게 거리를 유지해야 한다. 당신의 '평범한' 페르소나가 대중에게 너무 친근하고 익숙하게 느껴지면 환상으로서의 역할을 제대로 수행할 수 없기 때문이다.

Law
19

왕 대접을 받으려면
왕처럼 행동하라

...

왕관의 전략

당신이 어떻게 처신하느냐에 따라
당신에 대한 대접이 달라지는 법이다.
저속하거나 천박한 사람으로 보이면
결국 당신이 얻게 되는 것은 경멸과 멸시뿐이다.
왕은 스스로를 존중한다.
그래야 다른 사람들에게도 그런 감정을
불러일으킬 수 있기 때문이다.
자신의 힘을 믿고 당당하게 행동함으로써
왕관을 쓸 운명인 존재로 보이도록 하라.

법칙 위반 사례: 왕 답지 않은 왕, 루이-필리프

1830년 7월, 파리에서 혁명이 일어나 샤를 10세(Charles X)가 강제 퇴위를 당했다. 프랑스 최고 권력자들은 위원회를 구성해 후계자를 지명했다. 그들이 택한 사람은 오를레앙 공 루이 필리프(Louis-Philippe)였다.

루이-필리프는 예전 왕들과는 다를 것이 분명했다. 출신 왕가부터 달랐고, 왕위를 물려받은 게 아니라 위원회가 왕위를 준 것이라 정통성에도 문제가 있었다. 그뿐이 아니었다. 루이-필리프는 의례나 겉치레를 싫어했고, 귀족보다 은행가 친구들이 더 많았다. 더구나 그는 나폴레옹처럼 새로운 통치 방식을 창조하는 스타일이 아니었다. 그보다는 예전부터 자신에게 대장 자리를 준 사업가나 중산층 평민들과 더 잘 어울리기 위해 왕이라는 자신의 위치를 낮추었다. 그래서 루이-필리프와 연관되는 상징은 홀도 왕관도 아니었다. 한가롭게 산책 나온 부유한 중산층이라도 되는 듯, 파리 시내를 의기양양하게 걸어 다닐 때 쓰는 회색 중절모와 우산이 그의 상징이었다. 프랑스에서 가장 유력한 은행가인 야코프 로트실트를 자신의 궁전으로 초대했을 때도, 왕은 그를 자신과 동등하게 대해주었다. 그리고 여느 왕과 달리 로트실트와 오로지 돈 이야기만 했다. 루이-필리프 자신이 돈을 아주 좋아했을 뿐 아니라, 재산도 상당히 모은 인물이었기 때문이다.

이 '부르주아 왕'이 간신히 통치를 이끌고 갈수록, 국민들은 그를 경멸했다. 귀족들은 왕답지 못한 왕을 참지 못하고 몇 년 지나지 않아 왕에게 등을 돌렸다. 한편 샤를 10세를 몰아냈던 과격주의자를 비롯해 점점 늘어나는 빈곤층도 왕 같지도 않고 그렇다고 국민 편도 아닌 통치자에게 불만이 많았다. 루이-필리프가 의지했던 은행가들조차 나라를 좌지우지하는 건 왕이 아닌 자신들이란 걸 깨닫고, 왕을 멸시하기 시작했다. 한번은 왕족들을 위한 기차 여행이 있었다. 여행을 떠나는 날 야코프 로트실트는 왕이 늦었다는 이유로 거의 공개적인 망신을 주었다. 전에는 왕이 그 은행가를 자신과 동등하게 대해 화젯거리였는데, 이제는 그 은행가가 왕을 자기 아랫사람처럼 대하는 것이었다.

결국 루이-필리프의 전임자인 샤를 10세를 왕위에서 물러나게 했던 노동자 폭동이 다시 고개를 들기 시작했다. 왕은 이를 무력으로 진압했다. 그런데 왕이 그토록 지켜내려 애썼던 것은 무엇이었을까? 그가 경멸해 마지않던 군주제도도, 그가 가로막았던 민주주의 공화국도 아니었다. 그가 진정 지켜내려 했던 것은 왕의 재산과 은행가들의 재산인 것처럼 보였다. 그러니 시민들이 충성심을 가질 리가 없었다.

1848년 초반, 선거제도를 개혁해 프랑스를 진정한 민주주의 국가로 만들자는 요구가 각계각층에서 빗발치기 시작했다. 2월에 접어들자 그러한 요구는 폭력적인 양상을 띠었다. 루이-필리프는 대중을 진정시키기 위해 총리를 해임하고 그 자리에 진보주의자를 앉혔다. 하지만 그의 바람과 달리 정반대 효과가 나타났다. 왕을 쫓아낼 수도 있겠다는 사실을 국민들이 간파한 것이다. 시위는 이제 혁명으로 치달았다. 거리에는 포화가 일고 방책(防柵)이 설치됐다.

2월 23일 밤, 파리의 군중들이 왕궁을 둘러쌌다. 그날 밤 루이-필리프는 왕위를 버리고 잉글랜드로 달아났다. 사람들은 모두 어안이 벙벙했다. 그는 후계자를 남기지도 않았고, 후계자를 지명하지도 않은 상태였다. 그의 정부는 일거에 무너지고 말았다.

해석 ——

루이-필리프는 왕이나 지도자에게 자연스레 따라붙는 품격을 의식적으로 허물어버렸다. 그는 왕을 상징하는 위엄을 비웃으면서, 통치자도 일반 시민과 비슷한 존재가 되는 새로운 시대가 동 트고 있다고 믿었다. 그의 생각이 틀린 건 아니었다. 왕이나 여왕이 존재하지 않는 새로운 시대가 다가오고 있는 것도 분명 사실이었기 때문이다. 하지만 권력의 역학이 어떻게 변화할지에 대한 예측에서 그는 결정적인 실수를 범했다.

프랑스 국민들은 처음에는 왕의 중절모와 우산을 좋아했지만, 곧 그런 모습을 달가워하지 않게 되었다. 사람들은 루이-필리프가 실제로는 자신들과 전혀 비슷하지 않다는 걸 잘 알고 있었다. 중절모나 우산은 프랑스가 보다 평등한 사회가 되었다는 환상을 심어주기 위한 일종의 속임수였고, 실제로는 부익부 빈익빈 현상이 더욱 심화되었다. 또 국민들은 통치자가 어느 정도 위엄을 갖추길 기대했다. 이는 약 50년 전 프랑스 혁명 당시 잠깐 권력을 잡았던 로베스피에르 같은 급진주의자도 잘 아는 사실이었다. 혁명으로 세운 공화국을 제국으로 변모시킨 나폴레옹도 이 사실을 직감적으로 알고 있었음은 물론이다. 루이-필리프가 권좌를 버리고 도망치자 국민들은 곧바로 본심을 드러냈다. 나폴레옹 1세의 조카 나폴레옹 3세를 대통령으로 선출했던 것이다. 나폴레옹 3세는 무명인이나 다름없었지만, 사람들은 그가 나폴레옹 장군의 막강한 품격을 다시 세우고 '부르주아 왕'이 남긴 씁쓸한 기억을 지워주길 바랐다.

막강한 권력을 쥔 사람들은 평민처럼 보이고 싶을 수도 있다. 왕도 신하나 백성들과 다를 바 없는 존재라는 환상을 만들어내려 노력한다. 하지만 아무리 연기를 해도 사람들은 믿지 않는다. 권력자의 운명을 함께 나누는 것처럼 '보이기만' 할 뿐, 실제로 자신들이 더 많은 권력을 가질 수 없다는 걸 잘 아는 것이다. 사람들에게 진정으로 와닿는 서민성은 프랭클린 루스벨트 대통령이 보여준 방식뿐이다. 그는 귀족적인 품위를 유지하면서도 일반 국민들과 가치와 목표를 공유하고 있다는 것을 보여주었다. 그는 결코 일반 대중과 거리가 없는 것처럼 가장하지 않았다.

마음에도 없는 친밀함을 가장해 사람들과의 거리를 없애려 하는 지도자들은 충성심, 두려움, 사랑을 불러일으키기는커녕 경멸을 받을 뿐이다. 그런 사람들은 루이-필리프처럼 아무런 공감도 얻지 못할 뿐만 아니라 단두대에 오를 가치도 없다고 여겨진다. 이들은 결국 한밤중에 조용히 사라지고 만다.

법칙 준수 사례: 콜럼버스의 대담한 요구

크리스토퍼 콜럼버스(Christopher Columbus)가 항해 비용을 대줄 후원자를 찾을 때 사람들은 그가 이탈리아 귀족 출신인 줄로만 알았다. 이러한 생각은 이 탐험가가 세상을 떠난 후 그의 아들이 쓴 전기를 통해 역사 속에 그대로 전해졌다. 전기에서는 몬트페라트 쿠카로 성의 콜롬보 백작이 콜럼버스의 선조라고 밝히고 있다. 콜롬보 백작은 로마시대의 전설적인 장군 콜로니우스의 후손이며, 그의 사촌 둘은 콘스탄티노플 황제의 직계 후손이라고 하니 그야말로 화려한 배경이 아닐 수 없다. 하지만 이 것은 모두 꾸며낸 이야기였다. 콜럼버스는 미천한 직조공 도메니코 콜롬 보(Domenico Colombo)의 아들이었다. 그의 아버지는 포도주 가게를 운 영한 적이 있으며 나중에는 치즈를 팔아 생계를 꾸려갔다.

귀족 가문 출신이라고 이야기를 꾸며낸 것은 콜럼버스 자신이었다. 그 는 어릴 때부터 자신이 큰일을 해낼 운명이며, 자신에게는 왕가의 피가 흐른다고 생각했다. 그래서 귀족 가문의 후손인 것처럼 행동했다. 제노 바 출신인 그는 상선(商船)을 타고 다니다가 리스본에 정착했다. 그리고 귀족 가문 출신이라고 속여 리스본에서 유명한 집안의 사위가 되었다. 당시 이 집안은 포르투갈의 왕실과 친분이 있었다.

콜럼버스는 처가 사람들을 이용해 포르투갈의 왕 주앙 2세(João II)를 만났다. 그는 왕에게 아시아로 가는 지름길을 찾아 서쪽으로 떠나는 항 해 계획을 밝히고 자금 지원을 해달라고 청원했다. 콜럼버스는 무엇이든 발견하면 주앙 2세의 이름을 붙이겠다고 공언하면서, 그 대가로 몇 가지 권리를 요구했다. 해군제독의 직함, 자신이 발견한 모든 땅의 총독자리, 그 땅 사람들과 교역을 할 경우 수익의 10퍼센트를 달라는 것이었다. 그 리고 이러한 권리를 가문이 세습하게 해달라고 했다. 고작 상선의 상인 에 불과했던 자가 이처럼 대담한 요구를 한 것이었다. 그는 항해 지식이 거의 없었고, 사분의(항해 시대에 포르투갈 항해자들이 주로 사용한 고도 측정 기구로, 이를 이용해 배가 언제 목적항의 위도에 진입하는지 파악했다—옮긴이) 도 다룰 줄 몰랐으며, 무리를 이끌어본 적도 없었다. 한마디로 항해를 할 자격이 전혀 없었던 것이다. 게다가 그 청원에는 막연한 약속만 있을 뿐, 자신의 계획을 어떻게 이루겠다는 세부적인 내용은 하나도 들어 있지 않 았다.

콜럼버스가 말을 마치자 주앙 2세는 미소를 지어 보였다. 그는 정중하 게 제안을 거절하면서도 후일의 여지를 남겨두었다. 콜럼버스는 이때 중 요한 사실을 깨달았던 게 분명하다. 왕이 자신의 요구를 거절하기는 했 지만, 그 내용을 합리적으로 여겼다는 것을 말이다. 왕은 콜럼버스를 전

시키온에 간 히포클레이데스 이후 30년 사이에 그 가문은 더 유명해졌다. 시키온의 참주 클레이스테네스 덕분이었다. 클레이스테네스에게는…… 아가리스테라는 딸이 하나 있었다. 그는 딸을 그리스 최고의 남자와 결혼시키고 싶었다. 그래서 자신이 전차경주에 참여해 승리를 한 올림픽 경기에서 공개 발표를 했다. 클레이스테네스의 사위가 될 자격이 있다고 생각하는 사람은 60일 이내에 시키온으로 오라는 것이었다. 그해가 가기 전에 딸을 미래의 남편감과 약혼시킬 생각이었다. …… 이윽고 구혼자들이 속속 도착했다. 모두 그리스 국적을 가진 구혼자들은 자신의 출신지나 스스로에 대해 자부심을 가지고 있었다. 클레이스테네스는 구혼자 한 사람 한 사람에게 출신지와 가문을 물어보는 일부터 시작했다. 그리고 나서 그들을 잘 알아야겠다는 생각에 1년간 그의 집에 머물게 했다. 때로는 개별적으로, 때로는 다 함께 모여 이야기를 나누면서, 그들의 남자다움과 기질, 교육수준과 예의범절을 시험해보았다. …… 그 중 그가 가장 중요하게 여겼던 시험은 저녁식사 때의 행동이었다. 구혼자들이 시키온에 머무는 동안 이 모든 일이 진행되었고, 클레이스테네스는 언제나 그들에게 후한 대접을 해주었다. 두 명의 아테네인이 클레이스테네스의 마음에 들었다. 둘 중에서도 티산데르의 아들 히포클레이데스가 더 호감을 샀다. …… 예정된 약혼식

콜럼버스가 대담하게 요구 조건을 내거는 모습에 깊은 인상을 받았고, 그토록 자신감 넘치는 사람이 곁에 있는 것을 흡족해했다. 콜럼버스는 이렇게 허황된 요구를 내건 덕분에 자신의 지위를 곧바로 끌어올릴 수 있었다. 자신의 가치를 그토록 높게 잡는 것을 보면 분명 그럴 만큼 가치 있는 사람일 거라고 생각했던 것이다.

몇 년 후 콜럼버스는 스페인으로 갔다. 그는 포르투갈 사람들의 연줄을 통해 스페인 왕실의 상류층과 사귈 수 있었다. 재력가로부터 지원금을 받았고 공작 및 제후들과도 교류했다. 콜럼버스는 항해 계획을 설명하고 자금을 지원해달라고 되풀이했다. 물론 주앙 2세에게 요구했던 것과 같은 똑같은 권리를 요구했다. 권력이 막강했던 메디나 공처럼 스페인에는 콜럼버스를 돕고 싶어하는 사람들이 더러 있었지만, 그를 도울 수가 없었다. 그가 원하는 권리를 줄 힘이 없었기 때문이다. 하지만 콜럼버스는 포기하지 않았다. 그의 요구를 들어줄 수 있는 사람은 오직 이사벨라(Isabella) 여왕뿐이란 것을 깨달았다. 1487년, 드디어 여왕을 알현하는 데 성공했다. 여왕으로부터 후원금을 받아내는 데는 실패했지만, 콜럼버스는 여왕의 마음을 완전히 사로잡아 왕궁을 자주 드나들 수 있게 되었다.

1492년, 스페인은 수 세기 전부터 스페인 일부 지역을 점령하고 있던 무어인들을 완전히 쫓아냈다. 전쟁으로 인한 국고 부담이 사라지자 이사벨라는 마침내 탐험가의 청을 들어주기로 했다. 선박 세 척과 장비, 선원들의 급료와 콜럼버스의 봉급 약간을 마련해준 것이다. 그리고 무엇보다도 그가 원하던 칭호와 권리를 주었다. 하지만 여왕은 기간 제한을 두지 않고 세습하게 해달라는 요구만큼은 거부했다. (그 조항만 있었어도 콜럼버스와 그 후손들은 세계 최고의 갑부가 되었을 것이다. 하지만 그 조항만 작은 활자로 되어 있었고, 콜럼버스는 그것을 읽지 않고 지나갔다.)

콜럼버스는 그해 아시아로 가는 항로를 찾기 위해 길을 떠났다. (그는 신중을 기해 최고의 항해사를 고용했다.) 지름길 항로를 찾아내지 못했지만, 콜럼버스는 이듬해 더 야심찬 항해 계획을 세워 자금 지원을 해달라고 여왕에게 요청했고, 여왕은 그 청을 들어주었다. 이 무렵 여왕도 콜럼버스를 큰일을 해낼 사람이라고 생각했던 것이다.

해석 ——

콜럼버스의 탐험가로서의 자질은 지극히 평범한 수준이었다. 바다에 대한 지식은 일반 선원들보다도 못했고, 자신이 발견한 땅의 위도와 경도도 파악할 줄 몰랐으며, 섬을 거대한 대륙으로 착각하는가 하면, 선원들에게 모질게 굴었다. 그러나 한 가지 점에서만큼은 천재였다. 자기선전을 하는 방법은 기막히게 알았던 것이다. 그렇지 않고서는 치즈 장수의 아들이자 하급 상인에 불과했던 그가 어떻게 가장 지체 높은 왕실 및 귀족 가문 사람들에게서 환심을 살 수 있었겠는가.

콜럼버스가 귀족들의 마음을 사로잡을 수 있었던 힘은 모두 그의 거동에서 나온 것이었다. 그는 배경이 없는 사람이라고 생각되지 않을 만큼 자신감이 넘쳤다. 그렇다고 벼락부자들처럼 공격적이고 추한 자기자랑을 하고 다닌 것도 아니었다. 그것은 조용하고도 차분한 자기 확신이었다. 마치 귀족들이 보여주는 자신감과 비슷했다. 권력자들은 스스로의 능력을 증명하거나 떠벌릴 필요가 전혀 없다. 자신들은 귀하기 때문에 당연히 더 대접받고 요구할 수 있다고 생각한다. 콜럼버스도 바로 그러했기 때문에 귀족들은 그에게 금방 호감을 느끼곤 했다. 일반 대중과는 품격이 다르고, 위대한 일을 할 운명을 타고난 사람인 것처럼 말이다.

당신의 몸값은 당신에게 달려 있다는 것을 명심하라. 당신의 거동에는 당신이 스스로를 어떻게 생각하는지가 드러난다. 아무것도 요구하지 않고, 걸음이 당당하지 못하며, 머리를 조아리고 다니면 사람들은 그것이 당신의 품성을 드러낸다고 생각할 것이다. 하지만 그것이 당신 자신은 아니다. 그것은 당신이 다른 사람에게 자신을 내보일 때 선택한 방식일 뿐이다. 그러니 당신 안의 콜럼버스를 전면에 내세우는 것도 쉬운 일이다. 항상 쾌활하고 자신감에 찬 모습을 보여주어라. 왕관을 쓰기 위해 태어난 사람처럼 행동하라.

위대한 사기꾼들이 권력을 얻는 데는 다 이유가 있다. 사기를 치는 순간, 그들은 '스스로에 대한 믿음'에 압도된다. 바로 이런 믿음 때문에 주위 사람들에게 그들의 말이 그토록 대단하고 매혹적으로 들리는 것이다.

– 프리드리히 니체(1844~1900)

권력의 열쇠: 왕 대접을 받으려면 왕처럼 행동하라

어린아이는 세상에 모든 것을 기대하고 요구한다. 사회생활을 하기 전까지는 대개가 그렇다. 하지만 좌절과 실패를 겪으면서 경계선을 설정하게 되고, 이러한 경계선은 시간이 지날수록 한층 두터워진다. 세상에 대해 기대하는 것도 적어지고 쉽게 한계를 받아들인다. 알고 보면 스스로 부과한 한계들인데 말이다. 그리고 단순한 요구를 할 때조차 미안해한다. 이렇게 기가 꺾이는 것을 막는 방법은 작심하고 정반대로 나가는 것이다. 실패와 한계는 안중에 두지 말고, 마치 어린아이처럼 많은 것을 요구하라. 그러기 위해서는 '왕관의 전략'이라 불리는 특별한 전략이 필요하다.

왕관의 전략은 간단한 인과론을 기본으로 삼는다. 우리가 위대한 일을 할 운명이라고 스스로 믿으면 그러한 믿음이 바깥으로 발산이 된다는 것이다. 왕관을 쓰면 왕 주위에 아우라가 생기는 것과 같은 이치다. 밖으로 발산되는 그 기운은 주위 사람들을 감염시키고, 그들은 우리가 그토록 자신감이 넘치는 데는 필경 이유가 있을 거라고 생각한다. 왕관을 쓴 사람들은 아무 거리낌 없이 무엇이든 요구하고, 또 무엇이든 이룰 수 있는 것처럼 보인다. 이런 생각 역시 밖으로 발산되어 나온다. 그러면서 제약과 한계는 사라진다. 왕관의 전략을 한번 활용해보라. 그러면 그 결실을 보고 놀라게 될 것이다. 예를 들어 주위의 어린아이들을 보라. 아이들은 자신이 원하는 것은 뭐든 요구하고 얻어낸다. 기대가 높은 것, 그것이 바로 어린아이들의 매력이다. 어른들은 아이들의 바람을 이뤄주는 걸 좋아한다. 이사벨라 여왕이 콜럼버스의 요구를 들어주면서 즐거워했던 것처럼 말이다.

역사를 살펴보면, 비잔틴 제국의 황후 테오도라나 콜럼버스, 베토벤, 디즈레일리 같은 사람들이 이 왕관의 전략을 이용할 줄 알았다. 스스로가 위대하다는 믿음이 너무 강해 자기실현적 예언이 된 것이다. 요령은 간단하다. 자기 자신에 대한 믿음에 압도되기만 하면 된다. 하지만 스스로를 속이는 것이라 해도, 행동은 왕처럼 품위가 있어야 한다. 그래야 왕과 같은 대접을 받을 수 있다.

왕관 덕분에 다른 사람들과 격이 달라질 수 있지만, 진정한 격을 만드는 것은 당신 손에 달려 있다. 당신 자신이 다른 식으로 행동하면서 주위 사람들과의 거리를 보여주어야 한다. 어떤 상황에서도 품위 있게 행동하여 당신이 다르다는 걸 보여주어라. 루이-필리프는 다른 사람들과 다르다는 생각을 전혀 심어주지 못했다. 그는 왕이 아니라 은행가처럼 굴었다. 백성들이 위협하고 나오자 바로 굴복해버렸고, 그러자 모든 이들이 그걸 간파하고 달려들었다. 왕의 품격과 확고한 목적이 없었던 루이-필리프는 사람들 눈에 왕의 자질이 부족한 것으로 비쳤기에 그의 왕관은 쉽사리 벗겨져버렸다.

하지만 왕의 품격을 오만과 혼동해서는 안 된다. 오만은 불안하다는 표시로, 왕의 풍모와는 거리가 멀다.

1930년대 초반 약 40년간 에티오피아를 통치한 하일레 셀라시에는 젊은 시절엔 라스 타파리(Lij Tafari)라 불렸다. 타파리는 귀족 출신이었지만, 권력에 오를 기회가 없었다. 당시 왕이었던 메넬리크 2세(Menelik II)의 승계 서열에서 너무나 뒤로 밀렸기 때문이다. 그럼에도 어릴 때부터 자신감과 기품 있는 거동을 보여 주위 사람들을 놀라게 했다.

타파리는 열네 살에 왕궁에 들어가 살았다. 그리고 곧 왕의 눈에 들어 총애를 받았다. 쏟아지는 비난의 화살에도 꿋꿋하고, 끈질기게 참으며, 차분하게 스스로를 확신하는 모습이 왕을 매료시켰던 것이다. 거만하고 사나우며 시기심 많은 귀족층의 다른 젊은이들은 책에 빠져 사는 이 10대 소년을 밀어내려 했다. 하지만 타파리는 절대 화내는 일이 없었다. 화를 낸다는 건 불안하다는 표시였고, 타파리는 거기에 굴복할 생각이 없었다. 주위에는 그가 언젠가는 왕위에 오를 거라 생각하는 사람들이 생겨냈다. 그가 이미 왕위에 오른 것처럼 행동했기 때문이다.

1936년, 이탈리아 파시스트들이 에티오피아를 점령하자 (이제 하일레 살라시에라고 불리게 된) 타파리는 망명길에 올랐다. 그는 조국의 상황을 국제연맹에 호소했다. 그 자리에 참석한 이탈리아인들이 상스러운 욕으로 그를 몰아세웠지만 그는 기품 있는 태도를 잃지 않았다. 덕분에 그는 더 고상해 보였고 반대파들은 훨씬 추해 보였다. 사실 기품은 어려운 상황에서 언제든 쓸 수 있는 가면이다. 상대가 어떻게 나오든 당신은 아무렇지 않게 얼마든지 응수해줄 것처럼 보이기 때문이다. 이만큼 막강한 힘을 발휘하는 태도도 없다.

기품 있는 거동은 다르게 활용되기도 한다. 사기꾼들은 귀족처럼 보이는 게 얼마나 중요한지 오래전부터 알고 있었다. 귀족처럼 고상하게 보이면 사람들은 경계심을 풀고 의심하지 않는다. 또 기품으로 위협해 사람들을 수세에 몰 수도 있다. 빅토르 루스티히 백작이 간파했듯이 바보들은 한번 수세에 몰아넣으면 그대로 궁지에 빠진다. 사기꾼 옐로 키드 베일 역시 부자들의 겉치레를 흉내 내며 언제나 태연하게 행동했다. 큰돈을 벌 수 있는 방법이 있음을 은근히 흘리면서도 왕처럼 초연한 태도를 보였다. 자신이 대단한 부자라도 되는 것처럼 자신만만했다. 바보들은 베일처럼 멋진 부자가 되고 싶은 마음에 그가 내미는 미끼를 덥석 물었다.

마지막으로, 기품 있는 거동을 보이기 위해서는 몇 가지 심리적 전략이 필요하다. 첫째, 콜럼버스 전략으로, 항상 대담한 요구를 하라. 당신의 몸값을 높게 매기고 흔들리지 말라. 둘째, 품위를 유지한 채로 최고 권력자를 대적 상대로 삼아라. 그러면 당신이 공략하고 있는 권력자와 동등한 수준이 된다. 이는 '다윗과 골리앗 전략'으로, 대단한 적을 고르면 당신도 대단해 보인다.

셋째, 윗사람에게 선물을 주어라. 이것은 후원자를 둔 사람들이 쓰는 전략이다. 후원자에게 선물을 주면 당신은 그와 동등하다는 뜻이 된다. 뭔가를 주는 척하면서 더 큰 것을 가져가는 것은 고전적인 사기 수법이다. 르네상스 시대의 작가 피에트로 아레티노는 만토바 공을 후원자로 삼고 싶었다. 노예처럼 아부를 떨면 자신을 별 볼 일 없는 사람으로 취급할 것이라고 생각한 그는 선물로 접근을 했다. 그의 친구 티치아노의 그림을 선물한 것이다. 만토바 공이 그 선물을 받음으로써 둘은 동등한 관계가 되었다. 그러자 공은 그를 훨씬 마음 편하게 대할 수 있었고 기꺼이 그의 후원자가 되었다. 선물 전략은 미묘하면서도 기막힌 효과를 발휘한다. 당신은 도움을 구하면서도 기품을 잃지 않을 수 있다. 이로써 둘 사이는 동등하며 그저 둘 중 하나가 우연히 돈을 더 많이 가지고 있을 뿐이라는 뜻이 된다.

자신의 가치를 매기는 것은 당신 자신이라는 것을 잊지 말라. 적게 요구하면 그만큼만 얻게 된다. 하지만 많이 요구하면 당신이 왕만큼 가치 있는 사람이라 말하는 것이다. 비록 당신을 거절하더라도 사람들은 당신에게 존경심을 가질 것이며, 결국 그 존경심은 당신에게 생각지도 못한 도움을 줄 것이다.

| 이미지 | 왕관. 왕관을 머리에 쓰고 사뭇 다른 거동을 취하라. 조용하게 확신을 보여라. 절대 의구심을 보이지 말고 위엄을 잃지도 말라. 그렇지 않으면 왕관은 어울리지 않는다. 왕관은 당신보다 더 귀한 사람에게 가야 하는 것처럼 보일 것이다. 대관식을 기다릴 것도 없다. 위대한 황제들은 스스로 황위에 오른다.

| 근거 | 모든 사람들은 자신의 방식에 따라 왕처럼 행동해야 한다. 실제로는 왕이 아닐지라도, 모든 행동이 왕의 면모를 지니게 하라. 행동은 고상하게 하고, 뜻은 높게 품어라. 실제로는 왕이 아닐지라도, 모든 거동 속에 당신이 왕 대접을 받을 자격이 있다는 것을 드러내라.

– 발타사르 그라시안(1601~1658)

뒤집어보기

왕 같은 자신감을 보이려면 다른 사람과 격이 달라야 한다. 하지만 이 원칙이 도를 지나치면 파멸에 이르게 된다. 사람들에게 굴욕감을 주어 자신을 고상하게 만들려 하지 말라. 대중들과 동떨어져 너무 높이 있는 것도 좋은 생각이 아니다. 표적이 되기 쉽기 때문이다. 귀족처럼 행동하는 게 오히려 위험할 때가 있는 법이다.

1640년대 찰스 1세가 잉글랜드를 통치하던 시절 국민들은 군주제도에 환멸을 품었다. 올리버 크롬웰이 이끄는 반란이 잉글랜드 전역에서 일었다. 이때 찰스가 통찰력을 발휘해 개혁을 지지하고 자신의 권력 일부를 희생하는 모습을 보여줬다면 역사는 달라졌을 것이다. 하지만 그는 왕의 권위를 더욱 강화했다. 자신의 권력과 신성한 군주제도가 공격받은 것에 진노한 모습이었다. 그런 모습이 백성들을 자극해 반란은 더욱 거세졌다. 결국 찰스는 참수형을 당하고 말았다. 당신이 발산해야 하는 건 자신감이지, 거만함이나 경멸감이 아니라는 것을 잊지 말라.

마지막으로, 경박하고 상스럽게 굴어 권력을 얻는 경우도 가끔 있다. 하지만 천박해 보이는 방법으로 스스로를 차별화하는 것은 위험한 승부수다. 당신보다 천박한 사람들은 얼마든지 있을 것이기 때문이다. 얼마 지나지 않으면 당신보다 젊고 천박한 누군가가 나타나 손쉽게 당신의 자리를 꿰찰 것이다.

PART 3

──────── 당신이 권력에 관심을 갖는 그 순간부터 잠재적인 적들이 당신을 둘러싸기 시작한다. 이제 당신이 성공적으로 권력을 얻게 되었다면 그들은 당신을 향해 칼을 빼들게 된다. 그런 적들뿐만 아니라 당신의 권력을 우러러보며 다가오는 사람들 역시 언제든 당신의 권력을 무너뜨릴 수 있음을 명심해야 한다.

음모와 배신이 판을 치던 궁정사회의 모습은 오늘날 우리 사회 권력 게임의 본질을 보여준다. 교묘한 처신으로 주군 가까이에 가는 데 성공했던 궁정신하들도 등 뒤에 칼을 숨긴 동료들로부터 끊임없이 자신을 보호해야 했다. 권력 게임은 권력을 획득함으로써 끝나는 것이 아니라, 바로 그때부터 본격적으로 시작된다.

여기에 속한 장들에선 당신이 어느 정도 권력을 쥐게 됐을 때 그것을 어떻게 지켜나갈 것인지를 말할 것이다. 일부는 강력한 맞수를 제압하는 법을 다루고 있지만, 대다수는 분명한 적이 보이지 않는 상황에서의 지침을 담고 있다. 특히 권력은 내 안에 무언가를 쌓아두는 데서 오는 것이 아니라 외부와의 관계 맺기에서 만들어지는 것임을 배울 수 있을 것이다.

명심하라. 권력은 네트워크 속에서 벌어지는 게임이다. 자신이 그 안에서 중요한 위치를 차지하는 사람만이 강력한 영향력을 유지할 수 있다. 하지만 함부로 스스로를 드러내기보단 중요한 지점을 차지하고 은밀하게 움직여야 한다. 보이지 않지만 가장 강한 힘, 이것이야말로 권력의 본질이다.

권력유지의 법칙

주인보다 더 빛나지 마라
...
신중한 아부

윗사람이 항상 편안하게 우월감을 누리게 하라.
위에 잘 보이고 싶은 열망으로 당신의 재능을 지나치게
과시하다가는 오히려 역효과를 불러올 수도 있다.
윗사람이 당신을 두려워하며 불안감을 느낄 수도 있다는 의미다.
주인이 실제보다 빛나 보이게 처신하라.
그러면 당신은 권력의 정점에 오를 수도 있다.

법칙 위반 사례: 루이 14세의 심기를 건드린 파티

루이 14세(Louis XIV) 통치 초기의 재무장관 니콜라스 푸케(Nicolas Fouquet)는 화려한 파티와 아름다운 여인들과 시를 좋아하는 인물이었다. 또한 그는 돈을 좋아했는데 사치스러운 생활을 즐기기 위해서였다. 푸케는 영리했으며 왕에게 없어서는 안 되는 꼭 필요한 존재였다. 그래서 1661년에 총리 쥘 마자랭이 죽었을 때, 사람들은 모두 푸케가 그 자리를 이을 것이라고 생각했다. 그러나 왕은 총리라는 자리를 없애버리기로 했다. 그러자 푸케는 세상에서 가장 성대하고 화려한 파티를 열어 왕의 환심을 사기로 했다. 파티의 표면적인 목적은 푸케가 사는 보르비콩트 성의 완공을 축하하는 것이었지만, 진짜 목적은 그날의 주빈인 왕을 접대하는 것이었다.

파티에는 유럽의 명문가 귀족들과 라 퐁텐, 라 로슈푸코, 마담 드 세비네 등 당대 최고의 지성들도 참석했다. 몰리에르가 이날 행사를 위해 희곡을 썼으며 파티가 무르익으면 직접 연기도 할 예정이었다. 파티는 일곱 코스로 이루어진 화려한 만찬으로 시작되었으며, 프랑스에 한 번도 소개된 적이 없는 진귀한 동양 음식들과 특별히 그날을 위해 만든 요리도 선보였다. 식사 도중에는 왕에게 경의를 표하기 위해 푸케가 특별히 작곡을 의뢰한 음악이 연주되었다.

식사가 끝난 뒤에는 정원을 산책했다. 보르비콩트 성의 정원과 분수는 나중에 베르사유 궁전의 모델이 될 만큼 훌륭하고 아름다웠다.

푸케는 젊은 왕을 수행하며 관목과 꽃밭이 기하학적으로 아름답게 배치된 정원을 거닐었다. 정원 한쪽에 있는 인공 수로에 이르자 불꽃놀이가 시작되었고 그다음에는 몰리에르의 연극 공연이 이어졌다. 파티는 밤 늦게까지 열렸으며, 모두들 입을 모아 이렇게 훌륭한 파티는 처음이라고 말했다.

다음 날 푸케는 왕의 근위대장 다르타냥에게 체포되었다. 그리고 석 달 뒤에는 국고 횡령죄로 재판을 받았다. (사실 그가 횡령했다고 하는 돈은 대부분 왕을 위하여 왕의 허락을 받고 빼돌린 것이었다.) 푸케는 유죄 판결을 받고 피레네 산맥에 있는 외딴 감옥에 갇혔다. 그리고 그 감옥에서 20년 동안 쓸쓸히 지내다가 죽었다.

해석 ——

　태양왕 루이 14세는 항상 관심의 중심에 있고 싶어하는, 거만하고 자존심 강한 인물이었다. 그는 화려함에서 남에게 뒤지는 것을 참지 못했다. 하물며 자기 밑에 있는 신하에게 뒤진다는 것은 생각할 수도 없는 일이었다. 루이 14세는 푸케의 후임으로 장-밥티스트 콜베르(Jean-Baptiste Colbert)를 선택했다. 그는 인색하기로 소문난 사람이었으며, 파리에서 가장 재미없는 파티를 여는 사람으로도 유명했다. 콜베르는 국고에서 나온 돈은 반드시 루이 자신의 손으로 곧장 가도록 했다. 루이는 그 돈으로 푸케의 성보다 더 웅장하고 화려한 궁전을 지었다. 그것이 바로 유명한 베르사유 궁전이다. 루이는 푸케의 보르비콩트 성을 지은 건축가와 실내 장식가와 정원 설계사들을 동원해 베르사유 궁전을 지었다. 그리고 그곳에서 푸케에게 혹독한 대가를 안겨준 그날의 파티보다 훨씬 더 화려한 파티를 열었다.

　이 상황을 잘 살펴보자. 푸케는 그 어느 때보다 성대한 파티를 주최함으로써 왕에 대한 충성심을 표현하려고 했다. 또 이를 통해 왕의 총애를 되찾을 수 있을 뿐만 아니라 고급스러운 취향, 연줄과 인맥, 인기를 보여줌으로써, 자신이 왕에게 꼭 필요한 존재이며 동시에 탁월한 총리감임을 입증할 수 있으리라 생각했다. 그러나 손님들이 푸케에게 미소를 짓고 찬탄을 보낼 때마다, 루이는 그들이 왕인 자신보다 재무장관에게 더 매력을 느낀다고 생각했다. 나아가 푸케가 부와 권력을 과시하고 있다고 여겼다. 푸케는 파티를 열어서 루이의 환심을 산 것이 아니라 오히려 그의 허영심과 자만심에 상처를 주었던 것이다. 물론 루이는 상처 입은 자존심을 누구에게도 드러내지 않았지만, 적당한 구실을 붙여 푸케를 제거해버렸다. 푸케는 자신의 의도와 달리 왕의 불안감을 자극한 죄인이 되었던 것이다.

　그것은 주인의 자존심을 건드리고 그의 자만심을 흔들리게 한 사람, 1인자로서의 위치에 불안을 느끼게 만든 자가 맞이하는 운명이다.

저녁이 시작될 무렵 푸케는 세상 꼭대기에 올라가 있었다. 그러나 아침이 되었을 때 그는 바닥에 떨어져 있었다.

– 볼테르(Voltaire, 1694~1778)

법칙 준수 사례: 메디치 가문과 갈릴레오

1600년대 초, 이탈리아의 천문학자이자 수학자인 갈릴레오(Galileo)는 불안정한 삶을 살고 있었다. 그는 위대한 통치자들에게 연구를 지원받고 있었으며, 따라서 다른 르네상스 시대 과학자들과 마찬가지로 자신이 발명하거나 발견한 것을 당대 최고의 후원자들에게 선물하곤 했다. 예를 들어, 자신이 발명한 군사용 나침반을 곤차가(Gonzaga) 대공에게 선물했고, 나침반의 사용 방법을 설명한 책은 메디치 가문에 헌정했다. 이들 통치자는 고마운 마음을 표현하며 갈릴레오에게 가르칠 학생들을 더 많이 소개시켜주기도 했다. 그러나 아무리 훌륭한 발견을 해서 헌정해도, 후원자들은 대개 선물을 하사했지 현금을 주지는 않았다. 때문에 갈릴레오의 생활은 늘 불안정했다. 결국 갈릴레오는 더 편한 길을 찾아야겠다고 마음먹었다.

갈릴레오는 1610년 목성의 위성들을 발견하고 나서 새로운 전략을 생각해냈다. 예전처럼 발견의 성과를 후원자들에게 나누어주는 대신에, 즉 사용한 망원경은 이 사람에게 주고 책은 저 사람에게 주고 하는 대신에, 메디치 가문에만 초점을 맞추기로 했다. 그가 메디치 가문을 선택한 데는 이유가 있었다. 1540년, 코시모 1세(Cosimo I)는 메디치 왕조를 확립한 직후 모든 신의 우두머리인 유피테르(Jupiter, 목성이라는 뜻도 있음—옮긴이)를 메디치가의 상징으로 삼았다. 이것은 정치와 금융 분야를 초월한 힘에 대한 상징이자, 고대 로마와 그 신들에게로 이어지는 상징이었다.

갈릴레오는 목성의 위성들을 발견하고 나서 그것이 메디치가의 위대함을 기념하는 우주적인 사건이라고 공표했다. 갈릴레오는 코시모 2세의 즉위와 동시에 "밝은 별들(목성의 위성들)이 하늘에 나타나" 그의 망원경으로 관찰되었다고 말했다. 또한 그는 위성의 수가 네 개인 것도 메디치가의 형제 수(코시모 2세와 그의 형제 셋)와 일치하며, 네 아들이 왕조의 창건자인 코시모 1세를 둘러싸고 있듯이 위성들이 목성 주위를 돌고 있다고 했다. 이는 우연의 일치가 아니라 우주가 메디치가의 욱일승천을 보여주는 것이라는 주장이었다. 갈릴레오는 이 발견을 메디치가에 헌정한 후, 유피테르 신이 구름 위에 앉아 있고 네 개의 별이 그 주위를 도는 상징물을 주문 제작하여 코시모 2세가 우주와 연결된 위대한 인물이라는 뜻을 담아 그에게 선물했다.

1610년에 코시모 2세는 갈릴레오를 공식 궁정 철학자 및 수학자로 임명하고 고정적인 급료를 지급하였다. 과학자로서는 일생일대의 커다란 성공이었다. 더 이상 후원자에게 구걸하지 않아도 되었기 때문이다.

해석 ──

갈릴레오는 새로운 전략을 사용함으로써 과거 후원을 간청했던 시절에 얻은 것보다 단번에 더 많은 것을 얻었다. 그 이유는 간단하다. 모든 통치자는 다른 이들보다 더 훌륭해 보이고 싶어하기 때문이다.

그들은 과학이나 경험적 진리, 최신 발명품에는 아무 관심이 없다. 오로지 자신의 명성과 영예에만 관심이 있을 뿐이다. 갈릴레오는 메디치가를 새로운 것을 발명한 과학자들을 지원하는 단순한 후원자가 아니라 위대한 우주적 존재에 비유함으로써, 그들에게 훨씬 커다란 명예를 선사했다.

과학자들은 궁정 권력자나 후원자의 변덕스러움을 참아야 할 뿐만 아니라 돈줄을 쥐고 있는 자들에게 봉사해야 한다. 때때로 그들의 뛰어난 지적 능력은 후원자를 불안하게 만든다. 마치 자신이 돈이나 대는 불명예스러운 일을 하는 사람처럼 느껴질 수 있다는 의미다. 그들은 단순한 재정적인 후원자 이상의 중요한 존재가 되고 싶어한다. 대중 앞에 창의적이고 힘을 지닌 존재로 비치길 원하며, 자신의 이름 앞에 헌정된 연구물보다 훨씬 중요한 존재로서 빛나고 싶어하는 것이다. 당신은 그에게 불안감이 아니라 영예로움을 선사해야 한다. 갈릴레오는 자신의 발견물을 가지고 메디치가의 지적 권위에 도전하지 않았다. 또 어떤 식으로든 열등감을 느끼게 만들지도 않았다. 대신 그들의 이름을 천체와 연결시킴으로써 그들을 명예롭고 빛나는 존재로 승격시켰다. 그는 주인보다 더 빛나는 존재가 되길 거부했으며, 주인을 세상 그 누구보다 빛나는 존재로 만들었다.

권력의 열쇠: 주인보다 더 빛나지 마라

사람들은 누구나 불안을 느낀다. 재능을 과시하면 당신은 온갖 종류의 적개심과 질투에 부딪히게 되어 있다. 이런 감정들은 모두 불안의 표현이다. 이것은 당연히 예상해야 하는 일이다. 그렇다고 다른 사람들의 편협하고 속 좁은 감정을 신경 쓰느라 일생을 보낼 필요는 없다. 그러나 윗사람의 감정에 대해서라면 얘기가 달라진다. 권력이라는 영역에서는, 윗사람보다 더 빛나는 것이 치명적인 실수가 될 수도 있기 때문이다.

지금은 루이 14세나 메디치가의 시대와 다르지 않느냐고 생각한다면 큰 오산이다. 오늘날 높은 권력의 자리에 오른 사람들은 과거의 왕이나 왕비와 크게 다르지 않다. 즉 그들은 현재 지위에 대한 안정감을 느끼고 싶어하며, 지적인 능력과 지혜, 매력 등 모든 면에서 주변 이들보다 월등한 존재가 되고 싶어한다. 사람들이 흔히 갖고 있는 치명적인 오해가 하나 있다. 그것은 자신의 재능과 뛰어난 능력을 자랑스럽게 보여주면 주인이나 윗사람의 총애를 받을 것이라는 생각이다. 주인은 처음엔 아랫사람의 능력을 인정해주는 척할 수도 있다. 하지만 그는 기회가 오는 즉시 덜 똑똑하고 덜 매력적이며 자신에게 덜 위협적인 다른 누군가로 갈아치워버린다. 루이 14세가 반짝이는 푸케를 제거하고 매력 없는 콜베르를 택한 것처럼 말이다. 그리고 루이가 그랬듯이, 그러한 주인은 진실을 인정하는 대신 자기보다 잘난 아랫사람을 제거할 구실을 찾는다.

이 법칙에는 반드시 기억해야 할 두 가지 규칙이 있다. 첫째, 당신은 그저 가만히 있었을 뿐인데도 주인보다 나아 보일 수 있다. 세상에는 유독 불안심리가 강한 권력자들이 있게 마련이며, 당신이 지닌 매력과 장점만으로도 권력자보다 잘나 보일 수가 있다.

파엔차의 군주인 아스토레 만프레디(Astorre Manfredi)는 다재다능한 인물이었다. 그는 이탈리아의 젊은 군주들 가운데 가장 용모가 뛰어났으며 넓은 아량까지 겸비하여 신하들의 마음을 완전히 사로잡았다.

1500년, 체사레 보르자(Cesare Borgia)가 파엔차를 포위했다. 파엔차는 결국 항복했고, 주민들은 잔인한 보르자가 끔찍한 악행을 저지를 것이라고 예상했다. 그러나 보르자는 요새만 점령했을 뿐 한 사람의 주민도 처형하지 않았으며, 당시 열여덟 살이던 만프레디도 잡아들이지 않고 완전한 자유를 주었다.

그러나 몇 주 뒤 군인들이 와서 만프레디를 체포해 로마의 감옥으로 데려갔다. 1년 뒤 그의 시체가 테베레 강에서 낚싯줄에 걸려 올라왔다. 그의 목에는 돌멩이가 매달려 있었다. 보르자는 모종의 반역 혐의를 만프레디에게 씌워 자신의 악행을 변명하려고 했다. 그러나 사실은 달랐다. 보르자는 자만심이 강하고 불안정한 사람이었다. 그런데 만프레디는 가만히 있어도 보르자보다 잘나 보였다. 만프레디는 타고난 재능이 워낙 뛰어났기 때문에, 그의 존재 자체만으로도 보르자의 매력과 카리스마에 그늘을 드리웠던 것이다. 여기서 얻을 수 있는 교훈은 간단하다. 당신이 매력과 재능을 타고났다면, 허영심이 가득한 괴물들을 피할 줄 알아야 한다. 만일 체사레 보르자 같은 사람들과 어쩔 수 없이 함께 지내야 한다면 당신의 장점을 숨겨야 한다.

둘째, 권력자가 당신을 총애한다고 해서 함부로 행동해서는 안 된다. 자신의 위치를 과신하다가 윗사람의 총애를 잃은 사람들의 예는 무수히 많다. 16세기 말 일본에서 도요토미 히데요시가 가장 아끼는 인물은 센리큐였다. 리큐는 당시 귀족들이 매우 중요하게 여기던 다도(茶道)의 최고 전문가이자 히데요시가 가장 신뢰하는 조언자였다. 그는 성 안에 머물렀으며 모든 일본 백성들의 존경을 받았다. 그러나 1591년, 히데요시는 그를 체포하여 사형 선고를 내렸다. 리큐는 사형당하는 대신 자살을 택했다. 그가 갑작스러운 운명의 변화를 맞은 이유는 나중에 밝혀졌다. 리큐는 농민 출신이었으나 출세하여 권력자의 총신이 된 인물이었다. 그러나 주군의 총애를 받게 되자, 귀족의 신발을 신고 거만한 자세를 취한 자신의 목상(木像)을 제작했다. 그리고 그것을 왕실 사람들이 자주 드나

드는 절의 눈에 잘 띄는 자리에 세워놓았다. 이를 보고 히데요시는 리큐가 분수를 모르는 자라고 생각했다. 리큐는 마치 대단한 권력을 갖고 있는 듯이 행동하며, 자신의 위치가 주군에게 달려 있다는 것을 잊고 스스로 잘나서 그 자리에 올랐다고 믿었던 것이다. 이는 자신의 지위를 크게 오판한 것이었으며, 리큐는 그 대가로 목숨을 내놓아야 했다. 당신이 지금 있는 위치를 절대 당연하게 여기지 말라. 또한 윗사람으로부터 받는 총애가 당신의 자만을 키우는 씨앗이 되게 하지 말라.

주인보다 빛나는 것의 위험함을 안다면 오히려 그것을 유리하게 이용할 수도 있다. 먼저 윗사람의 비위를 맞추고 그가 우쭐함을 느끼도록 자존심을 세워주라. 그러나 노골적인 아부는 한계가 있다. 너무 직접적이고 드러나게 아첨하면 다른 사람들의 눈총을 받기 때문이다. 따라서 신중한 아부가 훨씬 효과적이다. 만일 당신이 권력자보다 더 똑똑하다면 그 반대의 모습을 보여라. 그가 당신보다 더 똑똑한 듯이 대우해주고, 당신은 순진한 사람처럼 행동하라. 당신에게 그의 전문지식이 필요한 것처럼 행동하라. 장기적으로 볼 때 당신에게 별로 해롭지 않은 실수를 저질러서, 윗사람의 도움을 요청할 기회를 만들어라. 그들은 그러한 요청을 받는 것을 좋아한다. 권력자는 자신의 경험을 선물로 줄 수 없게 되면 오히려 당신에게 증오와 악의를 품을지도 모른다.

만일 당신의 아이디어가 권력자의 아이디어보다 더 창의적이라면, 가능한 한 공개적인 자리에서 그것이 권력자의 아이디어라고 공을 돌려라. 당신이 어떤 조언을 할 때도, 그것이 윗사람이 했던 말을 반복하는 것뿐이라는 사실을 분명히 하라.

만일 당신이 윗사람보다 재치가 뛰어나다면, 때로 그를 즐겁게 해주는 광대 역할을 하는 것은 괜찮지만, 윗사람이 당신과 비교되어 차갑고 침울한 사람으로 비치지 않도록 신경 쓰라. 필요하다면 당신이 지닌 유머 감각의 수위를 낮추고, 그가 즐거움과 명랑한 분위기를 이끄는 주인공처럼 보이게 만들어라. 당신이 천성적으로 윗사람보다 사교적이고 관대하다면, 사람들과 함께 있을 때 윗사람의 광채를 막는 구름이 되지 않도록 조심하라. 그는 주변을 도는 행성들을 거느린 태양, 힘과 광휘를 발산하는 존재, 모든 이들의 관심의 중심이 되어야 한다. 그를 즐겁게 해주는 역할을 맡았을 때는, 당신의 능력이 부족함을 드러냄으로써 그의 동정심을 얻을 수도 있다. 섣불리 당신의 장점이나 관용으로 권력자를 감동시키려고 하는 것은 치명적인 결과를 불러올 수 있다. 푸케가 어떤 대가를 치렀는지 생각해보라.

이러한 방식으로 당신의 힘을 위장하는 것은 약해지는 것이 아니다. 결국 그러한 과정을 통해 나중에 권력을 얻을 수 있기 때문이다. 권력자가 당신보다 빛나도록 만듦으로써, 당신은 그의 불안감의 피해자가 되는 대신 주도권과 통제력을 쥘 수 있다. 언젠가 당신이 지금의 보잘것없는 위치에서 벗어나 권력자의 지위로 올라가기로 결심한다면 이러한 전략이 매우 유용할 것이다. 갈릴레오가 그랬듯이 권력자를 훨씬 빛나 보이게 만든다면, 당신은 그에게 보물 같은 존재가 되어 즉시 높은 자리에 오를 것이다.

| **이미지** | 하늘의 별. 해는 단 하나뿐이다. 햇빛을 가리거나 태양과 밝기를 겨루지 말라. 희미하게 모습을 감추고, 주인 되는 별을 더 밝게 빛나도록 만들 방법을 찾아라.

| **근거** | 주인보다 더 빛나지 말라. 남보다 탁월한 것은 항상 증오와 미움을 불러온다. 특히 신하가 군주보다 더 뛰어나게 처신하는 것은 어리석은 행동일 뿐아니라 치명적 결과를 초래한다. 이는 하늘의 별들이 우리에게 가르쳐주는 교훈이기도 하다. 별들은 태양과 관계를 맺고 있고 자신 역시 빛나지만, 결코 태양과 함께 모습을 드러내지 않는다.

– 빌타사르 그라시안(1601~1658)

뒤집어보기

모든 사람의 감정과 불안을 건드릴까 봐 걱정할 필요는 없다. 상대방에 따라서 잔인한 태도를 보여야 한다. 만일 당신의 윗사람이 지고 있는 별이라면 당신이 그 사람보다 빛나도 아무 상관이 없다. 인정을 베풀려고 하지 말라. 그 역시 피도 눈물도 없는 행태를 보이며 꼭대기에 올라가는 동안 아무런 양심의 가책을 느끼지 않았을 테니까. 그의 힘이 어느 정도인지 판단해보라. 만약 힘이 약해져 있다면, 신중하게 그의 몰락을 도와라. 결정적인 순간에 그를 이기고, 그보다 더 뛰어난 매력을 발산하고, 그보다 더 똑똑하게 처신하라. 만일 그가 매우 쇠약하여 쓰러지기 직전이라면 그저 자연스럽게 몰락하는 것을 지켜보라. 굳이 나약한 권력자보다 잘나 보이려고 애쓰지 말라. 당신이 너무 잔인하고 악의적인 사람처럼 보일지도 모른다. 하지만 권력자가 굳건하게 위치를 지키고는 있지만 당신의 능력이 더 뛰어나다면, 인내심을 갖고 때를 기다려라. 언젠가는 권력도 서산의 해처럼 기우는 것이 세상의 순리다. 언젠가 그도 꼭대기에서 내려올 것이므로, 적절히 처신만 한다면 당신이 그보다 오래 살아남아 더 빛나는 존재가 될 것이다.

Law
21

불행하고 불운한 자들을 피하라

...

불행 바이러스 차단하기

다른 사람의 불행 때문에 죽을 수도 있는 법이다.
인간의 감정은 전염성이 강하기 때문이다.
물에 빠진 사람을 돕는다고 느끼다가,
당신도 함께 빠져버릴 수 있다.
불행한 자들은 때로 불행을 자초하기도 하며
당신과 함께 그것을 나누려 하기도 한다.
불행한 사람은 멀리 하고,
행복하고 운 좋은 사람들과 친분을 쌓도록 하라.

법칙 위반 사례: 불행을 전염시키는 여인, 롤라 몬테즈

나무 열매와 종탑

*까마귀가 나무 열매 하나를 물고 가다 높이 솟은 종탑의 꼭대기에 떨어뜨렸다. 종탑의 갈라진 틈으로 떨어진 덕에 나무 열매는 끔찍한 운명을 가까스로 모면할 수 있었다. 열매는 벽에게 그곳에서 살 수 있게 해달라고 간청했다. 신의 은총에 호소하기도 하고, 탑의 커다란 키와 아름다운 종소리를 칭찬하기도 하면서 말이다. 나무 열매는 말을 이었다. "우리 아버지의 푸르른 가지 아래로 떨어져 낙엽들로 뒤덮인 그 회색 땅에 이 몸을 누이지 못하다니 얼마나 슬픈지 몰라요. 제발 절 버리지 말아주세요. 제가 그 잔혹한 까마귀 놈의 부리 안에 있다는 걸 안 순간 전 굳게 맹세했어요. 혹시 내가 이곳을 빠져나가게 되거든 조그만 구멍 속에 들어가 생을 마치겠노라고." 그 말에 벽은 마음이 측은해져 나무 열매에게 떨어진 곳에서 계속 살아도 좋다고 했다. 얼마 지나지 않아 나무 열매는 싹을 틔웠다. 그리고 뿌리가 자라나 벽의 갈라진 틈으로 들어가 벽 사이를 벌리기 시작했다. 열매에서 난 싹이 하늘을 향해 벽을 밀고 올라오기 시작했다. 새순은 곧 종탑 위로 고개를 내밀었고, 얽히고설킨 뿌리는 점점 더 굵어져 벽의 돌 사이를 더 벌려놓았다. 그 바람에 오래된 돌들은 제 위치를 지키지 못하고 무너져내리기 시작했다. 그제야 벽은 후회했지만 이미 늦은 일이었다. 얼마 안 가 벽은 완전히 무너져 내렸다.
― 레오나르도 다 빈치 (1452~1519)*

1818년 아일랜드 리머릭에서 태어난 마리 질베르(Marie Gilbert)는 1840년대에 무용수 겸 연기자로 출세해보고자 파리에 왔다. (어머니 쪽의 먼 조상이 스페인 사람이었다는 이유로) 그녀는 롤라 몬테즈(Lola Montez)라는 가명을 쓰고는 자신이 스페인 출신의 플라멩코 댄서라고 선전하고 다녔다. 하지만 1845년에 무용수로 성공할 기미가 보이지 않자 고급 창부가 되었고, 금세 성공을 거둘 수 있었다.

하지만 롤라는 무용수의 꿈을 버리지 않았고, 그 꿈을 이루게 해줄 사람은 오직 알렉상드르 뒤자리에르(Alexandre Dujarier)뿐이라고 생각했다. 그는 프랑스 최대의 신문사 사장으로 극작품 비평가이기도 했다. 롤라는 그를 유혹하기로 마음먹었다. 그가 매일 아침 승마를 한다는 사실을 알아낸 롤라는 그와 '우연히' 마주쳤다. 둘은 곧 매일 함께 승마를 하는 사이가 되었다. 몇 주 후에는 그의 아파트로 들어가 살게 되었다.

한동안 둘은 행복하게 지냈다. 뒤자리에르가 힘써준 덕에 롤라는 무용수로 활동할 수 있게 되었다. 뒤자리에르는 봄이 오면 롤라와 결혼을 하겠다고 친구들에게 말하고 다닐 정도였다. (롤라는 19세에 영국 남자와 비밀 결혼식을 올렸지만, 그 사실을 숨겼다.) 롤라에게 푹 빠진 뒤자리에르의 삶은 이제 내리막길을 타기 시작했다.

사업운도 예전 같지 않았고, 힘 있는 친구들은 그를 피하기 시작했다. 어느 날 밤, 뒤자리에르는 파리 최고의 젊은 갑부들이 참석하는 파티에 초대를 받았다. 롤라도 함께 데려가달라고 졸랐지만 뒤자리에르는 들어주지 않았다. 둘은 처음으로 다투었고, 결국 뒤자리에르 혼자 파티에 참석했다. 그 자리에는 전에 롤라에 대해 안 좋게 평을 했던 극작품 비평가인 장-밥티스트 로즈몽 드 보발롱(Jean-Baptiste Rosemond de Beauvallon)도 와 있었다. 뒤자리에르는 술에 취하자 그에게 모욕을 주었다. 다음 날 아침, 보발롱은 뒤자리에르에게 결투를 신청했다. 당시 보발롱은 프랑스 최고의 명사수로 손꼽혔다. 뒤자리에르는 뒤늦게 후회를 했지만, 결투는 열리고 말았다. 뒤자리에르는 그 자리에서 총을 맞고 죽었다. 파리 상류 사회에서 잘나가던 젊은이의 삶이 그렇게 막을 내리고 만 것이다. 롤라는 망연자실한 심정으로 파리를 떠났다.

1846년 롤라 몬테즈는 뮌헨에 있었다. 이번에는 바이에른 왕국의 왕 루트비히(Ludwig)를 유혹하겠다고 결심했다. 하지만 루트비히에게 접근하기 위해선 먼저 그의 측근인 오토 폰 레흐베르크(Otto von Rechberg) 백작을 거쳐야 했다. 그는 미인을 밝히는 남자였다. 백작이 야외 카페에서 아침을 들고 있던 어느 날 아침이었다. 말을 타고 그 곁을 지나던 롤라는 '우연히' 안장에서 미끄러져 레흐베르크의 발치로 떨어졌다. 공작은 그녀를 도와주러 달려왔고, 그녀에게 반해버렸다. 그는 롤라를 루트비히에게 소개시켜주기로 약속했다.

하지만 롤라가 왕을 알현하기 위해 왕궁 대기실에 들어섰을 때 왕은 환심을 사려고 온 이방인 따위는 만날 시간이 없다며 거절했다. 그래도 롤라는 막무가내로 방을 지키고 있던 보초병을 밀쳐내며 들어가려고 했다. 이때 롤라의 드레스 앞부분이 찢어졌고(롤라가 일부러 그런 것일 수도 있고, 보초병 때문일 수도 있다), 그 바람에 롤라의 가슴이 드러나고 말았다. 방 안에 있던 사람들 모두 깜짝 놀랐지만 그 누구보다 놀란 것은 왕이었다. 덕분에 롤라는 루트비히를 알현할 수 있는 기회를 얻었고, 55시간 후에는 바이에른의 무대에 데뷔했다. 공연 평가는 끔찍했지만, 루트비히는 아랑곳하지 않고 그녀의 공연을 주선해주었다.

루트비히는 롤라의 마력에 완전히 빠져버리고 말았다. 그는 롤라와 팔짱을 낀 채 대중 앞에 모습을 드러냈으며, 뮌헨에서 가장 번화한 거리의 아파트를 사주기도 했다. 구두쇠인 데다 로맨틱과는 거리가 먼 인물이 롤라에게는 선물 세례를 퍼붓고 시까지 써서 바쳤다. 왕이 총애하는 정부가 된 롤라는 하룻밤 사이에 명성과 부를 거머쥐었다.

그 뒤 롤라는 안하무인이 되었다. 어느 날 승마를 하는데 앞에서 느린 속도로 말을 타고 가는 노인이 몹시 거슬렸던 롤라는 들고 있던 채찍으로 노인을 때렸다. 또 한번은 산책을 하던 중 그녀의 개가 행인에게 덤벼들었다. 롤라는 개를 남자에게서 떼어내기는커녕 오히려 가죽채로 남자를 때렸다. 바이에른 시민들이 그녀의 무례한 행동에 분노를 터뜨렸지만, 루트비히는 롤라 편을 들었고 그녀를 바이에른 시민으로 귀화까지

시몬 토마스는 당대에 손꼽히는 훌륭한 의사였다. 어느 날 폐결핵에 걸린 한 부자 노인의 집에서 우연히 그를 만났던 기억이 난다. 그는 환자의 병을 낫게 하는 방법을 이야기하면서, 내가 즐겁게 그의 동무가 되어주는 것이 한 가지 방법이라고 했다. 당시 그는 생기가 도는 나의 얼굴을 유심히 바라보면서, 젊은이인 내게서 철철 흘러넘치는 활기와 정력을 염두에 두었을 것이다. 꽃피는 나의 젊음으로 그의 오감을 만족시켜주면 그의 병세가 호전되리란 이야기였으리라. 하지만 그는 내 상태가 나빠질 수 있다는 사실은 깜박 잊고 덧붙이지 않았다.
– 몽테뉴(1533~1592)

시켜주었다. 왕의 측근들은 롤라를 멀리하라고 조언했지만, 롤라를 비방한 자는 관직을 잃었다.

바이에른 국민들은 왕에게 등을 돌렸다. 그녀에 대한 원성이 자자했지만 왕은 롤라를 백작부인으로 책봉하고 궁전까지 지어주었다. 롤라는 정치에도 간섭하기 시작했다. 이제 그녀는 바이에른 왕국의 최고 실세로 군림하면서 대신들을 멸시하기 일쑤였다. 왕국 전역에서 폭동이 일었다. 한때 평화로웠던 나라는 내전에 휩싸이는 지경까지 갔고, 전국의 학생들이 똑같은 구호를 외쳐댔다. "롤라를 추방하라!"

1848년 2월, 루트비히는 더 이상 압박을 견뎌낼 수 없게 되자 롤라에게 추방 명령을 내렸다. 롤라는 돈을 챙겨 바이에른을 떠났고, 이제 국민들의 분노는 루트비히에게 쏠렸다. 그해 3월 루트비히는 결국 강제 퇴위를 당하고 말았다.

롤라 몬테즈는 잉글랜드로 건너왔다. 끊임없이 권력을 좇는 그녀의 새로운 목표물은 열 살 연하의 조지 트래포드 힐드(George Trafford Heald)였다. 유명한 변호사의 아들이며 육군 장교로서 앞날이 창창했던 그는 영국 사교계에서 미모의 부잣집 딸을 고를 수 있었음에도 롤라의 마력에 걸려들고 말았다. 롤라는 1849년 그와 결혼을 했지만, 곧 중혼죄로 체포되었다. 하지만 보석(保釋)으로 풀려난 후 힐드와 함께 스페인으로 도망쳤다. 둘의 사이는 예전같지 않았다. 심하게 싸움을 벌였고, 한번은 롤라가 칼을 휘둘러 힐드에게 상처를 입히기도 했다. 힐드는 롤라에게서 버림받고 잉글랜드로 돌아왔지만 군대에서의 입지는 벌써 잃은 뒤였다. 영국 사교계에서 쫓겨난 그는 포르투갈로 건너가 가난하게 살다가 몇 달 뒤 선박 사고로 짧은 생을 마감했다.

몇 년 후에는 롤라 몬테즈의 자서전을 출간했던 사람이 파산을 당했다.

1853년 롤라 몬테즈는 캘리포니아로 건너가 팻 헐(Pat Hull)이라는 남자와 결혼했다. 하지만 한시도 바람 잘 날 없었고, 롤라는 결국 헐을 버리고 다른 남자에게로 갔다. 헐은 우울증을 겪었고 술에 빠져 살다가 4년 뒤에 죽었다.

롤라는 마흔한 살이 되자 값비싼 옷들과 화려한 장신구들을 사람들에

감염이 되는 것들은 많다. 졸음도 감염이 될 수 있고, 하품도 마찬가지다. 대규모 전략에서 적이 동요하여 서둘러 치려는 기색을 보인다 해도, 털끝만큼도 신경 쓰지 말라. 완벽한 평정 상태를 보여라. 그러면 적이 그 모습을 보고 여유를 부리게 될 것이다. 당신이 그들의 정신을 감염시킨 것이다. 작은 술에 취한 듯한 태평스러운 마음이나 지루함, 심지어 유약함으로도 감염시킬 수 있다.
- 《오륜서(A Book of Five Rings)》, 미야모토 무사시 (宮本武藏, 1584?~1645)

게 나누어준 뒤 종교에 귀의했다. 그리고 미국 전역을 돌면서 종교적 내용을 주제로 강연을 했다. 몸에는 새하얀 옷을 걸치고 머리에는 원광(圓光)을 연상시키는 하얀 장신구를 쓴 채 말이다. 그리고 2년 후인 1861년에 세상을 떠났다.

해석 ——

롤라 몬테즈가 남자들을 사로잡을 수 있었던 힘은 단순히 성적인 매력이 아니었다. 남자들이 그녀에게 빠져든 것은 바로 그녀 자체가 내뿜는 힘 때문이었다. 남자들은 롤라가 일으키는 커다란 소용돌이 속으로 휘말려 들어가곤 했다. 그들은 혼란스럽고 당황스러웠지만, 그녀에 대한 감정이 워낙 강렬했기 때문에 삶에는 더욱 활기가 도는 것처럼 느껴졌다.

하지만 시간이 지나자 문제가 속속 불거지기 시작했다. 롤라 특유의 불안정성이 연인들에게도 전염되기 시작한 것이다. 남자들은 롤라의 문제에 휘말려들었고, 롤라에 대한 애착 때문에 그녀를 도와주고 싶어했다. 그런데 이 병의 핵심은 그 누구도 상대를 도와줄 수 없다는 것이다. 롤라의 문제는 그 뿌리가 너무도 깊었다. 롤라의 연인들이 일단 그 문제에 휘말리면, 그 역시 길을 잃고 헤맬 수밖에 없었다. 각종 싸움에 얽히는 것도 상례였다. 그 전염병은 그의 가족과 친구들, 그리고 루트비히의 경우에는 온 나라에 퍼졌다. 그녀와 관계를 끊는 것이 유일한 해결책이었다. 그렇지 않으면 자신의 삶이 파멸당하는 고통을 겪어야 했다.

전염성을 가진 유형이 여자들에게서만 나타나는 건 아니다. 그건 성별과는 전혀 상관이 없다. 그러한 유형은 내면의 불안정성이 원인인데, 그것이 밖으로 발산되면서 불행을 끌어들이는 것이다. 이러한 유형의 사람은 무언가를 파괴하고 안정을 무너뜨리려는 성향이 있다. 전염성 있는 캐릭터의 병리학을 연구하려면 평생이 걸릴 수도 있다. 하지만 그 때문에 시간을 낭비할 필요는 없다. 다음과 같은 교훈만 새겨두면 된다. 당신 곁에 전염병을 퍼뜨리는 감염원이 있다는 의심이 들면, 그와 언쟁을 벌이지도 도와주려고도 하지 말고 친구로 삼으려고도 하지 말라. 그랬다간 당신도 말려들게 될 테니까. 감염원이 있는 곳에서 얼른 도망쳐 나오라.

재능 있는 자를 현명한 사람으로 생각하는 건 괜찮지만, 어리석은 자를 교양 있는 사람으로 생각해서는 절대 안 된다. 또 아무 생각 없이 무언가를 끊는 사람을 진정한 금욕주의자로 생각해서도 안 된다. 바보들과는 친분을 쌓지 말라. 자기가 현명하다고 생각하는 바보들을 특히 조심해야 한다. 자기 자신이 무지한 것에도 절대 자족하지 말라. 훌륭한 평판을 가진 사람들과만 교제를 하라. 무릇 그런 교제를 통해서만 스스로도 훌륭한 평판을 얻을 수 있기 때문이다. 참기름이 장미나 제비꽃과 섞이면 어떻게 되는지 보지 않았는가? 장미나 제비꽃과 어느 정도 어울리고 나면 참기름은 더 이상 참기름이 아니라 장미 기름이나 제비꽃 기름으로 불리지 않던가?
– 《왕자의 거울(A Mirror for Princes)》, 카이 카우스 이븐 이스칸다르(Kai Ka'us Ibn Iskandar), 11세기

안 그러면 고통스러운 결과를 맛보게 될 것이다.

> 카시우스는 수척하고 굶주린 상이다. 그는 생각이 너무 많다. …… 카시우스를 보면 얼른 피해야겠다는 생각이 든다. …… 그런 사람들은 자기 분수에 맞지 않는 커다란 생각을 품고서 한시도 마음을 놓지 못한다. 그래서 이런 사람들은 무척이나 위험하다.
>
> – 《율리우스 카이사르》, 윌리엄 셰익스피어(William Shakespeare, 1564~1616)

권력의 열쇠: 불행하고 불운한 자들을 피하라

어쩔 수 없는 상황에 떠밀려 주저앉게 된 가련한 사람들은 성심성의껏 도와주어야 마땅하다. 하지만 개중엔 불운과 불행을 자초하는 사람들도 있다. 그들은 파괴적인 행동을 일삼고 다른 사람들을 불안정하게 만든다. 그들을 잡아 일으켜줄 수 있다면 다행이지만, 그랬다간 오히려 그들의 불행에 함께 빠져들기 십상이다. 이유는 간단하다. 인간은 가까이 있는 사람들의 분위기와 감정, 심지어 사고방식에 쉽게 감염되는 존재이기 때문이다.

불행하고 불안정한 사람들의 전염력은 유난히 강하다. 그들의 캐릭터와 감정이 그만큼 강렬하기 때문이다. 이들은 스스로를 희생자인 양 연출하기 때문에 처음에는 그들이 고난을 자초했다고 생각되지 않는다. 하지만 그들의 문제가 무엇인지를 파악했을 땐 벌써 그들에게서 병이 옮은 뒤다.

권력 게임에서는 당신이 어떤 사람들과 어울리느냐가 관건이 된다는 것을 깊이 새겨라. 감염원과 어울렸다간 당신의 귀중한 시간과 에너지만 허비할 수 있다. 그들과 어울리면서 당신은 모종의 죄책감이 들기 때문에 다른 사람들 눈에도 당신은 고통스러워 보일 것이다. 감염이 가져오는 갖가지 위험을 절대 간과해서는 안 된다.

피해야 할 감염원은 여러 종류지만, 그 중에서도 만성적 불만족에 시달리는 사람을 가장 조심해야 한다. 로마 시대에 율리우스 카이사르에 대항해 반란을 일으킨 카시우스는 시기심이 많은 사람이었다. 자기보다 재능이 뛰어난 사람을 참지 못했다. 카이사르는 카시우스의 음흉한 속내를 감지했는지 제1집정관 자리에 그를 올리지 않고, 대신 브루투스를 앉혔다. 그 일로 카시우스의 불만은 더욱 쌓였고, 카이사르에 대한 적의는 병적일 정도로 심했다. 한편 헌신적인 공화주의자였던 브루투스의 입장에서도 카이사르의 독재가 마음에 들지 않았다. 하지만 그가 인내심을 갖고 기다렸다면 카이사르가 죽은 후에 로마의 제1인자 자리에 올라 카이사르가 황제 자리에 있으면서 저질렀던 악행들을 잘 수습할 수 있었을지도 모른다. 하지만 카시우스의 적의는 브루투스마저 전염시켰다. 매일 그를 붙들고 앉아 카이사르가 얼마나 악독한 자인지 이야기를 늘어놓은 것이다. 마침내 브루투스는 음모에 가담하기로 했다. 바로 비극의 시작이었다. 감염력이 얼마나 무서운지를 브루투스가 진작 알았더라면 불행을 막을 수 있었을 것이다.

감염을 해결할 방법은 오직 하나, 바로 검역뿐이다. 감염이 되었다는 걸 인지했을 땐 이미 늦어버린 경우가 많다. 롤라 몬테즈 같은 사람은 자신의 넘치는 개성을 통해 사람들을 압도해버린다. 카시우스는 감정을 속에 담아두지 못하는 성향과 뿌리 깊은 감정 때문에 사람들을 자극하는 유형이다. 이 음흉하기 짝이 없는 바이러스로부터 스스로를 지키려면 어떻게 해야 할까? 그들이 왜 그런 문제를 겪고 있는지 그들의 설명을 들을 필요는 없다. 다만 그들이 다른 사람에게 어떤 영향을 미치고 있는지를 판단하면 된다. 감염원들은 불행을 자초하고, 과거가 파란만장하며, 인간관계가 좋지 않고, 삶의 이력이 불안정하며, 당신을 휘둘러 사리분별을 잃게 하는 특징이 있다. 이런 특징을 통해 스스로에게 사전 경고를 하라. 그리고 그들의 눈 속에서 불만족을 읽어내는 법을 배워라. 이때 동정심을 갖지 말아야 한다. 도와주려고 나섰다가 공연히 말려들기만 할 뿐이다. 감염원은 절대 변하지 않으며, 당신만 갈피 못 잡는 신세가 될 것이다.

또 다른 감염원이 있는데, 이 역시 매우 강력하다. 넘치는 활기와 천부적인 낙천성 그리고 지성으로 스스로 행복을 불러들이는 사람들이다. 이런 사람들은 즐거움의 원천이다. 당신은 이런 사람들과 어울려 이들이 끌어들이는 번영을 함께 누려야 한다.

이 원칙은 단순히 넘치는 활기와 성공에만 적용되는 게 아니다. 긍정적인 특징은 모두 우리에게 감염될 수 있다. 프랑스 정치가 탈레랑은 기이하고 무시무시한 특징을 지닌 인물이었지만 동시에 품위와 귀족적 매력, 위트를 겸비한 최고의 프랑스인이었다. 실제로 그는 유서 깊은 가문 출신이었으며, 민주주의와 프랑스 공화국을 신봉했음에도 시종일관 기품 있는 매너를 잃지 않았다. 한편 그와 동시대 인물이었던 나폴레옹은 여러 가지 면에서 그와 정반대였다. 코르시카 섬의 농부 출신인 그는 무뚝뚝하고 품위라곤 없었으며, 심지어 폭력적이기까지 했다.

나폴레옹은 탈레랑을 그 누구보다도 동경했다. 그가 국민들을 대하는 방식이며 넘치는 위트, 그리고 여자에게서 환심을 사는 능력을 부러워했다. 그래서 탈레랑을 항상 곁에 두고 그가 지닌 교양이 자기 몸에도 배어들기를 바랐다. 통치 기간이 지속되면서 나폴레옹은 변화했고, 거칠었던 부분도 다듬어졌다.

이 감정적 삼투작용의 긍정적인 면을 유리하게 활용하라. 예를 들어, 당신이 천성적으로 돈에 인색하다면 출세하는 데 한계가 있을 것이다. 위대함은 후덕한 사람만 얻을 수 있는 것이기 때문이다. 그러니 후덕한 사람과 어울려 그들의 성향이 당신에게 옮게 하여, 당신을 단단히 옭죄고 있는 것들을 탁 풀어지게 하라. 당신에게 우울한 성향이 있다면, 쾌활한 사람 주변을 맴돌아라. 또 혼자 지내려는 성향이 있다면, 사람들을 끌어모으는 사람과 친구가 되어라. 당신과 같은 결점을 가진 사람과 어울려서는 절대 안 된다. 그랬다간 당신의 결점이 한층 강화될 것이다. 사람들의 호감을 사는 긍정적 특징을 가진 이들과 친분을 쌓아야 한다. 이것을 삶의 원칙으로 삼아라. 나쁜 감염원으로부터 자신을 보호하는 데 그것보다 나은 치료법은 없다.

| **이미지** | 바이러스. 눈에 보이지 않을 적도로 작은 바이러스는 사전 경고도 없이 당신의 모공으로 스며든다. 그러고는 천천히 소리 없이 퍼져나간다. 당신

이 바이러스에 감염되었다는 것을 깨달았을 즈음에는 바이러스는 이미 몸속 가장 깊은 곳까지 침투해 들어간 상태다.

| **근거** | 행운이 있는 자를 알아보고 그들을 친구로 삼아라. 또 불행한 자들을 알아보고 그들을 피할 수 있도록 하라. 불행은 보통 어리석은 대가로 찾아오는 법이며, 불행만큼 전염성 강한 만성병도 없다. 그러니 불행의 기미가 털끝만큼 이라도 보이거든 절대 문을 열어주지 말라. 문을 열었다간 수많은 불행들이 꼬리에 꼬리를 물고 들어올 테니. …… 다른 사람의 불행 때문에 당신이 죽지는 말라.

– 발타사르 그라시안(1601~1658)

뒤집어보기

이 법칙에는 반증 사례가 없다. 언제 어디서나 두루 적용된다. 불행으로 당신을 감염시키는 자들과 어울려서 득이 될 건 아무것도 없다. 한편 행운이 따르는 자들과 어울리면 권력과 부를 누리게 될 것이다. 이 법칙을 무시했다간 치명적인 위험에 빠진다.

사람들이 당신에게
의존하게 만들어라
...
네트워크 만들기

당신의 독립성을 유지하려면
사람들이 언제나 원하고 필요로 하는 사람이 되어야 한다.
사람들이 당신에게 의지하면 할수록
당신은 더 많은 자유를 누리게 된다.
사람들이 당신에게 의지하여 행복과 번영을 찾도록 만들면
당신은 두려울 게 없어진다.
사람들에게 너무 많이 가르쳐주어
당신 없이도 살 수 있게 만들지 말라.

법칙 위반 사례: 전쟁에 이기고도 버림받은 용병대장

중세에 한 용병대장이 외적의 침략으로부터 시에나 시를 구해냈다. 시에나 시민들은 그에게 어떻게 보답했을까? 도시의 자유를 지켜낸 것은 돈이나 명예로도 가치를 매길 수 없는 일이었다. 시민들은 그 용병대장을 도시의 통치자로 내세우려 했지만, 그것으로도 부족하다고 판단했다. 마침내 이 문제를 토의하기 위한 회의가 열렸다. 시민 한 명이 일어나 말했다. "그를 죽여서 우리의 수호성인으로 섬깁시다." 시민들은 그의 의견을 따르기로 했다.

카르마뇰라(Carmagnola) 백작은 용병대장들 가운데 가장 용맹한 인물이었다. 1442년, 인생의 후반기에 그는 베네치아 공화국에 고용되어 있었다. 당시 베네치아는 피렌체 공화국과 오랜 전쟁을 하고 있었다. 어느 날 베네치아 공화국에서 카르마뇰라 백작을 불러들였다. 백작은 그곳에서 영예로운 환대를 받았다. 저녁에 그는 궁전에서 총독과 함께 만찬을 하기로 예정되어 있었다. 하지만 궁으로 안내하는 경비병이 평소와는 다른 방향으로 데리고 가는 게 아닌가. 탄식의 다리(베네치아에서 죄인이 법정으로 끌려갈 때 건너던 다리—옮긴이)를 건널 때에야 그는 자신이 지하 감옥으로 끌려가고 있다는 사실을 알았다. 그는 조작된 혐의로 유죄 판결을 받았고, 다음 날 산마르코 광장으로 끌려가 참수형을 당했다. 군중들은 그의 뒤바뀐 운명에 놀라움을 금치 못했다.

해석 ——

르네상스 시대 이탈리아의 많은 용병대장들이 시에나의 수호성인이나 카르마뇰라 백작과 같은 운명을 맞이했다. 그들은 수많은 전투에서 승리를 거뒀지만 나중엔 추방당하거나 투옥되거나 사형에 처해졌다. 그들이 배은망덕한 행동을 했기 때문이 아니라, 그들 말고도 훌륭하고 용맹한 용병들이 많이 있었기 때문이다. 다시 말해 그들을 대체할 용병이 얼마든지 있었다. 그들을 죽인다고 해서 군주가 잃을 것은 전혀 없었다. 게다가 나이 많고 노련한 용병대장들은 권력도 세졌고 고용주에게 더 많은 돈을 요구했다. 그렇다면 고용주 입장에서는 그들을 없애버리고 더 젊고 더 값싼 용병을 구하는 것이 훨씬 낫지 않겠는가. 이전과 다르게 건방지고 독립적으로 행동하기 시작한 카르마뇰라 백작이 비참한 운명을 맞이한 것은 당연한 일이었다. 그는 자신의 권력을 당연하게 여긴 나머지 자신을 없어서는 안 되는 존재로 만들어야 한다는 사실을 망각했다.

다른 사람들을 자신에게 의존하게 만들지 못할 경우 이 용병과 같은 비참한 운명을 맞게 된다(위의 용병처럼 극단적인 결과까지는 아니더라도 말이다). 곧 그 못지않게 능력 있는 사람이 나타나게 마련이다. 더 젊고 생기 넘치며 몸값도 더 싸고 덜 위협적인 사람이 나타나서 그의 자리를 차지한다.

자신의 분야에서 유일한 존재가 되어라. 당신을 고용하고 있는 사람의 운명과 당신의 운명을 뗄 수 없도록 엮어놓아서, 상대가 쉽사리 당신을 제거할 수 없게 만들어라. 그렇지 않으면 당신은 언젠가 탄식의 다리를 건너는 날을 맞이할 것이다.

법칙 준수 사례: 힘 없는 왕을 선택한 비스마르크

1847년 오토 폰 비스마르크는 32세의 나이로 프로이센 연합의회 의원이 되었다. 그에게는 든든한 동맹자도 친구도 없었다. 비스마르크는 자신이 동맹자로 삼을 사람은 의회의 자유주의자들이나 보수 세력도, 특정한 각료나 국민들도 아니라고 생각했다. 그는 왕인 프리드리히 빌헬름 4세를 동맹자로 삼기로 했다. 언뜻 보기에는 이해할 수 없는 선택이었다. 당시 빌헬름 4세는 권력이 약해져 있었기 때문이다. 또 빌헬름 4세는 유약하고 우유부단한 인물로서 자유주의자들에게 굴복하기 일쑤였으며, 결단력도 없고, 정치적으로도 비스마르크와는 상반된 입장이었다. 하지만 비스마르크는 수시로 빌헬름 4세를 찾아가 비위를 맞췄다. 왕의 부적절한 행동에 대해 다른 의원들이 비난할 때도 혼자 왕의 편을 들었다.

마침내 비스마르크는 그러한 노력에 대한 보답을 받게 되는데, 1851년 장관이 되었다. 그때부터 그의 본격적인 움직임이 시작되었다. 그는 왕을 설득해 군사력을 증강하고 자유주의자들에게 대항하게 만들었으며

혼자 돌아다니는 고양이
그러자 여자가 웃으며 고양이에게 따뜻한 우유를 주며 말했다. "오, 고양이야, 너는 사람만큼 영리하구나. 하지만 너는 남자나 개와 협정을 맺은 것이 아니라는 사실을 기억해야 해. 남자나 개가 집에 들어오면 어떤 행동을 할지 나도 몰라." 그러자 고양이가 말했다. "그런 게 무슨 상관이에요? 난로 옆 보금자리를 얻을 수 있고 하루에 세 번 따뜻한 우유를 먹을 수 있다면, 남자나 개가 무슨 짓을 하든 상관없어요." 그 이후 지금까지 다섯 명의 남자 가운데 세 명은 늘 고양이를 보면 돌을 던지고, 모든 개들은 고양이를 쫓아 나무 아래까지 달려간다. 그러나 고양이는 협정에서 정한 약속을 지킨다. 언제나 쥐를 잡고, 집 안에 있을 때 아기가 꼬리를 세게 잡아당기지만 않으면 아기한테도 얌전하게 군다. 하지만 밤이 찾아오고 달이 뜨면 고양이는 혼자 외로이 돌아다닌다. 고양이에게는 장소 따위는 중요하지 않다. 고양이는 꼬리를 흔들면서 외롭게 위험한 숲을 돌아다니고 나무 위를 오르고 험한 지붕 위를 걸어다닌다.
– 《열 가지 신비로운 이야기(Just So Stories)》, 러디어드 키플링(Rudyard Kipling, 1865~1936)

자신이 원하는 대로 행동하게 만들었다. 또한 왕에게 단호한 태도와 위엄을 가지고 통치하도록 권유했다. 이윽고 점차 권력을 회복한 왕은 다시 한 번 프로이센에서 가장 강력한 존재가 되었다.

1861년 프리드리히 빌헬름 4세가 사망하자 그의 동생 빌헬름이 왕위를 계승했다. 빌헬름은 비스마르크를 몹시 미워해서 그를 가까이 두고 싶어하지 않았다. 하지만 빌헬름은 왕의 권력을 무너뜨리고자 기회를 호시탐탐 노리는 적들에 둘러싸여 있었다. 위태롭고 불안정한 상황에 대처할 능력이 없었던 빌헬름은 왕위에서 물러나는 것까지 고려해보았다. 이때 비스마르크가 교묘하게 왕의 환심을 샀다. 왕의 곁을 지키며 그에게 힘을 주었고, 결단력 있고 과감한 정책을 택하도록 조언했다. 왕은 적들을 저지하기 위하여 점점 비스마르크의 강력한 전술에 의존하게 되었고, 비스마르크를 싫어하면서도 그를 총리로 임명했다. 두 사람은 정책을 놓고 의견 충돌을 일으키는 일이 잦았지만(비스마르크가 훨씬 더 보수적이었다), 왕은 비스마르크에게 의지하지 않을 수 없었다. 비스마르크가 사임하겠다고 위협하면 왕은 그에게 굴복하곤 했다. 사실상 비스마르크가 정책을 좌지우지했다.

시간이 흐른 후에 비스마르크는 프로이센 총리로서 힘을 발휘하여 독일 통일을 주도적으로 이끌었다. 빌헬름은 독일제국의 황제가 되었다. 그러나 실제로 권력의 정상에 있는 사람은 비스마르크였다. 그는 왕의 심복으로서, 제국의 총리이자 후작작위를 받은 자로서, 모든 권력을 휘두르고 있었다.

해석 ——

1840년대 독일의 야망 있는 젊은 정치가라면 누구나 최고 권력자 가까이에 있고자 노력했을 것이다. 그러나 비스마르크의 생각은 달랐다. 힘 있는 자들과 동맹을 맺는 것은 어리석은 짓이었다. 베네치아의 총독이 카르마뇰라 백작을 제거한 것과 마찬가지로, 그들은 상대를 없애려 들 것이기 때문이다. 이미 힘을 가진 자는 다른 사람에게 의지하려 들지 않는 법이다. 당신이 야망을 가지고 있다면, 약한 권력자나 통치자에게

다가가 그와 동맹하는 편이 더 현명하다. 그가 의지할 수 있는 강력한 오른팔이나 브레인이 되어라. 그러면 그는 결코 당신을 제거하지 못할 것이다. 그것은 곧 그의 공고한 권력체계를 붕괴시키는 일이기 때문이다.

세상을 지배하는 이치는 '필요'다. 사람들은 어쩔 수 없는 상황이 아니면 좀처럼 행동하지 않는다. 당신이 꼭 필요한 존재가 되지 못할 경우 상대방은 기회가 오는 즉시 당신을 제거해버릴 것이다. 반대로 다른 사람들이 당신에게 의지하여 권력을 얻도록 만들면, 그들의 약한 힘에 맞서 비스마르크의 표현대로 '철과 피로써' 움직이면, 당신은 그들보다 오래 살아남을 수 있다. 그리고 권력자에게 따르는 고통이나 괴로움 없이 권력의 모든 이점을 누릴 수 있다.

> 그러므로 현명한 군주는 모든 백성이 어떤 상황에서도 군주와 국가에 의지하게 만들 방법을 생각한다. 그래야 백성들이 언제나 충성을 바칠 것이다.
> – 니콜로 마키아벨리(1469~1527)

권력의 열쇠: 사람들이 당신에게 의존하게 만들어라

권력이란 결국 사람들을 당신 뜻대로 움직이는 힘이다. 사람들을 강제하거나 해치지 않고 당신 뜻대로 움직이게 할 수 있으면, 그들이 기꺼이 당신이 원하는 대로 행동한다면, 당신의 권력은 그 누구도 손상시킬 수 없을 만큼 강해진다. 이를 위한 가장 좋은 방법은 의존관계를 만드는 것이다. 윗사람에게 당신이 꼭 필요해지도록 만들어라. 당신 없이는 그가 자신의 역할을 제대로 해낼 수 없게 하라. 만일 당신을 제거할 경우 그는 커다란 곤란에 빠지거나, 또는 적어도 당신의 자리를 대신할 다른 사람을 가르치는 데 귀중한 시간을 낭비해야 할 것이다. 일단 의존관계가 구축되고 나면 당신이 유리한 고지를 점하게 되어 윗사람을 당신 뜻대로 움직일 수 있다. 이는 왕의 뒤에서 보이지 않는 힘을 발휘하던 인물, 실제로 왕을 좌지우지하던 실력자들이 사용했던 전통적인 방법이다. 비스마르크는 원하는 바를 얻기 위해 프리드리히나 빌헬름 왕을 협박할 필

느릅나무와 덩굴
어린 덩굴 하나가 넓게 뻗어나가 독립해야겠다는 헛된 야망을 품었다. 바로 옆에 있는 커다란 느릅나무는 덩굴이 자기 몸을 휘감고 자라기를 원했지만, 덩굴은 도움을 받고 싶지 않았다. 덩굴은 아무 도움 없이 키가 어느 정도 자라고 나자 연약한 가지들을 불필요하게 높이 뻗었다. 그리고 자기가 느릅나무의 도움 없이도 높이 자랐다는 것을 자랑했다. 느릅나무가 그것을 보고 말했다. "딱한 덩굴아, 너는 참으로 어리석구나! 네가 진정으로 독립을 원한다면, 중심이 되는 줄기로 양분을 보내 그것을 튼튼하게 키워야 해. 그런데 너는 불필요한 가지들에 헛되이 양분을 낭비하고 있구나. 너는 머지않아 땅바닥을 기게 될 거야. 많은 인간들도 그러지. 그들은 허영심에 가득 차서 질서를 경멸하고, 독립적으로 살 거라고 떠벌리면서 귀중한 자원을 하찮은 일들에 낭비해버리지."
– 〈우화집(Fables)〉, 로버트 도즐리(Robert Dodsley, 1703~1764)

가 없었다. 단지 원하는 바를 얻지 못하면 사직하겠다고 말했을 뿐이다. 하지만 그가 떠날 경우 자신의 권력이 불안해질 것을 두려워한 두 명의 왕은 비스마르크의 뜻에 맞춰 움직일 수밖에 없었다.

권력의 궁극적인 형태가 독립이라고 착각하지 말라. 권력은 사람들 사이의 관계에서 비롯된다. 당신에겐 언제나 동맹이나 인질이 되어줄 사람, 표면상의 권력자가 되어줄 나약한 주인이 있어야 한다. 완전한 독립을 원하는 자는 숲 속 오두막에서 혼자 살아야 한다. 그에게는 어디든 갈 수 있는 자유는 있을지 모르나 권력은 없다. 사람들을 당신에게 의존하게 만들면 당신은 다른 종류의 독립을 얻게 된다. 그들이 당신을 필요로 함으로써 당신이 자유로워지기 때문이다.

계략과 술수에 능해 '거미 왕(Spider King)'이라고 불렸던 프랑스의 루이 11세(1423~1483)는 점성술을 좋아해 점성술사를 궁에 거처하게 할 정도였다. 하루는 점성술사가 궁 안의 한 여인이 8일 안에 죽을 것이라고 예언했는데 정말로 맞아떨어졌다. 루이는 매우 놀랐다. 그는 점성술사가 자기 예언이 옳다는 것을 보여주기 위해 여인을 살해했거나, 아니면 그의 점성술이 너무 뛰어나 왕을 위협할 정도라고 생각했다. 어느 쪽이든 점성술사는 죽어야 마땅했다.

어느 날 저녁 루이는 점성술사를 성에서 가장 높은 곳에 있는 방으로 불렀다. 루이가 하인들에게 신호를 보내면 점성술사를 붙잡아 창문 밖으로 내던지기로 했다.

점성술사가 방에 도착하자 왕은 하인들에게 신호를 보내기 전에 마지막 질문을 했다. "그대가 점성술에 능하여 사람들의 운명을 잘 알고 있다니 하나만 묻겠소. 그대의 운명은 어떠할 것 같소? 그대는 언제 죽을 것 같소?"

"저는 폐하가 돌아가시기 사흘 전에 죽을 것입니다." 점성술사가 대답했다. 루이는 신호를 보내지 않고 점성술사를 살려주었다. 루이는 그에게 후한 선물을 제공하고 가장 훌륭한 궁정 의사의 보살핌을 받게 했다.

점성술사는 루이보다 7년을 더 살았다. 그의 예언은 틀렸지만 그가 권력의 법칙에 통달한 사람이라는 것을 알 수 있다.

사람들을 당신에게 의존하게 만들어라. 당신을 제거하는 것이 주인에게 비극적 재앙을, 또는 죽음을 초래할지도 모른다면, 그는 섣불리 자신의 운명이 걸린 모험을 하지 못한다. 점성술사와 같은 우위를 점하는 방법은 여러 가지다. 그 중에 첫째는 다른 사람이 대신할 수 없는 재능이나 창의적 능력을 갖추는 것이다.

르네상스 시대 화가들에게 가장 어려운 문제는 후원자를 찾는 일이었다. 미켈란젤로는 이 방면에서 누구보다 뛰어났다. 그의 후원자는 교황 율리우스 2세였다. 그러나 두 사람은 교황의 대리석 무덤 문제를 놓고 심하게 말다툼을 했다. 미켈란젤로는 화가 나서 로마를 떠나버렸다. 하지만 놀랍게도 교황은 그를 해고하지 않았다. 오히려 그를 찾아내어 도도한 태도로 그에게 떠나지 말 것을 요청했다. 미켈란젤로는 다른 후원자를 얼마든지 찾을 수 있지만, 교황은 또 다른 미켈란젤로를 절대 찾을 수 없었기 때문이다.

모두가 미켈란젤로와 같은 재능을 가져야 한다는 얘기는 아니다. 그저 다른 평범한 사람들과 구별되는 재능만 있으면 된다. 당신은 다른 주인이나 후원자를 언제든 찾을 수 있지만, 당신의 주인은 당신과 같은 능력을 가진 사람을 쉽게 찾을 수 없어야 한다. 만일 당신이 필요불가결한 존재가 될 수 없다면, 그런 사람처럼 보일 수 있어야 한다. 전문적인 지식이나 능력을 가진 것처럼 보이면, 윗사람은 당신이 꼭 필요한 존재라고 믿게 된다. 그러나 윗사람이 당신에게 진짜 의존하게 되면 그는 재능보다 당신이란 사람 자체에 더 취약해진다. 그러면 당신은 얼마든지 당신의 기술을 필요불가결한 것으로 만들 수 있다.

당신과 상대방의 운명이 서로 얽히게 만들어라. 가시 달린 담쟁이덩굴처럼 권력자의 주변을 둘러싸서 당신을 제거하려고 들면 그가 치명적인 상처와 손해를 입도록 하라. 경우에 따라서는 반드시 당신 자신과 권력자의 운명이 얽히게 만들 필요는 없다. 관계 사슬에서 필수불가결한 존재인 다른 누군가를 이용해도 된다는 의미다.

미국의 유명한 영화사 컬럼비아 픽처스의 사장 해리 콘(Harry Cohn)은 1951년 어느 날 우울한 소식을 전해 들었다. 당시는 할리우드의 공산주의자들을 색출하려는 마녀사냥이 한창이었다. 그런데 이 영화사에서 일하는 시나리오 작가 존 하워드 로슨(John Howard Lawson)이 공산주의자로 지목되었다는 것이다. 로슨을 해고하지 않으면 반미활동위원회에서 영화사를 가만두지 않을 상황이었다.

해리 콘은 동정심 많은 자유주의자가 아니었다. 사실 그는 완고한 보수파인 공화당원이었다.

콘이 좋아하는 정치가는 무솔리니(Benito Mussolini)였다. 그는 무솔리니를 직접 만나본 적이 있었고 사무실에 무솔리니의 사진을 걸어둘 정도였다. 콘은 지독하게 싫은 자가 있으면 "개 같은 공산주의자 녀석"이라고 부르고도 남을 사람이었다. 그러나 놀랍게도 콘은 로슨을 해고하지 않겠다고 중역들에게 말했다. 단지 로슨이 좋은 작가였기 때문이 아니다. 할리우드에 그만한 작가는 얼마든지 있었다. 그가 로슨을 해고하지 않은 이유는 의존관계의 사슬 때문이었다. 로슨은 컬럼비아 픽처스의 스타 배우였던 험프리 보가트(Humphrey Bogart)의 전담 작가였던 것이다. 만일 콘과 로슨의 관계가 어긋나면 막대한 이윤의 사슬이 끊기는 셈이었다. 그것이 위원회와의 갈등으로 인해 영화사의 평판이 훼손되는 것보다 훨씬 더 중요한 문제였다.

헨리 키신저는 닉슨 재임 시절 백악관에서 벌어진 수많은 권력 투쟁에서 살아남았다. 그가 최고의 외교관이었기 때문이 아니다. (키신저 말고도 훌륭한 협상가들은 많았다.) 닉슨과 사이가 좋았기 때문도 아니다. 오히려 두 사람은 자주 갈등을 빚었다. 두 사람의 정치적 신념이 같아서도 아니었다. 키신저가 살아남은 이유는, 그가 관련되지 않은 정치 영역이 드물었기 때문이다. 미켈란젤로의 힘이 집중적인 것이었다면(화가로서의 한 가지 재능에 의존하는), 키신저의 힘은 확장적인 것이었다. 행정부의 많은 부분과 긴밀하게 관련되어 있다는 사실이 키신저가 손에 쥔 중요한 카드였다. 또 그로 인해 키신저에게는 많은 동맹자들이 생겼다. 당신이 그러한 위치를 획득하고 나면 제아무리 권력자라고 해도 당신을 제거하는 것은 위험한 일이 된다. 상호의존적인 다양한 관계들이 함께 무너지기 때문이다. 하지만 집중적인 형태의 힘이 확장적인 힘의 경우보다 더 많은 자유를 준다. 그 경우에는 특정한 주인이나 특정한 권력자에게 의존하지 않아도 되기 때문이다.

사람들을 당신에게 의존하게 만드는 또 다른 방법은 비밀정보 전술이다. 세상에 알려지면 곤란한 비밀을 당신이 알고 있으면 당신과 그의 운명을 묶을 수 있다. 당신에게는 막강한 힘이 생긴다. 전통적으로 정보기관의 우두머리들은 늘 이런 방법을 사용했다. 그들은 왕이나 대통령의 정치 생명까지도 쥐락펴락할 수 있다. 전(前) FBI 국장 에드거 후버(J. Edgar Hoover)를 떠올려보라(후버는 자신의 위치를 이용해 정재계 유력인사들의 광범위한 자료를 확보했으며 이를 바탕으로 그들에게, 심지어는 대통령에게도 막강한 영향력을 행사했다―옮긴이). 하지만 그러한 위치에 있는 사람은 항상 불안에 시달려야 하기 때문에 거기서 얻는 권력은 거의 의미가 없을 수도 있다. 늘 불안한 삶을 살아야 한다면 권력이 무슨 소용이겠는가.

한 가지 기억할 점이 있다. 상대가 당신에게 의존한다고 해서 그가 당신을 좋아한다고 생각하지 말라. 사실 그는 당신을 싫어하거나 두려워할 수도 있다. 하지만 마키아벨리가 말했듯이 사랑받는 것보다 두려움의 대상이 되는 것이 낫다. 두려움의 대상이 되면 통제권을 쥘 수 있지만 사랑받는 자는 그럴 수 없기 때문이다. 사랑이나 우정 같은 미묘하고 변하기 쉬운 감정에 의존하면 당신의 위치가 불안정해진다. 사랑 때문이 아니라 당신을 잃음으로써 맞을 결과에 대한 두려움 때문에 당신에게 의존하게 만드는 편이 더 낫다.

| **이미지** | 가시덩굴. 아래쪽 뿌리는 깊고 넓게 퍼져 있다. 위로는 덩굴의 가지가 덤불을 뚫고 나무와 기둥과 창틀을 휘감고 올라간다. 그것을 제거하려면 힘이 들 뿐만 아니라 손에 상처를 입을 수도 있다. 따라서 그냥 자라도록 놔두는 것이 낫다.

| **근거** | 사람들을 당신에게 의존하게 만들어라. 그러한 의존으로부터 많은 것을 얻게 된다. 갈증을 채운 자는 우물을 떠나 더 이상 찾아오지 않는다. 의존관계가 사라지면 정중함과 예의 바름과 존경도 사라진다. 경험이 우리에게 가르

처주는 첫 번째 교훈은, 희망은 남겨두되 절대 만족을 주지 말며 훌륭한 후원
자라 해도 늘 당신을 필요로 하게 만들라는 것이다.

– 발타사르 그라시안(1601~1658)

뒤집어보기

　다른 사람들을 당신에게 의존하게 만드는 접근법의 약점은 당신도 어
느 정도 그들에게 의존해야 한다는 점이다. 그것을 넘어서고 싶다면 당
신보다 위에 있는 사람들을 제거해야 한다. 그러면 아무에게도 의존하지
않고 철저히 혼자 서게 된다. J. P. 모건이나 존 록펠러처럼 독점주의자
가 되려는 충동, 즉 모든 경쟁자를 제거하고 완전한 통제권을 장악하려
는 의도를 가지는 것이 그런 경우다. 시장을 독점하는 경우라면 홀로 설
수록 좋을 것이다.

　그러한 형태의 독립에는 반드시 대가가 따른다. 당신은 스스로를 고립
시켜야 한다. 독점은 내부의 압력 때문에 붕괴되기 쉽다. 분노한 적들이
단결하여 독점에 대항하여 싸울 수도 있다. 완전한 통제권을 장악하려는
충동은 종종 파멸을 초래한다. 따라서 상호의존이 기본적인 법칙이 되
고, 독립은 불가피한 경우의 예외가 되어야 한다. 상호의존 관계를 유지
하는 것을 원칙으로 삼아라. 그러면 정상을 지켜야 한다는 스트레스를
느낄 필요가 없고, 당신 위에 있는 사람은 당신에게 의존해야 하므로 본
질적으로 당신의 노예가 될 것이다.

Law
23

적은 완전히 박살내라

...

잠재적 위험 제거

모세 이후 모든 위대한 지도자들은
위협적인 적은 완전히 박살내야 한다는 것을 알고 있었다
(물론 때로는 뼈아픈 교훈을 통해 이를 깨닫기도 했다).
불씨가 조금이라도 남아 있으면,
언제 다시 불길이 피어오를지 모르는 일이다.
회복해서 복수를 모색할 가능성이 있는 적은
육체뿐만이 아니라 정신까지도 완전히 박살을 내라.

법칙 위반 사례: 천재일우의 기회를 놓친 항우

항우(項羽)와 유방(劉邦)은 중국 역사에서 가장 치열하게 경쟁했던 라이벌이다. 두 장군은 처음에는 같은 편에서 싸우던 친구였다. 항우는 귀족 출신에 거구이면서 힘이 세고, 걸핏하면 싸움을 벌이는 다혈질에 머리가 약간 둔하긴 했지만, 전장에서는 항상 선봉에 서서 싸우던 용맹한 장수였다. 한편 유방은 농부 출신이었다. 장수다운 면모는 별로 없고, 싸움보다는 여자와 술을 더 좋아하는 건달 같은 인물이었다. 하지만 꾀가 아주 많았으며, 최고의 책사를 곁에 두고 그들의 조언에 귀 기울일 줄 아는 능력이 뛰어났다. 그가 군대에서 높은 지위에 오를 수 있었던 것도 다 이러한 장점 덕분이었다.

기원전 208년, 초나라 왕은 당시 막강한 세력을 떨치던 진나라를 정복하기 위해 두 개 군대를 편성해 출정시켰다. 송의가 상장군을 맡고 항우가 부장을 맡은 군대는 북쪽으로 향했고, 유방이 이끄는 나머지 군대는 진나라로 곧바로 쳐들어갔다. 목표는 진나라의 수도 함양이었다. 거칠고 성미 급한 항우는 유방이 함양을 먼저 차지하고서 군대 전체의 지휘권을 손에 쥘지 모른다고 생각하니 초조하기 이를 데 없었다.

항우를 이끌던 상장군 송의는 북쪽 전선의 한 지점에서 머뭇거리며 전투를 벌이지 않고 있었다. 화가 머리끝까지 치민 항우는 송의의 막사로 들어가 그를 반역자로 선포하고 목을 베었다. 그러고는 명령을 기다릴 것도 없이 북쪽 전선을 떠나 곧장 함양으로 행군해갔다. 항우는 병사이자 장수로서는 자신이 유방보다 뛰어나다고 확신하고 있었다. 하지만 경쟁자 유방이 자기보다 규모는 작지만 날랜 군대를 이끌고 먼저 함양에 입성한 것을 보고는 약이 올랐다. 항우의 책사 범증이 그에게 경고를 했다. "이 시골뜨기 장군(유방)은 전에는 재물과 술, 여자에만 욕심이 있었습니다. 하지만 함양에 들어온 후로는 달라졌습니다. 저 자가 높은 뜻을 품고 있다는 증거입니다."

범증은 항우에게 늦기 전에 경쟁자를 죽여버리라고 부추겼다. 그러면서 함양 밖에 있는 그들의 진영에서 연회를 열어 그 꾀 많은 시골뜨기를 초대하라고 말했다. 그리고 칼춤으로 축하연을 벌이는 중간에 그의 목을 베어버리라고 했다. 유방은 초대를 받고 연회에 참석했다. 하지만 항우는 칼춤을 추라는 명령을 내리지 못하고 머뭇거렸다. 마침내 신호를 보내려는 찰나 유방은 함정이라는 것을 알아차리고 가까스로 자리를 떴다. 범증은 항우가 계획을 그르친 것을 보고 비통한 심정으로 탄식했다. "한심하도다! 어리석은 자와는 일을 도모할 수 없는 법이거늘. 이제 유방이 온 나라를 훔쳐가 우리 모두를 포로로 만들어버릴 것이다."

자신이 실수를 했다는 걸 알아차린 항우는 서둘러 함양으로 행군해갔다. 이번에는 경쟁자의 목을 베어버리겠다고 단단히 마음먹었다. 한편 유방은 자신에게 불리한 싸움은 절대 벌이는 법이 없었기에 함양을 버리고 떠나버렸다. 항우는 함양을 손에 넣은 뒤 진나라의 어린 왕자를 죽이고 도성을 모조리 불살라버렸다. 항우에게 유방은 이제 원한에 찬 적이 되었다. 항우는 몇 달째 그를 추격한 끝에 마침내 성곽으로 둘러싸인 한 도성에 그를 몰아넣었다. 먹을 게 바닥나고 군대의 기강이 무너지자 유방이 화친을 청했다.

범증은 항우에게 다시 한 번 경고했다. "지금 당장 유방을 박살내십시오! 또 한 번 그를 놓아주었다간 나중에 후회하십니다." 하지만 항우는 자비를 베풀기로 결심했다. 유방을 산 채로 초나라에 데려가 자신이 주군임을 인정받고 싶었던 것이다. 하지만 범증의 말이 옳았다. 유방은 화친 조약으로 군대를 교란시킨 후 소규모 군대를 이끌고 도망쳐버렸다. 또다시 경쟁자를 코앞에서 놓치고 만 것이다. 항우는 유방을 뒤쫓기 시작했다. 그 기세가 어찌나 사납던지 이성을 완전히 잃은 사람처럼 보였다. 추격전의 와중에 유방의 아버지를 생포한 항우는 유방을 향해 소리를 질렀다. "지금 당장 항복하라. 그렇지 않으면 네놈의 아버지를 산 채로 끓는 물에 넣어버리겠다!" 그러자 유방이 차분한 목소리로 대답했다. "우리는 의형제다. 그러니 내 아버지는 곧 네 아버지다. 그런데도 네놈이 자기 아버지를 끓는 물에 넣겠다면, 내게도 그 삶은 물을 한 대접 보내거라!" 이 말에 항우는 물러났고, 싸움은 계속되었다.

몇 주 후 유방의 기습 한 번으로 항우의 군대는 포위당했다. 처음으로 판세가 역전된 것이다. 이제는 항우 쪽에서 화친을 청하는 입장이 되었

도리아는 체사레 이외에는 그 누구에게도 성을 넘기지 않겠다고 했다. 보르자는 다음 날이면 성에 도착할 거라는 전갈을 보냈다. 그것은 콘도티에리가 듣고 싶어했던 소식이었다. 세니갈리아에 도착하기만 하면 체사레는 손쉬운 먹잇감이 될 것이기 때문이었다. 도리스의 성과, 원을 그리듯 마을을 둘러싸고 있는 용병군 사이에 낀 보르자를 사로잡을 계획이었다. …… 콘도티에리는 프랑스 군대가 떠났으니 체사레에게는 소규모 병력밖에 남지 않아 자신들의 군사력이 우월하다고 확신했다. 하지만 마키아벨리에 따르면 체세나를 떠날 당시 보르자는 보병 1만 명과 기병 3천 명을 거느리고 있었다. 보르자는 병사들을 둘로 나누어 각자 다른 길로 갔다가 세니갈리아에서 합류하게 했다. 보르자가 대군을 이끌고 간 것은 라미로 데 로르카의 자백을 통해 콘도티에리가 계략을 꾸미고 있는 것을 알아냈기 때문이다. 보르자는 그들의 함정을 역으로 이용할 생각이었다. 바로 이것이 기만술의 걸작이라 손꼽히는 것으로, 역사가 파올로 조비오(Paolo Giovio)는 나중에 이를 '위대한 기만술'이라 불렀다. 1502년 12월 31일 동틀 무렵 체사레는 세니갈리아의 외곽에 이르렀다. 미켈로토 코렐라(Michelotto Corella)의 지휘 아래 200명의 창기병이 운하 다리에 진영을 잡았다. …… 이렇게 다리를 장악하여 음모자 비텔리의 군대가 철수하는 걸 효과적으로 막을 수 있었다. …… 체사레는 콘도티에리에게 스스럼없이

인사를 건네며 자기에게 합류할 것을 권했다. …… 한편 미켈로토는 체사레를 위해 팔라초 베르나르디노(Palazzo Bernardino)에게 일을 준비하게 했다. 공작은 콘도티에리를 궁전 안으로 초대했다. …… 그 자들이 안으로 들어선 순간 경비병들이 뒤에서 살금살금 다가와 그들을 소리 없이 붙잡았다. …… 체사레는 외곽 지대에 있는 비텔리와 오르시니 병사들을 치라는 명령을 내렸다. …… 그날 밤 비텔리와 오르시니의 부대는 전멸을 당하고, 미켈로토는 베르나르디노의 궁전에서 이 둘을 목 졸라 죽였다. …… 보르자는 이런 식으로 반역을 일으킨 휘하의 장군과 가장 악독한 적을 일거에 쓸어버렸다.
– 《보르자(The Borgias)》, 이반 클로울라스(Ivan Cloulas), 1989

다. 유방의 책사는 자비는 일절 베풀 것 없이 항우를 죽이고 그의 군대를 완전히 박살내버리라고 부추겼다. "그를 놔주었다간 호랑이를 키우는 것과 다름없습니다. 지금 죽이지 않으면 나중에 장군이 잡아먹힐 겁니다." 유방도 그의 생각에 동의했다.

유방은 가짜로 화친을 맺는 것처럼 꾸며 항우가 방어 태세를 풀게 한 후 그의 군대를 거의 전멸시키다시피 했다. 하지만 항우는 가까스로 목숨을 건졌다. 타고 갈 말도 없이 홀로 도망치던 그는 유방이 자신의 목에 현상금을 내건 사실을 알았다. 그는 퇴각을 하던 부하 병사들을 만나자 이렇게 소리쳤다. "들으니 유방이 내 목에 금 천 냥과 만 호(戶)가 살 봉토를 걸었다고 한다. 너희들이 내 목을 가져가거라." 그러고는 스스로 목을 베었다.

해석 ———

항우는 자신의 무자비함을 입증한 전적이 많은 사람이었다. 자기 목적을 위해서라면 가차 없이 경쟁자를 없앴다. 하지만 유방에게는 다른 식으로 행동을 했다. 그는 경쟁자인 유방을 존경했기에 기만술로 그를 이기고 싶은 생각이 없었다. 그보다는 전장 속에서 자신이 더 뛰어나다는 사실을 입증하고, 유방에게서 항복을 받아내 자기를 섬기게 하고 싶었다. 그 라이벌을 붙잡아 처단할 기회가 찾아왔을 때에도 그는 번번이 망설였다. 유방에게 동정심과 존경심이 드는 걸 피할 길이 없었던 것이다. 한때 친구로 지낸 데다 군대 동료 아니던가. 그는 유방을 죽이겠다고 굳게 마음먹고도 결국엔 그러지 못해 불운한 운명을 자초했다. 한편 유방은 판세가 역전되었을 때 결코 망설이지 않았다.

이것은 적을 동정할 경우 누구나 맞을 수 있는 운명이다. 측은한 마음이 들거나 혹은 화해가 이루어지길 바라며 주저하다 적을 제대로 없어버리지 못하는 것이다. 하지만 그랬다간 적의 두려움과 증오만 키울 뿐이다. 우리에게 패배를 당한 적이 있는 적은 굴욕감을 느낀다. 이 원한에 찬 독사를 살려두면 언젠가는 우리가 물려 죽을 것이다. 권력을 그런 식으로 다루어서는 안 된다. 적은 끝까지 뿌리 뽑아 뭉개버려야 하며, 되돌아와 우리를 괴롭힐 기회도 완전히 없애야 한다. 옛날엔 친구였으나 지금은 적으로 돌아선 사람의 경우에는 두말할 것도 없다. 숙명적 적대관계를 지배하는 법칙은 이것이다. 화해는 생각하지도 말라. 승리는 오로지 한쪽에만 돌아간다. 그러니 완전하게 승리를 거두어야 한다.

유방은 이러한 교훈을 잘 익힌 사람이었다. 농가 출신의 이 남자는 항우를 물리친 후 승승장구하여 초나라 군대의 최고 장수가 되었다. 그러고 나서는 예전의 주군이었던 초나라 왕의 세력을 짓밟고 스스로 왕위에 올랐다. 그의 길을 가로막는 사람은 누구든지 쳐부수고 중국의 가장 위대한 통치자 중 한 사람으로 역사에 그 이름을 남겼으니, 바로 한고조다.

> 일을 이루고자 하는 자는 자비심을 보여선 안 된다.
>
> – 카우틸랴(기원전 3세기)

법칙 준수 사례: 중국 유일의 여황제

무조(武曌)는 625년에 당나라 공신의 딸로 태어났다. 미모가 빼어나고 매력이 많아 당 태종의 후궁으로 들어갔다.

하지만 황궁에는 황제의 총애를 받기 위해 세력을 다투는 젊은 첩들이 가득했기에, 후궁으로 지낸다는 건 위험천만한 일이었다. 빼어난 미모와 대찬 성격 덕에 무조는 금세 세력 다툼에서 이겼지만, 황제의 마음이 변하면 언제든 내몰릴 수 있다는 사실을 알고 항상 앞날을 염두에 두었다.

무조는 태종의 방탕한 아들 고종에게 접근해 그를 유혹하는 데 성공했다. 고종이 유일하게 홀로 있을 수 있는 곳, 즉 황궁의 변소에서 그를 유혹한 것이다. 하지만 황제가 죽고 고종이 왕위를 넘겨받자 무조는 머리를 깎고 절에 들어가야 했다. 황제가 죽으면 황제의 부인이나 첩은 당나라 전통과 법에 따라 그런 운명을 맞아야 했다. 무조는 7년 동안 그 운명에서 빠져나갈 계책을 세웠다. 그리하여 새로운 황제와 비밀리에 교류를 하는 한편 황제의 부인과도 친분을 쌓았다. 황제는 무조에게 황궁으로 돌아와 후궁으로 지내라는 이례적인 칙령을 내렸다. 황궁으로 돌아온 무

> 궁극적 승리를 거두기 위해서는 반드시 무자비해져야 한다.
> – 나폴레옹 보나파르트(1769~1821)

조는 황제의 수청을 드는 동시에 왕비의 비위도 계속 맞춰주었다. 왕비는 아직 후사를 낳지 못해 입지가 위태했던 터라 무조를 귀중한 동맹군으로 여겼다.

654년에 무조는 아이를 낳았다. 어느 날 왕비가 그녀의 처소를 왔다 돌아가기 무섭게 무조는 자신의 갓난아기를 목 졸라 죽였다. 의심의 화살은 곧장 왕비에게로 향했다. 아기가 죽기 전에 그곳을 다녀간 사람이 왕비였고, 그녀가 투기가 심하다는 것은 누구나 아는 사실이었기 때문이다. 무조가 계획했던 대로 일이 돌아갔다. 얼마 후 왕비는 살인죄로 처형되었다. 고종은 쾌락에 빠져 지내며 새로운 왕비에게 선뜻 통치권을 내어주었다. 무조는 이때부터 무후(武后)로 알려지게 된다.

엄청난 권력을 손에 넣었지만, 무후는 안심할 수가 없었다. 사방이 온통 적이라 한시라도 경계를 풀 수 없었던 것이다. 마흔한 살에는 미모가 출중한 어린 조카딸이 황제의 총애를 받지 않을까 두려워하여 조카딸의 음식에 독을 넣어 죽였다. 675년에는 태자인 자기 아들마저 독살했다. 적통은 아니었으나 왕세자 자리에 오른 둘째 아들도 얼마 후 죄목을 날조해 황궁에서 쫓아내버렸다. 683년 황제가 세상을 떠나자 무후는 셋째 아들에게 황제가 될 자격이 없음을 스스로 선포하게 했다. 결국 황제 자리에 오른 건 가장 힘없는 막내아들이었다. 이런 식으로 무후는 실권을 쥐고 중국을 통치했다.

그 후 5년 동안 황궁에서는 정변이 숱하게 일어났다. 하지만 모조리 실패로 돌아가고, 반역자들은 남김없이 처형을 당했다. 688년에 이르자 무후에게 도전장을 내밀 사람은 아무도 없었다. 무후는 스스로를 부처의 신성한 후손이라고 선포했고, 690년에는 중국의 '성신황제'라는 칭호를 받았다.

무후는 황제가 되기 위해서 당 왕조의 사람들을 하나도 남기지 않고 제거했다. 그리고 스스로 황제라고 선포하고 10년 동안 별 위협 없이 비교적 평화롭게 나라를 다스렸다. 그러다 705년, 중국 유일의 여황제 무후는 80세의 나이에 강제로 폐위되었다.

해석 ──

무후는 대단한 에너지와 명석한 두뇌를 가진 여성이었다. 당시 황실의 후궁으로 살다 절에서 여생을 보내는 것은 큰 영광이었다. 하지만 무조는 권력의 최정상을 향해 다가가면서 절대 순진하게 굴지 않았다. 조금이라도 망설이거나 일순이라도 약한 모습을 보였다간 끝장나버릴 것을 알았기 때문이다. 경쟁자를 없애면 또 다른 새로운 경쟁자가 나타났다. 해결책은 간단했다. 그들을 가차 없이 뭉개버리거나 아니면 자신이 죽거나. 이전의 황제들도 모두 똑같은 길을 밟아 최정상에 올랐다. 하지만 무조는 권력을 손에 쥘 기회가 거의 없었던 여성이었기에 훨씬 더 무자비하게 굴어야만 했다.

40년간 이어진 무후의 통치는 중국 역사에서 가장 긴 치세 기간 중 하나로 손꼽힌다. 황제 자리에 오르기 위해 그녀가 벌인 피비린내 나는 투쟁이 세간에 유명하기는 하지만, 그녀는 당(唐)대에 가장 유능하고 실질적 성과를 거둔 통치자 중 하나로 평가받는다.

> 한 사제가 임종을 맞은 스페인의 정치가이자 장군 라몬 마리아 나르바에스(Ramón Narváez, 1800~1868)에게 물었다. "장군은 적을 모두 용서하시겠습니까?" "그럴 필요 없소." 나르바에스가 대답했다. "이미 다 죽여버렸으니까."

권력의 열쇠: 적은 완전히 박살내라

이 법칙의 생생한 두 가지 사례가 모두 중국의 이야기인 건 결코 우연이 아니다. 중국 역사에는 목숨을 살려준 적들이 나중에 은인을 찾아와 괴롭히는 일이 허다하다. "적을 완전히 박살내라"는 것은 《손자병법》을 쓴 기원전 4세기의 사상가 손자의 핵심적인 전략적 기조이기도 했다. 거기에 담긴 생각은 간단하다. 적이라면 당신이 잘못되길 바랄 것이며, 심지어는 당신이 없어지기를 바란다. 적들과 싸우다 중도에서 그만둔다면 (심지어 4분의 3은 갔다 해도) 적들의 결의와 원한만 키우게 된다. 그들은 언젠가 복수를 해올 것이다. 물론 잠시 동안 친구 행세를 할 수도 있지만, 그건 아직 그들이 힘이 없기 때문일 뿐이다. 그들은 때를 기다렸다가 당신을 칠 것이다.

이 문제를 해결할 방법은 자비심을 갖지 않는 것이다. 당신은 적군을 완전히 박살내야 한다. 결국 당신이 적에게서 평화와 안심을 바랄 수 있는 방법은 단 하나, 그들이 사라지는 것뿐이다.

손자의 책과 중국 역사책을 두루 탐독했던 마오쩌둥은 이 법칙의 중요성을 누구보다 잘 알았다. 이 공산당 지도자는 1934년 무기도 제대로 갖추지 못한 병사 7만 5천 명을 이끌고 장제스의 군대를 피해 중국 서부의 황량한 산악 지대로 들어갔다. 이른바 대장정(大長征)의 시작이었다.

장제스는 공산당을 완전히 섬멸하고자 했고, 몇 년 후 마오쩌둥의 병사는 만 명도 채 안 남게 되었다. 그런데 1937년 일본이 침략해오자 장제스는 힘이 약해진 공산당 추격을 포기하고 일본군과 싸우는 데 집중했다. 10년 후 공산당은 병력을 회복해 장제스의 군대까지 패주시킬 정도가 되었다. 장제스는 적군은 완전히 박살내야 한다는 오랜 지혜를 잊고 있었던 것이다. 하지만 마오는 잊지 않고 있었다. 장제스가 군대를 이끌고 대만으로 패퇴할 때까지 끝까지 쫓아갔다. 오늘날 중국 본토에는 장제스 통치 시절의 흔적이 전혀 남아 있지 않다.

"적군을 완전히 박살내야 한다"는 말 뒤에 숨은 지혜는 성경만큼 오래된 것이다. 이를 가장 먼저 실행에 옮긴 사람은 아마도 하느님에게서 직접 지혜를 전수받은 모세일 것이다. 유대인을 위해 홍해를 가르고, 그 물살로 뒤쫓아오던 이집트인을 "한 사람도 남기지 않고" 휩쓸어버린 것이 하느님이었다. 모세는 십계명을 받고 시나이 산에서 내려와 백성이 황금 송아지를 숭배하는 걸 보았을 때 율법을 어긴 자는 한 명도 남기지 않고 죽였다. 그리고 죽음을 코앞에 두고, 마침내 약속의 땅에 발을 들이게 될 자신의 추종자들에게 가나안 지방의 부족들을 쳐부수거든 "그들을 완전히 박살내야 하며, 맹약은 절대 맺지 말 것이며, 자비심을 보여선 안 된다"라고 당부했다.

전적인 승리를 거두는 것은 현대 전쟁의 금언으로, 전쟁 분야에서 최고로 손꼽히는 철학자 카를 폰 클라우제비츠 같은 사람들은 그 내용을 체계적으로 정리하기도 했다. 클라우제비츠는 나폴레옹이 치른 전투를 분석하며 이렇게 말했다. "적의 병력을 직접 전멸시키는 것에 항상 주안점을 두어야 한다고 강하게 주장하는 바다. …… 승리를 거두었다고 적군을 남겨두거나 숨 돌릴 틈을 주어서는 안 된다. …… 오로지 남은 적군을 뒤쫓을 생각만 해야 한다. 적을 따라가 적의 수도를 빼앗고, 예비자원을 비롯해 적국에게 힘과 안락함을 줄 수 있는 기타 모든 것들을 공격해야 한다." 이렇게 해야 하는 이유는, 전쟁이 끝난 뒤에는 협상과 영토 분할이 이루어지기 때문이다. 전쟁에서 부분적인 승리에 그치고 말았을 땐, 백이면 백 전쟁으로 얻은 걸 협상에서 잃게 되어 있다.

해결책은 간단하다. 적에게 선택의 여지를 주지 않는 것이다. 적을 전멸하면 적의 영토는 당신이 마음대로 이용할 수 있는 당신 땅이 된다. 적을 완전히 장악하고 그들을 당신 뜻에 복종하도록 만드는 것이 권력의 목표다. 어중간하게 움직여서는 안 된다. 다른 선택의 여지가 없는 적은 당신 뜻에 따를 수밖에 없기 때문이다. 이 법칙은 전쟁을 넘어서서 다른 분야에까지 적용된다. 협상은 당신이 움켜쥔 승리를 야금야금 갉아먹는 음흉한 독사와도 같으니 적과는 절대 협상을 하지 말아야 한다. 털끝만큼도 희망을 품게 하거나 기만책을 쓸 여지를 주어서도 안 된다. 완전히 박살내는 것만이 해결책이다.

권력 투쟁을 벌이다 보면 경쟁자를 자극하고 적을 만들 수밖에 없다는 사실을 받아들여라. 아무리 노력해도 당신 편으로 끌어들일 수 없는 사람도 있다. 그런 사람들은 무슨 일이 있어도 계속 당신의 적이 될 수밖에 없다. 하지만 당신이 (고의든 아니든) 그들에게 어떤 상처를 입혔더라도 그들의 증오를 사적으로 받아들이지 말라. 그저 당신 둘 사이가 평화로워질 가능성은 전혀 없다는 사실만 인지하면 된다. 당신이 권력을 쥐고 있는 상황이라면 더더욱 그렇다. 당신 곁에 달라붙어 있게 내버려뒀다간 그들이 복수를 노릴 것이다. 이는 낮이 지나면 밤이 오는 것만큼이나 뻔한 이치다. 그들이 마지막에 패를 내보일 때까지 기다리는 건 어리석은 짓이다. 무후가 잘 알고 있었던 것처럼, 그때에는 이미 너무 늦은 것이다.

현실을 직시하라. 그런 식으로 적을 곁에 두면 당신은 결코 안전할 수 없다. 역사의 숱한 교훈과, 모세와 마오쩌둥이 일러주는 지혜를 머릿속에 새겨라. 어중간하게 행동해서는 절대 안 된다.

물론 여기서 중요한 것은 죽이는 게 아니라 축출이다. 세를 충분히 꺾은 뒤에 당신의 궁정에서 영원히 추방시켜버리면 적은 당신에게 아무런 해도 끼치지 못한다. 다시 기운을 회복해 마음속으로 복수의 칼을 갈고 당신에게 해를 입힐 희망이 전혀 없기 때문이다. 그들을 축출하기가 여의치 않다면 적어도 그들이 당신을 쓰러뜨릴 음모를 꾸미고 있다는 사실만큼은 숙지하고 있어야 한다. 그러니 그들이 아무리 친구인 척해도 절대 마음을 열지 말라. 그런 상황에서는 경계심만이 당신의 유일한 무기가 된다. 당장에 그들을 축출할 수 없을 때는 적절한 시기에 행동에 나설 수 있도록 계책을 세워두라.

| **이미지** | 독사. 당신이 발로 짓누르고 있지만 아직 숨이 끊어지지 않은 독사 한 마리를 떠올려라. 독사는 다시 기운을 차리고 일어나 독을 두 배로 품고 당신을 물 것이다. 주변에 남겨둔 적은 목숨을 반쯤 잃었다 다시 건강하게 기운을 차리는 독사와도 같다. 시간이 지나면 뱀이 품은 독은 한층 독해진다.

| **근거** | 사람들에게 친절을 베풀지 않을 거면 그 세를 완전히 꺾어놓아야 한다는 사실을 반드시 숙지해야 한다. 조그만 상처를 입고는 복수를 하면서도 정작 큰 상처에는 복수를 감행하지 못하는 게 사람이다. 따라서 상처를 입힐 거면 상대의 복수를 두려워할 필요가 없을 정도로 큰 상처를 입혀라.

– 니콜로 마키아벨리(1469~1527)

뒤집어보기

이 법칙을 무시하는 경우는 거의 없어야 하지만, (여건만 허락한다면) 당신 손으로 직접 적에게 고통을 주는 것보다는 적이 스스로 파멸에 이르도록 하는 편이 더 바람직할 때도 있다. 예를 들어 훌륭한 장수라면 궁지에 몰린 군대를 공격했다간 병사들이 이를 악물고 달려든다는 사실을 잘 알고 있다. 따라서 적에게 도망갈 길을 열어주는 것이 더 나을 때도 있다. 퇴각하는 병사들은 기진맥진해져 종국에는 전장에서 겪은 그 어떤 패배보다 더 사기가 떨어진다. 궁지에 몰린 사람은(하지만 이때는 그 사람이 회생할 가능성이 없다는 확신이 있어야 한다) 궁지에 몰린 채로 내버려두어도 무방할 것이다. 자기 손으로 무너지게 놔두는 편이 낫다. 그러면 당신 손으로 처치했을 때보다 기분이 덜 꺼림칙할 것이다.

마지막으로 적군을 완전히 박살내다 너무 큰 원한을 산 나머지 적이 오랜 세월을 들여가며 복수의 칼날을 갈 때도 있다. 베르사유 조약이 독일 국민에게 끼친 영향이 바로 그런 것이었다. 장기적으로 보면 어느 정도 아량을 베푸는 것이 더 바람직하다고 주장하는 사람도 있을 수 있다. 하지만 그럴 경우 아량을 베풀었다가 또 다른 위험을 안게 되는 문제가 생긴다. 그러면 원한을 버리지 못하고 있는 적군에게 용기를 불어넣어 그가 행동에 나설 여지가 생긴다. 적은 완전히 박살내는 편이 거의 백이면 백 현명한 방도가 된다. 그들이 나중에 복수할 계획을 세우거든 절대 경계를 풀지 않고 있다가 다시 한 번 완전히 박살내버려라.

Law
24

품격과 신비감을 높여라
...
부재와 존재의 법칙

유통량이 넘치면 값이 떨어지는 법이다.
너무 빈번하게 등장하면 흔해 보인다.
특정 집단에서 이미 자신의 지위를 확보했다면,
간간이 모습을 드러내지 않는 것이
더 많은 관심과 존중을 이끌어내는 데 도움이 된다.
빠져야 할 때를 알라. 희소가치를 창출하라.

법칙 위반 및 준수 사례: 음유시인의 위험한 사랑 게임

기욤 드 발롱 경(Sir Guillaume de Balaun)은 중세 시대에 프랑스 남부 지방을 떠돌던 음유시인이었다. 그는 여러 성들을 돌아다니며 시를 읊었고 기사 역할도 완벽하게 해냈다. 그러다 자비악 성에서 마담 기엘마 드 자비악(Madame Guillelma de Javiac)을 만나 사랑에 빠졌다. 기욤은 그녀를 위해 시를 읊고 노래를 들려주었으며 함께 체스를 두었다. 기엘마도 조금씩 기욤을 사랑하게 되었다. 기욤에게는 함께 여행 중인 피에르 드 바르작 경(Sir Pierre de Barjac)이라는 친구가 있었다. 피에르 역시 기품 있지만 변덕스러운 여인 비에르네타(Viernetta)와 사랑에 빠지게 되었다.

어느 날 비에르네타는 피에르와 다툰 후 더 이상 만나지 않겠다고 말했다. 상심한 피에르는 친구 기욤을 찾아와 틀어진 관계를 회복하고 다시 그녀의 호의를 살 수 있게 도와달라고 부탁했다. 당시 기욤은 잠시 성을 떠나 있을 예정이었다. 그래서 몇 주 후 성에 돌아왔을 때 자신의 마법 같은 힘을 발휘해 두 사람을 화해시켰다. 피에르는 자신의 사랑이 열 배는 더 깊어진 것 같다고 말했다. 화해 뒤에 찾아온 사랑만큼 강렬한 사랑은 없다고 하면서 말이다. 그는 다툼이 심하고 헤어져 있던 시간이 길수록 화해한 후에 찾아오는 사랑의 감정이 더 달콤한 것 같다고 말했다.

기욤 경은 사랑의 기쁨과 슬픔을 모두 겪어봤다고 자부하고 있었다. 그런데 친구 이야기를 들으니 연인들이 다투고 나서 화해한 후 느끼는 행복감이 얼마나 큰지 자신도 알고 싶어졌다. 그래서 기엘마 부인에게 화가 난 척했다. 연애편지도 더 이상 보내지 않았고 갑작스레 성을 떠나버렸다. 심지어 축제나 사냥이 있는 날에도 나타나지 않았다. 그러자 그 젊은 여인은 영문도 모른 채 애를 태웠다.

기엘마는 기욤에게 심부름꾼을 보내 도대체 무슨 일인지 알아보게 했지만, 기욤은 그들을 만나주지 않았다. 그렇게 하면 기엘마가 화를 낼 거라고 생각했다. 그러면 피에르처럼 화해를 간청하려고 했다. 그런데 정반대 효과가 나타났다. 그럴수록 기엘마는 기욤을 더욱 사랑하게 된 것이다. 이제는 여자가 남자를 쫓아다니는 형국이 되어, 심부름꾼과 사랑 노래를 보내고 있었다. 기엘마가 이렇게 적극적으로 나오자 기욤은 그녀가 다소 품위 없게 느껴졌다. 기욤은 더 이상 자신의 계획에 대해서도, 자신이 사랑하는 여인에 대해서도 확신을 가질 수가 없었다.

몇 달째 기욤에게서 소식이 없자 기엘마는 마침내 단념하고 심부름꾼도 보내지 않았다. 그러자 기욤은 생각했다. '그녀가 화가 난 건 아닐까? 이제야 계획대로 일이 진행되는 것인가?' 그렇다면 더없이 좋은 일이었다. 드디어 화해를 청할 때가 온 것이다. 기욤은 근사하게 차려입고, 멋진 투구를 머리에 쓰고는 화려하게 치장한 말 위에 올라탔다. 그리고 자비악 성을 향해 떠났다.

기엘마는 자신의 사랑이 돌아온다는 소식을 듣고 한달음에 달려가 그의 앞에 무릎을 꿇고 베일을 걷고서는 그에게 입맞춤을 했다. 그러면서 자신이 어떤 무례한 짓을 저질러 화가 났든, 제발 용서해달라고 빌었다. 이때 기욤이 얼마나 당황스럽고 절망스러웠을지 상상해보라. 그의 계획은 완전히 수포로 돌아갔던 것이다. 기엘마는 화가 나 있지 않았다. 오히려 그에 대한 사랑이 더 깊어졌을 뿐이다. 그러니 화해의 기쁨도 맛볼 수 없었다. 기욤은 다시 한 번 시도하기로 결심했다. 모진 말과 위협적인 행동으로 그녀를 내친 것이다. 그녀는 떠나면서 그를 다시는 보지 않겠노라 다짐했다.

다음 날 아침 음유시인은 자신의 행동을 후회했다. 그래서 말을 타고 자비악 성으로 갔다. 하지만 기엘마는 만나주지 않았다. 기욤은 후회의 눈물을 흘렸다. 자신이 얼마나 끔찍한 실수를 저질렀는지 뼈저리게 느꼈다. 이후 1년 동안 그는 그녀를 만나지 못했지만 그녀를 향한 사랑은 더욱 불타올랐다. 그의 가장 빼어난 작품들도 이 시기에 나왔다. 그는 "자비를 청하는 나의 노래가 하늘로 올라간다"라고 노래했다. 그리고 기엘마에게 편지를 여러 차례 보내 자신이 왜 그랬는지를 설명하고 용서를 구했다.

이렇게 오랫동안 공을 들이자, 기엘마 부인도 차츰 마음이 움직였다. 그의 아름다운 노래와 잘생긴 얼굴, 뛰어난 춤 솜씨와 매사냥 솜씨를 떠올리며 자신 역시 그가 돌아오길 열망한다는 걸 깨달았다. 그래서 진심으로 뉘우치고 있다면 오른손 새끼손가락 손톱을 빼서 그가 지금 얼마나 불행한지 노래하는 시와 함께 보내라고 했다.

기욤은 부인의 말대로 따랐다. 그리고 마침내 화해의 기쁨을 느낄 수 있었다. 그것은 친구 피에르가 느꼈던 것보다도 훨씬 컸다.

해석 ──

기욤 드 발롱은 화해의 기쁨을 느끼려다 생각지도 않게 부재와 존재의 법칙에 담긴 진실을 경험하게 되었다. 연애를 처음 시작할 때는 상대방의 눈에 당신의 존재감을 부각시킬 필요가 있다. 너무 일찍 모습을 감추면 당신을 아예 잊어버릴 것이기 때문이다. 하지만 상대가 확실히 사랑하는 마음을 갖게 되었다면, 모습을 감춰야 사랑의 감정이 더욱 불타오른다. 이때 아무 이유 없이 모습을 감추면 더 효과적이다. 당신이 곁을 떠나 있는 사이 연인은 애를 태우며 상상의 날개를 펴게 된다. 상상력이 자극받으면 사랑의 감정은 더 강해질 수밖에 없다. 하지만 기엘마가 기욤을 쫓아다니는 입장이 되자 그녀에 대한 사랑이 약해졌다. 그녀를 쉽게 만날 수 있다는 생각이 상상력을 발휘할 여지를 없애자 사랑의 감정도 숨을 쉴 수가 없었던 것이다. 그러다가 그녀가 더 이상 심부름꾼을 보내지 않자 사랑의 감정도 다시 숨을 쉴 수 있게 되면서 원래의 계획으로 돌아갈 수 있었다.

모습을 감추거나 희소성을 지니게 되면 사람들은 그것을 갑자기 존경과 동경의 눈으로 바라보게 된다. 반면 한곳에 너무 오래 머물거나 자주 모습을 드러내면 그것에 질리게 된다. 그래서 중세 시대 여자들은 기사들에게 사랑의 시험을 치르게 하곤 했다. 오랜 기간 고된 원정길에 오르게 하는 식이었는데, 그렇게 하면 부재와 존재가 교차하는 패턴이 생겨났다. 사실 기욤이 기엘마를 먼저 떠나지 않았다 해도 결국엔 기엘마가 억지로 그를 쫓아내 자신의 빈자리를 느끼게 했을지도 모를 일이다.

모습을 감추면 사소한 열정은 사라지는 반면 커다란 열정엔 불이 붙는다.
바람이 불면 촛불은 꺼지지만 커다란 불꽃은 더욱 활활 타오르는 것처럼.

– 라 로슈코프(1613~1680)

법칙 준수 사례: 권력을 버리고도 왕이 된 남자

아시리아는 북부 아시아 지역을 수 세기 동안 철권통치로 다스렸다. 기원전 8세기에 (현재의 이란 북서부인) 메디아 지방 사람들이 반란을 일으켜 아시리아로부터 독립을 했다. 메디아인들은 새로 통치기구를 세워야 했다. 하지만 그들은 전제정치를 혐오했기에 어느 한 사람에게 최고의 권력을 주거나 한 명의 군주를 옹립하려고 하지 않았다. 그런데 지도자가 없다 보니 나라는 금세 혼란에 빠져 소규모 왕국들로 쪼개지고 마을들은 서로 싸움을 벌이곤 했다.

어느 마을에 데이오케스(Deioces)라는 남자가 살고 있었다. 그는 일을 공정하게 처리하고 분쟁을 잘 해결하여 이름을 떨치기 시작했다.

사람들은 분쟁이 생길 때마다 그를 찾아갔다. 그러자 그의 권력이 점차 강해졌다. 법은 이미 신망을 잃은 뒤였다. 판관들이 부패를 일삼자 사람들은 법보다는 폭력에 의지했다. 데이오케스가 지혜롭고, 청렴하며, 대쪽같이 공평하다는 소문이 널리 퍼지자 사방에서 사람들이 찾아와 일을 해결해달라고 맡겼다. 얼마 지나지 않아 데이오케스는 메디아 땅에서 유일한 정의의 중재인이 되었다.

자신의 권력이 정점에 오르자 데이오케스는 느닷없이 새로운 결정을 내렸다. 더 이상 판관의 자리에 앉지도 않고, 탄원도 듣지 않을 것이며, 형제간이나 마을 사이의 분쟁도 중재하지 않겠다고 선언한 것이다. 그는 다른 사람들 문제를 처리하느라 정작 자기 문제는 소홀히 해왔다고 말했다. 나라는 다시 혼란스러워졌다. 데이오케스 같은 강력한 중재자가 사라지자 범죄가 늘고 법을 멸시하는 풍조가 성행했다. 메디아인들은 전체 마을 회의를 열어 대책을 모색했다. 한 부족장이 말했다. "나라가 이런 상태로는 유지될 수가 없습니다. 우리 동료 중 한 사람을 우두머리로 임명해 질서 잡힌 통치체계 속에서 살아갑시다. 그게 혼란 속에서 집을 잃는 것보다는 낫지 않겠소."

그리하여 메디아인들은 아시리아인들의 폭정 속에 살았던 아픈 역사가 있었음에도, 군주를 옹립하기로 했다. 그들은 당연히 데이오케스가 통치해주기를 바랐다. 그가 없으면 나라가 무법 상태에 빠지고 말 거라며 여러 차례 간청하자 데이오케스도 마침내 승낙했다.

하지만 조건을 내걸었다. 먼저 커다란 궁전과 경호원들이 필요하다고 했다. 통치의 근거지로 삼을 수 있게 수도도 지어달라고 했다. 사람들은 수도 한가운데 성을 짓고 성벽으로 겹겹이 둘러싸 백성들의 접근을 완전히 차단했다. 데이오케스는 다음과 같은 통치 원칙을 세웠다. "왕을 알현하는 일은 금지되며, 왕에게는 전령을 통해서만 이야기할 수 있다. 왕궁 사람 그 누구도 일주일에 한 번 이상은 왕을 볼 수 없으며, 그때도 반드시 허락이 있어야 한다."

데이오케스는 53년 동안 메디아 왕국을 통치했으며 영토를 확장했다. 이는 그의 5세손인 키루스(Cyrus)가 페르시아 제국을 세우는 토대가 되었다. 데이오케스에 대한 백성들의 존경심은 서서히 숭배로 변해갔다. 사람들은 그를 유한한 목숨을 가진 인간이 아니라 신의 아들로까지 생각하게 된 것이다.

해석 ──

데이오케스는 커다란 야망을 품었던 사람이다. 그는 사람들이 강한 통치자를 필요로 할 것이고, 자신이 적임자임을 일찍부터 단정하고 있었다.

무질서가 횡행하는 나라에서는 판관이자 중재자가 권력을 손에 쥐게 된다. 그래서 데이오케스는 흠 잡을 데 없이 공평무사한 사람이라는 명성으로 자신의 이력을 쌓아나간 것이다.

하지만 판관으로서 권력의 정점에 다다랐을 때 데이오케스는 부재와 존재의 법칙이 지닌 진실을 깨닫게 된다. 너무 많은 의뢰인을 위해 일하다 보니, 누구나 접하기 쉬운 사람이 되어 옛날에 받았던 존경을 잃고 만 것이다. 사람들은 그가 하는 일을 당연하게 생각했다. 자신이 원하는 존경과 권력을 다시 손에 넣을 방법은 오로지 하나, 현재의 자리에서 내려와 메디아인들에게 자신이 없는 삶이 어떤지 맛보게 하는 것이었다. 그가 예상했던 대로 사람들은 그에게 왕이 되어달라고 간청해왔다.

데이오케스는 이 법칙의 진실을 현실에서 실행했다. 일반인과 차단된 높다란 궁정 안에서 그는 아무도 감히 만날 수 없는 군주가 되었다. 몇몇 궁정신하를 제외하면 그를 볼 수 있는 사람은 아무도 없었고, 볼 수 있다해도 그 기회는 매우 드물었다. 헤로도토스는 이런 글을 남기기도 했다. "사람들이 일상적으로 그를 볼 수 있다면 질시와 원한을 사게 되고 음모가 일어날 위험이 있었다. 하지만 아무도 그를 보지 못하게 되면 그를 둘러싼 전설이 점점 자라나 그는 단순한 인간과는 격이 다른 존재가 될 것이었다."

> 한 남자가 이슬람 수도승에게 물었다. "왜 선생님을 더 자주 뵐 수 없는 겁니까?" 수도승이 답했다. "내 귀에는 '그동안 왜 안 오셨습니까?' 라는 말이 '왜 또 오셨습니까?' 라는 말보다 더 달콤하게 들리기 때문이니라."
>
> – 이드리에스 샤의 《꿈의 대상》 중 자미(Jami) 율법사의 말

권력의 열쇠: 품격과 신비감을 높여라

세상의 모든 것은 부재와 존재의 법칙을 어떻게 활용하느냐에 달려 있다. 존재감이 강력하면 당신은 권력을 얻고 관심을 받을 수 있다. 당신이 주위 사람들보다 밝게 빛나기 때문이다. 하지만 존재감이 지나치게 커지면 어느 순간 정반대의 효과가 생긴다. 사람들 눈에 뜨이거나 입에 오르내리는 횟수가 늘어날수록, 당신의 가치는 떨어진다. 당신은 일상적인 존재가 되는 것이다. 당신이 달라지기 위해 아무리 열심히 노력해도 왠지 사람들은 그전만큼 당신을 존경하지 않는다. 그러니 사람들이 당신을 밀어내기 전에, 당신 스스로 제때 모습을 감추어야 한다. 일종의 숨바꼭질인 셈이다.

이 법칙에 담긴 진실은 특히 사랑과 유혹의 문제에서 더욱 강력하게 작용한다. 연애를 처음 시작할 때는 그 사람 주위에 광채를 만들어내게 된다. 하지만 상대방에 대해 너무 많이 알게 되면 이 광채도 사라져버린다. 상상력의 날개를 펼 여지가 더 이상 없기 때문이다. 당신은 어느새 남과 다를 바 없는 그의 존재를 당연하게 여긴다. 17세기에 프랑스 화류계를 주름잡은 니농 드 랑클로가 항상 연인에게서 멀어지는 것처럼 가장

하라고 말한 것도 바로 그 때문이었다. "사랑이 굶주리다 죽는 경우는 절대 없다. 하지만 소화불량으로 죽는 경우는 많다."

당신을 남들과 똑같이 대하도록 허락한 순간; 때는 이미 늦은 것이다. 이러한 사태를 막으려면 남들이 당신의 존재를 애타게 찾게 해야 한다. 사람들에게 당신을 영원히 잃을 수도 있다는 위협을 주어 억지로라도 존경심을 얻어내라. 존재와 부재가 교차하는 패턴을 만들어내는 것이다.

당신이 죽었다고 생각해보라. 당신에 관한 모든 것이 달라질 것이다. 당신의 곁에는 존경의 빛이 감돌 것이다. 사람들은 당신을 비판하고 당신과 언쟁한 것을 떠올리고 후회와 죄책감을 느낄 것이다. 다시는 느끼지 못할 존재감을 그리워하는 것이다. 하지만 당신은 죽을 때까지 기다릴 필요가 없다. 잠시만이라도 완전히 모습을 감추면 된다. 그러다 당신이 돌아오면 당신은 꼭 죽었다 살아난 것처럼 될 것이다. 부활의 기운이 당신에게 붙어 다닐 것이고, 사람들은 당신이 돌아온 것에 안도할 것이다. 데이오케스가 스스로를 왕으로 만든 것도 바로 이런 방법을 통해서였다.

나폴레옹도 부재와 존재의 법칙을 잘 인지하고 있었다. 그는 이렇게 말했다. "극장에 모습을 너무 자주 보이면 사람들은 더 이상 내게 눈길을 주지 않을 것이다." 오늘날처럼 범람하는 이미지 때문에 존재감이 넘쳐나는 세상에서는, 모습 감추기로 승부를 거는 것이 큰 힘을 발휘한다. 지금은 물러날 때를 아는 사람이 드물고 개인적으로 감출 수 있는 일도 없는 것처럼 보인다. 그래서 누군가 자진하여 모습을 감추면 화젯거리가 되곤 한다. 소설가 J. D. 샐린저나 토머스 핀천 같은 이들은 사라져야 할 때를 잘 알았기에 사람들로부터 광적인 신봉을 받기도 했다.

한편 이 법칙보다 일상적이면서도 그 안의 진실을 훨씬 잘 드러내주는 법칙이 있는데, 바로 경제학에서 말하는 희소성의 법칙이다. 시장에서 희소성은 가치를 창출한다. 17세기 네덜란드에서는 상류층 사람들이 튤립을 단순히 예쁜 꽃에 그치지 않는 훨씬 더 가치 있는 것으로 만들고 싶어했다. 튤립을 지위의 상징으로 만들고 싶어했던 것이다. 그들은 튤립을 구하기 무척 어려운 귀한 꽃으로 만들어 후일 '튤립 열풍'이라 불린 사건에 불을 지폈다. 튤립 한 송이가 같은 무게의 금값보다 비쌀 정도였다. 미술품 거래상 조지프 듀빈이 이와 유사한 작전을 쓴 일이 있다. 그는 작품의 희소성을 높이고자 줄기차게 노력했다. 미술품의 가격과 가치를 끌어올리기 위해 그는 화가의 전 작품을 사들여 자신의 지하실에 보관해두곤 했다. 그래서 그가 파는 그림들은 단순한 그림 이상의 가치를 지니게 되었다. 사람들은 맹목적으로 그 작품을 높이 평가했고 그 희소성으로 가치는 더욱 올라갔다. 조지프 듀빈은 한때 이런 말을 하기도 했다. "갖고 싶은 그림을 한 점에 5만 달러씩 주고 손에 넣기는 쉽다. 하지만 그림 한 점에 25만 달러씩 줘야 하는 상황이 되면 사람들은 그것을 사려고 안달하게 된다!"

희소성의 법칙을 당신 자신의 기술에까지 확장해 적용시켜라. 당신이 하는 일을 귀하고 찾기 어려운 것으로 만들면, 곧바로 그 일의 가치를 높일 수 있다.

권좌에 너무 오래 머물면 언제부터인가 사람들은 더 이상 환대하지 않는다. 사람들은 그들에게 넌더리를 내고 존경하지도 않는다. 즉 남들과 별반 다르지 않은 사람으로 보게 되는데, 이는 그들에 대한 인상이 나빠지게 되는 것을 의미한다. 사람들은 그들의 현재 모습을 예전 모습과 비교하기 때문이다. 물러날 때가 언제인지를 아는 것에도 기술이 있다. 제대로 물러나기만 하면, 당신은 잃었던 존경을 다시 손에 넣고 권력도 계속 유지할 수 있다.

카를 5세(Karl V)는 16세기의 가장 위대한 통치자로 손꼽히는 인물이다. 스페인 왕이자 신성로마제국 황제였던 그는 한때 유럽의 상당 부분과 신세계 아메리카 대륙까지 아우르는 제국을 통치하였다. 그런데 1557년 자신의 권력이 정점에 이르자 왕좌에서 물러나 유스테의 수도원으로 들어갔다. 그의 갑작스러운 은거에 온 유럽 사람들의 이목이 집중됐다. 전에는 그를 증오하고 두려워하던 사람들까지 갑자기 그를 위대한 인물로 평했다. 그는 세상에 성인처럼 비치게 되었다. 영화배우 그레타 가르보(Greta Garbo) 역시 1941년에 은퇴했을 때 사람들로부터 많은 동경을 받았다. 그녀가 너무 일찍 은막에서 사라졌다고 아쉬워하는 사람들도 있었지만(은퇴 당시 그녀는 30대 중반이었다), 그녀는 관객이 자신에게 싫증낼 때까지 기다리지 않았다.

스스로를 너무 접하기 쉬운 사람으로 만들면 이제까지 당신 주위에 머물렀던 권력의 광채는 사라져버리고 만다. 판세를 뒤집어라. 스스로를 접하기 어려운 사람으로 만들면 당신의 존재 가치는 높아진다.

| **이미지** | 태양. 태양은 사라졌을 때에만 그 진가를 느낄 수 있다. 비 내리는 날이 길어질수록 사람들은 더욱 애타게 태양을 찾는다. 하지만 무더운 날이 너무 많아지면 태양빛에 질리게 된다. 자신을 보기 힘든 존재로 만드는 법을 배워 사람들이 당신이 돌아오길 바라도록 만들어라.

| **근거** | 부재를 활용해 존경과 존중의 대상이 되어라. 존재는 명성을 시들게 하지만, 부재는 명성을 키운다. 곁에 없을 때에는 사자처럼 여겨지던 사람이 곁에 있을 땐 평범하고 우스꽝스러운 사람이 되어버린다. 재능 있는 사람들도 너무 친해지다 보면 그 빛을 잃게 마련이다. 마음속에 든 풍성한 열매보다는 마음의 겉껍질이 훨씬 더 잘 보이기 때문이다. 심지어 특출한 천재조차도 물러나는 법을 알아야 한다. 그래야 사람들이 그를 받들어주고, 그의 부재로 생겨난 열망 덕분에 존중을 받기 때문이다.

– 발타사르 그라시안(1601~1658)

뒤집어보기

이 법칙은 일정 수준의 권력을 손을 넣었을 때만 적용된다. 모습을 감추어야 할 필요성은 당신의 존재감이 확실히 자리 잡은 후에야 생기기 때문이다. 너무 일찍 모습을 감췄다간 사람들에게서 잊혀질 뿐이다. 세계의 무대에 처음 들어섰을 때에는 사람들이 잘 알아볼 수 있고, 몇 번이고 재현할 수 있으며, 어디서나 볼 수 있는 이미지를 만들어내야 한다. 그 정도 상태가 되기 전에 모습을 감추는 것은 위험하다. 그랬다간 불을 활활 타오르게 하기보다 오히려 불꽃을 꺼뜨리는 역효과가 나기 때문이다.

사랑과 유혹에서도 마찬가지다. 모습을 감추는 작전은 상대방이 당신의 이미지에 둘러싸여 있어 어딜 가든 당신이 보일 때만 효과가 있다. 그래야 당신이 떨어져 있기로 결심을 했을 때 연인은 항상 당신을 생각하고 당신 모습이 눈에 아른거리게 된다.

유념하라. 처음에는 자신을 보기 힘든 존재가 아닌, 어디서나 볼 수 있는 사람으로 만들어야 한다. 오로지 자꾸 보고 알게 되어 사랑하게 된 것만이 없어졌을 때 그리움을 불러일으키는 법이다.

Law
25

예측 불가능한 인물이라는
평판을 쌓아라
...

심리 교란

사람은 습관의 동물이기 때문에 다른 사람의 행동에서도
익숙한 면을 보고자 하는 욕구가 있다.
만약 당신이 늘 예측 가능하게 움직인다면
상대는 당신을 통제할 수 있다고 생각한다.
따라서 종종 고의적으로 예측 불가능하게 움직일 필요가 있다.
일관성이 없거나 의도를 알 수 없는 행동방식을 보여주면
사람들은 불안감을 갖게 되고,
그것을 해석하느라 기력을 소진하게 된다.
이 전략을 극단적으로 밀고 나가면,
사람들은 당신에게 위협과 공포를 느낄 것이다.

법칙 준수 사례: 체스 세계챔피언의 끔찍한 패배

1972년 5월 아이슬란드의 레이캬비크에서 체스 세계챔피언 보리스 스파스키(Boris Spassky)는 초조하게 그의 라이벌인 보비 피셔(Bobby Fischer)를 기다리고 있었다. 두 사람은 세계 체스선수권 대회에서 맞붙을 예정이었다. 그런데 피셔가 아직 도착하지 않았다. 피셔는 상금의 액수와 배분 방식이 맘에 들지 않았고, 시합 장소가 아이슬란드라는 것에도 불만이 있었다. 그는 이 시합을 원하지 않는 것 같았다.

스파스키는 조급해하지 않으려고 노력했다. 그는 이 경기를 원했고, 피셔를 이길 자신이 있었다. 그것은 자신의 경력에서 가장 위대한 승리가 될 것이었다. "피셔가 시합을 포기한다면 우리의 모든 노력이 허사가 될 수도 있겠군." 그는 한 동료에게 말했다. "하지만 우리가 할 수 있는 것이 뭔가? 지금은 보비 피셔가 수를 둘 차례이네. 그가 온다면, 우리는 게임을 하겠지. 하지만 그가 오지 않는다면, 게임도 없을 거야. 주도권은 기꺼이 자살도 할 수 있는 사람에게 돌아가지."

드디어 피셔가 도착했지만, 여전히 그는 시합 장소며, 조명, 카메라의 소음 등 온갖 것에 대해 불평을 늘어놓았다. 심지어는 선수용 의자조차 트집을 잡았다. 이제는 소련 쪽에서 스파스키를 철수시키겠다고 위협했다.

위협은 효과가 있었다. 몇 주간에 걸친 기다림과 격렬한 협상 끝에 마침내 피셔가 경기를 치르는 데 동의했다. 누구보다 안도한 것은 스파스키였다. 하지만 공식 대면이 있던 날, 피셔는 아주 늦게 나타났고, '세기의 경기'가 열리는 당일에도 지각을 했다. 피셔의 이런 돌출 행동은 끔찍한 결과를 초래할 수도 있었다. 만약 그가 너무 늦게 도착한다면, 첫 번째 게임에서 기권패 당하는 것이다. 무슨 일이 벌어지고 있는 거지? 그는 심리전을 벌이고 있는 것일까? 아니면 스파스키를 두려워하는 것인가? 경기장에 모인 체스 그랜드 마스터들이나 스파스키에게 브루클린 출신의 이 풋내기의 행동은 신경과민으로 보였다. 5시 9분, 피셔는 경기가 취소되기 정확히 1분 전에 경기장에 도착했다.

체스 토너먼트에서 첫 번째 경기는 대단히 중요했다. 첫 경기가 그 뒤에 이어질 몇 달간의 분위기를 결정하기 때문이다. 따라서 첫 경기에서는 두 선수가 전투를 준비하며 상대방의 전략을 읽기 위해 고요하고 느리게 싸움을 벌이는 경우가 일반적이었다. 하지만 이 게임에서는 양상이 달랐다. 피셔는 초기부터 끔찍한 수를 두었다. 스파스키가 그를 궁지에 몰아넣자, 피셔는 마치 포기하는 사람처럼 보이기도 했다. 하지만 스파스키는 피셔가 '결코' 포기하지 않을 것이란 사실을 알고 있었다. 심지어 상대가 체크 메이트를 부르는 상황에서도 그는 최후까지 저항하며 상대의 체력을 소진시켰다. 하지만 이번에는 그도 포기할 것처럼 보였다. 그러다 갑자기 그가 과감한 수를 두자 관객들은 웅성거렸다. 스파스키도 일순 당황했지만 곧 평정심을 회복하고 결국 승리를 챙길 수 있었다. 하지만 피셔가 무엇을 염두에 두고 있는지 파악한 사람은 아무도 없었다. 그가 의도적으로 패한 것일까? 아니면 정말로 당황했던 것일까? 심지어 어떤 사람들은 그가 미쳤다고 생각했다.

첫 경기에서 지자, 피셔는 전보다 훨씬 더 큰 목소리로 경기장과 카메라, 그 밖의 모든 것에 대해 불평을 늘어놓았다. 또한 그는 두 번째 경기에도 지각을 했다. 이번에는 대회운영위원회도 봐주지 않았다. 그는 기권패를 당했다. 이제 그는 2 대 0으로 불리해졌다. 이 정도로 불리한 상황을 극복하고 세계챔피언이 된 사람은 없었다. 피셔가 평정을 잃은 것은 분명했다. 하지만 세 번째 경기에서 그는 완전히 다른 모습을 보였다. 그의 눈에서는 맹렬한 기세가 발산됐고, 그런 기세는 분명 스파스키를 당황하게 만들었다. 게다가 스스로 판 함정에 빠졌음에도 불구하고, 그는 대단히 자신만만해 보였다. 그는 첫 번째 경기에서 그랬던 것처럼 또다시 실수로 보이는 수를 두었다. 우쭐거리는 태도 때문에 스파스키는 함정일지도 모른다고 생각했지만 무엇이 함정인지를 정확히 짚어낼 수 없었다. 그가 상황을 파악하기도 전에 피셔가 먼저 외통수를 날렸다. 사실 피셔는 비정통적인 전술을 사용해 완벽하게 상대의 자신감을 무너뜨렸다. 경기가 끝나자 피셔는 자리를 박차고 일어나 뛰어나갔다. 그는 주먹으로 손바닥을 내리치며 동료들을 향해 외쳤다. "내가 힘으로 그를 뭉개버렸어!"

다음 경기에서 피셔는 이제까지 보여준 적이 없는 수를 들고 나왔다. 즉 그의 스타일에서 완전히 벗어난 것이다. 이제 스파스키가 실수를 하기 시작했다. 여섯 번째 게임마저 지자 스파스키는 아예 울기 시작했다. 경기를 관전하던 한 그랜드 마스터는 이렇게 말했다. "이 경기 이후, 스파스키는 안전하게 소련으로 돌아갈 수 있을지 스스로에게 자문해야만 합니다." 여덟 번째 게임이 끝나자 스파스키는 피셔가 그에게 최면을 걸고 있다고 생각했다. 그는 피셔와 눈을 마주치지 않기로 결심했다. 그래도 그는 졌다.

열네 번째 게임이 끝난 후, 스파스키는 팀원 회의를 소집해 이렇게 선언했다. "내 정신을 지배하려는 시도가 자행되고 있다." 그는 경기 중 두 사람이 마시는 오렌지 주스에 약물이 주입된 건 아닌지 의심했다. 어쩌면 약물이 공기 중에 살포되고 있을지도 몰랐다. 마침내 스파스키는 공개적으로 피셔의 팀이 그의 정신을 조종하기 위해 의자에 무엇인가를 설치했다고 비난하기에 이르렀다. KGB가 감시에 돌입했다. 보리스 스파스키의 행동이 소련을 당황시킨 것이다.

두 의자는 모두 분해되어 정밀검사를 받았다. 하지만 특이한 물질은 발견되지 않았다. 조명기구 속에서 죽은 채 발견된 파리 두 마리가 전부였다. 스파스키는 환각 증상에 대해 불평하기 시작했다. 그는 계속 경기에 집중하려고 노력했지만, 그의 정신은 갈피를 잡지 못했다. 그는 더 이상 경기를 계속할 수 없었다. 9월 2일, 그는 대회를 포기했다. 젊은 나이였음에도 이 패배 이후 다시는 재기하지 못했다.

해석 ——

이전까지 피셔는 스파스키의 적수가 되지 못했다. 스파스키는 상대방의 전략을 간파하고 그것을 역이용하는 불가사의한 능력을 갖고 있었다. 융통성 있고 끈기 있는 인물이었던 그는 7수 앞을 내다본 공격은 물론 70수에 걸친 공격 계획을 만들어내곤 했다. 스파스키는 피셔를 매번 이기곤 했다. 이는 스파스키가 훨씬 더 많은 수를 내다보았기 때문이다. 동시에 스파스키는 심리전의 대가로서 절대 평정을 잃는 법이 없었다. 체스 마스터 중 한 사람은 이렇게 말했다. "그는 단순히 최고의 수를 추구하는 것이 아니다. 그는 상대의 마음을 교란시키는 수를 추구한다."

피셔는 이것이 스파스키가 승리할 수 있었던 핵심 요인이라는 것을 알았다. 그는 상대방의 행동을 예측하고 거기에 맞는 대응을 함으로써 게임에서 이겼던 것이다. 세계 챔피언을 겨루는 시합에서 피셔는 스파스키를 심리적 불균형 상태에 빠뜨리는 데 집중했다. 피셔가 늦게 나타나자 스파스키는 평정심을 잃었다. 가장 효과적인 시도는 의도적인 실수와 마치 명확한 전략을 갖고 있지 않은 것처럼 꾸민 것이었다. 사실 그는 자신의 행동 유형을 마구 헤집어놓음으로써 상대가 자신을 예측할 수 없게 했으며, 그것이 첫 번째 경기의 패배와 두 번째 경기의 기권을 의미해도 상관하지 않았다.

스파스키는 침착함과 용의주도함으로 유명했지만 처음으로 상대를 읽어낼 수 없었다. 그는 서서히 기가 꺾이다가 끝에 가서는 자신이 미친 것처럼 보일 지경에 이르렀다.

체스 게임에는 삶의 정수가 녹아 있다. 그 이유는 첫째, 체스에서 이기기 위해 우리는 극도의 인내력과 고도의 선견지명을 가져야 하기 때문이다. 둘째, 체스 게임은 이전 경기에서 사용된 모든 수가 게임마다 약간의 변형을 일으킬 뿐 그대로 재현되기 때문이다. 그래서 상대는 우리의 게임 유형을 분석하여 다음 수를 예측하려고 한다. 따라서 상대에게 예측 가능성을 전혀 허용하지 않는다면, 당황한 상대의 허를 찌르고 승리할 수 있다. 인생에서 그렇듯이 체스에서도 상대가 우리의 다음 행동을 예측할 수 없을 때, 그들은 공포에 사로잡히게 된다.

> 궁정의 삶은 심각하면서도 암울한 체스 게임이다. 말을 배치하고 계획을 세워 진행하고 상대의 계획에 응수할 것을 요구하기 때문이다. 하지만 때로는 위험을 감수하며 가장 불안정하고 예측 불가능한 수를 두는 것이 더 나을 때도 있다.
>
> - 장 드 라 브뤼에르(1645~1696)

권력의 열쇠: 예측 불가능한 인물이라는 평판을 쌓아라

돌발적인 일이나 예측하지 못했던 일보다 더 두려운 것은 없다. 우리가 지진이나 토네이도에 겁을 먹는 이유가 거기에 있다. 우리는 그것들이 언제 덮칠지를 알지 못한다. 한번 그런 일이 벌어지고 나면 겁에 질려 언제 다시 그것이 반복될지를 기다리고 있을 뿐이다. 예상치 못한 인간의 행동도 똑같은 효과를 초래한다.

동물들은 정해진 유형에 따라 행동한다. 인간이 동물을 사냥하고 죽이는 것이 가능한 이유다. 오로지 인간만이 의도적으로 자신의 행동을 수정하고, 임기응변하며, 규칙과 습관의 무게를 극복할 수 있는 역량을 갖고 있다. 하지만 대부분의 사람들이 그와 같은 자신의 능력을 깨닫지 못하고 있다. 그들은 정해진 일과, 즉 동물적 본성에 굴복했을 때의 편안함을 선호하여 같은 행동을 계속 반복한다. 그 이유는 그것이 아무런 노력을 요구하지 않기 때문이며, 어리석게도 그들이 다른 사람을 동요시키지 않으면, 다른 사람들도 자신을 간섭하지 않을 것이라고 믿기 때문이다.

의도적으로 주변 사람들을 동요시키는 방법으로 두려움을 주입시킬 수 있는 능력을 가진 자가 주도권을 쥐게 된다. 때때로 우리는 상대가 전혀 예상치 못한 순간 타격을 가함으로써 그를 흔들어줄 필요가 있다. 이것은 강력한 영향력을 가진 자들이 오랫동안 사용해온 방법이다.

15세기 이탈리아에서 비스콘티(Visconti) 가문의 마지막 밀라노 공작이었던 필리포 마리아(Filippo Maria)는 의도적으로 사람들이 자신에게 기대하는 것과 정반대의 행동을 취했다. 예를 들어, 그는 어떤 신하에게 큰 관심을 보이다가 그가 승진을 기대할 때쯤 돌변하여 그를 업신여긴다. 당황한 신하는 궁정을 떠난다. 그러면 공작은 갑자기 그를 불러들여 다시 그를 환대하기 시작한다. 더욱 당황한 신하는 자신이 승진을 바랐던 것이 공작을 불쾌하게 만든 것이 아닐까라고 생각하여 다음부터는 아무것도 바라는 게 없는 사람처럼 행동한다. 그러면 공작은 이번엔 야망이 없다고 책망하며 그를 멀리한다.

필리포를 다루는 비결은 간단했다. 그가 무엇을 원하는지 알고 있다고 가정하지 않는 것이다. 무엇이 그를 기쁘게 할지 짐작하려고 애쓰지 말

라. 결코 자신의 의지를 개입시키지 말라. 다만 무슨 일이 벌어지는지를 알 수 있을 때까지 기다려라. 자신이 초래한 혼란과 불확실성 속에서, 공작은 최고 권력자로서 권위에 도전을 받는 일 없이 평화롭게 지배했다.

예측 불가능성은 대체로 지배자의 전술이지만, 약자들 또한 그것을 활용해 커다란 성과를 거둘 수 있다. 수적으로 불리하거나 막다른 골목에 몰렸을 때, 뜻밖의 수를 연속적으로 전개하는 것이다. 그러면 적은 너무나 당황한 나머지 뒤로 물러서거나 전술적 실책을 저지르게 될 것이다.

1862년 봄, 남북전쟁에서 '돌담' 잭슨(Thomas Jonathan 'Stonewall' Jackson) 장군과 4,600명의 병사들은 작은 규모임에도 불구하고 셰넌도어 계곡에서 막강한 북군을 괴롭히고 있었다. 한편 조지 브린턴 매클렐런(George Brinton McClellan) 장군은 9만의 북군을 이끌고 남부연합의 수도인 버지니아 주 리치몬드를 포위공격하기 위해 워싱턴 DC에서 남쪽으로 행군하고 있었다. 그런데 수 주일 동안 잭슨과 병사들은 셰넌도어 계곡 밖으로 나왔다가 되돌아가는 일을 반복했다.

그는 왜 그렇게 무의미한 기동을 하는 것일까? 리치몬드의 방어를 돕기 위해 준비 중인 것일까? 매클렐런의 이동으로 무방비 상태가 된 워싱턴을 향해 행군 중인 것은 아닐까? 북쪽으로 전진해 그 지역을 파괴하려는 것일까? 왜 그의 소규모 병력은 나왔다 들어가기를 반복하는 것일까?

잭슨의 이해할 수 없는 행동에 북군의 장군들은 긴장했다. 그리고 리치몬드로 향한 행군을 늦추고 그의 의도를 파악하기 위해 애썼다. 그 사이에 남군은 리치몬드에 증원 병력을 투입할 수 있었다. 그 바람에 남부연합을 붕괴시킬 수도 있었던 전투는 교착 상태에 빠졌다. 잭슨은 수적으로 우세한 적을 만날 때마다 이 전술을 사용했다. "항상 적을 당황시키고 엉뚱한 길로 인도하며 뜻밖의 순간에 공격하라." 잭슨은 말했다. "그와 같은 전술을 부리면 소규모 군대도 더 큰 군대를 패배시킬 수 있다."

이 법칙은 일상사에도 적용된다. 사람들은 언제나 당신의 행동 속에 내포되어 있는 동기를 읽으려고 애쓰며 예측 가능성을 자신에게 유리하게 이용하려고 한다. 따라서 전혀 예측할 수 없는 행동을 하면, 전세를 역전시킬 수 있다. 당신을 이해할 수 없을 때 그들은 자신감을 잃게 되고 그와 같은 상황에서는 당신이 그들을 위협할 수 있다.

파블로 피카소는 이런 말을 한 적이 있다. "최고의 계산은 계산을 하지 않는 것이다. 일단 우리가 일정 수준을 넘어서는 인정을 받게 되면, 사람들은 우리가 어떤 일을 할 때마다 어떤 논리적인 이유가 있을 것이라고 생각한다. 따라서 미리 어떤 행동을 치밀하게 계획해두는 것은 정말로 어리석은 짓이다. 변덕스럽게 행동하는 편이 훨씬 낫다."

피카소는 한때 미술품 중개상인 파울 로젠베르크(Paul Rosenberg)와 거래했다. 처음에는 자신의 미술품을 취급하는 문제에 대해서 로젠베르크에게 상당한 재량을 허용했다. 그러던 어느 날 아무런 이유도 없이 그에게 다시는 자신의 작품을 맡기지 않겠다고 통보했다. 피카소는 이렇게 상황을 설명했다. "로젠베르크는 그 후 48시간 동안 이유를 알아내려고 발버둥을 쳤겠지. 내가 다른 중개상과 거래를 하려는 것일까? 나는 평상시처럼 일하고 잠도 잘 잤는데 그는 생각에 몰두하느라 여념이 없었을 거야. 이틀 뒤 그가 다시 찾아왔는데, 신경이 곤두서고 불안한 표정으로 말하더군. '내 소중한 친구, 그전보다 더 높은 금액을 제시한다면 거절하지 못할 거야, 그렇지?'"

예측 불가능성이 단지 테러 무기에 불과한 것은 아니다. 일상적인 행동 패턴을 뒤집을 경우 주변에 가벼운 소동을 일으키고 흥미를 자극하게 될 것이다. 사람들은 당신을 화제의 대상으로 삼으며, 당신의 동기를 두고 갖가지 해석을 하느라 여념이 없겠지만 어쨌든 당신의 존재는 그들의 뇌리 속에 남게 된다. 결국 당신의 행동이 변칙적으로 보일수록 당신은 더 존경을 받게 된다. 오로지 제일 말단의 하급자만이 예측 가능한 방식으로 행동한다.

| **이미지** | 태풍. 그것은 예측이 불가능한 바람이다. 기압이 급격하게 변하고 풍향이나 풍속이 불가사의하게 변화한다. 이런 현상에 대한 대비책은 존재하지 않는다. 태풍은 공포와 혼란의 씨앗을 뿌린다.

깨어 있는 지배자는 너무나 신비로워 마치 어디에도 존재하지 않는 것 같으며, 너무나 불가사의하여 누구도 그를 찾아낼 수 없다. 군주는 위에서 무위(無爲)하고 신하는 밑에서 유위(有爲)한다.

— 한비자(기원전 3세기)

뒤집어보기

때로는 예측 가능성이 유리하게 작용하기도 한다. 사람들에게 친근하고 편안한 유형을 창조함으로써, 그들을 달래서 잠재울 수 있다. 그들은 당신에 대해 기존에 이해하고 있던 개념에 따라 모든 것을 대비하고 있다. 당신은 그런 상황을 이용할 수 있다. 첫째, 그것은 연막이나 손쉬운 방패막이가 되어주기 때문에 당신은 그 뒤에 숨어 양동작전을 수행할 수 있다. 둘째, 그것은 완전히 유형에 어긋나는 행동을 보여줄 수 있는 흔치 않은 기회를 제공하며, 상대방은 너무나 당황한 나머지 당신이 전혀 손쓰지 않아도 스스로 나락으로 떨어진다.

1974년 무하마드 알리(Muhammad Ali)와 조지 포먼(George Foreman)이 세계 헤비급 챔피언 결정전을 치르게 되었다. 모든 사람이 경기를 똑같이 예측했다. 우람한 조지 포먼이 케이오 펀치를 날리려고 시도하는 반면 알리는 그 주위를 춤추듯 돌아다니며 포먼을 지치게 만들 것이다. 그것이 알리의 권투 스타일이었다. 그는 10년 이상 그런 스타일을 바꾸지 않았다. 하지만 그런 유형이 포먼에게는 유리하게 작용할 것으로 보였다. 그는 강력한 주먹을 갖고 있었고, 가만히 기다리기만 해도 알리가 접근하게 될 것이다. 하지만 전략의 대가인 알리는 다른 계획을 갖고 있었다. 시합 전에 열린 기자회견에서, 알리는 자신의 스타일을 바꾸어 포먼의 주먹에 정면으로 맞서겠다고 말했다. 아무도 그 말을 믿지 않았다. 알리에게 그 전략은 자살이나 다름없었다. 그는 연극을 하는 것이 분명해 보였다. 시합 직전에 알리의 트레이너가 링을 둘러싼 로프를 헐겁게 조정했다. 그것은 자신의 선수가 접근전을 벌일 때를 대비한 행동이었다. 하지만 그것도 일종의 책략이라고 믿었다.

그러나 놀랍게도 알리는 자신이 말한 대로 했다. 포먼은 알리가 일정한 거리를 유지하며 주위를 빙빙 돌 것이라고 생각했지만, 알리는 곧바로 그를 향해 달려들었다. 상대방의 전략을 완전히 뒤엎은 것이다. 그러자 포먼은 당황해서 계속 허공에 빈주먹을 휘두르다 지쳐버렸고 그 와중에 더 많은 카운터펀치를 허용했다. 알리는 극적인 오른손 크로스 카운터를 날려 포먼을 다운시켰다. 포먼은 과거 행동 유형에 맞추어 가정하는 습관이 너무 강해서 심지어 상대가 전략의 변화를 선언했음에도 그 습관을 바꾸지 못했다. 포먼은 스스로 함정에 빠진 셈이다. 그것은 예상하라고 그에게 미리 알려준 함정이었다.

경고: 예측 불가능성은 때때로 당신에게 불리하게 작용할 수 있다. 특히 하급자의 위치에 있을 때 그렇다. 그런 경우에는 주변 사람들을 편안하고 안정적인 기분을 느끼게 하는 것이 그들을 불안하게 만드는 것보다 낫다. 과도한 예측 불가능성은 우유부단의 신호, 심하면 정신적 문제로 간주될 수 있다. 유형은 강력하기 때문에 그것을 깨뜨릴 경우 사람들은 자신감을 잃게 된다. 그와 같은 힘은 오직 분별력을 가지고 사용해야 한다.

자신만의 요새를 짓지 마라

...

고립의 위험성

세상은 위험하고 적들은 사방에 득실거린다.
모두가 스스로를 보호해야 한다.
요새를 지으면 안전할 것으로 생각한다.
그러나 고립은 보호를 제공하는 것 이상으로
큰 위험을 안겨준다.
고립되면 귀중한 정보로부터 단절될 뿐 아니라 눈에
잘 띄어 손쉬운 목표물이 될 수 있다.
사람들 속에 뒤섞여 동맹을 구하고 어울리는 편이 낫다.
군중을 방패막이로 삼으라는 뜻이다.

법칙 위반 사례: 스스로를 가둬버린 진시황

붉은 죽음의 가면
'붉은 죽음'은 오랫동안 나라를 황폐하게 만들었다. 그 전염병도 너무나 치명적이고 소름끼치는 것이었다. 붉은색 피는 그 병의 화신이자 인장(印章)이었다. 사람들은 강렬한 고통과 갑작스러운 현기증, 땀구멍에서 엄청난 출혈을 일으키다 결국 죽음에 이르렀다. 감염에서 진행, 죽음의 모든 과정이 불과 30분이었다. 하지만 프로스페로 공작은 행복하고 두려움을 모르며 빈틈이 없었다. 그의 영지 인구가 반으로 줄었을 때, 궁정기사들과 귀부인들 가운데 성격이 쾌활한 친구들을 불러모아 그의 대저택에 은신했다. 저택은 크고 웅장한 건축물로 공작의 별나지만 존경스러운 취향의 산물이었다. 우뚝 솟아오른 튼튼한 벽이 저택을 둘러쌌고, 벽에는 철문이 설치되었다. 사람들이 모두 안으로 들어오자 근신들은 용광로와 육중한 망치를 갖고 와 철문의 빗장을 문에 녹여 붙여버렸다. 진입은 물론 퇴출의 여지도 남겨두지 않음으로써 절망이나 정신착란에 따른 갑작스러운 행동에 대비하기로 한 것이다. 그리고 대저택 안에는 물자가 풍부하게 저장되어 있었다. 근신들은 이만하면 전염병이 침투하지 못할 거라고 생각했다. 바깥세상은 스스로 굴러갈 것이다. 슬퍼하거나 근심에 잠기는 것은 어리석은 일이었다. 공작은 온갖 유흥거리를 제공했다. 그곳에는 광대와 즉흥시인, 무희, 음악가가 있었다. 아름다운 예술품도 있었고

중국 최초의 황제인 진시황(秦始皇, 재위 기원전 221~210)은 당시 가장 강력한 인물이었다. 그의 제국은 알렉산드로스 대왕의 제국보다 훨씬 크고 강력했다. 그는 주변의 나라들을 모두 정복하여 거대한 단일 영역, 중국으로 통합시켰다. 하지만 말년에는 극소수의 사람만이 간신히 그의 모습을 볼 수 있었다.

황제는 수도 함양에 웅장한 궁전을 짓고 그 안에서 살았다. 궁전에는 270개의 전각이 있었고 모두 비밀 지하통로로 연결되어 있었다. 황제는 누구의 눈에도 띄지 않고 궁전 안을 이동할 수 있었다. 그는 매일 밤 숙소를 옮겨가며 잠을 잤으며, 우연하게라도 그를 본 자는 즉시 목을 베었다. 오로지 몇 사람만이 그의 거처를 알고 있었고 혹 그의 거처를 발설하는 이는 죽임을 당했다.

황제는 사람과 접촉하는 것을 너무나 두려워하게 된 나머지 궁을 나설 때는 철저하게 변장을 했다. 그는 지방을 시찰하던 중 갑자기 사망했다. 그의 시신은 황제의 어가에 실려 수도로 이송됐다. 시체 썩는 냄새를 감추기 위해 소금에 절인 생선을 실은 마차가 그 뒤를 따랐다. 그의 죽음을 알리지 않기 위해서였다. 그는 황후와 가족, 친구들, 근신들을 멀리한 채 외로운 죽음을 맞았으며, 오로지 한 명의 관료와 소수의 내시들만이 그의 임종을 지켰다.

해석 ——

진나라의 왕으로 있을 때 그는 끝없는 야망과 두려움을 모르는 용기를 지닌 전사였다. 동시대의 저자들은 그를 "말벌 같은 코와 길게 째진 눈, 재칼과 같은 목소리, 호랑이나 늑대의 심장"을 가진 인물로 묘사했다. 그는 때때로 자비를 보이기도 했지만 대부분은 "아무런 거리낌 없이 사람을 죽였다." 책략과 폭력을 통해 그는 주변 제후국들을 정복해 중국을 통일함으로써 단일 국가와 단일 문화를 형성했다. 그는 봉건체제를 해체하고 다양한 제후국에 흩어져 있던 제후 가문의 가족들을 감시하기 위해 12만 명을 수도로 이주시켰으며, 수도 함양에는 거대한 궁전을 지어 중요한 근신들을 머물게 했다. 그는 변방의 많은 성벽들을 강화하여 만리 장성을 쌓았다. 또 국가의 법령과 문자를 정비하고 수레바퀴의 규격을 통일시켰다.

하지만 이와 같은 통합의 일부로서, 시황제는 공자의 저술과 사상을 불법으로 간주했다. 공자의 사상은 이미 중국 문화에서 종교나 다름없는 지위를 차지하고 있었다. 하지만 진시황은 공자와 관련된 수천 권의 책을 불에 태우도록 명령했다. 공자를 언급하는 자는 누구를 막론하고 사형을 당했다. 이런 조치로 인해 황제에게는 많은 적이 생겼다. 그래서 황제는 늘 암살을 당할지도 모른다고 두려워했는데, 날이 갈수록 편집증에 가까워졌다. 처형당하는 자가 점점 늘어났다. 동시대의 저술가인 한비자는 이렇게 논평했다. "진은 4대에 걸쳐 승리를 거두었지만, 여전히 끊임없는 공포와 멸망에 대한 불안감 속에 살고 있다."

황제는 궁궐 안으로 점점 더 깊숙이 모습을 감추었다. 제국에 대한 통제력도 서서히 잃어갔다. 내시와 간신들이 마음대로 국가 정책을 집행했다. 황제의 의사에 반대하는 음모를 꾸미기도 했다. 결국 시황제는 이름뿐인 황제로 전락했다. 너무나 고립된 나머지 그의 죽음도 거의 알려지지 않았다. 어쩌면 그는 그의 고립을 부추긴 간신들에게 독살을 당했을지도 모른다.

바로 이것이 고립으로 초래되는 결과다. 요새 안에 몸을 숨기면 권력의 원천과도 단절된다. 밖에서 무슨 일이 벌어지고 있는지 전혀 알 수도 없고 균형 감각도 잃게 된다. 안전해지기는커녕, 자신의 생명이 달려 있는 정보로부터 차단되는 것이다. 사람들로부터 너무 멀리 떨어지지 말라. 당신을 목표로 삼은 음모를 포함하여, 주변의 정보를 들을 수 없는 상황에 빠지면 당신 목숨이 위험할 수 있다.

법칙 준수 사례: 베르사유 궁전의 하루

루이 14세는 1660년대에 베르사유 궁전을 짓게 했다. 궁전은 세계의 어떤 궁전하고도 닮지 않았다. 마치 벌집처럼 모든 것이 왕실을 중심으

술도 있었다. 온갖 유흥거리가 있었고 안전이 있었다. '붉은 죽음'은 이곳에 없었다. 밖에는 전염병이 날뛰고 있었다. 이렇게 고립된 생활이 다섯 달째로 여섯 달째의 마지막으로 접어들고 있을 때, 프로스페로 공작은 천 명의 친구들을 초대해 가면무도회를 열었다. 가면무도회는 방탕의 극치였고 …… 향락의 소용돌이였다. 그때 자정을 알리는 자명종이 울렸다. …… 무도회장은 침묵에 빠져들었고, 마지막 종소리가 울렸다. 그제야 비로소 사람들은 어떤 가면 쓴 사람의 존재를 의식할 수 있게 되었다. …… 그는 키가 크고 수척했으며 머리에서 발끝까지 수의를 감싸고 있었다. 얼굴을 가린 가면은 딱딱하게 굳은 시체의 얼굴과 너무나 흡사해 진짜 시체의 얼굴인지 아닌지 구별하기조차 어려웠다. 아직까지 향락의 여운에 취해 사람들은 그런 모습을 비록 승인까지는 아니더라도 참아줄 수는 있었다. 하지만 가면 쓴 사람은 너무 멀리 나가서 붉은 죽음의 전형적인 모습을 흉내 냈다. 그의 의상 곳곳에 핏자국이 묻어 있었다. 넓은 이마는 얼굴의 다른 모든 형상들과 함께, 주홍색 공포가 뿌려져 있었다. …… 흥청거리던 사람들은 즉시 검은 방에 뛰어 들어가 가면 쓴 사람을 붙잡았다. 그의 커다란 몸은 흑단나무 시계 그늘 속에서 움직이지 않았다. 참석자들은 수의를 입고 시신의 얼굴 같은 가면 쓴 사람을 대하는 순간 말할 수 없는 공포에 휩싸였다. 그들은 수의와 가면을 확 잡아챘는데.

로 구성됐다. 루이 14세는 귀족들에게 둘러싸여 생활했고, 그 귀족들은
왕의 주위에 처소를 배정받았다. 왕의 방과 귀족의 방 사이의 거리는 귀
족의 지위에 따라 결정됐다. 국왕의 침실은 궁전의 중심에 위치해 모든
사람들의 관심을 받았다. 매일 아침 루이 14세는 바로 그 침실에서 '아
침 인견'이라는 의식을 통해 문안을 받았다.

아침 8시, 왕의 제1시종이 왕의 침대 발치에서 자다가 왕을 깨운다. 그
러면 시동들이 침실 문을 열어 아침 문안을 하는 사람들을 안으로 들여
보낸다. 그들의 입장 순서는 정해져 있었다. 먼저 루이 14세의 서자들과
손자들이 입장하고 왕자와 공주들이 뒤를 따르며 다음으로 국왕 전담 내
과의와 외과의가 들어온다. 그 뒤를 이어 의상 담당 의전관들, 국왕의 공
식 낭독관, 왕의 오락을 담당하는 시종들이 입장한다. 그다음은 여러 부
처의 관료들이 서열 순으로 입장한다. 마지막으로 특별 초대를 받은 사
람들이 들어온다. 이렇게 국왕의 침실은 100명이 넘는 왕실 친족들과 방
문자들로 북적거렸다.

궁정의 하루는 모든 에너지가 왕에게 집중되고 그곳을 통해 흘러 나가
도록 짜였다. 루이 14세는 끊임없이 측근과 관료들의 방문을 받았으며,
그들은 하나같이 국왕의 조언과 판단을 구했다. 그 모든 질문에 대해 왕
은 이렇게 대답했다. "생각해보겠노라."

생시몽이 언급한 것처럼, "그가 어떤 사람을 바라보며 별 의미가 없는
의견을 표현했다고 해도, 주위의 모든 시선은 그 인물에게 집중된다. 그
행동이 말하고자 하는 바는 바로 그 사람에 대한 왕의 특별대우이자 위
신의 증가다." 궁정에서는 사생활의 여지가 전혀 없었고, 국왕도 마찬가
지였다. 방들은 모두 연결되어 있고, 복도는 더 큰 방들과 연결되어 있었
다. 방마다 항상 한 무리의 귀족들이 모여 있었다. 모든 사람의 활동이
상호의존적이었기 때문에 은밀하게 이루어지는 일은 하나도 없었다.
"국왕은 자신의 궁정에 고위 귀족들만 참석하도록 신경을 쓴 것이 아니
었다." 생시몽은 기록했다. "그는 하위 귀족들에게도 똑같은 것을 요구
했다. 아침 인견과 취침 인사, 식사시간과 정원 산책 때 국왕은 항상 주
위를 둘러보고 어느 것 하나 놓치지 않았다. 높은 귀족이 궁정에서 보이

지 않으면 불쾌해했다. 만약 그가 무언가를 청하면, 국왕은 거만하게 말했다. '나는 그를 모른다.' 그리고 판결은 결코 돌이킬 수 없을 것이다."

해석 ——

루이 14세는 프롱드의 난이 끝난 뒤 권력을 쥘 수 있었다. 반란의 주동자들은 귀족 계급이었다. 그들은 왕권이 점점 강력해지자 영주들이 봉토를 다스렸던 봉건시대를 그리워했다. 귀족들은 결국 내전에서 패했지만, 여전히 왕에게 원한을 품고 있었기 때문에 통제하기 어려웠다.

이런 상황이었으므로 베르사유 궁전은 단지 왕의 사치와 퇴폐적인 취미의 결과물이 아니었다. 그것은 중요한 기능을 수행했다. 왕은 주변의 사람들을 통제하고 모든 일을 보고 듣고자 했다. 한때는 위풍당당했던 귀족들이 이제는 아침에 왕이 옷을 입을 때 누가 시중을 드느냐와 같은 하찮은 문제로 경쟁을 벌이는 존재로 전락했다. 이곳에는 사생활이란 전혀 존재하지 않았다. 누군가 사람들 눈에서 벗어나 홀로 있는 상황은 있을 수 없었다. 루이 14세는 일찌감치 왕이 혼자 고립될 경우 처하게 될 위험성을 알고 있었다. 왕이 없는 곳에서는 음모가 마치 비 온 뒤 버섯처럼 자라고, 적개심은 서로를 분열시켜, 왕이 미처 대응하기 전에 반란이 터지게 될 것이다. 이와 같은 사태에 대처하기 위해서는 사교성과 개방성을 단순하게 장려하는 정도가 아니라 그것을 조직화하여 모든 것이 왕을 향하도록 해야만 한다.

이러한 상황은 루이 14세의 재위 기간 내내 지속되었다. 왕실에는 약 50년에 걸쳐 평화와 안정이 찾아왔다. 그 기간 동안 바늘 하나 떨어지는 소리도 루이 14세는 놓치지 않았다.

> 고독은 이성에 위해를 가하며, 덕에 유익하지도 않다. …… 고독한 인간은 틀림없이 사치스럽고, 미신에 빠질 가능성이 높으며, 정신 이상일 가능성도 있다는 사실을 기억하라.
>
> – 새뮤얼 존슨 박사(Dr Samuel Johnson, 1709~1784)

권력의 열쇠: 자신만의 요새를 짓지 마라

마키아벨리는 군사적 관점에서 따지면 요새는 실책이라고 주장했다. 그것은 전력의 고립을 의미하며, 적에게 손쉬운 표적이 된다. 요새는 자신을 보호하기 위한 것이지만, 실제로는 외부의 도움으로부터 차단시키고 유연성을 떨어뜨린다. 요새가 난공불락으로 보일지 모르지만, 일단 그 속으로 물러나게 되면, 모든 사람들에게 자신이 있는 곳을 노출시키게 된다. 따라서 적이 요새를 포위공격하지 않아도 감옥에 갇힌 신세나 마찬가지가 된다. 협소하고 폐쇄된 공간으로 인해 흑사병과 같은 전염성 질병에 취약한 것도 문제다. 전략적인 관점에서, 요새의 고립성은 아무런 보호수단이 되지 못하며, 실제로는 문제를 해결하기보다 더 많은 문제를 초래한다.

인간은 본성적으로 사회적 동물이기 때문에, 권력은 사회적 상호작용과 순환에 의지한다. 권력을 공고히 하려면 상황의 중심을 차지해야 한다. 루이 14세가 베르사유 궁전에서 했던 것이 바로 그것이다. 모든 활동이 당신을 중심으로 돌아가도록 해야 한다. 또한 거리에서 벌어지는 일과 음모를 꾸밀 가능성이 있는 모든 사람에 대해 알고 있어야 한다. 사람들 대부분은 위협을 느낄 때 뒤로 물러서 진영을 결속시키며 일종의 요새와 같은 곳에서 안전을 도모한다. 그 결과 점점 더 작은 집단에게 정보를 의지하게 되며, 결국 주변에서 벌어지는 사건에 대한 판단력을 상실하게 된다. 그들은 기동성이 떨어져 손쉬운 표적이 되며, 스스로 초래한 고립으로 인해 편집증에 빠지게 된다. 전쟁이나 대부분의 권모술수의 게임에서 고립은 종종 패배와 죽음의 전주곡이 된다.

불확실과 위기의 순간, 당신은 내부로 움츠러드는 욕망과 싸워야만 한다. 자신을 더욱 넓게 개방시켜 과거의 동맹자들을 찾고, 새로운 동맹을 만들며, 점점 더 다양한 집단 속에 있어야 한다. 이것은 수백 년 동안 권력을 가진 사람들이 써먹었던 수법이다.

로마 정치가 키케로는 하급 귀족 집안 출신이었다. 따라서 로마를 장악한 상류 귀족들 사이에서 자신의 입지를 굳히지 못하면, 권력의 자리에 오를 가능성이 거의 없었다. 하지만 영향력 있는 사람이 누구이고 그들은 서로 어떤 관계인지를 파악했다. 그는 어느 자리에나 잘 어울렸고, 모르는 사람이 없었다. 인적 네트워크가 워낙 다양하고 넓어 이쪽의 적을 저쪽의 동맹으로 쉽게 상쇄할 수 있었다. 그 결과 그는 상류사회에서 자신의 입지를 구축하는 데 성공했다.

프랑스 정치가인 탈레랑도 같은 방식으로 행동했다. 그는 프랑스의 유서 깊은 귀족 가문 출신이었지만, 파리의 거리에서 무슨 일이 일어나고 있는지를 항상 주시함으로써, 향후의 추세와 문제점을 미리 예측할 수 있었다. 심지어 범죄자 부류들과 어울리면서 그들로부터 귀중한 정보를 제공받았다. 어떤 위기나 권력의 이동(총재정부의 붕괴나 나폴레옹의 몰락, 루이 18세의 퇴위)이 있을 때마다, 그는 단순히 살아남는 정도가 아니라 더욱 크게 성공할 수 있었는데, 이는 소규모 집단에 머물지 않고 언제나 새로운 계층과 관계를 꾸준히 다져나갔기 때문이다.

이 법칙은 국왕이나 여왕을 비롯해 최고 권좌에 있는 사람들에게 적합하다. 그들이 신민들과 접촉을 끊고, 고립에서 안전을 찾으려고 하는 순간, 반역의 음모가 태동하게 된다. 자신의 지위가 높다고 해서 최하층과의 접촉을 끊어도 된다고 착각해서는 안 된다. 요새 속으로 후퇴하는 순간, 당신은 음모를 꾀하는 백성들의 손쉬운 표적이 된다. 그들은 당신의 고립을 자기들에 대한 모욕으로 느끼며 반란의 구실로 간주한다.

인간은 사회적인 존재이기 때문에, 인기 있는 사람이 되는 사교술은 지속적인 접촉과 교류에 의해서만 연마된다. 다른 사람들과 자주 접촉할수록, 사회생활에 더욱 능숙해지고 그것을 편하게 느끼게 된다. 반면 고립은 당신의 행동을 어색하게 만들며, 그 결과 사람들은 당신을 피하게 되면서 더욱 심한 고립을 초래한다.

1545년 코시모 데 메디치 1세(Cosimo I de' Medici)는 자신의 이름을 후세에 길이 남기기 위해 피렌체의 산 로렌초 성당 주예배당에 프레스코 벽화(fresco, 갓 바른 회벽에 수채로 그리는 벽화)를 그려 넣고자 했다. 그는 많은 화가 중에서 자코포 다 폰토르모(Jacopo da Pontormo)를 선택했다. 여러 해에 걸쳐 작업을 진행하면서, 폰토르모는 이 프레스코를 자신의 걸작이자 유산으로 만들고 싶었다. 그는 우선 담과 벽, 블라인드 등을 이용해 예배당을 외부와 차단하기로 했다. 그는 누구에게도 자신의 걸작이 탄생하는 과정을 보여주고 싶지 않았고, 그의 착상이 도용당하는 것도 막고자 했다. 그는 미켈란젤로를 능가하고 싶었다. 몇몇 젊은이들이 호기심을 참지 못하고 벽을 부수고 예배당 안으로 들어오자 폰토르모는 더욱 강력하게 예배당을 봉쇄했다.

폰토르모는 예배당의 천장을 성서에 등장하는 장면(천지창조를 비롯해 아담과 이브, 노아의 방주, 기타 등등)으로 채웠다. 가운데 벽의 꼭대기에는 예수 그리스도가 심판의 날에 죽은 자들을 부활시키는 장면을 그렸다. 폰토르모의 프레스코 작업은 11년간 이어졌으며, 그동안 그곳을 거의 벗어나지 않았다. 왜냐하면 갈수록 대인공포증이 심해진 데다 누가 자신의 착상을 훔쳐가지 않을까 두려워했기 때문이다.

폰토르모는 프레스코를 완성하기 직전에 사망했다. 그의 벽화가 어떠했는지 정확히 알 길은 없다. 현재 남아 있는 부분이 하나도 없기 때문이다. 그러나 우리는 폰토르모의 친구이자 르네상스 시대의 위대한 작가였던 바사리가 남긴 기록으로 짐작해볼 수는 있다. 폰토르모가 죽은 후 바사리가 그 프레스코를 보고 쓴 기록에 의하면, 그의 그림들은 비례가 전혀 맞지 않았다. 장면들이 서로 겹쳐지는 바람에 한 이야기 속의 인물들이 다른 이야기의 등장인물과 나란히 위치하는 부분이 짜증날 정도로 많았다. 폰토르모가 점점 더 세부 묘사에 집착하게 된 나머지, 전체적 구성에 대해서는 완전히 감각을 상실한 탓이었다. 바사리는 다음과 같은 표현으로 글을 마무리했다. "이 벽화를 계속 보다가는 결국 미쳐서 그림들 속에 뒤엉키게 될지도 모른다는 생각이 든다. 나는 자코포가 11년 동안 이 그림들을 그리면서 혼란에 빠졌듯이 이것을 보는 다른 사람들도 그렇게 될 것이라고 믿는다." 프레스코는 폰토르모의 경력에서 영예는커녕 파멸의 원인이 되었다.

폰토르모의 프레스코는 고립이 인간의 정신에 어떤 영향을 미치는지 시각적으로 보여준다. 균형 감각을 상실하고 세부 사항에 지나치게 집착하다가 결국 큰 그림을 놓치는 바람에 더 이상 어떤 의미도 전달하지 못할 정도로 추한 그림이 나오게 된 것이다. 고립은 사교술뿐만 아니라 이렇게 예술에서도 치명적이다. 셰익스피어가 역사상 가장 위대한 작가가 될 수 있었던 것은 대중 연극의 극작가로서, 항상 대중과 교류하며 교육 수준이나 취향에 상관없이 모든 사람들이 이해할 수 있는 작품을 썼기 때문이다. 자신을 요새 속에 가두는 예술가는 균형 감각을 상실하게 되고 그의 작품을 이해하는 사람은 소수에 불과할 것이다. 그와 같은 작품은 오로지 변두리에만 머물게 되며 아무런 영향력을 갖지 못한다.

권력이란 인간의 창조물이기 때문에, 필연적으로 그것은 다른 사람들과의 접촉을 통해 강화된다. 자기만의 사고방식에 빠지지 말고 세상을 다음과 같은 관점으로 보라. 세상은 모든 방들이 서로 연결되어 있는 베르사유 궁전과 같다. 당신은 이 집단과 저 집단을 유연하게 드나들며, 서로 다른 유형들과 뒤섞일 필요가 있다. 그와 같은 기동성과 사회적 접촉을 통해 음모자들은 당신에게 아무것도 숨길 수 없게 되며, 당신을 동맹으로부터 분리시킬 수도 없게 된다. 그것이 결국 당신을 보호해준다. 항상 움직이면서 궁전의 각 방을 드나들며 뒤섞여야 한다. 결코 한 장소에 안주해서는 안 된다. 어떤 사냥꾼도 신속하게 움직이는 동물을 조준할 수는 없다.

| **이미지** | 요새. 언덕 위에 높이 솟아 있는 성채는 권력과 권위를 증오하는 모든 사람의 적대적 상징이 된다. 그런 증오가 쌓이면 백성들은 적이 쳐들어오자마자 등을 돌린다. 요새는 통신과 정보로부터 단절되기 때문에 쉽게 함락당한다.

| **근거** | 유능하고 지혜로운 군주는 그러한 특성을 계속 유지하는 한편 자신의 후계자가 압제자가 될 수 있는 소지를 피하고자 하기 때문에 결코 요새 따위를 구축하지 않는다. 그렇게 함으로써 그들은 요새의 힘이 아닌 백성의 선의에 의지하는 것이다.

- 니콜로 마키아벨리(1469~1527)

뒤집어보기

고립을 선택하는 행위가 옳거나 적절한 경우는 거의 없다. 밖에서 무슨 일이 벌어지고 있는지 귀를 기울이지 않고는 자신을 보호할 수 없다. 지속적인 대인 접촉으로 기능을 촉진시킬 수 없는 유일한 것이 있다면, 그것은 바로 사고력이다. 순응을 요구하는 사회적 압박이 부담으로 작용하고 사람들과 떨어져 혼자 있는 시간이 너무 부족한 경우, 우리는 주변에서 벌어지는 일에 대해 명확히 사고할 수 없게 된다. 그럴 경우에는 임시방편으로 고립을 택하는 것이 좋다. 균형 있는 시각을 회복하는 데 도움이 되기 때문이다. 많은 사상가들이 수감 생활을 경험했다. 감옥에서는 오로지 생각하는 것 말고는 다른 일을 할 수가 없다. 마키아벨리는 추방령을 받아 농가에 고립되었을 때 비로소 피렌체의 정치적 음모로부터 벗어나 《군주론》을 쓸 수 있었다.

하지만 이런 종류의 고립이 온갖 종류의 낯설고 비정상적인 사고를 낳을 위험이 있다. 더 큰 그림을 그릴 수도 있지만, 자신의 한계에 대한 감각을 상실할 수 있기 때문이다. 또한 오래 고립되다 보면 스스로 거기에서 벗어나고 싶어도 고립을 끊고 나오기가 어려워진다. 당신이 알아차리지 못하는 사이에 더욱 깊은 나락 속으로 끌려 들어간다. 따라서 생각할 시간이 필요한 경우에는 마지막 수단으로 고립을 택하되, 짧은 기간만 그 처방을 사용해야 한다. 그리고 언제든 사회로 복귀하는 길을 열어두어야 한다.

어느 누구에게도 헌신하지 마라

...

관계의 기술

서둘러 편을 드는 사람은 바보다.
어느 한편이나 대의명분에 헌신하지 말라.
오직 당신 자신에게 헌신하라.
독립을 유지함으로써 무리의 주인이 될 수도 있다.
자기들끼리 싸우게 하고, 결국 당신을 따르게 만들어라.

1항: 누구의 편도 들지 말고 모든 이에게 구애의 길을 열어두어라

사람들이 당신을 소유하고 있다고 느끼는 순간 당신은 그들에 대한 모든 지배력을 잃게 될 것이다. 당신이 사랑을 맹세하지 않는 한 상대방은 당신의 마음을 얻기 위해 필사적으로 노력한다. 일정한 거리를 유지하라. 그러면 상대방의 관심과 욕망의 좌절에서 파생되는 권력을 얻게 될 것이다. 처녀왕의 역할을 수행하라. 즉 상대방에게 계속 희망을 품게 하면서 결코 만족을 주지는 않는 것이다.

법칙 준수 사례: 엘리자베스 1세의 결혼 정책

1558년, 엘리자베스 1세(Elizabeth I)가 잉글랜드의 왕위에 올랐을 때, 여왕의 배우자를 찾는 문제가 의회뿐만 아니라 온 나라의 관심사로 떠올랐다. 여왕의 배필로 누가 적당한가에 대해서는 의견이 분분했지만 여왕이 가능한 한 빨리 결혼을 해야 한다는 점에서는 의견이 일치했다. 여왕은 부군이 있어야 했고, 왕국의 후계자를 낳아야 했기 때문이다. 논쟁은 오랫동안 격렬하게 타올랐다. 로버트 더들리 경(Sir Robert Dudley), 에식스 백작(Earl of Essex), 월터 롤리 경(Sir Walter Raleigh) 등 여왕의 배필로 손색이 없는 후보자들이 경쟁을 벌였다. 그녀는 구혼자들을 뿌리치지도 않았고 그렇다고 서두르지도 않았다. 그래서 여왕이 어떤 남자를 마음에 들어하는지도 사람마다 해석이 달랐다. 1566년, 의회는 엘리자베스 여왕에게 더 나이가 들기 전에 결혼하여 후계자를 낳아달라고 간청했다. 여왕은 그들과 논쟁을 하지도 않았고 반대의사를 표명하지도 않았다. 어쨌든 그녀는 계속 미혼 상태를 유지했다.

엘리자베스 여왕이 이처럼 구혼자들을 상대로 미묘한 게임을 벌이자 그녀는 남자들의 성적 환상과 숭배의 대상이 되어갔다. 궁정의 주치의인 사이먼 포먼은 꿈에서 자신이 여왕의 순결을 빼앗았다고 일기에 적을 정도였다. 화가들은 그녀를 다이아나나 기타 여신으로 묘사했다. 시인인 에드먼드 스펜서를 비롯해 여러 작가들이 엘리자베스를 처녀왕으로 묘사하는 찬사를 썼다. 그녀는 '세계의 여제' 또는 '저 정결한 처녀좌'로 불렸는데, 그것은 그녀가 세계를 지배하고 별들을 움직이게 한다는 의미였다. 구혼자들은 그녀와 대화를 나누다가 대담하게도 성적인 암시를 풍기기도 했는데, 여왕은 그런 무례한 행위를 굳이 문제 삼지도 않았다. 그녀는 그들의 관심을 계속 자극하면서 동시에 그들과 일정한 거리를 유지했다.

유럽 전역의 왕과 공작들이 엘리자베스 여왕과의 결혼이 양국의 동맹을 보증해줄 것이라는 사실을 알고 있었다. 그래서 스페인 국왕이 그녀에게 청혼을 했고, 스웨덴의 공작과 오스트리아의 대공도 성혼을 시도했다. 여왕은 정중하게 그들의 구애를 모두 거절했다.

엘리자베스 여왕 시대에는 당시 스페인 영토였던 플랑드르와 네덜란드의 반란이 중요한 외교적 현안이었다. 잉글랜드는 스페인과 동맹을 깨고 프랑스를 유럽 대륙의 주요 동맹으로 택함으로써, 플랑드르와 네덜란드의 독립을 부추겨야 할 것인가? 1570년이 되자, 프랑스와의 동맹이 가장 현명한 방책으로 보였다. 프랑스에는 결혼 상대로 적합한 두 명의 귀족이 있었다. 앙주 공작(Duke of Anjou)과 알랑송 공작(Duke of Alençon)으로, 모두 프랑스 국왕의 동생이었다. 양쪽 모두 장점이 있었고, 엘리자베스 여왕은 두 사람 모두 희망의 끈을 놓지 않게 했다. 결혼 문제는 해를 거듭해 계속 화제만 들끓게 했다. 앙주 공작은 여러 차례 잉글랜드를 방문해 대중들 앞에서 여왕에게 키스를 했고, 그녀를 애칭으로 부르기까지 했다. 여왕도 그의 애정에 답하는 것처럼 보였다. 이렇게 그녀가 두 형제들과 연애 행각을 벌이고 있는 동안 영국과 프랑스 사이에 조약이 체결되어 양국 관계에 평화가 정착됐다. 1582년에 여왕은 구혼자들로부터 벗어나도 되겠다고 판단했다. 특히 앙주 공작과의 관계를 끝낼 때는 안도감을 느끼기까지 했다. 여왕은 단지 외교적인 문제 때문에 도저히 참아줄 수 없는 남자의 구애를 견뎌내고 있었던 것이다. 일단 프랑스와 잉글랜드 사이의 평화가 확보되자, 여왕은 간살스러운 공작을 정중하게 거절했다.

이 무렵부터는 여왕도 나이가 들어 아이를 가질 수 없게 됐다. 그녀는 남은 생애를 자유롭게 살다가 처녀왕으로 생을 마감했다. 여왕은 비록 후계자를 낳지 못했지만, 평화롭고 문화적으로 풍요로운 시대를 유지시킬 수 있었다.

해석 ——

엘리자베스 여왕이 결혼을 하지 않은 데는 이유가 있었다. 그녀는 사촌인 스코틀랜드 메리(Mary) 여왕의 실수를 직접 보았던 것이다. 여자가 통치하는 것을 받아들일 수 없었던 스코틀랜드인들은 메리가 결혼하기를 그것도 현명하게 결혼하기를 바랐다. 국민들은 외국인과 결혼하는 것은 바라지 않았다. 또 특정 귀족 가문과 결혼하면 끔찍한 대립관계가 촉발될 위험이 있었다. 결국 메리는 같은 가톨릭교도인 단리 경을 선택했다. 그러자 스코틀랜드 개신교도들이 반발하면서 혼란스러운 사건들이 연이어 발생했다.

엘리자베스는 결혼이 자신을 파멸시킬 수도 있다는 사실을 알고 있었다. 결혼은 자신을 하나의 파벌이나 국가에 얽매이게 만들 것이다. 분쟁이 일어나 여왕을 몰락시키거나 아니면 무익한 전쟁에 휘말릴 수도 있었다. 또한 단리가 메리를 권좌에서 제거하려고 했듯이 여왕의 남편이 실질적인 통치자가 되어 여왕을 제거할지도 몰랐다. 엘리자베스는 통치자로서 두 가지 목표를 갖고 있었다. 결혼을 하지 않는 것과 전쟁을 피하는 것이었다. 엘리자베스는 동맹관계를 구축하기 위해 결혼이라는 미끼를 계속 흔들어댐으로써 두 가지 목표를 달성했다. 한 구혼자에게 종속되는 순간, 자신의 권력도 잃을 거라고 생각했다. 여왕은 신비로운 분위기와 매력을 발산하면서 누구의 희망도 꺾지 않고 독신을 유지해야 했다.

엘리자베스 여왕은 구애에 응했다가 물러서는 게임을 평생 했다. 그렇게 함으로써 잉글랜드는 물론 자신을 정복하려고 했던 모든 남자들을 지배했다. 항상 관심의 중심이 된 덕분에 주도권을 장악할 수 있었던 것이다. 그리고 무엇보다 독립성을 유지함으로써, 엘리자베스 여왕은 권력을 지키고 자신을 숭배의 대상으로 만들었다.

나는 결혼한 여왕이 되기보다 독신인 거지가 되겠다.

— 엘리자베스 1세(1533~1603)

권력의 열쇠: 어느 누구에게도 헌신하지 마라

권력을 유지하려면 이미지를 강화하는 기술을 배워야 한다. 특정 개인이나 집단에 구속되지 않는 것이 그런 기술들 중 하나다. 당신이 한 걸음 뒤로 물러서 있을 때, 상대는 당신에게 존중에 가까운 감정을 느낀다. 그 순간부터 당신은 강력한 존재로 보이게 되는데, 이는 대부분의 사람들과 달리 집단이나 관계에 굴복하지 않고 누구에게도 붙잡히지 않을 만큼 거리를 유지하기 때문이다. 이런 식의 권력의 후광은 시간이 지날수록 점점 더 강력해진다. 당신의 독립성에 대한 명성이 높아질수록 더 많은 사람들이 당신을 갈망하게 된다. 갈망은 전염병과 같다. 남들이 갈망하는 사람은 더 매력적으로 보인다.

당신이 한쪽을 향해 서약을 하는 순간, 마법은 사라진다. 당신은 여느 사람들과 다를 바 없는 평범한 존재가 된다. 당신이 어느 누구에게도 서약하지 않고 마법을 유지할 때, 사람들은 온갖 수단을 동원해 당신을 자기편으로 끌어들이려 한다. 선물을 주고 온갖 호의를 베풀며 자신에게 구속시키려고 할 것이다. 그들의 배려를 장려하고 관심을 촉구하라. 하지만 절대 서약은 하지 말라. 선물이나 호의는 받아들이되, 내면은 항상 냉담한 태도를 지켜야 한다. 무의식중에라도 어떤 사람에 대한 의무감에 빠져서는 안 된다.

하지만 기억하라. 목표는 사람들을 멀리하는 것이 아니라 그저 마음을 정하기 어려워하는 것처럼 보이는 것이다. 처녀왕의 경우처럼, 당신은 냄비 속을 휘저으며 흥분 상태를 유발하고, 그들의 기대감을 빼앗지 말고 사람들이 몰려들게 해야 한다. 그리고 때로는 사람들의 관심에 마음을 쏟아야 하는 경우도 있다. 하지만 너무 멀리 나가서는 안 된다.

그리스의 군인이자 정치가인 알키비아데스(Alcibiades)는 이런 게임을 완벽하게 구사했다. 그는 아테네의 함대를 집결시키도록 분위기를 고무시키고, 기원전 414년 시칠리아 침공에 나섰다. 그를 질투한 아테네인들이 거짓 혐의를 뒤집어씌워 그를 지휘관의 자리에서 끌어내리려고 하자, 그는 본국으로 돌아가 재판을 받는 대신 적국인 스파르타로 망명했다. 아테네가 시라쿠사에서 패배하고 스파르타가 위세를 떨치게 되자 그는 페르시아로 떠났다. 이번에는 아테네와 스파르타가 모두 알키비아데스에게 구애를 하기 시작했다. 왜냐하면 그가 페르시아 궁정에 영향력을 갖고 있었기 때문이다. 더불어 페르시아는 그에게 온갖 영예를 부여했는데, 그것은 그가 아테네와 스파르타에 영향력을 갖고 있었기 때문이다. 그는 모든 당사자들에게 가능성을 열어주기는 했지만 어느 쪽에도 구속되지 않았으며, 결국 모든 패를 자신의 손에 쥐었다.

만약 당신이 권력과 영향력을 원한다면, 알키비아데스의 전술을 시도해보라. 서로 경쟁 중인 실력자들의 한가운데에 자리를 잡는 것이다. 당신은 그 중 한쪽에 지원의 가능성을 내비침으로써 그를 유인할 수 있다. 그러면 경쟁자보다 앞서고자 하는 다른 쪽 역시 당신을 쫓아오게 될 것이다. 양 당사자들이 당신의 관심을 끌기 위해 경쟁을 벌일 때, 당신은 엄청난 영향력과 매력을 가진 존재처럼 보이게 된다. 경솔하게 한쪽 편에 섰을 때보다 당신은 더 많은 권력을 갖게 된다. 이 전술을 완벽하게 구사하기 위해서는 감정이라는 장애물로부터 자유로워야 한다. 그리고 주변의 모든 사람들은 당신이 최고의 자리에 오르기 위한 장기판의 졸(卒) 정도로 생각할 필요가 있다. 당신은 절대 어떤 대의명분의 추종자가 되어서는 안 된다.

1968년 미국의 대통령 선거가 진행될 때였다. 헨리 키신저가 리처드 닉슨의 선거운동 본부로 전화를 걸었다. 키신저는 넬슨 록펠러(Nelson Rockefeller)의 진영이었지만, 록펠러는 공화당의 지명을 얻는 데 실패했다. 키신저는 닉슨 진영에 당시 파리에서 진행 중인 베트남 정전협상에 대한 귀중한 정보를 제공하겠다고 제안했다. 그는 협상 팀에 자신의 사람을 심어두고 협상 진행 상황을 계속 보고받고 있었다. 닉슨 진영은 그의 제안을 받아들였다.

동시에 키신저는 민주당 후보인 허버트 험프리(Hubert Humphrey)에게도 접근해 그를 지원하겠다고 제안했다. 험프리의 참모들은 그에게 닉슨에 대한 정보를 요구했고 키신저는 그들의 요구를 수용했다. "보시오." 키신저가 험프리의 참모에게 말했다. "나는 오래전부터 닉슨이 싫었소." 사실 그는 양쪽 진영 중 어느 쪽에도 관심이 없었다. 그가 정말로 원하는 것은 고위 직책이었고, 닉슨이나 험프리 중 누가 당선되든 경력을 보장받은 셈이었다.

닉슨이 당선된 후 키신저는 정당하게 내각의 일원이 됐다. 하지만 그는 자신이 닉슨의 사람처럼 비치지 않도록 세심한 주의를 기울였다. 1972년 닉슨이 재선에 성공했을 때, 키신저보다 더 충성스러웠던 인사들은 해고당했지만 키신저는 살아남았다. 닉슨의 고위 관료 가운데 워터게이트 사건 이후에도 살아남아 차기 대통령인 제럴드 포드의 내각에서 근무했던 사람은 키신저가 유일했다. 그가 혼란의 시기에도 살아남을 수 있었던 비결은 약간의 거리를 유지하는 것이었다.

이런 전술을 사용하는 사람들은 종종 이상한 현상을 목격하게 된다. 다른 사람을 돕기 위해 서둘러 달려가는 사람들은 오히려 존중을 받지 못하는 경향이 있다. 언제든 쉽게 도움을 구할 수 있다고 생각하기 때문이다. 반면 한 걸음 뒤로 물러서 있던 사람들은 그의 도움을 구걸하는 자들에게 둘러싸인다. 그들의 냉담함이 강력하다 보니 모든 사람들이 그를 자기편으로 끌어들이고 싶어하는 것이다.

피카소는 젊은 시절에는 가난했지만 세계에서 가장 성공한 미술가가 되었다. 그는 결코 특정 중개상에 얽매이는 우를 범하지 않았다. 온갖 매력적인 제안이나 고액의 계약 조건을 들고 중개상들이 몰려들었음에도 그는 별로 관심이 없는 듯한 태도를 취했다. 그의 이런 전술은 중개상들을 안달하게 했다. 그들이 피카소를 잡기 위해 경쟁할수록 그의 몸값은 치솟았다. 헨리 키신저가 미국 국무장관이었던 시절, 그는 소련과의 긴장 완화를 바랐지만, 결코 양보나 회유적인 태도를 취하지 않고 오히려 중국을 향해 친화정책을 폈다. 그런 정책에 소련은 분노하면서도 두려워했다. 이미 정치적으로 고립된 상태였던 소련은 미국과 중국이 한편이 될 경우 더욱 고립되지 않을까 우려했다. 키신저의 움직임은 소련을 협상장으로 끌어냈다. 이런 전술은 여자를 유혹하는 경우와 비슷하다. 스탕달이 조언하는 바처럼, 어떤 여자를 유혹하고 싶다면, 먼저 그녀의 여동생에게 구애하라.

냉담한 태도를 유지하라. 그러면 사람들이 당신을 찾아올 것이다. 그들에게는 당신의 관심을 따내는 일이 도전 과제가 될 것이다. 당신이 현명한 처녀왕을 모방하고 구애자들의 희망을 계속 자극하는 한, 당신은 관심과 욕망을 끌어들이는 힘을 계속 유지하게 될 것이다.

> | **이미지** | 처녀왕. 관심과 욕망, 숭배의 중심. 특정 구혼자의 매력에 굴복하지 않으로써, 처녀왕은 그들을 마치 행성처럼 자기 주위에 맴돌면서 궤도를 벗어나지 못하게 했을 뿐만 아니라 더 가까이 접근하지도 못하게 만들었다.

> | **근거** | 어떤 사람 혹은 어떤 일에도 결코 헌신을 약속하지 말라. 그것은 노예가 되는 지름길이며 결국 누구에게나 굴복할 수밖에 없게 된다. …… 모든 헌신이나 의무로부터 자신을 해방시켜라. 그것들은 다른 사람이 당신을 자신의 영향력 아래에 잡아두는 도구다.
>
> – 발타사르 그라시안(1601~1658)

2항: 누구에게도 구속되지 마라 – 그들의 분쟁과 거리를 두어라

다른 사람들의 무익한 싸움이나 분쟁에 끌려 들어가지 말라. 다만 거기에 관심이 있으며 도움을 제공할 의사가 있다는 인상을 주면서도 중립을 유지하는 길을 찾아라. 다른 사람들이 싸우게 놔두는 대신, 당신은 한 걸음 물러서 관망하는 자세로 결과를 기다려라. 투쟁의 당사자들이 지치게 되면, 당신이 수확에 나설 때다. 당신은 다른 사람들에게 분쟁을 자극한 뒤 중재에 나서서 영향력을 획득하는 전술을 습관처럼 사용해도 아무런 해가 되지 않는다.

법칙 준수 사례: 이사벨라의 생존법

15세기 말, 이탈리아에서는 강력한 도시국가들(베네치아와 피렌체, 로마, 밀라노)이 끊임없이 세력 다툼을 벌였다. 그들이 이전투구를 벌이는 동안 프랑스와 스페인이라는 독수리는 그들의 머리 위를 배회하면서 그들이 지쳐 나가떨어지면 무엇이든 낚아챌 기회를 노리고 있었다. 그들 사이에 끼인 군소 도시국가 만토바는 젊은 공작 지안프란체스코 곤차가(Gianfrancesco Gonzaga)가 통치하고 있었다. 만토바는 이탈리아 북부의 전략적인 위치에 자리를 잡고 있었기 때문에 주변 열강들이 만토바를 집어삼키는 것은 시간문제인 것처럼 보였다.

곤차가는 뛰어난 지휘관이자 사나운 전사였다. 그는 최고의 보수를 제공하는 쪽을 위해 싸우는 용병대장과 같은 존재가 됐다. 1490년, 그는 이사벨라 데스테(Isabella d'Este)와 결혼을 했다. 이탈리아의 작은 공국, 페라라를 다스리는 공작의 딸이었다. 곤차가가 대부분의 시간을 만토바 밖에서 보내게 되자 이사벨라가 그를 대신해서 만토바를 통치했다.

1498년에 이사벨라는 통치자로서 첫 번째 위기를 맞았다. 프랑스 왕 루이 12세가 밀라노를 침공하기 위해 군대를 준비하고 있었던 것이다. 배신을 밥 먹듯이 하는 이탈리아의 도시국가들은 저마다 이 기회를 틈타 이익을 얻고자 했다. 교황 알렉산데르 6세는 프랑스에 불간섭을 약속했다. 베네치아는 밀라노를 지원하지 않겠다는 의사를 표시하면서 그 대가로 만토바를 양보해주기를 바랐다. 밀라노의 통치자인 로도비코 스포르차(Lodovico Sforza)는 순식간에 고립되었다. 그는 자신의 절친한 친구인 (또한 그의 연인이라는 소문이 있는) 이사벨라 데스테에게 도움을 청했다. 곤차가가 공작을 설득해 자기를 지원하게 해달라는 것이었다. 하지만 공작은 주저했다. 스포르차를 지원해봐야 희망이 없다고 생각했기 때문이다. 1499년 루이 12세의 군대는 밀라노를 급습하여 쉽게 점령해버렸다.

그러자 이사벨라는 한 가지 딜레마에 빠졌다. 만약 밀라노를 도와준다면 프랑스 군이 만토바를 공격해올 것이다. 반면 프랑스 편에 서게 될 경우, 이탈리아의 다른 나라들을 적으로 만들게 되어 루이 12세가 철수한 뒤에는 만토바가 위태로워질 것이다. 또한 베네치아나 로마에 도움을 요청할 경우, 그들은 지원을 구실로 삼아 결국에는 만토바를 집어삼키려고 할 것이다. 그녀는 결단을 내려야 했다. 현재 가장 큰 위협은 프랑스 왕이었다. 그래서 과거에 스포르차와 친구가 됐던 것처럼 지금은 프랑스 왕과 손을 잡기로 했다. 그녀는 유혹적인 선물과 재치 있고 지적인 편지들을 동원했고 무엇보다 그녀는 미모와 매력을 내세우며 그의 친구가 될 수 있다는 여지를 주었다.

1500년, 루이 왕은 밀라노에서 열리는 전승 축하 파티에 그녀를 초대했다. 레오나르도 다 빈치는 이 행사를 위해 거대한 기계식 사자상을 제작했다. 사자가 입을 열자 그 안에서 프랑스 왕실의 상징인 백합꽃들이 쏟아져 내렸다. 그 파티에서 이사벨라는 유명한 자신의 드레스들 중 하나를 입었다(그녀는 어떤 공작부인보다 많은 의상을 가지고 있었다). 그리고 루이 왕을 매료시켜 그의 넋을 빼놓았다. 이사벨라는 곧 루이가 가는 곳마다 동행하는 존재가 됐고, 그녀와의 친교에 대한 보답으로 베네치아로부터 만토바를 지켜주겠다고 약속했다.

이렇게 한 가지 위험을 제거하자 또 다른 위기가 닥쳤다. 이번에는 남쪽의 체사레 보르자가 근심의 원인이었다. 1500년부터 보르자는 꾸준히 북진을 계속하며, 자신의 아버지인 교황 알렉산데르의 이름으로 소국들을 집어삼키고 있었다. 이사벨라는 체사레를 완벽하게 파악하고 있었다. 즉 그는 절대 신뢰해서도 안 되며 그렇다고 자극을 해서도 안 되는 인물이었다. 그에게는 좋은 말로 자존심을 세워주면서도 절대 가까이 다가가지 말아야 했다. 이사벨라는 우선 선물 공세부터 시작했다. 사냥용 매와 고귀한 품종의 애완견, 향수, 수십 종류의 가면을 보냈다. 보르자가 로마에서 항상 가면을 쓰고 다닌다는 사실을 알고 있었던 것이다. 또한 사자를 파견해 온갖 미사여구를 동원해 아첨을 떠는 인사말을 전달하게 했다(사자들은 그녀의 정보원 역할도 수행했다). 체사레는 한때 자신의 일부 병력을 만토바에 주둔시킬 수 있게 해달라고 요청하기도 했다. 그러자 이사벨라는 정중하게 그를 설득해 제안을 철회시키도록 했다. 일단 병력이 만토바에 주둔하기 시작하면 절대 떠나지 않을 것이라는 사실을 알았기 때문이다.

이사벨라는 온갖 방법으로 체사레를 매혹시키는 한편 주위 사람들에게 보르자에 대해 나쁘게 말하지 않도록 입단속을 시켰다. 체사레는 사방에 스파이를 파견해두고 있었고 약간의 구실이라도 잡으면 바로 침략해올 것이기 때문이다. 이사벨라는 체사레에게 새로 태어난 아이의 대부가 되어달라고 부탁하기도 했다. 심지어 그의 면전에서 두 가문의 혼인 가능성을 내비치기까지 했다. 어쨌든 그 모든 작업은 효과를 거두었다. 체사레는 북진 경로에 있는 모든 지역을 점령했지만 만토바만큼은 침략하지 않았다.

1503년 알렉산데르 6세가 사망하고 몇 년 후 새 교황으로 선출된 율리우스 2세(Julius II)는 이탈리아에서 프랑스 군대를 몰아내기 위해 전쟁을 시작했다. 이때 페라라의 통치자(이사벨라의 오빠인 알폰소)가 프랑스 편에 서자 율리우스는 그를 공격하여 본때를 보여주겠다고 결심했다. 이사벨라는 중간에 낀 신세가 됐다. 한쪽에는 교황이, 다른 한쪽에는 그녀의 오빠가 있었다. 어느 한쪽과 동맹을 맺는 것도 안 되지만 중립을 지키려다 어느 한쪽을 자극하는 것도 위험하다고 보았다. 그래서 이번에도 그녀의 특기인 양면전술을 구사했다. 한편으로는 남편 곤차가를 교황 편에서 싸우게 했고(물론 그가 그렇게 열심히 싸우지 않을 것이라는 사실을 잘 알고 있었다), 다른 한편으로는 프랑스 군이 만토바를 통과해 페라라를 지원하러 가도록 허락했다. 그리고 공개적으로 프랑스가 자신의 '영토'를 침범했다고 비난하면서, 비밀리에 프랑스 군에게 정보를 제공했다. 프랑스 군이 만토바를 약탈하는 연극까지 벌이자 교황도 별 의심을 하지 않았다. 그렇게 해서 이번에도 만토바는 위기를 넘겼다.

1513년, 장기간의 포위 공격 끝에 율리우스는 페라라를 패배시켰고 프랑스 군은 철수했다. 그 과정에서 심신이 지쳐버린 교황은 몇 개월 뒤 서거했다. 그가 죽은 후 악몽과 같은 전쟁과 분쟁의 사이클이 재차 반복되기 시작했다.

이사벨라의 재위 기간 중 이탈리아는 엄청난 변화의 소용돌이를 겪었다. 두 명의 교황이 서거했고, 체사레 보르자가 흥했다가 몰락했으며, 베네치아는 제국을 상실했고, 밀라노는 침략을 당했으며, 피렌체는 쇠퇴기에 접어들었고, 로마는 합스부르크 황제 카를 5세의 군대에게 약탈당했다. 이런 혼란의 와중에도 약소한 만토바는 살아남았을 뿐만 아니라 번영을 누렸다. 만토바 궁정은 이탈리아인들에게 선망의 대상이 될 정도였다. 만토바의 부와 주권은 1539년 이사벨라가 사망한 후에도 거의 한 세기 동안이나 유지됐다.

해석 ————

이사벨라 데스테는 이탈리아의 정치적 상황을 정확히 이해하고 있었다. 일단 전장에 있는 어떤 세력을 선택하게 되면, 자신의 운명도 결정되는 것이다. 강한 자는 당신을 먹어치우려고 할 것이고 약한 자는 당신을 쇠약하게 만들 것이다. 새로운 동맹은 새로운 적을 만들어내며, 이런 과정이 반복되면서 더 많은 분쟁이 초래되고, 더 많은 세력들이 개입하게 된다. 결국 당신은 지쳐서 쓰러지고 말 것이다.

이사벨라는 자신의 공국을 오로지 한 방향으로만 인도했으며, 그 길은 공국을 안전하게 지켜주었다. 그녀는 특정 공작이나 왕에 대한 충성심으로 판단력을 잃어서도 안 되었고 자기 주변에서 벌어지는 분쟁을 중지시키려는 시도도 하지 않았다. 그래봐야 분쟁에 더욱 깊숙이 휘말릴 뿐이다. 그녀는 어떤 분쟁도 자신에게 유리하게 활용했다. 여러 무리가 서로 싸우도록 놔두면 그들은 힘이 고갈되어 만토바를 집어삼킬 여력도 없게 된다. 이사벨라가 지닌 영향력의 근원은 당면한 문제와 양측의 입장에 관심을 보이는 척하면서 실제로는 자신의 공국에만 헌신하는 데 있었다.

일단 다른 이의 싸움에 발을 들여놓게 되면, 당신은 주도권을 잃게 된다. 교전국의 이해관계가 곧 당신의 이해관계가 되는 것이다. 그리고 당신은 그들의 도구로 전락한다. 자신을 다스리는 방법을 배우고, 한쪽 편을 택해서 싸움에 끼어들고 싶은 본능적 경향을 억제하라. 교전의 양쪽 당사자들을 모두 우호적으로 대하면서, 그들이 충돌을 일으킬 때 한 걸음 뒤로 물러서라. 그들은 전투를 치를 때마다 약화되며, 당신은 전투를 회피할 때마다 점점 더 강해진다.

독수리와 암퇘지
독수리 한 마리가 나무 위에 둥지를 짓고 새끼를 몇 마리 부화시켰다. 그리고 암컷 멧돼지 한 마리가 나무 밑에서 새끼를 낳았다. 독수리는 멀리까지 날아가서 먹이를 물어다 새끼에게 먹이곤 했다. 멧돼지는 나무 주위를 코로 헤집고 돌아다니거나 숲 속에서 사냥을 했는데, 저녁때가 되면 새끼들에게 줄 먹이를 갖고 돌아왔다. 독수리와 돼지는 이웃으로 친하게 지냈다. 그런데 늙은 암고양이 한 마리가 새끼 독수리와 젖먹이 돼지들을 죽이려는 음모를 꾸몄다. 암고양이는 독수리를 찾아가 이렇게 말했다. "독수리 씨, 당신은 너무 멀리 날아가지 말아야 할 것 같아요. 그리고 멧돼지를 조심하세요. 그녀는 사악한 음모를 꾸미고 있어요. 그래서 지금 나무의 뿌리를 약화시키고 있지요. 당신도 그녀가 항상 나무 밑을 파고 있는 것을 봤을 거예요." 그리고 고양이는 멧돼지에게 갔다. "멧돼지 씨, 당신은 좋은 이웃을 만날 운이 아닌가 봐요. 나는 어제 저녁에 독수리가 새끼들에게 이렇게 말하는 걸 들었답니다. '내 귀여운 새끼들, 나는 너희들에게 아주 맛있는 돼지고기를 먹여줄 도요새와 홍합이 싸우면, 어부만 이익을 본다.

— 고대 중국 속담

권력의 열쇠: 분쟁과 거리를 두어라

권력의 게임에서 승리하기 위해서는 감정을 잘 다스려야 한다. 하지만 자기 통제에 성공하더라도, 다른 사람들의 기질까지 통제할 수는 없다. 바로 거기에 커다란 위험이 도사리고 있다. 대부분의 사람들은 감정의 소용돌이 속에서 행동하고, 감정에 즉각적으로 반응하며 다툼이나 싸움을 초래한다. 당신의 자제력이나 자율성은 그들을 당황하게 만들고 그들의 감정을 더욱 격앙시킨다. 그들은 당신을 소용돌이 속으로 끌어들이려고 애쓰며, 자기편을 들어달라거나 혹은 평화를 중재해달라고 애원한다. 그들의 감성적 탄원에 굴복하는 순간, 당신은 그들의 문제에 휘말려 에너지와 시간을 소모하게 될 것이다. 그들에게 공감하거나 연민을 느끼더라도 그들의 분쟁 속으로 휘말려 들어가서는 안 된다. 당신은 결코 이런 게임에서 승리할 수 없다. 분쟁이 확대될 뿐이다.

그러나 당신은 사태를 방관만 할 수도 없다. 그런 태도는 자칫 당사자를 자극할 수 있다. 적당한 수준으로 게임에 참가하여, 다른 사람들의 문제에 관심을 갖고 있으며 심지어는 그들의 편을 들어줄 것처럼 보여야 한다. 하지만 겉으로는 지원하는 척 제스처를 취하더라도, 당신의 감정을 배제함으로써 내적 에너지와 건전한 판단력을 유지해야 한다. 사람들이 당신을 끌어들이기 위해 아무리 노력을 하더라도, 그들의 문제나 분쟁에 대한 당신의 관심은 표면적 수준을 넘지 않도록 자제해야 한다. 그들에게 선물을 보내고, 공감한다는 표정으로 이야기를 들어주며, 심지어 가끔은 매력도 발산하라. 하지만 내적으로는 그들이 팔을 뻗어도 당신에게 닿지 않도록 적절한 거리를 유지하라. 개입하지 않고 당신의 자율성을 유지함으로써, 당신은 주도권을 쥘 수 있다. 당신의 움직임은 스스로 선택한 문제에만 한정돼야 하며, 주변 사람들의 강요에 의한 방어적 대응이 되어서는 안 된다.

참이란다. 엄마 돼지가 멀리 가면, 내가 작은 젖먹이 돼지를 너희들에게 갖다줄게."
독수리가 사냥감을 좇아 둥지 밖으로 날아가지 않게 되자, 멧돼지도 더 이상 숲속으로 들어가려 하지 않았다. 새끼 독수리들과 젖먹이 돼지들은 굶어 죽었고, 늙은 암고양이는 시체로 배를 불렸다.
— 《우화집》, 레프 톨스토이 (1828~1910)

질투의 대가
못생긴 여자가 시장에서 치즈를 팔고 있었다. 그때 고양이 한 마리가 나타나 치즈 하나를 물고 갔다. 개 한 마리가 좀도둑질 현장을 목격하고 고양이에게 치즈를 빼앗으려고 달려들었다. 고양이는 지지 않고 개에게 맞섰다. 두 동물은 서로를 공격했다. 개는 사납게 짖어대며 물어뜯으려고 덤벼들었다. 고양이는 앞발을 날렵하게 휘두르며 개를 할퀴려고 했다. 하지만 어느 쪽도 결정적인 타격을 가하지 못했다.
"여우한테 가서 중재자가 돼달라고 하자." 마침내 고양이가 제안했다. "좋아." 개도 동의했다. 그래서 그들은 여우를 찾아갔다. 여우는 양쪽의 주장을 사려 깊은 태도로 경청했다. "멍청한 것들 같으니라고." 여우가 그 둘을 꾸짖었다. "왜 일을 그런 식으로 처리하는 거지? 만약 둘 다 기꺼이 동의한다면, 내가 치즈를 둘로 나누어주겠어. 그러면 너희 둘 다 만족하게 될 거야." "좋아."
고양이와 개가 동의했다. 여우는 칼을 갖고 와 치즈를 두 조각으로 잘랐다. '내 것이 더 작아!' 개가 항의했다. 여우는 안경을 무기를 제일 늦게 드는 것 자체가 무기가 될 수 있다. 특히 다른 사람들이 서로 싸우다 지치게 만든 뒤 그들의 피로를 이용할 경우 더욱 그렇다. 위나라가 조나라를 침공했다. 인근 국가의 지배자인 제위왕(齊威王)은 한나라를 도와야 한다고 생각했지만, 그의 군사(軍師)는 기다리라고 조언했다. "아직 조나라가 패한 것은 아닙니다." 그가 말했다. "그리고 위의 힘이 아직 소진되지 않았기 때문에 〔우리의〕 영향력이 그다지 크지 않습니다. 더욱이 위기에 빠진 국가를 지원하는 미덕보다 망한 국가를 부활시켜주는 덕이 훨씬 더 큽니다." 왕은 군사의 주장에 따르기로 했다. 그가 예측한 대로 제위왕은 훗날 풍전등화에 빠진 조나라를 구하고 힘이 빠진 위를 정벌하는 두 가지 영광을 모두 누렸다. 그는 전쟁에 참여하지 않고 두 국가가 서로 싸우다 지치기를 기다렸다가 안전하게 전쟁에 개입했다.

바로 그것이 소동으로부터 한 걸음 물러서 있을 때 얻게 되는 이점이다. 즉 한쪽이 기울어지기 시작했을 때 유리한 입장에서 상황의 이점을 취할 수 있다. 당신은 이 게임을 한 단계 더 발전시켜 분쟁 당사자 모두에게 지원을 약속하면서 동시에 그 분쟁에서 가장 먼저 빠져나오는 사람이 바로 당신이 되도록 책략을 쓸 수도 있다. 14세기 이탈리아 루카의 통치자였던 카스트루초 카스트라카니(Castruccio Castracani)가 피스토이아를 노리고 있을 때 사용했던 방법이 바로 그것이다. 카스트루초는 피스토이아가 흑파와 백파로 나뉜 채 상대를 끔찍하게 증오하고 있다는 사실을 알고 있었다. 그는 흑파와 협상을 벌여 그들이 백파와 싸울 때 도와주기로 했다. 한편 백파와도 협상을 벌여 지원을 약속했다. 그리고 카스트루초는 약속을 지켰다. 군대를 흑파가 통제하는 성문으로 보낸 것이다. 동시에 또 다른 그의 군대는 백파가 통제하는 성문을 통과했다. 두 군대는 성의 가운데에서 병력을 합쳐 마을을 장악하고, 각 당의 지도자들을 죽였다. 그렇게 내분을 종식시킨 뒤 피스토리아를 차지했다.

자율성을 지키면, 사람들이 서로 다툴 때 당신은 선택권을 갖게 된다. 당신은 중재자 역할을 하면서 이익을 챙길 수 있다. 당신은 한쪽에 지원을 약속함으로써 다른 쪽이 더 유리한 조건을 제시하도록 상황을 몰고

갈 수도 있다. 아니면 카스트루초의 경우처럼, 양쪽에 모두 개입한 다음 두 적수를 서로 반목시켜 어부지리를 얻을 수도 있다.

분쟁이 발생했을 때, 당신은 강한 쪽 또는 당신에게 가장 확실한 이익을 제공하는 쪽 편을 들고 싶은 유혹을 느낀다. 하지만 그것은 위험한 일이다. 첫째, 마지막에 누가 승리할지를 예측하기란 대단히 어렵기 때문이다. 정확하게 예측해서 강한 쪽과 동맹을 맺더라도, 그들이 결국 승자가 됐을 때, 당신은 강한 쪽에 흡수당할 수도 있다. 반면 약한 쪽에 섰을 때는 당신의 운명도 함께 나락으로 떨어진다. 그러나 기다림의 전략을 수행하면 결코 지지 않을 것이다.

1830년 프랑스의 7월 혁명 때 3일간의 폭동이 끝난 후, 연로한 정치가 탈레랑은 폭동이 끝났다는 신호를 알리는 종소리를 들었다. 그는 비서를 향해 고개를 돌리며 말했다. "아, 저 종소리! 우리가 이겼어." "우리라면 누구를 말씀하시는 겁니까?" 비서가 물었다. 그러자 탈레랑은 손으로 입 다물라는 신호를 보내며 이렇게 말했다. "아무 말 하지 말게. 내일 누가 이겼는지 말해주겠네." 그는 불나방처럼 상황 속으로 뛰어드는 것은 바보들이나 하는 짓이라는 사실을 잘 알고 있었다. 너무 성급하게 움직이면 입지가 좁아질 뿐이다. 또한 사람들은 그런 자를 별로 존경하지도 않는다. 아마 내일이면 그가 또 다른 사람 혹은 또 다른 대의명분을 지지하는 쪽으로 변절할지도 모른다고 생각한다. 왜냐하면 이쪽 편에도 너무 쉽게 가담한 사람이기 때문이다. 행운의 신은 변덕스러워서 자주 편을 바꾼다. 한쪽에 헌신하는 행위는 적절한 시기를 기다리는 사이에 누릴 수 있는 모든 이익을 포기하는 짓이다. 다른 사람들은 이쪽 혹은 저쪽과 사랑에 빠지게 내버려두라. 당신이 먼저 서둘지 말라. 잘못하면 단두대로 갈 수도 있다.

끝으로 때로는 지지를 약속하는 척하는 모든 가식을 버리고 자신의 독립성과 자율성을 널리 선전해야 하는 경우도 있다. 아무에게도 의지할 필요가 없는 사람의 위풍당당한 태도는 특히 타인의 존경심을 얻을 필요가 있는 사람에게 중요하다. 조지 워싱턴(George Washington)은 신생 공화국을 굳건한 반석 위에 올려놓는 과정에서 그 사실을 깨달았다. 대통령으로서, 워싱턴은 프랑스나 영국과 동맹을 맺어야 한다는 주변의 압력에도 불구하고 그러고 싶은 유혹을 꾹 참았다. 그는 미국의 독립성을 지킴으로써 다른 나라의 존중을 받기를 원했다. 프랑스와 동맹을 맺을 경우 단기적으로는 유리할 수 있겠지만, 장기적으로는 국가의 자주성을 확립하는 것이 더 중요하다고 생각했기 때문이다. 그럴 때 유럽은 미국을 동등한 주권국가로 인정하게 될 것이었다.

교훈: 당신에게는 단지 제한된 시간과 정력이 있을 뿐이다. 따라서 다른 사람의 일에 그것들을 낭비할 때마다 당신의 역량은 그만큼 줄어든다. 당신은 사람들이 무정하다고 비난하지 않을까 두려워하겠지만, 결국 당신의 독립과 자립을 지킬 때, 당신은 더 존경을 받으며 권력의 지위에 오를 수 있고, 그 지위에서 당신의 선택에 따라 남을 도울 수 있게 된다.

> | **이미지** | 무성한 관목. 숲 속의 관목들은 곁에 있는 관목들과 가지가 닿을 때마다 자신의 가시로 상대를 얽어매며, 그렇게 얽힌 관목 숲은 느리게 그 빽빽한 영역을 확장한다. 오로지 다른 관목들과 일정한 거리를 유지한 채 홀로 서 있는 나무만이 위로 성장하여 높이 자랄 수 있다.

> | **근거** | 전투에서 승리하기보다 교전에 아예 참가하지 않는 것을 더 용감한 행동으로 여겨라. 이미 전투에 뛰어들려는 바보가 하나 등장했을 때, 그것이 둘이 되지 않게 유의하라.
>
> – 발타사르 그라시안(1601~1658)

뒤집어보기

이 법칙을 너무 멀리까지 추구할 경우 오히려 역효과가 날 수도 있다. 이 게임은 너무나 민감하고 까다롭다. 너무 많은 도당들을 부추겨 서로 반목하게 만들 경우, 그들은 당신의 속셈을 꿰뚫어보고 모두가 합세하여 당신을 상대하게 될 것이다. 구애자들을 너무 오래 기다리게 할 경우, 당신은 갈망이 아니라 불신을 부추기게 될 것이다. 그리고 사람들은 흥미를 잃게 된다. 결국 당신은 현상을 유지하는 것보다는 한쪽에 헌신하는 게 더 낫다는 판단을 내리게 될지도 모른다. 외형적으로나마 당신도 애정을 줄 수 있는 사람임을 입증하는 게 가치 있는 일이라고 판단될 때 말이다.

그런 경우에도 내적 독립성을 잃지 않도록 해야 한다. 감정에 휩쓸리지 않도록 마음을 다스려라. 언제든 떠날 수도 있다는 사실을 가슴속에 감춰두고 있다가 당신이 선택한 쪽이 무너지기 시작할 때, 다시 자유를 주장하라. 구애를 받던 기간 동안 만들어둔 친구들이 당신이 배에서 뛰어내리는 순간 얼마든지 갈 곳을 제공해줄 것이다.

Law
28

완벽한 궁정신하가 되어라
···
우회 조종술

모든 것이 권력과 정치적 술수를 중심으로 움직이는 세계에서는
완벽한 궁정신하가 번성한다.
완벽한 궁정신하란 아첨을 하고 윗사람에게 굴복하며
간접적이고 우아한 방법으로 권력을 행사하는,
우회 술수의 달인을 말한다.
궁정신하의 생존법을 배워서 적용하면
궁정에서 득세하는 데 한계가 없을 것이다.

궁정사회

두 마리의 개
바르보스는 충성스러운 파수견으로 주인을 위해 열심히 일했다. 어느 날 우연히 옛 친구인 주주를 만났는데, 그녀는 곱슬곱슬한 털을 가진 애완견으로 부드러운 솜털쿠션을 깔고 창가에 앉아 있었다. 그가 다정한 태도로 조심스럽게 그녀의 곁으로 다가갈 때, 그 모습은 마치 부모를 찾는 아이를 연상케 했으며 감정이 북받쳐 눈물이 나올 지경이었다. 그는 창문 밑에서 코를 킁킁거리며 꼬리를 흔들다 껑충껑충 뛰어올랐다. "주주카(주주의 애칭), 주인님이 너를 집 안으로 데려간 뒤로 어떻게 지내? 너도 옛날 우리가 마당에서 배고픔에 시달렸던 일이 기억날 거야. 요즘 어떻게 지내니?" "내 행운에 불평하면 아마 그것은 죄를 짓는 걸 거야." 주주는 이렇게 대답했다. "우리 주인님은 나에게 더 이상 바랄 것이 없을 만큼 잘해줘서. 나는 은 식기로 밥을 먹을 정도야. 주인님하고 장난도 치고 그러다 지치면 카펫이나 부드러운 쿠션 위에서 쉬기도 해. 그런데 너는 어떻게 지내니?" "나?" 바르보스는 꼬리를 힘없이 떨어뜨리고 고개를 푹 숙였다. "나는 전과 다름없이 지내. 추위와 굶주림에 시달리고 주인님의 집을 지키면서 담 밑에서 잠을 자지. 그러다 비에 흠뻑 젖기도 해. 게다가 엉뚱한 사람에게 짖기라도 하면 채찍으로 얻어맞아. 주주, 너는 그렇게 작고 연약한데 주인님의 사랑을 받고 어째서 나는 아무런 보람도

궁정의 사회구조는 권력을 중심으로 형성된다. 인간 본성의 실상을 여실히 드러내는 예가 아닐 수 없다. 과거 궁정사회는 지배자를 중심으로 형성되었다. 지배자를 즐겁게 하는 일 외에도, 궁정은 왕족과 귀족, 상류계급의 위계질서를 구체화하고 귀족들을 통치자 곁에 예속시켜두고 감시하는 방편이었다. 궁정은 통치자를 찬양하고, 그를 기쁘게 하기 위해 경쟁을 벌이는 일종의 소우주였다.

궁정신하가 되는 것은 위험한 도박을 하는 것과 같았다. 오늘날의 수단인 다르푸르를 여행했던 19세기의 아랍 여행자는 그곳의 궁정신하들은 술탄이 하는 행동은 무엇이든 따라했다고 기록했다. 술탄이 아프면 그들도 똑같은 고통을 당해야 했다. 술탄이 말에서 떨어지면, 그들도 떨어졌다. 이런 식의 모방 행동은 다른 나라의 궁정에서도 똑같이 나타났다. 지배자의 기분을 상하게 하는 것은 매우 위험한 일이었다. 한 번의 실수로 죽음이나 유배를 당할 수도 있었다. 궁정신하는 외줄타기를 하듯 신중하게 움직이고, 아첨하되 지나치지 말아야 했으며, 통치자에게 복종하면서도 다른 궁정신하들보다 뛰어나야 했고, 그렇다고 지배자의 지위를 불안하게 만들 정도로 뛰어난 면모를 보여서는 안 되었다.

역사적으로 위대한 궁정신하들은 사람들을 조종하는 데 달인이었다. 그들은 왕이 스스로 존엄한 존재라고 느끼게 하면서 다른 사람들은 그들의 권력을 두려워하게 만들었다. 그들은 표정 관리의 마술사였다. 위대한 궁정신하들은 기품 있고 정중했으며, 자신의 공격성을 베일 속에 감춘 채 간접적인 경로를 취했다. 또한 그들은 언어의 달인이었다. 필요 이상의 말을 하지 않았으며, 한마디의 칭찬이나 은근한 모욕을 최대로 활용했다. 그들은 즐거움의 원천이었다. 사람들은 그들을 가까이 하고 싶어했는데, 그것은 그들이 다른 사람을 즐겁게 하면서도 아첨하거나 자신을 비하하지 않았기 때문이다. 위대한 궁정신하들은 왕의 총신이 되었고, 그 지위에 따른 혜택을 누렸다. 종종 그들은 왕보다 더 큰 영향력을 갖기도 했는데, 그들이 영향력을 축적하는 데 뛰어났기 때문이다.

오늘날의 사람들은 궁정 생활을 과거의 잔재나 역사적 호기심의 대상

정도로 치부한다. 그런 사람들은 마키아벨리에 따르면, "마치 하늘과 태양, 자연계의 4대 원소, 인류가 천체의 운동과 힘의 질서를 바꾸어놓은 것처럼, 그래서 이제는 상황이 고대와는 달라진 것처럼 생각하는 것이나 마찬가지다. 지금은 태양왕과 같은 존재는 없을지 모르지만, 태양이 지구 주위를 돌고 있다고 믿는 사람은 여전히 존재한다. 오늘날 왕실의 궁정은 거의 사라졌지만 궁정과 궁정신하의 세계는 여전히 존재한다. 권력은 결코 사라지지 않았기 때문이다. 궁정신하는 더 이상 말에서 떨어질 필요가 없지만, 궁정의 정치를 지배했던 법칙들은 권력의 법칙만큼이나 시대를 초월한다. 따라서 과거와 현재의 위대한 궁정신하들로부터 배울 수 있는 교훈들은 아직도 무궁무진하다.

궁정 정치학의 법칙

과시하지 말라. 자신에 대해서 떠벌리거나 주위의 과도한 관심을 끄는 행동은 결코 현명한 처사가 아니다. 자신의 행위에 대해 거듭 떠들수록 사람들은 그 말의 진실성을 의심하게 된다. 당신은 또한 동료들의 질투심을 유발해 뒤통수를 얻어맞게 될 것이다. 자신의 업적을 말할 때는 신중하고 또 신중해야 한다. 자신에 대해서는 말을 아끼고 다른 사람에 대해 이야기하라. 사람들은 대개 겸손한 자를 좋아한다.

태연한 자세를 생활화하라. 너무 열심히 일한다는 인상을 주지 말라. 재능이 자연스럽게 흘러넘치는 것처럼 보여서 일중독자가 아닌 천재처럼 보여야 한다. 상당한 노력을 들여야 했던 일도 겉으로는 쉽게 이루어진 것처럼 보이도록 하라. 사람들은 당신의 땀과 노고를 보고 싶어하지 않는다. 당신이 얼마나 우아하게(힘들이지 않고) 그 업적을 달성했는지를 보여주어 사람들을 놀라게 해야지 그 일에 왜 그렇게 많은 노력이 들어갔는지 의문을 갖게 하지 말라.

아첨을 아껴라. 상사한테는 아무리 아첨을 해도 부족하게 느껴질지도 모른다. 하지만 좋은 것도 넘치면 가치를 잃는 법이다. 또한 아첨을 너무 많이 하면 동료들의 미움을 산다. 간접적으로 아첨하는 방법을 배워라. 예를 들어, 당신의 기여도를 낮게 평가하면 상사의 공적을 더욱 부각시킬 수 있다.

주목을 받을 수 있도록 준비하라. 여기에는 자기모순이 존재한다. 너무 뻔뻔스럽게 자신을 과시하지 않으면서 어쨌든 주목을 받아야 하기 때문이다. 루이 14세의 궁정에서는 왕의 눈에 들면 즉시 지위가 상승했다. 무리 속에서 지배자의 눈에 띄지 못하면, 신분 상승은 결코 꿈꿀 수 없다. 여기에는 상당한 기술이 필요하다. 처음에는 말 그대로 어떻게 보이느냐에 달려 있다. 우선 자신의 외모에 관심을 가져야 한다. 이어서 '미묘하게' 독특한 스타일과 이미지를 창조해야 한다.

상대에 따라 말과 행동을 달리하라. 지위에 상관없이 모든 사람을 똑같은 말과 행동으로 대하는 것이 문명인의 태도라는 믿음은 끔찍한 오해다. 당신보다 지위가 낮은 자는 그것을 겸손한 척하는 오만의 한 형태로 간주할 것이다. 반면 당신보다 지위가 높은 사람은 자신에 대한 공격으로 간주할 것이다. 따라서 사람에 따라 말투와 표현을 바꾸어야 한다. 말투와 표현을 바꾸는 것은 거짓을 행하는 것이 아니라 다만 행동을 바꾸는 것뿐이다. 행동은 기교일 뿐 타고나는 천성이나 재능도 아니다. 이것은 현대식 궁정의 다양한 문화 속에서도 여전히 통하는 진리다. 다른 문화에 적응하는 능력의 부재는 단순히 야만의 극치일 뿐 아니라 당신은 불리한 상황에 빠지게 된다.

나쁜 소식은 다른 사람이 전달하게 하라. 왕은 나쁜 소식을 가져온 전령을 죽일 수도 있다. 당신은 나쁜 소식의 전달자가 되어서는 안 된다. 대신 다른 동료가 그 일을 맡도록 하고, 필요하다면 거짓과 속임수도 마다하지 말라. 오로지 좋은 소식만 전하는 사람이 되어라. 그러면 당신이 찾아오는 것을 기뻐하게 될 것이다.

주인에게 우정이나 친밀감을 보이지 말라. 주인은 당신을 부하로 원하지 친구로 원하지 않는다. 절대 그에게 편안하고 친근한 태도로 접근하거나 그와 사이가 대단히 좋은 것처럼 굴지 말라. 그것은 주인만의 특권이다. 만약 주인이 당신을 친구처럼 대하기로 했을 경우에도 조심스럽게 친구의 역할을 수행하라. 그런 경우가 아니라면, 주인과의 거리를 분명하게 유지하라.

윗사람을 절대 직접적으로 비판하지 말라. 이것은 너무나 당연한 사실로 보인다. 하지만 때로는 약간의 비평이 필요한 경우도 있다. 아무런 말도 하지 않거나 아무런 조언도 제공하지 않다 보면 다른 종류의 위험을 초래할 수도 있기 때문이다. 그러나 이때도 조언이나 비판은 우회적이고 예의 바른 태도로 전달해야 한다. 두 번 세 번 생각하라. 그리고 자신의 말이 충분히 간접적인지를 판단하라. 미묘하고 온건하게 표현하라.

상사의 호의를 바라지 말라. 상사는 누군가의 요청을 거부해야 하는 것을 못 견뎌한다. 죄의식과 분노를 자극하기 때문이다. 따라서 상사에게 호의를 요구하지 말라. 그리고 언제 멈춰야 하는지를 잘 파악하라. 단순히 부탁하기보다는 뭔가 가치 있는 행동을 함으로써, 상사의 호의를 자연스럽게 이끌어내야 한다. 다른 사람, 특히 친구를 대신해 호의를 요구하는 것은 더더욱 안 된다.

외모나 취향을 조롱하지 말라. 위트와 유머는 궁정신하의 필수적인 자질이다. 때로는 경망스러운 태도가 매력적으로 보이는 순간도 있다. 하지만 절대 피해야 할 것이 있는데 바로 외모와 취향에 대한 농담이다. 특히 윗사람에 대해서는 삼가야 한다. 심지어 그들이 없는 자리에서도 그런 농담을 꺼내선 안 된다. 그것은 스스로 무덤을 파는 행위다.

냉소주의자가 되지 말라. 다른 사람의 성과에 대해 존경을 표하라. 동료나 하급자들에게 비판만 가할 경우, 그것은 마치 먹구름처럼 당신의 머리 위를 배회하면서 냉소적인 분위기를 몰고 다니게 된다. 매번 냉소적인 의견을 내놓으면 사람들의 화를 돋우게 된다. 다른 사람의 업적에 대해 격의 없는 존경심을 표하라. 그러면 그들도 당신의 일에 긍정적인 반응을 보여줄 것이다.

자신을 관찰하라. 거울은 기적의 발명품이다. 만일 거울이 없다면 우리는 아름다움과 품위를 지키는 데 어려움을 겪었을 것이다. 우리는 또한 자신의 행동을 비추어볼 수 있는 거울이 필요하다. 다른 사람이 당신에 대해 이야기해줄 수도 있지만, 가장 신뢰할 수 있는 방법은 아니다. 자기 자신이 거울이 되어야 한다. 마치 다른 사람이 나를 보듯이 객관적으로 나를 볼 수 있도록 두뇌를 훈련시켜라. 나는 아부가 너무 심한 것이 아닐까? 남을 기쁘게 하기 위해 너무 애를 쓰는 것은 아닌가? 관심을 받으려는 노력이 너무 절박해서 안쓰러울 정도는 아닌가? 당신 자신에 대한 관찰자가 되어라. 그러면 수많은 실수를 줄일 수 있을 것이다.

자기 감정의 주인이 되어라. 당신은 연극배우처럼 마음먹기에 따라 울고 웃을 줄 알아야 한다. 분노와 좌절을 숨기고 그것을 만족과 동의로 가장할 수 있어야 한다. 당신은 표정 관리에 능숙해야 한다. 그것을 위선이라 불러도 좋다. 하지만 게임을 거부하고 항상 솔직하게 굴고 싶다면, 다른 사람이 당신을 역겹고 건방지다고 해도 불평하지 말라.

시대정신에 보조를 맞춰라. 과거 시절에 대한 약간의 애착은 때로 즐거운 일이 될 수도 있다. 다만 적어도 20년은 지난 과거를 대상으로 삼을 때만 그렇다. 10년 전의 패션을 입고 다니면 우스꽝스럽게 보인다. 당신은 시대의 흐름과 맞는 정신과 사고방식을 갖추어야 한다. 비록 시대가 당신의 감성과 맞지 않더라도 말이다. 하지만 너무 앞서가면 곤란하다. 그랬다가는 아무도 이해하지 못할 테니까. 너무 눈에 띄는 것도 좋지 않다. 시대정신을 흉내 낼 수 있는 수준이면 충분하다.

즐거움의 원천이 되어라. 사람들은 불쾌하고 마음에 들지 않는 것을 피하는 반면 매력적이고 재미있는 것에는 이끌리게 마련이다. 그것은 인간의 본능이다. 남에게 기쁨을 주는 사람이 되면 최고의 자리에 오를 수 있다. 살아가는 데 기쁨은 음식과 물처럼 필수불가결한 것이다. 이것은 자명한 사실인데도 종종 무시되거나 평가절하되곤 한다. 하지만 자기 분수를 알아야 한다. 모든 사람이 예능인이 될 수는 없다. 모든 사람이 매력과 위트를 타고나지는 않았기 때문이다. 하지만 불쾌한 성격을 제어하고 숨길 수는 있다.

> 궁정을 아는 사람은 제스처와 눈빛, 표정의 달인이 된다. 그는 심오하고 속을 알 수 없으며, 부당한 대우를 못 본 체하고, 적에게 미소를 보내며, 분노를 자제하고, 열정적인 척 가장하며, 감정을 속이고, 자기 기분과 반대되는 말이나 행동을 보인다.
>
> – 장 드 라 브뤼예르(1645~1696)

궁정 생활의 단면: 모범 사례와 치명적 실수

장면 1: 칼리스테네스의 오해

지중해 연안과 중동을 거쳐 인도에 이르는 대제국의 정복자, 알렉산드로스 대왕(Alexandros the Great)은 아리스토텔레스에게 철학 수업과 가르침을 받았다. 그는 장기간의 원정 때는 철학을 논할 사람이 없다고 스승에게 불평했다. 그러자 아리스토텔레스는 제자 칼리스테네스(Callisthenes)를 추천했다. 그는 장래가 촉망되는 철학자였다.

아리스토텔레스는 칼리스테네스에게 측근 신하가 갖추어야 할 기술들을 교육시켰지만 그는 속으로 비웃었다. 순수한 철학을 신봉했던 그는 꾸밈없는 말로 진실을 말해야 한다고 믿었다. 만일 알렉산드로스가 학문을 사랑한다면, 자신의 생각을 그대로 표현하는 것을 싫어하지 않을 것이라고 생각했다. 원정 때 그는 자신의 생각을 너무 많이 표현했고 알렉산드로스는 그를 죽여버렸다.

해석 ──

궁정에서 정직은 바보들이나 하는 행태다. 자기 도취에 빠져 주인의 분위기는 파악하지도 않은 채 그가 정말로 당신의 비평에 관심을 가진다고 착각하지 말라. 비평은 아무리 옳다고 해도 때와 장소를 가려야 한다.

장면 2: 황제에 대한 간접 비판

2천 년 전인 한나라 시대부터 중국의 학자들은 각 왕조의 기록에 대한 편찬 작업을 진행했으며, 그리하여 오늘날 '이십오사(二十五史)'라 불리는 일련의 역사서를 남겼다. 이십오사는 정사(正史)로서, 실제 사건들과 각종 통계, 인구 집계, 전쟁 등에 관한 기록을 담고 있다. 각각의 역사서에는 '외전'이라고 부르는 장이 있어서 지진이나 홍수와 같은 사건들을 기록했다. 머리 둘 달린 양이나 뒤로 나는 거위, 갑자기 다른 위치에 나타나는 별 등과 같이 이상한 현상들을 적기도 했다. 그런데 이상한 동물의 등장이나 기이한 자연현상은 의도적으로 삽입되는 경우가 많았다. 여기에는 이유가 있다.

중국에서 황제는 인간 이상의 존재로 간주됐다. 그는 하늘의 아들이었다. 그의 제국은 우주의 중심이며, 모든 것이 그를 중심으로 돌아간다. 그는 세계의 완벽성을 구현한다. 황제에 대한 비판은 신성한 질서에 대한 도전으로 간주되었을 것이다. 신하들은 아무리 사소한 것이라도 감히 황제를 비판해서는 안 되었다. 하지만 황제도 잘못을 저지르게 마련이며, 제국은 그의 실수로 인해 커다란 고통을 겪었다. 그래서 그들은 간접적인 방법을 택했다. 궁정의 연대기에 이상한 자연현상을 기록하는 것은 황제에게 보내는 경고였던 셈이다. 황제는 거위가 뒤로 날거나 달이 궤도를 벗어났다는 이야기를 읽고 자신이 비판을 받고 있다는 사실을 깨달았다. 그의 행동이 우주의 균형을 깨뜨렸으니 바로잡으라는 뜻이었던 것이다.

해석 ──

중국에서 신하들이 황제에게 어떤 식으로 조언을 하는가는 대단히 중요한 문제였다. 군주에게 직언을 하다가 목숨을 잃은 신하가 부지기수였다. 목숨을 보전하기 위해서는 간접적인 방식을 취해야만 했다. 하지만 너무 간접적이라면, 황제가 귀를 기울이지 않을 것이다. 기록은 해결책 중 하나였다. 누구를 비판의 대상으로 지목하지 않고 자신의 조언을 가능한 한 일반화시키면서 동시에 황제에게 사태의 심각성을 알릴 수 있기 때문이다.

물론 우리가 모시게 될 주인은 중국의 천자처럼 우주의 주인은 아니겠지만 그래도 그들은 여전히 세상이 자신을 중심으로 돌아간다고 믿는 사람들이다. 당신이 그를 비판하면, 그는 비판 그 자체가 아니라 당신에게 주목한다. 중국의 신하들이 그랬듯이 당신은 경고를 보내면서도 자신의 존재를 숨길 수 있는 방법을 찾아야 한다. 상징이나 기타 간접적인 방법을 사용해 앞으로 일어날 문제를 암시함으로써 당신의 목숨을 지켜야 한다.

장면 3: 국왕 전속 건축가의 지혜

프랑스의 건축가인 쥘 망사르(Jules Mansart)는 경력 초기에 루이 14세를 위한 베르사유 궁전 소규모 증축 공사를 수주했다. 그는 매 공사를 진행할 때마다 도면을 작성하여 그것이 루이 왕의 지시를 철저하게 준수하고 있는지를 확인했다. 그런 다음 설계안을 왕에게 제출했다.

궁정신하 생시몽은 망사르가 루이 14세를 대하는 기법을 이렇게 기술했다. "그는 국왕에게 설계도를 보여줄 때 의도적으로 불완전한 부분을 포함시켰다. 종종 그런 도면들은 정원을 대상으로 했는데 사실 정원은 망사르의 전문 분야가 아니었다. 망사르가 예상했던 대로, 왕은 정확하게 문제를 짚고 그것을 해결할 방법까지 제안하곤 했다. 그 순간 망사르는 모두가 들을 수 있도록 크게 감탄사를 발했다. 자신은 그 문제를 전혀 눈치 채지 못했는데, 왕이 금세 알아보고 해결했다는 식으로 말했다. 그러면서 폐하의 옆에만 서면 자신은 일개 학생이 된다고 고백했다." 망사르는 이런 방법을 끊임없이 반복한 덕분에 다른 설계사들에 비해 재능이나 경험이 부족했음에도 불구하고, 베르사유 궁전 확장 공사의 책임을 맡았다. 그 이후 그는 국왕의 전속 건축가로 지냈다.

해석 ──

젊은 망사르는 왕실의 장인들이 재능이 부족해서가 아니라 사교적인 실책으로 지위를 잃는 것을 자주 보았다. 그는 그런 실수를 저지르지 않았다. 망사르는 루이 14세의 마음에 들기 위해 전력을 다했으며, 가능한 한 공개적인 방법으로 왕의 허영심을 충족시켜주었다.

기술과 재능만 뛰어나면 된다는 생각은 버려라. 궁정에서는 궁정신하에 적합한 기술이 재능보다 훨씬 더 중요하다. 재능에만 신경 쓰느라 사회적 기술을 등한시해서는 안 된다. 그 중 첫째는 주인을 다른 사람들보다 더 재능이 뛰어난 것처럼 보이게 만드는 기술이다.

장면 4: 이자베이의 배려

장-밥티스트 이자베이(Jean-Baptiste Isabey)는 나폴레옹 궁정의 비공식 화가였다. 1814년 나폴레옹이 패배해 엘바 섬에 유배된 후 빈 회의가 열렸다. 유럽의 운명을 결정하게 될 이 회의에 이자베이를 초청하여 역사적 순간을 웅대한 그림 속에 담아 영원히 기념하려고 했다.

이자베이가 빈에 도착했을 때, 프랑스 대표인 탈레랑이 화가를 방문했다. 그는 자신이 그림 중앙에 자리 잡게 되기를 기대하고 있었다. 이자베이는 정중하게 마땅히 그래야 한다고 동의했다. 며칠 뒤 영국 측 대표단장인 웰링턴 공작 또한 비슷한 부탁을 했다. 이자베이는 이번에도 정중하게 위대한 공작이 진정 관심의 중심에 자리를 잡아야 한다며 그의 말에 공감했다.

작업실로 돌아온 뒤 이자베이는 고심에 빠졌다. 만약 둘 중 한 사람만 중심에 둘 경우, 평화와 합의가 무엇보다 절실한 시기에 외교적 불화를 초래할 수도 있었다. 마침내 그림이 공개됐을 때, 탈레랑과 웰링턴 모두 그림에 만족했다. 그림은 전 유럽에서 온 외교관과 정치가들이 북적대는 커다란 방을 묘사하고 있었다. 그림의 한쪽에서는 웰링턴이 입장하면서 사람들의 시선이 그쪽으로 쏠리고 있었고 그 결과 그는 관심의 '중심'이 되었다. 그림의 한가운데에는 탈레랑이 의자에 앉아 있었다.

해석 ─

한 명의 주인을 만족시키는 일도 결코 수월하지 않은데 단 한 수로 두 명의 주인을 동시에 만족시키는 일은 위대한 궁정신하에게도 천재적 재능을 요구한다. 궁정신하는 일상적으로 그와 같은 곤경에 처한다. 한 주인에게만 정신을 집중하면, 다른 주인이 불만을 갖게 된다. 당신은 스킬라와 카리브디스라는 진퇴양난의 길목을 항해할 수 있는 길을 찾아야 한다. 주인들은 자신들의 당연한 권리를 누리고자 한다. 부주의하게 한쪽을 기쁘게 하기 위해 다른 한쪽의 분노를 초래해서는 안 된다.

장면 5: 브루멜의 치명적인 농담

보 브뤼멜(Beau Brummell)로 알려지기도 한 조지 브루멜(George Brummell)은 극단적으로 우아한 외모와 신발 쇠죄의 대중화(곧 모든 댄디들이 그것을 흉내 냈다), 시의적절한 어휘 구사로 1700년대 말에 이름을 떨쳤다. 그는 패션과 관련된 모든 분야의 리더였다. 사람들은 유행에 뒤처지지 않기 위해 그와 똑같은 신발을 사서 신었다. 그는 크러뱃(cravat)을 매는 방법을 완벽의 수준으로 끌어올렸다. 바이런 경조차 며칠 밤을 거울 앞에서 보내면서 브루멜의 완벽한 크러뱃 매는 법을 알아내려고 애썼다고 한다.

영국 왕세자도 브루멜의 추종자 중 한 사람으로, 자신은 유행의 첨단을 걷는 젊은이라고 자부했다. 왕세자의 궁정에 참여하게 된 브루멜은 자신의 권위를 너무나 자신한 나머지 왕세자의 몸무게에 대해 농담을 했고 그를 '빅 벤(Big Ben)'이라고 부르기도 했다. 댄디가 되기 위해서는 날렵한 몸매가 중요했기 때문에, 그것은 치명적인 비평이었다. 한번은 저녁만찬에서 식사 시중이 너무 느리게 진행되자 브루멜이 왕세자에게 말했다. "빅 벤, 종을 울리세요." 왕세자는 종을 울렸다. 시종이 도착하자 왕세자는 브루멜을 밖으로 내보내고 다시는 들여놓지 말라고 명령했다.

브루멜은 왕세자의 총애를 잃은 뒤에도 다른 사람들에게 여전히 거만하게 굴었다. 왕세자의 후원이 끊어지면서 그는 엄청난 빚더미에 올라앉았고 모든 사람들이 그에게서 등을 돌렸다. 그는 가난과 정신착란 속에서 홀로 죽음을 맞았다.

해석 ——

보 브루멜의 위트는 영국 왕세자를 매료시킬 수 있었던 자질 중 하나였다. 하지만 고상한 취향과 패션의 재단자인 그였지만 왕세자의 외모에 대한 농담을 하고도 무사할 수는 없었다. 다른 사람의 외모에 대한 농담은 절대 하지 말라. 간접적인 표현도 안 된다. 그 대상이 자신의 주인일 때는 말할 필요도 없다. 빈곤한 최후를 맞은 자들의 역사는 자기 주인의 외모를 두고 농담을 했던 인간들로 점철되어 있다.

장면 6: 비타칸 주재 대사의 처세술

교황 우르반 8세(Urban VIII)는 자신의 시작(詩作) 능력이 영원히 기억되기를 바랐다. 불행하게도 그의 시는 아무리 잘봐주어도 평범한 수준에 불과했다. 1629년, 프란체스코 데스테 공작(Duke Francesco d'Este)은 교황의 문학에 대한 야망을 알고 바티칸 주재 대사로 시인 풀비오 테스티(Fulvio Testi)를 파견했다. 테스티가 공작에게 보낸 서한을 보면 그를 대사로 임명한 이유를 짐작할 수 있다. "일단 용건을 마친 후, 나는 작별인사를 하기 위해 무릎을 꿇었습니다. 그런데 성하께서는 손짓을 하더니 나를 다른 방으로 데려갔습니다. 그곳은 성하의 침실이었습니다. 성하는 작은 테이블 위에 있는 한 뭉치의 종이를 집더니 나를 향해 미소를 지으며 말했습니다. '대사께 우리의 작품을 들려드릴까 해서 이쪽으로 모셨습니다.' 그리고 두 편의 긴 핀다로스풍의 시를 읊었습니다. 한 편은 성처녀에 대한 칭송이었고 또 한 편은 마틸데 여백작에 대한 내용이었습니다."

테스티가 그 시를 어떻게 생각했는지는 편지에 나와 있지 않다. 다만 이렇게 적었다. "저는 분위기에 맞춰, 각 행에 대해 필요한 찬사를 하고 성하의 발에 키스를 하여 그처럼 특별한 혜택을 베풀어주신 것(시를 읽어준 것)에 대해 감사를 표한 뒤 방을 나왔습니다." 몇 주 뒤, 공작이 교황을 방문했을 때, 교황의 시를 모두 암송해 보이고 찬사를 보내자 교황은 '너무나 기쁜 나머지 거의 제정신이 아닌 것처럼' 보였다.

해석 ──

취향의 문제에 관한 한 주인에게 아무리 아첨을 해도 모자라다. 취향은 자존심의 가장 민감한 부분에 속한다. 주인의 취향을 비판하거나 의문을 제기하지 말라. 그의 시는 탁월하고 복장은 흠잡을 데 없으며 기품은 타의 모범이 돼야 한다.

장면 7: 분수를 넘어선 전관

소후(昭侯)는 기원전 358년부터 333년까지 한나라를 지배했다. 어느 날 그는 술에 취해 정원에서 잠이 들었다. 왕관을 담당하는 전관이 정원을 지나가다 왕이 겉옷도 걸치지 않은 채 잠든 모습을 발견했다. 날이 몹시 추웠으므로 그는 겉옷을 벗어 왕에게 덮어준 뒤 자리를 떴다.

소후가 잠에서 깨어 자신의 몸에 겉옷이 덮여 있는 것을 보고 신하에게 물었다. "누가 내게 겉옷을 덮어주었느냐?" "전관이옵니다." 신하들이 대답했다. 그는 즉시 왕의 의복을 담당하는 전의를 불러 직무태만으로 벌을 주었다. 또한 전관을 소환하여 머리를 베어버렸다.

해석 ──

절대 자신의 범위를 넘지 말라. 자신에게 주어진 일만 하고 거기에만 최선을 다하며, 그 이상의 일은 하지 말라. 더 많은 일을 하는 것이 좋다는 생각은 오해다. 너무 열심히 일하는 모습을 보일 경우 어떤 결점을 무마하려는 행동으로 비칠 수 있다. 자신이 맡은 일이 아닌데도 나서서 하면 사람들의 의심을 사게 된다. 당신이 만약 전관이라면 전관에게 주어진 일만 하라. 남는 에너지는 아꼈다가 궁정 밖에서 사용하라.

장면 8

르네상스 시대의 이탈리아 미술가인 프라 필리포 리피(Fra Filippo Lippi, 1406~1469)는 친구들과 함께 작은 보트를 타고 여흥을 즐기고 있었다. 배가 안코나 해안에 이르렀을 때 두 척의 무어인 갤리선이 그들의 배를 나포해 바르바리로 끌고 갔다. 그곳에서 일행은 노예로 팔렸다. 18개월 동안 필리포는 고향으로 돌아갈 희망도 없이 온갖 고생을 했다.

필리포는 무어인 주인이 지나가는 모습을 몇 번 본 적이 있었다. 어느 날 그는 불을 피우고 남은 재(목탄)를 가지고 주인의 초상을 그렸다. 그런데 그림 솜씨가 얼마나 뛰어났던지 마치 기적이나 신의 선물 같았다. 그 소식은 곧 주인의 귀에 들어갔다. 그림을 본 주인은 크게 기뻐했고, 필리포를 궁정 전속 화가로 고용했다. 바르바리 해안 지역의 유력 인사들이 필리포의 그림을 보려고 찾아왔다. 주인은 마침내 자신에게 이런 대단한 영광을 가져다준 보답으로, 화가를 이탈리아로 돌려보냈다.

해석 ——

다른 사람을 위해 일하고 있는 사람들은 필리포처럼 해적에게 사로잡혀 노예로 팔린 신세라고 할 수 있다. 사람들은 누구나 재능 하나쯤은 갖고 있다. 주인에게 당신의 재능을 보여주면 지위가 올라가게 된다. 필요하다면 그에 따른 영광은 주인이 가져가게 하라. 그런 상황은 오래가지 않을 것이다. 즉 그를 일종의 디딤돌, 당신의 재능을 과시하고 마침내 노예 상태에서 자유를 얻게 만드는 도구로 사용하라.

장면 9: 시종의 꿈을 들어준 알폰소 1세

아라곤 왕국의 알폰소 1세(Alfonso I)에게 한 시종이 전날 밤에 꾼 꿈 이야기를 했다. 꿈에서 왕이 자기에게 무기와 말, 의복을 선물로 주었다는 것이다. 알폰소는 관대하고 군주다운 배포가 있는 사람이었다. 그는 꿈을 현실로 만들어주면 무척 재미있겠다고 생각하고 즉시 시종에게 꿈과 똑같은 선물을 주었다.

얼마 뒤, 시종은 왕에게 또 다른 꿈을 꾸었다고 말했다. 이번에는 왕이 자기에게 상당한 양의 금화를 주었다는 것이다. 그러자 왕은 웃으면서 말했다. "이제부터는 절대 꿈을 믿지 말라. 그것은 현실과 전혀 다르다."

해석 ──

시종의 첫 번째 꿈 이야기를 들을 때 알폰소는 비록 가벼운 장난이었지만 꿈을 현실로 만들어줌으로써 스스로 신과 같은 능력이 있음을 보여주었다. 하지만 두 번째 꿈은 모든 신비함이 사라져버렸고 단지 시종의 비열한 사기 행위가 남았을 뿐이다. 절대 너무 많은 것을 요구하지 말라. 적당할 때 멈출 줄 알아야 한다. 베푸는 것은 오로지 주인만의 특권이다. 자기가 원할 때, 자기가 원하는 것을 주며, 아무런 독촉을 받지 않아도 그럴 수 있다. 주인에게 당신의 요청을 거부할 기회를 주지 말라. 그럴 만한 자격을 갖춤으로써, 간청하지 않아도 당신에게 베풀어주고 싶은 마음이 들도록 그의 호의를 쟁취하는 편이 더 낫다.

장면 10: 관대한 화가, 터너

영국의 풍경화가 J. M. W. 터너(J. M. W. Turner, 1775~1851)는 눈부시고 이국적인 색채를 사용하는 것으로 유명했다. 그의 그림 색채가 너무나 강렬했기 때문에 다른 미술가들은 자신의 작품을 그 옆에 걸려고 하지 않았다. 터너의 그림이 주위의 다른 작품들을 압도해버렸기 때문이다.

토머스 로렌스 경(Sir Thomas Lawrence)은 전시회에서 터너의 걸작, 〈퀼른: 정기선의 도착: 저녁〉이 자신의 두 작품 사이에 걸린다는 사실을 알았다. 갤러리 주인에게 불평했지만, 아무 소용이 없었다. 누군가의 작품은 터너의 작품 옆에 전시돼야만 했던 것이다. 터너는 로렌스가 불평했다는 이야기를 들었다. 그래서 전시회가 열리기 전에 자신의 그림에서 찬란한 금빛 하늘의 색조를 걷어내 강렬한 느낌을 지워버렸다. 그것은 본 터너의 친구가 깜짝 놀라 말했다. "대체 그림에 무슨 짓을 한 건가!" 터너는 이렇게 대답했다. "불쌍한 로렌스, 그가 너무 상심해하니까 그냥 볼 수가 없잖아. 게다가 숯검댕을 살짝 덧칠해놓은 것뿐이니까 전시회가 끝나고 닦아내면 그만이야."

해석 ——

궁정신하들의 근심은 대개 주인과 관계가 있으며, 대부분의 위험이 바로 그에 의해 발생한다. 하지만 당신의 운명을 결정할 수 있는 사람이 주인밖에 없다고 생각하지 말라. 동료나 하급자들도 핵심적인 역할을 수행한다. 궁정은 분노와 공포, 질투심이 뒤끓는 것이다. 언젠가 당신에게 해를 끼칠지도 모르는 사람들을 잘 달래서 그들의 분노나 질투심을 잠재우고 그들의 적대감이 당신을 향하지 않도록 해야 한다.

터너는 자신의 행운과 명성이 미술품 중개상이나 후원자뿐만 아니라 동료 화가들에게도 달려 있다는 사실을 잘 알고 있었다. 위대한 인물들 중 질투심에 불타는 동료들에 의해 몰락한 사람들이 얼마나 많았는가! 질투의 돌팔매와 화살을 맞느니 잠시 자신의 재능을 무디게 하는 편이 더 낫다.

장면 11: 몸을 굽힌 처칠

윈스턴 처칠(Winston Churchill)은 아마추어 미술가였지만 2차 세계대전 후 그의 그림들은 수집가들의 수집 대상이 되었다. 《타임》과 《라이프》지를 창간한 미국의 출판업자 헨리 루스(Henry Luce)도 처칠의 풍경화 한 점을 뉴욕에 있는 자기 사무실 벽에 걸어놓고 있었다.

한번은 미국을 여행 중인 처칠이 루스의 사무실을 방문했다. 두 사람은 자연스럽게 풍경화를 함께 감상하게 되었다. 출판업자는 이렇게 평했다. "좋은 그림이기는 합니다만, 전경에 뭔가 하나 더 있으면 좋을 것 같습니다. 아마 양 같은 것이 좋겠지요." 다음 날 처칠의 비서가 루스에게 전화를 걸어 그림을 영국으로 보내달라고 요청했다. 루스는 전직 총리의 자존심을 상하게 했다는 사실을 깨닫고 기분이 떨떠름했다. 며칠 뒤 그림이 돌아왔는데, 약간의 변화가 있었다. 전경에서 양 한 마리가 한가롭게 풀을 뜯고 있었다.

해석 ——

물론 처칠이 가진 지위나 명성은 루스의 그것에 비해 훨씬 높았지만, 루스 역시 적잖은 영향력을 가진 인물이었다. 그런 점에서 두 사람이 어느 정도는 대등한 위치라고 쳐도 처칠이 한 출판업자의 말에 신경 쓸 이유가 있을까? 그는 무엇 때문에 아마추어 미술 평론가의 지적에 고개를 숙인 것일까?

궁정은(이 경우 외교관과 국제무대의 정치가, 더불어 그들을 쫓아다니는 언론인들이 모두 포함되는 어떤 세계는) 상호 의존의 장소다. 비록 그가 자신보다 낮거나 동등한 지위에 있더라도 영향력이 있는 사람을 모욕하거나 자극하는 행위는 현명하지 못한 짓이다. 처칠은 루스와 같은 인물의 비평을 수용함으로써 위대한 궁정신하의 자질을 보여주었다(그림을 수정했다는 사실은 처칠의 젠체하는 태도를 암시할 수도 있지만, 처칠은 그것을 너무나 섬세하게 처리해서 루스는 그런 분위기를 전혀 감지하지 못했다). 처칠을 모방하라. 양을 그려 넣는 것이다. 비록 당신이 주인을 모시고 있지 않다고 해도, 성실한 궁정신하의 역할을 수행하는 것은 언제나 커다란 혜택을 제공한다.

궁정신하의 미묘한 게임

탈레랑은 나폴레옹을 섬길 때 이상적인 궁정신하의 모습을 보여주었다. 처음 만나는 자리에서 나폴레옹이 지나가는 말로 이렇게 말했다. "가까운 시일 내에 당신의 집에서 식사를 하겠소." 탈레랑의 집은 파리 교외의 오퇴유에 있었다. "친애하는 장군님, 저로서는 무한한 영광입니다." 장관은 이렇게 대답했다. "저희 집은 불로뉴 숲과 가까워서 오후에는 사격을 즐기실 수도 있습니다."

"나는 사격을 좋아하지 않소." 나폴레옹이 말했다. "하지만 사냥은 좋아하지. 불로뉴 숲에도 멧돼지가 있소?" 나폴레옹은 코르시카 섬 출신이었고, 그 섬에선 멧돼지 사냥이 인기 있었다. 파리 근교의 숲에 멧돼지가 있냐는 질문으로 그는 여전히 시골뜨기임을 드러낸 셈이다. 유서 깊은 귀족 가문 출신이었던 탈레랑은 비록 혈통이나 계급은 자신보다 못하지만 정치적으로는 자신의 주인이 된 남자를 농담거리로 삼고 싶은 욕망을 참았다. 따라서 나폴레옹의 질문에 이렇게 대답했다. "친애하는 장군님, 그 숲에는 멧돼지가 별로 없습니다. 하지만 장군님이라면 한 마리쯤은 잡을 수 있을 겁니다."

나폴레옹은 다음 날 아침 7시에 탈레랑의 집에 도착했다. 오후에는 '멧돼지 사냥'을 할 예정이었다. 장군은 아침 내내 기분이 한껏 들뜬 채 멧돼지 사냥 이야기만 했다. 한편 탈레랑은 하인을 시장에 보내 커다란 흑돼지 두 마리를 사서 숲에 풀어놓게 했다.

점심식사 후 그들은 사냥개를 데리고 불로뉴 숲으로 출발했다. 탈레랑이 비밀리에 신호를 보내자, 하인들이 돼지 한 마리를 풀어놓았다. "내가 멧돼지를 봤어." 나폴레옹은 기쁨에 들떠서 환호성을 질렀다. 그리고 말에 뛰어 올라 돼지를 추적하기 시작했다. 탈레랑은 그의 뒤만 쫓았다. 한 시간 반에 걸쳐 숲 속을 누빈 끝에 마침내 '멧돼지'가 잡혔다. 나폴레옹이 승리의 기쁨을 만끽하려는 순간 보좌관 한 명이 다가갔다. 그는 포획된 동물이 멧돼지가 아니라는 것을 알고 만약 이 일이 밖으로 새나가면 웃음거리가 될 거라고 우려했다. "장군께서도 물론 이것이 멧돼지가 아니라 돼지라는 것을 아실 겁니다."

나폴레옹은 노발대발하여 탈레랑의 집을 향해 전속력으로 말을 달렸다. 하지만 그는 이미 자신이 농담거리가 되었으며 화풀이를 해봐야 더욱 바보만 될 뿐이라는 사실을 깨달았다. 그래서 차라리 아주 재미난 일처럼 가장하기로 했다.

탈레랑은 장군의 상처받은 자존심을 회복시켜야 한다고 판단했다. 그래서 나폴레옹에게 아직 파리로 돌아갈 때가 아니라고 말하며 이번에는 토끼 사냥을 나가도록 부추겼다. 숲에는 토끼가 많았고, 토끼 사냥은 루이 16세가 가장 즐겼던 여흥이다. 루이 왕이 소유했던 한 쌍의 총을 선물하면서까지 감언이설을 하자 나폴레옹은 다시 한 번 사냥에 나섰다.

일행은 오후 늦게 공원으로 출발했다. 사냥터까지 가는 도중 나폴레옹은 탈레랑에게 말했다. "나는 루이 16세가 아니니 토끼 한 마리도 못 잡을 거요." 하지만 그날 오후 이상하게도 숲에는 토끼들이 넘쳤다. 나폴레옹은 적어도 50마리의 토끼를 잡았고, 어느새 기분도 좋아졌다. 떠들썩한 야생동물 사냥 행사가 막바지에 이르자 보좌관이 다시 나폴레옹의 귀에 속삭였다. "이것들은 야생 토끼가 아닙니다. 교활한 탈레랑이 또다시 속인 게 틀림없습니다." (보좌관의 말이 맞았다. 탈레랑은 다시 하인을 시장에 보내 수십 마리의 토끼를 사다가 불로뉴 숲에 풀어놓게 했다.)

나폴레옹은 즉시 말을 타고 전속력으로 달렸다. 이번에는 곧바로 파리로 돌아갔다. 이후 나폴레옹은 탈레랑을 위협하며 그 일을 누구에게도 발설하지 않도록 경고했다. 만약 그가 파리에서 조롱거리가 된다면, 그는 엄청난 응보를 받게 될 것이다.

나폴레옹이 다시 탈레랑을 신뢰하기까지는 몇 달이 걸렸다. 하지만 그날의 모욕을 결코 잊지 않았다.

해석 ──

궁정신하는 마치 마술사와 같다. 그들은 기만적으로 겉모습을 조작하여 주변 사람들에게 자신이 보여주고 싶은 것만을 보여준다. 사람들이 당신의 속임수를 눈치 채거나 당신의 능란한 손동작이 눈에 띄지 않게 하는 것이 핵심이다.

탈레랑은 탁월한 궁정신하였기 때문에, 그 보좌관만 아니었다면 나폴레옹을 기쁘게 하는 동시에 그를 웃음거리로 만들 수 있었을 것이다. 하지만 궁정생활은 대단히 섬세한 기술을 요구한다. 곳곳에 숨은 함정을 간과하거나 실수라도 할 경우 최고의 비술조차도 실패할 수 있다. 속임수를 들킬지도 모르는 위험은 절대 감수하지 말라. 사람들이 당신의 계획을 눈치 챌 수 없게 하라. 그렇지 않으면, 당신은 훌륭한 궁정신하에서 혐오스러운 모사꾼으로 전락하게 된다. 그것은 미묘한 게임이다. 당신의 흔적을 감추는 데 주의를 기울여 주인이 당신의 가면을 벗기지 못하게 하라.

Law
29

적당한 때를 기다려라
...
물러날 때와 나아갈 때

결코 서두르는 것처럼 보이지 말라.
서두르는 모습은 당신 자신과 시간을 통제하지 못하는
사람처럼 보이게 만든다.
항상 모든 일의 향방에 대비한 사람처럼 침착한 모습을 보여라.
늘 시대정신과 트렌드를 추적하며
적절한 시점을 찾는 탐정이 되어라.
때가 무르익지 않았으면 물러서 있고,
때가 되었으면 강력하게 나서는 법을 배워야 한다.

법칙 준수 사례: 타이밍의 달인, 푸셰

세르토리우스(Sertorius)의
힘은 급속히 커지고 있었다.
에브로 강과 피레네 산맥
사이에 사는 모든 부족이
그의 편이 된 데다,
사방팔방에서 군대가 속속
합류하고 있었기 때문이다.
하지만 골칫거리도 있었다.
새로 합류한 이 야만인들은
기강은 없고 자신감만 넘쳐,
얼른 적을 치라고 그를
돌아대며 지연전술을 참지
못했다. 그는 그들을 말로
설득시키려 했다. 하지만
시큰둥한 채 상황은
따지지도 않고 계속 고집을
부렸다. 세르토리우스는
그들이 마음대로 적과
교전하게 놔두었다. 그는
그들 군대가 완전히
전멸하지는 말고 심각한
패배만 맛보기를 바랐다.
그러면 앞으로 자신의
명령에 더 잘 따를 것이기
때문이다. 일은 그가
예상했던 대로 돌아갔고,
세르토리우스가 그들을
구하러 나섰다. 그는
탈주병을 재집결해 무사히
막사로 데리고 왔다. 이제
다음 단계는 꺾인 사기를
다시 북돋는 일이었다.
그래서 며칠 후 총회를
소집했다. 그는 사람들 앞에
말 두 마리를 끌어냈다.
한 놈은 늙고 기운도 없었고,
다른 한 놈은 커다란 몸집에
활력이 넘치고 털이 수북한
꼬리가 눈이 부시게
아름다웠다. 기운 없는 말
옆에는 힘 센 장사가
서 있었고, 건강한 말 옆에는
볼품없는 체구의 땅딸막한
남자가 서 있었다. 신호를
보내자 힘센 장사가 말 옆에
서 있던 말의 꼬리를
움켜쥐고는 단번에 떼어낼
태세로 온 힘을 다해
잡아당겼다. 한편 힘없는
남자는 건강한 말의

조제프 푸셰(Joseph Fouché)는 프랑스 신학학교의 별 볼 일 없는 교사였다. 1780년대 대부분은 이 마을 저 마을을 떠돌며 어린아이들에게 수학을 가르쳤다. 하지만 그는 교회 일에만 매달리지 않았고, 사제 서약을 하지도 않았다. 그에게는 더 원대한 계획이 있었다. 그는 조용히 기회를 기다리며 여러 가지 가능성을 열어두었다. 1789년 프랑스 혁명이 일어났을 때 푸셰는 더 이상 기다리지 않았다. 성직복을 벗어던지고 머리를 길게 기르고 혁명가가 되었다. 그것이 당시의 시대정신이었기 때문이다. 푸셰는 기회를 놓치지 않았다. 혁명파의 지도자 로베스피에르와 친분을 쌓아 반란군에서 금세 높은 지위에 올랐다. 1792년 낭트 시는 푸셰를 대표로 선출해 (프랑스 공화국의 새 헌법을 기초하기 위해 구성된) 국민공회에 보냈다.

푸셰가 파리에 도착했을 때 혁명 세력은 온건파와 급진파로 분열되어 있었다. 푸셰는 장기적으로는 그 어느 쪽도 승리하지 못할 것을 간파했다. 권력은 혁명을 시작한 자의 손이나, 심지어 혁명을 가속화한 사람들 손에 들어가는 법이 거의 없다. 권력은 혁명을 끝맺는 자에게 붙는 법이다. 푸셰는 바로 그 편에 있고 싶었다.

타이밍을 잡는 푸셰의 솜씨는 절묘했다. 처음에 푸셰는 온건파로 시작했다. 온건파가 다수였기 때문이다. 하지만 루이 16세의 처형 여부를 결정할 때에는 시민들이 왕의 머리를 열렬히 원한다는 걸 알고 결정적인 표를 던져 루이 16세를 단두대에 올렸다. 이제 그는 급진파였다. 하지만 파리에 불안감이 들끓자 어느 한편에 너무 가까이 붙으면 위험하다고 판단해 한동안 시골의 한직으로 물러나 지냈다. 그리고 몇 달 후 리옹의 총독에 임명되어 귀족 수십 명의 처형을 지휘했다. 하지만 그는 어느 순간 살육을 잠시 멈추었다. 분위기의 변화를 감지했기 때문이다. 리옹 시민들은 그가 이미 살육에 가담한 전력이 있는데도 공포정치에서 사람들을 구했다며 그를 칭송했다.

이제까지 푸셰가 내놓은 패는 시의 적절했다. 하지만 1794년 그의 오랜 친구 로베스피에르가 푸셰를 리옹에서 벌인 일의 책임을 물어 파리로 소환했다. 공포정치를 추진한 인물이 바로 로베스피에르였고, 푸셰가 단두대에 오를 다음 타자로 보였다. 그 후 몇 주 동안 팽팽한 싸움이 전개됐다. 로베스피에르는 푸셰가 위험한 야심을 품은 자라고 공개적으로 비방하며 체포를 명한 반면, 푸셰는 보다 우회적인 방법을 써서 로베스피에르의 독재에 염증을 내는 사람들 사이에서 조용히 지지를 확보해나갔다. 푸셰는 때를 기다리고 있었다. 그는 자신이 오래 살아남을수록, 로베스피에르에게 불만을 품은 사람들을 더 많이 끌어 모을 수 있다는 걸 알았다. 이 막강한 지도자에게 대항하려면 폭넓은 지지가 필요했다. 푸셰는 사람들 사이에 널리 퍼져 있던 로베스피에르에 대한 공포심을 이용해 온건파와 급진파 모두의 지지를 결집했다. 모두가 다음번에는 자신이 단두대에 오르지 않을까 두려워하고 있었다. 그의 노력은 7월 27일에 결실을 맺었다. 공회는 여느 때처럼 긴 연설을 하는 로베스피에르에게 반대하고 나섰다. 로베스피에르는 얼마 후 체포되었고, 목이 달아난 것은 푸셰가 아니라 로베스피에르였다.

로베스피에르가 처형된 뒤에 국민공회에 돌아온 푸셰는 뜻밖의 패를 내놓는다. 로베스피에르에게 대항한 반역을 이끌었으니 사람들은 그가 온건파에 가담할 거라고 예상했다. 하지만 놀랍게도 그는 또 한 번 편을 바꾸어 급진적인 자코뱅당에 합류했다. 그가 소수와 뜻을 함께 한 것은 아마 이때가 처음이었을 것이다. 그는 로베스피에르를 처형시키고 이제 막 권력을 손에 넣으려 하는 온건파가 이번에는 급진주의자들을 상대로 새로운 공포정치를 펼칠 것임을 직감했다. 자코뱅당 편에 서는 것은 앞으로 닥칠 곤경에서 순교를 선택하는 것과 다름없었다. 물론 패배할 편에 선다는 것이 위험한 도박이긴 했지만, 푸셰에겐 다 계산이 있었다. 대중을 선동해 온건파에서 등 돌리게 하고, 온건파가 권좌에서 떨어지는 그날까지 살아남을 자신이 있었다. 그리고 실제로 1795년 12월 온건파가 푸셰를 단두대에 보내려 체포를 명했지만 이미 상황은 달라져 있었다. 사람들이 이제 처형을 반기지 않았기에, 푸셰는 가혹한 운명의 추를 또 한 번 피할 수 있었다.

새로운 총재정부가 들어섰다. 하지만 정부는 급진적이기보다는 온건

꼬리털을 하나하나 뽑기 시작했다. 그 힘센 장수는 아무 성과도 없이 힘만 쓰다가 구경꾼만 즐겁게 만들더니 결국 털 뽑기를 포기해버렸다. 반면 기운 없던 남자는 별 어려움 없이 순식간에 말 꼬리를 다 뽑아버렸다. 그러자 세르토리우스가 일어나 말했다. "친구이며 동맹군이여, 이제 여러분은 아실 겁니다. 무식한 힘보다 끈질긴 노력이 더 효과적임을 말입니다. 또 단번에 모든 걸 하려 해서는 안 되며, 조금씩 노력해야 많은 장애를 뛰어넘을 수 있습니다. 끈질긴 노력에는 무엇도 당할 수 없는 법입니다. 세상에서 가장 강한 것들이 시간 앞에서는 무릎을 꿇는 것도 다이 때문입니다. 이제 여러분은 기억하셔야 합니다. 머리를 써서 적기에 나서는 자에게 시간은 좋은 친구이자 동맹군이지만, 때를 잘못 골라 성급하게 달려드는 자에게 시간은 가장 위험한 적이라는 사실을 말입니다."
– 《세르토리우스의 생애(Life of Sertorius)》, 플루타르코스 (기원전 46~120년경)

한 성향을 띠었다. 공포정치를 다시 불러왔던 온건파 정부보다도 더 온건했다. 따라서 급진파 푸셰는 목숨을 부지하긴 했지만 이제는 움츠려야 할 때였다. 그는 변두리로 물러나 인내심을 가지고 자신에 대한 나쁜 감정들이 수그러들기를 몇 년 동안 조용히 기다렸다. 그리고 난 후 총재정부에 접근해 첩보 수집 일을 열심히 해보겠다고 설득했다. 정부의 유급 스파이가 된 그는 임무를 훌륭히 수행해 1799년에는 경시총감에 임명되었다. 이제 그는 권력만 강해진 것이 아니라 자신의 첩보 능력을 프랑스 구석구석으로 확대해야 했다. 그 자리는 앞으로의 추세가 어떻게 전개될지 직감하는 그의 천부적 능력을 더욱 키워주었다. 그가 감지한 첫 번째 시대 흐름 중 하나는 나폴레옹이란 인물이었다. 이 대범하고 젊은 장군을 만난 푸셰는 프랑스의 미래가 그의 운명과 얽혀 있음을 곧바로 알아보았다. 나폴레옹이 1799년 11월 9일 쿠데타를 일으켰을 때 푸셰는 하루 종일 잠자리에 있었다. 이런 간접적인 도움을 준 보답으로(군사 쿠데타를 막는 것이 그의 임무라고 볼 수도 있었으므로) 나폴레옹은 정권을 장악한 뒤에도 푸셰를 계속 경시총감 자리에 두었다.

이후 몇 년 동안 나폴레옹은 푸셰에게 더욱 의존했다. 심지어 과거 혁명가였던 그에게 오트랑트 공작이라는 작위와 엄청난 재산을 줄 정도였다. 하지만 푸셰는 1808년이 되자 나폴레옹이 내리막을 탄다는 걸 감지했다. 프랑스에 전혀 위협이 되지 않는 스페인과 쓸데없는 전쟁을 벌이는 것은 그가 균형 감각을 잃고 있다는 표시였다. 침몰하는 배는 절대 붙잡는 법 없는 푸셰는 탈레랑과 음모를 꾸며 나폴레옹의 몰락을 주도했다. 음모는 실패로 돌아갔지만(탈레랑은 관직을 잃고 푸셰는 자리를 보전했지만 옴짝달싹 못하는 처지가 되었다), 통제권을 잃어가는 황제에 대한 불만은 공공연히 드러난 셈이었다. 1814년에 나폴레옹의 권력은 완전히 유명무실해졌고, 마침내 (러시아·로로이센·오스트리아) 동맹군에게 파리를 점령당했다.

다음 정부는 군주제로 돌아가 루이 16세의 동생 루이 18세가 통치를 했다. 사회적 변화를 항상 예리하게 주시했던 푸셰는 루이 18세가 오래 가지 못할 것이라고 생각했다. 나폴레옹의 천부적 재능이 그에겐 없었다. 푸셰는 몸을 낮추어 스포트라이트를 피한 채 다시 한 번 기다리기로 했다. 그런데 1815년 2월 나폴레옹이 유배되어 있던 엘바 섬에서 탈출했다. 루이 18세는 공포에 질렸다. 그의 정책들이 민심을 저버렸기에, 시민들은 나폴레옹이 돌아오기를 갈망하고 있었다. 루이 18세는 푸셰에게 의지해 목숨을 보전하려 했다. 푸셰는 과거 급진파로 형 루이 16세를 단두대로 보낸 장본인이었고 지금은 프랑스에게 가장 인기 있고 존경받는 정치가 중 하나였다. 그런 푸셰가 패배자 편에 설 리 없었다. 그는 루이 18세의 청을 거절했다. 나폴레옹이 권좌에 복귀하는 일은 절대 없을 거라고 맹세하며 말이다(사실은 그 반대가 될 것을 알았음에도). 물론 얼마 지나지 않아 나폴레옹과 새로운 시민군이 파리를 포위하러 오고 있었다.

루이 18세는 푸셰가 자신을 배신했다고 생각하고 푸셰를 체포해 처형시키라고 명령했다. 1815년 3월 16일, 경찰이 파리 시내를 지나가는 푸셰의 마차를 둘러쌌다. 그도 마침내 이렇게 끝나는 것인가? 그런 듯했지만, 당장은 아니었다. 푸셰는 경찰에게 정부의 전임 관료는 거리에서 체포할 수 없는 법이라고 말했다. 경찰은 그 이야기에 걸려들어 푸셰를 보내주었다. 그날 오후 경찰이 그를 체포하기 위해 그의 집으로 들이닥쳤다. 푸셰도 이를 받아들였다. 하지만 마지막으로 집을 나서는 신사에게 세수하고 옷 갈아입을 아량은 베풀어야 하지 않겠는가? 경찰이 허락하자 푸셰는 방을 나섰다. 그리고 푸셰는 다시 돌아오지 않았다. 경찰이 가보았을 때 창문이 열려 있었고 사다리가 걸쳐져 있었다.

경찰은 푸셰를 찾으려 파리 시내를 이 잡듯 뒤졌다. 하지만 다음 날 나폴레옹 군대의 포화 소리가 파리 시내에 들리기 시작했다. 왕과 왕을 모시던 사람들은 모두 파리를 빠져나가야 했다. 나폴레옹이 파리에 입성하자마자 푸셰는 바로 모습을 드러냈다. 사형집행인의 손을 또 한 번 빠져나간 것이다. 나폴레옹은 전임 경시총감을 반갑게 맞아 예전 직위에 올려주었다. 워털루 전쟁이 일어나기까지 나폴레옹이 권력을 쥐고 있던 100일 동안, 프랑스는 푸셰가 통치한 것이나 다름없었다. 나폴레옹이 실각하고 루이 18세가 다시 왕위에 올랐을 때도 푸셰는 목숨이 아홉 달린 고양이처럼 살아남아 또 한 번 관료를 지냈다. 이제 그의 권력과 영향력

석씨에게 아들이 둘 있었다. 하나는 공부를 좋아하고 하나는 전쟁을 좋아했다. 첫째는 덕을 숭상하는 제나라 왕실에 가서 덕에 대한 가르침을 펴 선생이 되었고, 둘째는 전쟁을 좋아하는 주나라 왕실에 가서 전략을 논해 장군이 되었다. 돈이 궁했던 맹씨는 이 소식을 듣고 자기도 두 아들을 보내 석씨 아들의 본보기를 따르게 했다. 첫째 아들이 진나라에 가서 덕을 가르쳤지만 진나라 왕은 이렇게 말했다. "지금 천하가 한바탕 싸움을 벌이면서 각 나라의 제후들이 완전무장을 하느라 바쁜데, 이 고지식한 자의 말을 들었다간 우리는 곧 멸망하고 말 것이다." 왕은 그 아들을 궁형에 처했다. 한편 둘째 아들은 위나라 왕실에 가서 자신의 천재적인 군사적 재능을 과시했다. 하지만 위나라 왕은 이렇게 말했다. "우리나라는 힘이 약하다. 내가 외교술 대신 무력에 의지한다면 우리나라는 망하고 말 것이다. 하지만 이 사나운 자를 그냥 놔주었다간 다른 나라의 장수가 되어 우리를 곤란하게 할 것이다." 그래서 왕은 그자의 두 발을 잘라버렸다. 두 가문이 한 일은 똑같았지만, 한 가문은 시기를 잘 잡은 반면 다른 가문은 시기를 잘못 골랐다. 따라서 성공을 하려면 논리가 아닌 박자를 맞추어야 한다.
– 데니스 블러드워스(Dennis Bloodworth), 《중국의 거울 (The Chinese Looking Glass)》에 실린 열자(列子)의 말, 1967

은 너무나 커져서 왕조차도 함부로 하지 못할 정도였다.

해석 ———

조제프 푸셰는 격변기 속에서도 예술적 경지의 타이밍으로 승승장구했다. 그는 우리에게 여러 가지 핵심적 교훈을 가르쳐준다.

첫째, 시대정신을 읽어야 한다. 푸셰는 항상 한 발 앞을 내다보고, 권력을 잡게 해줄 조류를 찾아 거기에 올라탔다. 당신도 항상 그 조류에 맞춰 움직여야 한다. 그 앞에 놓인 굴곡들을 예상하고 절대 기회를 놓치지 말라. 시대정신이 희미할 때도 있다. 가장 떠들썩하고 가장 뻔한 것을 읽지 말고, 숨어서 가만히 웅크리고 있는 것을 찾아내라. 과거의 유물에 매달리기보다는 미래의 나폴레옹이 나타나길 고대하라.

둘째, 대세를 감지한다고 해서 반드시 거기에 따라갈 필요는 없다. 강력한 사회적 움직임 뒤에는 막강한 반동이 일어나게 마련인데 (로베스피에르가 처형된 후 푸셰가 그랬던 것처럼) 그런 반동이 어떤 것일지 예상해야 한다. 지금 거대하게 밀려오는 물마루에 위험하게 올라타지 말고, 썰물이 빠져나가 당신에게 다시 권력을 갖다주길 기다려라. 때로는 막 불거지려는 반동 쪽에 승부를 걸어 선봉의 위치에 서기도 하라.

마지막으로 푸셰는 인내심이 대단했다. 인내심을 창과 방패로 삼지 않으면 타이밍을 잘 잡아도 실패를 면치 못할 것이다. 푸셰는 시류가 자신과 어긋날 때는 싸우거나 감정을 앞세우지 않았으며 분별없이 나서지도 않았다. 그는 냉정함을 유지한 채 몸을 낮추고, 다음 번 권좌에 오를 때 보호막으로 삼을 수 있도록 인내심을 갖고 시민들의 지지를 쌓아갔다. 자신의 입지가 약하다 싶을 땐 언제나 때를 기다렸다. 끈질기게 참기만 하면 동맹군이 도착하리라는 걸 알았기 때문이다. 그러니 이빨을 드러내고 공격해야 할 순간도 알아야 하지만, 풀숲이나 바위 밑에 몸을 숨겨야 할 때를 알아야 하는 법이다.

> 공간은 다시 회복할 수 있지만, 시간은 절대 다시 회복할 수 없다.
>
> – 나폴레옹 보나파르트 (1769~1821)

페르시아의 술탄이 두 사람에게 사형선고를 내렸다. 그 중 한 사람은 술탄이 자기 종마를 아끼는 걸 알고 1년 안에 말에게 나는 법을 가르칠 테니 목숨을 살려달라고 했다. 술탄은 세상에서 오직 하나뿐인 날아다니는 말에 올라타 자기 모습을 상상하고는 그의 제안을 들어주었다. 나머지 죄수가 미심쩍은 표정으로 그를 바라보았다. "말이 날지 못한다는 건 자네도 잘 알잖나. 그런데 어떻게 그렇게 터무니없는 제안을 하지? 피할 수 없는 일을 1년 미룬 셈 아닌가." "그렇지 않네." 첫 번째 죄수가 말했다. "실제로 내게는 자유로워질 기회가 네 번 생긴 셈이지. 첫째, 그해 술탄이 죽을 수도 있어. 둘째, 내가 죽을 수도 있지. 셋째, 그 말이 죽을 수도 있어. 그리고 넷째는…… 혹시 말에게 나는 법을 가르칠 수 있을지도 모르지!" – 《권력의 기술》, R. G. H. 시우, 1979

권력의 열쇠: 적당한 때를 기다려라

시간은 끝없는 영원과 이 우주를 우리 인간이 보다 잘 견디기 위해 인위적으로 만든 개념이다. 그러니 시간의 틀을 만들어 요령 있게 다루는 것도 어느 정도는 가능하다. 아이들의 시간은 길고 느리며 쉽게 늘어난다. 반면 어른의 시간은 쏜살같이 빨리 지나간다. 즉 시간은 지각하기 나름이며, 지각은 뜻대로 조정이 가능하다. 타이밍을 잡는 달인이 되고자 할 때 숙지해야 할 첫 번째가 이것이다. 감정으로 인한 내부의 소용돌이 때문에 시간이 더 빨리 흐르는 것이라면, 사건이 터졌을 때 감정적 반응을 조절하면 시간이 훨씬 더 천천히 흐른다는 결론이 나온다. 일을 이런 식으로 대하면 앞으로의 시간이 더 길게 느껴져, 두려움과 분노로 꽉 막혀 있던 가능성이 열린다. 더불어 타이밍을 잡는 데 꼭 필요한 기본기인 인내심을 발휘할 수 있다.

타이밍을 잘 잡으려면 세 가지 시간을 다룰 줄 알아야 하는데, 각 상황마다 발생하는 문제의 해결에는 기술과 연습이 꼭 필요하다. 첫째는, '긴 시간'이다. 지루하게 늘어지고 몇 년이 걸리는 일은 인내심과 세심한 계획을 갖고 관리를 해주어야 한다. '긴 시간'을 상대하는 일은 대부분 방어적 양상을 띤다. 이때는 충동적인 반응보다 기회를 기다리는 것이 관건이기 때문이다. 그다음은 '강요 시간'이다. 이 단기간의 시간을 공격 무기로 활용하여 적이 타이밍을 못 잡게 할 수 있다. 마지막은 '마무리 시간'으로, 속도와 힘을 갖추어 계획을 실행시켜야 하는 때를 말한다. 지금까지 기다려 절호의 순간을 찾아냈으니 머뭇거려서는 안 된다.

긴시간. 중국 명나라의 유명한 화가 구영(仇英)은 자신의 행동 습관을 고쳐준 일화를 이렇게 전한다. 어느 겨울의 늦은 오후, 그는 강 건너 마을에 가려고 길을 떠났다. 중요한 책과 문서를 몇 가지 가져가야 해서 시동을 시켜 들게 했다. 나룻배가 강 건너편에 다다랐을 때 그가 사공에게 성문이 닫히기 전에 마을에 들어갈 수 있겠는지 물었다. 마을까지 족히 4리는 되었고, 밤이 다가오고 있었기 때문이다. 사공이 시동과 헐겁게 묶은 책 보따리를 흘긋 보더니 대답했다. "가실 수 있습니다. 걸음을 너

송어와 모샘치
5월의 어느 날 어부가 템스 강 강둑에서 인조 파리로 뉴시를 하고 있었다. 미끼를 던지는 솜씨가 얼마나 기막힌지, 어린 송어 한 마리가 파리에 달려들려고 했다. 그때 어미 송어가 말리며 말했다. "아가야, 위험이 엿보일 때는 절대 성급하게 달려들어서는 안 된다. 치명적일 수도 있는 행동에 나서기 전에는 먼저 충분히 시간을 갖고 생각해봐야 해. 저기 보이는 게 진짜 파리인지 적의 함정인지 어떻게 알겠니? 그러니까 누군가가 먼저 시험을 하게 해. 저게 정말 파리라면 아마도 첫 번째 공격은 피할 거야. 그러면 성공은 보장 못해도 두 번째 공격을 적어도 안전하게는 할 수 있을 테니." 어미의 말이 끝나기 무섭게 모샘치 한 마리가 인조 파리에 달려들어 잡히고 말았다. 깜짝 놀란 새끼 송어는 어미 송어의 충고를 가슴 깊이 새겼다.
– 《우화집》, 로버트 도즐리(1703~1764)

무 재촉하지만 않으면요."

하지만 배에서 내려 걷기 시작했을 땐 이미 해가 뉘엿뉘엿 지고 있었다. 마을에 들어가지 못하면 산적들에게 잡힐 게 두려워, 구영과 시동의 걸음은 점점 더 빨라졌고 마침내 둘은 달리기 시작했다. 그러자 갑자기 헐겁던 끈이 풀어져 종이가 땅 위에 어지럽게 흩어졌다. 짐을 다시 추스르느라 몇 분 지체하는 바람에, 둘이 성문에 이르렀을 때는 이미 늦어 있었다.

두려움과 조바심 때문에 일을 몰아쳐 하다 보면 손봐야 하는 갖가지 문제가 발생하고, 결국 시간을 갖고 천천히 할 때보다 더 많은 시간이 걸리게 된다. 이따금 서두르는 사람들이 더 빨리 목표점에 닿기도 하지만, 그러면 주변이 어수선해지고 새로운 위험이 나타나 자신이 자초한 문제들을 해결해야 하는 급박한 위기에 처한다. 위험이 닥쳤을 때 아무 행동도 하지 않는 것이 최선의 수일 수도 있다. 일부러 속도를 늦추고 기다리는 것이다. 시간이 흐르면 결국 당신이 생각지도 못한 기회가 나타날 것이다.

때를 기다리려면 자신의 감정뿐 아니라, 동료들의 감정도 조절해야 한다. 이들이 성급하게 뭔가를 하도록 당신을 몰아치기 때문이다. 이를 역으로 이용하면 적의 실책을 끌어낼 수 있다. 적이 앞뒤 안 가리고 달려들어 곤경에 빠지는 사이, 당신은 뒤로 물러서 기다리는 것이다. 그러면 얼마 안 있어 당신이 끼어들어 사태를 수습할 절호의 순간이 올 것이다. 17세기 일본의 도쿠가와 이에야스 장군은 이 계책을 주된 전략으로 활용했다. 그의 전임자 히데요시가 서둘러 조선 침략을 계획할 때 그는 휘하 장군이면서도 그 일에서 빠졌다. 침략이 화를 불러 히데요시를 몰락시킬 것을 알았기 때문이다. '심지어 몇 년이 걸린다 해도' 뒷짐 지고 조용히 기다리다 적당한 때가 왔을 때 권력을 거머쥘 자리에 오르는 것이 바람직하다. 이에야스가 바로 그렇게 했고, 그 솜씨는 예술이었다.

일부러 속도를 늦춘다고 더 오래 살거나, 그 순간 더 많은 즐거움을 누리는 것은 아니다. 하지만 권력 게임을 벌일 때는 속도를 늦추는 것이 낫다. 첫째, 끊임없이 발생하는 비상사태에도 마음의 평정을 유지해 앞일을 내다볼 수 있기 때문이다. 둘째, 사람들이 던진 미끼에 걸려들지 않아 조바심 내다 일을 그르치는 우를 피할 수 있다. 셋째, 융통성을 발휘할 여지가 생긴다. 일을 몰아쳤다면 놓쳤을, 당신이 예상치 못한 기회가 반드시 찾아올 것이다. 넷째, 일을 한 가지씩 차근차근 진행시키게 된다. 권력 기반을 쌓는 데는 몇 년이 걸릴 수 있다. 그 기반이 튼튼해야만 하기 때문이다. 용두사미가 되어서는 안 된다. 천천히 그리고 튼튼히 쌓아 올린 성공만이 끝까지 간다.

마지막으로, 속도를 늦추면 시류를 파악하는 눈을 갖게 된다. 속도를 늦추면 어느 정도 거리를 갖고 감정에 덜 휘둘리면서 조만간 닥칠 일의 형세를 파악할 수 있다. 서두르는 자들은 표면적인 현상을 진정한 트렌드로 오인하고, 자신이 보고 싶은 것만 보는 경우가 많다. 그보다는 현실에서 실제 벌어지는 일들을 보는 것이 훨씬 바람직하다. 그 현실이 유쾌하지 않고, 그로 인해 당신이 더 힘들어진다 해도 말이다.

강요 시간. 상대방을 서두르게 하거나, 기다리게 하거나, 페이스를 잃게 하거나, 시간관념을 왜곡시켜 타이밍을 못 잡게 하는 것이 강요 시간의 요령이다. 꾸준히 인내심을 갖고 상대방의 타이밍을 어그러뜨리면 당신에게 타이밍 잡을 기회가 생기고, 그러면 게임은 절반은 끝난 셈이다.

1473년 오스만튀르크의 술탄 메메드(Mehmed)는 헝가리에 협상을 제안했다. 양국의 빈번한 전쟁에 종지부를 찍는다는 명분이었다. 협상을 시작하기 위해 헝가리 사절이 이스탄불에 도착하자, 오스만튀르크의 관료들이 심심한 사과를 표했다. 메메드가 오랜 원수인 우준 하산과의 싸움에 출정하느라 이스탄불을 떠나 있었기 때문이다. 하지만 술탄은 헝가리와의 평화를 간절히 원하니 사절에게 전선(戰線)에 있는 자신에게 와 달라고 부탁했다.

사절이 전투 현장에 도착했을 때, 메메드는 벌써 날랜 원수를 쫓아 동쪽으로 이동한 뒤였다. 이런 일이 여러 번 반복되었다. 오스만튀르크에서는 대사가 머무는 곳마다 선물 공세를 퍼붓고 연회를 베풀었다. 즐겁지만 시간을 많이 잡아먹는 행사였다. 마침내 메메드가 우준을 쳐부수고

대사를 만났다. 하지만 그가 내건 평화협상 조건은 지나치게 가혹했다. 며칠 후 협상은 끝났고 두 나라 간의 분쟁은 여전했다. 하지만 메메드에 겐 잘된 일이었다. 사실 메메드는 그걸 노리고 있었다. 우준을 치기 위해 군대를 동쪽으로 돌리면 서쪽 진영이 취약해진다는 걸 알았다. 헝가리가 그 점을 노리고 밀고 들어올까 봐 그는 적에게 먼저 평화라는 미끼를 던지고 기다리도록 한 것이다. 모든 것이 그가 뜻한 대로였다.

사람들을 기다리게 하는 것은, 타이밍을 빼앗는 강력한 방법이다. 다만 사람들이 당신의 향후 행보를 눈치 채지 못해야 한다. 당신이 타이밍을 좌지우지해 사람들이 혼란에 빠져 이성을 잃으면 당신이 치고 나갈 기회가 생긴다. 처음에는 천천히 일을 시작하라. 그러고 난 후 갑자기 압박을 가하면 사람들은 모든 일이 한순간에 닥친 것으로 생각한다. 생각할 시간이 부족하면 사람들은 실수하는 법이다. 그러니 사람들에게 데드라인을 주어라.

마키아벨리는 체사레 보르자가 이런 기술의 달인이라고 생각했다. 보르자는 협상을 벌일 때 상대방이 갑작스럽게 결정을 내리도록 압박을 가했고, 그러면 적은 타이밍도 인내심도 모두 잃었다. 감히 체사레를 기다리게 할 자는 없었기 때문이다.

유명한 미술품 거래상인 조지프 듀빈은 존 D. 록펠러와 같이 우유부단한 구매자에게는 기한을 정해주곤 했다(이를테면 그림이 해외로 나간다거나 다른 재벌이 그 그림에 관심이 있다고 일러준다). 그러면 그는 얼른 그림을 사들이곤 했다. 프로이트도 별 진척이 없는 환자들에게 치료 마감 날짜를 정해주면 금세 기적적으로 회복한다는 사실을 알아차렸다. 프랑스의 유명한 정신분석학자 자크 라캉(Jacques Lacan)은 이 전술을 다르게 이용했다. 때때로 통상적인 치료 시간을 사전통지도 없이 불과 10분 만에 끝내버리곤 했던 것이다. 이런 일이 여러 번 있고 나자 환자는 아무 의미 없이 대화를 나누며 많은 시간을 허비하느니 시간을 최대한 활용하는 게 낫겠다고 생각하게 되었다. 한마디로 마감시한이 강력한 도구가 된다는 이야기다. 고민할 틈을 주지 말고 단도직입적으로 몰고 들어가라. 사람들이 아무리 힘들다 푸념해도 거기에 절대 넘어가지 말라. 그들에게 시간을 주어선 안 된다.

마술사나 흥행사야말로 이런 강요의 달인이다. 후디니는 수갑은 몇 분만에 풀어버리면서도, 탈출 묘기에서는 한 시간이나 끌었다. 정해진 시간이 다가올수록 관객은 손에 땀을 쥐었다. 마술사들은 페이스를 늦추는 것이 시간 감각을 바꾸는 가장 좋은 방법임을 알고 있었다. 긴장감을 조성하면 좀처럼 시간이 가지 않는다. 마술사의 손놀림이 느리면 느릴수록 속도가 엄청난 듯한 착각이 들어 사람들은 토끼가 순식간에 나타난 것으로 생각한다. 19세기 프랑스의 위대한 마술사 장-외젠 로베르-우댕도 그 효과를 간파하고 있었다. "이야기는 천천히 전개시키면 시킬수록, 더 짧게 느껴진다."

속도를 늦추면 더 큰 관심을 불러일으킬 수도 있다. 청중은 당신의 페이스에 동화되어 넋을 잃고 본다. 이런 상태에서는 시간이 즐겁게 흘러간다. 이렇게 착각을 일으키는 연습을 하라. 시간 감각을 바꾸는 최면술사의 능력을 함께 누려라.

마무리 시간. 끈기 있게 절호의 순간을 기다려 행동에 나서고, 타이밍을 빼앗아 경쟁자들을 혼비백산시키면 게임에서 최고의 기량을 발휘한 것이라 할 수 있다. 하지만 마무리 짓는 법을 모른다면 아무 의미 없다. 멋지게 인내심을 발휘하고도 두려움 때문에 일을 마무리 짓지 못하는 사람이 되어서는 안 된다. 절호의 순간에 적을 가차 없이 치고 들어가는 강단이 없으면 인내심도 아무 소용없다. 필요할 때는 일이 마무리되길 기다려야겠지만, 그 순간이 오면 재빨리 일을 처리해야 한다. 스피드를 활용해 적을 무력화시키고, 당신의 모든 실수를 덮어라. 사람들에게 당신이 권위와 강단을 지니고 있다는 인상을 깊이 남겨라.

뱀 부리는 사람들처럼 인내심을 가지고 차분하면서도 꾸준한 리듬으로 뱀을 불러내라. 그런데 고개를 내민 뱀의 독을 품은 머리 위로 발을 내밀어서야 되겠는가? 게임을 끝낼 땐 일순도 지체할 이유가 없다. 마무리 솜씨만으로 당신의 타이밍 잡는 능력을 판단할 수도 있다. 페이스를 얼마나 빨리 바꾸어 순식간에 그리고 확실히 일을 마무리할 수 있는가로 말이다.

| **이미지** | 매. 매는 높이 날아올라 조용히 그리고 끈기 있게 하늘을 돌면서 매서운 눈으로 모든 걸 살핀다. 그 아래 있는 것들은 감시를 당하는 줄 전혀 모른다. 그러다 절호의 순간이 찾아오면 먹잇감이 방어할 틈도 없이 매가 쏜살같이 내려온다. 매는 영문도 모르는 먹잇감을 두 발로 우악스럽게 움켜쥐고 하늘로 날아오른다.

| **근거** | 인간사에도 파도처럼 흐름이 있나니/ 밀물을 타면 행운을 만나리/ 그 흐름을 놓치면 인생길은/ 여울에 이르러 비참해지나니

– 《율리우스 카이사르》, 윌리엄 셰익스피어(1564~1616)

뒤집어보기

일이 굴러가는 대로 놔두고 그저 세월에 순응해서 얻을 수 있는 권력은 없다. 어느 정도 시간을 관리하지 않으면 당신이 시간에 가차 없이 희생되고 말 것이다. 따라서 이 법칙에는 반증 사례가 없다.

**Law
30**

본심은 감추고 남과 같이 행동하라

...

동화 전략

만약 당신이 시류에 역행하는 언행을 보이고
비전통적인 사고와 비정통적인 방법론을 자랑한다면,
사람들은 당신이 주목만 받고 싶어하며
자기들을 깔본다고 생각할 것이다.
그들은 열등감을 느끼게 만든
당신에게 벌을 내릴 방법을 찾을 것이다.
사람들과 화합하며 공통된 감각을 키우는 것이
훨씬 더 안전하다.
당신의 독창성은 오직 아량 넓은 친구들이나
그것의 진가를 인정해줄 게 분명한 사람들에게만
드러내도록 하라.

법칙 위반 사례: 성공에 취한 파우사니아스

기원전 478년경 스파르타는 젊은 귀족 파우사니아스(Pausanias)가 이끄는 원정대를 페르시아에 보냈다. 얼마 전 그리스를 침공했던 페르시아를 응징하고, 페르시아가 장악하고 있던 섬과 해안 도시를 빼앗는 게 파우사니아스의 임무였다. 아테네인과 스파르타인들은 파우사니아스를 존경하고 있었다. 그가 두려움 모르는 전사라는 걸 입증해 보인 데다, 극적 장면을 연출하는 남다른 재능이 있었기 때문이다.

파우사니아스와 그의 군대는 엄청난 속도로 키프로스를 손에 넣고, 진격을 계속해 당시 헬레스폰트라고 알려진 소아시아 대륙으로 들어가 비잔티움(오늘날의 이스탄불)을 차지했다. 페르시아 제국 일부의 주인이 된 파우사니아스는 단순히 일상적인 치장에 그치지 않는 행동 양식을 보이기 시작했다. 머릿기름을 바르고 길게 늘어지는 페르시아식 겉옷을 걸친 채 공적인 자리에 나타났으며, 이집트인 호위병들을 대동했다. 주연을 벌이고 페르시아식으로 앉아서는 여흥을 베풀라고 요구했다. 옛 친구들은 더 이상 만나지 않고 페르시아 왕 크세르크세스와 교분을 쌓으면서 자신이 페르시아 독재자라도 되는 양 행동했다.

파우사니아스는 권력과 성공에 취한 듯했다. 병사들은 처음엔 그가 잠시 멋 부리는 것이라 생각했다. 약간 과장되게 행동하는 것은 전에도 늘 있던 일이었다. 하지만 파우사니아스가 그리스의 소박한 생활 방식을 보란 듯 경멸하고 그리스 병사들을 모욕하자, 병사들은 파우사니아스를 경멸하기 시작했다. 파우사니아스가 완전히 페르시아에 붙어 그리스판 크세르크세스가 되려고 한다는 소문이 돌았다. 스파르타는 파우사니아스의 지위를 빼앗고 본국으로 소환했다.

본국으로 돌아간 후에도 파우사니아스는 계속 페르시아 스타일로 차려입었다. 몇 달 후에는 페르시아인들과 싸우겠다는 명분을 내세워 3단 노 갤리선을 타고 헬레스폰트로 돌아갔다. 사실 그에게는 다른 계획이 있었다. 크세르크세스 왕의 도움을 얻어 그리스 전체를 지배할 작정이었다. 스파르타인들은 그를 공적(公敵)으로 선포하고 그를 잡아오게 했다. 파우사니아스는 반역 혐의에서 벗어나고자 투항했다. 결국 그의 생각이 맞아떨어졌다. 그가 지휘관으로 일할 당시 동료 그리스인들을 수차례 공격하고, 적과 여러 차례 접촉했으며 그의 이름으로 기념물을 세운 사실이 드러났음에도 스파르타인들은 고귀한 귀족 태생인 그를 감옥에 넣지 않고 그냥 풀어주었던 것이다.

이제 아무도 자신을 건들지 못할 거라고 생각한 파우사니아스는 크세르크세스에게 편지를 보냈다. 하지만 전령은 편지를 들고 스파르타 당국을 찾아갔다. 스파르타 당국은 더 많은 것을 알아내기 위해 전령에게 신전에서 파우사니아스를 만나라고 했다. 그리고 칸막이 뒤에 숨어 둘의 이야기를 엿들었다. 파우사니아스의 말에 그들은 경악을 금치 못했다. 그가 스파르타의 생활 방식을 노골적으로 경멸하는 말을 했던 것이다. 이들은 파우사니아스를 체포할 준비에 들어갔다.

파우사니아스는 신전에서 집으로 돌아가는 길에 자신을 체포한다는 소식을 듣고 얼른 다른 신전으로 숨었다. 그를 체포하기 위해 병사들이 신전 밖을 지켰으나 파우사니아스는 항복하지 않았다. 신성한 사원에서 무력을 쓰고 싶지는 않았기 때문에 당국은 파우사니아스를 계속 사원 안에 가둬두었다. 그는 결국 굶어 죽고 말았다.

자신을 숨기는 자는 잘 살아간다.
─오비디우스(Ovidius, 기원전 43~기원후 18년경)

해석 ──

사람이 이국적인 문화에 빠지는 건 까마득한 옛날부터 있었던 일이다. 얼핏 보면 파우사니아스도 다른 문화와 사랑에 빠진 것처럼 보일 수 있다. 스파르타의 금욕주의를 불편하게 여겼던 파우사니아스는 사치와 감각적 쾌락을 즐기는 페르시아 문화에 흠뻑 빠졌다. 페르시아 의상을 걸치고 향수를 뿌리자 답답하고 단순한 그리스 문화에서 해방되는 느낌이었다.

사람이 낯선 문화를 받아들이면 그런 양상이 나타나곤 한다. 하지만 다른 문화에 심취해 있다고 표 내는 것은 자기 문화를 경멸하고 경시한다는 이야기다. 자신은 다른 사람들처럼 무조건 자기 고장의 관습과 법률을 따르지 않는다는 것을 이국적 외양을 통해 보여줌으로써 우월감을 과시하는 것이다. 하지만 자신이 남과 다르다는 걸 지나치게 강조하다

현명한 사람은 바닥이 두 개인 보석함이 되어야 한다. 다른 사람들이 뚜껑을 열고 들여다보면 열린 것 같지만, 담고 있는 걸 모두 보여주지 않는 보석함 말이다.
─ 월터 롤리 경(1554~1618)

보면 사람들로부터 미움을 받는다. 간접적이고 미묘하긴 하지만 사람들의 믿음에 공격적으로 도전하는 것이기 때문이다.

투키디데스는 파우사니아스에 대해 이런 글을 남겼다. "그가 법을 무시하고 외국 풍습을 모방하자 세간에는 그가 평범한 기준에 따라 살지 않으려 한다는 의구심이 널리 퍼졌다." 문화에는 사람들이 수백 년 동안 공유해온 믿음과 이상이 반영된다. 그러한 것들을 무시하고 무사할 거라 생각하지 말라. 당신은 어떤 식으로든 응분의 대가를 치르게 될 것이다. 단지 고립되는 것으로 끝날 수도 있지만, 고립무원의 처지에서는 그야말로 어떤 권력도 손에 넣을 수 없다.

우리 중에도 파우사니아스처럼 이국적이고 남다른 것에 유혹을 느끼는 사람이 많다. 그러한 열망을 누그러뜨려라. 당신이 다른 방식으로 생각하고 행동하는 것을 즐기면 사람들은 다른 꿍꿍이가 있다고 생각한다.

법칙 준수 사례: 캄파넬라의 지혜로운 변절

16세기 말 이탈리아에서는 종교개혁에 반대하는 움직임이 화산처럼 폭발했다. '반종교개혁'의 회오리 속에서 가톨릭교회에서 이탈한 세력을 모두 뿌리 뽑겠다는 명분으로 종교재판이 진행되었다. 그 희생자 중에는 과학자 갈릴레오도 있었지만 그보다 더 박해를 받은 사상가가 있었으니, 도미니크 수도회의 수사이자 철학자인 톰마소 캄파넬라(Tommaso Campanella)였다.

로마 철학자 에피쿠로스의 유물론을 추종한 캄파넬라는 기적은 물론 천당이나 지옥도 믿지 않았다. 교회가 그런 미신을 부추기는 건 일반 사람들의 공포심을 조장해 그들을 통제하려는 목적에서라고 그는 말했다. 캄파넬라는 그러한 무신론에 가까운 주장을 거침없이 표현했다. 그리하여 1593년에 종교재판을 받고 이단을 믿는다는 이유로 투옥되었다. 6년이 지나고 일부 사면의 형태로 그는 나폴리에 있는 수도원에 감금되었다.

당시 남부 이탈리아는 스페인의 지배를 받고 있었는데, 캄파넬라는 이

모세의 스승인 키드르(Khidr)가 인류에게 언젠가는 이 세상의 물이 모두 사라져버릴 것이라고 경고했다. 그 후에 세상이 완전히 뒤바뀌고 다른 물이 생겨나며, 그 물을 마신 인간은 모두 미쳐버릴 것이라고 했다. 오직 한 사람만이 그 말뜻을 알아들었다. 그는 물을 안전한 곳에 모아두고 물의 성질이 바뀌기를 기다렸다. 예정된 날이 오자 물줄기는 더 이상 흐르지 않고, 우물도 말라버렸다. 키드르의 경고를 새겨들었던 그 남자는 자신의 은신처에 보관해둔 물을 마셨다. 남자는 폭포수가 다시 흘러내리는 것을 보고 은신처에서 내려와 다른 사람들 틈에 끼었다. 사람들은 생각하고 말하는 방식이 예전과 완전히 달라져 있었다. 그 사이 있었던 일도, 경고를 들었던 일도 기억하지 못했다. 그는 사람들에게 이야기하려 했지만 사람들은 그를 미쳤다고 생각했다. 그를 적대시하거나 측은히 여길 뿐 그를 이해하지는 못했다. 처음에 그는 새로운 물은 전혀 마시지 않고, 자기가 모아둔 물만 마셨다. 하지만 마침내 새로운 물을 마시기로 마음먹었다. 다른 사람과 다르게 행동하고 생각하는 외로운 생활을 더 이상 참아낼 수 없었기 때문이다. 새로운 물을 마시자 그는 나머지 사람들과 똑같이 되었다. ……그리고 이제 동료들은 그를 기적적으로 정신을 되찾은 미친 사람으로 생각하게 되었다.
– 《탁발승 이야기》, 이드리에스 샤, 1967

침략자들을 몰아내려는 음모에 가담한다. 그는 자신이 꿈꾸는 유토피아를 바탕으로 독립 공화국을 세우고자 했다. 스페인 종교재판소와 보조를 맞추고 있던 이탈리아 종교재판소 수장들은 캄파넬라를 다시 한 번 감옥에 집어넣었다. 그들은 이번에도 불경한 믿음의 본성을 파헤친다는 명목으로 모진 고문을 가했다. 죄수에게 기마 자세를 하게 한 후 두 팔을 천장에 매달고 엉덩이 아래에는 대못이 잔뜩 박힌 의자를 두었다. 그 자세를 계속 유지한다는 것은 거의 불가능한 일이었고, 죄수는 살이 갈기갈기 찢어질 정도로 날카로운 대못 위로 주저앉게 된다.

모진 세월을 견디는 동안 캄파넬라는 권력에 대해 한 수 배웠다. 이단자 죄목으로 처형될 상황에 처하자 그는 전략을 바꾸었다. 신념을 포기할 뜻은 없었지만, 위장하기로 했던 것이다.

캄파넬라는 목숨을 건지기 위해 미친 척했다. 심문관들은 그가 정신이 온전치 못해 잘못된 믿음을 갖게 되었다고 생각했다. 그래도 가짜로 미친 척하는 것은 아닌지 알아보기 위해 계속 고문을 했다. 1603년 그는 종신형으로 감형되었다. 처음 4년은 쇠사슬에 묶인 채 지하 동굴에서 지내야 했다. 하지만 그런 악조건 속에서도 글을 쓰는 것만큼은 멈추지 않았다. 물론 자신의 사상을 직접적으로 표현하는 따위의 바보짓은 더 이상 하지 않았다.

캄파넬라가 저술한 《스페인 군주제(*The Hispanic Monarchy*)》는 스페인이 전 세계에 널리 힘을 떨칠 신성한 사명을 타고났다는 사상을 담은 책이었다. 더불어 그 위업을 위해 스페인 왕에게 마키아벨리식의 실용적 조언을 제시하고 있었다. 캄파넬라가 마키아벨리에게 관심이 있긴 했지만, 이 책은 전반적으로 캄파넬라 자신의 사상과는 정반대되는 내용이었다. 사실 《스페인 군주제》는 일종의 흥정이었다. 자신이 정교로 돌아섰음을 보여주는 가장 대담한 방식이었던 것이다. 이 작전은 먹혀들었다. 책이 출판되고 6년 후인 1626년, 교황은 마침내 캄파넬라를 감옥에서 내보내주었다.

캄파넬라는 자유를 얻고 나서 곧바로 《무신론 정복(*Atheism Conquered*)》을 집필했다. 자유사상가, 마케아벨리주의자, 칼뱅주의자

등 이단자들을 공격하는 내용이었다. 이단자들이 자신의 신념을 표명하면 가톨릭교의 우월성을 옹호하는 논쟁 형식이었다. 캄파넬라는 개심한 빛이 역력했다. 그런데 과연 그랬을까?

이단자들의 논변에는 여태껏 한 번도 본 적 없는 열정과 참신함이 있었다. 캄파넬라는 이단자들의 입장을 제시하고 그것을 논박하는 척하면서 실제로는 가톨릭교에 반하는 논거를 열심히 정리해준 셈이었다. 반면 얼핏 보기에 그가 대변하는 듯한 가톨릭교의 논변은 진부하고 앞뒤가 맞지 않았다. 간결하면서도 힘 있는 이단자들의 논변은 대범하고 진실해 보인 반면, 길게 늘어지는 가톨릭교 쪽 논변은 지루하고 설득력도 떨어졌다.

책을 읽은 가톨릭교도들은 마음이 개운치 않고 미심쩍었지만 캄파넬라를 다시 감옥에 넣을 수는 없었다. 그가 가톨릭교를 방어하는 내용은 결국 그들이 예전에 펼쳤던 논변이었기 때문이다. 하지만 몇 년이 흐르자 《무신론 정복》은 무신론자들의 성서가 되었다. 마키아벨리주의자나 자유사상가들은 캄파넬라의 책 속 이단자들의 논변들을 이용해 자기주장을 펼쳤다. 겉으로는 체제에 순응하는 척하면서 자신의 동조자들이나 이해할 수 있는 방식으로 진짜 믿음을 표현한 것은, 캄파넬라가 인생에서 한 수 배웠다는 표시였다.

해석 ——

무시무시한 박해가 기다리고 있는 상황에서 캄파넬라는 세 가지 전략적인 수를 짜냈다. 그걸 이용하면 벌도 피하고, 감옥에서 벗어나고, 자기 신념까지 표현할 수 있을 것이었다. 첫째, 그는 미친 척했다. 그렇게 해서 책임을 면했다. 둘째, 자신의 신념과 정반대되는 책을 썼다. 마지막으로, 자신의 사상을 교묘하게 불어넣으면서 아닌 척 위장했다. 이것은 오래됐지만 강력한 술책이다. 위험한 생각에 동조하지 않는 척하고 반대 의견을 내면서, 그 생각들에 색과 빛을 입히는 것이다. 그러면 지배 사상에 순응하는 것처럼 보이지만, 당신을 잘 아는 사람들은 그 속에 숨은 아이러니를 알아챈다. 이런 식으로 당신을 보호하라.

어떤 가치나 관습이 애초의 동기를 잃고 강압적이 되는 건 사회에서 피할 수 없는 일이다. 그리고 세상에는 시대를 앞서 나가는 사상을 품고 그런 압제에 반기를 드는 사람이 늘 있게 마련이다. 하지만 캄파넬라가 힘겹게 깨달은 것처럼, 위험한 사상을 내보일 경우 고통과 처형뿐이라면 아무 소용이 없다. 순교는 아무런 도움도 되지 않는다. 압제적인 세상이라도 그 속에서 사는 게, 심지어 그 속에서 번영을 누리는 게 낫다. 그러면서 당신을 잘 이해하는 사람들에게 당신의 사상을 미묘하게 표현할 방도를 찾아라. 돼지 앞에 진주를 늘어놨다간 당신만 궁지에 빠진다.

> 오랫동안 난 내가 믿는 바를 입에 담지 않았네. 내가 말하는 바를 믿지도 않았지. 그리고 어쩌다 내 입에서 진실이 튀어나오기라도 하면, 거짓말을 수도 없이 내뱉어 진실을 찾을 수 없게 했지.
>
> – 니콜로 마키아벨리, 1521년 5월 17일 프란체스코 구이차르디니에게 보낸 서한 중

권력의 열쇠: 본심은 감추고 남과 같이 행동하라

사람들은 자신의 진짜 감정을 숨긴다. 사회생활을 하며 표현의 자유를 완전히 누리는 것은 불가능하기 때문이다. 그래서 우리는 어릴 때부터 생각을 숨기는 법을 터득한다. 과민하고 불안한 사람들에게 그들이 듣고 싶어하는 말을 해주고, 그들의 맘을 상하게 하지 않으려고 조심한다. 이는 자연스러운 일이다. 대다수의 사람들이 받아들이는 생각이나 가치에 반박하며 논쟁하는 건 아무 의미도 없다. 우리는 마음속으로는 다른 생각을 품어도, 겉으로는 가면을 쓴다.

그런데 그것을 자유의 침해라 보고, 자신의 가치나 믿음이 더 낫다는 걸 증명하려는 사람들이 있다. 하지만 그들의 주장은 몇몇 소수만 납득시킬 수 있을 뿐이다. 일반 대중에게 그 주장이 먹혀들지 않는 건 사람들은 대부분 아무 생각도 없이 자신의 이상과 가치를 주장하기 때문이다. 사람들의 믿음에는 감정적 부분이 강하게 작용한다. 사람들은 대개 자신의 생각을 바꾸려 하지 않는다. 그래서 직접적으로 논변을 펼치든 간접

시민들과 여행자
"한번 둘러보세요. 세상에서
가장 큰 시장이지요."
시민들이 말했다. "그건 아닌
것 같은데요." 여행자가
말했다. "가장 크지 않을
수도 있지만, 분명
최고예요." 시민들이
말했다. "그건 정말
아닙니다." 여행자가
말했다. "제 이야기를 한
번……." 시민들은
그 이방인을 땅 속에
묻어버렸다.
─ 《우화(Fables)》, 로버트
루이스 스티븐슨(Robert
Louis Stevenson,
1850~1894)

적으로 행동으로 보여주든 자신의 믿음에 도전하는 사람에게는 적의를
보인다.

현명하고 영리한 사람들은 일반적인 믿음을 반드시 따르지 않아도, 그
렇게 행동하고 떠벌릴 필요가 있다는 걸 일찌감치 깨닫고 있다. 이렇게
사람들 사이에 섞일 줄 알면 고립이나 추방의 고통을 당하지 않고도 혼
자 있을 때는 원하는 대로 생각하고 마음 맞는 사람들에게 그 생각을 표
현할 힘을 얻을 수 있다. 그러다 확실하게 권력을 쥐면 더 많은 사람들에
게 자신의 사상을 펼칠 수 있다. 물론 이때도 캄파넬라처럼 아이러니와
은밀한 주입 전략을 활용해야 하겠지만 말이다.

14세기 말 스페인은 수천 명의 유대인을 살해하고 나머지는 추방했다.
스페인에 남아 있는 유대인들은 개종을 해야 했다. 그런데 이후 300년을
거치며 스페인 사람들은 뭔가 꺼림칙한 현상을 감지했다. 유대인들은 겉
으로만 가톨릭교도의 삶을 살고 있었을 뿐 유대교 신앙을 간직하고 유대
교 의례를 행하고 있었던 것이다. 스페인에서 강제 개종을 당한 소위 이
'마라노(원래는 '돼지'를 뜻하는 스페인어로 경멸조의 말이었다)'들은 정부의
고위 관직을 차지하고 귀족 집안과 혼인을 했다. 그리고 겉으로는 독실
한 가톨릭 신자였지만, 유대교를 따르고 있었다는 사실이 말년에 가서야
드러나곤 했다. (스페인의 종교재판은 이들을 색출하는 임무를 맡고 있었다.)
그동안 유대인들은 위장술의 달인이 되었다. 그들은 십자가를 걸고 다니
고, 교회에 후하게 헌금했으며, 심지어 반유대주의 발언을 하기도 했다.
그러면서도 속으로는 자신들의 믿음을 잃지 않았다.

마라노들은 사회에서는 겉모습이 중요하다는 걸 잘 알았다. 오늘날에
도 그러한 전략은 여전히 유효하다. 캄파넬라가 《무신론 정복》을 썼던
것처럼 당신도 겉으로는 영합하는 척하라. 심지어 시대의 지배적인 사상
을 열렬히 신봉하는 행세를 할 필요도 있다. 당신이 대중 앞에서 틀에 박
힌 모습을 고수하면 아무도 당신이 속으로는 다른 생각을 품고 있다고
의심하지 않을 것이다.

마키아벨리에게 그를
사도처럼 따르는 제후가
있었다면, 가장 먼저
마키아벨리즘에 반대하는
책을 한 권 쓰라고 했을
것이다.
─ 볼테르(1694~1778)

요즘은 세상이 달라졌다고 생각한다면 바보 같은 짓이다. 예를 들어
조너스 솔크(Jonas Salk)는 과학에서 정치나 의례는 한물갔다고 생각했

다. 그래서 소아마비 백신을 찾는 과정에서 모든 틀을 깼다. 백신 발견을 과학계에 먼저 알리지 않고 대중에게 알린 것이다. 그는 이전 과학자들이 닦은 토대는 무시하고 혼자서 백신 발견의 공로를 차지해 스타가 되었다. 하지만 대중은 그를 사랑했을지 모르지만, 과학자들은 그를 멀리했다. 주류를 무시하는 바람에 그는 과학계에서 고립되었고, 그 틈을 메우느라 몇 년을 허비해야 했으며, 자금과 협력을 구하지 못해 쩔쩔맸다.

베르톨트 브레히트(Bertolt Brecht)는 반미활동위원회로부터 현대판 종교재판을 받았을 때 상당히 영리하게 대응했다. 1947년, 미국 할리우드에서 일을 하던 브레히트는 공산주의에 동조한 혐의로 위원회에 출석해 몇 가지 질문에 답해야 했다. 위원회에 소환된 다른 작가들은 위원들을 공격하면서 호전적인 태도를 취했다. 반면 브레히트는 속으로는 공산주의 신념을 갖고 있었지만 정반대로 승부를 벌였다. 위원들이 질문을 하면 쉽사리 해석되지 않는 모호한 일반론으로 답한 것이다. 이제부터 그런 전략을 캄파넬라 전략이라 부르기로 하자. 심지어 당시 브레히트는 평소에는 좀처럼 입지 않던 정장까지 몸에 걸치고, 위원회의 한 핵심 멤버가 시가를 좋아한다는 것을 알고 시가를 꺼내 물기도 했다. 결국 위원회는 아무 징계도 내리지 않고 그를 풀어주었다.

그 후 브레히트는 동독으로 갔는데, 여기서 또 다른 종류의 종교재판을 받았다. 이번에는 동독에서 권력을 잡고 있던 공산주의자들이 브레히트의 연극을 퇴폐적이고 비관적이라며 비판한 것이다. 브레히트는 그들과 굳이 논쟁을 벌이지 않고 연극 대본을 조금 수정해 그들을 입 다물게 만들었다. 그러면서도 출판본은 원문을 그대로 유지했다. 두 번 모두 겉으로 영합한 덕분에 그는 계속 글을 쓸 수 있는 자유를 얻었다. 브레히트는 자기 생각을 바꿀 필요가 없었다. 그는 지배 세력의 비위를 약간 맞춰주는 방식으로 위기를 넘기면서 자신의 길을 갈 수 있었다. 결국 압제 세력보다 자신이 더 강력한 존재임을 입증해 보인 셈이다.

권력을 쥐는 사람들은 파우사니아스나 솔크 같은 공격적인 모습은 피할 뿐 아니라, 영리한 여우처럼 자신이 대중성을 가진 것처럼 위장할 줄 안다. 이것은 사기꾼이나 정치가들이 줄곧 이용해온 책략이다. 율리우스

카이사르나 프랭클린 D. 루스벨트 같은 리더들은 타고난 귀족적 태도를 극복하고 일반 서민과 어울릴 수 있는 친근함을 배양했다. 이들은 사소한 태도 속에서 (종종 상징적으로) 그 친근함을 표현해 지도자들도 대중적인 가치를 공유하고 있음을 사람들에게 보여주었다.

이러한 행동을 습관으로 삼으면 모든 사람들의 구미를 맞출 수 있는 귀중한 능력을 얻게 된다. 사회 속에 들어가거든 당신의 이상이나 가치는 한 구석에 밀어두고 당신이 속한 집단에 가장 알맞은 가면을 써라. 당신도 그들과 같은 생각을 하고 있는 것처럼 알랑거리며 미끼를 던지면 사람들은 그것을 덥석 물 것이다. 조심하기만 하면 그들은 당신의 위선을 알아차리지 못할 것이다. 당신의 의중을 모르는데 어떻게 당신을 위선자라고 비난할 수 있겠는가? 또 당신이 중시하는 가치가 없다고도 생각하지 않을 것이다. 당신에게는 물론 중시하는 가치가 있다. 그들 곁에 있는 동안만 공유하는 그들의 가치 말이다.

| **이미지** | 검은 양. 양 떼는 검은 양을 피한다. 검은 양이 자기 무리인지 아닌지 확신하지 못하기 때문이다. 그래서 검은 양은 무리 뒤에 처지거나 홀로 떨어져 방황한다. 그러다 늑대에게 쫓겨 궁지에 몰린 후 잡아먹히고 만다. 항상 무리와 함께 있어라. 숫자가 많은 쪽이 안전하다. 생각은 다르더라도 털 색깔을 달리하지는 말라.

| **근거** | 개에게는 신성한 것을 주지 말라. 돼지 앞에 진주를 던지지 말라. 그랬다간 진주들을 밟아 뭉개고 너를 공격해올지니.

– 마태복음 7장 6절

뒤집어보기

당신의 존재를 부각시켜도 좋은 경우는 당신의 존재가 이미 부각되어 있을 때뿐이다. 확고부동한 권력을 손에 쥐었을 때는 당신이 다르다는 걸 드러내 사람들과 거리를 둘 수 있다. 미국의 린든 존슨(Lyndon

Johnson) 대통령은 가끔 변기 위에 앉아서 회의를 열곤 했다. 누구도 그 같은 '특권'을 요구할 수 없었기에, 존슨은 자신은 다른 사람들처럼 정해진 규칙을 지키거나 예의를 차리지 않아도 된다는 걸 보여준 셈이었다. 로마 황제 칼리굴라(Caligula)도 같은 게임을 벌였다. 그는 중요한 손님을 접견할 때 여성용 실내복이나 목욕용 가운을 걸치곤 했다. 심지어 자기 말을 집정관 자리에 앉힐 정도였다. 하지만 그 조치는 역효과를 불렀다. 백성들이 그를 증오했기 때문이다. 칼리굴라는 결국 실각하고 말았다. 권력자도 어느 정도 대중성을 따르는 척하는 편이 좋다. 언젠가는 대중의 지지를 필요로 할 때가 올 것이기 때문이다.

마지막으로, 세상에는 문화 속에서 이미 생명력을 잃은 것들에 저항하고 조롱할 줄 아는 사람들이 존재할 여지가 늘 있다. 예를 들어 오스카 와일드(Oscar Wilde)는 그런 능력을 기반으로 상당한 사회적 권력을 누렸다. 그는 자신이 평범한 방식을 경멸한다는 걸 분명히 밝혔다. 그래서 오스카가 독서 낭독회를 할 때면 청중들은 그의 모욕적인 발언을 기대했을 뿐 아니라, 그것을 환영하기까지 했다. 하지만 그런 기행 때문에 결국 그가 파멸했음을 우리는 유념해야 한다. 심지어 그가 불행하게 생을 마감했다 하더라도 그에게는 범상치 않은 천재적 재능이 있었음을 잊지 말아야 한다. 사람을 즐겁고 기쁘게 해주는 그런 재능이 없었다면, 사람들은 그의 가시 돋친 말에 상처를 받았을 것이다.

후광에 의존하지 마라
...
정체성 구축

언제나 가장 먼저 나온 것이 뒤에 나온 것보다
더 낫고 더 독창적으로 보인다.
위대한 인물의 뒤를 잇거나 유명한 부모 밑에서 클 때는
그 두 배의 업적을 달성해야 그들보다 더 빛날 수 있다.
그들의 그림자 속에서 길을 잃거나
그들이 만들어놓은 과거에 연연하지 말라.
경로를 바꿔 당신 자신의 이름과 정체성을 확립하라.
압도적인 전임자와는 결별을 선언하고 그의 유산을 비방하라.
당신 나름의 방식으로 빛을 발해 권력을 획득하라.

법칙 위반 사례: 왕국을 망쳐버린 루이 15세

1715년에 루이 14세가 55년간의 통치를 마치고 죽자, 증손자이자 왕위 후계자인 루이 15세에게 모두의 관심이 쏠렸다. 사람들은 생각했다. 겨우 다섯 살인 어린 소년이 태양왕 루이 14세만큼 훌륭한 통치자가 될 수 있을까? 루이 14세는 내란을 겪고 있던 나라를 이후 유럽의 강국으로 키웠지만 치세 말년에는 여러 가지 어려움을 겪었다. 사람들은 어린 루이 15세가 강력한 리더로 성장하여 프랑스의 힘을 다시 확립하고 루이 14세가 세운 견고한 국가적 토대를 더욱 튼튼히 다지기를 희망했다.

이러한 기대 때문에 왕실은 최고의 지성과 학식을 지닌 인물들을 가정교사로 채용했다. 그들은 루이에게 통치술과 루이 14세가 확립해놓은 정치수완을 가르쳤다. 한마디로 어린 왕을 교육하는 데 온 노력을 쏟았다. 그러나 1726년, 루이 15세가 왕위에 오르자(나이가 어렸기 때문에 루이가 성년이 될 때까지는 섭정이 나라를 다스렸다-옮긴이) 갑자기 모든 것이 달라졌다. 그는 더 이상 열심히 공부하거나 주변 사람들의 비위를 맞추거나 자신의 능력을 증명할 필요가 없어진 것이다. 그는 최고 권력자의 위치에 우뚝 서 있었으며, 모든 부와 권력을 쥐고 있었다. 한마디로 모든 것을 마음대로 할 수 있었다.

루이는 통치 초기에 쾌락에 빠져 지내며 국사는 앙드레 에르퀼 드 플뢰리 총리에게 맡겼다. 그래도 크게 걱정할 일은 아니었다. 아직 혈기왕성한 젊은 왕은 한때 방탕한 생활을 할 수도 있었고 드 플뢰리는 훌륭한 총리였기 때문이다. 그러나 그러한 상황이 예상보다 오래 이어졌다. 루이는 정치에는 도통 관심이 없었다. 그에게 가장 큰 걱정은 프랑스의 경제도, 스페인과의 전쟁 가능성도 아니었다. 그의 고민은 권태였다. 그는 지루한 것을 참지 못했다. 그래서 늘 사슴 사냥을 하거나 여자들 치마폭에서 놀거나, 그도 아니면 도박으로 하룻밤에 엄청난 돈을 탕진하곤 했다.

대개 왕실은 왕의 분위기에 영향을 받게 마련이다. 조신들도 도박과 사치스러운 파티에 몰두했다. 프랑스의 미래에는 관심이 없었다. 대신 왕에게 아첨하여 평생의 부가 보장되는 직위를 얻거나 일은 대강 하면서 수입은 높은 자리에 앉으려고 애썼다. 궁정 안은 기생충 같은 인간들로 가득했으며 나라 빚은 늘어만 갔다.

1745년, 루이는 퐁파두르 여후작(Madame de Pompadour)을 정식 후궁으로 삼았다. 퐁파두르는 원래 중산층 출신이지만 특유의 매력과 총명함, 그리고 부유한 가문과의 혼사를 통해 상류사회에 입성한 여성이었다. 그녀는 왕실 건축물의 미적 측면과 예술 분야에 상당한 영향력을 발휘했다. 또한 정치적 야망도 있었다. 얼마 안 있어 그녀는 비공식적인 총리 역할을 할 만큼 영향력을 행사했다. 사실상 프랑스 요직에 있는 신하들을 들이고 내보내는 일을 결정한 사람은 루이가 아니라 퐁파두르였다.

나이가 들수록 루이는 더욱 쾌락에 빠졌다. 그는 베르사유 궁전에 매음굴을 만들어 어리고 예쁜 소녀들을 데려다놓기도 했다. 그리고 지하통로와 비밀계단을 통해 아무 때고 드나들었다. 1764년에 퐁파두르가 죽자 뒤 바리 부인(Madame du Barry)이 뒤를 이어 후궁이 되었다. 그녀 역시 왕실에 영향력을 행사하며 정치에 관여했다. 그녀의 비위를 거스른 각료나 신하는 해고되었다. 일개 빵집 딸에 불과한 뒤 바리가 프랑스의 외무장관이자 최고의 외교관인 수아죌을 해고했을 때는 유럽 사람들이 모두 놀라움을 금치 못했다. 뒤 바리에게 경의와 존중을 표하지 않았다는 것이 해고 이유였다. 베르사유 궁정에는 협잡꾼과 사기꾼들로 넘쳐났고, 그들의 꾐으로 루이는 점성술이나 신비주의 등에 빠졌다.

루이 15세의 통치 기간을 상징하는 문구는 "내가 죽은 뒤 큰 홍수가 있으리니(After me the flood)"이다. 이는 곧 '내가 죽은 후에는 프랑스가 퇴락해도 상관없다'라는 뜻이다. 1774년, 방탕한 생활 끝에 루이가 죽었을 때 프랑스의 정치와 경제는 엄청난 혼란에 빠져 있었다. 그의 손자가 왕위에 올랐고, 프랑스는 개혁과 강한 리더가 절실하게 필요한 상황이었다. 하지만 루이 16세는 할아버지보다 훨씬 나약했다. 그는 온 나라가 혁명으로 치닫는 과정을 그저 지켜볼 수밖에 없었다. 1792년, 프랑스 혁명으로 왕정이 폐지되고 공화국 수립이 선포되었다. 혁명 세력은 루이 16세를 '마지막 왕 루이'라고 불렀다. 몇 달 후 그는 모든 광채와 권력이 사라진 채 단두대에 서야 했다.

해석 ──

루이 14세는 통치 초기인 1640년대 말, 내란에 빠진 프랑스를 수습하고 유럽의 강국으로 만들었다. 아무리 용맹한 장군도 그의 앞에서는 몸을 떨었다. 한번은 궁정 요리사가 루이 14세의 음식을 만들다가 실수했는데 너무 두려운 나머지 자살하는 쪽을 택하기도 했다. 그는 많은 후궁을 거느렸지만 그녀들의 권력은 침실 안에서만 머물렀다. 그는 당대 최고의 지성들을 궁정 안에 두었다. 베르사유 궁은 그가 지닌 권력의 상징이었다. 그는 선왕들이 쓰던 루브르 궁전을 물려받기를 거부하고 완전히 새로운 지역에 자신만의 궁전을 새로 지었다. 이는 새로운 질서가 시작된다는 상징이었다. 그는 베르사유 궁전을 통치의 중심으로 삼았다. 유럽에서 내로라하는 권력자들이 궁전을 둘러보고 외경심을 느꼈다. 루이 14세는 쇠퇴해가는 군주제라는 커다란 틈을 자신만의 상징과 화려한 권력으로 채워 넣었다.

이에 반해 루이 15세는 무언가 거대한 것을 물려받은 사람, 위대한 인물의 뒤를 이은 사람들이 흔히 맞는 운명을 보여준다. 후계자가 선대가 이미 만들어놓은 장대한 기초 위에 무언가를 세우는 일은 쉬운 것처럼 느껴진다. 하지만 권력의 세계에서는 오히려 그 반대다. 대개의 경우 응석받이 아들은 물려받은 것을 탕진해버린다. 아버지와 달리 커다란 틈을 채울 필요가 없기 때문이다. 마키아벨리의 말대로, 인간을 행동하게 만드는 것은 '필요'다. 행동할 필요성이 느껴지지 않으면 부패와 퇴락의 길만 남을 뿐이다. 루이 15세는 자신의 권력을 증대시킬 필요가 없었기 때문에 타성에 굴복하고 말았다. 태양왕의 권력의 상징이었던 베르사유 궁전은 이제 지극히 평범한 쾌락의 궁, 부르봉 왕가의 라스베이거스 같은 곳이 되어버렸다. 베르사유 궁전은 억압받는 농민들에게 증오의 대상이 되었으며, 프랑스 혁명 기간에는 습격을 당했다.

태양왕 같은 위대한 인물의 후계자가 흔히 맞는 운명을 피해가려면, 루이 15세는 심리적으로 완전한 무(無)에서 출발해야 했다. 물려받은 유산이나 과거와 결별하고 완전히 새로운 방향으로 나아가 새로운 세상을 창조해야 했다. 만일 당신에게 선택권이 있어서 피할 수만 있다면, 그러

젊은 시절 페리클레스는 사람들 앞에 서는 것을 꺼렸다. 그 이유 중 하나는 그가 과거의 참주 페이시스트라토스와 매우 닮았기 때문이다. 나이 든 시민들은 페리클레스의 멋진 목소리와 유창하고 거침없는 연설에 찬사를 보내면서도, 그것이 페이시스트라토스와 비슷하다는 점에 놀랐다. 페리클레스는 부유했고 좋은 가문 출신이었고 권력을 가진 친구들이 많았으며, 그런 점들 때문에 자신이 도편 추방을 당하지 않을까 불안해졌다. 그래서 처음에는 정치에 발을 들이지 않고 군인으로서의 역할에만 충실했다. ……
그러나 시간이 지나자 아리스티데스가 죽었고, 테미스토클레스는 망명했고, 키몬은 먼 지역에 원정을 자주 나가게 되었다. 그러자 마침내 페리클레스는 대중의 편에 서서, 부자와 소수가 아니라 빈자와 다수를 위한 대의를 옹호하기 시작했다. 자신은 사실 철저하게 귀족적인 기질을 갖고 있었음에도 말이다. 그는 독재자가 되려는 야심을 품고 있다고 의심받을까 봐 두려워했던 것이 분명하다. 키몬이 귀족에게 우호적인 태도를 보이고 귀족들의 우상이 되어가는 동안, 페리클레스는 민중의 비위를 맞춰주기 시작했다. 한편으로는 자기 방어를 위해서였고, 한편으로는 경쟁자들에 대항해 권력을 확보하기 위해서였다.
― 《페리클레스의 삶(The Life of Pericles)》, 플루타르코스 (46~120년경)

한 상황을 아예 피하는 편이 낫다. 권력의 진공 상태인 곳으로 들어가서, 혼란을 일소하고 질서를 세우는 편이 낫다는 얘기다. 그러면 당신은 하늘에 떠 있는 또 다른 별과 경쟁할 필요가 없다. 권력의 핵심은 다른 사람보다 더 커다란 존재처럼 보이는 데 있다. 선왕이나 훌륭한 전임자의 그늘 속에서 길을 잃으면 그러한 존재감을 창출할 수 없다.

> 그러나 통치권을 세습하자 아들들은 곧 아버지보다 퇴보하기 시작했다. 또한 아버지의 좋은 덕목들을 닮으려고 노력하지 않았다. 그들은 나태함, 방종, 온갖 쾌락을 추구하는 것 외에는 왕자들이 할 일은 없다고 생각했다.
>
> – 니콜로 마키아벨리(1469~1527)

법칙 준수 사례: 아버지를 능가한 왕, 알렉산드로스

알렉산드로스 대왕은 아버지이자 마케도니아 왕인 필리포스를 지독하게 싫어했다. 교활하고 조심스러운 통치 스타일, 과장된 연설이나 주색잡기, 격투를 좋아하는 것 모두 싫어했다. 알렉산드로스는 거만한 아버지와 정반대 스타일이 되기로 결심했다. 즉 과감하고 추진력 있는 통치를 펴고, 말을 삼가서 하며, 쾌락에 귀중한 시간을 낭비하지 않겠다고 다짐했다. 그는 또한 필리포스가 그리스 지역 대부분을 정복한 사실에 분개하며 이렇게 불평했다. "아버지가 이대로 계속 정복해가면 내가 정복할 영토는 남지 않을 것이다." 대개 권력자의 아들은 아버지가 물려준 부와 권세에 만족하며 안일한 삶을 살지만 알렉산드로스는 달랐다. 그는 아버지를 능가하고 싶어했으며, 자신이 더 위대한 업적을 이룸으로써 아버지의 이름을 역사에서 지우고자 했다.

알렉산드로스는 항상 자신이 아버지보다 뛰어나다는 것을 사람들 앞에서 보여주고 싶어했다. 어느 날 테살리아 사람인 말 장수가 필리포스에게 부케팔루스라는 말을 팔려고 찾아왔다. 그런데 말이 너무 사나워서 신하들 중 아무도 말 가까이 가지 못했다. 필리포스는 이런 사나운 말을 뭐 하러 데려왔느냐고 말 장수를 나무랐다. 그때 알렉산드로스가 얼굴을

화가 피에트로 페루지노
(Pietro Perugino,
1450~1523년경)의 생애
가난이 재능을 가진
사람에게 도움이 되고 좋은
자극제가 될 수 있다는
사실을 잘 보여주는 사람이
피에트로 페루지노다. 그는
페루지아에서 커다란 불행을
겪은 뒤에 피렌체로 와서,
자신의 재능을 이용해
성공할 수 있기를 바랐다.
하지만 피렌체에 와서도
수개월간 궁핍을 벗어나지
못했다. 그는 침대가 없어
상자 속에서 잠을 자면서도
불같은 열정으로 미술
공부를 했다. 그림이 제2의
천성이 된 후에도
피에트로의 유일한 기쁨은
작품을 그리는 것이었다.
그는 가난에 대한 두려움
때문에, 먹고살 걱정이
없었다면 하지 않았을 법한
일들도 기꺼이 했다. 아마
그가 부유했다면 탁월한
화가가 되지 못했을 것이다.
하지만 그는 비참한
상태에서 벗어나고자
갈망했으며, 가난이 그를
자극하는 촉진제가 되었다.
최고의 자리, 세상 사람들의
추앙을 받는 예술가까지는
아니더라도 적어도 먹고살
걱정 없이 살고자 애썼다.
때문에 하루만이라도 편하게
지낼 수 있다면 추위, 배고픔,
불편함, 고생, 수치쯤은
아무렇지 않았다. 그는 늘
입버릇처럼 말했다. 궂은
날씨 뒤에는 반드시 해가
뜬다고, 날씨가 좋을 때도
힘들 때를 대비해 안전한
집을 지어두어야
한다고 말이다.
– 《예술가들의 생애(Lives of
the Artists)》, 조르조
바사리(1511~1574)

찌푸리며 다가오더니 말했다. "다룰 사람이 없다고 저 좋은 말을 그냥 보내다니!" 그러자 필리포스는 돌아가려던 말 장수를 불러 세워 아들에게 말을 한번 타보라고 했다. 그러면서 속으로는 아들이 말에서 떨어져 따끔하게 한 수 배울 거라고 생각했다. 하지만 한 수 가르쳐준 쪽은 오히려 알렉산드로스였다. 그는 부케팔루스에 거뜬히 올라탔을 뿐 아니라 전속력으로 달리기까지 했다. (그는 이 말을 길들여 나중에 인도 원정 때 타고 간다.) 신하들은 박수를 보내며 환호했지만 필리포스는 속이 부글부글 끓었다. 눈앞에 아들이 아니라 권력의 경쟁자가 있었기 때문이다.

알렉산드로스는 더욱 대담하게 아버지에게 도전했다. 어느 날 두 사람은 신하들이 보는 앞에서 격렬한 논쟁을 벌였다. 그러다 화가 난 필리포스가 아들을 치겠다며 칼을 뽑았다. 하지만 포도주를 너무 많이 마신 탓에 걸음을 비틀거렸다. 알렉산드로스는 아버지를 보며 비웃었다. "마케도니아 사람들이여, 보시오. 유럽에서 아시아까지 가겠다는 사람이 이 테이블에서 저 테이블로 걸어가지도 못하다니!"

필리포스가 원한을 품은 신하에게 암살되었을 때 알렉산드로스는 열여덟 살이었다. 왕의 암살 소식이 전해지자 마케도니아가 지배하는 그리스 곳곳에서 반란이 일어났다. 필리포스를 섬기던 고문들은 새로 왕이 된 알렉산드로스에게 필리포스가 하던 것처럼 간계를 이용해 신중하고 조심스럽게 정복해나가라고 충고했다. 하지만 알렉산드로스는 자기 방식으로 밀고 나갔다. 그는 왕국의 가장 먼 지역까지 진군하여 반란이 일어난 도시들을 제압하고 과감하게 밀어붙여 제국을 재통일했다.

젊은 시절에 아버지에게 반항하던 아들도 나이가 들수록 반감이 수그러들고, 그토록 비난하던 아버지를 오히려 닮는 경우가 많다. 그러나 알렉산드로스의 증오는 아버지의 죽음과 함께 끝나지 않았다. 알렉산드로스는 그리스를 완전히 정복한 뒤에는 페르시아로 눈을 돌렸다. 페르시아는 아시아 정복을 꿈꿨던 필리포스가 끝내 차지하지 못한 땅이었다. 그래서 자신이 페르시아를 정복하면 아버지를 훨씬 뛰어넘는 영광과 명예를 얻는 셈이었다.

알렉산드로스는 3만 5천 명의 군사를 이끌고 진군해 들어가서 100만이 넘는 페르시아 군대와 마주쳤다. 페르시아 군과 전투를 시작하기 전에, 그는 고르디움이라는 도시를 지나갔다. 고르디움의 신전에는 코넬나무에 묶인 전차 한 대가 세워져 있었다. 전설에 따르면, 그 줄의 매듭을 푸는 사람이 세계를 다스린다고 했다. 많은 사람들이 매듭을 풀려고 시도했지만 모두 실패했다. 알렉산드로스는 맨손으로는 매듭을 풀 수 없음을 알고 칼을 뽑아 단번에 매듭을 잘라버렸다. 이는 그가 남을 따라하지 않고 자기만의 방식으로 길을 낸다는 것을 보여주는 상징적인 행동이었다.

마침내 알렉산드로스는 페르시아 제국을 무너뜨렸다. 그것만으로도 길이 이름을 빛낼 것이었기에 모두들 그가 거기서 멈출 것이라 생각했다. 그러나 알렉산드로스에게 페르시아 정복은 이제 과거를 의미했다. 그는 과거의 승리에 도취돼 머물고 싶지 않았다. 과거가 현재보다 더 빛나는 것을 원치 않았다. 그는 인도 원정을 감행하여 제국의 영토를 확장했다. 피로와 불만으로 가득한 병사들이 진군을 만류했지만 그의 야망을 꺾지 못했다.

해석 ——

알렉산드로스는 역사 속의 인물 가운데 대단히 특이한 유형에 속한다. 성공을 거둔 화려한 왕의 아들임에도 아버지를 능가하는 영광과 권력을 누렸기 때문이다. 이러한 유형이 특이한 이유는 다음과 같다. 대개 아버지는 무에서 시작하여 재산을 모으고 왕국을 확립한다. 아버지는 절실한 욕구와 필요성 때문에 성공을 추구한다. 그는 교활하거나 성급한 행동을 해도 잃을 것이 없으며, 경쟁 상대로 여길 만한 위대한 아버지도 없다. 그런 사람은 자기 자신을 믿는다. 자신의 방식이 최고라고 믿는다. 어쨌든 그 방식으로 효과를 보았기 때문이다.

그런 사람은 아들에게 위압적이고 지배적인 태도로 자신의 철학과 교훈을 강요한다. 아들은 아버지와는 완전히 다른 환경에서 출발하는데도 말이다. 아버지는 아들이 새로운 방향을 택하는 것을 허락하지 않고 자신과 같은 방식을 취하길 원한다. 때로는 은근히 아들의 실패를 바란다.

알렉산드로스가 부케팔루스에서 떨어지기를 내심 바랐던 필리포스처럼 말이다. 아버지는 아들의 젊음과 혈기를 질투할 뿐만 아니라 아들을 통제하고 지배하려는 욕구를 가진다. 그런 아버지의 아들은 겁을 먹고 조심스러워지며, 아버지가 쌓아놓은 것을 잃어버리게 될까 봐 두려워한다.

알렉산드로스와 같은 과감하고 무자비한 전략을 택하지 않으면 결코 아버지의 그늘에서 벗어날 수 없다. 과거의 유산과 결별하고, 자신만의 왕국을 세우고, 아버지의 그림자 속에 묻히는 대신 아버지를 자신의 그림자 속에 묻어야 한다. 실질적으로 무에서 출발할 수는 없다 하더라도 (물려받은 유산을 무조건 포기하는 것은 어리석은 행동일 것이다), 적어도 심리적으로 무에서 출발할 수는 있다. 과거의 무게를 떨쳐버리고 새로운 방향으로 나아가는 것이다. 알렉산드로스는 왕의 아들이라는 특권을 지니고 태어난 것이 오히려 권력에 방해물이 된다는 사실을 본능적으로 깨달았다. 과거에서 가차 없이 돌아서라. 당신의 아버지나 할아버지뿐만 아니라 당신 자신이 과거에 이룬 업적에서도 말이다. 오직 약한 자만이 과거의 영광에 의존하고 지나간 승리에 집착한다. 권력 게임에서는 여유 있게 휴식을 취할 시간이 없다.

권력의 열쇠: 후광에 의존하지 마라

벵골, 수마트라 등의 고대 왕국에서는 왕이 몇 년간 통치를 하고 나면 신하들이 왕을 처형했다. 이는 쇄신을 위한 하나의 의식으로, 왕의 권력이 지나치게 비대해지는 것을 막기 위한 예방책이기도 했다. 대개 왕은 친자식은 물론 다른 가족을 희생시켜서라도 영원한 권력을 쥐려 하기 때문이다. 외부의 힘으로부터 부족을 보호하고 전쟁이 일어났을 때 백성들을 이끌기보다는 그들을 위압적으로 지배하려고 든다. 때문에 일정 통치 기간이 지나면 왕을 때려죽이거나 정교한 의식을 통해 처형했다. 대신에 죽은 뒤에는 그를 신처럼 숭상했다. 그럼으로써 젊은 왕이 새로운 질서를 세울 수 있는 토대를 마련했다.

왕이나 아버지에 대한 양면적이고 적대적인 태도는 많은 영웅들의 이야기에도 나타난다. 권력자의 원형적 인물인 모세는 갈대 바구니 속에 버려진 채 발견되었고 부모가 누구인지도 몰랐다. 경쟁자가 될 아버지, 또는 자신을 구속할 아버지가 없기 때문에 그는 최고의 권력을 얻을 수 있었다. 헤라클레스에게는 인간인 아버지가 없다. 그의 아버지는 제우스 신이다. 알렉산드로스 대왕은 자신이 필리포스 왕의 아들이 아니라 주피터 아몬 신의 아들이라고 말하고 다녔다. 이와 같은 다양한 전설과 의식에서는 인간인 아버지를 제거한다. 그가 과거의 파괴적인 힘을 상징하기 때문이다.

과거는 젊은 영웅이 새로운 세계를 창조하는 데 걸림돌이 된다. 아들은 선조에게 경의를 표하고 전통과 선례를 따라야 한다. 시대와 상황이 크게 달라졌음에도 불구하고 과거의 방식을 그대로 모방해야 한다. 또한 과거에서 물려받은 유산은 아들의 어깨를 무겁게 짓누른다. 아들은 그것을 잃을까 걱정하며 소심하고 조심스러워진다.

권력을 갖기 위해서는 부담스러운 과거를 제거하고 그 빈자리를 채울 줄 알아야 한다. 아버지의 존재를 없애야만 새로운 질서 창조를 위한 공간을 확보할 수 있다. 이를 위해 사용할 전략 몇 가지가 있다. 이것은 왕을 처형하던 관습의 변형된 형태로서, 물리적인 폭력성을 제거하고 대신 사회적으로 용인되는 방식으로 변화시킨 것이라 할 수 있다.

과거의 그늘에서 벗어나는 가장 간단한 방법은 과거를 무시하고 얕잡아보는 것이다. 세대와 세대 간에 항상 존재하는 적대감을 이용하고 구세대에 대한 신세대의 반감을 자극하라. 이를 위해서는 때로 웃음거리로 삼을 만한 구세대 인물이 필요하다. 마오쩌둥은 변화를 강하게 거부하는 사회 분위기에 직면하자, 중국 문화에서 절대적인 위치를 차지하는 공자라는 존재에 대한 억눌린 분노를 이용했다. 존 F. 케네디는 과거에 함몰되는 것의 위험을 잘 알았다. 케네디는 전임자인 드와이트 D. 아이젠하워의 스타일이나 그가 통치한 1950년대와 완전한 결별을 선언했다. 예를 들어 케네디는 전임자가 즐겼던 골프를 치지 않았다. 골프는 은퇴와 특권의 상징이었으며, 아이젠하워가 특히 즐긴 스포츠이기도 했다. 대신 케네디는 백악관 뜰에서 풋볼을 했다. 케네디 행정부는 진부한 아이젠하

것은 '왕은 죽었다'는 뜻이다. …… 체스의 무의식적인 동기를 인식하면, 그 안에는 용인 가능한 방식으로 아버지를 정복하려는 바람이 담겨 있다는 사실을 알게 된다. …… 19세기의 체스 챔피언 폴 모피(Paul Morphy)가 체스의 최정상에 올라 순항하기 시작한 것은 그의 아버지가 갑자기 사망하고 1년이 지나서부터였는데, 이는 주목할 만한 일이다. 그는 아버지의 죽음에 충격을 받았다. 충격적인 경험에 대한 대응으로서 그것을 다른 모습으로 승화시키려고 노력한 것이 아닐까 추측된다. 셰익스피어의 《햄릿》이나 프로이트의 《꿈의 해석》처럼 말이다. …… 모피가 성공 이후에 어떤 결과를 맞았는지 잠시 언급할 필요가 있다. 그는 성공 이후에 몰락의 길을 걸었다. 그것을 보면 그는 프로이트가 '성공 때문에 좌초된 사람'이라고 부른 유형에 속하는 것 같다. …… 심리학적으로 설명하면, 모피는 성공하여 유명해지자 자신의 오만함에 두려움을 느낀 것이다. 프로이트는 너무나 큰 성공이 주는 긴장으로 인해 무너지는 것은 상상 속에서는 그러한 성공을 견딜 수 있지만 실제 현실에서는 감당할 수 없기 때문이라고 설명했다. 꿈에서 아버지를 제거하는 것과 현실에서 아버지를 제거하는 것은 매우 다른 문제다. 현실은 무의식적인 죄책감을 크게 자극하며, 그에 대한 형벌로 정신적인 화를 맞을 수 있다.
– 《폴 모피의 문제(The Problem of Paul Morphy)》, 어니스트 존스 (Ernest Jones), 1951

위와 달리 젊음과 힘이 넘쳤다. 케네디는 오래된 진실을 아는 인물이었다. 젊은이는 자신만의 세상을 창조하길 갈망하고 아버지의 그늘에 묻히는 것을 싫어하며, 구세대와 대조되는 존재감을 가지고 싶어한다는 것을 말이다.

구세대와 거리를 유지하려면 때로 상징이 필요하다. 루이 14세는 선왕들이 쓰던 궁전을 사용하길 거부하고 베르사유 궁전을 지어 새로운 상징을 창출했다. 스페인의 펠리페 2세가 아무것도 없는 언덕에 에스코리알 궁을 세워 권력의 중심으로 삼은 것도 마찬가지다. 그러나 루이 14세는 단순히 상징을 만드는 데서 그치지 않았다. 그는 아버지나 선조 왕들과 똑같은 왕이 되고 싶지도, 그저 왕관을 쓰고 홀을 든 채 왕좌에 앉고 싶지도 않았다. 그는 자신만의 상징과 의식을 갖춘 새로운 형태의 왕권을 확립하고자 했다. 루이 14세는 선왕들의 의식을 과거의 진부한 유물로 치부했다. 당신도 그렇게 하라. 전임자의 길을 똑같이 밟는 인물로 비치지 말라. 그러면 전임자보다 뛰어난 존재가 될 수 없다. 그와 다른 당신만의 스타일과 상징을 확립하여 차별성을 보여야 한다.

율리우스 카이사르의 뒤를 이은 로마 황제 아우구스투스는 이러한 점을 정확히 알고 있었다. 카이사르는 위대한 장군이었고, 각종 행사로 로마 시민들에게 즐거움을 제공하는 다분히 연극적인 인물이었으며, 클레오파트라와 연애를 한 국제적 인물이었고, 실제보다 더 커 보이는 강력한 기운을 가진 독재자였다. 그래서 아우구스투스는 자신 역시 연극적 성향을 가졌음에도 불구하고, 카이사르를 능가하기보다는 그와 완전히 다른 존재가 되는 쪽을 택했다. 아우구스투스는 로마적인 소박함으로의 회귀를 강조했고, 내용적인 측면과 형식적인 측면 모두에서 검소함을 추구했다. 또한 카이사르의 화려한 존재감과 대비되도록 조용하면서도 남자다운 위엄을 보였다.

전임자가 위대하고 강력한 인물일수록 도처에는 과거의 상징으로 가득하다. 한마디로 당신의 이름을 부각시킬 공간이 없다. 이럴 때 당신은 밝은 눈으로 빈 공간을 찾아내야 한다. 당신이 들어가서 빛나는 최초의 인물이 될 수 있는 공간 말이다.

아테네의 페리클레스(Pericles)가 정치에 입문했을 때, 그는 아테네 정치에서 빠져 있는 부분 하나를 찾아냈다. 당시 대부분의 정치가들은 귀족들과 동맹을 맺었다. 하지만 페리클레스는 자신의 귀족적 성향을 버리고 민주주의적 요소를 이용하기로 결심했다. 이 선택은 그의 개인적 신념과는 아무런 관계가 없었지만, 그가 정치가로 성공하는 데 중요한 역할을 했다. 그는 필요에 의해서 민주주의적인 지도자가 되었다. 과거와 현재의 위대한 지도자들이 가득한 곳에서 경쟁하는 대신, 그는 자신의 존재를 가릴 그림자가 없는 곳에서 성공을 추구했다.

디에고 벨라스케스가 화가의 길에 들어섰을 때, 그는 자신보다 앞선 위대한 르네상스 화가들과 세련된 기법 면에서 경쟁할 수 없다는 사실을 알았다. 그래서 조악하고 거칠어 보이는 스타일을 선택했다. 이 스타일에서 그는 뛰어난 능력을 발휘했다. 당시 스페인 왕실에는 과거와 결별하고 싶어하는 사람들이 있었으며, 그들은 벨라스케스의 새로운 그림에 열광했다. 대부분의 사람들은 전통과 단절하는 것을 두려워했지만, 새로운 것을 원하는 사람들은 낡은 형식을 깨뜨리고 문화를 일신하는 이들을 내심 존경했다. 그렇기 때문에 빈 공간과 틈을 찾아내 들어가면 권력을 잡을 기회를 발견할 수 있다.

역사 속에서 되풀이해 나타나는 어리석은 착각이 하나 있다. 이는 권력을 쥐는 데 커다란 장애물이기도 한다. 바로 전임자가 성공한 방식을 그대로 이용하면 똑같은 성공을 거둘 수 있다는, 미신과 같은 믿음이다. 창의력이 없는 사람은 이러한 진부한 접근 방식에 이끌린다. 그러한 방식이 따라하기 쉽고, 그들의 나태함이나 소심함과도 어울리기 때문이다. 하지만 그들의 주변 환경과 조건은 과거의 그것과 절대 똑같지 않다.

2차 세계대전 때 더글러스 맥아더(Douglas MacArthur) 장군이 필리핀 주둔 미군 사령관이 되었을 때, 한 부관이 그에게 전임 사령관들이 수립한 다양한 선례가 담긴 책을 주었다. 거기에는 과거에 성공을 거둔 방법과 작전들이 쓰여 있었다. 맥아더는 부관에게 그 책이 몇 권짜리인지 물었다. 부관이 여섯 권이라고 대답하자 맥아더가 말했다. "여섯 권을 모두 가져다 불에 태워버리게. 하나도 남김없이. 나는 선례에 얽매이지 않을 걸세. 문제가 발생하면 내가 그때에 맞는 결정을 즉시 내리겠네." 과거에 대해 이처럼 단호하고 무자비한 태도를 취하라. 과거의 책을 불태우고, 발생하는 상황에 맞춰 대응할 수 있는 힘을 길러라.

아버지나 선임자와 분명히 단절했다고 생각했는데 실제로는 그렇지 못한 경우도 있다. 자신도 모르는 사이에 당신이 반항했던 아버지의 모습을 닮아가고 있지는 않은지 항상 경계해야 한다. 젊은 시절 마오쩌둥은 아버지를 싫어했고, 그와 대립하는 과정에서 자신만의 정체성과 새로운 가치관을 확립했다. 그러나 나이가 들면서 아버지의 방식이 자신에게 슬그머니 나타나는 것을 느꼈다. 마오쩌둥의 아버지는 지적 노동보다 육체노동을 더 중요시했다. 젊었을 때 마오쩌둥은 그런 생각을 비웃었지만, 언제부터인가 그도 아버지의 가치관과 낡은 발상으로 돌아가 중국 지식인들에게 육체노동을 강요했다. 그 때문에 마오쩌둥은 큰 대가를 치러야 했다. 기억하라. 당신 안에는 당신 아버지의 모습이 들어 있다. 오랜 시간을 들여 당신의 정체성을 확립했지만 방심하는 사이 과거의 망령(아버지, 과거의 습관, 유산 등)이 되살아나 당신을 덮치게 놔두지 말라.

루이 15세의 사례에서 알 수 있듯이 충만함과 풍요는 우리를 나태하게 만든다. 권력이 공고하면 우리는 행동할 필요성을 느끼지 못한다. 이는 특히 젊은 나이에 큰 성공을 거둔 사람들이 빠지기 쉬운 함정이다. 극작가 테네시 윌리엄스(Tennessee Williams)는 《유리 동물원(The Glass Menagerie)》의 성공으로 일약 유명 인사가 되었다. 그는 나중에 이렇게 썼다. "대중적인 성공을 거두기 전에 나는 인내가 필요한 삶, 치열하게 몸부림치는 삶을 살았다. 하지만 그것은 좋은 삶이었다. 인간이란 본래 그러한 삶을 살기 위해 태어난 존재이기 때문이다. 그러한 치열한 삶에 얼마나 많은 에너지가 넘쳤는지를, 나는 그러한 삶이 지나고 난 후에야 깨달았다. 이제 내겐 마침내 안정이 찾아왔다. 그 후 앉아서 주위를 둘러보자 문득 지독하게 우울해졌다." 윌리엄스는 신경쇠약에 걸렸다. 어쩌면 그것은 그에게 필요한 과정이었는지도 모른다. 심리적 극단까지 이른 후에 그는 다시 펜을 잡았고, 그의 최고 히트작인 《욕망이라는 이름의 전차(A Streetcar Named Desire)》를 써냈다. 도스토예프스키도 훌륭한 작품을 완성해서 경제적 안정을 얻으면 창작 행위의 필요성을 느끼지 못했다. 그는 도박장에 가서 가진 돈을 모두 탕진한 뒤에야 궁핍한 생활 속에서 다시 글을 쓸 수 있었다.

물론 모두가 그렇게 극단적인 상황으로 자신을 몰고 갈 필요는 없다. 그러나 풍요로 인해 나태해지기보다는 심리적인 무의 상태로 돌아갈 각오를 해야 한다. 파블로 피카소는 성공을 관리할 줄 아는 화가였다. 그는 그림 스타일에 계속 변화를 주었고, 때로는 과거의 방식을 완전히 무시하고 새로운 방식을 택했다. 한때 성공을 거두었지만 나중에 사람들에게 조소의 대상이 되는 경우가 얼마나 많은가. 권력을 가진 사람들은 그 함정을 잘 안다. 그들은 알렉산드로스 대왕처럼 끊임없이 자신을 재창조하려고 노력한다. 선왕이나 전임자의 이미지가 되살아나도록 놔두지 말라. 그럴 때마다 전임자를 죽여야 한다.

| **이미지** | 아버지. 아버지는 자식에게 거대한 그림자를 드리운다. 자식을 과거에 묶어두고, 그들의 젊은 정신을 억압하며, 자신이 간 것과 똑같은 길을 가라고 강요한다. 그럼으로써 자신이 죽은 후에도 자식이 얽매이게 만든다. 아버지가 사용하는 방식은 무궁무진하다. 당신은 갈림길에 설 때마다 아버지를 죽이고 그의 그림자로부터 걸어 나와야 한다.

| **근거** | 위대한 사람의 후광에 의존하지 않도록 주의하라. 그를 능가하려면 그보다 두 배는 더 성취해야 한다. 그를 뒤따르면 당신은 모방하는 자로 여겨진다. 아무리 노력해도 그 짐을 벗을 수 없다. 탁월해지기 위한 새로운 길을 터득하는 것은 특별한 능력인 동시에 유명한 인물이 되는 근대적인 방식이다. 걸출한 인물이 되는 데에는 많은 길이 있지만, 그 모두가 사람들이 많이 밟은 길은 아니다. 가장 새로운 길은 고통이 따르지만, 위대함에 이르는 지름길인 경우가 많다.

– 발타사르 그라시안(1601~1658)

뒤집어보기

위대한 전임자의 그림자를 당신의 이익에 기여하도록 교묘하게 이용할 수도 있다. 하지만 이 경우 권력을 얻은 즉시 이 전술을 버려야 한다. 나폴레옹 3세는 나폴레옹 1세의 조카라는 점을 내세웠으며, 이는 그가 대통령으로 선출되고 후에 황제의 자리에 오르는 데 중요한 영향을 끼쳤다. 그러나 일단 권력의 자리에 오르자, 그는 과거에 얽매이지 않았다. 나폴레옹은 자신의 통치가 과거와 다를 것이라고 공표했고, 국민들이 그에게서 과거 나폴레옹 1세와 유사한 치세를 기대하지 않게 만들려고 애썼다.

때로는 과거에도 가치 있는 요소들이 존재한다. 자신을 차별화하기 위해 그런 요소까지 무조건 부정하는 것은 어리석다. 심지어 알렉산드로스 대왕도 군대를 조직하는 아버지의 능력을 인정했고 거기에서 영향을 받았다. 논리가 결여된 채 전임자와 다르게 행동한다는 점만 부각시키면, 당신은 유치한 사람으로 비치고 통제력도 갖지 못한다.

오스트리아의 여왕 마리아 테레지아(Maria Theresia)의 아들 요제프 2세(Joseph II)는 보란 듯이 어머니와 정반대로 행동했다. 평민처럼 옷을 입었고 궁이 아니라 여인숙에서 묵었으며 '민중의 황제'처럼 행동했다. 반면 마리아 테레지아는 제왕적이고 귀족적인 분위기를 풍겼다. 그럼에도 그녀는 사랑을 받았으며, 수년간 어려운 시기를 넘기며 교훈을 배운 이후 현명하게 나라를 다스렸다. 올바른 방향으로 이끌어줄 지성과 본능이 당신에게 있다면, 반항아가 되는 것이 꼭 위험하지만은 않다. 그러나 당신이 요제프 2세처럼 평범한 사람이라면 전임자의 지식과 경험에서 배우는 편이 낫다.

마지막으로, 미래에 당신의 경쟁자가 될 젊은이를 경계해야 한다. 당신이 당신의 아버지를 제거하려고 애쓰는 것처럼, 젊은 사람도 당신을 없애려고 할 것이며 당신이 쌓은 모든 명성과 업적을 훼손하려 들 것이다. 아래쪽에서 위로 올라오는 이들을 경계하면서, 그들에게 당신을 모함할 기회를 주지 말라.

바로크 시대의 위대한 조각가 피에트로 베르니니(Pietro Bernini)는 젊은 경쟁자의 잠재된 능력을 알아보고 그들을 자기 그늘에서 벗어나지 못하게 만드는 데 고수였다. 어느 날 프란체스코 보로미니(Francesco Borromini)라는 젊은 석공이 자신의 건축물 스케치를 베르니니에게 보여주었다. 젊은 석공의 재능을 즉시 알아본 베르니니는 그를 조수로 고용했다. 보로미니는 기뻐했지만, 그것은 보로미니를 가까이 두고 그의 마음속에 열등감을 심어주려는 의도였다. 결국 보로미니는 뛰어난 재능에도 불구하고 베르니니보다 더 큰 명성을 얻지는 못했다. 베르니니는 수시로 이 전술을 사용했다. 예를 들어, 베르니니는 뛰어난 조각가 알레산드로 알가르디(Alessandro Algardi)가 자신의 명성을 뛰어넘을까 봐 두려워서 그를 조수로만 일하도록 만들었다. 베르니니에게 반항하고 자신만의 길을 개척하는 조수는 비극적인 결과를 맞이했다.

Law
32

중심인물을 공격하라
...
추방과 고립

문제의 근원을 추적하면 종종 한 사람의 강력한 인물로 귀착된다.
선동자나 교만한 부하, 선의를 곡해하는 자 등이 그런 인물이다.
그런 사람에게 움직일 여지를 주면,
다른 사람들이 영향을 받아 물들게 된다.
그런 사람이 일으키는 문제가 커지도록 내버려두지 말라.
구제할 수 없는 사람들이니 타협도 하지 말라.
즉각 고립시키거나 추방함으로써 영향력을 약화시켜라.
문제의 근원을 치면 무리는 저절로 흩어진다.

법칙 준수 사례 1: 아테네식 숙청, 도편 추방

기원전 6세기 말 아테네는 수십 년간 독재자들이 지배하던 시대를 끝냈다. 대신 아테네에는 민주주의가 확립되어 이후 1세기가 넘는 기간 동안 훌륭한 정치적 성과들을 보이게 된다. 그러나 민주주의가 발전하는 동안 아테네인들은 새로운 문제에 직면했다. 적들에 둘러싸인 이 작은 도시의 단결이나 번영을 위해 노력하지 않고, 오로지 자신의 야망만을 불태우거나 정치적 음모를 꾀하는 자들을 다루는 문제였다. 그런 사람들을 내버려두면 분열과 불안의 씨앗이 될 것이 분명했고 민주주의의 파멸을 초래할 수도 있었다.

새로운 민주주의 체계가 확립된 아테네에서 폭력적인 처벌을 사용할 수는 없었다. 대신 시민들은 이기적인 인물을 처리하기 위한 보다 합리적이고 덜 잔인한 방법을 고안해냈다. 그들은 매년 광장에 모여서 '오스트라콘'이라 불리는 사기 조각에 10년 동안 추방하고 싶은 사람의 이름을 적어서 투표에 부쳤다. 어떤 사람의 이름이 6천 표 이상 나오면 그는 즉시 도시에서 추방되었다. 만일 6천 표를 얻은 사람이 없으면 가장 많은 표가 나온 사람이 추방당했다. 이러한 제도를 오스트라키스모스(ostrakismos, 도편 추방)라고 불렀다. 이러한 투표는 시민들에게 일종의 축제와도 같았다. 불안을 조장하고 눈에 거슬리는 인물을, 민중에게 봉사하지 않고 그들을 밟고 올라설 기미가 있는 인물을 쫓아내는 일이었으니 얼마나 통쾌했겠는가.

기원전 490년, 아테네의 장군 아리스티데스(Aristides)는 마라톤 전투에서 페르시아 군을 무찌르는 데 커다란 공을 세웠다. 전장 밖에서는 공정한 명재판관으로서 '정의의 인물'로 불렸다. 그러나 시간이 흐르면서 아테네인들은 그를 싫어하게 되었다. 자신의 공명정대함을 너무 내세웠고, 때문에 아테네인들은 그가 속으로는 우월함과 자만심을 갖고 평민들을 멸시한다고 느꼈다. 그가 아테네 정치계에 모습을 드러내는 것이 시민들의 눈에 거슬렸고, 그들은 이제 더 이상 그를 '정의의 인물'이라고 부르지 않았다. 도도하게 모든 것을 판단하려는 그가 결국은 분열을 조장하는 원인이 되지 않을까 경계했다. 기원전 482년, 페르시아와 전쟁을 계속하는 과정에서 아리스티데스의 용맹함과 전문성이 중요했음에도 불구하고, 아테네인들은 그를 추방했다.

그 후 테미스토클레스(Themistocles)가 아테네의 최고 리더로 떠올랐다. 그러나 그는 자신이 이룬 공적에 기대어 오만해졌고, 자신이 전장에서 거둔 승리와 자신이 지은 사원들과 자신이 여러 번 위기를 막아낸 것을 자랑했다. 마치 자기가 없었으면 아테네가 망하기라도 할 것처럼 말이다. 기원전 472년, 시민들은 이 유해한 인물을 오스트라키스모스에 의해 쫓아버렸다.

기원전 5세기, 페리클레스는 아테네의 뛰어난 정치가 가운데 한 명이었다. 그는 여러 번 오스트라키스모스의 위험에 처할 뻔했지만, 시민들과 긴밀한 관계를 유지함으로써 재앙을 피해갔다. 아마도 그는 어린 시절 가정교사인 대몬(Damon)을 보고 교훈을 얻은 것으로 보인다. 대몬은 학식, 음악적 재능, 웅변술이 뛰어난 인물이었다. 그는 페리클레스에게 통치기술을 가르치고 훈련시켰다. 하지만 늘 오만한 태도로 평범한 시민들을 경멸했고, 이 때문에 결국 오스트라키스모스를 당했다.

기원전 5세기 말, 히페르볼로스(Hyperbolos)라는 인물이 있었다. 기록에 따르면 그는 대단히 형편없는 사람이었다고 한다. 그는 자신에 대한 남들의 시선이나 평가는 무시했으며, 자신이 싫어하는 사람은 누구든 중상하고 다녔다. 때문에 사람들의 미움을 샀다. 기원전 417년, 히페르볼로스는 당시의 주요 정치가인 알키비아데스와 니키아스에 대한 시민들의 분노를 조장할 기회를 발견했다. 둘 중 한 사람이 오스트라키스모스를 당하면 자신이 그 자리를 차지할 속셈이었다. 그의 작전은 처음엔 성공할 것처럼 보였다. 아테네인들은 화려하고 무책임하게 살아가는 알키비아데스를 좋지 않게 보았고, 니키아스의 부와 냉담한 태도를 늘 주시하고 있었기 때문이다. 둘 중 하나는 추방을 당할 가능성이 있었다. 그러나 알키비아데스와 니키아스가 결탁하여 맞서자 오히려 히페르볼로스가 오스트라키스모스를 당했다.

초기에 오스트라키스모스의 대상이 된 사람은 주로 강력한 거물이었다. 그러나 히페르볼로스는 비천한 광대 같은 인물이었다. 시민들은 그

빠져나가자 잉카 전체는 힘없이 무너졌다. 아타우알파가 처형되자 왕좌가 비게 되었다. 뿐만 아니라 잉카 사람들은 아타우알파보다 더 강력한 존재가 권력을 차지했음을, '태양의 자손'이 다스리던 제국은 영원히 사라져버렸다는 사실을 깨달았다.
– 《페루 정복(The Conquest of Peru)》, 윌리엄 H. 프레스코트 (William H. Prescott), 1847

의 추방을 보면서 오스트라키스모스 제도의 품위와 가치가 떨어졌다고 느꼈다. 그래서 거의 100년간 아테네의 평화를 지켜주던 이 제도를 없애 버렸다.

해석 ——

고대의 아테네인들은 일종의 사회적 본능을 갖고 있었다. 그들은 진정한 의미의 시민으로서, 반사회적 행동의 위험을 잘 알고 있었다. 또한 그러한 행동이 다른 형태들로 변형되어 나타난다는 것도 인식하고 있었다. 나는 신성하고 경건하므로 너희도 내 기준을 따라야 한다고 암암리에 강요하는 태도, 공공의 선을 무시한 거만한 야망, 우월함에 대한 과시, 조용하고 은밀하게 책략을 도모하는 것, 구제 불능의 추악한 행태 같은 것들 말이다. 이런 태도 가운데 일부는 도시의 단결을 저해하고 분열을 일으킬 수 있었으며, 또 일부는 시민들의 열등감과 시기심을 불러일으켜서 민주주의 정신을 훼손할 수 있었다. 아테네인들은 그런 사람들을 재교육하거나 특정한 방법을 사용해 사회로 흡수시키지 않았다. 가혹한 처벌을 내리지도 않았다. 처벌은 또 다른 문제를 양산할 뿐이었다. 그들은 추방을 택했으며, 이는 가장 빠르고 효과적인 해법이었다.

어떤 그룹에서든 문제의 근원은 한 사람으로 귀착될 때가 많다. 늘 불만에 가득하고 조직 내에 분열을 일으키며 그 불만을 다른 이들에게도 전염시키는 사람 말이다. 그런 불만은 금세 퍼져나간다. 불만과 분열이 연쇄적으로 퍼져 걷잡을 수 없는 상황이 되기 전에 신속하게 조치를 취해야 한다. 먼저 건방지거나 불평불만을 입에 달고 다니는 문제 인물을 파악하라. 일단 찾아내면 그를 개조하거나 달래려 들지 말라. 상황만 더 악화될 뿐이다. 직접적으로든 간접적으로든 그를 공격하지도 말라. 그는 천성적으로 독하기 때문에 은밀히 당신을 파괴할 음모를 꾸밀 것이다. 아테네인들처럼 너무 늦기 전에 그를 추방하라. 더 큰 혼란이 일어나기 전에 그를 무리와 분리시켜라. 불안의 씨앗을 뿌릴 시간을, 움직일 수 있는 여지를 주지 말라. 한 사람만 희생시키면 나머지 모두가 평화롭게 살 수 있다.

나무가 쓰러지면 원숭이들은 사방으로 흩어진다.

– 중국 속담

법칙 준수 사례 2: 흉계에 빠진 단테

1296년, 가톨릭교회의 추기경들이 새로운 교황을 뽑기 위해 로마에 모였다. 그들은 빈틈없고 똑똑한 가에타니(Gaetani) 추기경을 새 교황으로 선출했다. 그런 인물이라야 바티칸의 권력을 공고히 유지할 수 있다고 판단했기 때문이다. 보니파키우스 8세(BonifaciusⅧ)가 된 가에타니는 추기경들의 기대에 부응하는 리더십을 발휘했다. 그는 항상 용의주도하게 미리 계획하고 움직였으며, 원하는 바를 추진하는 과정에서 그 어떤 장애에도 굴하지 않았다. 일단 권좌에 오르자 보니파키우스는 신속하게 경쟁자들을 제거하고 교황령을 통일했다. 그를 두려워한 유럽의 여러 나라들은 협상을 하기 위한 사절단을 그에게 보냈다. 독일 왕 알브레히트 1세는 영토 일부를 보니파키우스에게 양보하기도 했다. 모든 것이 교황의 계획에 따라 순조롭게 진행되고 있었다.

그러나 한 지역이 문제였다. 이탈리아에서 가장 부유한 지역인 토스카나였다. 토스카나의 가장 강력한 도시 피렌체만 정복하면, 보니파키우스는 토스카나 지역 전체를 손에 넣을 수 있었다. 하지만 피렌체 사람들은 자부심이 강해서 정복하기 쉽지 않았다. 교황은 신중한 작전을 세워야 했다.

당시 피렌체의 주요 세력은 흑파와 백파로 나뉘어 있었다. 백파는 신흥 상인 계층으로, 흑파는 기존의 대상인들로 구성되어 있었다. 대중에게 인기 있던 백파는 상당한 권력을 갖고 있었고, 흑파는 그런 백파에 대해 적개심을 가졌다. 두 세력 간의 갈등은 점점 악화되었다.

보니파키우스는 이 상황을 이용하기로 했다. 흑파가 권력을 잡도록 도와주면 손쉽게 피렌체를 손에 넣을 수 있다고 계산한 것이다. 그는 상황을 면밀하게 따져본 뒤에, 저명한 작가이자 시인이며 백파의 열성적인 지지자인 단테 알리기에리(Dante Alighieri)에게 주목했다. 단테는 정치에 관심이 많았다. 백파가 내세우는 공화국의 자립정책을 신봉했으며, 정치적 소신을 지키지 못하는 시민들을 쓴 소리로 비판했다. 또한 뛰어난 대중 연설가였다. 보니파키우스가 토스카나를 정복할 계획을 세운 1300년에, 단테는 피렌체의 핵심 고위 관직인 '프리오레'에 선출되었다. 그는 이 자리에 있으면서 흑파와 교황 세력에 강경한 태도로 맞섰다.

1301년에 보니파키우스는 새로운 계획을 세웠다. 그는 프랑스 왕의 형제인 샤를 드 발루아를 불러들인 뒤, 토스카나를 정복하는 것을 도와달라고 요청했다. 샤를이 북부 이탈리아를 향해 진군을 시작하자 피렌체 사람들은 불안과 공포에 휩싸였다. 단테가 피렌체를 단결시키는 중심인물로 부상했다. 그는 유화책에 넘어가서는 안 된다고 외치면서 시민들을 집결시키고, 교황과 그의 꼭두각시인 프랑스 대공에 대항하기 위해 필사적으로 노력했다. 보니파키우스는 어떻게 해서든 단테를 무력화시켜야만 했다. 그래서 샤를의 군대로 피렌체를 위협하는 한편, 다른 한쪽에서는 단테가 미끼를 물기를 바라면서 협상을 하자고 제안했다. 결국 피렌체는 로마에 사절단을 보내 협상을 시도해보기로 결정했다. 보니파키우스의 예상대로 피렌체 사람들은 단테를 사절단 대표에 포함시켰다.

일부 사람들은 교황이 함정을 파놓은 것인지도 모른다고 단테를 말렸지만, 단테는 로마로 향했다. 단테는 샤를의 프랑스 군대가 피렌체 접경 지역에 도착했을 즈음 로마에 당도했다. 그는 유창한 언변과 화술로 교황을 설득할 수 있다고 자신했다. 그러나 교황은 피렌체 사절단을 만나자마자 위협적인 태도로 돌변하여 큰 소리로 말했다. "당장 내 앞에 무릎을 꿇어라! 그리고 내 말에 복종하라! 나는 진정으로 당신들의 평화를 원하노라." 사절단은 그의 위압적인 태도에 무릎을 꿇은 채, 자신들의 이익을 돌봐주겠다는 교황의 약속을 들었다. 교황은 그들에게 협상을 계속할 사람을 한 명만 남겨두고 고향으로 돌아가라고 했다. 그러면서 단테를 남겨두라고 말했다. 교황은 정중하게 이야기했지만 사실 그것은 명령과 다름없었다.

단테가 로마에 남아 교황과 대화를 하는 동안 피렌체는 무너져갔다. 리더십을 발휘할 인물이 없어진 데다 샤를 드 발루아가 교황이 준 돈으로 백파 사람들을 매수하고 분열을 조장했기 때문이다. 일부는 협상을 지지하고 일부는 흑파 쪽으로 변절하는 가운데, 백파는 붕괴되어갔다. 적이 분열되어가자 흑파는 몇 주 만에 손쉽게 그들을 장악하고 잔인하게 복수를 했다. 흑파의 권력이 확고해지자 교황은 마침내 단테를 로마에서 놔주었다.

흑파는 단테에게 피렌체에 돌아와서 재판을 받으라고 했다. 단테가 거부하자, 흑파는 그에게 피렌체에 다시 발을 들여놓으면 화형에 처하겠다고 위협했다. 단테는 이탈리아 이곳저곳을 떠돌며 망명 생활을 했고 죽은 후에도 고향 피렌체에 돌아가지 못했다.

해석 ──

보니파키우스는 적당한 구실을 이용해 단테를 로마로 불러내기만 하면 피렌체가 무너질 것을 알았다. 그는 고전적인 수법을 이용했다. 한 손으로는 위협을 하고 다른 손으로는 달래는 작전이었다. 단테는 곧 그의 작전에 넘어갔다. 일단 단테가 로마에 도착하자, 보니파키우스는 그를 가급적 오랫동안 붙잡아두었다. 그는 권력 게임의 중요한 원칙, 즉 단호한 결의를 품은 사람 하나만 있으면 양 떼도 사자 무리로 변할 수 있다는 사실을 알고 있었다. 그는 그 핵심 인물을 끌어내기로 했다. 기둥과 같은 인물이 사라지자 양 떼는 금세 흩어져버렸다.

머리가 여럿 달린 괴물 앞에서 사방을 공격하느라 시간을 낭비하지 말라. 가장 중요한 머리 하나만 골라라. 강한 정신력과 총명함과, 무엇보다도 카리스마를 지닌 인물을 찾아라. 어떻게 해서든 그를 끌어내라. 일단 그가 없어지면 상대 진영은 힘을 잃는다. 그를 고립시키는 방법에는 물리적인 방법(추방), 정치적인 방법(지지 기반 약화시키기), 심리적인 방법(중상과 매수를 통해 무리에서 소외시키기) 등이 있다. 암은 한 개의 세포에서 시작된다. 온몸으로 퍼져 손 쓸 수 없게 되기 전에 그것을 잘라내야 한다.

권력의 열쇠: 중심인물을 공격하라

과거에는 왕과 소수의 대신들이 나라 전체를 다스렸고 소수의 엘리트 층만이 권력을 가졌다. 그러나 세월이 흐르면서 권력은 점차 분산되고 민주화되었다. 그 결과 집단에는 더 이상 권력의 중심이 존재하지 않는다는 오해가 생겨났다. 권력이란 널리 분산되어 있으며 사람들이 골고루 갖고 있다고 생각하게 된 것이다. 하지만 권력을 가진 자의 수는 변했을지 몰라도 그 본질에는 변함이 없다. 수많은 사람들의 생사를 좌우하는 강력한 군주는 훨씬 적어졌겠지만, 작은 영역들을 지배하는 수천 명의 작은 권력자들은 여전히 남아 있다. 그들은 간접적인 권력 게임과 카리스마를 통해 자신의 의지대로 무리의 방향을 주도한다. 어떤 집단에서나 권력은 한두 명에게 집중되어 있다. 이는 결코 변하지 않는 인간의 본성과 관련이 있다. 행성들이 태양 주위를 돌듯 사람들은 강력한 사람의 주위에 모여들게 마련이다.

권력의 중심이 더 이상 존재하지 않는다고 착각하고 있으면, 당신은 실수를 되풀이하고 시간과 에너지만 낭비하면서 목표를 달성하지 못한다. 진정한 권력자는 결코 시간을 낭비하지 않는다. 그는 겉으로는 많은 사람이 권력을 공유하고 있다고 믿는 척하지만, 사실 속으로는 집단 내에서 핵심 역할을 하는 소수에게 집중한다. 당신은 그들에게 주목해야 한다. 문제가 발생하면 원인이 되는 지점, 혼란의 출발점이 되는 강력한 인물을 찾아낸 뒤에 그를 고립시키거나 추방하여 다시 평화를 되찾아야 한다.

밀턴 H. 에릭슨 박사는 문제가 있는 가족을 치료할 때, 거기에는 반드시 문제의 중심이 되는 구성원이 있다는 것을 알았다. 그는 치료를 진행하는 동안 그 문제의 구성원을 멀찍이 떨어뜨려 앉혀놓음으로써 상징적으로 고립시켰다. 그러면 나머지 가족들은 물리적으로 떨어져 있는 그 구성원이 문제의 원천이라는 사실을 서서히 인식했다. 문제의 인물을 알아낸 다음에는 그 사실을 다른 사람들에게 알려주기만 해도 큰 효과를 볼 수 있다. 집단의 역학을 지배하는 사람을 알아내는 것은 매우 중요하다. 기억하라. 문제를 일으키는 사람은 집단 속에 숨어서 다른 이들의 행동 뒤에 자신의 행동을 감춘다. 그들의 행동이 드러나게 만들면 그들은 선동할 힘을 잃어버린다.

전략 게임의 핵심 열쇠는 적의 힘을 고립시키는 것이다. 체스에서는 왕을 구석으로 몰아붙인다. 바둑에서는 상대 세력을 작은 구역에 몰아넣어 움직이지 못하게 만든다. 적을 파괴하는 것보다 고립시키는 것이 나을 때가 많다. 그러면 당신도 덜 잔인하게 비친다. 그러면서도 크게 다르지 않은 결과를 얻을 수 있다. 권력 게임에서 고립은 곧 죽음을 부르기 때문이다.

고립의 가장 효과적인 형태는 상대를 권력 기반에서 분리시키는 것이다. 마오쩌둥은 적을 없애고 싶을 때 상대와 직접 부딪치지 않았다. 그는 조용하고 은밀하게 상대를 고립시켰고, 상대의 동맹 세력을 와해시켜 멀리 보내버렸고, 상대의 지지 기반을 축소시켰다. 그러면 적은 스스로 무너졌다.

권력 게임에서는 당신의 존재를 지속적으로 보이는 것이 중요하다. 특히 상대를 유혹하는 게임의 초반에는 당신의 모습을 계속 보여주거나, 또는 당신이 계속 그 자리에 존재한다는 느낌을 창출해야 한다. 시야에서 너무 자주 사라지면 당신의 매력은 떨어진다. 엘리자베스 1세의 총리였던 솔즈베리에게는 경쟁자가 두 명 있었다. 하나는 여왕이 총애하는 에식스 백작이었고, 또 하나는 월터 롤리 경이었다. 솔즈베리는 그 두 사람에게 스페인에 대항한 외교 임무를 주어 멀리 내보내려는 음모를 꾸몄다. 그들이 없는 동안 여왕의 눈에 들어 최고 궁정고문 자리를 확보하고, 두 사람에 대한 여왕의 애정이 시들해지도록 하려는 속셈이었다. 우리는 여기서 두 가지 교훈을 얻을 수 있다. 첫째, 궁정에서 자리를 비우면 당신은 위험에 빠진다. 혼란의 시기에는 절대 자리를 떠나지 말라. 그러면 당신의 권력이 약해진다. 둘째, 반대로 결정적인 시기에 적들을 꾀어 궁정 밖으로 내몰아라. 그것은 최고의 전술이 될 수 있다.

고립은 또 다른 전략적 유용성을 지닌다. 상대를 유혹할 때는 평소의 사회적인 배경에서 그를 끌어내는 것이 좋을 때가 많다. 고립되면 그들은 훨씬 취약해지며, 당신은 훨씬 강해진다. 사기꾼들은 목표물을 평소의 사회적 환경에서 이끌어내 낯설고 새로운 환경으로 유인한다. 그 안에서 목표물은 훨씬 약해지고 더 잘 속는다. 따라서 고립은 유혹과 기만을 위한 강력한 도구가 될 수 있다.

때때로 집단이나 무리에서 일부러 멀리 떨어져 있는 권력자들을 볼 수 있다. 어쩌면 권력으로 인해 자만하게 되어 자신이 그들과 다른 우월한 존재라고 생각하기 때문인지도 모른다. 또는 평범한 대중과 소통하는 방법을 몰라서일 수도 있다. 하지만 그런 권력자들은 공격 대상이 되기 쉽다. 또 힘을 가졌다고 해도 그런 권력자는 이용당할 수 있다.

러시아의 신비주의자 라스푸틴(Rasputin)은 니콜라이 2세와 황후 알렉산드라를 대중으로부터 고립시키는 방법을 통해 자신의 권력을 확보했다. 특히 알렉산드라 황후는 외국인이었기 때문에 러시아 국민들과 더욱 거리가 있었다. 라스푸틴은 자신이 농민 출신이라는 사실을 강조해 교묘하게 황후의 환심을 샀다. 황후가 백성들과 소통하고자 하는 마음이 매우 간절했기 때문이다. 일단 왕실의 핵심으로 들어가자 라스푸틴은 자신을 필요불가결한 존재로 만들어 권력을 확보했다. 그는 권력을 향해 전진하면서 진짜 권력을 가진 한 사람, 즉 황후를 목표로 삼았다(황후는 니콜라이 2세를 지배하고 있었다). 그리고 황후는 이미 고립되어 있었기 때문에 라스푸틴이 고립시키려고 애쓰지 않아도 되었다. 라스푸틴과 같은 전략을 쓰면 큰 권력을 얻을 수 있다. 높은 자리에 있지만 혼자 고립되어 있는 권력자를 찾아라. 그런 상대는 유혹하기 쉽고, 그를 이용하면 당신이 확고한 권좌에 오를 수 있다.

핵심 인물을 공격해야 하는 이유는 그로써 나머지 무리들을 무력화시킬 수 있기 때문이다. 에르난 코르테스와 프란시스코 피사로가 적은 수의 군대를 이끌고 아스텍과 잉카 제국을 공격할 때, 그들은 여러 개의 전선에서 전투를 벌이는 어리석음을 범하지 않았다. 또 적군의 숫자에 위압감을 느끼지도 않았다. 그들은 몬테수마(Moctezuma, 아스텍 황제)와 아타우알파(Atahualpa, 잉카 황제)를 붙잡았다. 그러자 제국 전체가 그들의 손안에 들어왔다. 중심 지도자가 사라지면 무게중심도 사라진다. 궤도를 도는 행성들이 중심으로 삼을 존재가 없어지고 모두가 흩어진다. 지도자를 목표로 삼아 넘어뜨려라. 그러면 이어지는 혼란 속에서 무궁무진한 기회를 발견할 수 있다.

| **이미지** | 통통한 양들의 떼. 양 한두 마리를 훔치려고 귀중한 시간을 허비하지 말라. 양 떼를 지키는 개들을 공격하여 생명의 위험을 자초하지 말라. 양치기를 목표로 삼아라. 그를 꾀어 끌어내면 개들도 따라 나온다. 양치기를 치면 양 떼는 사방으로 흩어진다. 그런 후에 여유 있게 한 마리씩 챙겨라.

| **근거** | 활을 쏠 때는 가장 강한 활을 사용하라. 화살을 사용할 때는 가장 긴 것을 사용하라. 기수(騎手)를 넘어뜨리려면 먼저 말을 쏴라. 도적 떼를 소탕하려면 그 우두머리를 잡아라. 나라에 경계가 있는 것처럼, 사람을 죽이는 데도 한계가 있다. 두목을 쓰러뜨려 적의 공격을 막을 수 있는데, 무엇하러 필요 이상으로 사람을 죽이고 해치는가?

– 두보(杜甫, 8세기)

뒤집어보기

마키아벨리는 이렇게 말했다. "상대를 해하고자 할 때는 상대의 복수를 두려워할 필요가 없는지 먼저 살펴야 한다." 적을 고립시키기 위한 작전을 수행할 때는 적에게 앙갚음 수단이 없는지 확인해두어야 한다. 바꿔 말하면, 이 법칙은 상대보다 우월한 위치에 있을 때, 즉 그가 분개하고 원한을 품어도 당신이 두려워할 필요가 없는 위치에 있을 때 사용하는 것이 좋다.

에이브러햄 링컨 후임으로 대통령이 된 앤드류 존슨(Andrew Johnson)은 율리시즈 S. 그랜트(Ulysses S. Grant)를 정부 내의 문제 인물로 여겼다. 그래서 존슨은 그랜트를 고립시켰다. 나중에는 아예 권력의 범위 밖으로 쫓아낼 심산이었다. 하지만 그랜트는 이에 분개하여 오히려 공화당 내에 자신의 지지 기반을 확고히 다졌고 마침내 존슨의 뒤를 잇는 대통령이 되었다. 이 경우에는 그랜트가 앙심을 품게 만드는 것보다 그랜트를 안전한 우리에 가두는 편이 훨씬 현명했을 것이다. 때에 따라서는 상대를 원한을 품은 적으로 만드는 것보다, 그를 당신 가까이에 두고 지켜보는 편이 낫다. 가까운 곳에 두고 은밀하게 그의 지지 기반에 타격을 주어라. 때가 오면 그들은 원인도 모른 채 순식간에 무너질 것이다.

Law
33

너무 완벽한 사람으로 보이지 마라

...

질투심 원천봉쇄

남들보다 나은 사람으로 보이는 것도 늘 위험하지만,

가장 위험한 것은 전혀 결점이나 약점이 없는

사람으로 비치는 일이다.

질투는 무언의 적을 만든다.

때때로 결점을 드러내고 해로울 게 없는 악행을

인정하는 것이 영리한 처사다.

그래야 질투를 비끼게 하고,

보다 인간적이고 가까이 하기 쉬운 사람으로 비칠 수 있다.

오직 신과 죽은 자만이 완벽해 보여도 탈이 없는 법이다.

법칙 위반 사례: 오턴과 할리웰의 비극적 사랑

1953년, 조 오턴(Joe Orton)과 케네스 할리웰(Kenneth Halliwell)은 런던 왕립연극예술 아카데미에서 연기 과정의 학생 신분으로 처음 만났다. 두 사람은 이내 연인 관계로 발전했다. 당시 25세였던 할리웰은 오턴보다 일곱 살이 많았다. 두 사람 모두 연기에는 재능이 없었기에 졸업 후에는 연기를 포기하고 런던의 우중충한 아파트에서 동거를 시작했다. 작가로서 성공하고 싶었던 그들은 할리웰이 물려받은 유산을 까먹으며 몇 년 동안 작품 집필에 전념했다. 할리웰이 오턴에게 이야기를 풀어내면 오턴은 원고를 타이핑하고 이따금 자신의 생각을 추가했다. 그들의 첫 번째 작품은 저작권 대리인의 관심을 끌었지만 출간에는 성공하지 못했다.

돈이 모두 떨어지자 두 사람은 일자리를 찾아야만 했다. 공동 작업의 열기도 식었고 횟수도 점점 줄어갔다. 미래는 그다지 밝지 않았다.

1957년, 오턴은 자신만의 이름으로 글을 쓰기 시작했다. 하지만 그 기간은 5년에 불과했다. 두 사람은 10여 권의 도서관 장서들을 훼손한 죄로 6개월간 감옥에 갇혀 지내야 했기 때문이다. 그때부터 오턴은 자신의 목소리를 내기 시작했다(아마 우연은 아니었을 것이다. 오턴과 할리웰은 9년 동안 함께 지냈고 이때 처음으로 서로 떨어져 있었다). 그는 출옥한 후 새로운 결심을 했다. 영국 사회에 대한 경멸을 담은 소극(笑劇)을 쓰기로 한 것이다. 둘은 다시 예전처럼 함께 살았지만 이번에는 역할이 뒤바뀌었다. 오턴이 집필을 주도하고 할리웰은 그에 대한 논평이나 아이디어만 제공했다.

1964년 조 오턴은 첫 번째 장막극인 《슬론 씨 접대하기(*Entertaining Mr. Sloane*)》를 완성했다. 이 작품은 런던의 웨스트엔드에서 공연되어 비평가들로부터 격찬을 받았다. 그는 무명에서 주목받는 신예 작가로 떠올랐다. 그는 승승장구하기 시작했다. 1966년 오턴은 새 작품 《약탈(*Loot*)》로 또 한 번 흥행 대박을 터뜨렸다. 이렇듯 인기가 치솟자 사방에서 작업 의뢰가 쏟아져 들어왔다. 비틀스로부터 영화 대본을 써달라는 의뢰를 받기도 했다.

오턴이 성공의 가도를 달릴수록 오턴과 할리웰의 관계는 점차 소원해졌다. 두 사람은 여전히 한 집에 살았지만 할리웰의 존재는 오턴의 성공에 가려 점점 빛을 잃어갔다. 사람들의 관심이 온통 오턴에게 쏠리면서, 할리웰은 그를 보조하는 인물로 평가절하되었다. 한때는 공동 작업을 했지만 이제 할리웰의 역할은 점점 더 줄어들었다. 또한 지난날에는 할리웰의 유산을 가지고 먹고살았지만 지금은 오턴이 그를 먹여 살리고 있었다. 파티나 친구들의 모임에 나가도 사람들은 자연스럽게 오턴의 주위에 모이곤 했다. 매력적인 외모와 쾌활한 성격의 오턴과 달리, 할리웰은 머리도 벗겨진 데다 방어적인 자세를 취해 사람을 불편하게 만드는 구석이 있었다.

날이 갈수록 둘의 관계가 악화되면서 두 사람은 동거를 할 수 없게 되었다. 오턴은 그의 곁을 떠나 여러 차례 다른 연인을 만났지만 결국은 옛 친구이자 연인에게 돌아오곤 했다. 그는 할리웰이 미술가로서의 삶을 시작할 수 있도록 도와주려고 애를 썼으며 그의 작품을 전시할 미술관을 구해주기도 했다. 하지만 전시회는 실패했고 할리웰의 열등감만 키워주는 결과를 낳았다. 1967년 5월, 두 연인은 모로코의 탕헤르로 짧은 휴가를 떠났다. 여행 중 오턴은 일기에 이렇게 기록했다. "우리는 나란히 앉아서 우리가 얼마나 행복한지를 이야기했다. 그리고 분명 그 행복이 오래가지 않을 것이라는 이야기도 했다. 우리는 행복의 대가를 치를 수밖에 없을 것이다. 아니면 우리는 재앙을 만나 서로 멀리 떨어지게 될지도 모른다. 왜냐하면 우리는 너무 행복하기 때문이다. 젊고, 잘생겼으며, 명성이 높고, 상대적으로 부유하면서, '거기다' 행복하기까지 한 것은 분명 자연의 법칙에 위배되는 것이다."

할리웰도 겉으로는 행복해 보였다. 하지만 속에서는 질투심이 격렬하게 끓어오르고 있었다. 두 달 뒤의 일이 그것을 입증해준다. 1967년 8월 10일 아침, 오턴의 소극《집사가 본 것(What the Butler Saw)》, (분명 그의 최고 걸작이다)의 마무리 작업을 도와주고 불과 며칠후 케네스 할리웰은 망치로 오턴의 머리를 여러 차례 내리쳐 살해했다. 이어서 그는 스물한 알의 수면제를 먹고 자살했다. 그가 남긴 짧은 유서에는 이렇게 쓰여 있었다. "오턴의 일기를 읽어보세요. 거기에 모든 것이 설명되어 있을 겁니다."

해석 ──

케네스 할리웰은 자신의 열등감을 정신질환으로 간주하고 싶었지만 조 오턴의 일기는 그에게 진실을 알려주었다. "할리웰이 앓고 있는 병의 핵심은 순전히 질투심이다." 할리웰은 그 일기를 몰래 훔쳐보았다. 일기에는 두 연인이 서로 대등한 관계에서 명성을 얻기 위해 분투했던 시절의 일들을 자세히 열거하고 있었다. 하지만 오턴이 성공을 거둔 뒤부터 그의 일기에는 할리웰의 시무룩한 태도나 파티석상의 거슬리는 논평, 갈수록 눈에 띄는 열등감 등이 적혀 있었다. 오턴은 거의 경멸에 가까울 정도로 객관적인 태도로 그것들을 기술했다.

오턴의 성공에 대한 할리웰의 질투를 잠재울 수 있는 유일한 길은 오턴도 똑같이 실패를 하는 것이었다. 만일 연극 한 편이 실패를 했다면 비극은 일어나지 않았을지도 모른다. 그러면 두 사람은 옛날처럼 동등한 관계로 되돌아갈 수도 있을 테니까. 하지만 상황은 그와 반대로 전개되었다(오턴의 성공과 명성은 더욱 커져만 갔다). 그러자 할리웰은 극단적인 길을 택했다. 바로 죽음을 통해 동등해지는 것이었다. 오턴을 살해함으로써 그는 그토록 질투했던 친구이자 애인이었던 오턴과 거의 대등한 수준의 유명인이 되었다. 사후에 말이다.

조 오턴은 할리웰의 심정을 완전히 이해하지 못했다. 할리웰이 미술가로 새 출발을 할 수 있도록 도와주려고 했던 시도는 상대를 자극했을 뿐이다. 그것은 죄책감에서 벗어나려는 일종의 적선 행위에 지나지 않았다. 오턴은 기본적으로 두 가지 해결책을 쓸 수 있었다. 그는 자신의 성공을 평가절하하고 몇 가지 단점을 노출시켜 할리웰의 질투를 피할 수도 있었다. 아니면 일단 문제의 본질을 파악한 뒤, 할리웰이 독사라도 되는 것처럼 멀찍이 피할 수도 있었다. 실제로 할리웰은 독사나 마찬가지였다. 질투에 사로잡힌 독사 말이다. 일단 어떤 사람의 마음속에 질투가 똬리를 틀면, 당신이 어떻게 대처하든 질투심은 점점 커지기만 할 뿐이다. 질투심은 하루하루 그의 내면을 갉아먹고 결국에는 상대방을 공격하게 될 것이다.

인생의 게임에서는 오로지 소수만이 승자가 되며, 그 소수는 어쩔 수 없이 주위 사람들에게 질투의 대상이 된다. 따라서 당신이 성공 가도를 달리게 되면, 가장 두려워해야 할 대상은 바로 당신 때문에 뒤에 처지게 된 친구와 지인 등의 주변 인물들이다. 열등감이 그들을 갉아먹는다. 당신의 성공을 의식할 때마다 그들의 열등감은 깊어지기만 할 뿐이다. 이때부터 키르케고르가 '불행한 숭배'라고 불렀던 질투가 확고하게 자리를 잡는다. 당신은 처음에는 그것을 보지 못하지만 어느 날부터는 확연히 느끼게 될 것이다. 다시 말해, 회피 전략을 수행하지 않거나 성공의 신에게 약간의 제물을 바치지 않을 경우, 당신은 질투의 대상이 될 것이다. 따라서 당신은 가끔 자신의 능력을 숨기고, 의도적으로 실수나 약점, 혹은 불안감을 노출시킬 필요가 있다. 성공을 행운의 탓으로 돌리는 것도 좋은 전략이다. 그렇지 않으면 아예 새로운 친구를 사귈 수도 있다. 어떤 경우에도 질투의 힘을 무시해서는 안 된다.

법칙 준수 사례: 막후의 권력자, 코시모

중세 피렌체를 번영으로 이끈 원동력은 상인 계급과 동업자 길드였다. 그들은 귀족의 억압에 대항하고 자신을 보호하기 위해 공화제를 도입했다. 공화제하에서 고위 관직의 임기는 몇 달에 불과하기 때문에 누구도 지속적인 지배력을 확보할 수 없었다. 그 결과 정치적 파당들은 끊임없이 권력을 두고 다투었지만, 이런 체제 덕분에 전제 군주나 독재자의 출현은 막을 수 있었다. 메디치 가문은 이런 체제 속에서 몇 세기를 살았지만 이렇다 할 명성은 누리지 못했다. 그들 가문은 약제사에서 출발한 전형적인 중산층이었다. 그러다가 14세기 말 조반니 데 메디치가 금융업으로 엄청난 재산을 모으면서 그들은 존경받는 세력으로 부상했다.

조반니가 죽은 후 그의 아들 코시모가 가업을 이었다. 그의 관리 아래 사업은 계속 번창하여 메디치 가문은 유럽에서도 가장 탁월한 은행가로 성장했다. 하지만 그들에겐 라이벌이 있었다. 당시 피렌체는 공화제를

표정을 지으며 점점 더 야위어갔다. 남을 괴롭히고 그로 인해 자신이 괴로웠기 때문에 그녀는 자신이 느끼는 고통의 근원이기도 했다. 미네르바는 혐오감을 억누른 채, 짧게 말을 걸었다. '네 독을 케크롭스의 딸 중 한 명에게 주입하라. 그녀의 이름은 아글라우로스다. 내가 너에게 요구하는 것은 바로 그것이다.' 다른 말은 전혀 없이 미네르바는 창으로 땅을 굴렀고, 땅을 벗어나 하늘로 솟구쳤다. 질투는 곁눈질로 여신이 사라지는 모습을 바라보며 짜증내듯 미네르바의 계획을 성공시켜야 한다고 투덜거렸다. 그리고 질투는 온통 가시덩굴로 둘러싸인 자신의 지팡이를 들고 검은 구름 속에 몸을 숨긴 뒤 출발했다. 어디를 가든 들판의 꽃들을 마구 짓밟았고, 풀들을 말려 죽였으며, 나무 꼭대기를 불로 그슬렸고, 자신의 숨결로 사람들과 도시, 집을 오염시켰다. 그런 식으로 그녀는 마침내 아테네, 지혜와 부, 평화와 번영의 도시에 도착했다. 그녀는 울 이유가 전혀 없는데도 울음을 참을 수가 없었다. 그녀는 케크롭스의 딸이 있는 방으로 들어가 미네르바의 명령을 실행했다. 그녀는 악의에 찌든 자신의 손을 아글라우로스의 가슴에 대고 그녀의 심장을 뾰족한 가시로 찔렀다. 그리고 아글라우로스의 뼈를 통해 검고 사악한 독을 내뿜어 몸속에 주입했다. 독은 아글라우로스의 심장 속으로 깊숙이 스며들었다. 그녀가 자신의 고민의 이유를 먼 곳에서 찾지 말아야 하기

채택하고 있음에도 불구하고 알비치(Albizzi) 가문이 여러 해에 걸쳐 정부를 장악하고 있었다. 그들은 여러 동맹을 통해 자기 쪽 사람들을 요직에 임명했다. 코시모는 그들에게 대항하지 않았고 오히려 알비치 가문을 암묵적으로 지지하는 태도를 보였다. 알비치 가문이 자신의 권세를 과시하는 동안 코시모는 막후에만 머무는 데 주력했다.

하지만 메디치의 재산은 더 이상 무시할 수 없을 정도로 불어났다. 1433년, 메디치 가문에 위협을 느낀 알비치 가문은 정부에 입김을 넣어 공화국 전복 음모죄로 코시모를 체포하게 했다. 알비치 가문은 코시모를 처형해야 한다고 주장하는 의견과 그랬다가는 내전이 벌어질지도 모른다고 반대하는 의견으로 갈렸다. 그들은 결국 코시모를 피렌체에서 추방하기로 했다. 코시모는 불평하지 않고 조용히 도시를 떠났다. 때를 기다리며 몸을 숙이고 있는 편이 낫다고 판단했기 때문이다.

다음 해 알비치 가문은 독재체제를 구축하려 한다는 의혹에 휩싸였다. 그동안 코시모는 자신의 부를 이용해 피렌체의 사태에 영향력을 행사하고 있었다. 도시에서 내전이 발생했고, 1434년 9월 알비치 가문은 권좌에서 쫓겨나 추방당했다. 코시모는 즉시 피렌체로 귀환했고 그의 지위도 회복됐다. 하지만 그는 이제 자신이 미묘한 상황에 처했음을 알았다. 알비치 가문이 그랬듯이 그가 야망을 드러내면 반대 세력을 선동하는 꼴이 되어, 질투의 표적이 되고 그의 사업이 위협받게 될 것이었다. 반대로 그가 한쪽으로 물러서 있으면, 알비치 가문과 같은 다른 파벌이 성장할 여지를 주게 될 터였다.

코시모는 이 문제를 두 가지 방법으로 해결했다. 그는 자신의 재산을 활용해 비밀리에 핵심 인사들을 매수하고 그들에 대한 영향력을 확보했다. 영리하게도 동맹자를 중산 계급 출신들 중에서 선택함으로써 그들이 메디치 가문과 동맹관계라는 사실을 숨기고 그들을 고위 관직에 임명했다. 그의 정치적 영향력에 대해 불평하는 자는 사정없이 세금을 부과해 굴복시키거나 은행계 동맹들을 동원해 그들의 재산을 빼앗아버렸다. 공화국은 명맥만 유지됐다. 배후 조종자는 바로 코시모였다.

코시모는 막후에서 통제력을 확보하는 작업에 몰두하면서도, 대중들 앞에서는 다른 이미지를 연출했다. 그가 피렌체 거리를 걸어 다닐 때는 수수하게 옷을 입고 하인을 한 명만 거느렸으며, 유력 인사나 연장자들을 만나면 공손하게 인사를 했다. 그는 말이 아닌 노새를 타고 다녔다. 그는 30년 넘게 피렌체의 외교 문제를 좌지우지했음에도 불구하고 공적인 중대사에 대해서는 결코 발언하는 법이 없었다. 그는 자선사업에 큰 돈을 기부했고 중산 상인 계급과 긴밀한 유대관계를 유지했다. 그는 온갖 공공건물의 건축에 자금을 댔고 그 건축물들은 피렌체 사람들의 자부심이 됐다. 피에솔레 인근에 자신과 가족이 살 궁전을 지을 때는 브루넬레스키의 화려한 설계를 거부하고 대신 보잘것없는 집안 출신인 미켈로초(Michelozzo)가 제시한 수수한 설계안을 채택했다. 그 궁전은 코시모의 전략을 상징적으로 보여준다. 소박한 겉모습 안에 우아함과 화려함을 숨겼던 것이다.

코시모는 30년 넘게 피렌체를 통치하다가 1464년에 사망했다. 피렌체 시민들은 그를 위해 거대한 무덤을 만들고 성대한 장례식을 열어 그를 추도하려고 했지만, 임종 시 그는 '어떤 겉치레나 공개 행사'도 하지 말라고 지시했다. 60여 년 뒤, 마키아벨리는 군주들 가운데 코시모를 가장 지혜로운 사람으로 극찬하며, 그 이유를 이렇게 설명했다. "코시모는 실제로 비범한 성취를 이루고도 부끄러운 듯이 감추는 것이 더 낫다는 것을 잘 알고 있었다. 사람들은 실제로 그렇지 않더라도 겉으로 보이는 위대함에 더 큰 질투심을 느끼기 때문이다."

해석 ——

코시모의 절친한 친구이자 서적상인 베스파시아노 다 비스티치(Vespasiano da Bisticci)는 한때 그에 대해 이렇게 썼다. "코시모는 어떤 일을 이루려고 할 때, 남들의 질투를 피하기 위해 자신이 아니라 다른 사람이 그 일을 주도적으로 추진한 것처럼 위장했다." 코시모가 즐겨 했던 말이 있다. "질투는 일종의 잡초로 결코 물을 주지 말아야 한다." 민주주의 환경에서 질투의 파괴적인 힘을 이해하고 있었던 코시모는 겉으로 보이는 위대함을 회피했다. 이것은 위대해질 필요가 없다거나, 오직 평범한 사람들만 살아남는다는 의미가 아니다. 겉치레 게임을 수행하라는 것이다. 안에서 들끓고 있는 대중들의 질투는 사실 쉽게 잠재울 수 있다. 스타일이나 가치관에서 그들과 같은 무리에 속하는 것처럼 보이기만 하면 된다. 자신보다 지위가 낮은 자들과 동맹을 맺고 그들을 권력의 자리로 끌어올려 필요한 순간에 쓸 수 있는 지원 세력을 확보하라. 절대 당신의 부를 자랑하지 말고 그것이 영향력 있는 자들을 매수할 수 있을 정도로 크다는 사실을 숨기는 데 전력을 다하라. 다른 사람을 존경하는 태도를 보여주어 그들이 당신보다 더 권력이 높은 것처럼 행동하라. 코시모 데 메디치는 이런 게임을 완벽하게 수행했다. 누구도 그의 권력이 어느 정도인지 짐작하지 못했다. 겉으로 드러난 평범한 모습이 진실을 가려버린 것이다.

당신이 다른 사람들보다 뛰어나다는 것을 과시함으로써 사람들의 존경심을 불러일으킬 수 있다는 것은 바보같은 생각이다. 다른 사람이 자신의 열등한 부분을 인식하게 만듦으로써 당신은 '불행한 숭배', 즉 질투심을 자극할 뿐이다. 그들은 질투심을 불태우며 당신이 전혀 예측하지 못한 방법으로 당신의 지위를 무너뜨릴 것이다. 바보는 자신의 승리를 과시하며 질투의 신에게 도전한다. 권력의 달인은 다른 사람보다 우월해 보이는 것이 실제로 우월한 것에 비해 아무것도 아니라는 사실을 잘 알고 있다.

> 모든 영혼의 질병 가운데 아무도 고백하지 않는 병은 질투뿐이다.
>
> – 플루타르코스(46~120년경)

권력의 열쇠: 너무 완벽한 사람으로 보이지 마라

우월한 기술이나 재능, 권력을 마주했을 때, 우리는 불편해하고 마음의 동요를 일으킨다. 왜냐하면 우리는 대부분 자신을 과대평가하기 때문이다. 우리는 자신을 능가하는 사람을 만날 경우 자신이 얼마나 평범한 존재인지, 적어도 스스로 생각했던 것만큼 대단하지 않다는 사실을 깨달

질투심 많은 사람은 음탕한 죄인이 자신의 죄를 숨기듯 조심스럽게 몸을 숨긴 채 자신을 감추기 위하여 온갖 속임수와 계략을 창조해낸다. 따라서 그는 다른 사람들의 우월성을 무시하는 체하면서도 속으로는 괴로워하며, 마치 그것을 보지도 못하고 듣지도 못하며 인식하지도 못하는 것처럼 군다. 그는 표정 관리의 대가다. 반면 그는 음모를 꾸미는 데 전력을 기울여, 어떤 상황, 어떤 형태로든 우월성이 출현하지 못하게 막는다. 어쩌다 우월성이 발견되면, 그는 그것을 이해할 수 없다거나, 흠을 잡거나, 냉소를 던지거나, 중상모략을 일삼는데 그 모습이 마치 구멍에서 독을 뿜어내는 두꺼비를 연상시킨다. 한편으로 하찮거나 평범한, 심지어 열등한 사람을 끊임없이 추켜세우며, 우월성을 깎아내린다.
– 아르투르 쇼펜하우어
(1788~1860)

는다. 이런 식의 동요는 반드시 안 좋은 감정을 불러일으키게 된다. 우선 질투심을 느끼게 된다. 그 사람이 갖고 있는 자질이나 기술을 가질 수만 있다면, 우리는 행복해질 거라고 생각한다. 하지만 질투는 평안함은커녕 그 비슷한 것도 느끼지 못하게 한다. 게다가 우리가 질투심을 느낀다는 것을 인정하지도 않는다. 그것은 사회적으로 다른 사람의 눈살을 찌푸리게 만드는 행위이기 때문이다. 질투심을 표현하는 것은 자신이 열등하다는 사실을 인정하는 것이나 다름없다. 가까운 친구에게 실현할 수 없는 은밀한 욕망은 고백하지만 질투심을 고백하는 경우는 없다. 따라서 질투는 깊은 내면 안으로 숨는다. 사람들은 질투를 여러 가지 방법으로 위장한다. 이를테면 상대를 비판할 수 있는 근거를 찾으려고 애쓰는 식이다. 그럴 때 사람들은 이렇게 말한다. 그가 나보다 더 똑똑할지는 몰라도, 도덕이나 양심 같은 것은 없어. 그가 나보다 권력이 더 강할지는 모르지만, 그것은 그가 거짓말을 하기 때문이야. 만일 상대를 비방할 수 없는 경우라면, 오히려 과도하게 칭찬을 할지도 모른다. 이것 역시 질투의 또 다른 위장이다.

질투라는 음흉하고 파괴적인 감정에 대응할 수 있는 전략은 여러 가지가 있다. 첫째, 어떤 부분에서 자기를 능가하는 사람이 존재할 수 있으며, 그를 질투할 수 있다는 사실을 인정해야 한다. 하지만 그 감정을 자극제로 삼아 언젠가는 그들과 대등해지거나 능가하려는 노력을 기울여야 한다. 질투심을 안으로 감추지 말라. 질투가 영혼을 감염시킬 것이다. 대신 밖으로 표출하면 질투가 당신을 더 높은 곳으로 끌어 올려줄 것이다.

둘째, 당신의 권력에 비례해서 당신 밑에 있는 사람들이 당신에게 느끼는 질투도 커진다는 사실을 알아야 한다. 그들은 겉으로 표현하지는 않겠지만 그래도 질투심이 존재할 수밖에 없다. 순진하게 그들이 보여주는 것들을 액면 그대로 믿지 말라. 그들의 비평이나 사소하지만 비꼬는 말투, 중상모략의 징조, 혹은 당신이 몰락을 예상하게 만드는 과도한 칭찬이나 눈 속에 비친 적대감 등 겉모습 속에 감추어진 진짜 의도를 파악해야 한다. 질투로 인한 문제 가운데 절반은 당신이 그것을 너무 늦게 깨

속담에 의하면, 극소수의 사람만이 우연히 기회를 잡아 성공한 친구를 질투심 없이 사랑할 수 있다. 그리고 질투를 하는 사람의 두뇌에는 차가운 독이 달라붙기 때문에 삶이 주는 고통은 하나같이 두 배로 강해진다. 자신의 몸에 난 상처는 세심하게 돌보게 마련이므로 다른 사람의 기쁨으로 인한 상처는 마치 저주처럼 느껴진다.
— 아이스킬로스(Aeschylos, 기원전 525~456년경)

달았기 때문에 생긴다.

　마지막으로, 사람들이 당신을 질투하게 되면, 그들은 교활한 방법으로 당신에게 해를 끼치려고 할 것이라는 점을 미리 예상해야 한다. 그들은 당신 앞에 장애물을 설치하겠지만, 당신은 장애물 자체를 예상하지 못하거나 아니면 누구의 짓인지 밝혀내지를 못할 것이다. 이런 종류의 공격은 방어가 어렵다. 그리고 상대방이 당신에게 느끼는 감정의 근원에는 질투가 자리 잡고 있다는 사실을 깨달을 무렵이면, 이미 돌이킬 수 없는 상황인 경우가 많다. 변명이나 무분별한 자비, 방어 행동은 사태를 악화시킬 뿐이다. 일단 질투가 자리를 잡은 뒤에는 제거하기가 어렵다. 따라서 질투심이 생기기 전에 미리 선수를 치는 전략을 추구해야 한다. 당신의 행동이나 방심이 종종 질투심을 키운다. 질투심을 유발하는 행동이나 특성을 항상 기억하고 있으면, 질투가 당신을 파멸시키기 전에 그것의 이빨을 뽑아버릴 수 있다.

　키르케고르는 질투심을 유발하는 사람도 질투심을 느끼는 사람만큼이나 잘못이 크다고 생각했다. 대표적인 유형은 좋은 일이 생기는 순간 주위는 아랑곳하지 않고 환성을 지르는 사람이다. 그들이 기쁨을 표현하는 순간 다른 사람들은 열등감을 느끼게 된다. 이런 유형은 쉽게 눈에 띄며 희망의 여지도 없다. 그런가 하면 더욱 미묘하고 무의식적인 방법으로 질투를 유발하는 유형도 있다. 천부적으로 대단한 재능을 타고난 사람들이다.

　월터 롤리 경은 엘리자베스 여왕의 궁정에서 가장 뛰어난 인물 중 한 명이었다. 그는 과학자로서의 재능뿐만 아니라 시를 쓰는 능력도 뛰어났다. 또 과감한 모험가이며 위대한 선장이었고 얼굴도 잘생기고 매력적이었다. 그는 여왕이 가장 아끼는 총신이 되었다. 하지만 그가 가는 곳마다 사람들은 그의 앞길을 가로막았다. 결국 그는 여왕의 눈 밖에 났고 감옥에 수감됐다가 사형을 당했다.

　롤리는 다른 궁정신하들이 자기에게 강하게 반발하는 이유를 깨닫지 못했다. 그래서 자신의 기술이나 자질을 감추려는 노력을 전혀 하지 않았다. 그는 있는 재능을 다 보여주면서 사람들의 존경을 얻고자 했다. 그것이 다른 사람들의 열등감을 일깨워 적을 만들고 있는 줄도 모른 채 말이다. 그에게 질투심을 느낀 사람들은 그가 사소한 실수라도 할 경우 그를 파멸시키려고 온갖 노력을 기울였다. 마침내 그는 반역 혐의로 처형되었다. 하지만 그것은 사람들이 품은 질투의 위장에 불과했다.

월터 롤리 경의 질투 유발 사례는 최악의 경우다. 선천적으로 타고난 재능과 매력이 질투심을 유발했기 때문이다. 게다가 롤리 경은 자신이 완벽한 자질들을 타고났다고 믿었다. 다른 사람도 노력하면 얼마든지 부자가 될 수 있으며, 권력도 마찬가지다. 하지만 지능이나 외모, 매력 등은 그렇지 않다. 이것은 누구나 얻을 수 있는 자질이 아니다. 선천적으로 뛰어난 사람들은 자신의 우월성을 숨기려고 노력해야 하며, 질투가 뿌리를 내리기 전에 한두 가지 결점을 보여줄 필요가 있다. 자신의 선천적 재능으로 사람을 매료시킬 수 있다고 믿는 것은 일반적이면서도 순진한 실수다. 실제로는 증오를 불러일으킨다.

권력의 세계에서는 예상치 못한 승진이나 승리 혹은 성공했을 때 가장 조심해야 한다. 동료들의 질투심을 자극하기 때문이다.

1651년에 레츠 대주교는 추기경이 되었을 때, 동료들의 질투심을 자극하지 않으려고 영리하게 대처했다. 그는 자신의 장점을 숨기고 그저 운이 좋아서 서품이 올랐다는 사실만 강조했다. 그리고 사람들의 마음을 편하게 만들기 위해, 자신은 아무것도 변하지 않은 것처럼 겸손하고 예의 바르게 행동했다. 그는 이런 글을 남겼다. 그런 현명한 전략이 "효과를 발휘해서 나를 향해 끓어오르던 질투가 상당히 약화됐다." 레츠 추기경의 모범을 따르라. 단지 운이 좋았다고 강조하고 당신의 행복을 다른 사람도 누릴 수 있다는 것을 믿게 해서 질투할 필요성을 덜 느끼게 만들어라. 하지만 겸손을 연출하는 것이 부자연스러워 속내가 뻔히 들여다보여서는 안 된다. 오히려 더 질투심을 부채질할 뿐이다. 진실한 연기를 펼쳐라. 당신보다 뒤처진 사람에게 보여주는 겸손과 솔직함이 진짜처럼 보여야 한다. 약간이라도 위선의 기미를 들켰다가는 당신의 새로운 지위는 오히려 압박으로 작용할 것이다. 기억하라. 당신의 지위가 올라가더라도 이전 동료들을 멀리하는 것은 아무런 득이 되지 않는다. 권력이란 넓고 단단한 지지 기반을 요구하며, 질투는 소리 없이 그 기반을 갉아먹는다.

어떤 형태이든 정치적 권력은 질투를 유발한다. 질투가 단단히 뿌리를 내리기 전에 그것을 피하는 가장 좋은 방법은 야망이 없는 것처럼 보이는 것이다. 이반 뇌제가 죽었을 때, 보리스 고두노프(Boris Godunov)는 권력의 무대에 있는 사람들 중 오직 자기만이 러시아를 이끌 수 있다는 것을 알았다. 하지만 차르의 자리를 욕심낸다는 것이 드러나면, 귀족 계층인 보야르들의 질투와 의심을 피해 갈 수 없었다. 그래서 몇 차례나 왕좌를 사양하다가 사람들이 즉위를 강요하자 그제야 받아들였다. 조지 워싱턴도 같은 전략을 구사해 효과를 거두었다. 처음에는 미군 총사령관의 직책을 계속 맡는 것을 사양했고, 두 번째는 대통령직을 사양했다. 그 결과 워싱턴의 인기는 더욱 올라갔다. 사람들은 원하지도 않는데 권력을 갖다 바친 인물한테는 질투심을 품지 못한다.

엘리자베스 시대의 정치가이자 작가인 프랜시스 베이컨(Francis Bacon)의 말에 따르면, 권력자가 쓸 수 있는 가장 현명한 정책은 자신의 직책이 일종의 짐이자 희생인 것처럼 가장하여 동정심을 유발하는 것이다. 공익을 위해 무거운 짐을 진 사람을 어떻게 질투할 수 있겠는가? 당신의 권력이 일종의 자기희생이지 행복의 근원은 아니라고 위장함으로써 사람들이 덜 부러워하게 만들 수 있다. 당신의 어려움을 강조하여, 잠재적 위협(질투)을 정신적인 지지(동정)의 원천으로 바꾸어라. 비슷한 책략으로, 당신의 행운이 주위 사람들에게도 이익이 된다는 분위기를 조성하는 방법도 있다. 그러기 위해서는 지갑을 열 필요가 있다. 이는 고대 아테네의 부유한 장군 키몬(Cimon)이 썼던 방법이다. 그는 정치가들을 돈으로 매수해 상당한 영향력을 행사했는데, 이에 대해 사람들이 반발하지 않도록 온갖 방법으로 돈을 아낌없이 뿌렸다. 사람들의 질투를 피해가기 위해 커다란 비용을 들였지만, 그 덕분에 도편 추방을 피할 수 있었다.

J. M. W. 터너는 동료 화가들의 질투 속에서는 성공하기 어렵다고 생각했다. 그는 자신의 작품의 강렬한 색감을 도저히 따라갈 수 없는 동료 화가들이 그의 그림과 나란히 전시하고 싶어하지 않는다는 사실을 알았

다. 터너는 그것이 질투로 바뀌면 나중에는 작품을 전시할 수 있는 화랑을 구하기가 힘들어질 것이라는 사실을 깨달았다. 그래서 그림에 숯검댕을 덧입혀 강렬한 색채를 가라앉혀 평범한 그림으로 만듦으로써 동료들의 호의를 얻을 수 있었다.

그라시안은 질투를 피하기 위해서 권력자들에게 자신의 약점이나 사소한 사교적 실수, 해롭지 않은 악덕을 보여주라고 권한다. 당신을 질투하는 사람들에게 일부러 약점을 드러내, 그보다 심각한 결점에 시선이 미치지 못하게 하는 것이다. 기억하라. 당신은 겉모습을 갖고 게임을 해야 할 수도 있다. 하지만 결국 당신은 더 중요한 것, 바로 진정한 권력을 갖게 된다. 몇몇 아랍 국가에서는 질투심을 부추기지 않으려고 코시모 데 메디치가 썼던 방법을 사용하는 사람들이 있다. 그들은 오로지 집안에서만 자신의 부를 보여준다. 당신도 이런 지혜를 이용하라.

질투가 위장할 수 있는 다양한 형태에 주의를 기울여라. 지나친 칭찬은 당신을 질투하고 있다는 표시다. 그들은 당신을 쓰러뜨릴 덫을 놓거나(그들의 칭찬에 걸맞는 삶은 당신에게 불가능한 것이다), 등 뒤에서 칼을 갈고 있을 것이다. 동시에 당신에게만 유달리 비판적이거나, 공개적으로 당신을 중상모략하는 사람도 당신을 질투하고 있을 가능성이 높다. 그들의 행동이 질투라는 것을 알면, 당신은 상호비방전에 뛰어들거나 상대의 비판을 너무 진지하게 받아들이는 함정을 피할 수 있다. 하찮기 이를 데 없는 그들의 존재를 무시함으로써 당신의 복수를 완수하라.

당신에게 질투심을 갖고 있는 사람에게 도움이나 친절을 베풀려고 하지 말라. 그들은 당신이 은혜를 베풀며 잘난 척한다고 생각한다. 조 오턴은 할리웰을 돕기 위해 그의 작품을 전시할 미술관을 찾아주었지만, 열등감과 질투심을 더욱 부채질했을 뿐이다. 일단 질투가 정체를 드러내면, 해결책은 질투하는 사람을 피해 멀리 달아남으로써 그들이 스스로 창조해낸 지옥에서 부글부글 끓어오르든 말든 신경 쓰지 않는 것이다.

끝으로, 어떤 환경은 특히 질투심을 촉진시킨다. 관계가 대등한 동료나 동년배 사이의 질투는 더욱 심각한 결과를 초래한다. 또한 질투는 노골적으로 권력을 과시할 경우 경멸의 대상이 되는 민주적 환경에서도 파

마음을 바꾸려고 생전에 자신의 무덤을 만드는 것은 불운을 가져온다고 말했다. 브라만테를 자극한 것은 질투심만이 아니라 두려움도 있었다. 미켈란젤로가 감정을 했을 때 브라만테의 실수가 밝혀진 적이 여러 번 있었고 …… 이제는 미켈란젤로가 이런 그의 오류를 알고 있을 것이라고 확신했기 때문에 브라만테는 그를 로마에서 쫓아내거나 아니면 적어도 교황의 총애와 그의 명성을 제거해야만 했다. 브라만테가 무덤의 문제에서는 성공을 거두었다. 만일 미켈란젤로가 자신의 최초 설계에 따라 무덤을 건설하고 거기에 맞추어 할당된 넓은 공간에서 마음껏 자신의 진가를 발휘할 수 있었다면, 미켈란젤로의 지위는 아무리 유명한 예술가라고 해도(전혀 질투심을 개입시키지 않은 상태에서 말했을 때), 도저히 견줄 수 없을 정도로 높아졌을 것이다.
– 〈미켈란젤로의 생애(Vita di Michelangelo)〉, 아스카니오 콘디비(Ascanio Condivi), 1553

누가 진지하게 질투심을
고백한 적이 있던가? 그 속에
존재하는 어떤 요소가
질투를 중범죄보다도
더 큰 수치로 여기게
만들었다. 그래서 모두들
자신의 질투심을 부인할
뿐만 아니라, 어떤 지적인
사람이 질투심을 갖고
있다는 이야기가 나오면
믿지 못하겠다는 태도를
취한다. 그러나 질투의
발판은 머리가 아니라
가슴이기 때문에,
어떤 수준의 지능도
질투심이 없을 것이라고
보장하지 못한다.
– 《빌리 버드(Billy Budd)》,
허먼 멜빌(Herman Melville,
1819~1891)

괴적인 결과를 초래한다. 그런 환경에서는 특별히 경각심을 높여라. 영화감독 잉마르 베리만(Ingmar Bergman)은 세무 추적을 당했는데, 그 이유는 대중들 속에서 유달리 두드러져 보이는 사람에게 눈살을 찌푸리는 나라에서 남들보다 뛰어난 존재가 됐기 때문이다. 그런 경우, 질투를 피하기란 불가능에 가깝기 때문에 그것을 품위 있게 받아들이고 개인적으로 받아들이지 않는 것 외에는 별다른 방법이 없다. 소로(Thoreau)가 말한 것처럼, "질투는 뛰어난 사람이면 누구나 내야 하는 일종의 세금이다."

| **이미지** | 잡초가 무성한 정원. 우리가 잡초를 키우려고 물을 주지는 않지만 정원에 뿌린 물 때문에 잡초가 번성하게 된다. 어떻게 그런 일이 벌어졌는지 모르는 사이에 잡초가 정원을 장악하고 볼품없이 마구 자라면서 아름다운 것들의 번성을 방해한다. 너무 늦기 전에 아무렇게나 물을 뿌리지 말라. 그들에게 갈 양분을 차단함으로써 질투의 잡초를 뿌리 뽑아라.

| **근거** | 때때로 당신의 성격에 존재하지만 해롭지는 않은 결함을 드러내라. 질투하는 자들은 자신은 아무런 죄가 없다고 생각한다. 그들은 자신들 외에는 가장 완벽한 사람이라도 비난할 수 있는 자들이다. 그들은 아르고스가 되어 모든 눈을 총동원해 남의 결점을 찾아낸다. 그것이 그들의 유일한 위안거리다. 질투가 자신이 품은 독을 터뜨리도록 방치하지 말라. 당신의 용기나 지성에 약간의 틈이 있는 것처럼 가장하여 미리 질투의 독을 무장해제시켜라. 따라서 질투의 뿔 앞에서 붉은 천을 흔들고 당신의 것이 될 불후의 명성을 지켜라.

– 발타사르 그라시안(1601~1658)

뒤집어보기

질투하는 사람들에게 주의를 기울여야 하는 이유는 그들이 당신을 약화시킬 수 있는 방법을 헤아릴 수 없이 많이 찾아내기 때문이다. 그러나 너무 신중하게 행동하면, 그들의 질투심을 더 악화시킬 수 있다. 그들은 당신이 신중해졌다는 사실을 느끼며, 그것을 당신의 우월성을 드러내는 또 하나의 표시로 간주한다. 바로 그런 이유로 당신은 질투가 뿌리를 내리기 전에 미리 행동을 취해야 한다.

하지만 일단 질투심이 생기게 되면, 그것이 당신 잘못이든 아니든 때로는 정반대의 접근법을 취하는 것이 최선의 전략이다. 당신을 질투하는 사람에게 심한 경멸감을 보여라. 당신의 완벽한 모습을 감추려 하는 대신 오히려 노골적으로 과시하라. 승리를 거둘 때마다 그것을 이용해 질투하는 사람을 고통으로 진저리치게 만들어라. 당신의 행운과 권력이 그들에게는 살아 있는 지옥이 될 것이다. 이렇게 해서 당신이 도저히 비난을 할 수 없을 정도로 커다란 권력을 갖게 된다면 그들의 질투는 당신에게 아무런 영향을 주지 못하게 될 것이며 당신은 최고의 복수를 집행한 것이 된다. 다시 말해 그들이 질투의 덫에서 발버둥 치는 동안 당신은 자유롭게 권력을 누리게 된 것이다.

바로 이 방법을 써서 미켈란젤로는 자신에게 독기를 품고 있던 건축가 브라만테에게 승리를 거두었다. 브라만테는 교황 율리우스를 조종해 교황의 무덤 설계에서 미켈란젤로의 설계가 채택되지 않게 만들었다. 거의 신과 같은 미켈란젤로의 능력을 질투한 브라만테는 한 번 승리를 거두자(무덤 프로젝트를 중단시킨 것), 한 번 더 승리를 거두어야겠다고 생각했다. 그리하여 교황을 설득해 시스티나 성당의 벽화를 미켈란젤로에게 주문하게 했다. 이 프로젝트는 여러 해가 걸리는 일이기 때문에 그동안 미켈란젤로는 조각에서는 성공을 거두지 못할 것이다. 더 나아가 브라만테는 미켈란젤로가 조각만큼 그림에서도 재주가 비상하지는 않을 것이라고 생각했다. 시스티나 성당 벽화는 완벽한 예술가라는 미켈란젤로의 명성에 흠집을 내게 될 것이다.

미켈란젤로도 함정이 있음을 눈치 챘기 때문에 의뢰를 거절하고 싶었지만, 교황의 청이라 거절하지 못했다. 하지만 그는 브라만테의 질투를 자극제로 활용하여, 시스티나 성당 벽화를 이제까지 그의 작품들 중 가장 완벽한 것으로 만들었다. 브라만테는 시스티나 성당 벽화에 대한 이야기를 듣거나 직접 그것을 볼 때마다 자신의 질투가 초래한 결과에 더

질투와 원한에게 승리를 거두는 방법을 알아야 한다. 여기서 경멸은 어떤 면에서는 현명할지 몰라도 별로 도움이 되지 않는다. 차라리 아량이 더 낫다. 당신을 험담하는 사람을 좋게 이야기한다는 것은 아무리 칭찬해도 모자라는 미덕이기 때문이다. 그들을 좌절하게 만들고 질투심에 불타게 만드는 바로 그 미덕과 성취로 질투에 보복하는 것보다 더 영웅적인 행동은 없다. 질투의 대상에게 행운이 찾아올 때마다 나쁜 의도를 품고 있는 사람은 목에 걸린 올가미가 더욱 조여드는 느낌을 받으며, 질투 대상의 천국은 질투하는 자의 지옥이다. 당신의 행운을 적에 대한 독으로 전환시키는 것이 당신이 그에게 끼칠 수 있는 가장 큰 징벌이다. 질투하는 사람은 일생에 단 한 번만 죽는 것이 아니라 자신의 질투 대상이 살아서 찬양의 목소리를 들을 때마다 죽음과 같은 고통을 맛본다. 후자가 누리는 명성의 영원성은 전자를 징계하는 수단이 된다. 전자가 영원한 영광을 누리는 반면 후자는 영원한 불행에 신음한다. 한 사람에게는 불멸의 명성을 알리는 나팔 소리가 다른 사람에게는 죽음을 알리는 전령이 되며, 그는 자신의 질투에 숨이 막혀 죽는 형벌을 선고받은 셈이다.
– 발타사르 그라시안
(1601~1658)

욱 무겁게 짓눌렸다. 이것은 당신을 질투하는 자에게 부과할 수 있는 가
장 달콤하고 가장 오래 남는 복수다.

Law

34

정형화된 틀에서 벗어나라

...

성공 공식의 진화

특정한 모양을 갖추고 가시적인 계획을 세우면,

공격의 대상이 되기 쉽다.

적이 파악할 수 있는 모양을 갖추지 말고

언제든 변모 가능한 상태를 유지하며 움직여라.

확실한 것도 없고 고정된 법칙도 없다는 사실을 받아들여라.

자신을 보호하는 가장 좋은 방법은

물처럼 유동적이며 비정형인 상태로 가는 것이다.

영속성이나 지속적인 질서 따위는 믿지 말라.

모든 것이 변한다.

법칙 위반 사례: 스파르타의 흥망성쇠

기원전 8세기경 그리스 도시국가들은 크게 부강해졌고 팽창하는 인구를 감당하기 위해 외지로 진출했다. 그들은 바다로 눈길을 돌려 소아시아와 시칠리아, 이탈리아 반도, 아프리카에까지 식민지를 건설했다. 그러나 도시국가 스파르타는 내륙에 위치하였고 산지로 둘러싸여 있었다. 지중해와 교류가 빈번하지 않은 스파르타는 해양 민족이 되지 못했다. 대신 그들은 주변 도시들과 100년 이상 무자비하고 격렬하게 전쟁을 벌이며 자국 시민들에게 나눠줄 수 있을 정도의 땅을 정복했다. 그러나 이 해법은 '정복 지역을 어떻게 유지하고 통치할 것인가?'라는 새로운 문제를 야기했다. 통치해야 할 복속민들이 그들보다 10배나 많았던 것이다. 실제로 이들 대집단은 무시무시한 기세로 그들에게 복수할 태세였다.

스파르타가 선택한 대안은 전쟁 기술로 똘똘 뭉친 사회를 만드는 것이었다. 스파르타인은 이웃보다 더 사납고, 더 강하고, 더 잔인해지기로 했다. 이것만이 안정적으로 존속할 수 있는 유일한 길이었기 때문이다.

스파르타에서 남자아이는 일곱 살이 되면 어머니 곁을 떠나 군에 입대했다. 거기서 소년은 싸우는 법을 배우고 혹독한 훈련을 받았다. 갈대로 만든 침대에서 잠자고, 외투 한 벌로 1년 내내 지냈다. 이들은 어떤 예술도 배우지 않았다. 실제로 스파르타인은 음악을 배척했으며, 사회 유지에 필요한 기술은 노예들의 몫이었다. 스파르타인이 배운 유일한 기술은 전쟁 기술이었다. 약해 보이는 아이들은 산속 동굴에 버려졌다. 스파르타에는 어떤 화폐나 교역 체계도 허용되지 않았다. 그들은 부는 이기심과 분쟁의 씨앗이며 전사 규율을 약화시킨다고 믿었다. 스파르타인의 유일한 생계 수단은 농경이었는데, 대개 국유지에서 헤일로타이라 불리는 노예가 경작했다.

스파르타 보병은 세계에서 가장 강력했다. 그들은 완벽한 대형으로 진군해 용맹하게 싸웠다. 그들의 치밀한 밀집 방진은 테르모필라이 전투에서 페르시아 군을 물리칠 때 입증된 것처럼 10배가 넘는 적군도 이길 수 있었다. 스파르타의 일사불란한 행군 대형은 적군에게 공포의 대상이었다. 그러나 이처럼 강력한 전사였음에도, 그들은 제국 건설에는 전혀 관심이 없었다. 그들은 오직 정복한 땅을 유지하고 침략자로부터 방어하는 것만 바랐을 뿐이다. 수십 년 동안 스파르타의 체제는 전혀 변하지 않았고, 성공적으로 현상유지를 했다.

스파르타가 호전적인 문화를 발전시키고 있던 시기, 아테네는 두드러지게 성장하고 있었다. 스파르타와 달리 아테네는 바다로 나아갔다. 식민지 건설보다는 교역이 목적이었다. 아테네인은 거상이 되었다. 그들의 유명한 화폐인 '올빼미 동전'은 지중해 전역에 퍼졌다. 완고한 스파르타인과 달리, 아테네인은 탁월한 창의성으로 모든 문제에 대응하고 놀라운 속도로 새로운 사회 형태와 예술을 창조했다. 아테네 사회는 항상 유동적이었다. 아테네가 강성해지자 방어 지향적인 스파르타는 위협을 느끼게 되었다.

기원전 431년, 아테네와 스파르타 사이에 드디어 전쟁의 기운이 폭발했다. 27년간 계속된 펠로폰네소스 전쟁에서 마침내 전쟁 기계 스파르타가 승리했다. 스파르타는 제국을 호령하게 되었고, 이제는 외피 속에 머물러 있을 수 없었다. 거둔 승리를 포기한다면, 아테네가 다시 집결해 대항할 것이기 때문이다.

전쟁이 끝난 후, 아테네의 부가 스파르타로 쏟아져 들어왔다. 전쟁에 단련된 스파르타인은 정치나 경제에는 문외한이었다. 아테네의 부와 생활 방식이 스파르타인들의 영혼을 완전히 지배했다. 아테네 땅에 파견된 스파르타의 행정관들은 부패의 극치를 달렸다. 스파르타는 아테네를 정복했지만, 아테네의 유동적인 생활 방식이 그들의 규율을 서서히 허물고 엄격한 질서를 해체시켰다. 한편 아테네는 제국의 몰락을 인정하고, 대신 문화 및 경제의 중심지로 번창해갔다.

새로운 변화에 적응하지 못한 스파르타는 점차 쇠약해졌다. 아테네를 물리친 지 30여 년이 지난 후, 스파르타는 테베와의 전투에서 패배하고 만다. 한때 막강한 권력을 휘둘렀던 이 국가는 거의 하룻밤 사이에 붕괴되어 다시는 회복되지 못했다.

귀가 잘린 개
"내가 무슨 죄를 지었기에 주인한테 이런 봉변을 당해야 하는 거지?" 어린 마스티프 자울러가 울부짖으며 말했다. "나같이 잘난 개가 이 무슨 어처구니없는 꼴이란 말인가! 이제 친구들에게 어떻게 얼굴을 들고 다니지? 오! 짐승들의 왕, 아니 폭군이여. 누가 감히 너를 이렇게 대할 수 있단 말인가?" 그의 불평도 이해할 만했다. 바로 그날 아침, 그의 주인이 이 어린 친구의 애절한 울부짖음에도 불구하고 길게 드리워진 귀를 잔인하게 잘라버린 것이다. 자울러는 세상 모든 것을 잃은 듯했다. 그러나 시간이 흐를수록 귀가 잘린 후 잃은 것보다 얻는 게 더 많다는 것을 알게 되었다. 자울러는 천성적으로 싸움을 좋아했는데, 그때마다 귀를 물어뜯기곤 했던 것이다. 싸울 때는 잡히는 부분이 적을수록 유리하다. 방어해야 할 부분이 한 군데라도 있으면, 사고라도 당할까 전전긍긍하게 된다. 그러나 우리의 자울러를 보라. 뾰족한 장식들이 죽 박힌 개목걸이를 하고 새처럼 작은 귀를 가져, 늑대도 어디를 공격해야 할지 곤혹스러워 할 것이다.
– 《우화집》, 장 드 라 퐁텐
(1621~1695)

보호 갑옷은 매력적이지만
결국에는 치명적인 결과를
가져다준다. 생명체는
숨거나 잽싸게 도망하거나
반격하거나 여럿이 힘을
합쳐 공격 또는 방어를
하거나 딱딱한 등딱지나
가시를 둘러 자신을
보호한다. …… 갑옷에 대한
실험은 대부분 실패했다.
갑옷을 보호수단으로 삼은
생명체는 대부분 움직임이
둔했고, 주로 식물을 먹고
살아야 했다. 따라서
신속하게 '몸에 이로운'
동물 먹잇감을 구하는
적보다 대개 불리한 처지에
놓였다. 이런 보호 갑옷의
경우를 통해 낮은 진화
단계에서조차 정신이
물질보다 우월하다는 것이
입증된다. 이런 유의 승리가
가장 잘 드러나는 예는
바로 인간이다.
– 《과학 이론과 종교
(Scientific Theory and
Religion)》, E. W. 반스(E.
W. Barnes), 1933

해석 ──

종의 진화에서 보호 갑주는 거의 항상 재난을 가져다주었다. 몇몇 예외는 있지만 단단한 외피는 그 안에 숨은 생물체에 멸종이라는 결말을 안겨준다. 행동이 굼뜨고, 먹이를 구하기가 힘들며, 날랜 포식자의 손쉬운 먹잇감이 되기 때문이다. 반면 바다와 하늘로 진출하고 신속하고 예측 불가능한 움직임을 보이는 동물은 훨씬 더 강하고 안전하다.

스파르타는 자국민보다 더 많은 수의 예속민을 다스려야 하는 문제에 직면했을 때 자신을 보호하기 위해 단단한 외피에 기댄 동물처럼 반응했다. 거북이처럼 안전을 얻기 위해 유연성을 희생했다. 그들은 그러한 방법으로 300여 년간 안전을 유지했지만, 엄청난 대가를 치러야 했다. 그들에게는 전쟁 이외에 어떤 문화도 존재하지 않았고 긴장을 풀어줄 예술도 없었으며, 현상유지만을 염려했다. 이웃들이 바다로 나가 쉼 없이 요동치는 세상에 적응하는 법을 배우는 동안, 스파르타는 자신이 만든 제도 속에 매몰되었다. 승리는 통치할 새 땅을 의미했지만 그들은 이를 바라지 않았고, 패배는 군사 강국의 종말을 의미했지만 이 또한 원하지 않았다. 그들이 바란 것은 오로지 현상유지뿐이었다. 그러나 세상에 변하지 않는 것은 없다. 보호를 위해 기댄 외피나 제도 또한 언젠가는 파멸의 원인이 되고 말 것이다.

스파르타를 파멸시킨 것은 아테네의 군대가 아니라 돈이었다. 돈은 기회가 주어지면 어디든 흘러간다. 돈은 통제할 수도 없고 특별히 정해진 패턴도 없으며, 본래 무질서한 성질을 가지고 있다. 결국 돈이 스파르타의 제도에 침투하고 그 보호 갑주를 부식시켜 아테네를 정복자로 만들었다. 두 체제 간의 싸움에서, 아테네는 새로운 형태를 갖출 수 있을 만큼 유동적이고 창의적이었던 반면, 스파르타는 더욱 경직되어 끝내 부서지고 말았다.

동물이든 문화든 개인이든 세상 이치는 동일하다. 모든 유기체는 위험에 맞닥뜨렸을 때 보호 장치, 즉 딱딱한 외피나 엄격한 제도, 위안을 주는 종교 등에 의지한다. 이러한 보호 장치는 당장은 제구실을 할지 모르지만, 장기적으로는 재앙을 초래한다. 경직된 제도와 방식에 짓눌린 국가는 움직임이 둔해지고 변화에 민감하게 대응하지 못해, 뒤뚱거리며 더욱 느리게 걷다가 공룡이 맞이한 운명을 따르게 된다. 신속하게 움직이고 적응하지 못하면 멸망이 기다릴 뿐이다.

이 운명을 벗어나기 위한 최선책은 고정된 틀에 매이지 않는 것이다. 어떤 포식자도 보이지 않는 것은 공격할 수 없기 때문이다.

법칙 준수 사례: 마오쩌둥의 게릴라 전술

2차 세계대전이 끝나고 일본이 물러가자, 장제스(蔣介石)가 이끄는 국민당은 적수인 공산당을 완전히 섬멸시킬 때가 되었다고 판단했다. 국민당의 계획이 순탄하게 진행되어, 공산당은 대장정에 내몰리고 수많은 이들이 고된 여정 중에 목숨을 잃었다. 일본과 전쟁하는 사이에 공산당은 어느 정도 힘을 회복한 상태였지만, 그들을 격퇴하는 것은 어려운 일이 아니었다. 공산당은 무기도 열악했으며, 산악전 외에는 전투 경험이나 훈련도 부족했다. 퇴각하는 일본군을 뒤쫓아 만주 지역을 차지한 것을 제외하고는 어떤 주요 지역도 차지하지 못했다. 장제스는 최정예 부대를 만주에 파병하기로 결심했다. 만주의 주요 도시를 점령하고, 이를 근거지로 북부 산업 지역에 세력을 확장하고, 공산당을 일소할 심산이었다. 일단 만주를 점령하면, 공산당은 발붙일 곳을 잃고 붕괴될 것이 분명했다.

1945년과 1946년에 이러한 계획은 완벽하게 진행되었다. 국민당은 만주의 주요 도시를 손쉽게 점령했다. 국민당이 압박을 가하자, 공산당은 만주의 산간벽지로 흩어졌다. 공산당은 게릴라 전법으로 국민당 군대를 괴롭혔지만, 이들 소규모 군대가 뿔뿔이 흩어져 있어 공격하기가 쉽지 않았다. 그들은 마을을 점령한 후 몇 주 지나지 않아 물러가는 식이었다. 전위나 후위 부대도 없이 한곳에 머물지도 않고 교묘하게 형체도 없이 움직였다.

국민당은 공산당이 이런 식으로 대응하는 것은 국민당의 군사력에 겁을 먹고 전략도 미숙하기 때문이라고 해석했다. 공산당 지도자 마오쩌둥

(毛澤東)은 장군이라기보다는 시인이며 철학자였다. 반면 장제스는 서양에서 전술을 공부했으며, 독일 군사전략가 카를 폰 클라우제비츠의 추종자였다.

그러나 마오쩌둥의 공격 패턴이 점차 모습을 드러냈다. 국민당은 쓸모없는 땅을 공산당이 차지하도록 내버려두고 도시를 점령했는데, 공산당은 그들이 버린 쓸모없지만 넓은 지역의 공간을 활용해 그 도시를 포위하기 시작했다. 장제스가 한 도시에서 다른 도시를 지원하기 위해 군대를 파병하면, 공산당은 지원병을 포위 공격했다. 장제스의 군대는 소규모 단위로 쪼개져 고립된 채 서서히 허물어져갔고, 보급로와 통신도 차단되었다. 국민당의 화력이 아무리 월등하다 해도, 움직일 수 없다면 무슨 소용이 있겠는가?

공포가 국민당 군대를 뒤덮었다. 지휘관들은 최전선 멀리서 편안하게 앉아 마오쩌둥을 비웃고 있었지만, 병사들은 험한 산지에서 공산당과 싸우며 그들의 신출귀몰에 몸서리를 쳤다. 물처럼 유연하고 신속하게 움직이는 적이 사방에서 돌진해오자, 병사들은 도시에 틀어박힌 채 지켜보기만 할 뿐이었다. 적이 수백만 명은 되는 것 같았다. 공산당은 정치 선전을 무차별로 퍼부어 사기를 떨어뜨리고 정신을 황폐화시켰다.

국민당은 정신적으로 굴복하기 시작했다. 고립된 도시들은 공격하지 않아도 스스로 붕괴되었다. 1948년 11월, 국민당은 공산당에 만주를 넘겨주었다. 기술적으로 우세했던 국민당에게는 치욕적인 일이었으며, 전쟁의 승패에 결정적인 일격을 가한 것이었다. 다음 해 공산당은 전 중국을 지배하게 되었다.

해석 ——

전쟁 전략과 가장 닮은 보드 게임 두 개를 들라면 체스와 바둑일 것이다. 체스는 말판이 작다. 공격이 신속하고 전투 결과도 분명하다. 우회하거나 말을 희생하는 경우도 드물고, 중요 부분에 관심이 집중된다. 체스에 비해 바둑은 덜 정형적이다. 361개 교점으로 이루어진 큰 격자망에서 게임이 펼쳐진다. 체스의 거의 6배 크기다. 양 대국자가 판의 원하는 교

토끼와 나무
현인은 옛 지혜를 따르지도,
불변의 진리를 추구하지도
않는다. 자기 시대 일을
궁리하고 다루려 할 뿐이다.
송나라에 한 농부의 밭에
나무 한 그루가 있었다.
어느 날 농부가 밭을 갈고
있는데 토끼 한 마리가
급히 달려가다 나무에
부딪혀 죽는 것을 보았다.
농부는 쟁기질은 제쳐놓고
또 다른 토끼를 얻기 위해
나무만 지켜보았다. 그러나
더 이상 토끼를 얻지 못했고
농부는 송나라 사람들에게
조롱거리가 되었다.
옛 성군의 지혜로 백성을
다스리려는 임금은
나무만 지켜보는
송나라 농부와 다를 바 없다.
– 한비자(기원전 3세기)

점에 한 번에 하나씩 흑백 돌을 번갈아 둔다. 각자 52개씩의 돌을 판에 두면서, 상대 돌을 둘러싸 고립시키는 것을 목표로 한다.

바둑의 수는 300수나 되어 체스보다 미묘하고 유연하며 서서히 전개된다. 처음 판에 둔 돌의 패턴이 복잡할수록 그 전략을 이해하기가 어렵다. 특정 부분을 차지하려 다투는 것은 별로 의미가 없다. 보다 넓은 안목으로 생각해야 하며, 마지막 승리를 위해 어떤 부분은 희생할 수도 있다. 주목해야 할 것은 에워싸인 지점이 아니라 유연성이다. 유연하게 상대의 작은 부분을 고립시켜 에워쌀 수 있다. 목표는 체스에서처럼 상대 돌을 직접 잡는 데 있지 않고 무기력하게 만들어 붕괴시키는 데 있다. 체스는 선형적이고 위치 중심적이며 공격적인 반면, 바둑은 비선형적이고 유연하다. 공격은 가속도로 상대의 돌을 에워싸 게임을 종결지을 때까지 줄곧 간접적으로 이루어진다.

중국의 군사 전략가들은 오랫동안 바둑의 영향을 받았다. 바둑과 관련된 격언이 전쟁에 응용되었다. 바둑을 좋아했던 마오쩌둥의 전략에도 이 격언이 깊이 배어 있었다. 예를 들어, 바둑의 한 가지 핵심적인 개념은 판 전체를 자기에게 유리한 상황을 만들어 단순한 사고로는 자신의 수를 헤아리지 못하도록 하는 것이다.

마오쩌둥은 이렇게 말했다. "모든 중국인은 이 조각그림 맞추기 판 같은 전쟁에 의식적으로 뛰어들어야 한다." 조각그림 맞추기 판 같은 복잡한 형태로 전략을 구사하면 상대방은 당신의 의도가 뭔지 궁리하느라 쩔쩔맨다. 상대는 당신을 따라잡느라 시간을 허비하거나, 당신이 장제스처럼 무능하여 자기를 보호하지 못한다고 생각하게 된다. 서구식 전략이 조언하는 것처럼 특정 부분에 집중하면, 고립된 오리 신세가 된다. 바둑을 두듯 전쟁에 임하면, 선전이나 심리전 같은 정신적인 게임으로 적의 두뇌를 혼란시키고 좌절하게 할 수 있다. 이것이 바로 공산당의 전략이었으며, 적을 교란시키고 위협을 가한 비정형적 전술의 전형이었다.

선형적이고 직접적인 체스와 달리 바둑의 전략은 현실세계에서 우리에게 필요한 전략과 더 가깝다. 그 전략은 시공간을 초월한 곳, 즉 전략가의 정신 속에서 추상적이고 다차원적으로 전개된다. 이처럼 유연한 형

로멜 장군은 창의력에서 패튼 장군보다 우세했다. …… 로멜은 군사 전략에 있어 형식주의를 배격해 첫 교전에 대한 작전 외에는 어떤 것도 확정짓지 않았다. 상황에 따라 전술을 구사했던 것이다. 그는 전광석화같이 결정을 내렸고, 신속한 정신력만큼이나 빨리 행동에 옮겼다. 광막한 모래바다에서 그는 거침없이 작전을 구사했다. 로멜이 아프리카의 영국군 방어선을 뚫었을 때, 대륙의 북부 전 지역이 그 앞에 활짝 펼쳐졌다. 멀리 떨어진 베를린 당국의 규제로부터도 상당히 자유로웠고 어떤 경우에는 히틀러의 명령도 무시하면서 연이어 작전을 성공적으로 수행했다. 그 결과 아프리카 북부 대부분 지역을 장악하고 카이로를 벌벌 떨게 만들었다.
– 《전쟁에서 이기는 기술(The Art of Winning Wars)》, 제임스 므라젝 (James Mrazek), 1968

태의 전쟁에서는 위치보다 움직임이 중요하다. 속도감 있고 유연하게 움직이면 적은 당신의 움직임을 예측할 수 없고 당신의 전략을 이해할 수 없다. 따라서 당신을 제압할 최적의 전략을 수립하지 못하게 된다. 특정 지역에 국한되지 않고 간접적인 형태의 전투를 지속하는 가운데, 당신은 보다 넓고 상호 연관성이 없는 상황과 특성들은 자신에게 유리하게 활용할 수 있다. 흡사 수증기처럼 상대에게 유형의 공격 목표를 노출시키지 않는 것이 중요하다. 실체를 파악하기 어려운 상대를 쫓느라 쩔쩔매며 온 힘을 소모할 때까지 기다려라. 비정형적인 전술을 통해서만 적을 교란시킬 수 있다. 당신이 어디 있는지 무엇을 꾀하고 있는지 파악할 쯤에는 이미 때가 늦었다.

> 당신들이 우리와 싸우고자 해도 우리가 대응하지 않으면 당신들은 우리를 찾지 못한다. 하지만 우리가 당신들과 싸우기를 원하면, 당신들은 우리를 피하지 못한다. 우리는 당신들에게 치명타를 날리고 …… 전멸시켜버린다. …… 적이 진격해오면 후퇴하고, 적이 야영하면 습격한다. 적이 지치면 공격하고, 적이 후퇴하면 추격한다.
>
> – 마오쩌둥(1893~1976)

권력의 열쇠: 정형화된 틀에서 벗어나라

인간은 끊임없이 형식을 창조하고자 한다. 감정을 직접 드러내는 일은 아주 드물고, 언어나 관습을 통해 그 감정을 표현한다. 형식 없이 감정이 소통하는 것은 불가능하다.

그러나 우리가 창조한 형식은 유행과 스타일, 해당 순간의 분위기를 대변하는 다양한 현상들 속에서 끊임없이 변한다. 인간은 선대로부터 물려받은 형식을 끊임없이 변경하고, 이러한 변화는 생명과 활력의 표상이다. 진정 '변하지 않는' 것, 완고한 형식은 죽음과 같다. 이런 현상은 젊은 세대에서 가장 두드러지게 나타난다. 사회가 부여한 형식이 마음에 들지 않으면 다양한 형식으로 자신을 표현하고 자기 고유의 성격을 연출한다. 이것이 바로 양식을 부단히 변화시키고 형식의 원동력이 되는 활력이다.

　권력자는 젊었을 때 엄청난 창의력을 발휘해 새로운 형태로 새로운 것을 보여준 이들이다. 사회는 새로움을 갈망하기 때문에 그것을 충족시켜주는 이에게 권력을 부여한다. 문제는 다음에 발생한다. 그들 중 다수가 보수적이거나 소유 지향적으로 변한다. 그들은 더 이상 새로운 형식을 꿈꾸지 않는다. 정체성이 확립되고 습관이 굳어지며 완고하여 손쉬운 목표물이 되고 만다. 누구나 그들의 다음 단계를 알아챈다. 존경의 대상이 아니라 권태 유발의 주범으로 전락하는 것이다. 무대에서 떠나라! 우리를 즐겁게 해줄 새로운 젊은 피가 필요하다. 권력자가 과거에 갇히면 우스운 꼴이 되고 만다. 그들은 너무 익어 나무에서 막 떨어지려는 과일과 같다.

　권력은 형식이 유연할 때만 번영할 수 있다. 일정한 형식이 없다는 것을 형태가 없는 것으로 오해하면 안 된다. 모든 것은 형태를 갖고 있다. 무(無)란 있을 수 없다. 고정된 틀에 얽매이지 않은 권력은 물과 같아서 어떤 형태로든 모습을 바꾼다. 끊임없이 변해 예측이 불가능하다. 강자는 끊임없이 형식을 창조하고, 그의 권력은 신속하게 변신하는 능력에서 비롯된다. 보기에 일정한 형식이 없기 때문에 적은 상대가 무엇을 도모하는지, 무엇을 목표물로 삼아야 할지 종잡을 수 없게 된다. 이것이 권력의 최고 단계다. 원하는 대로 모습을 바꾸는 능력으로 올림포스 산을 혼란에 빠뜨린 메르쿠리우스처럼 신속하고 좀처럼 정체를 파악하기 어렵기 때문에 쉽게 제압할 수 없다.

　인간의 창조물은 추상화, 즉 더 정신적이고 덜 물질적인 방향으로 진화한다. 이러한 현상은 현대에 들어와 추상주의와 개념주의라는 위대한 성과를 거둔 예술 분야에서도 분명히 나타난다. 또한 시간이 흐르면서 보다 비폭력적이면서 더 정교하고 간접적이고 사색적으로 변해간 정치 분야에서도 확인된다. 전쟁과 전략 또한 이런 패턴을 따른다. 전략은 처음에 육지의 군사들을 조종하여 효과적인 대형(隊形)을 만드는 것에서 시작되었다. 육지에서의 전략은 비교적 평면적이고 지세의 영향을 많이 받는다. 그러나 모든 커다란 세력들은 결국 나중에 상업과 식민지 확장

성격이라는 갑옷
현대세계는 본능을 억제하도록 요구한다. 이로 인해 에너지가 정체되는데, 이러한 상태에 대처하기 위해 자아는 변화를 겪을 수밖에 없다. 자아, 즉 인간을 구성하는 측면 중에서 위험에 노출되는 부분은 두려움을 주는 외부세계와 스스로의 욕구 간의 갈등이 반복해서 나타나는 것을 겪으면서 경직되어간다. 이 과정에서 자아는 장기간에 걸쳐 자동적으로 기능하는 반응 양식, 즉 '성격'을 형성한다. 이는 정서적인 성격이 갑옷을 두르는 것, 시끄러운 내적 욕구나 외부세계의 타격을 물리치기 위해 딱딱한 외피를 형성하는 것과 같다. 이런 갑옷 때문에 불쾌한 일에 둔해질 수 있지만 동시에 리비도적이고 공격적인 운동성도 제한되며 따라서 성취감과 쾌감 또한 반감된다. 이때 우리는 자아가 유연성을 잃고 경직되었다고 말하며, 힘과 효율적으로 조정하는 능력은 그 갑옷의 두께에 달려 있다.
— 빌헬름 라이히(Wilhelm Reich, 1897~1957)

을 위해 해상으로 나아갔다. 권력자는 교역로를 보호하기 위해 해군력을 강화시켜야 했다. 해전은 끊임없이 변하는 환경으로 인해 엄청난 창의력과 추상적 사고를 필요로 한다. 해군 지휘관은 말 그대로 요동치는 환경에 적응하고, 추상적이고 예측하기 어려운 형태로 적을 혼란에 빠뜨려야 한다. 그들은 입체적으로, 즉 심리적으로 전술을 구사한다.

다시 육상으로 돌아가면, 게릴라전 또한 이 같은 추상으로의 진화를 보여준다. 이런 새로운 종류의 전쟁 이론을 발전시키고 실제로 행동에 옮긴 최초의 현대 전략가는 T. E. 로렌스(T. E. Lawrence)일 것이다. 그의 전략은 마오쩌둥에게 영향을 미쳤는데, 마오쩌둥은 서양인의 저술에서 바둑과 비슷한 사고방식을 발견했다. 로렌스는 아랍 편에 서서 터키와 싸웠다. 그는 아랍 군을 광대한 사막에 분산시켜 적에게 어떤 목표물도 허용하지 않았다. 이 증기 같은 군대와 싸우기 위해 터키 군은 얇게 포진하고 이곳저곳으로 이동하느라 힘을 소모했다. 터키 군의 화력이 월등했지만, 이 술래잡기 전쟁에서 주도권을 쥔 것은 아랍 군이었고 터키 군의 사기는 갈수록 떨어졌다. "대부분의 전쟁은 접전 방식으로 이루어지지만 우리는 분산되어 적을 상대해야 한다. 광대한 사막의 적막한 공포로 적을 에워싸고 공격 때까지 모습을 드러내지 않아야 한다"라고 로렌스는 말했다.

이것이 전략의 궁극적인 형태다. 교전은 너무 위험할뿐더러 희생 또한 크다. 반면 치고 빠지는 우회전은 더 효과적이고 희생도 훨씬 적다. 사실 주요 성과는 정신적인 면에 있다. 즉 전력을 분산 배치하여 적의 마음을 갉아먹는 방식이다. 적을 교란시키는 데는 비정형적인 전술보다 나은 것이 없다. 대부분 넓은 지역에 산재한 상태로 전쟁이 전개되는 오늘날에는 비정형적 전술이 결정적인 힘을 발휘한다.

비정형적 전술에서 요구되는 심리 요건은 절대로 감정을 드러내지 말라는 것이다. 절대 방어적인 모습을 보여서는 안 된다. 방어적으로 행동하면 감정을 보인다는 뜻이고 형태를 선명하게 드러낸다는 뜻이다. 그러면 상대는 아킬레스건을 건드렸다는 것을 알아채고 계속해서 그곳을 공격한다. 따라서 구체적으로 모습을 드러내지 않도록 훈련하라. 절대 등을 보여서도 안 된다. 꽉 붙잡을 수 없는 매끄러운 공이 되도록 하라. 누구도 당신의 기반이 무엇인지, 약점이 어딘지 모르게 하라. 무표정한 얼굴을 보이면, 교활한 동료와 적이 분을 내며 혼란에 빠질 것이다.

이 기법으로 성공한 사람이 야코프 로트실트다. 독일계 유대인이었던 로트실트는 외국인에게 배타적인 파리에서 살면서 그에 대한 공격을 감정적으로 받아들이거나 자신이 입은 피해를 절대 내색하지 않았다. 뿐만 아니라 그는 루이 18세의 숨 막힐 듯 형식적인 왕정복고 시대, 루이 필립의 부르주아 시대, 1848년 민주 혁명, 1852년 황제에 즉위한 정치 애송이 루이 나폴레옹 등 모든 정치 환경에 적응했다. 그는 정치력이 아니라 경제력으로 평가를 받았기 때문에 위선적이거나 기회주의적으로 비칠 수 있었다. 그의 경제력은 권력의 매개체였다. 그가 정체를 절대 드러내지 않으면서 적응하고 번창하는 동안, 당대 막대한 부를 모았던 다른 명문가는 시대적 격변과 부침 속에서 모두 몰락했다. 그들은 과거에 집착하며 자신의 본모습을 드러냈던 것이다.

역사 전반에 걸쳐 여왕들은 비정형적 통치술을 능숙하게 수행했다. 여왕은 왕과 극히 다른 입장에 있다. 여자인 까닭에 백성과 신하들은 여왕의 통치력과 인품을 의심하기 쉽다. 이념 다툼이 벌어질 때 어느 한쪽을 편들면 감정적으로 편애한다고 하고, 반면 감정을 누르고 남자처럼 권위적으로 나가면 독한 비판을 면치 못한다. 따라서 본능적이든 경험적이든 여왕은 유연한 통치 방식을 택하는 경향이 있고, 결국 이 방식이 직선적이고 남자다운 방식보다 강력한 힘을 발휘하는 경우가 많다.

비정형적인 통치술을 성공적으로 보여준 예는 영국의 엘리자베스 여왕과 러시아의 예카테리나 여제를 들 수 있다. 가톨릭과 개신교 간의 격렬한 종교전쟁 중에 엘리자베스 여왕은 중용을 택하고 어느 한편에 기울어 결국 국가를 도탄에 빠뜨릴 동맹관계를 거부했다. 그녀는 전쟁을 감당할 수 있을 만큼 강해질 때까지 국가를 평화롭게 이끌었다. 엘리자베스 여왕의 놀라운 적응력과 유연한 판단력 덕분에 영국은 영광과 번영을 구가할 수 있었다.

예카테리나 여제 또한 상황에 따른 통치 방식을 택했다. 1762년, 그녀가 남편 표트르 2세를 폐위시키고 전권을 잡았을 때, 그녀가 상황을 헤쳐나가리라 기대한 사람은 아무도 없었다. 그녀는 어떤 선입관도, 정치철학이나 이론도 없었다. 외국인임에도(그녀는 독일계였다) 러시아의 풍토와 변화를 잘 이해했다. 그녀는 "무릇 군주란 자신이 명령하는 바를 백성이 스스로 원해서 따른다고 생각하도록 통치해야 한다"라고 말하며, 이를 위해 언제나 그들이 원하는 것보다 앞서가고 그들의 저항에 그때그때 대처해나가야 했다. 그녀는 어떤 문제도 야기하지 않고 짧은 기간 내에 러시아를 개혁했다.

이처럼 여성적이고 비정형적인 통치 방식은 어려운 환경에서 제 기능을 발휘할 뿐만 아니라 이를 따르는 사람들도 받아들이기 편하다. 유연한 까닭에 강요당하는 느낌이 적고 통치자의 생각에 덜 휘둘리므로 사람들이 비교적 쉽게 복종한다. 완고한 원칙주의자라면 한 가지만 고집할지 모르지만, 유연성을 갖추면 여러 대안을 고려할 수 있다. 어느 한편에 치우치지 않아 통치자는 동시에 여러 적을 상대할 수 있다. 엄격한 통치자는 강해 보일지 몰라도 시간이 지날수록 그 유연하지 못한 스타일이 주변 사람들을 짜증나게 만들고, 신하들은 그를 내몰 방법을 궁리하게 된다. 유연하고 비정형적인 통치자는 비판을 많이 받을지 모르지만 오래 버티며, 백성들은 결국 그런 통치자에게서 일체감을 느낀다. 그를 보면서 통치자 역시 자신들처럼 바람에 흔들리고 상황에 좌우되는 인간이라는 공감을 느끼는 것이다.

은밀히 침투하는 권력이 결국 승리를 거둔다. 아테네가 돈과 문화를 방편으로 스파르타를 정복한 것처럼 말이다. 더 강하고 완고한 상대와 싸울 때는 상대에게 잠시 승리를 내주고 그의 우월성을 인정하는 척하라. 그런 다음 비정형적이고 유연하게 그들의 정신에 서서히 잠입하라. 이런 식으로 그들을 방심하게 할 수 있다. 완고한 사람은 직격탄에는 언제든 맞받아칠 준비가 되어 있지만, 교묘하고 은밀한 침투에는 무력하기 때문이다. 이런 전략이 성공하려면 겉으로는 순응하는 척하면서도 속으로는 야금야금 적을 허물어가는 카멜레온이 되어야 한다.

수 세기 동안 일본인들은 외국 문화 및 세력에 호의적인 것처럼 보였다. 1577년 일본에 도착해 오랫동안 살았던 포르투갈 신부 후안 로드리게스(João Rodriguez)는 "일본인들이 포르투갈 방식을 뭐든지 흉내 내고 받아들이는 것을 보니 당황스럽다"라고 말했다. 그는 일본인들이 포르투갈인 복장을 하고 로자리오 묵주를 목에 걸고 엉덩이에 십자가 표를 달고 거리를 다니는 모습을 보았다. 이는 나약하고 줏대 없는 문화처럼 보였을지 모르지만, 실상은 이런 적응성 덕분에 외국 문화로부터 자국을 보호할 수 있었다. 포르투갈을 비롯한 서양인들은 일본인들이 외국 문화를 우월하게 생각한다고 믿었다. 그러나 사실은 한 번 입어보고 버리는 유행에 불과했다. 이런 현상 배후에서 일본 문화는 번성했다. 일본인이 외국 세력에 대해 완고한 입장을 견지하고 싸우려 했다면, 중국처럼 군사력에 의한 피해를 입었을 것이다. 공격자에게 대응하거나 해를 입힐 구실을 전혀 주지 않는 것, 이것이 바로 비정형의 힘이다.

진화에서 크기는 멸종으로 향하는 첫 단계인 경우가 종종 있다. 거대 생명체는 기동성이 떨어지고, 끊임없이 먹을 것을 구해야 한다. 그러나 무지한 사람들은 크기가 곧 힘이며 클수록 더 낫다고 생각한다.

기원전 483년, 페르시아 왕 크세르크세스(Xerxes)는 그리스를 단번에 정복할 수 있을 것이라고 생각했다. 그래서 최대 규모의 대군을 이끌고 원정에 나섰다. 헤로도토스는 그 규모를 500만 명이 넘는 것으로 추정했다. 페르시아 군은 헬레스폰트 해협에 교량을 구축해 그리스로 들어가고 엄청난 해군을 동원해 그리스 함선을 항구에 꽁꽁 묶어둘 계획이었다. 이 계획은 완벽해 보였다. 그러나 크세르크세스가 침공 준비를 마쳤을 때, 그의 책사 아르타바누스(Artabanus)는 크게 염려하며 주군에게 다음과 같이 조언했다. "세상에서 가장 강력한 세력이 왕을 대적하고 있습니다." 크세르크세스는 비웃었다. 어떤 세력이 그의 대군과 맞설 수 있단 말인가? 아르타바누스가 염려한 강적은 바로 '땅과 바다'였다. 크세르크세스의 대규모 함대를 수용할 만큼 크고 안전한 항구가 그리스에는 없었다. 또한 페르시아가 영토를 정복하면 할수록 보급로가 길어져 군량 조달이 어려울 것이 자명했다.

크세르크세스는 그를 겁쟁이라고 무시하고 침공을 감행했다. 그러나 아르타바누스가 예측한 대로였다. 페르시아 함대는 악천후를 만나 대거 침몰했다. 대규모 함대를 정박할 곳이 없었기 때문이다. 한편 페르시아 육군은 가는 곳마다 초토화시켰는데, 군량미로 써야 할 곡식과 음식물도 함께 파괴되었다. 뿐만 아니라 움직임이 굼뜬 탓에 페르시아 대군은 손쉬운 목표물이 되었다. 그리스 군은 온갖 교묘한 작전을 구사해 페르시아 군을 혼란에 빠뜨렸다. 페르시아 군은 결국 엄청난 피해를 입고 패했다. 규모 때문에 유연성을 희생한 대표적인 사례. 유연하고 날랜 발은 거의 대부분 승리를 거둔다. 다양하게 전략을 구사할 여지가 있기 때문이다. 적이 거대할수록 혼란을 야기해 괴멸시키기가 더 쉬운 법이다.

나이가 든 사람일수록 비정형이 필요하다. 나이가 들면서 자기만의 방식을 고집하고 그 형식이 고착화되기 때문이다. 그러면 예측 가능한 생각이나 행동을 하게 된다. 이는 노쇠화의 첫 단계다. 이 예측 가능성은 사람을 우스운 꼴로 만들기도 한다. 조롱과 경멸은 온건한 형태의 공격이긴 하지만, 강력한 무기가 되기 때문에 결국 권력의 기초를 침식시킨다. 존경심을 잃은 적은 대담해지고, 대담성은 가장 작은 미물도 위험한 존재로 만든다.

마리-앙투아네트로 대변되는 18세기 후반 프랑스 궁정은 절망적일 정도로 완고한 형식에 얽매여 있었다. 그래서 일반 평민들조차 어리석은 유물로 간주할 정도였다. 수 세기 동안 이어져온 옛 제도에 대한 경시 풍조는 몰락의 첫 조짐이었다. 백성과 군주 간의 유대가 해이해졌음을 상징적으로 보여주는 것이기 때문이다. 그런데도 마리-앙투아네트와 루이 16세는 더욱 과거에 집착함으로써 상황을 악화시켰고, 결국 그들은 자신의 운명을 재촉하고 말았다. 영국의 찰스 1세도 1630년대 일어나고 있던 민주주의 바람에 비슷하게 대응했다. 그는 의회를 해산했고, 그의 궁정 의식은 더욱 경직되어갔다. 그는 사소한 의전에 집착하며 옛 통치 방식을 고집했다. 그가 완고하게 나올수록 백성들의 변화에 대한 열망은 더욱 고조되었다. 영국은 곧 내전에 휩싸였고, 찰스 1세는 처형장의 이슬로 사라졌다.

나이가 들수록 과거에 대한 의존을 떨쳐버려야 한다. 스스로 택한 형식이 낡은 유물처럼 보이지 않도록 주의해야 한다. 이는 젊은이의 유행을 모방하라는 얘기가 아니다. 젊은이의 찰나적 유행 또한 조롱의 대상이다. 어떤 상황에서도 적응할 수 있도록 유연한 정신을 가짐으로써 자기 시대를 준비해야 한다. 완고함은 송장처럼 역겨운 모습을 연출할 뿐이다.

하지만 비정형은 전략적인 자세라는 사실을 잊어서는 안 된다. 이를 통해 당신은 전술적으로 유리한 고지를 점하게 된다. 적이 당신의 다음 움직임을 알아내려 애쓰는 동안 적은 자신의 전략을 드러내게 된다. 그러면 그는 결정적으로 불리한 입장에 놓인다. 주도권은 당신에게 돌아오고, 적은 힘을 잃고 계속 당신에게 대응할 수밖에 없다. 그러는 동안 적의 감각과 이성은 마비된다. 비정형은 하나의 도구일 뿐이다. 절대 시류영합이나 어떤 운명론과 혼동해서는 안 된다. 비정형을 사용하는 것은 내적인 평안을 얻기 위해서가 아니라 권력을 증대하기 위해서다.

새로운 환경에 적응한다는 것은 당신 자신의 눈으로 사건을 바라보고, 때론 다른 사람들의 조언을 무시하는 것을 의미한다. 궁극적으로는 다른 사람들이 권하는 법칙, 그런 종류의 책자들, 옛 현인의 조언을 내던져버리는 것을 의미한다. 나폴레옹은 "상황을 지배하는 법칙은 새로운 상황에 의해 폐기된다"라고 말했다. 새로운 상황을 판단해야 하는 사람은 당신 자신이라는 말이다. 다른 이들의 생각에 지나치게 의지하면 종내는 스스로 고민해보지도 않고 그들의 형식을 택하게 된다. 다른 이들의 지혜를 너무 존중하다 자신의 생각을 경시하는 실수를 범하지 말라. 과거, 특히 자신의 과거를 무자비하게 대하라. 외부에서 잠입해 들어오는 철학을 경멸하라.

| 이미지 | 메르쿠리우스. 날개 달린 전령, 상업의 신, 도둑과 도박꾼 및 속임수를 쓰는 모든 이들의 수호성인. 메르쿠리우스는 태어나던 날 수금을 고안하고, 그날 저녁 아폴론의 가축을 훔쳤다. 그는 자신이 원하는 온갖 모습으로 변신하여 세상을 돌아다닌다. 그의 이름을 딴 액체 금속처럼, 그는 실체를 파악하기 어렵고 장악할 수도 없다. 바로 비정형의 힘이다.

| 근거 | 그러므로 진형(陣形)은 비정형을 통해 완성된다. 전쟁의 승리는 똑같은 반복이 아니라 형식을 끊임없이 변화시킴으로써 주어진다. …… 물이 일정한 모양이 없는 것처럼 전력도 일정한 틀이 없다. 상대에 따라 변하고 적응함으로써 승리를 얻는 모사꾼이야말로 천재다.

– 손자(기원전 4세기)

뒤집어보기

공간을 넓게 활용해 추상적 패턴으로 대처하라는 것을 집중력을 포기하라는 뜻으로 이해하면 안 된다. 집중력은 제때에 중요한 역할을 수행하는 전략의 한 요소다. 비정형은 적이 온 사방을 헤매며 당신을 추격하다가 육체적으로나 정신적으로 힘을 완전히 소진하게 만든다. 그리고 마침내 교전하게 되면, 집중적으로 강력한 일격을 가하라. 이것이 바로 마오쩌둥이 국민당을 물리친 방식이다. 그는 적을 소규모 단위로 고립시켰고, 그 후 강력한 공격으로 손쉽게 제압할 수 있었다. 집중력의 법칙이 효력을 발휘한 것이다.

비정형 전술을 전개할 때는 전체 과정을 관조하며 장기적인 전략을 염두에 두어야 한다. 형태를 갖추고 공격을 할 때는 집중과 속도, 힘을 유감없이 발휘하라. 마오쩌둥이 말한 것처럼, "우리가 당신들과 싸울 때, 당신들은 우리 손을 벗어나지 못할 것이다."

PART 4

――――――― 권력을 얻고, 지키는 것이 권력 게임의 끝은 아니다. 상대방이 진심으로 당신의 권위에 복종하고 당신의 계획에 복무할 수 있게 권력을 행사하라. 당신이 차지한 영향력과 통제력을 실질적으로 사용해 목표한 바를 이뤄내고 상황을 장악할 때 권력은 완성된다.

우선 권력을 효과적으로 행사하려면 그것이 사람들에게 미치는 영향력을 알아야 한다. 권력을 쥔 자만이 상대에게 영향력과 통제력을 발휘한다는 환상을 버려라. 권력자 역시 상대에게 영향을 받는다는 것을 이해할 때만 당신이 바라는 목표를 이룰 수 있다.

4부에서는 획득한 권력을 가장 효과적으로 다루는 방법을 말한다. 여기에 속하는 법칙들을 익힌다면 라이벌이 나를 위해 일하게 할 수도, 불리한 상황을 오히려 기회로 바꿀 수도 있다. 적절한 시점을 잡아내는 법, 사람과 정보를 이용하는 법, 자신을 표현하는 법 등에 통달한다면 당신의 권력이 완전한 힘을 발휘하게 될 것이다.

역사상 가장 뛰어났던 권력자들은 대담한 공격, 치밀한 계획, 은밀한 행동을 적절히 배분해 최고의 권력을 행사했다. 싸워서 질 바에야 항복을 선택하고, 친구가 아닌 라이벌을 동료로 받아들이는 등 예측할 수 없는 행동으로 상대와 상황을 장악했다. 때론 대담한 행동을, 때론 침묵과 유혹을 선택하지만 그 모든 것이 향하는 곳은 언제나 동일했다. 모든 일이 자기 뜻대로 이루어지게 하는 것, 이것이야말로 모든 권력 게임의 종착역이자 완성이다.

권력행사의 법칙

Law
35

친구를 멀리하고 적을 이용하라

...

용인술

친구를 경계하라. 친구는 질투심에 빠지기 쉽기 때문에
남보다 더 빠르게 당신을 배반할 수 있다.
친구는 또한 권력을 갖게 되는 경우
당신에 대한 배려 없이 포악행위를 가할 수도 있다.
하지만 예전의 적은 포용해주면
오히려 친구보다 더 의리 있게 행동한다.
자신의 충성을 입증해야 할 필요를
상대적으로 더 많이 느끼기 때문이다.
사실 적보다 더 두려워해야 할 대상이 친구다.
적이 전혀 없다면, 적을 만들 방법을 찾아라.

법칙 위반 사례: 은혜를 원수로 갚은 바실리우스

확실한 적을 갖고 싶다면
친구 중에서 고르라. 그는
당신의 약점을 잘 알고 있다.
- 디안 드 푸아티에
(1499~1566, 프랑스 앙리
2세의 정부)

9세기 중반, 비잔틴 제국의 황제는 젊은 미카일 3세(Michael III)였다. 권력을 놓고 아들과 갈등을 빚었던 그의 어머니이자 섭정 테오도라는 수녀원으로 추방당했고, 그녀의 연인 테옥티스투스는 살해당했다. 테오도라를 축출하고 미카일의 제위를 보호하기 위한 전략을 이끈 인물은 미카일의 삼촌 바르다스(Bardas)였다. 그는 총명하고 야망이 큰 인물이었다. 미카일은 나이가 어리고 미숙한 통치자였으므로, 그의 주변에는 늘 음모자, 살인자, 난봉꾼들이 모여들었다. 이처럼 위험하고 불안한 시기였으므로 미카일에게는 신뢰할 수 있는 조언자가 필요했다. 그는 시종이자 가장 친한 친구인 바실리우스(Basilius)를 점점 의지하기 시작했다.

두 사람은 몇 년 전 미카일이 마구간을 방문했을 때 처음 만났다. 당시 야생마 한 마리가 고삐가 풀려 날뛰는 일이 발생했는데, 마케도니아 농부 출신인 젊은 마부 바실리우스가 미카일의 목숨을 구해주었다. 바실리우스의 힘과 용기에 감명을 받은 미카일은, 미천한 말 조련사이던 그를 마구간 총책임자로 승진시켰다. 그는 생명의 은인이자 친구인 바실리우스에게 많은 선물과 호의를 베풀었고 두 사람은 뗄 수 없는 끈끈한 관계가 되었다. 미카일은 그를 비잔티움에서 가장 좋은 학교에 보내주었으며, 이후 이 농부 출신의 마부는 교양 있고 세련된 황실 신하가 되었다.

내가 직위를 하나 줄 때마다
불만을 품은 자 100명과
은혜를 모르는 자 한 명이
생긴다.
- 루이 14세(1638~1715)

황제 미카일에게는 믿음직하고 충성스러운 사람이 필요했다. 의전관 겸 최고 고문관의 자리를 맡길 사람으로, 그에게 큰 은혜를 입은 바실리우스보다 더 나은 적임자가 어디 있겠는가?

신하들은 유능하고 경험 많은 바르다스를 추천했지만 미카일은 그들의 조언을 무시하고 바실리우스를 선택했다. 바실리우스는 황실의 마구간 책임자였기 때문에 행정이나 정치에 대한 경험이 전혀 없었다. 하지만 바실리우스의 역량이 다소 부족하다 해도 가르치면 될 것이었고, 미카일은 그를 피를 나눈 형제처럼 사랑했다.

내가 가장 사랑한 사람, 나를
사랑한다고 굳건하게 믿었던
사람에게 배반당한 것이
한두 번이 아니다. 그러므로
장점과 가치를 보고
평가하여 오로지
한 사람만을 사랑하고 그를
섬기는 것이 옳을지도
모른다. 그렇다 해도 나중에
후회할 일이 생기지 않도록,
우정이라는 유혹적인 덫에
걸려 그를 너무
믿어서는 안 된다.
- 발다사레 카스틸리오네
(1478~1529)

바실리우스는 곧 국정의 모든 일에 대해 황제에게 조언을 제공했다. 한 가지 문제는 돈이었다. 바실리우스는 가지면 가질수록 더 많이 원했다. 황실의 화려한 생활에 눈뜬 바실리우스는 권력이 주는 혜택에 대해 탐욕스러워졌던 것이다. 미카일은 그의 급료를 두 배, 세 배로 올려주었고 그에게 귀족 작위를 내렸으며, 그를 자신의 정부(情婦)인 유도키아 잉게리나와 결혼시켰다. 믿을 만한 친구이자 조언자를 위해서라면 어떤 것도 아깝지 않았다. 그로 인해 커다란 재앙이 닥치리라는 것은 전혀 상상하지 못했다. 그 무렵 바르다스는 군대 총사령관을 맡고 있었다. 바실리우스는 미카일에게 바르다스가 지나치게 야심이 크다고 조언했다. 그러면서 바르다스가 조카인 미카일을 좌지우지할 생각으로 옆에서 황제 자리를 보위한 것이며, 언젠가는 음모를 꾸며 미카일을 제거하고 자신이 제위를 차지할지 모른다고 말했다. 바실리우스가 어찌나 끊임없이 이야기를 했던지 결국 미카일은 삼촌 바르다스를 암살하자는 데 동의했다. 경마 대회가 열리는 날, 바실리우스는 군중 속에 있는 바르다스에게 접근하여 그를 칼로 찔러 죽였다. 암살 직후 바실리우스는 자신이 총사령관 자리를 맡겠다고 황제에게 청했다. 총사령관은 영토에 대한 통제권을 갖고 반란을 진압할 수 있는 위치였다. 황제는 그의 말을 들어주었다.

바실리우스의 권력과 부는 나날이 늘어갔다. 몇 년 뒤, 무절제한 생활로 재정적인 곤경에 처한 미카일은 바실리우스에게 그동안 빌려간 돈의 일부를 갚아달라고 요청했다. 하지만 바실리우스는 거절했고, 미카일은 큰 충격을 받았다. 그제야 미카일은 자신이 곤경에 처했음을 직감했다. 마구간지기에 불과하던 자가 이제는 황제인 자신보다 더 많은 돈을 가졌고 군대와 황궁에 더 많은 동맹자를 거느렸으며 더 많은 권력을 갖게 된 것이다. 몇 주일 후, 미카일은 잔뜩 취해서 잠들었다가 아침에 깨어났을 때 병사들이 자신을 둘러싸고 있는 것을 알았다. 바실리우스가 지켜보는 가운데 병사들이 황제 미카일을 칼로 찔러 죽였다. 바실리우스는 자신이 황제가 되었음을 선포한 뒤, 자신에게 은혜를 베푼 친구의 머리를 기다란 창끝에 매단 채 말을 타고 비잔티움 거리를 돌아다녔다.

해석 ——

미카일 3세는 바실리우스가 자신의 은혜를 잊지 않을 것이라 여기고 그에게 자신의 미래를 걸었다. 당연히 바실리우스는 성심껏 황제를 섬길 것 같았다. 마구간을 지키던 그를 교육시키고 부와 권력까지 주었으니 말이다. 바실리우스가 어느 정도 권력을 갖게 되자, 황제는 두 사람의 유대관계를 공고히 다지기 위해 그가 원하는 것을 다 들어주어야 했다. 하지만 어느 날 바실리우스의 얼굴에서 거만한 미소를 보았을 때, 황제는 자신이 치명적인 실수를 저질렀음을 깨달았다.

호랑이를 키운 것이었다. 그는 절친한 친구가 최고 권력을 가까이서 목격하도록 허락했다. 친구는 더 많은 것을 원했고, 원하는 것은 무엇이든 얻었으며, 나중에는 자신이 입은 은혜가 거추장스럽다고 느꼈다. 갑자기 신분이 상승한 사람들이 으레 그렇듯, 그는 지금껏 황제에게서 입은 은혜를 잊어버리고 자신이 잘나서 현재의 지위에 올랐다고 생각했다.

미카일이 바실리우스의 거만한 미소를 보았을 때 현명하게 대처했다면 목숨은 구할 수 있었을 것이다. 하지만 우정과 사랑은 사람의 눈을 멀게 하는 법이다. 친구가 자신을 배신할 것이라고 믿는 사람은 아무도 없다. 미카일은 자신의 머리가 창끝에 매달린 그날까지도 친구의 배반을 믿지 못했다.

> 주여, 저를 친구들로부터 보호해주시옵소서. 적들은 저 혼자 처치할 수 있나이다.
>
> – 볼테르(1694~1778)

법칙 준수 사례: 조광윤의 정적 길들이기

한(漢) 왕조가 몰락한(220년) 이후 중국에서는 수백 년간 유혈 정변이 되풀이되었다. 군부 세력이 음모를 꾸미며 약한 왕을 죽이고 그 자리에 강력한 장군이 들어앉았다. 장군은 새 왕조를 창시하고 스스로 황제에 올랐으며, 자신의 목숨과 자리를 지키기 위해 다른 동료 장군들을 처형했다. 하지만 몇 년이 지나고 나면 다시 똑같은 상황이 반복되었다. 새로운 장군들이 득세하여 황제와 그 아들들을 죽이곤 했던 것이다. 따라서 당시 중국 황제는 수많은 적들에게 둘러싸인 외로운 처지였으며 가장 허약하고 불안한 자리였다.

959년, 조광윤(趙匡胤)이 송나라를 세우고 황제의 자리에 올랐다. 그는 1~2년 내에 자신이 암살당할 가능성이 있다는 것을 알았다. 어떻게 하면 암살과 새로운 황제 즉위라는 악순환에서 벗어날 것인가? 그는 황제가 된 직후 성대한 연회를 열어 새로운 왕조의 탄생을 축하했다. 그 자리에는 군부의 유력자들도 초대했다. 모두 적당히 술에 취하자 황제는 호위병들을 전부 방에서 나가게 한 뒤 장군들만 남게 했다. 장군들은 황제가 자신들을 일거에 죽일지도 모른다는 두려움에 떨었다. 하지만 황제는 이렇게 말했다. "짐은 온종일 두려움 속에 살고 있소. 밥을 먹을 때도, 잠자리에 들 때도 늘 불안하오. 여기 있는 장군들 가운데 누군가가 황제의 옥좌를 탐하지 않으리란 보장이 없지 않소? 짐은 물론 장군들의 충절을 의심하진 않으나, 혹시 부와 명예를 탐하는 부하들이 여러분을 황제의 자리에 앉히려고 애를 쓴다면, 누가 거절할 수 있겠소?" 장군들은 모두 자신에게는 그럴 의도가 전혀 없으며 변함없는 충성을 바치겠노라고 맹세했다. 그때 황제가 말했다. "부와 명예를 평화롭게 누리며 사는 것이 가장 행복한 삶일 것이오. 만일 여러분이 장군의 지위를 포기하면, 좋은 땅과 풍족한 거처를 제공하고 평생 풍류와 여자들을 벗하며 여유로운 삶을 살도록 해주겠소."

장군들은 예상치 못한 황제의 제안에 깜짝 놀랐다. 그것은 불안과 투쟁으로 가득한 삶 대신에 부와 안정이 보장된 삶이었다. 다음 날 장군들은 모두 사임을 표하고 황제가 하사한 땅으로 물러가 살았다.

조광윤은 자신을 배신할 가능성이 있는 '우호적인' 늑대들을 대번에 온순한 양으로 만들어 권력으로부터 멀찌감치 떨어뜨려놓은 것이다.

이후 몇 년간 조광윤은 통치 기반을 확실하게 다져갔다. 971년, 남한(南漢)의 왕 유창이 마침내 송나라에 항복했다. 조광윤은 그를 고관직에 앉히고 궁전으로 초대하여 술잔을 나누며 새로운 우정을 축하했다. 유창은 예상과 다른 대우에 깜짝 놀랐다. 유창은 황제가 주는 술잔을 받고 혹시 독이 들지 않을까 싶어 마시기를 주저했다. 그는 넙죽 엎드리며 외쳤다. "신의 죄를 생각할 때 죽어 마땅하오나, 불쌍한 목숨을 살려주시길 간청합니다. 신은 감히 이 술을 마시지 못하겠나이다." 황제는 껄껄 웃

그러므로 지혜로운 군주는 기회가 있을 때마다 기민하게 적의(敵意)를 조장해야 한다고 생각하는 사람들이 많다. 그러한 적의를 제압함으로써 자신의 위대함을 증대시킬 수 있기 때문이다. 군주들, 특히 새로 군주의 자리에 오른 사람들은 처음에 신임했던 사람들보다 처음에 의심했던 사람들에게서 더 큰 신뢰와 유용함을 발견한다. 시에나의 군주 판돌포 페트루치(Pandolfo Petrucci)는 주로 자신이 의심했던 사람들의 도움을 받아 나라를 다스렸다.
— 니콜로 마키아벨리 (1469~1527)

음을 터뜨리며 유창의 손에 든 잔을 빼앗아 마셨다. 술잔에는 독이 없었다. 그 이후로 유창은 황제가 가장 신뢰하는 친구가 되었다.

당시 중국은 수많은 소국으로 나뉘어 있었다. 한 소국의 왕이 전쟁에서 패배하자, 송나라의 대신들은 황제에게 반역자인 그 왕을 잡아다 가두라고 조언했다. 대신들은 그가 송나라 황제를 암살할 음모를 꾸미고 있다는 내용이 담긴 문서까지 제시했다. 그러나 황제는 그를 가두기는커녕 환영했다. 또 황제는 꾸러미를 하나 건네며 돌아가는 길에 열어보라고 말했다. 그가 가는 도중에 꾸러미를 열어보니, 자신의 황제 암살 음모가 담긴 문서들이 들어 있었다. 그는 황제가 이미 모든 것을 알고 있으면서도 자신을 살려주었다는 것을 알았다. 황제의 넓은 아량에 감동한 그는 이후 황제의 가장 충성스러운 신하가 되었다.

해석 ———

어떤 중국 속담에서는 친구를 위험한 동물의 턱과 이빨에 비유한다. 조심하지 않으면 친구에게 잡아먹힐 수 있다는 의미다. 송나라 황제는 즉위 직후 자신이 날카로운 이빨을 가진 짐승들에게 둘러싸여 있음을 깨달았다. 조만간 군부에 있는 '동료' 장군들이 그를 먹잇감처럼 씹어 먹을 것이고, 설령 살아남는다고 해도 궁내에 있는 다른 '친구'들이 그를 잡아먹을 수 있었기 때문이다. 황제는 '친구'들과 관계를 끊기로 결심하고, 동료 장군들에게 좋은 땅을 주어 멀리 떠나 살게 했다. 장군들의 세력을 약화시키기 위해서는 그것이 죽이는 것보다 훨씬 나은 방법이었다. 만일 그들을 죽였다면 다른 장군들이 복수를 시도했을 것이다. 황제는 '우호적인' 대신들과도 가까운 관계를 유지하지 않았다. 그들은 대개 결국 독이 든 술잔을 마시게 되곤 했다.

황제는 친구를 믿고 의지하는 대신 적들을 포용해 하나씩 더 믿음직한 부하로 만들었다. 친구는 갈수록 더 많은 것을 원하고 질투심에 휩싸이지만, 과거에 적이었던 사람은 아무것도 요구하지 않아도 많은 것을 얻는다. 갑자기 사형을 면하게 된 사람은 감사한 마음을 가지며, 자신을 용서해준 사람을 위해서라면 무슨 일이든 하는 법이다. 시간이 지난 후 과

베다에 조예가 깊고 궁술에도 뛰어난 브라만이 왕이 된 옛 친구를 보필하고자 했다. 브라만은 왕을 만나자 소리쳤다. "친구여, 나를 알아보겠지!" 왕은 경멸 가득한 표정으로 대답했다. "그래, 우린 한때 친구였지. 하지만 우정은 우리가 가진 힘에 따라 달라지는 거야. 내가 자네와 친구로 지냈던 것은 내 목적에 유용했기 때문이야. 거지는 부자와 친구가 될 수 없고, 바보는 현인의 친구가 될 수 없으며, 겁쟁이는 용감한 자와 친구가 될 수 없다네. 옛 친구라, 그게 무슨 소용일까? 재산과 출신이 비슷한 두 사람은 우정을 쌓을 수 있지만 거지와 부자는 그럴 수 없는 거야. 옛 친구라…… 그게 무슨 소용인가?
– 《마하바라타》, 기원전 3세기경

거의 적들은 황제의 가장 믿음직한 동지가 되었다.

이렇게 송의 황제는 유혈 정변과 암살과 내전이 되풀이되는 역사의 악순환을 끝냈으며, 이후 송나라는 300년 이상 중국을 다스렸다.

> 남북전쟁이 한창일 때 에이브러햄 링컨이 한 연설에서 남부군을 가리켜 실수를 저지르고 있는 동포라고 말했다. 그러자 한 나이 든 부인이 왜 그들을 화해할 수 없으며 반드시 죽여야 하는 적군이라고 부르지 않느냐고 반박했다. 링컨은 이렇게 대답했다. "부인, 적을 친구로 만들면 자연히 적을 없애는 것 아닙니까?"

친절을 베풀려는 마음으로 벌을 잡아보라. 친절이 지닌 한계를 깨달을지니.
– 수피교 속담

권력의 열쇠: 친구를 멀리하고 적을 이용하라

어려운 때에 친구를 곁에 두고 싶어하는 것은 인지상정이다. 세상은 험한 곳이며, 친구는 그러한 험한 세상을 살아가는 데 도움이 되기도 한다. 게다가 그들은 우리가 잘 아는 이들이다. 친구가 옆에 있는데 굳이 낯선 사람에게 의지할 이유가 어디 있겠는가?

하지만 문제는 우리가 친구에 대해 잘 모르는 경우가 많다는 것이다. 친구는 단지 말다툼을 피하려고 동의할 때가 많다. 또 관계가 틀어지는 게 싫어서 자신의 나쁜 점들을 가리고 상대의 농담에 과장되게 즐거워하기도 한다. 정직은 우정을 공고히 하는 데 거의 도움이 되지 않기 때문에, 당신은 친구가 진짜로 어떤 생각과 감정을 갖고 있는지 모를 확률이 높다. 친구는 말한다. 당신이 쓴 시가 마음에 든다고, 당신의 음악을 좋아한다고, 당신의 패션 감각이 부럽다고. 가끔은 진심인 경우도 있지만, 대개는 거짓말이다.

친구를 곁에 두기로 결정하고 나면 차츰 그가 감추고 있던 성격이나 특징을 발견하게 된다. 그리고 묘하게도 당신의 친절한 행동 때문에 둘 사이 관계의 균형이 흔들리기 시작한다. 사람들은 자신이 그럴 만한 자격이 있어서 좋은 것을 누리게 되었다고 생각한다. 그들은 호의와 은혜를 받는 것을 부담스럽고 억압적이라고 느낄 수 있다. 자격이 있어서가 아니라 친구라서 선택받았다는 느낌이 들기 때문이다. 또 친구를 쓰면서

인간은 은혜보다 상처에 대해 되갚음을 잘한다. 은혜 갚음은 짐이고 복수는 즐거움이기 때문이다.
– 타키투스(Tacitus, 55~120년경)

생색을 내기도 하는데 이는 친구의 마음을 상하게 한다. 그 상처의 결과는 천천히 나타난다. 조금 더 정직해지고, 때로 분노와 질투심을 드러내기도 하는 사이 어느새 우정의 빛깔은 바래고 만다. 우정을 회복하려고 더 많은 호의와 선물을 베풀수록 친구의 고마워하는 태도는 줄어든다.

배은망덕은 긴 역사를 갖고 있다. 그것이 발휘한 파괴적 위력이 오랜 역사 곳곳에서 목격되는데도 불구하고, 아직도 사람들은 그 힘을 과소평가한다는 사실이 놀랍기만 하다. 방심하지 말라. 애당초 친구가 고마워할 것이라고 기대하지 않으면, 그가 고마움을 표시할 때 당신은 놀라움과 만족감을 느끼게 될 것이다.

중요한 위치에 친구를 쓰면 불가피하게 당신의 권력이 제한을 받게 된다. 친구가 당신을 도와주기에 가장 적절한 능력을 가진 인물인 경우는 드물다. 결국엔 능력과 역량이 우정보다 훨씬 중요한 때가 오게 마련이다. (미카일 3세는 자신을 올바른 방향으로 이끌 만한, 그리고 자신의 죽음을 피하게 만들어줄 사람을 바로 코앞에 두고 있었다. 그는 바르다스였다.)

어떤 형태의 조직에서든 사람들과 거리를 유지해야 한다. 일을 하려고 모인 것이지 친구를 사귀려고 모인 것이 아니기 때문이다. 우정은(진짜 우정이든, 가짜 우정이든) 진실을 흐릿하게 가릴 뿐이다. 권력의 열쇠는 어떤 상황에서도 당신의 이익을 가장 크게 증진시켜줄 사람이 누구인지 판단하는 능력에 있다. 친구는 우정을 나누기 위해 사귀고, 일은 유능하고 실력 있는 사람과 함께 하라.

반면 적은 아직 개발하지 않은 금광과 같다. 1807년, 외무장관 탈레랑은 나폴레옹이 프랑스를 파멸로 이끌고 있다고 생각했다. 그에게서 등을 돌려야 할 때가 된 것이다. 그는 모반을 꾀하는 것이 얼마나 위험한 일인지 잘 알고 있었다. 그에게는 공모자가 필요했다. 누구를 믿을 수 있을까? 그는 조제프 푸셰를 선택했다. 푸셰는 비밀경찰의 우두머리이자 탈레랑의 앙숙이었으며, 과거에 탈레랑의 암살까지 기도했던 인물이었다. 그러나 탈레랑은 과거의 증오가 오히려 극적으로 감정적 화해를 이룰 기회를 제공할 것이라고 생각했다. 특히 자신의 신뢰를 입증해야 하는 사람은 산이라도 기꺼이 옮기는 법이다. 푸셰의 경우 아무 대가를 바라지 않고 자신이 선택받을 만한 가치가 있는 사람임을 입증하기 위해 노력할 것이라고 탈레랑은 판단했다. 마지막으로, 탈레랑은 자신과 푸셰의 관계가 서로의 이해(利害)를 기반으로 하기 때문에 개인적인 감정에 흔들리지 않을 것임을 알고 있었다. 그의 선택은 현명했음이 드러났다. 비록 그들의 공모가 나폴레옹을 권좌에서 끌어내리는 데 성공하진 못했지만, 좀처럼 동맹할 것 같지 않은 두 인물이 손을 잡았다는 사실 때문에 그들의 움직임에 많은 이들이 관심을 가졌고, 황제에 대한 반대 움직임이 서서히 확산되기 시작했다. 그 이후로 탈레랑과 푸셰는 효과적인 동맹관계를 구축했다. 가능한 경우라면, 적과의 싸움을 그만두고 그를 포섭하여 당신을 위해 행동하게 만들어라.

링컨이 말했듯이, 적을 친구로 만들면 자연히 적을 없애게 된다. 베트남 전쟁이 한창이던 1971년, 헨리 키신저가 납치의 목표물이 된 적이 있다. 납치 음모를 꾸민 이들 가운데는 유명한 반전 운동가이자 신부인 베리건(Berrigan) 형제, 다른 네 명의 가톨릭 신부, 네 명의 수녀가 포함되어 있었다. 키신저는 어느 토요일 아침에 비밀경호국이나 법무부에 알리지 않고 납치 공모자들 가운데 세 명과 만났다. 그리고 베트남에 있는 대부분의 미군을 1972년 중반까지 철수시킬 것이라고 설명함으로써 그들을 자기편으로 만드는 데 성공했다. 그들은 키신저에게 "키신저를 납치하라"는 문구가 적힌 배지까지 선물했고, 그 중 한 명과는 친구로 지냈다. 이는 단순히 일시적인 꾀가 아니었다. 키신저는 실제로 반대자들과 함께 일할 때가 많았다. 동료들은 그가 친구보다 적과 더 잘 어울리는 것 같다고 말하곤 했다.

주변에 적이 없으면 나태해진다. 적이 뒤를 쫓아오면 머리도 더 총명해지고 집중력과 주의력도 높아진다. 그러므로 때에 따라서는 적을 친구나 동맹자로 바꾸지 말고 그대로 적으로서 이용하는 편이 낫다.

마오쩌둥은 투쟁을 권력을 얻는 핵심 열쇠로 생각했다. 1937년 일본이 중국을 침략했을 당시, 마오쩌둥의 공산당과 그들의 적인 국민당은 내전을 벌이며 대립하고 있었다.

일본이 공산당을 전멸시킬까 봐 두려워진 일부 공산당 지도자들은 국민당이 일본에 맞서 싸우도록 놔두고 자신들은 그동안 에너지를 충전하자고 주장했다. 하지만 마오쩌둥은 반대했다. 그는 이유를 이렇게 설명했다. 일본은 중국처럼 광대한 나라를 이기지 못할 것이며 설령 이긴다해도 오랫동안 점령하지 못할 것이다. 일본군이 떠나고 나면, 공산당은 수년간 전투를 하지 않았기 때문에 녹슨 기계처럼 둔해져 이후 국민당과의 전쟁을 재개하지 못할 것이다. 또한 일본처럼 강력한 적과 싸우는 것은 하층 계급 출신들로 이루어진 공산당 군대에게 아주 훌륭한 훈련이될 것이라는 게 그의 생각이었다. 공산당은 마오쩌둥의 계획을 받아들였고, 그의 생각이 옳았다. 마침내 일본군이 물러난 이후, 공산당은 그동안 쌓은 전투력을 바탕으로 국민당을 물리칠 수 있었다.

오랜 시간이 흐른 후에 한 일본인이 자신의 나라가 중국을 침략한 것에 대해 마오쩌둥에게 사과하려고 했다. 그러자 마오쩌둥이 말했다. "그럼 내가 당신들에게 감사하면 안 되는 것입니까?" 마오쩌둥은 적수가 없으면 사람이든 조직이든 더 강해질 수 없다고 설명했다.

마오쩌둥의 전략에는 몇 가지 핵심 요소가 들어 있다. 첫째, 결국은 승리하게 될 것이라는 확신을 가져라. 이길 자신이 없는 상대를 골라서는 안 된다. 마오쩌둥은 결국 때가 되면 일본군이 패할 것임을 알고 있었다. 둘째, 마땅한 적이 없다면 때로는 적절한 목표를 만들어라. 친구를 적으로 만들어서라도 말이다. 마오쩌둥은 정치를 하면서 그러한 전술을 여러번 사용했다. 셋째, 자신의 대의를 대중에게 보다 명확히 드러내는 데 도움이 되는 적을 선택하라. 때로는 선과 악의 대결로 비치도록 하는 것도 좋은 방법이다. 마오쩌둥은 중국과 소련의 불화, 또는 중국과 미국의 불화를 조장했다. 그는 분명한 적이 없으면 국민들이 중국 공산당이 어떤 의미를 갖는지 모를 것이라고 생각했다. 명확하게 규정된 적은 그 어떤 수사를 동원하는 것보다 당신 편의 세력을 규합하는 데 훨씬 더 설득력을 발휘한다.

적이 있다고 해서 불안해하거나 걱정하지 말라. 진짜 적이 어디 있는지 모르는 것보다는 분명하게 규정된 적이 있는 편이 훨씬 낫다. 권력을 가진 자는 투쟁을 환영하며, 적을 적절히 이용함으로써 불안한 시기에 의지할 수 있는 확실한 투사라는 평판을 구축한다.

| **이미지** | 배은망덕한 짐승의 입. 사자의 입에 손을 넣으면 어떤 일이 벌어질지 알기 때문에 우리는 사자에게 가까이 가지 않는다. 친구는 그러한 경고를 해주지 않는다. 만일 친구를 곁에 두고 쓰면, 그는 배은망덕한 짐승이 되어 당신을 산 채로 삼켜버릴 것이다.

| **근거** | 자신의 이익을 위해 적을 이용하는 법을 알아야 한다. 당신의 살갗을 베는 칼날을 잡지 말고, 당신을 방어할 수 있도록 칼자루 쥐는 법을 배워야 한다. 현명한 자는 바보가 친구에게서 얻는 이익보다 더 커다란 이익을 적에게서 얻는다.

– 발타사르 그라시안(1601~1658)

뒤집어보기

일반적으로는 일과 우정을 혼동하지 않는 것이 가장 좋지만, 때로는 친구를 적보다 훨씬 효과적으로 활용할 수 있다. 예를 들어, 권력의 자리에 있는 사람은 때때로 더러운 일을 해야만 한다. 그러나 주위 시선을 고려하여 다른 이들로 하여금 그 일을 대신 하게 만드는 것이 나은 경우가 많다. 친구는 때로 그러한 일을 기꺼이 떠맡는다. 애정과 우정 때문에 흔쾌히 나서는 것이다. 또한 모종의 이유로 계획이 틀어졌을 때 친구에게 잘못을 전가할 수도 있다. 이러한 '친구를 희생양으로 만들기'는 과거에 왕과 군주들이 자주 애용하던 방법이다. 그들은 궁정 안의 친구가 실수를 저질러 몰락하게 내버려둔다. 그래도 일반 대중은 왕이나 군주가 그러한 목적을 품고 고의적으로 친구를 희생시켰으리라고는 생각하지 않는다. 물론 이 방식을 쓰고 나면 친구는 영원히 잃는다. 그러므로 웬만큼은 가깝지만 너무 가깝지는 않은 사람을 희생양으로 택하는 것이 좋다.

마지막으로, 친구와 함께 일을 할 때는 서로 지켜야 하는 경계선과 거리가 흐려질 위험이 있다는 점을 명심해야 한다. 하지만 두 사람 모두 그러한 위험을 정확히 인식하고 있다면, 함께 일함으로써 커다란 효과를 거둘 수도 있다. 그러나 그러한 모험을 할 때에는 절대 경계심을 늦춰서는 안 된다. 친구의 감정적 동요가 나타나지 않는지, 시기심이나 배은망덕의 씨앗이 자라고 있지 않은지 항상 세심하게 관찰하라. 권력의 세계에서는 그 어떤 것도 영원하지 않다. 가장 절친한 친구라도 끔찍한 적으로 변할 수 있다.

Law

36

의도를 드러내지 마라

...

유인책과 연막술

상대가 불안한 마음으로 어둠 속을 헤매도록 만드는 방법은
당신의 행동 뒤에 숨겨진 목적을 절대 드러내지 않는 것이다.
당신의 의도를 모른다면 상대는 방어책을 준비할 수 없다.
연막을 피워 상대를 엉뚱한 길로 유도하라.
그렇게 하면, 상대는 너무 늦은 시점에서야
당신의 의도를 깨닫게 될 것이다.

1항: 유인책과 거짓 정보를 이용해 상대의 관심을 돌려라

기만 전략을 수행하고 있을 때 상대가 당신의 의도를 조금이라도 의심하게 되면 모든 게 끝난다. 의도를 눈치 챌 틈을 보여서는 안 된다. 거짓 정보를 흘려서 그들의 관심을 딴 데로 유인하라. 정직한 척하고, 모호한 신호를 보내고, 그들을 엉뚱한 방향으로 이끄는 장치를 설치하라. 참과 거짓을 구분할 수 없으면, 그들은 절대 당신의 진짜 목적을 알아채지 못한다.

법칙 위반 사례: 세비네 후작의 서투른 사랑

니농 드 랑클로(Ninon de Lenclos)는 17세기 프랑스의 사교계에서 이름을 날리던 여성이었다. 세비네(Sevigné) 후작이 그녀를 찾아가 한 가지 고민을 털어놓았다. 어떤 아름다운 젊은 백작부인의 마음을 얻으려 애쓰는데 잘 안 된다는 것이었다. 니농은 당시 예순두 살이었으나 사랑의 기술에 관한 한 누구보다도 전문가였다. 후작은 잘생기고 세련된 스물두 살의 젊은이였지만 연애에는 몹시 서툴렀다. 처음에 니농은 후작이 저지른 실수들을 그저 재밌게 듣기만 했으나 시간이 지나자 마음이 바뀌었다. 유혹에 서툴기 짝이 없는 이야기를 듣고 있자니 한 수 가르쳐줘야겠다는 생각이 든 것이다. 우선 니농은 후작에게, 연애는 전쟁이며 백작부인은 아주 신중하게 공격해야 할 요새라고 말해주었다. 모든 단계의 아주 미묘한 부분까지 세심하게 주의를 기울여 계획하고 치밀하게 실행해야 한다는 것이었다.

첫 번째 단계로, 약간 거리를 두고 냉담한 태도로 백작부인에게 접근하라고 했다. 그다음 두 사람만 있는 기회가 생겼을 때, 흑심을 품은 남자처럼 보이지 말고 친구처럼 솔직하고 신뢰감을 주는 태도로 대화를 나누라고 했다. 이는 그녀의 주의를 딴 데로 돌리는 교란작전이었다. 후작이 그렇게 행동하자, 백작부인은 후작의 관심이 자신을 유혹하려는 것인지, 단지 우정을 나누는 친구가 되려는 것인지 혼란스러워졌다.

니농은 다음 단계로 나아갔다. 이제 그녀의 질투심을 불러일으킬 때였다. 파리에서 열리는 큰 파티에 후작은 아름다운 아가씨를 동반하여 나타났다. 이 아가씨한테는 아름다운 친구들이 여럿 있었기 때문에, 백작부인이 볼 때마다 후작은 젊고 아리따운 여자들로 둘러싸여 있었다. 백작부인은 질투심에 불탔을 뿐만 아니라 후작을 여자들 사이에 인기가 많은 남자로 생각하게 되었다. 후작은 니농의 작전을 이해하기 힘들어했지만 그녀는 인내심을 갖고 설명했다. 니농은 여자란 본래 자기가 관심을 갖는 남자가 다른 여자들의 관심도 받기를 바라는 법이라고 말했다. 그래야 남자의 가치가 올라가고, 다른 여자들에게서 그 남자를 차지했다는 만족감도 느낄 수 있다는 것이었다.

백작부인은 질투심과 함께 강한 흥미를 느꼈다. 이제 속이기 단계였다. 니농의 조언에 따라, 후작은 백작부인이 그를 만나게 되리라고 생각하는 장소에 일부러 나타나지 않았다. 그러다가 백작부인이 자주 다니는 살롱에 불쑥 모습을 드러냈다. 그녀는 후작의 행동을 점점 더 예측하기 힘들었다. 그녀는 감정적인 혼란에 빠졌으며, 이는 유혹에 성공을 거두기 위한 필수조건이었다.

작전은 몇 주일에 걸쳐 서서히 진행되었다. 니농은 작전의 진행 상태를 관찰했다. 여기저기 심어둔 첩자들을 통해 들어보니, 백작부인은 후작이 농담을 하면 전보다 훨씬 크게 웃으며 재미있어했고 그가 이야기할 때면 훨씬 귀 기울여 들었다. 그리고 후작에 대해 이것저것 묻고 다녔다. 사교 모임이 있는 자리에서 백작부인은 자꾸 후작을 쳐다보았고 그가 가는 곳을 조심스럽게 따라다녔다. 니농은 그녀가 후작에게 완전히 빠졌다고 확신했다. 이제 요새를 함락하는 것은 시간문제였다.

며칠 뒤 후작은 백작부인의 집을 찾아갔다. 집 안에는 둘밖에 없었다. 그러자 갑자기 후작은 다른 사람으로 돌변했다. 그는 니농의 지침을 무시하고 자신의 충동에 따라 그녀의 손을 붙잡고 사랑을 고백했다. 백작부인은 혼란스러워했다. 이는 후작도 예상하지 못한 반응이었다. 그녀는 정중하게 양해를 구하고 자리를 떴다. 저녁 내내 그녀는 후작의 눈길을 피했으며 그에게 작별 인사도 하지 않았다. 그 후에도 후작은 그녀의 집을 찾아갔으나 그녀가 집에 없다는 말만 들었다. 마침내 나중에 그녀가 후작을 집에 들였을 때, 두 사람 사이에는 어색하고 불편한 분위기가 감돌았다. 유혹의 마법이 깨진 것이었다.

해석 ——

니농 드 랑클로는 사랑의 기술에 능한 여인이었다. 라 로슈푸코, 몰리에르, 리슐리외 등 당대의 유명한 작가, 사상가, 정치가들이 그녀의 애인이었다. 그녀에게 유혹은 노련한 기술이 필요한 게임이었다. 프랑스의 여러 귀족 가문에서는 아들들을 그녀에게 보내 사랑의 기술을 배우게 하기도 했다.

니농은 남자와 여자는 많이 다르지만 유혹에 있어서는 똑같이 느낀다는 것을 알고 있었다. 사람들은 자신이 유혹당하고 있다는 것을 알면서도 누군가에게 이끌리는 감정을 즐긴다. 다른 누군가가 자신을 낯선 세계로 이끌게 놔두면서 그것을 즐기는 것이다. 그러나 유혹할 때는 모든 것이 은근한 암시에 따라 진행된다. 진짜 의도를 드러내서도, 속마음을 말로 나타내서도 안 된다. 대신 상대의 주의를 다른 데로 유인해야 한다. 당신의 작전대로 따라오게 하려면 상대를 혼란스럽게 만들어야 한다는 뜻이다. 헷갈리는 신호를 보내라. 다른 남자나 다른 여자에게 관심이 있는 척한 다음, 상대에게 관심이 있는 듯한 신호를 보내다가, 다시 무관심한 척하라. 그러면 상대는 혼란스러워하면서도 흥분을 느끼게 된다.

위의 이야기를 백작부인의 관점에서 바라보자. 후작이 작전에 돌입하자, 그녀는 후작이 모종의 게임을 시작했다는 것을 알아챘지만 흥미를 느꼈다. 그녀는 후작이 자신을 어디로 이끄는지 몰랐지만, 그랬기 때문에 더욱 재미를 느꼈다. 그의 행동은 그녀의 호기심을 자극했고, 그녀는 자기도 모르게 다음 단계를 기다렸다. 심지어 그녀는 자신의 질투와 혼란스러운 감정을 즐겼다. 때로는 지루한 안정감보다 어떠한 감정이든 느끼는 편이 나은 법이다. 대부분의 남자들이 그렇듯, 그녀는 후작에게 어떤 다른 속셈이 있을 것이라고 생각했다. 하지만 그녀는 기꺼이 기다릴 생각이었다. 그리고 만약 그녀를 충분히 오랫동안 기다리게 만들었다면 후작의 의도는 아무런 문제가 되지 않았을지도 모른다.

그러나 후작의 입에서 '사랑'이라는 말이 나온 순간 모든 게 끝났다. 이제 더 이상 흥미로운 게임이 아니라 평범하고 서투른 열정의 표출에 불과했기 때문이다. 백작부인을 유혹하겠다는 의도가 드러난 것이다. 이로써 그가 이제껏 한 모든 행동이 새로운 각도에서 비춰졌다. 전에는 멋지고 흥미롭게 보였던 행동들이 이제는 추하고 음흉하게 느껴졌다. 그녀는 당혹스러움을 느꼈다. 그녀는 마음의 문을 닫아버렸고 다시는 열지 않았다.

> 교활하지 않고는 살아갈 수 없는 세상이기는 하지만, 교활한 사람으로 보이지는 말라. 가장 커다란 교활함은 교활하지 않게 보이는 것이다.
>
> – 발타사르 그라시안(1601~1658)

법칙 준수 사례: 의뭉스러운 비스마르크

1850년, 프로이센 연합의회의 의원이던 서른다섯 살의 오토 폰 비스마르크는 정치적 인생의 전환기에 서 있었다. 당시 당면한 문제는 여러 소국들로(프로이센을 포함하여) 분열되어 있는 독일을 통일하는 것과 오스트리아와 전쟁을 하는 것이었다. 남부에 있던 막강한 오스트리아는 독일이 늘 약하고 불안한 상태로 남아 있길 바랐으며, 독일이 통일되려는 움직임이 있으면 간섭까지 하려 들었다. 프로이센의 왕위 후계자였던 빌헬름 왕자는 전쟁에 찬성하는 입장이었으며, 의회도 군대 동원을 지지할 준비가 되어 있었다. 전쟁에 반대하는 사람은 왕 프리드리히 빌헬름 4세와 그의 장관들이었는데, 그들은 오스트리아와 타협하기를 원했다.

정치 경력을 쌓아오는 동안 비스마르크는 프로이센이 힘을 키워야 한다는 신념을 갖고 있었다. 그는 독일의 통일을 꿈꿨으며, 오스트리아를 상대로 전쟁을 벌여 오랫동안 독일의 분열을 부추겨온 그 나라의 자존심을 꺾어놓고 싶은 열망을 갖고 있었다. 그는 전쟁을 하나의 영예롭고 멋진 사업으로 여겼다.

그는 훗날 총리 취임 연설에서 "오늘날의 중대한 문제는 연설이나 다수결로는 도저히 해결할 수 없다. 오로지 철과 피로써만 해결할 수 있다"고 말한 인물이었다.

비스마르크는 그처럼 지독한 애국자이자 군사력에 대한 찬양자였음에도 불구하고, 전쟁 분위기가 한창 고조되었을 때 의회에서 다음과 같은 연설을 하여 모두를 놀라게 했다. "전쟁이 끝난 시점에도 여전히 타당한 명분 없이 전쟁을 일으키는 정치가들은 재앙을 맞을 것입니다! 전쟁이 끝난 후 여러분은 상황을 다르게 바라보게 될 것입니다. 그때 여러분은 잿더미로 변한 농장을 바라보는 농부를, 불구가 된 사람들을, 자식을 잃은 부모들을 똑바로 쳐다볼 자신이 있습니까?" 비스마르크는 전쟁의 광기만 이야기한 것이 아니라 오스트리아를 옹호하는 발언을 했다. 이제껏 그가 표명해온 신념이나 태도와는 상반되는 이야기들이었다. 모두들 어리둥절했다. 비스마르크가 전쟁을 반대하다니, 그것은 무슨 의미일까? 의원들은 혼란스러워했으며, 그들 가운데 일부는 비스마르크의 연설을 듣고 입장을 바꾸기도 했다. 결국 왕과 장관들이 승리를 하여 전쟁을 피하게 되었다.

그로부터 몇 주일 뒤, 평화를 옹호하는 연설을 한 비스마르크에게 감명받은 왕은 그에게 장관 자리를 주었다. 그리고 몇 년 후에 비스마르크는 프로이센의 총리가 되었다. 이후 비스마르크는 대(對)오스트리아 전쟁을 적극적으로 추진하여 오스트리아 제국을 무너뜨리고 프로이센 주도로 강력한 통일 독일을 건설하였다.

해석 ——

1850년 연설을 할 때 비스마르크의 마음속에는 몇 가지 계산이 서 있었다. 첫째, 그는 프로이센이 다른 유럽 국가들에 비해 군사력이 뒤처져 있어 아직 전쟁을 할 시기가 아니라고 판단했다. 오스트리아가 이길 공산이 높았고, 이는 독일의 미래에 치명적인 결과였다. 둘째, 만일 전쟁에서 패하면 전쟁을 지지했던 자신의 정치 생명에 치명타를 입을 것이라 생각했다. 왕과 장관들은 평화를 원했고, 비스마르크는 권력을 원했다.

그는 자신이 혐오하는 대의를 지지함으로써 사람들을 혼란에 빠뜨렸다. 모든 이들이 그의 연설에 속았다. 왕은 그 연설을 듣고 그에게 장관직을 주었고, 비스마르크는 그것을 발판 삼아 빠르게 총리 자리까지 올라갈 수 있었다. 그리하여 프로이센의 군사력을 강화하고 오랜 숙원을 이룰 수 있는 권력을 얻었다. 드디어 오스트리아를 무너뜨리고 프로이센 주도하에 독일을 통일할 수 있게 된 것이다.

비스마르크는 대단히 영리하고 교활한 정치가였으며 전략과 기만술의 귀재였다. 그의 진짜 속셈이 무엇인지 눈치 챈 사람은 아무도 없었다. 만일 그가 잠시 기다렸다가 나중에 전쟁을 하자면서 본심을 드러냈다면, 주변의 동의를 얻지 못했을 것이다. 당시 대부분의 프로이센 사람들은 전쟁을 원했고 자국의 군사력이 오스트리아보다 월등하다고 착각하고 있었기 때문이다. 만일 비스마르크가 왕을 찾아가 평화를 지지할 테니 대신 장관 자리를 달라고 청했다면, 그 방법 역시 성공을 거두지 못했을 것이다. 만일 그랬다면 왕은 그를 의심스러운 눈길로 바라보았을 것이다.

그는 본심을 철저히 숨기고 혼란스러운 신호를 보냄으로써 모두를 속였다. 그리고 결국 원하는 것을 모두 얻었다. 진짜 의도를 숨기는 것은 커다란 위력을 발휘한다.

권력의 열쇠: 의도를 드러내지 마라

대부분의 사람들은 자신을 드러낸다. 느끼는 대로 말하고, 기회가 될 때마다 의견을 무심코 말해버리고, 생각과 의도를 항상 드러낸다. 사람들이 그렇게 하는 데에는 몇 가지 이유가 있다. 첫째, 자신의 감정과 앞으로의 계획을 말하고 싶어하는 것은 자연스러운 현상이며 또 그렇게 하는 것이 쉽기 때문이다. 말을 삼가고 계획을 감추기 위해서는 의식적인 노력이 필요하다. 둘째, 정직하고 열린 태도를 보이면 타인의 마음을 얻을 수 있으며 자신의 좋은 성품을 나타낼 수 있다고 믿기 때문이다. 그러나 이는 커다란 착각이다. 정직은 제대로 베지는 못하고 피만 흐르게 만드는 무딘 무기일 뿐이다. 정직은 사람들을 불쾌하게 만들기 쉽다. 목적에 맞게 말을 만들어서 하는 것이 더 현명하며, 느끼고 생각하는 바를 그대로 내뱉어 추하고 거친 진실을 전달하는 것보다 상대가 듣고 싶어하는 말을 하는 것이 더 바람직하다. 더 중요한 점은, 당신을 그대로 드러내면 예측 가능한 사람이 된다는 것이다. 그러면 사람들은 당신을 존경하거나 두려워하지 않게 된다. 존경과 두려움을 불러일으키지 않는 자에게는 권력도 생기지 않는다.

권력을 얻고자 한다면 정직은 버리고 의도를 숨기는 기술을 연마하라. 그 기술에 능통하면 언제나 우위를 점할 수 있다. 의도를 감추는 능력을 갖추려면 먼저 인간 본성에 관한 기본적인 진실을 염두에 둘 필요가 있다. 인간은 본능적으로 겉으로 드러난 바를 믿는다. 눈에 보이고 귀에 들리는 것의 진실성을 끊임없이 의심하기는 힘들다. 겉모습 뒤에 다른 무언가가 감춰져 있다고 끊임없이 상상하는 일은 사람을 지치게 만들기 때문이다. 따라서 의도를 감추는 일은 상대적으로 쉽다. 당신이 바라는 바, 당신이 추구하는 목표를 거짓으로 꾸며 사람들의 눈앞에 들이대라. 그러면 그들은 눈에 보이는 것을 진실로 믿는다. 유인물에 시선을 집중하면 그들은 진짜 의도를 간파할 수가 없다. 혼란스러운 신호를 보내면(예컨대 욕망과 무관심을 번갈아 보이면), 그들은 당신의 숨은 의도를 캐낼 생각을 아예 못할 뿐만 아니라 오히려 당신을 더욱 원하게 된다.

잘못된 정보를 제공하는 효과적인 전술 중 하나는, 실제로는 당신이 반대하는 아이디어나 대의를 지지하는 척하는 것이다(비스마르크는 연설을 통해 이 전술을 효과적으로 사용했다). 대부분의 사람들은 당신이 심경의 변화를 일으켰다고 믿을 것이다. 입장이나 가치관의 변화를 쉽게 보이거나 경솔하게 행동하는 것은 흔하지 않은 일이기 때문이다. 유인책을 사용할 때도 마찬가지다. 실제로는 전혀 관심이 없는 것을 갈망하는 척하라. 그러면 적들은 그것을 믿고 갖가지 엉뚱한 계획을 세울 것이다.

1711년 스페인 왕위계승 전쟁이 벌어졌을 때 영국군을 지휘한 말버러(Marlborough) 공작은 프랑스에 있는 핵심 요새를 함락시켜야 했다. 그 요새가 함락되면 프랑스로 들어가는 주요 관문이 뚫리는 셈이었기 때문이다. 그러나 만일 요새를 함락시키면 프랑스인들이 그의 의도(뚫린 통로를 따라 그대로 프랑스로 진군해 들어가는 것)를 눈치 챌 것이 분명했다. 그래서 그는 요새를 점령한 다음 병력을 주둔시켜놓기만 했다. 마치 다른 목적이 있는 것처럼 보이게 할 속셈이었다. 프랑스 군이 요새를 공격하자 말버러 공작은 순순히 내주기까지 했다. 요새를 되찾은 프랑스인들은 적에게 이용되느니 차라리 파괴해버리기로 했다. 요새가 없어지자 프랑스로 향하는 진입로는 뻥 뚫린 셈이 되었고, 말버러 공작은 손쉽게 프랑스로 진군할 수 있었다.

이 전술의 활용법은 다음과 같다. 진짜 목적을 숨기되, 꼭꼭 숨기려고 애쓰는 대신(비밀스럽다는 인상을 풍기고 사람들의 의심을 살 수 있다) 가짜 욕망과 목표를 쉴 새 없이 이야기하라. 이렇게 하면 일석삼조의 효과가 있다. 첫째, 친근하고 개방적이며 믿을 수 있는 사람이라는 인상을 풍긴다. 둘째, 진짜 의도를 감출 수 있다. 셋째, 적들이 엉뚱한 것을 찾느라 시간을 낭비하게 만들 수 있다.

상대를 엉뚱한 방향으로 유인하는 또 다른 효과적인 방법은 진지한 척하는 것이다. 사람들은 흔히 진지함과 정직을 혼동한다. 명심하라. 그들은 본능적으로 겉으로 드러난 바를 믿는다. 그리고 정직을 중요한 가치로 여기며 주변 사람들이 정직하다고 믿고 싶어하기 때문에, 당신이 진지한 태도를 보이면 의심하거나 속내를 꿰뚫어보려고 들지 않는다. 진지한 태도로 말하면 말에 무게가 실린다. 이러한 방법을 사용해 이아고는 오셀로를 기만하고 파멸시켰다. 이아고가 그처럼 진지한 모습으로 데스데모나의 부정(不貞)에 대해서 이야기하는데, 어떻게 오셀로가 그 말을 믿지 않을 수 있겠는가? 미국의 유명한 사기꾼 조지프 베일 역시 그런 방법으로 사람들을 속였다. 그는 사람들 눈앞에 혹할 만한 것들을 진지하게 제시하며(경마 말의 우수함을 칭찬하는 등) 그 진실성을 의심하기 힘들게 만들었다. 물론 주의할 점이 있다. 너무 과도해서는 안 된다. 진지함은 솜씨 좋게 활용해야 하는 까다로운 도구다. 지나치게 진실성을 강조하면 의심을 살 수 있다. 신중하고 교묘하게 처신하라. 그렇지 않으면 진지함이 겉치레로 비칠 것이다.

진지함을 위장하는 것이 효과를 발휘하려면, 정직함과 솔직함을 중요한 사회적 가치로 믿는다는 태도를 드러내야 한다. 가급적이면 사람들이 있는 공개적인 자리에서 그런 입장을 밝혀라. 그리고 이따금 모종의 주제에 관해 진심 어린 생각(물론 실제로는 아무 의미 없거나 당신의 목적과 무관할 것이다)을 드러냄으로써 그러한 당신의 태도를 뒷받침하라. 나폴레옹 시대의 장관 탈레랑은 비밀처럼 보이는(그러나 따지고 보면 비밀이 아닌) 정보를 알려줌으로써 사람들에게 비밀을 말해주는 척하는 데 명수였다. 당신이 비밀을 털어놓는 척하면 상대방은 진짜 비밀을 털어놓는다.

기만의 명수는 사악한 본성을 감추기 위해 무슨 짓이든 한다. 그들은 이쪽에서 행한 부정직을 가리기 위해서 다른 곳에서는 정직한 척한다. 그들에게 정직이란 사람들을 움직이는 무기 가운데 하나일 뿐이다.

2항: 연막을 피워 위장하라

이스라엘의 왕 예후,
바알 신을 숭상하는 척하다
예후가 백성을 불러 모은 뒤
말했다. "아합은 바알을 조금
섬겼으나, 나는 그보다 훨씬
많이 섬길 것이다.
이제 바알을 섬기는 예언자와
제사장들을 한 사람도
빠뜨리지 말고 불러오너라.
내가 곧 바알을 위해 성대한
제사를 지낼 것이다.
이 제사에 빠지는 자는
살아남지 못할 것이다."
예후는 바알을 섬기는
자들을 없애기 위해
거짓말을 한 것이었다.
예후가 말했다. "바알을 위해
거룩한 모임을 준비하시오."
그리하여 사람들이 거룩한
모임을 선포했다. 예후의
말이 온 이스라엘에 퍼지자
바알을 섬기는 자들이
다 모였다. 그들이 바알
신전으로 들어가니 이쪽
벽에서 저쪽 벽까지

기만은 언제나 최고의 전략이다. 그리고 속이기 위해서는 연막을 피워 상대의 주의를 다른 데로 돌려야 한다. 차분한 표정으로 포커페이스를 유지하는 것은 훌륭한 연막 작전이다. 편안하고 친근한 태도 뒤에 의도를 감춰라. 친근한 분위기를 조성하면 상대는 당신이 함정으로 유인한다는 것을 절대 알아채지 못한다.

법칙 준수 사례 1: 조지프 베일의 사기극

1910년, 시카고에 사는 샘 기질(Sam Geezil)은 오랫동안 운영해오던 도매사업체를 100만 달러에 가까운 금액을 받고 처분했다. 그리고 부동산이나 관리하면서 여생을 보내기로 했다. 하지만 날이 갈수록 정력적으로 일하던 시절이 그리워졌다. 어느 날, 조지프 베일(Joseph Weil)이라는 젊은 남자가 기질을 찾아와 매물로 나온 아파트를 사고 싶다고 말했다. 기질은 조건을 제시했다. 아파트 가격은 8천 달러인데 선불금으로 2천 달러를 즉시 지불해야 한다는 것이었다. 베일은 하룻밤만 생각해보겠다고 말했다. 그리고 다음 날 다시 와서, 며칠만 더 기다려주면 8천 달러를 현금으로 지불하겠다고 했다. 진행 중인 거래가 하나 있는데, 며칠 뒤 그게 성사되면 그만한 돈이 생길 예정이라는 것이었다. 현역에서는 은퇴했지만 영리한 사업가였던 기질은 베일이 어떻게 그렇게 큰돈을(지금으로 치면 15만 달러쯤 되는 돈이었다) 며칠 만에 융통할 수 있는지 궁금해졌다. 그 방법을 묻자 베일은 머뭇거리다가 은근슬쩍 대화 주제를 바꿨다. 더욱 호기심이 발동한 기질이 끈질기게 묻자, 베일은 아무한테도 얘기하면 안 된다고 신신당부를 하며 다음과 같은 이야기를 들려주었다.

베일의 삼촌은 억만장자 금융업자 그룹의 비서로 일하고 있었다. 이 거부들은 10년 전에 미시간 주에 있는 사냥용 별장을 매우 싼값에 구입했다. 그들은 오랫동안 별장을 사용하지 않아서 처분하기로 결정했고, 베일의 삼촌에게 그것을 매각할 방법을 알아보라고 했다. 그런데 베일의 삼촌은 여러 가지 이유로 금융업자들에게 불만을 품고 있었고, 이 기회를 이용해 그들을 한방 먹여야겠다고 생각했다. 그의 계획은 이랬다. 먼저 제3의 인물(그 사람은 베일이 물색해본다)에게 별장을 3만 5천 달러에 매각한다. 금융업자들은 워낙 돈이 많아서 그렇게 낮은 가격에 팔려도 크게 신경 쓰지 않을 것이다. 그다음 제3의 인물은 실제 시세인 15만 5천 달러를 받고 별장을 다시 다른 사람에게 판다. 그러면 베일과 그의 삼촌, 제3의 인물은 15만 5천 달러를 나눠 갖는다. 모든 것은 합법적이었고, 베일의 삼촌이 고용주들에게 한방 먹인다는 대의도 충족시킬 수 있었다.

이야기를 다 듣고 난 기질은 자신이 제3의 인물이 되고 싶다는 뜻을 밝혔다. 베일은 주저했지만 기질은 물러서지 않았다. 약간의 모험을 즐기면서 큰돈을 만질 수 있다는 생각에 그는 안달을 했다. 베일은 정 그렇다면 현금 3만 5천 달러를 마련해야 한다고 설명했다. 100만 달러 가까운 재산을 갖고 있는 기질은 그깟 일쯤이야 식은 죽 먹기라고 장담했다. 마침내 베일은 일리노이 주 게일즈버그에서 삼촌, 기질, 금융업자들이 함께 만날 약속을 잡았다.

사람들로 가득 찼다. …… 예후는 바알 신전으로 들어갔다. …… 그리고 바알을 섬기는 사람들에게 말했다. "여러분 가운데 야훼의 종이 한 사람이라도 있는지 살피시오. 오로지 바알을 섬기는 사람들만 있게 하시오." 그들은 번제와 다른 제사들을 드리려고 안으로 들어갔다. 예후는 부하 80명을 밖에서 기다리게 해놓고 말했다. "아무도 도망치지 못하게 하라. 만일 한 사람이라도 놓치면, 놓친 자가 대신 죽을 것이다." 예후는 번제를 마치자마자 호위병과 장교들에게 말했다. "들어가서 바알을 섬기는 자들을 죽여라. 한 사람도 빠져나가지 못하게 하라." 그리하여 호위병과 장교들이 바알을 섬기는 자들을 칼로 죽이고 그 시체를 밖으로 내던졌다. 그런 다음 그들은 바알 신전의 내실로 들어갔다. 그들은 바알 신전의 나무 우상들을 끌어내 불태우고 돌 우상도 깨뜨렸다. 그들은 신전까지 무너뜨리고 그곳을 변소로 만들었다. 그 변소는 지금까지도 남아 있다. 이렇게 하여 예후는 이스라엘에서 바알 종교를 없애버렸다.
- 구약 열왕기하, 10장 18~28절

게일즈버그로 가는 기차 안에서 기질은 베일의 삼촌을 만나 이번 거래에 관해 열성적으로 대화를 나눴다. 베일은 삼촌 외에 다른 남자도 데리고 왔다. 배가 불뚝하게 나온 조지 그로스(George Gross)라는 남자였다. 베일이 그로스는 자신이 훈련시키는 유망한 프로 복서인데, 자기가 없는 사이 몸매 관리를 게을리 하지 않도록 하기 위해서 데려왔다고 설명했다. 그로스는 유망한 복서와는 어울리지 않는 몸매를 갖고 있었다. 하지만 기질은 그날 있을 거래 때문에 흥분해 있어서 복서의 희끗희끗한 머리카락이며 축 늘어진 살, 불룩한 배 따위는 눈에 들어오지 않았다.

게일즈버그에 도착한 후, 베일과 그의 삼촌은 금융업자들을 데리러 갔다. 그 사이 기질은 호텔에서 그로스와 함께 기다렸다. 그로스는 한쪽에서 권투 연습을 했다. 복장은 제법 권투선수처럼 차려입었지만 겨우 몇 분 연습하더니 심하게 숨을 헐떡인다는 사실을 기질은 알아채지 못했다. 한 시간 후, 베일과 삼촌이 금융업자들을 데리고 나타났다. 금융업자들은 위압적일 만큼 강한 인상에 고급스러운 양복을 입고 있었다. 이야기는 순조롭게 진행되어 별장을 파는 데 동의했다. 기질은 이미 3만 5천 달러를 은행계좌에 준비해둔 상태였다.

거래가 일단락되자 금융업자들은 의자에 편안하게 몸을 묻고 앉아서, 대형 금융거래에 관한 이런저런 대화와 농담을 나눴고 중간 중간 'J. P. 모건'이라는 이름을 마치 잘 아는 사람인 양 언급하기도 했다. 그 중 한 사람이 방 한쪽에 있는 복서에게 눈길을 주었다. 베일은 그가 누구인지, 왜 거기서 연습을 하고 있는지 설명했다. 금융업자는 자기도 잘 아는 실력 있는 복서가 하나 있다고 말했다. 베일은 호탕하게 웃으면서, 만일 한 판 붙으면 자기 복서가 단번에 상대를 때려눕힐 거라고 장담했다. 누구의 실력이 더 나은지를 두고 두 사람의 대화는 점점 말다툼으로 변했다. 그러다 베일이 내기를 제안했고 금융업자들도 흔쾌히 동의했다. 다음 날 두 선수를 링에서 맞붙이기로 하고 그들은 자리를 파했다.

그들이 떠나자 삼촌은 기질이 보는 앞에서 베일을 큰 소리로 나무랐다. 당장 그만한 돈도 없는데 내기는 왜 했느냐, 만일 돈도 없는 상태에서 무모하게 큰소리쳤다는 것을 금융업자들이 알면 자기는 당장 해고될 것이라고 하면서 베일을 책망했다. 베일은 삼촌을 난처하게 만들어서 미안하다고 사과하면서, 한 가지 계획이 있다고 말했다. 자신이 금융업자 쪽 복서를 잘 아니까 그 복서에게 뇌물을 먹여 시합을 조작하자는 것이었다. 하지만 내기에 걸 돈은 어쩔 것인가? 이 상황을 지켜보고 있던 기질은 자신이 나서야겠다고 마음먹었다. 자칫 분위기가 험악해져 거래가 깨질까 봐 초조해진 그는 자기 돈 3만 5천 달러를 내기에 사용하라고 말했다. 만일 내기에서 져서 그 돈을 잃는다 하더라도, 사무실에 전보를 쳐서 계좌로 돈을 더 보내라고 하면 될 터였고, 별장 매각만 계획대로 된다면 어차피 큰돈이 들어올 것이었기 때문이다. 베일과 삼촌은 그에게 고맙다고 말했다. 그리고 그들의 돈 1만 5천 달러와 기질의 돈 3만 5천 달러를 합쳐 복싱 내기에 사용하기로 했다. 그날 저녁, 기질은 두 복서가 호텔 방에서 미리 짠 시합을 연습하는 것을 지켜보면서, 조작된 복싱 경기와 별장 매각으로 자기 수중에 들어올 거금 생각에 흐뭇해했다.

다음 날 체육관에서 복싱 경기가 열렸다. 베일은 기질에게 받은 현금 3만 5천 달러를 잠금장치 상자에 담아서 가지고 나왔다. 모든 것이 호텔에서 계획한 대로 순조롭게 진행되었다. 자기 쪽 복서가 형편없이 싸우는 모습을 지켜보는 금융업자들의 표정은 침울하게 변해갔고, 기질은 큰돈을 벌게 될 생각에 싱글벙글거렸다. 그때 갑자기 금융업자 쪽 복서의 주먹이 그로스의 얼굴을 강타했다. 그로스는 그대로 바닥으로 나뒹그러졌다. 링 바닥에 쓰러진 그로스의 입에서 피가 흘렀다. 그는 몇 번 쿨럭이더니 이내 움직임이 없어졌다. 전직 의사였다는 금융업자 하나가 그의 맥박을 체크하더니 죽었다고 말했다. 금융업자들의 얼굴은 사색이 되었다. 경찰이 오기 전에 모두 빨리 자리를 떠야 했다.

잔뜩 겁에 질린 기질은 그길로 체육관을 빠져나와, 3만 5천 달러는 되찾을 생각도 하지 않고 황급히 시카고로 돌아갔다. 살인사건에 연루되는 것에 비하면 그까짓 돈은 아무것도 아니었다. 그는 그 사람들과 다시는 마주치고 싶지 않았다.

기질이 줄행랑을 치고 난 후, 그로스는 링 바닥에서 일어났다. 입에서 흐른 피는 닭 피를 담은 조그만 주머니를 볼 안에 숨기고 있다가 씹어서

(야밤이 아닌) 대낮에 은밀하게 바다를 건너라 이는 겉으로 친숙하고 평범한 인상이나 분위기를 풍기라는 뜻이다. 그래야 들키지 않고 전략을 구사할 수 있다. 대부분의 사람들은 익숙한 것만 보기 때문이다. — 《일본의 병법》, 토머스 클리어리 (Thomas Cleary), 1991

나온 것이었다. 이 모든 일을 조작하고 지휘한 사람은 희대의 사기꾼 베일이었다. 베일은 3만 5천 달러를 금융업자 및 복서들과 나눠 가졌다. 며칠 수고해서 얻은 성과치고는 꽤 짭짤한 수익이었다.

해석 ——

'옐로 키드(Yellow Kid)'라는 별명을 갖고 있던 베일은 사기극을 벌이기 오래전부터 기질을 목표물로 삼아 관찰해오고 있었다. 그는 3만 5천 달러라는 돈으로부터 기질의 주의를 딴 데로 돌리기 위해 가짜 복싱 경기를 생각해냈다. 또한 베일은 기질이 복싱 경기 자체에 흥미를 느낄 경우 자신의 계획이 어그러질 수 있다는 것을 알고 있었다. 그는 자신의 목적을 철저히 숨기고 연막을 피웠다. 별장 매각이 그 연막이었다.

기차와 호텔 안에서 기질의 머릿속은 곧 만지게 될 큰돈과 거부들을 사귀게 된다는 생각으로 들떠 있었기 때문에, 복서 그로스의 뚱뚱하고 나이 든 모습 따위는 눈에 들어오지 않았다. 연막 때문에 바로 눈앞의 사실도 분간하지 못한 것이다. 그리고 거래가 깨질 분위기가 조성되는 것을 원치 않았던 기질은 금세 복싱 경기에 관심을 갖지만, 역시 그로스의 서툰 몸짓과 형편없는 몸매에 주의를 기울이지 않았다. 어차피 복서의 체격이 아니라 뇌물에 따라 결정될 경기였기 때문이다. 그리고 마지막에 기질은 복서의 죽음에 집중한 나머지 자기 돈을 까맣게 잊어버리고 말았다.

사람들의 이목을 끌지 않는 익숙한 배경은 훌륭한 연막이 된다. 비즈니스 거래, 금전적 계획 같은 평범해 보이는 아이디어를 가지고 목표물에 접근하라. 상대는 경계의 빗장을 쉽게 풀 것이다. 바로 그때 차분하게 상대를 엉뚱한 방향으로 유도하여 미끄러지게 만든 뒤 당신의 덫에 걸려들게 하라.

법칙 준수 사례 2: 속임수에 빠진 반란군

1920년대 중반, 에티오피아의 장군들은 하일레 셀라시에라는 젊은 귀족이 조만간 자신들을 물리치고 최고 권력자의 자리에 올라 수십 년 만에 처음으로 에티오피아를 통일할 시점이 가까워 옴을 느끼고 있었다.

경쟁자들은 그처럼 가냘프고 조용하며 온화한 인물이 어떻게 그러한 힘과 권력을 가질 수 있는지 이해하지 못했다. 그러나 1927년 셀라시에는 군부의 실력자들을 수도인 아디스아바바로 하나씩 불러 자신을 최고 권력자로 인정하고 충성을 서약하게 만들었다.

몇몇은 부르는 즉시 달려왔고 몇몇은 머뭇거리다가 찾아왔지만, 결국은 모두 그의 앞에 머리를 조아렸다. 그러나 단 한 사람, 시다모의 데자츠마치 발차(Dejazmach Balcha)만이 그의 지시를 따르지 않았다. 대가 세고 전투에 능한 인물인 발차는 셀라시에가 지도자가 되기엔 너무 유약하다고 생각했다. 그는 수도에 들어오지 않으면서 노골적으로 반감을 표시했다. 마침내 셀라시에는 부드럽지만 단호한 태도로 발차에게 아디스아바바로 올 것을 명했다. 발차는 그 명을 따르긴 따르되 자신이 만만한 상대가 아니라는 것을 보여주기로 했다. 그는 1만 명의 군사를 이끌고 아디스아바바로 느긋하게 들어가기로 했다. 여차하면 내전까지 일으킬 작정이었다. 발차는 수도에서 5킬로미터쯤 떨어진 계곡에 병력을 주둔시키고 기다렸다. 셀라시에로 하여금 오게 만들겠다는 심산이었다.

셀라시에는 사자(使者)를 보내 발차에게 그를 주빈으로 초대하는 연회가 오후에 열리니 참석해달라고 청했다. 그러나 발차는 바보가 아니었다. 과거 에티오피아의 여러 왕과 군주들이 연회를 미끼로 던져 목표 대상을 끌어들였음을 잘 알고 있었다. 자신이 연회에 참석하여 얼근하게 취하고 나면 셀라시에가 즉시 결박하거나 죽일 것이라고 생각했다. 자신이 이런 시나리오를 간파하고 있음을 보여주기 위해서, 발차는 무장한 호위병 600명을 데리고 가겠다고 대답했다. 놀랍게도 셀라시에는 정중한 태도로 그렇게 해도 좋다고 승낙했다.

연회에 참석하러 가는 도중 발차는 병사들에게 절대 취하지 말 것과 경계를 늦추지 말 것을 명령했다. 궁전에 도착하자 셀라시에는 정중하게 그들을 맞이했다. 발차에게 경의를 표하며, 그의 동의와 협조가 반드시 필요한 것처럼 그를 대했다. 그러나 발차는 넘어가지 않고, 자신이 해질 녘까지 병력 주둔지로 돌아오지 않으면 그곳의 병사들이 수도를 공격할 것이라고 경고했다. 셀라시에는 발차가 자신을 믿지 못하는 것이 못내

섭섭하다는 내색을 했다. 식사를 하는 동안 에티오피아의 지도자를 기리는 음악을 연주하는 시간이 되었을 때, 셀라시에는 발차에게 바치는 노래를 연주하도록 지시했다. 발차는 셀라시에가 자신을 두려워한다고, 더 뛰어난 지략을 가진 장군인 자신에게 겁을 먹었다고 생각했다. 그리고 머지않아 자신이 유일한 실세이자 권력자의 자리에 오를 날을 상상했다.

저녁이 되어갈 무렵, 발차와 호위대는 의기양양한 모습으로 군대가 주둔하고 있는 계곡으로 돌아갔다. 발차는 뒤로 멀어지는 수도를 바라보면서 앞날의 전략을 구상했다. 군사를 이끌고 몇 주일 안에 수도로 진격해 들어가 셀라시에를 감금하거나 처형하는 모습을 말이다. 그러나 군대 주둔지로 돌아온 발차는 일이 잘못되었다는 것을 직감했다. 수많은 천막들은 온데간데없고 잔해들 속에서 연기만 피어오르고 있었던 것이다. 대체 어떻게 된 일이란 말인가.

한 목격자가 발차에게 상황을 보고했다. 연회가 열리는 동안, 셀라시에의 대규모 군대가 측면 루트를 통해 주둔지에 접근했다. 하지만 그들은 싸우려고 간 것이 아니었다. 전투를 벌일 경우 발차가 그 소리를 듣고 다시 계곡으로 돌아올지 모른다고 생각한 셀라시에는 군사들에게 무기 대신 금과 돈을 잔뜩 싣고 찾아가게 했다. 그들은 발차의 군사들에게 금은보화를 주고 모든 무기를 사들였다. 거절하는 병사들에게는 협박을 가했다. 몇 시간 만에 발차의 군대는 무장해제되어 사방으로 흩어졌다.

보고를 들은 발차는 위험을 감지하고 군대를 다시 규합하기 위해서 600명의 호위대를 끌고 남쪽으로 진군했다. 그러나 셀라시에의 군사들이 길을 막고 있었다. 다른 길은 수도로 향하는 길이었으나, 거기에도 역시 셀라시에의 군사들이 대거 포진해 있었다. 노련한 체스 플레이어처럼 셀라시에는 발차의 수를 미리 예측하고 그를 꼼짝 못하게 만든 것이다. 발차는 평생 처음으로 무릎을 꿇었다. 그리고 자신의 오만함과 야망을 후회하며 수도원에 들어갔다.

해석 ——

셀라시에의 긴 통치 기간 동안 그의 수를 읽을 수 있는 사람은 아무도 없었다. 에티오피아 국민들은 강인한 지도자를 좋아하지만, 부드럽고 온화한 외양을 갖춘 셀라시에는 다른 어떤 지도자들보다도 오래 권력을 유지했다. 그는 결코 화를 내거나 조급함을 드러내는 일이 없었으며, 공격하기 전에 부드러운 미소로 상대를 유혹하고 친절한 태도로 상대를 안심시켰다. 셀라시에는 발차의 신중함을, 연회가 덫이라고 생각하는 그의 의심을 오히려 이용했다. 물론 연회는 실제로 덫이었지만, 발차가 예상한 것과는 다른 덫이었다. 셀라시에는 발차의 두려움을 완화시킴으로써 (호위병 600명을 연회에 데려오게 하고, 연회에서 그를 최고로 대우하고, 그로 하여금 자신이 주도권을 쥐고 있다고 느끼게 만듦으로써) 뿌연 연막을 피웠고, 때문에 5킬로미터 떨어진 계곡에서 벌어지는 상황을 감출 수 있었다.

기억하라. 지나치게 의심이 많은 신중한 상대를 오히려 속이기 쉬운 경우가 많다. 어떤 한 영역에서 그들의 신뢰를 얻으면 당신은 연막을 피워 그들의 눈을 가리게 된다. 그러면 그들은 다른 영역에서 벌어지는 일은 알지 못한다. 그 사이 당신은 조용히 접근하여 치명타를 가함으로써 그들을 무너뜨릴 수 있다. 도움을 주거나 정직한 척하는 태도, 상대의 우월함을 추켜세우는 태도를 취하라. 이는 그들의 주의를 흐트러뜨리는 최상의 도구다.

훌륭한 연막 작전은 권력을 쥘 수 있게 만드는 강력한 무기다. 이 무기를 사용해 부드러운 셀라시에는 피 한 방울 흘리지 않고 적을 완전히 무너뜨렸다.

> 셀라시에의 힘을 과소평가하지 말라. 그는 작은 쥐처럼 기어 다니지만 사자와 같은 이빨을 갖고 있다.
>
> – 발차가 수도원에 들어가기 전 마지막으로 한 말

권력의 열쇠: 본심을 위장하라

속임수를 쓰는 사람이 화려한 거짓말과 장황한 이야기를 구사한다고 생각한다면 착각이다. 그런 사람은 오히려 남의 주목을 끌지 않는 차분한 모습을 갖고 있다. 그들은 화려한 말과 몸짓이 의심을 살 수 있다는 것을 누구보다 잘 안다. 대신 그들은 친근하고 평범하며 악의 없는 태도로 목표물에 접근한다. 베일의 경우 비즈니스 거래라는 평범한 주제를 들고 기질에게 접근했다. 발차는 셀라시에의 차분하고 부드러운 외양이 유약함을 나타내는 것이라고 생각했다.

친근함과 익숙함으로 위장하면 상대는 자기 등 뒤에서 기만이 이루어지고 있음을 알아채지 못한다. 사람은 한 번에 한 가지에만 집중하기 때문이다. 순진하고 평온해 보이는 사람이 뒤에서 뭔가 다른 것을 꾸미고 있다고 상상하기는 힘들다. 더 짙고 한결 같은 연기를 피울수록 당신의 의도를 감쪽같이 감출 수 있다. 1항에서 말한 기만과 거짓 정보 흘리기 전략은 적극적으로 상대의 시선을 다른 곳으로 돌리는 방법인 반면, 연막 작전은 상대를 당신의 그물로 끌어들이는 방법이다. 이는 상대에게 일종의 최면을 거는 것과 비슷하다.

연막을 피우는 가장 간단한 방법은 얼굴 표정을 이용하는 것이다. 차분한 포커페이스 뒤에서는 들키지 않고 온갖 종류의 책략을 꾸밀 수 있다. 이는 역사상 많은 사람들이 능통했던 방법이다. 프랭클린 D. 루스벨트의 표정을 읽을 수 있는 사람은 아무도 없었다고 한다. 로트실트 남작은 부드러운 미소와 읽기 힘든 표정으로 자신의 의중을 감추는 연습을 평생 동안 했다. 스탕달은 탈레랑을 두고 "저토록 변화가 없는 얼굴은 처음 본다"라고 했다. 헨리 키신저는 협상 테이블에서 단조로운 목소리와 변화 없는 표정, 세부적인 것들을 끊임없이 되풀이하는 태도로 상대방을 지치게 만들었다. 그리고 상대의 눈빛이 흐릿해졌을 때 갑자기 중요한 사안들을 들이밀었다. 포커들의 지침에는 이런 것이 있다. "패를 낼 때 고수는 배우처럼 행동하지 않는다. 고수는 차분한 태도로 자신의 패턴을 읽을 수 없게 만들고 상대를 혼란스럽게 하며 자신은 더 큰 집중력을 얻는다."

연막 작전은 상황에 따라 다양한 차원으로 활용할 수 있지만, 상대의 눈길을 다른 곳으로 유인한다는 심리적인 원칙을 이용한다는 공통점이 있다. 또 다른 효과적인 연막은 고상한 행동이다. 사람들은 고상한 행동이 진짜라고 믿고 싶어한다. 그렇게 믿는 것이 기분 좋고 마음이 편하기 때문이다. 그들은 고상한 행동 뒤에 어떤 기만이 숨어 있는지 좀처럼 알아채지 못한다.

미술품 중개상인 조지프 듀빈은 심각한 상황에 빠진 적이 있었다. 듀빈의 고객들인 백만장자들의 집에 그림 걸 자리가 더 이상 남아 있지 않게 된 것이다. 게다가 상속세도 점점 더 올라갔다. 때문에 그들은 앞으로 그림을 살 것 같지 않았다. 하지만 듀빈은 해결 방법을 찾았다. 듀빈은 1937년 워싱턴 국립미술관 설립을 적극적으로 도왔다. 그는 앤드류 멜런(Andrew Mellon)에게 새로운 미술관에 소장품을 기증하도록 했다. 듀빈에게 국립미술관은 훌륭한 연막이었다. 그로써 고객들은 세금을 피할 뿐 아니라 집 안에 새로운 그림을 걸 자리를 마련할 수 있었다. 또한 시장에 나오는 그림의 수가 줄어들어 그림 값이 치솟았다. 그와 동시에 그림을 기증한 사람은 대중을 위해 훌륭한 일을 하는 인물로 여겨졌다.

또 다른 연막은 패턴을 만드는 것이다. 일련의 행동 패턴을 만들면, 상대는 당신이 늘 똑같은 식으로 행동할 것이라고 믿게 된다. 이는 인간의 심리적인 특성에 기초한 것이다. 우리의 행동 방식은 특정 패턴을 따르거나, 또는 그렇다고 믿고 싶어한다.

1878년 금융 조작의 귀재 제이 굴드(Jay Gould)는 당시 전신 분야를 독점하고 있던 전신회사 웨스턴유니언과 경쟁할 회사를 만들었다. 웨스턴유니언의 이사들은 굴드의 회사를 매입하기로 결정했다. 거액을 주어야 했지만 그들은 성가신 경쟁자를 없앴다는 사실에 만족했다. 그러나 몇 달 뒤, 굴드는 또다시 웨스턴유니언과 (동시에 그들이 매입한 첫 번째 회사와도) 경쟁할 회사를 차렸다. 이번에도 같은 일이 일어났다. 웨스턴유니언이 굴드의 두 번째 회사를 매입해버린 것이다. 곧 세 번째로 같은 패턴이 반복되려는 즈음, 굴드는 상대방의 허를 찔렀다. 갑자기 웨스턴유니언을 인수하는 적극적인 투쟁을 감행하여 그 회사를 완전히 손에 넣은 것이다. 그동안 굴드가 보여온 패턴이 있었기 때문에, 웨스턴유니언 이사들은 그가 적당한 돈을 받으면 물러날 것이라고 생각했다. 그들은 방심하고 있다가 굴드가 사실은 더 큰 목적을 계산하고 있음을 알아채지 못했다. 패턴의 위력은 상대로 하여금 당신이 진짜 목적과 정반대의 행동을 할 것이라고 예상하게 만드는 데 있다.

연막 작전을 위해 활용할 수 있는 또 다른 심리적 약점이 있다. 그것은 사람들이 대개 겉모습을 진실로 착각하는 경향이다. 사람들은 누군가가 자기 무리에 속하는 것처럼 보이면 그 사람을 의심하지 않는다. 따라서 티 나지 않게 사람들 틈에 섞이는 것은 훌륭한 작전이다. 그저 주변 사람들과 섞이면 되는 것이다. 잘 섞여 있을수록 덜 의심받는다. 지금은 누구나 다 아는 얘기지만, 1950~1960년대의 냉전 시대에 수많은 영국 공무원들이 소련에게 비밀정보를 건네주었다. 그들이 오랫동안 들키지 않을 수 있었던 이유는, 그들이 누가 봐도 점잖은 사람이었고 남들과 같은 학교를 나왔으며 주변의 동료들과 원만한 관계를 유지하며 지냈기 때문이다. 남들과 섞이는 것은 뛰어난 연막 효과를 발휘한다. 섞이는 데 능할수록 당신의 진짜 목적과 의도를 더 감쪽같이 숨길 수 있다.

화려하고 뛰어난 본색을 감추고 사람들 눈에 띄지 않기 위해서는 인내심이 필요하다. 그러한 가면을 써야 한다는 사실에 좌절하지 말라. 읽을 수 없는 사람이 될수록 더 많은 사람이 당신 발아래 모일 것이며 당신에게 더 큰 권력이 따를 것이다.

| **이미지** | 양의 가죽. 양은 결코 남을 약탈하지 않고, 기만하지 않으며, 말이 없고 온순하다. 양의 가죽을 뒤집어쓴 여우는 닭장에 무사히 침입할 수 있다.

| **근거** | 노련한 장군들 중에서 적의 요새를 기습공격하면서 적에게 자신의 계획을 알리는 이를 본 적이 있는가? 목적을 숨기고 진행 상황이 드러나지 않게 하라. 상대가 도저히 손을 써볼 도리가 없을 때까지, 전투가 끝날 때까지 당신의 계획을 드러내지 말라. 승리를 얻은 후에 전쟁을 선포하라. 훌륭한 장군은 휩쓸고 지나가며 유린한 다음에야 그의 계획이 무엇이었는지 알 수 있게 한다.

– 니농 드 랑클로(1623~1706)

뒤집어보기

기만에 능한 사람이라는 평판이 이미 나 있다면 위에서 설명한 방법들은 통하지 않을 것이다. 시간이 흘러 당신의 작전이 성공하는 횟수가 많아지면 교활함을 위장하기가 쉽지 않다. 모두가 당신이 기만을 행한다는 것을 아는데 예전의 방식을 고집하면, 당신은 지독한 위선자로 보일 위험이 있으며 그 결과 당신의 계략은 더 이상 먹히지 않는다. 그럴 때는 차라리 죄를 고백하고 정직한 악당이 되는 편이 낫다. 또는 회개하는 모습을 보여주는 것도 좋다. 그러면 솔직함 때문에 칭찬받을 뿐 아니라 당신의 계략을 적절한 때에 재개할 수 있다.

19세기 미국의 유명한 흥행사이자 사기꾼인 P. T. 바넘은 나이가 들어가면서 사기꾼이라는 자신의 평판을 이용하는 법을 깨달았다. 언젠가 그는 뉴저지 주에서 물소 사냥이 열린다는 광고를 냈다. 그는 진짜로 물소 사냥이 벌어지는 것처럼 광고를 냈지만 그것은 순전히 거짓말이었다. 하지만 사람들은 분개하거나 돈을 돌려달라고 항의하는 대신 무척 재미있어 했다. 그들은 바넘이 그런 속임수를 늘 쓴다는 것을 알고 있었다. 그것이 바넘의 성공 비결이었으며, 사람들은 그런 그를 좋아했다. 바넘은 속임수와 사기를 어느 순간부터 애써 감추려 하지 않았으며, 심지어 자서전에 자신의 사기성 행위들을 솔직하게 기록하기도 했다. 철학자 키에르케고르는 이렇게 말한 바 있다. "세상 사람들은 기만당하기를 원한다."

부드럽고 친근한 겉모습을 보여 상대방이 자신의 목적을 알아채지 못하게 하는 것도 훌륭한 전략이지만, 때로는 이목을 끄는 화려한 모습을 보이는 것이 효과적인 경우도 있다. 17~18세기 유럽의 돌팔이 약장수들은 유머와 재미있는 쇼로 관객을 속였다. 화려한 쇼에 현혹된 관객은 약장수의 진짜 목적이 다른 데 있음을 잊어버리곤 했다. 약장수는 검은 말들이 끄는 근사한 사륜마차를 타고 마을에 나타났다. 어릿광대, 줄타기 곡예사, 재주꾼들이 약장수와 함께 다니면서, 만병통치약과 엉터리 약을 선전하기 위해 사람들을 불러 모으곤 했다. 약장수는 공연을 하러 온 것처럼 행동했지만, 진짜 목적은 만병통치약과 엉터리 약을 파는 것이었다.

화려한 볼거리와 외양은 진짜 목적을 숨기는 훌륭한 도구가 되지만 그것도 언제까지나 쓸 수는 없다. 사람들이 점차 지루해하고 의심하기 시작하면 결국 속임수가 탄로 날 수 있기 때문이다. 약장수도 약이 효과가 없고 공연은 눈속임일 뿐이었다는 소문이 퍼지기 전에 재빨리 다른 마을로 떠나야 했다. 반면 부드러운 겉모습을 지닌 사람들(탈레랑, 로트실트, 셀라시에처럼)은 기만 작전을 같은 장소에서 오랫동안 써먹을 수 있다. 그들의 전략은 결코 빛이 바래지 않으며 의심을 사지도 않는다. 따라서 화려한 연막은 꼭 필요한 경우에만 신중하게 사용해야 한다.

Law
37

최소한의 말만 하라

...

침묵의 효과

말은 많이 하면 할수록 더 평범해지고 권위가 없어지는 법이다.
말로 인상을 남기려 할 때는 더욱더 그렇다.
진부한 얘기를 할 때조차도 모호하게 생각의 여지를 던지고
수수께끼처럼 만들어라.
권력자들은 말을 아낌으로써 강한 인상과 위협감을 남긴다.
말을 많이 할수록 후회할 말을 하게 될 가능성도 높아진다.

법칙 위반 사례: 전설적인 영웅의 말실수

코리올라누스(Coriolanus)라고도 알려진 그나이우스 마르키우스(Gnaeus Marcius)는 고대 로마의 위대한 장군이었다. 기원전 5세기 전반에 그는 많은 전투에서 승리하여 여러 번 로마를 재앙에서 구해낸 덕분에 사람들 사이에 전설적인 영웅으로 회자되었다. 하지만 코리올라누스는 대부분의 시간을 전장에서 보냈기 때문에 그를 직접 만나본 로마인은 거의 없었다.

기원전 454년 코리올라누스는 자신의 평판과 명성을 이용하여 정치에 입문하기로 결심하고 집정관에 입후보했다. 코리올라누스는 대중들 앞에 서서 지난 17년간 로마를 위해 싸우면서 생긴 수십 군데의 상처 자국을 보여주었다. 그런 다음에 기나긴 연설이 이어졌다. 하지만 용맹함과 애국심의 상징인 그 상처들만으로도 대중의 마음을 감동시키기에 충분했기에 그의 연설은 거의 귀에 들어오지 않았다. 코리올라누스의 당선은 확실해 보였다.

선거일이 되었을 때 코리올라누스는 원로원 의원들과 귀족들의 호위를 받으며 포럼에 들어섰다. 시민들은 그러한 자신감을 뽐내는 모습을 보고 눈살을 찌푸렸다.

잠시 후 코리올라누스가 연설을 시작했다. 그의 연설은 오만하고 건방졌다. 그는 자신의 승리를 확신하며 과거 전쟁터에서 이룬 공적을 자랑스럽게 뽐냈고, 귀족들만 재미있어 하는 농담을 했고, 반대자들을 분노에 찬 목소리로 비난했으며, 장차 자신이 로마에 큰 부를 가져올 것이라고 장담했다. 이번에 시민들은 그의 말에 귀를 기울였다. 그들은 이 전설적인 영웅이 평범한 허풍선이일 뿐이라는 사실을 예전에는 몰랐던 것이다.

코리올라누스의 두 번째 연설에 대한 소문은 로마 전체에 빠르게 퍼졌다. 수많은 시민들이 그를 선출하지 말아야 한다고 목소리를 높였다. 선거에서 패한 코리올라누스는 침통한 기분으로 전장으로 돌아갔다. 그는 자신을 낙선시킨 시민들에게 앙심을 품었다. 몇 주 후, 많은 곡식을 실은 배가 로마에 도착했다. 원로원은 이 곡식들을 시민들에게 무료로 나누어줄 계획이었다. 그러나 이 문제에 관해 투표를 하려고 하자 코리올라누스가 발언을 하기 위해 나섰다. 그는 곡식 배급이 로마 전체에 해로운 영향을 끼칠 것이라고 주장했다. 일부 원로원 의원들이 그의 주장에 설득당하는 바람에 투표 결과는 불확실해졌다. 코리올라누스는 거기서 그치지 않았다. 그는 민주주의라는 개념 자체를 비난했다. 또한 평민들의 대표인 호민관을 없애고 로마의 통치권을 귀족에게 넘겨주어야 한다고 주장했다.

이날 코리올라누스의 발언에 시민들의 분노가 폭발했다. 시민들은 호민관을 원로원으로 보내 코리올라누스를 자신들 앞으로 불러내려고 했다. 코리올라누스는 거부했다. 그러자 도시 전체에서 폭동이 일어났다. 격노한 시민들이 두려워진 원로원은 곡식 배급에 찬성했다. 호민관의 분노는 다소 가라앉았으나 시민들은 여전히 코리올라누스의 사과를 요구했다. 잘못을 사과하고 이전의 발언을 철회하겠다고 약속하기 전에는 절대로 전장으로 돌아갈 수 없을 거라고 으름장을 놓았다.

코리올라누스는 시민들 앞에 나타났다. 시민들은 그의 말에 귀를 기울였다. 그는 처음에는 부드러운 목소리로 천천히 이야기했지만, 시간이 지날수록 퉁명스럽게 변해갔다. 시민들을 모욕하는 말을 내뱉기까지 했다. 말투는 거만하기 그지없었으며 경멸하는 표정으로 시민들을 쳐다보았다. 그가 계속 말을 할수록 시민들의 분노는 거세졌다. 마침내 청중 여기저기서 불만의 고함소리가 터져나왔고 그는 연설을 중단할 수밖에 없었다.

호민관들은 회의를 열어 코리올라누스에게 사형을 선고했다. 그리고 사법 행정관들에게 그를 즉시 잡아다가 타르페이아 절벽에서 내던지라고 지시했다. 시민들은 그 결정에 환호를 보냈다. 그러나 귀족들이 개입하여 사형에서 영구 추방으로 바뀌었다. 로마의 군사 영웅이 다시는 로마에 돌아오지 못하게 되었다는 소식을 들은 시민들은 거리에서 축제를 벌였다. 과거 외적을 상대로 승리를 거둔 뒤에도 그처럼 기뻐하며 축제를 벌인 적은 없었다.

윈스턴 로드(Winston Lord)가 며칠에 걸쳐 보고서를 작성해 키신저에게 제출했다. 그러자 보고서에 무뚝뚝하고 짧막한 메모가 적힌 채 되돌아왔다. "이게 자네가 할 수 있는 최선인가?" 로드는 보고서를 정성들여 다듬어 다시 제출했다. 이번에도 똑같은 메모와 함께 되돌아왔다. 로드는 다시 수정해서 제출했지만 또 같은 말을 들었다. 로드는 키신저의 손에서 보고서를 낚아채며 말했다. "젠장, 그렇습니다. 이게 제가 할 수 있는 최선입니다." 그러자 키신저가 대답했다. "좋아. 그렇다면 이번엔 한번 읽어보지."
— 《키신저》, 월터 아이작슨 (Walter Isaacson), 1992

해석 ——

코리올라누스가 정치에 입문하기 전에 그의 이름은 사람들에게 경외감을 불러일으켰다. 전장에서 세운 공적들 덕분에 그는 위대하고 용맹한 장군의 이미지로 비쳤다. 시민들은 그에 대해서 잘 알지 못했기 때문에 갖가지 전설이 그의 이름에 따라다녔다. 그러나 대중 앞에 나타나 이야기를 하는 순간, 그를 둘러싼 신비와 고상함은 사라져버렸다. 그는 일개 평범한 병사처럼 허풍을 떨고 자기자랑을 늘어놓았다. 게다가 시민들에게 모욕적이고 무례한 말을 내뱉었다. 영웅의 모습을 마음속에 그리고 있던 시민들은 전설과 현실 사이의 괴리에 크게 실망했다. 코리올라누스가 말을 많이 할수록 그의 힘과 영향력은 더욱 떨어졌다. 자신의 말을 통제하지 못하는 사람은 자신을 통제할 수 없고, 존경할 가치가 없는 사람으로 여겨지는 법이다.

만일 코리올라누스가 말을 삼갔더라면 사람들을 언짢게 할 일도 없었을 것이며, 그들은 코리올라누스의 진짜 속마음을 알지도 못했을 것이다. 그는 위대하고 용맹한 이미지를 유지할 수 있었을 것이며, 필경 집정관으로 선출되었을 것이다. 그러면 민주주의에 반대하는 자신의 목표를 성취할 수 있었을 것이다. 입 안의 혀라는 야수를 현명하게 통제할 줄 아는 사람은 극히 드물다. 그 야수는 우리를 뚫고 나오려고 끊임없이 애쓰며, 제대로 길들이지 않으면 사납게 날뛰며 재앙을 초래한다. 말이라는 보물을 함부로 쓰는 사람에게는 권력이 따르지 않는다.

보름달이 뜨면 굴은 껍데기를 완전히 연다. 게는 그것을 보고 굴 안에 돌이나 해초를 넣어 굴이 껍데기를 다시 닫지 못하게 만든다. 그리고 굴을 먹어치운다. 말을 너무 많이 하여 자신의 운명을 상대방의 손에 맡기는 자 역시 굴과 같은 운명을 맞게 된다.

– 레오나르도 다 빈치(1452~1519)

법칙 준수 사례: 루이 14세의 수수께끼 같은 표정

루이 14세의 궁정에서는 귀족과 장관들이 중요한 국사를 놓고 며칠 동안 토론을 벌이는 일이 잦았다. 상의를 하다가, 말다툼을 하다가, 뜻이 한데 모였다가 다시 깨지고, 다시 언쟁을 벌이는 일이 반복되었다. 그러다 어느 날인가는 다음과 같은 결정을 내렸다. 의견이 다른 양측의 대표자를 한 명씩 정해서 루이에게 보내, 그의 판단에 맡기자는 것이었다. 대표자 두 명을 고른 후 양측은 세부사항을 진지하게 토의했다. 쟁점을 어떤 식으로 표현하여 말할 것인가? 어떤 말이 루이를 설득할까? 어떤 말이 루이를 언짢게 할까? 하루 중 어느 시간에 대표자를 보내는 것이 적절할까? 베르사유 궁전의 어느 장소에서 만나는 것이 좋을까? 대표자들이 어떤 표정을 짓는 게 바람직할까?

마침내 운명의 순간이 찾아왔다. 두 사람은 루이를 찾아갔다. 두 대표는 당면한 문제와 해결책들에 대해서 세세하게 설명했다.

루이는 수수께끼 같은 표정을 지으며 잠자코 듣기만 했다. 두 대표가 설명을 마치고 왕의 의견을 묻자, 그는 두 사람을 보며 말했다. "생각해 보겠네." 그리고 자리를 떠났다.

이후 신하들은 왕이 그 문제를 언급하는 것을 한 번도 듣지 못했다. 몇 주 뒤 왕이 결정을 내리고 행동을 개시했을 때, 그 결과만 볼 수 있었을 뿐이다. 왕은 그 문제에 대해 신하들과 결코 다시 상의하지 않았다.

> 아랫사람의 불충한 말은 그릇된 행동보다 더 오래 남을 때가 많다. …… 고(故) 에식스 백작은 엘리자베스 여왕에게, 그녀의 처지가 그녀의 송장처럼 볼품없다고 말했다. 그는 목이 잘리고 말았다. 반란을 일으키고도 성했던 목이 그 말 한마디에 날아간 것이다.
> – 월터 롤리 경(1554~1618)

해석 ──

루이 14세는 말이 매우 적었다. "짐이 곧 국가다"라는 그의 유명한 말은 간결하면서도 힘이 있다. "생각해보겠네"라는 말은 신하들이 무언가를 요구할 때 그가 자주 사용하던 간결한 문구 가운데 하나였다.

루이가 처음부터 그런 타입이었던 것은 아니다. 젊은 시절 그는 장황하게 말하는 것을 좋아했고 자신의 웅변 능력을 자랑스럽게 생각했다. 하지만 나중에는 의도적으로 과묵해지려고 노력했고, 이는 아랫사람들을 당혹시키고 쩔쩔매게 하는 하나의 가면이었다. 그가 어떤 생각을 품고 있는지 아무도 정확히 알지 못했고 그의 행동을 예측할 수 없었다. 또한 그가 듣고 싶어하는 말을 함으로써 자기 본모습을 감추려는 시도를 할 수도 없었다. 그가 어떤 말을 듣고 싶어하는지 도통 알 수 없었기 때문이다. 신하들이 계속 이야기를 하는 동안 루이는 말없이 듣기만 했고, 그럴수록 그들은 자신에 대한 정보를 더 많이 드러냈다. 루이는 나중에 그 정보를 이용해 그들을 공격했다.

결국 루이의 과묵함 때문에 주변 사람들은 겁을 먹고 그의 지배력 아래 들어가게 되었다. 그것은 그가 권력을 유지할 수 있었던 기초 가운데 하나였다. 생시몽은 이렇게 말했다. "루이 14세만큼 자신의 말, 미소, 심지어 눈짓을 이용하는 방법을 잘 아는 이는 없었다. 사람들은 그의 모든 말과 행동을 귀하게 여겼다. 거기에는 남과 다른 특별함이 있었기 때문이다. 그의 권위는 과묵함으로 인하여 더욱 드높아졌다."

사제는 어리석은 행동보다 어리석은 말로써 훨씬 해로운 결과를 초래한다.

– 레츠 추기경(1613~1679)

권력의 열쇠: 최소한의 말만 하라

많은 면에서 겉모습은 권력에 커다란 영향을 미친다. 말을 적게 하면 실제보다 더 힘을 가진 사람으로 보인다. 침묵을 지키면 사람들은 불편해한다. 인간이란 해석과 설명을 좋아하는 존재다. 때문에 당신이 침묵하고 있으면 상대는 당신의 생각을 알아내고 싶어한다. 당신이 무엇을 드러내고 드러내지 않을지 신중하게 통제하면, 상대는 당신의 목적과 의중을 간파하지 못한다.

당신이 짧게 대답하고 침묵하면 상대는 방어적인 자세를 취한다. 그리고 초조해져서 침묵을 깨고 온갖 종류의 말을 늘어놓게 되며, 그러다 보면 자신의 중요한 정보나 약점을 노출하게 된다. 상대는 당신과 헤어지고 나서 뭔가 빼앗긴 듯한 기분이 들 것이고, 집에 돌아가서 당신이 한 말을 곰곰이 되씹어볼 것이다. 이렇듯 상대가 당신의 짧은 몇 마디에 특별한 관심을 기울이면 당신의 힘이 커진다.

말을 적게 하는 것은 왕이나 정치가에게만 해당되는 얘기가 아니다. 삶의 거의 모든 영역에서, 말을 적게 할수록 당신은 더 심오하고 신비롭게 보인다. 미술가 앤디 워홀(Andy Warhol)은 젊었을 때, 사람들을 말로써 움직이는 것은 대체로 불가능하다는 사실을 깨달았다. 그렇게 하면 사람들은 오히려 당신의 의도나 바람과는 반대 방향으로 나아가고 자기 고집대로 움직이려 든다. 워홀은 친구에게 이렇게 말했다. "입을 다물고 있으면 더 많은 힘이 생긴다는 것을 깨달았다네."

워홀은 나이가 들었을 때 이러한 전략을 훌륭하게 구사했다. 그는 인터뷰를 할 때 수수께끼 같은 말로 대답하곤 했다. 그가 애매모호한 짧은 대답을 하면, 상대방은 그것이 무엇을 뜻하는지 이해하려고 애썼고 아무 의미도 없는 그의 말에 심오한 뭔가가 숨겨져 있다고 상상했다. 워홀은 자기 작품에 대해서도 말을 아꼈다. 상대가 원하는 대로 해석하도록 내버려둔 것이다. 그는 이러한 기술을 수수께끼 같은 화가 마르셀 뒤샹(Marcel Duchamp)에게 배웠다고 말했다. 뒤샹은 자기 작품에 대해서 말을 적게 할수록 사람들이 그 작품에 대해 더 많이 이야기한다는 사실을 일찍이 깨달은 인물이었다. 사람들 사이에 회자될수록 작품의 가치는 더 올라간다는 것도 알고 있었다.

말을 삼가면 중요하고 힘 있는 사람으로 비칠 뿐만 아니라, 후회할 말이나 위험한 말을 하게 될 가능성도 줄어든다. 1825년에 니콜라이 1세(Nikolai I)가 러시아의 새 황제에 즉위했다. 그 직후 러시아의 근대화를 주장하는 자유주의자들이 반란을 일으켰다(데카브리스트 반란). 그들은 러시아가 산업과 사회기반 전반에 걸쳐 유럽 국가 같은 모습으로 재건되어야 한다고 주장했다. 니콜라이 1세는 반란을 무자비하게 진압한 후에 그 주동자인 콘드라티 릴레예프(Kondraty Ryleyev)에게 사형 선고를 내렸다. 사형이 예정된 날 릴레예프는 목에 올가미가 걸린 채 교수대 위에 섰다. 발밑의 뚜껑 문이 열리는 순간 릴레예프는 허공에 매달렸지만, 조금 후 밧줄이 끊어지면서 몸이 땅바닥으로 떨어지고 말았다. 당시에는 이런 일이 생기면 신의 뜻이라고 여겨 사형을 면해주었다. 릴레예프는 타박상 입은 몸을 땅에서 일으키면서 자신이 무사함을 깨닫고 군중을 향해 외쳤다. "보시오. 러시아에서는 무엇 하나 제대로 하는 게 없질 않소. 밧줄 하나도 제대로 못 만들다니!"

사자가 황제가 있는 겨울궁전으로 달려가 이 소식을 알렸다. 니콜라이 1세는 크게 실망했지만 어쩔 수 없이 사형을 면하는 사면장에 서명을 하려고 했다. 그때 황제가 사자에게 물었다. "그 일이 있은 후에 릴레예프가 무슨 말을 하던가?" 그러자 사자가 대답했다. "폐하, 그는 러시아가 밧줄 하나도 제대로 못 만든다고 말했습니다." 황제가 말했다. "그렇다면 그의 생각이 틀리다는 것을 보여주어야겠다." 황제는 사면장을 찢어버렸다. 다음 날 릴레예프는 다시 교수대에 섰다. 이번에는 밧줄이 끊어지지 않았다.

한번 내뱉은 말은 다시 거둬들일 수 없다. 말을 삼가라. 특히 비꼬는 말을 할 때 신중하라. 신랄한 말로 순간적인 만족감은 얻을지 모르지만 큰 대가를 치르게 된다.

| **이미지** | 델포이의 신탁. 사람들이 신탁을 얻으러 찾아가면 여사제는 중요한 의미가 가득한 것처럼 보이는 수수께끼 같은 말만 몇 마디 던졌다. 아무도 신탁에 불복종하지 못했다. 그것은 삶과 죽음을 좌우하는 힘을 지니고 있었다.

| **근거** | 부하들보다 입을 먼저 열지 말라. 내가 오래 침묵하면 다른 이들이 먼저 입을 연다. 그들이 입을 열면 나는 그들의 진짜 의도를 알 수 있다. …… 군주에게 신비로움이 없으면 부하들이 권력의 자리를 빼앗을 기회를 노린다.

– 한비자(기원전 3세기)

뒤집어보기

말을 하지 않는 것이 현명하지 못한 경우도 있다. 특히 윗사람 앞에서 침묵은 의심이나 불안을 불러일으키기도 한다. 애매모호하게 말하면 상대는 당신이 예상치 못한 방향으로 그 뜻을 해석할 수도 있다. 그러므로 침묵과 말을 삼가는 것은 장소와 때를 가려 신중하게 활용해야 한다. 때에 따라서는, 바보처럼 행동하지만 실제로는 왕보다 더 똑똑한 어릿광대처럼 처신하는 것이 현명하다. 왕의 어릿광대는 쉴 새 없이 우스꽝스러운 얘기를 하기 때문에, 그가 바보가 아니라는 사실을 아는 이는 아무도 없다.

말은 때때로 기만 작전을 수행할 때 일종의 연막 역할을 한다. 말로 상대를 현혹하면 그의 주의를 딴 데로 돌리거나 일종의 최면 효과를 노릴 수 있다. 이런 경우엔 말을 많이 할수록 덜 의심받는다. 또한 장황하게 설명하는 모습은 교활하고 조작에 능한 사람이라기보다는 순진한 사람이라는 인상을 주기도 한다. 이는 권력자들이 사용하는 침묵 전략과 정반대되는 것이다. 말을 많이 하여 유약하고 덜 똑똑하게 보이면 기만 작전을 훨씬 수월하게 수행할 수 있다.

Law
38

일은 남에게 시키고
명예는 당신이 차지하라
...
성과 가로채기

다른 사람들의 지혜와 지식,

공력을 이용하여 당신 자신의 대의(大義)를 강화하라.

사람들의 도움은 당신의 귀중한 시간과 에너지를

절약시켜줄 뿐 아니라, 능률과 신속함을 갖춘

신과 같은 인물이라는 이미지를 만들어준다.

결국 당신을 도와준 사람들은 잊혀지고 당신만 기억되게 마련이다.

다른 사람들이 대신해줄 수 있는 일은 결코 직접 하지 말라.

법칙 위반 및 준수 사례: 성공을 빼앗긴 '라디오의 아버지'

거북이와 코끼리와 하마
어느 날 거북이가 코끼리를 만났다. 코끼리는 "저리 비켜, 이 애송아. 안 그러면 밟고 지나갈 테다!"라며 으스댔다. 하지만 거북이는 꿈쩍도 않았다. 코끼리가 정말 거북이를 밟고 지나갔지만, 거북이는 끄떡없었다. "그렇게 으스댈 것 없어요, 코끼리 씨. 나도 당신만큼이나 힘이 세다고요!"라고 거북이가 말했지만, 코끼리는 비웃을 뿐이었다. 그래서 거북이는 코끼리에게 내일 아침 자신이 사는 언덕으로 오라고 했다.
다음 날 동트기 전 거북이는 언덕 아래 강가로 달려갔다. 강가에서 거북이는 막 식사를 마치고 다시 물속으로 들어가려는 하마를 불렀다. "하마 씨! 우리 줄다리기 한 판 할까요? 내가 당신만큼 힘이 세다고 장담할 수 있는데!" 하마는 거북이의 터무니없는 말에 코웃음을 치면서도 그러자고 했다. 거북이는 기다란 밧줄을 하나 만들고는 하마에게 자기가 "시작!"이라고 소리칠 때까지 입에 물고 있으라고 했다.
그리고 나서 거북이는 다시 언덕 위로 올라갔다. 언덕 위에는 코끼리가 기다리고 있었다. 거북이는 코끼리에게 밧줄의 다른 한쪽 끝을 주고는 말했다. "내가 '시작!'이라고 하면 당기세요. 우리 중 누가 힘이 센지 판가름 날 거예요." 그런 후 거북이는 자기 모습이 안 보이게 코끼리와 하마의 중간 지점으로 달려가 "시작!"이라고 소리쳤다. 코끼리와 하마는 줄을 당기고 또

1883년, 세르비아 출신의 젊은 과학자 니콜라 테슬라는 대륙 에디슨 회사(Continental Edison Company)의 유럽 지부에서 일을 하고 있었다. 공장 관리자이자 토머스 에디슨의 친구이기도 했던 찰스 배첼러는 그의 재능을 알아보고 미국에 가서 한번 출세해보라며 그를 설득했다. 에디슨 앞으로 소개장도 한 장 써주었다. 테슬라의 번민과 고난의 나날은 이렇게 시작되었다.

뉴욕에서 테슬라를 만나본 에디슨은 그 자리에서 당장 그를 고용했다. 테슬라는 원시적인 수준의 에디슨 발전기를 개선할 방법을 찾기 위해 하루 열여덟 시간을 일했다. 그러고는 마침내 발전기를 완전히 재설계하겠다고 제안했다. 시간만 몇 년 잡아먹을 엄청난 작업으로 보였지만, 에디슨은 이렇게 말했다. "내 자네에게 5만 달러를 걸지. 자네가 그 일을 해낼 수 있다면 말일세." 테슬라는 밤낮을 그 프로젝트에 매달려 불과 1년 만에 이전보다 대폭 개선된 데다 자동 제어 기능까지 갖춘 발전기를 만들어냈다. 테슬라는 이 기쁜 소식을 전하고 약속대로 5만 달러를 받기 위해 에디슨을 찾아갔다. 에디슨은 발전기의 성능 향상이 자신의 명예를 높이고 회사에 이익을 가져다줄 것이라는 생각에 무척 기뻐했다. 하지만 돈 이야기가 나오자 에디슨은 그 젊은 세르비아인에게 말했다. "테슬라, 자넨 미국식 유머를 이해 못하는구먼!" 그러고는 봉급만 조금 인상해주고 말았다.

테슬라에게는 교류전류(AC) 체계를 만들어내겠다는 일념이 있었다. 한편 에디슨은 직류전류(DC) 체계를 신봉했기에 테슬라의 연구 지원을 거절했을 뿐 아니라, 나중에는 온갖 수단을 동원해 그를 방해하기까지 했다.

그러자 테슬라는 이제 막 전력 회사를 차린 피츠버그의 부호 조지 웨스팅하우스(George Westinghouse)를 찾아갔다. 웨스팅하우스는 테슬라의 연구에 전면적으로 자금을 대주었고 향후 수익에 대해서도 로열티를 후하게 지급하겠다고 제안했다. 당시 테슬라가 발명해낸 AC 체계는 오늘날까지도 표준으로 이용되고 있다. 하지만 테슬라의 이름으로 특허가

등록되자 다른 과학자들이 자신이 연구의 초석을 마련했다며 발명의 공로를 차지하려 달려들었다. 그 혼란의 와중에 테슬라의 이름은 온데간데없이 사라져버리고, 일반 대중들은 교류전류의 발명을 웨스팅하우스와 연관 짓게 되었다.

1년 후 웨스팅하우스는 J. 피어폰트 모건에게서 회사 인수 제의를 받았다. 모건은 웨스팅하우스에게 테슬라에게 후한 로열티를 지급하기로 한 계약을 무효로 만들라고 했다. 웨스팅하우스는 그 세르비아 과학자에게 로열티를 전부 지급해줬다간 회사가 살아남지 못할 거라고 설명을 했다. 그러고는 테슬라에게 21만 6천 달러에 특허권을 넘기라고 설득했다. 그 정도면 분명 큰 금액이었지만, 당시 특허권의 가치 1,200만 달러에는 턱없이 못 미치는 수준이었다. 테슬라는 부와 특허권, 그리고 그의 생애 최고의 발명품에 대한 공로까지도 금융업자들에게 빼앗겨버렸다.

'라디오 발명' 하면 떠올리는 이름이 구글리엘모 마르코니(Guglielmo Marconi)다. 하지만 마르코니의 발명이(즉 1899년 영국 해협 너머로 라디오 방송 신호를 보냈을 때) 테슬라의 연구에 의존해 이루어졌다는 사실을 아는 사람은 거의 없다. 이번에도 테슬라는 돈 한 푼도, 어떤 인정도 받지 못했다. AC 전력 체계 외에도 유도전동기를 발명한 테슬라야말로 진정한 '라디오의 아버지'인 셈이다. 하지만 라디오와 관련된 발명에 테슬라의 이름이 붙어 있는 경우는 전혀 없다. 노년에 테슬라는 빈곤한 삶을 살아야 했다.

1917년, 테슬라는 미국 전기 엔지니어 협회(American Institute of Electrical Engineers)에서 주는 에디슨 메달 수상자로 선정되었다. 그는 수상을 거부했다. "지금 내 코트에 메달 하나 달아주고 한 시간 동안 당신네 협회 사람들 앞에서 우쭐대며 걸어 다닐 수 있게 하는 걸로 내 공을 기려주겠단 거요? 당신네들은 내 지성이나 내 발명품들을 인정해주는 대신 내 몸을 근사하게 치장해놓고 날 계속 굶주린 상태로 내버려둘 게 아니오. 내 발명품 덕분에 당신네 협회가 존재하는 것이건만……."

당겨보았지만 줄은 어느 쪽으로도 움직이지 않았다. 둘의 힘이 똑같았던 것이다. 코끼리와 하마는 둘 다 거북이가 자신들만큼이나 힘이 세다고 인정했다. 남이 대신해줄 수 있는 일은 결코 당신이 나서서 하지 말라. 거북이가 일은 남에게 시켜놓고 공로는 자기가 차지한 것처럼.
– 자이르 우화

해석 ──

　　과학은 있는 그대로의 사실을 다루는 것인 만큼 좀스러운 라이벌 경쟁은 없을 거라고 생각하기 쉽다. 니콜라 테슬라도 그렇게 생각했다. 그는 과학은 정치와는 전혀 상관없는 것으로, 부와 명예에는 신경을 쓰지 말아야 한다고 주장했다. 하지만 바로 그런 태도가 그의 과학적 업적을 망친 것이다. 특정 발견에 자기 이름을 연관시키지 못했기에 많은 아이디어를 가지고도 투자자를 끌어들이지 못했다. 그가 장차 만들어낼 위대한 발명품에 대해 혼자 몰두하는 동안, 다른 사람들은 그가 전에 만들어놓은 특허를 훔쳐가 영예를 대신 차지했다.

　　테슬라는 모든 일을 자기 혼자 하고 싶어했다. 하지만 그러다 보니 그 자신만 녹초가 되고 빈곤에 허덕여야 했다.

　　에디슨은 테슬라와 정반대였다. 사실 에디슨에겐 뛰어난 발명가라고 할 만한 측면이 별로 없다. 수학자는 한 명 고용하면 그만이니 자기가 수학자가 될 필요는 없다고 말한 적도 있었다. 에디슨이 주로 쓴 방법이 바로 그것이었다. 그는 발명가라기보다는 사업가이자 홍보가에 가까웠다. 그는 세상의 흐름과 새로운 기회가 될 만한 것을 포착한 후 그 일을 해줄 최고 인재를 고용했다. 필요하다면 경쟁자들 것을 훔치기도 했다. 하지만 오늘날 발명가로서 더 많이 오르내리는 이름은 에디슨이다.

　　우리가 여기서 발견할 수 있는 교훈은 두 가지다. 첫째, 발명이나 창작에 대한 명예가 (더 중요하지는 않더라도) 발명 자체만큼이나 중요할 수 있다. 당신은 그 명예를 반드시 차지해야 하며, 다른 이들이 그 명예를 훔쳐가지 못하도록 막아야 한다. 그러기 위해서는 항상 경계심을 늦추지 말고 무자비하게 굴어야 한다. 먹잇감을 노리고 당신 머리 위를 빙빙 돌고 있는 독수리가 한 마리도 없다는 확신이 들 때까지 당신의 창작품을 조용히 숨겨두어라. 둘째, 당신의 대의를 강화하는 데 다른 사람들의 노력을 이용하라. 시간은 소중하고 인생은 짧다. 모든 일을 당신이 직접 하려 했다간, 당신 신경만 닳고 에너지를 낭비하게 되어 완전히 녹초가 되어버리고 만다. 그보다 당신의 힘은 비축해두고 남들이 해놓은 일을 재빨리 가로채 그것을 당신의 업적으로 만드는 것이 훨씬 바람직하다.

*사냥꾼이 마차의 안전성에 의지하고, 말 여섯 마리의 다리를 활용하고, 왕량(王良, 춘추전국시대 천하제일의 마부로 손꼽히던 인물 - 옮긴이)을 마부로 앉힌다면, 날랜 동물도 쉽게 따라잡을 것은 자명한 일이다. 이제 그 사냥꾼이 마차가 가져다주는 이점과, 쓸모 있는 말의 다리와, 왕량의 기술을 내버린 채 마차에서 내려 자기 발로 뛰어 동물들을 쫓아간다고 생각해보라. 그러면 그의 발이 아무리 빠르다 해도 결코 동물들을 따라잡지 못할 것이다. 사실 좋은 말과 튼튼한 마차만 이용할 수 있으면 머슴과 하녀라도 충분히 동물을 잡고 남는다.
─ 한비자(기원전 3세기)*

상공업계에 종사하는 사람들은 누구나 도둑질을 한다. 나 자신도 도둑질을 많이 했다. 하지만 난 도둑질 하는 법을 아는 사람이다.

– 토머스 에디슨(1847~1931)

권력의 열쇠: 일은 남에게 시키고 명예는 당신이 차지하라

권력의 세계에는 정글의 역학이 존재한다. 직접 사냥을 하고 먹잇감을 죽여 살아가는 사람들이 있는가 하면, (하이에나나 독수리와 같이) 남이 사냥해놓은 것을 먹고살아가는 작자들도 있다. 후자에 속하는 사람들은 상상력이 부족해 권력을 창출할 능력이 안 되는 경우가 많다. 하지만 이들은 잘 참고 기다리기만 하면 대신해줄 다른 동물을 얼마든지 찾아낼 수 있다는 사실을 일찌감치 알고 있다. 순진하게 굴어서는 안 된다. 당신이 어떤 프로젝트에 매달려 뼈 빠지게 일하고 있는 바로 이 순간, 독수리들이 머리 위를 빙빙 돌며 당신의 창의성으로 먹고살아갈, 심지어는 그것으로 더 성장할 방도를 궁리하고 있기 때문이다. 이런 현실을 불평하거나, 테슬라처럼 비통한 심정으로 모질게 애써봤자 아무 소용없다. 그보다는 스스로를 잘 보호하고 게임에 참가하는 편이 낫다. 일단 권력의 기반을 세웠으면, 당신 자신이 독수리가 되어 시간과 에너지를 절약하도록 하라.

이 게임의 양 극단 가운데 한 예가 탐험가 바스코 누녜스 데 발보아다. 발보아는 전설의 황금 도시 엘도라도를 발견하고야 말겠다는 일념을 가진 사람이었다.

16세기 초반, 이루 헤아릴 수 없는 고초와 구사일생의 위기를 여러 번 넘긴 끝에 그는 현재의 페루인 멕시코 남쪽에서 거대하고 부유한 제국의 흔적을 발견했다. 이 잉카 제국을 정복하여 금을 빼앗으면 제2의 코르테스(Cortés)가 될 수 있을 것이었다. 그런데 문제가 있었다. 그가 잉카 제국을 발견했다는 사실이 수백 명의 다른 정복자들에게 알려진 것이다. 그는 제국을 발견했다는 소식을 조용히 덮어두고 주위 사람들을 유심히 지켜보는 게 승부의 관건이란 사실을 미처 몰랐던 것이다. 몇 년 후, 발

눈먼 닭
눈이 멀어버린 닭이 있었다. 땅을 헤집어 먹이를 찾는 일에 익숙해진 나머지 눈이 멀었는데도 계속 누구보다 열심히 땅을 헤집어 먹이를 찾았다. 하지만 부지런을 떠는 그 바보 같은 닭에게 이런 짓이 다 무슨 소용이란 말인가? 눈이 밝은 다른 닭 한 마리가, 땅 한번 헤집지 않고 있다가 다른 닭이 공들여 해놓은 결실을 대신 맛보니 말이다. 그 눈먼 닭이 땅에서 보리알이라도 하나 발견해낼라 치면, 곁에서 유심히 지켜보고 있던 그 눈 밝은 닭이 대신 먹어치우는 것이다.
– 《우화집(Fables)》, 고트홀트 레싱(Gotthold Lessing, 1729~1781)

보아는 부하 병사였던 프란시스코 피사로의 계략에 의해 반역죄로 참수를 당하고 만다. 그리고 피사로는 발보아가 그토록 오랜 세월 끝에 찾아낸 잉카 제국을 차지했다.

다른 쪽 극단의 대표적 예는 화가 루벤스(Peter Paul Rubens)다. 말년의 루벤스에게는 그림 주문이 물밀듯 밀려들었다. 그래서 그는 일종의 작업 체계를 만들어냈다. 의상과 배경 등을 맡은 전문 화가 수십 명을 고용하고, 거대한 작업실에서 여러 개의 작품이 동시에 진행되도록 이른바 생산 라인을 갖춘 것이다. 어쩌다 중요한 고객이 작업실을 방문하면 화가들을 작업실 밖으로 내보냈다. 고객이 발코니에서 작업 모습을 바라보면 루벤스는 믿기 어려울 정도의 에너지를 발산해가며 엄청난 속도로 그림을 그리곤 했다. 그러면 고객은 그토록 짧은 시간에 걸작들을 쏟아내는 것에 감탄하며 작업실을 나서곤 했다.

이 법칙의 정수를 뽑으면 다음과 같다. 일은 남에게 시키고 명예는 당신이 차지하라. 그러면 당신은 신과 같은 강인함과 권력을 손에 넣게 될 것이다. 모든 일을 당신이 직접 하려고 들면 당신은 절대 출세할 수 없다. 어쩌면 발보아나 테슬라 같은 운명 속에서 고통을 겪게 될 것이다. 당신이 갖지 못한 기술이나 창의성을 가진 사람들을 고용하라. 그들의 이름 맨 위에 당신 이름을 올리거나, 그들이 해놓은 일을 당신이 한 일로 만들 수 있는 방도를 찾아라. 그러면 그들의 창의성도 당신 것이 되어 당신은 천재로 비칠 것이다.

이 법칙을 응용하는 방법이 또 있는데, 이때는 동시대인들의 노고를 기생충처럼 이용하지 않아도 된다. 바로 지식과 지혜의 광대한 보고(寶庫)인 과거를 활용하는 것이기 때문이다. 아이작 뉴턴(Isaac Newton)은 이를 '거인의 어깨에 올라서는 것'이라고 표현했다. 자신의 위대한 발견도 사실은 다른 사람들이 이뤄놓은 성과물에 기반을 두고 있다는 뜻이었다. 자신의 천재라는 후광은 고대와 중세 그리고 르네상스 시대 과학자들의 통찰력을 십분 활용할 줄 아는 능력에서 나온다는 사실을 잘 알았던 것이다. 셰익스피어도 플루타르코스에게서 줄거리와 캐릭터, 심지어 대화까지 빌려다 썼다. 플루타르코스만큼 미묘한 심리와 위트 넘치는 인용을 할 줄 아는 작가가 드물다는 걸 잘 알았기 때문이다. 그런 셰익스피어의 작품을 빌려다 쓴('표절한') 후대 작가들은 또 얼마나 많은가?

오늘날 정치인 가운데 연설문을 자기 손으로 쓰는 사람은 지극히 드물다는 건 누구나 아는 사실이다. 그들이 직접 글을 썼다간 단 한 표도 얻지 못할 것이다. 연설문에 힘이나 위트 등이 넘치는 것은 다 연설문 작가의 덕이다. 일은 다른 사람이 하고 명예는 그들이 차지하는 것이다. 여기서 긍정적인 면이 있다면, 누구나 그 힘을 이용할 수 있다는 것이다. 과거의 지식을 활용하는 법을 배워라. 그러면 실제로는 남의 것을 빌려온 것이라 할지라도 당신은 천재처럼 보일 수가 있다.

인간의 본성을 파고든 작가들, 먼 옛날 전략의 대가들, 인간의 어리석음과 바보짓을 알고 있는 역사가들, 혹독한 대가를 치르며 권력이란 무거운 짐을 다루는 법을 배웠던 왕과 여왕들의 선례가 있지 않은가. 그들의 지식은 먼지가 쌓여가는 채로 당신이 찾아와 자기 어깨를 디디고 서주기를 기다리고 있다. 그들의 위트와 기술을 가져다 당신의 위트와 기술로 삼아도, 그것들이 원래는 당신 것이 아니라고 말할 일은 절대 없다. 당신은 스스로의 경험을 통해 무언가를 하려다 평생 고생하고 끝없이 실수를 저지르며 시간과 에너지를 낭비할 수 있다. 아니면 과거라는 군대를 활용할 수도 있다. 비스마르크가 이런 말을 한 적이 있지 않던가. "바보들은 경험을 통해 배운다고 말한다. 하지만 나는 다른 사람의 경험을 통해 무언가를 얻는 걸 선호한다."

| **이미지** | 독수리. 정글에서 독수리만큼 손쉽게 살아가는 녀석도 없다. 다른 동물이 고생스레 해놓은 일을 독수리가 차지한다. 살아남지 못한 동물도 독수리의 배를 채워준다. 독수리에게서 눈을 떼지 말라. 당신이 열심히 일에 매달려 있는 동안, 그가 당신 머리 위를 빙빙 돌고 있을 테니까. 그와 싸울 필요는 없다. 그에게 합류하라.

| **근거** | 세상에 알아야 할 것은 많은데 인생은 짧다. 그리고 앎이 없는 삶은 진정한 삶이라 할 수 없다. 그러니 모두에게서 지식을 얻는 것은 훌륭한 방편이

된다. 그런 식으로 다른 사람의 이마에 땀이 흐르게 해놓고 예언자라는 명성은
당신이 얻게 된다.

– 발타사르 그라시안(1601~1658)

뒤집어보기

다른 사람이 해놓은 일의 공로를 대신 차지하는 게 현명하지 못한 길
이 될 때도 있다. 당신의 권력 기반이 아직 단단히 자리 잡지 않았을 때
는 당신이 다른 사람들을 밀쳐내고 스포트라이트를 받으려는 것으로 비
칠 것이다. 재능을 기막히게 이용할 수 있으려면 당신의 입지가 확고부
동해야 한다. 그렇지 않으면 사기꾼이란 비난을 면치 못할 것이다.

다른 사람들과 공을 함께 나누는 것이 당신의 목적에 이바지할 때가
언제인지 확실히 알아야 한다. 특히 높은 사람을 모실 때는 욕심을 부리
지 않는 것이 중요하다. 리처드 닉슨 대통령의 역사적인 중국 방문은 대
통령 자신의 아이디어이긴 했지만, 헨리 키신저의 노련한 외교가 없었다
면 절대 성사되지 못했을 것이다. 뿐만 아니라 키신저의 기술이 없었다
면 그만큼 성공적이지도 못했을 것이다. 하지만 키신저는 영리하게 닉슨
에게 공로를 돌렸다. 시간이 흐르면 진실이 밝혀진다는 사실을 잘 알았
기에 그는 단기간의 스포트라이트를 탐하다 자기 입지가 위험해지지 않
도록 조심했던 것이다. 키신저는 게임의 달인이었다. 아랫사람들의 공로
는 자신이 차지하고 자신의 공로는 정중하게 윗사람들에게 돌렸다. 게임
이란 바로 이렇게 하는 것이다.

Law 39

싸워서 질 바에야 항복을 선택하라

...

전략적 후퇴

힘이 약할 때는 절대로 명예를 위해 싸우지 말라.
대신 항복을 선택하라.
항복은 당신에게 회복할 수 있는 시간과
상대를 괴롭힐 수 있는 시간,
상대의 힘이 약해지기를 기다릴 수 있는 시간을 준다.
상대가 당신과 싸워 이기는 만족감을 누리게 하지 말라.
항복할 거면 일찌감치 하라는 뜻이다.
왼쪽 뺨을 때리거든 오른쪽 뺨까지 내밀어서
상대를 불안하게 만들어라.
항복도 강력한 도구가 될 수 있다는 점을 절대 간과하지 말라.

법칙 위반 사례: 아테네의 현실주의 외교

밀로스 섬은 지중해의 전략적 위치에 자리 잡고 있다. 고대에는 아테네가 그리스 주변의 바다와 해안지대를 지배했지만, 밀로스 섬을 처음으로 정복한 것은 펠로폰네소스 반도의 스파르타였다. 펠로폰네소스 전쟁때 밀로스 섬 주민들은 아테네와의 동맹을 거부하고 모국인 스파르타에 대한 충성을 지켰다. 기원전 416년, 아테네는 밀로스 섬으로 원정부대를 파견했다. 전면전에 들어가기 전, 아테네인들은 사절을 파견해 밀로스 사람들에게 파괴와 패배의 고통을 피하려면 아테네에 항복해서 동맹이 되라고 설득했다.

"여러분도 우리들만큼이나 잘 알고 있습니다." 아테네의 사절이 말했다. "정의의 기준은 힘의 균형에 따라 달라집니다. 따라서 현실에서는 강한 자가 자신의 힘을 이용해 강요할 수 있는 것을 강요하며 약한 자는 그들의 강요를 수용할 수밖에 없습니다." 밀로스인들이 그런 주장은 공정성의 개념을 부정하는 것이라고 대꾸하자, 아테네 사절은 힘을 가진 자가 무엇이 공정하고 무엇이 불공정한지를 결정한다고 말했다. 밀로스 사람들은 신만이 그러한 권위를 갖고 있으며 인간이 결정할 수 있는 것은 아니라고 주장했다. 아테네 사절 중 한 사람이 대꾸했다. "신에 대한 우리의 견해와 인간에 대한 우리의 지식에 따르면 인간은 자신의 능력이 닿는 한 무엇이든 지배할 수 있으며, 그것이 자연의 일반적이고 불가피한 법칙이라는 결론에 도달할 수밖에 없습니다."

밀로스인들은 물러서지 않았다. 그러면서 스파르타가 도우러 올 것이라고 주장했다. 아테네 사절은 스파르타인들은 보수적이고 실리적이어서 밀로스를 돕지 않을 것이라고 받아쳤다. 왜냐하면 스파르타로서는 잃을 것이 많은 반면 얻을 것은 별로 없기 때문이다.

그러자 밀로스인들은 명예를 지키고 야만적인 세력에 저항할 것이라고 말했다. "명예에 대한 잘못된 판단 때문에 파멸을 부르는 어리석은 선택을 하지 마십시오." 아테네인이 말했다. "어떤 식으로든 자존심에 영향을 미치는 명백한 위험에 직면했을 때, 사람들은 종종 명예를 생각하며 파멸의 길을 택하기도 합니다. 그러나 그리스에서 가장 위대한 도시인 아테네에 이렇게 합리적인 조건으로 항복하는 것은 전혀 불명예스러운 일이 아니란 말입니다." 논쟁은 끝났다. 밀로스인들은 그 문제를 자기들끼리 토의하고 스파르타의 원군과 신의 의지, 그들의 대의명분이 가진 정당성을 믿어보기로 결론을 내렸다. 그들은 정중하게 아테네의 제안을 거부했다.

며칠 뒤 아테네가 밀로스를 침공했다. 밀로스인들은 장렬하게 싸웠다. 스파르타는 그들을 구하러 오지 않았다. 아테네는 밀로스의 주요 도시를 포위하고 공성전에 돌입해 마침내 밀로스를 함락시켰다. 아테네는 조금도 시간을 낭비하지 않았다. 병사로 싸울 수 있는 남자들은 모두 죽이고 여자와 아이들은 노예로 팔았으며 섬에는 자국민을 새로 정착시켰다. 밀로스 사람 중 살아남은 이는 소수에 불과했다.

해석 ———

아테네는 역사상 가장 실용적인 국가였다. 그들은 밀로스 사람들에게 실용적인 주장을 펼쳤다. 즉 힘이 약한 사람이 싸움으로 얻을 수 있는 것은 아무것도 없다. 아무도 약자를 도우러 오지 않는다. 자기들마저 위험에 빠지기 때문이다. 약자는 외톨이라는 사실을 인정해야 한다. 싸움은 순교를 제외하고는 아무런 이득을 주지 못하며 대의명분에 동의하지 않았던 사람들까지 희생된다.

약하다는 것은 죄가 아니다. 상황을 잘 이용하면 오히려 강점이 될 수도 있다. 밀로스가 처음부터 항복을 했다면, 그들은 교묘하게 아테네에 사보타주를 가하거나 동맹관계에서 얻을 수 있는 것을 모두 확보한 뒤 아테네가 약화되면 동맹을 파기할 수도 있었다. 실제로 몇 년 뒤 아테네는 약해졌다. 운이란 변하게 마련이며 강자도 때로는 몰락의 길을 걷는다. 항복은 엄청난 힘을 은폐해준다. 적을 달래서 안주하게 만들면 당신은 힘을 회복하고, 적을 약화시키며, 복수를 하는 데 필요한 시간을 벌 수 있다. 그런 시간을 희생시켜가며 절대 이길 수 없는 전투에서 명예를 구하려고 하지 말라.

법칙 준수 사례: 순교를 거부한 베르톨트 브레히트

볼테르가 런던에
망명해 있을 때였다.
영국에서는 프랑스에 대한
적대감이 최고조에 이르고
있었다. 하루는 그가 길을
걷다가 성난 군중들에게
둘러싸였다. "놈의 목을
달아라, 프랑스 놈을 교수형
시켜라." 군중들이 외쳤다.
볼테르는 침착하게 폭도를
향해 이렇게 연설했다.
"영국인들이여! 여러분은
내가 프랑스인이기 때문에
나를 죽이고 싶어합니다.
하지만 영국인으로 태어나지
않았다는 것만으로 나는
이미 충분히 벌을 받은 것이
아닐까요?" 군중들은 그의
사려 깊은 말에 환성을
질렀다. 그리고 그의
하숙집까지 안전하게
호위해주었다.
– 《일화집》,
클리프턴 패디먼 편, 1985

1920년대에 독일 작가 베르톨트 브레히트는 공산주의로 전향했다. 그 후 그의 희곡과 수필, 시에는 혁명적 열기가 반영됐고, 그는 가능한 한 명확하게 자신의 이념을 표현하려고 노력했다. 히틀러가 독일에서 정권을 잡자, 브레히트와 그의 공산주의자 동료들은 감시의 대상이 됐다. 미국에는 그의 친구들이 많이 있었다. 그들은 대개 그의 사상에 동조하는 미국인들 또는 히틀러를 피해 망명한 독일 지식인들이었다. 1941년 브레히트는 미국으로 이주해 로스앤젤레스에 정착했다. 그는 영화 산업에 종사하고 싶어했다.

이후 몇 년 동안 그는 반자본주의 경향의 대본들을 썼다. 그는 할리우드에서 별다른 성공을 거두지 못했기 때문에 1947년에 다시 유럽으로 돌아가기로 결정했다. 하지만 바로 그해, 미국 하원의 반미활동위원회가 할리우드의 공산주의자들을 조사하기 시작했다. 거기에는 브레히트도 포함되었다. 1947년 9월 19일, 그가 미국을 떠나기 불과 한 달 전에 위원회로부터 소환장이 날아들었다. 브레히트 외에도 여러 작가와 제작자, 감독들이 소환되었는데, 이들은 '할리우드 19인(Hollywood 19)'으로 알려지게 됐다.

할리우드 19인은 워싱턴으로 가기 전에 모여서 대책을 논의했다. 그들은 정면대결을 하기로 했다. 위원회의 질문에는 대답하지 않고, 미리 준비한 성명서를 읽어서 위원회의 권위에 도전하고 위원회 활동이 헌법에 어긋난다고 주장하기로 했다. 비록 그 결과 감옥에 수감되더라도, 그들의 대의는 널리 알려지게 될 것이다.

브레히트는 거기에 동의하지 않았다. 그는 반문했다. 순교자의 역할을 수행해서 대중들로부터 동정심을 얻은들 그것이 다 무슨 소용이란 말인가? 그들은 앞으로 자신의 연극을 무대에 올리거나 대본을 팔 수 없을 것이다. 브레히트는 자신들이 위원회 사람들보다 훨씬 더 똑똑하다고 생각했다. 그런데 왜 그런 자들과 논쟁을 벌여서 자신의 수준을 떨어뜨려야 한단 말인가? 겉으로는 위원회에 복종하는 척하면서 날카롭게 그들을 비웃는 방법으로 위원회의 의표를 찌르는 것이 안 될 이유는 무엇인가? 할리우드 19인은 브레히트의 말을 예의 바르게 경청했지만 결국 원래의 계획을 고수하기로 했다. 브레히트는 독자노선을 취하기로 했다.

10월 30일, 브레히트는 위원회에 소환되었다. 그들은 브레히트도 앞서 증언을 했던 할리우드 19인들과 똑같이 나올 것이라고 예상했다. 이전 증인들은 자기주장을 내세우고, 질문에 답변을 거부하며, 청문회를 개최하는 위원회의 권리에 이의를 제기하고, 심지어 호통과 모욕적인 언사를 내뱉기도 했다. 그런데 놀랍게도 브레히트는 우호적인 태도로 나왔다. 그는 정장을 입었고(그로서는 아주 드문 일이었다), 시가를 피웠으며(그는 위원장이 시가 애호가라는 이야기를 들었다), 위원들의 질문에 정중하게 대답했고, 대체로 그들의 권위를 존중했다.

다른 증인들과 달리, 브레히트는 공산당에 소속되어 있느냐는 질문에 대답했다. 그는 공산당원이 아니라고 말했으며, 그것은 사실이었다. 한 위원은 이렇게 물었다. "당신이 혁명적 희곡을 썼다는 것이 사실입니까?" 브레히트는 노골적인 공산주의 메시지를 담은 희곡을 여러 편 썼지만, 이렇게 대답했다. "나는 히틀러에 대항하는 시와 노래, 희곡을 여러 편 썼습니다. 따라서 그것들은 당연히 혁명적인 성향을 띱니다. 왜냐하면 히틀러 정권의 전복을 목적으로 썼기 때문입니다." 이 진술은 아무런 반론을 받지 않았다.

브레히트의 영어 실력은 뛰어났지만 증언을 할 때는 통역에 의존했다. 그것은 일종의 전술로 그에게 언어를 가지고 민감한 게임을 벌일 수 있는 기회를 제공했다. 어떤 위원이 영어로 번역된 그의 시에서 공산주의적인 구절을 발견하면, 브레히트는 독일어 원문을 통역에게 암송해주었고, 통역은 그것을 영어로 옮겼다. 그래서 시의 내용은 다소 완화되었다. 위원 중 한 명이 영어로 그의 혁명적인 시 한 편을 읽은 뒤 그에게 그 시를 썼느냐고 물었다. "쓰지 않았습니다." 그는 이렇게 대답했다. "저는 독일어 시를 썼습니다만, 그 시와는 많이 다릅니다." 브레히트는 이렇게 미꾸라지처럼 빠져나갔고, 그의 정중함과 위원회의 권위를 존중하는 태도 때문에 위원회는 화를 낼 수도 없었다.

불과 한 시간의 심문 뒤, 위원회는 포기해버렸다. "대단히 감사합니다." 위원장이 말했다. "당신은 [다른] 증인들에게 훌륭한 모범을 보였습니다." 그들은 그에게 자유를 주었을 뿐만 아니라 출입국 관리소와 문제가 있을 경우 그를 도와주겠다는 제안까지 했다. 다음 날 브레히트는 미국을 떠나서 다시는 돌아오지 않았다.

해석 ——

할리우드 19인의 대립적 접근법은 많은 동정을 얻었고, 이후 여론의 옹호를 받았다. 하지만 그들은 또한 블랙리스트에 올라 많은 수익을 올릴 수 있는 작업 시간을 잃어야 했다. 반면 브레히트는 위원회에 대한 혐오감을 간접적으로 표현했다. 그것은 신념을 바꾼다거나 그의 가치관을 퇴색시키는 행위가 아니었다. 오히려 그의 짧은 증언을 통해, 그는 굴복하는 것 같은 태도를 취하면서 동시에 모호한 답변과 새빨간 거짓말로 위원회보다 한 수 위에 있었다. 수수께끼와 언어 유희로 포장된 그의 답변에 위원회는 반론을 제기하기 어려웠던 것이다. 결국 그는 혁명적 저술을 계속할 수 있는 자유를 얻었다(미국에서 징역형이나 구류형을 받기는커녕). 더욱이 그가 거짓 존중의 태도로 위원회와 그들의 권위를 조롱했음에도 말이다.

명심하라. 자신의 권위를 보이고 싶어하는 사람들이 제일 쉽게 항복 전술에 기만을 당한다. 당신이 겉으로 복종의 의사를 표현하면, 상대방은 자신이 중요한 존재라고 느끼게 된다. 상대가 자기를 존중한다는 사실에 만족하기 때문에, 그들은 이후의 반격이나 브레히트가 사용한 것과 같은 간접적 조롱의 손쉬운 표적이 된다. 자신의 능력을 긴 안목으로 파악하고, 결코 장기적인 운신의 폭을 희생시켜 순교라는 단기적인 영예를 추구하지 말라.

위대한 군주가 지나갈 때, 현명한 농부는 깊이 허리를 숙이면서 조용히 방귀를 뀐다.

– 에티오피아 속담

권력의 열쇠: 싸워서 질 바에야 항복을 선택하라

적이나 라이벌의 움직임에 대한 과잉 반응이 당신을 곤란에 빠뜨리기도 한다. 과잉 반응은 당신이 좀더 이성적이었다면 피해 갔을 문제들을 만들어내고 만다. 또한 그것은 끊임없는 반향 효과를 일으키는데, 당신의 과잉 반응에 따라 상대방도 과잉 반응을 보이기 때문이다. 아테네와 밀로스에서 그 사례가 잘 드러난다. 어떤 공격에 대해 다른 종류의 공격으로 맞서려는 것이 인간의 본능이다. 하지만 다음부터는 상대에 대한 대응 동작을 취하려고 할 때 이런 방법을 시도해보라. 미는 힘에 저항하거나 반격하지 말고 그저 물러서서 반대편 뺨을 내밀고 허리를 숙여라. 이런 반응은 대체로 상대의 행동을 무력화시킨다. 당신이 힘으로 반응할 것이라고 예상하거나 그렇게 나오길 바랐던 상대는 뜻밖의 행동에 완전히 무방비로 노출된 채 당신의 무저항에 화해를 하고 만다. 항복을 함으로써 사실은 당신이 상황을 통제하게 된다. 당신의 항복은 상대를 진정시키고 상대가 당신을 물리쳤다고 믿게 만드는 더 큰 계획의 일부이기 때문이다.

이것이 항복 전술의 본질이다. 당신은 내적으로 견고하지만 외적으로는 굽히고 있다. 분노해야 할 이유가 사라지면, 상대는 당황하게 된다. 그 결과 더 큰 폭력으로 반응하게 될 가능성도 제거된다. 당신은 항복함으로써 시간과 공간을 확보하여 상대를 쓰러뜨릴 반격을 계획할 수 있게 된다. 난폭한 자나 공격적인 자를 상대로 한 지능적인 싸움에서는 항복 전술이 최고의 전술이다. 그것은 자제력을 요구한다. 진짜로 항복하는 자는 자유를 포기하며, 패배로 인한 치욕으로 무너질 것이다. 당신은 단지 겉으로만 항복한다는 것을 명심하라. 이는 동물이 자신의 안전을 위해 죽은 척하는 것과 같다.

투쟁보다 항복이 나을 수도 있다. 적의 힘이 세고 도저히 승산이 없을 경우, 도주하는 것보다 항복하는 것이 더 낫다는 얘기다. 도주는 잠시 당신에게 시간을 벌어줄지도 모르지만 결국에는 적이 당신을 따라잡게 될 것이다. 그 대신 항복을 할 경우, 당신은 상대방의 주위에 똬리를 틀고 있다가 가까운 거리에서 독니로 공격할 수 있는 기회를 갖게 될 것이다.

기원전 473년, 중국 춘추시대의 월왕 구천(勾踐)은 부초에서 오왕 부차(夫差)에게 끔찍한 패배를 당했다. 구천이 도망치려 하자 한 책사가 간언했다. 항복해서 오왕의 하인이 되어 가까이에서 오왕의 인물됨을 연구하고 복수를 계획하자는 것이었다. 월왕은 그의 간언을 받아들이기로 했다. 그리하여 부차에게 모든 재산을 바치고 가장 비천한 하인이 되어 마구간에서 일했다. 3년 후 부차는 마침내 구천의 충성심에 만족해서 그의 귀국을 허락했다. 하지만 구천은 그 3년 동안 정보 수집을 하면서 복수할 날을 기다리고 있었다. 오나라가 심한 가뭄으로 혼란에 빠지자 구천은 군대를 일으켜 오나라를 침공해 쉽게 승리를 쟁취했다. 이것이 바로 항복의 이면에 숨어 있는 힘이다. 그 힘을 잘 이용하면 시간과 유연성을 갖게 되어 결정적인 반격을 준비할 수 있다. 만약 구천이 도주했다면, 이런 기회를 얻지 못했을 것이다.

19세기 중엽, 일본은 외국의 문호개방 압력에 직면해 대책을 의논했다. 마침내 홋타 마사요시(堀田正睦)가 1857년 하나의 각서를 작성했는데, 그것은 향후 일본의 정책에 영향을 미쳤다. "따라서 나는 우리의 정책이 우호적인 동맹조약을 체결하고 해외만방에 선박을 파견하여 교역을 수행하며, 외국인들의 장점을 모방함으로써 우리의 단점을 보완하고, 국가의 힘을 길러 군비를 완료함으로써 '점진적으로' 외국을 우리의 영향력 아래 흡수하여 결국 세계 모든 나라가 우리의 활동으로 인해 완전한 평화가 실현됐다는 사실을 이해하고 우리의 주도권을 인정하게 만드는 것이 돼야 한다고 확신한다." 이것은 제39법칙을 적용하는 완벽한 사례다. 항복을 함으로써 적에게 접근하는 길을 여는 것이다. 적의 방식을 배우고, 치밀하고 점진적으로 적의 환심을 사며, 겉으로는 적의 관습에 동조하지만 내적으로는 자신의 문화를 지킨다는 정책이다. 상대에게 약하고 열등하게 보여라. 그러면 상대는 당신에 대해 경계심을 풀어버린다. 당신은 시간을 활용하여 상대를 따라잡고 그를 추월할 수 있다. 결국 당신이 승자가 된다. 이런 식의 조용하고 침투성이 강한 전술이 최선의 방책이 될 수 있는 이유는 적이 대응을 하거나 저항을 할 대상이 존재하지 않는다고 여기는 데 있다. 만약 일본이 서구 열강들에게 힘으로 저항했다면, 서구의 무력 침략을 받아 나라와 문화를 지키지 못했을 것이다.

항복은 또한 브레히트의 경우처럼, 적을 조롱하거나 적의 힘으로 적을 상대할 수 있는 길을 제공할 수도 있다. 밀란 쿤데라(Milan Kundera)의 소설 《농담(The Joke)》은 체코슬로바키아의 강제노동 수용소 경험에 바탕을 두고 있다. 소설에는 수용소의 간수들이 어떤 식으로 간수와 죄수들 사이의 계주경기를 준비하는지가 나온다. 간수들에게 그것은 자신들의 신체적 우월성을 과시하는 기회였다. 반면 죄수들은 자신들이 져야 한다는 사실을 알고 있었기 때문에 그 역할에 충실했다. 그들은 열심히 달리는 척하면서 고작 몇 미터 가서 넘어지거나 절뚝거렸다. 그러는 동안 간수들은 전속력으로 앞서갔다. 경기에서 일부러 져줌으로써, 죄수들은 간수들에게 충실하게 복종했다. 하지만 그들의 '과잉 복종'은 상대를 조롱하는 것이다. 죄수들에게 과잉 복종은 우월성을 거꾸로 증명하는 방법이다. 저항은 폭력을 불러올 뿐이다. '과잉 복종'은 간수들을 바보로 만들었지만, 간수는 죄수들을 처벌할 구실이 없었다. 왜냐하면 죄수들은 오로지 지시받은 바를 수행했기 때문이다.

권력은 항상 흐른다. 권력 게임은 본래 유동적이고 끊임없는 투쟁의 장으로, 권력을 가진 자들은 언젠가 내리막을 걷게 된다. 당신의 권력이 잠시 약해졌을 경우, 항복 전술은 당신의 힘을 키우는 완벽한 방법이다. 항복은 당신의 야망을 은폐해준다. 그것은 권력 게임의 핵심 기술인 인내심과 자제력을 가르쳐준다. 또한 항복 전술은 당신을 억압하는 자가 갑자기 쇠퇴하기 시작했을 때, 반격을 할 수 있는 최적의 위치를 제공한다. 만약 당신이 도주하거나 맞서 싸울 경우, 당신은 결코 승리할 수 없다. 대신 당신이 항복한다면, 당신은 마지막에 승자가 될 것이다.

| **이미지** | 떡갈나무. 바람에 저항하는 떡갈나무는 차례차례 가지를 잃게 된다. 그러다가 나중에는 줄기마저 부러지게 된다. 바람에 구부러질 줄 아는 떡갈나무는 더 오래 살며, 줄기도 더 굵게 성장하고, 더욱 단단하고 깊이 뿌리를 내리게 된다.

| **근거** | 눈은 눈으로, 이는 이로 갚으라 하였다는 것을 너희가 들었으나 나는 너희에게 이르노니 악한 자를 대적치 말라. 누구든지 네 오른편 뺨을 치거든 왼편도 돌려대며, 또 너를 송사하여 속옷을 가지고자 하는 자에게 겉옷까지도 가지게 하며, 또 누구든지 너희를 억지로 5리를 가게 하거든 그 사람과 10리를 동행하라.

– 마태복음 5장 38~41절

뒤집어보기

항복 전술의 요점은 힘을 회복할 때까지 손실을 피하는 데 있다. 항복은 명백하게 순교를 피하려는 것이지만, 항복이 적의 적대감을 누그러뜨리지 못할 경우에는 순교만이 유일한 탈출구로 보일 수도 있다. 어쩌면 사람들은 순교자에게 감화되고 힘을 얻을 수도 있다.

하지만 항복과 달리 순교는 까다롭고 정확하지 않은 전술이며, 그것으로 대항하고자 하는 공격만큼이나 폭력적이다. 죽어서 신앙이나 저항정신을 일깨운 유명 순교자에 비해 아무런 감화도 남기지 못한 채 목숨만 잃은 사람들이 수천 배는 더 많은 게 현실이다. 따라서 비록 순교가 때로는 어느 정도의 효과를 발휘한다고 해도, 실제로 효과가 있을지 여부를 미리 예측하기란 불가능하다. 더욱 중요한 사실은, 변변치 못한 권력이나마 죽은 사람은 아예 누릴 수 없다는 사실이다. 게다가 순교자는 자기중심적인 교만으로 느껴질 수 있는 분위기를 풍기기 때문에 사람들의 눈에 추종자들보다 자신의 영광을 더 중요하게 여기는 것처럼 보일 수도 있다.

권력이 당신을 버렸을 때도, 이 법칙의 뒤집어보기는 무시하는 것이

상책이다. 순교자는 그냥 내버려둬라. 결국 진자는 당신 쪽으로 다시 돌아올 것이고 당신은 그날이 올 때까지 살아남아야만 한다.

더러운 일은 직접 하지 마라

...

앞잡이와 희생양

당신은 교양과 능률의 모범으로 보여야 한다.

결코 실수나 비열한 행위로 당신의 손을 더럽혀서는 안 된다.

다른 사람들을 희생양이나 앞잡이로 이용해

자신을 감춤으로써, 오점 없는 이미지를 유지하라.

1항: 실수를 감추고 다른 희생양이 책임을 지게 만들어라

무엇을 드러내느냐가 아니라 무엇을 감추느냐에 따라 평판이 좌우된다. 누구나 실수를 한다. 그러나 진정으로 똑똑한 자는 실수를 감추고 다른 사람에게 책임을 떠넘긴다. 그런 때를 위한 유용한 희생양이 언제나 가까이에 있어야 한다.

법칙 준수 사례 1: 병참대장을 죽여 반란을 잠재운 조조

2세기 말 중국의 한나라가 서서히 세력이 약해져가고 있을 무렵 조조가 막강한 권력을 지닌 인물로 부상했다. 조조는 권력 기반을 확장하고 마지막 경쟁자를 제거하기 위하여 전략적 핵심 지역인 중원을 평정하는 군사작전에 돌입했다. 그런데 중요한 도시를 포위 공격하고 있던 중, 수도로부터 식량을 공급받는 시간을 잘못 계산하는 실수를 저질렀다. 식량을 실은 배가 도착하기를 기다리는 동안 병사들은 식량 부족을 겪었고, 조조는 어쩔 수 없이 병참대장에게 배급량을 줄이라고 명령했다.

조조는 군대를 철저하게 통제 감독하기 위해 첩자를 여기저기 심어두고 있었다. 첩자들은 병사들이 자신들은 굶고 있는데 조조만 배불리 먹고 있다고 불평한다는 보고를 했다. 불평불만이 커지면 폭동이 일어날지도 모를 상황이었다. 조조는 병참대장을 막사로 불러 말했다.

"자네한테 무얼 좀 빌렸으면 하는데 거절하면 안 되네." 그러자 병참대장이 물었다. "무엇입니까?" "병사들에게 보여주기 위해 자네 머리가 필요하다네." "하지만 저는 아무 잘못도 없지 않습니까?" 조조는 한숨을 쉬며 말했다. "나도 알아. 하지만 자네를 죽이지 않으면 폭동이 일어날 거야. 부디 슬퍼하지 말게. 머리만 내준다면 자네 가족이 사는 데 부족함이 없도록 내가 잘 돌보겠네." 병참대장은 선택의 여지가 없다고 생각하고 운명을 받아들이기로 했다. 그날로 그의 목이 베였다. 높은 곳에 매달린 그의 머리를 본 병사들은 불평하던 입을 다물었다. 몇몇은 조조의 작전을 알아차렸지만 그의 무자비함에 겁을 집어먹은 나머지 아무 말도 못했다. 대부분의 병사들은 책임자를 엄벌에 처한 그의 결정을 받아들이고, 그가 잔인하다고 생각하기보다는 지혜롭고 공정하다고 믿었다.

해석 ——

조조는 대단히 혼란스러운 시대에 권력자가 되었다. 무너져가는 한나라에서 패권을 쥐려고 다투는 적들이 사방에 널려 있었다. 중원을 평정하기 위한 전투는 만만치 않은 과업이었으며, 돈과 식량은 무엇보다 중요한 문제였다. 그처럼 극도의 긴장 상황에서 식량 공급 명령을 깜빡 잊는 것은 충분히 일어날 수 있는 일이었다.

그러나 그것을 빌미로 병사들이 폭동을 일으키려 들썩인다는 사실을 알게 되자, 조조가 택할 수 있는 방법은 두 가지였다. 사과를 하거나, 희생양을 이용하는 것이었다. 권력의 원리와 외양의 중요성을 잘 알고 있었던 조조는 조금도 망설이지 않았다. 그는 희생양을 골라 즉시 머리를 베어버렸다.

때때로 실수가 생기는 것은 불가피한 일이다. 이 세상은 예측할 수 없는 일들로 가득하기 때문이다. 그러나 권력자가 무너지는 것은 실수 때문이 아니라 그 실수에 대처하는 방법 때문이다. 외과의사처럼 신속하고 단호하게 종양을 잘라내야 한다. 섬세함을 요하는 이 수술에서 변명과 사과는 너무 무딘 칼날이다. 현명한 권력자는 그런 도구를 쓰지 않는다. 사과를 하면 상대는 당신의 능력과 의도에 의심을 품기 시작하고 당신이 아직 고백하지 않은 다른 실수가 또 있을지 모른다고 생각한다. 변명은 아무도 만족시키지 못하며, 사과는 모두를 불편하게 만든다. 사과를 하면 실수가 사라지는 것이 아니라, 그 실수가 더욱 가슴 깊숙이 기억된다. 가급적 빨리 실수를 보이지 않게 덮어라. 그리고 사람들이 당신의 책임과 무능력을 생각해보기 전에 신속하게 희생양을 찾아 그에게 관심을 돌리게 하라.

차라리 내가 세상을 저버릴지언정, 세상이 나를 저버리게 하지는 않겠다.

– 조조(155~220년경)

법칙 준수 사례 2: 체사레 보르자의 단호한 처형

체사레 보르자는 수년 동안 아버지 알렉산데르 교황의 이름을 걸고 이탈리아의 여러 지역을 점령하는 전쟁을 수행했다. 1500년에 그는 이탈리아 북부의 로마냐를 정복했다. 로마냐는 그 지역의 재물과 부를 강탈해온 탐욕스러운 통치자들에게 오랫동안 지배를 받고 있었다. 권력의 공백 상태인 이 지역은 완전히 무법천지로 변해 도둑이 들끓고 가문들 간의 다툼이 빈발했다. 체사레는 질서를 세우기 위해 그 지역의 장군 레미로 데 오르코(Remirro de Orco)를 책임자로 임명했다. 마키아벨리의 표현에 따르면 데 오르코는 '잔인하고 강건한 인물'이었다. 체사레는 그런 데 오르코에게 절대적인 권력을 주었다.

데 오르코는 거칠고 폭력적인 방식으로 로마냐에 질서를 세우고 모든 무법적인 요소를 제거했다. 그러나 열정이 지나친 나머지 때때로 행동이 도를 넘었다. 2년쯤 지나자 로마냐 주민들이 분노를 터뜨리고 그를 증오하기에 이르렀다. 1502년 12월, 체사레는 결단을 내렸다. 먼저 그는 자신이 데 오르코의 무자비한 행동을 승인한 적이 없다는 사실을 주민들에게 알리고, 그것은 데 오르코의 잔인한 본성에서 기인한 것이라고 설명했다. 12월 22일 그는 데 오르코를 체세나에 있는 감옥에 가뒀다. 그리고 크리스마스 다음 날 시민들은 광장 한가운데서 놀라운 광경을 목격했다. 자줏빛 망토와 화려한 옷을 입은 데 오르코의 몸뚱이가 전시되고, 그의 목은 창끝에 꽂혀 매달려 있었던 것이다. 옆에는 붉은 피가 묻은 칼과 단두대 받침이 그대로 놓여 있었다. 마키아벨리는 이 사건을 언급하면서 마지막에 이렇게 말했다. "사람들은 이 잔혹한 광경을 보면서 놀라움과 만족을 동시에 느꼈다."

해석 ——

체사레 보르자는 권력 게임의 고수였다. 그는 언제나 몇 단계 앞을 내다보고 계획을 세웠으며 가장 영악한 방법으로 상대를 덫에 빠뜨렸다. 이 때문에 마키아벨리는 《군주론》에서 그를 좋은 본보기로 삼을 만한 통치자로 평가했다.

체사레는 로마냐의 미래를 정확하게 예견했다. 잔인한 수단을 동원해야만 로마냐에 질서를 확립할 수 있었다. 그 과정은 몇 해가 걸릴 터였다. 처음에는 시민들도 질서가 세워지는 것을 보고 환영하겠지만 곧 많은 적들이 생겨날 것이 분명했다. 또한 외부인이 들어와서 폭력적이고 강압적인 방식으로 질서를 세운다는 사실에 분개할 것이었다. 그러면 체사레는 더 이상 정의를 세우는 영웅으로 비치지도 않을뿐더러, 시민들의 반감이 많은 문제를 야기할 것이었다. 따라서 체사레는 더러운 일을 대신할 사람을 골랐다. 일단 목표가 달성되고 나면 희생양의 머리를 창끝에 달겠다는 계획을 미리 마음속에 세워둔 채 말이다.

조조의 사례에서 희생양은 아무런 죄가 없는 무고한 인물이었다. 체사레는 자기 손에 피 한 방울 묻히지 않고, 더러운 일을 대신 완수하게 만들 희생양을 골랐다. 두 번째 방법의 경우, 어느 시점에서 당신과 희생양을 완전히 분리시키는 것이 중요하다. 당신은 뒤로 빠지고 희생양만 대중의 시야에 부각되도록 만들거나, 또는 체사레처럼 정의의 이름으로 희생양을 처단하는 방법으로 말이다. 그러면 당신은 골치 아픈 문제에 연루되지 않을 뿐 아니라 문제를 해결해준 영웅으로 보일 수도 있다.

> 아테네 사람들은 공공의 비용으로 많은 수의 타락하고 무익한 사람들을 먹여 살렸다. 그리고 도시에 전염병이나 가뭄이나 기근 같은 커다란 재앙이 찾아오면 …… 그 희생양들을 이리저리 끌고 다녔고 …… 그런 다음 도시 밖으로 끌어내 돌로 쳐 죽여 희생시켰다.
>
> ─ 《황금가지(*The Golden Bough*)》, 제임스 조지 프레이저(James George Frazer, 1854~1941)

권력의 열쇠: 희생양을 내세워라

희생양은 문명의 역사만큼이나 오래된 개념으로서, 세계의 모든 문화권에서 희생양의 사례를 찾아볼 수 있다. 죄를 다른 외적인 존재(물건이든 동물이든 사람이든)에게 전가한 뒤 그 희생양을 추방하거나 없애버리는 것이다. 과거 유대인 사제는 살아 있는 염소의 머리에 두 손을 올리고 이스라엘 자손들의 죄를 고백했다. 그렇게 죄를 옮겨놓은 뒤에 염소를 황야에 버렸다(여기서 '희생양'이라는 말이 나왔다). 아테네와 아스텍 문화에서는 희생양으로 인간을 사용했으며, 대개 그러한 목적으로 삼을 사람을 미리 준비해두었다. 기근이나 전염병이 돌면 인간의 잘못에 대한 벌이라고 여겼기 때문에, 사람들은 재난의 고통뿐만 아니라 죄책감까지 겪어야 했다. 따라서 그 죄를 무고한 희생양에게 전가함으로써 자신들은 죄책감에서 해방될 수 있었다. 희생양을 죽이는 것은 신의 노여움을 풀고 악한 기운을 없앤다는 의미가 있었다.

실수나 죄를 저지른 후에 자신의 내부를 들여다보지 않고 바깥으로 눈을 돌려 손쉬운 대상에게 책임을 뒤집어씌우고 싶어하는 것은 인간의 본성이다. 테베에 지독한 전염병이 유행하여 도시 전체가 황폐화되었을 때 오이디푸스는 그 원인을 찾으려고 사방을 둘러보았으나 정작 자기 자신은 들여다보지 않았다. 사실 전염병이 퍼진 것은 오이디푸스의 죄와 근친상간으로 신들의 노여움을 샀기 때문이었다. 이처럼 자신의 죄를 외면화하려는 욕구, 그것을 다른 사람이나 존재에게 옮기려는 욕구는 커다란 힘을 지니며, 영리한 사람은 이 힘을 이용하는 방법을 잘 안다. 희생양을 처단하는 것은 고대부터 하나의 의식으로 존재해왔고 이러한 의식은 권력의 원천이기도 했다. 데 오르코를 죽인 후 체사레가 그의 시체를 광장에 전시한 것도 상징적인 의식이었다. 로마냐의 시민들은 즉각적인 반응을 보였다. 사람들은 자기 내부보다는 외부로 눈을 돌리고 싶어하기 때문에 희생양이 죗값을 치르는 것을 쉽게 받아들인다.

희생양을 처단하는 것이 과거의 야만적인 유물처럼 생각될지 모르지만, 이러한 관행은 지금도 간접적이고 상징적인 형태로 존속되고 있다. 권력은 겉모습에 좌우되며 권력자는 결코 실수를 저지르지 않는 듯이 보여야 하기 때문에, 희생양은 언제나 애용되는 방식이다. 현대의 통치자는 실수를 책임져야 할 때 어떻게 행동할까? 그들은 책임을 뒤집어씌울 다른 사람, 희생양으로 삼을 대상을 물색한다. 문화혁명이 실패했을 때 마오쩌둥은 국민들에게 사과하거나 변명하지 않았다. 조조와 마찬가지로, 그는 자신의 비서이자 당 고위인사인 천보다(陳伯達)를 비롯한 여러 희생양들을 앞에 내세웠다.

프랭클린 D. 루스벨트는 정직하고 공정하다는 평판을 받는 인물이었다. 루스벨트도 정치적 재앙에 이를 만한 위기 순간에 여러 번 부딪혔다. 그러나 자신이 비열한 행위의 장본인으로 비칠 수는 없었다. 그래서 20년 동안 비서인 루이스 하우(Louis Howe)가 데 오르코와 같은 역할을 했다. 하우는 각종 뒷거래와 언론 조작과 비밀 선거운동 공작을 담당했다. 그리고 실수가 발생하거나 루스벨트의 정직한 이미지와 맞지 않는 더러운 술수가 드러날 때마다 희생양이 되었고, 한 번도 그것에 대해 불만을 갖지 않았다.

희생양은 책임을 편리하게 전가할 수 있는 방식일 뿐 아니라 다른 이들에게 경고를 보내는 역할도 할 수 있다. 1631년, 리슐리외 추기경(Cardinal Richelieu)을 권력의 자리에서 쫓아내려는 음모가 꾸며졌다(이 사건은 뒤프의 날(The Day of the Dupes)이라는 이름으로 알려져 있다). 이 음모에는 정부의 고위인사들과 왕의 어머니인 대비가 가담했기 때문에 거의 성공할 뻔했다. 그러나 운이 좋게 리슐리외는 살아남았다.

음모에 가담한 핵심 인물 가운데 하나는 국새 책임자인 마리악(Marillac)이었다. 리슐리외가 마리악을 잡아들이려면 대비를 연루시켜야만 했고 이는 굉장히 위험한 방법이었다. 그래서 마리악의 형제인 군대 사령관을 목표로 삼았다. 그는 음모에 가담하지 않았다. 그러나 또 다른 음모들이 진행 중일지도 모른다고 (특히 군부세력 가운데서) 우려한 리슐리외는 본보기를 보여주기로 결심했다. 그는 조작된 혐의를 씌워 사령관을 처형했다. 이와 같이 리슐리외는 실제로 음모에 가담한 사람에게 간접적인 벌을 주고 미래의 음모자들에게는 경고를 보냈다. 권력을 지키기 위해서는 무고한 이를 희생시키는 일도 서슴지 않는다는 것을 보여준 것이다.

사실 가급적 무고한 사람을 희생양으로 택하는 것이 좋은 경우가 많다. 그런 사람은 당신에게 대항하여 싸울 힘이 없으며, 그들이 순진하게 저항하는 모습은 진짜 죄가 있기 때문에 저항하는 것처럼 보일 수 있기 때문이다. 그러나 순교자를 만들지 않도록 조심하라. '당신'이 피해자가 되어야 하고, 부적절한 측근에게 배신당한 불쌍한 리더가 되어야 한다. 희생양이 너무 약하고 그에게 가한 벌이 너무 잔인하면, 즉 그래서 그가 피해자처럼 보이면, 당신이 난처한 입장에 몰릴 수도 있다. 때로는 사람들의 동정심을 적게 유발하는 강한 희생양을 택해야 한다.

역사 속에는 가까운 사람을 희생양으로 삼는 것이 효과적임을 보여주는 사례가 무수히 존재한다. 이것이 곧 '총신(寵臣)의 몰락'이다. 왕들에게는 대개 특별히 총애하는 신하가 있다. 때로 그러한 신하들은 특별한 이유 없이 사랑을 받기도 하고 온갖 호사를 누린다. 그러나 왕의 평판이 위태로워질 때는 이러한 총신이 편리한 희생양이 된다. 대중은 그 희생양에게 죄가 있다고 쉽게 믿는다. 죄가 없다면 왕이 그토록 아끼는 신하를 왜 죽였겠는가? 또한 평소 왕의 총애를 받는 자를 시기하던 궁정신하들은 그의 몰락에 만족을 느낀다. 한편 왕으로서는 자기 자신을 너무 많이 아는 인물을, 점점 오만해져 어쩌면 속으로 왕을 경멸하고 있었을지도 모르는 인물을 제거하는 셈이 된다. 당장은 동료이자 조력자를 잃겠지만, 길게 보면 그것이 현명한 판단이다. 언젠가 당신에게서 등을 돌릴지 모르는 자를 곁에 두는 것보다 당신의 중대한 실수를 감추는 것이 더 중요하기 때문이다. 게다가 그 자리를 대신할 다른 총신은 얼마든지 찾을 수 있다.

| 이미지 | 순진한 염소. 속죄일이 되면 대제사장은 염소를 신전으로 데려와 그 위에 두 손을 얹고 백성들의 죄를 고백한다. 그들의 죄를 아무 죄 없는 짐승에게 대신 지우는 것이다. 그리고 염소를 황야에 버리고 나면 백성들의 죄가 사라진다.

| 근거 | 어리석음은 어리석은 행동을 하는 것이 아니라 그것을 감추지 못하는 것이다. 인간은 누구나 실수를 저지른다. 그러나 지혜로운 자는 실수를 감추고 미련한 자는 그것을 드러낸다. 평판은 무엇을 보여주느냐가 아니라 무엇을 감추느냐에 달려 있다. 무언가를 잘못했다면, 반드시 신중함을 갖추어라.

– 발타사르 그라시안(1601~1658)

2항: 앞잡이를 활용하라

한 우화에 나오는 원숭이는 친구인 고양이의 앞발을 붙잡아 그것을 이용해 불 속의 밤을 꺼낸다. 자신은 손끝 하나 다치지 않고 먹고 싶은 밤을 손에 넣는 것이다.

유쾌하지 않거나 비난을 살 만한 일을 당신이 직접 하는 것은 너무 위험하다. 그럴 때 고양이 앞발 같은 존재가 있어야 한다. 더럽고 위험한 일을 대신 해줄 앞잡이 말이다. 그가 당신에게 필요한 것을 가져다주고 당신이 해치고자 하는 사람을 해치면, 사람들은 당신이 연루되어 있다는 사실을 눈치 채지 못한다. 더러운 일을 실행하고 나쁜 소식을 전할 때 다른 사람을 이용하라. 당신은 깨끗한 일만 하고 좋은 소식만 전하라.

법칙 준수 사례 1: 로마 황제를 이용한 클레오파트라

기원전 59년, 당시 열 살의 어린 소녀였던 이집트의 클레오파트라(Cleopatra)는 자기 아버지 프톨레마이오스 12세가 언니들에 의해 권력의 자리에서 추방당하는 것을 목격했다. 이후 그녀의 언니들 중 하나인 베레니케가 권력자로 떠올랐다. 베레니케는 자신이 이집트의 통치자임을 공고히 하기 위해서 다른 자매들을 감금하고 남편까지 처형했다. 통치권을 독점하기 위해서는 반드시 필요한 수순이었다. 그러나 여왕이라는 자가 가족에게 그러한 만행을 공공연히 자행했다는 사실 때문에 신하들마저 반감을 품고 강력하게 반발했다. 결국 4년 뒤에 프톨레마이오스가 다시 돌아와 권력을 잡았다. 프톨레마이오스는 즉시 베레니케와 다른 딸들을 참수형에 처했다.

기원전 51년 프톨레마이오스가 죽을 당시 남아 있는 자녀는 모두 네 명이었다. 프톨레마이오스가 죽자 이집트 전통에 따라 장자인 프톨레마이오스 13세(불과 열 살이었다)와 맏딸인 클레오파트라(열여덟 살이었다)가 결혼해 왕과 왕비로서 권좌에 올랐다. 그러나 네 자녀 가운데 만족하는 사람은 아무도 없었다. 네 명 모두 더 큰 권력을 갖고 싶어했다. 클레오파트라와 프톨레마이오스 13세도 서로를 밀어내기 위해 권력 투쟁을 벌였다.

기원전 48년, 프톨레마이오스 13세는 클레오파트라의 야심을 경계하는 파벌의 도움을 받아 그녀를 내쫓고 권력을 독점했다. 클레오파트라는 은밀한 계획을 꾸몄다. 그녀는 자신이 유일한 통치자가 되어 이집트 왕조가 누리던 과거의 영광을 되찾고 싶었다. 다른 형제는 절대 이룰 수 없는 위업이라 생각했다. 하지만 다른 형제들이 살아 있는 한 불가능한 꿈이었다. 또한 베레니케처럼 형제를 죽인다면 신하와 백성의 지지를 얻을 수 없다는 것도 알고 있었다. 프톨레마이오스 13세는 클레오파트라가 자신을 타도할 음모를 꾸민다는 것을 알았지만 감히 그녀를 죽이지는 못했다.

클레오파트라가 추방당한 지 1년이 채 못 되었을 때 로마의 독재관 율리우스 카이사르가 이집트를 식민지로 삼기 위해 들어왔다. 클레오파트라는 이때가 기회라고 판단했다. 그녀는 변장을 하고 알렉산드리아에 있는 카이사르를 찾아갔다. 전해오는 이야기에 따르면, 클레오파트라는 말린 양탄자 안에 몸을 숨겨 몰래 카이사르가 있는 곳에 들어간 뒤, 카이사르의 발치에서 몸을 감쌌던 양탄자를 우아하게 펼치면서 모습을 드러냈다고 한다. 클레오파트라는 즉시 카이사르에게 '작업'을 걸었다. 연극을 좋아하는 카이사르의 취향, 이집트 역사에 대한 관심 등을 이용했고 요염한 매력으로 그를 유혹했다. 카이사르는 곧 그녀의 유혹에 넘어갔고 그녀를 다시 권력의 자리에 오르도록 도와주었다.

그녀의 형제들은 클레오파트라가 교활한 책략을 썼다며 분개했다. 그 중에서도 프톨레마이오스 13세가 가만히 있을 리 없었다. 그는 군대를 소집해 카이사르를 공격하러 나섰다. 카이사르는 즉시 그들을 제압하고 프톨레마이오스 13세와 형제들을 감금했다. 하지만 클레오파트라의 여동생 아르시노에는 용케 궁을 탈출하여 이집트 군대와 합류했으며 자신을 이집트의 여왕으로 선포했다. 그러자 클레오파트라는 기회가 왔다고 생각했다. 그녀는 감금 중인 프톨레마이오스 13세를 풀어주어 휴전을 중재하도록 만들자고 카이사르를 설득했다. 물론 클레오파트라는 반대

상황이 벌어질 것을 예측하고 있었다. 프톨레마이오스 13세는 이집트 군대 지휘권을 놓고 아르시노에와 싸울 것이 분명했다. 그것은 클레오파트라가 바라는 바였다.

　로마에서 온 지원군의 도움으로 카이사르는 이집트 군을 손쉽게 물리쳤다. 프톨레마이오스 13세는 후퇴하던 도중 나일 강에 빠져죽었고, 아르시노에는 포로로 붙잡혀 로마로 끌려갔다. 또한 카이사르는 클레오파트라의 반대 세력들을 처형하거나 감옥에 넣었다. 클레오파트라는 권력자로서의 위치를 확립하기 위해서 마지막으로 남은 형제인 힘없는 프톨레마이오스 14세(당시 겨우 열일곱 살이었다)와 결혼했다. 그로부터 4년 후 프톨레마이오스 14세는 의문의 독살을 당했다.

　기원전 41년, 클레오파트라는 카이사르에게 썼던 것과 똑같은 방법으로 로마의 지도자 안토니우스를 유혹했다. 그리고 아직 로마에 포로로 있는 아르시노에가 안토니우스를 죽일 음모를 꾸몄다는 암시를 비쳤다. 안토니우스는 그 말을 믿고 즉시 아르시노에를 처형했다. 이로써 클레오파트라는 자신의 권력을 위협했던 형제들을 모두 없앴다.

해석 ─

　클레오파트라는 매혹적인 아름다움 때문에 성공을 거두었다고 전해진다. 그러나 사실 그녀가 권력을 쥘 수 있었던 것은 사람들을 자기 뜻대로 조종하는 능력이 탁월했기 때문이다. 그녀는 카이사르와 안토니우스의 손을 빌려 가장 위협적인 형제들(프톨레마이오스 13세와 아르시노에)을 처치했으며, 궁과 군부에 있는 모든 적을 제거했다. 한마디로 두 남자가 클레오파트라의 앞잡이 역할을 한 것이다. 그들은 클레오파트라 대신 불길에 뛰어들었고 더러운 일을 수행했다. 덕분에 그녀는 형제와 동족을 죽인 살인마라는 오명을 쓰지 않아도 되었다. 두 남자는 이집트를 로마의 식민지가 아니라 독립적인 동맹국으로 대우해달라는 클레오파트라의 바람을 들어주기도 했다. 두 사람 모두 그녀에게 조종당한다고 느끼지 않고 그 모든 일을 해주었다. 이것은 가장 미묘하면서도 가장 강력한 설득이다.

까마귀와 코브라와 자칼
옛날에 까마귀 부부가
반얀나무에 둥지를 틀고
살았다. 그런데 커다란
코브라 한 마리가
나무줄기의 우묵한 구멍으로
기어 들어와 갓 부화한 새끼
까마귀들을 잡아먹었다.
까마귀 부부는 그 나무를
무척 좋아했기 때문에
떠나고 싶지 않았다. 남편
까마귀는 친구인 자칼을
찾아가 조언을 구했다.
그래서 둘이 상의한 끝에
한 가지 작전이 세워졌다.
어느 날 아내 까마귀가 궁전
시녀들이 목욕하고 있는
연못으로 다가갔다.
시녀들은 갖가지 장신구와
옷들과 금목걸이 등을
연못 옆에 벗어놓고 목욕
중이었다. 아내 까마귀는
금목걸이를 부리에 물고
반얀나무로 날아갔다.
그러자 내시들이 까마귀를
잡으러 쫓아왔다.
반얀나무에 도착한 까마귀는
금목걸이를 나무줄기의
구멍에 집어넣었다.
금목걸이를 찾으러 나무에
올라갔다가 커다랗게 목을
부풀리고 있는 코브라를
본 내시들은 그 코브라를
죽이고 목걸이를 되찾은 뒤
연못으로 돌아갔다. 이후
까마귀 부부는 오래도록
행복하게 살았다.
– 《판차탄트라
(Panchatantra)》 중에서,
4세기. R. G. H. 시유의
《권력의 기술》에서
고쳐 쓴 버전, 1979

왕과 여왕은 더러운 일을 직접 해서는 안 된다. 손에 피 묻힌 모습을 대중에게 보여서도 안 된다. 그러나 적을 제압하지 않고는 권력을 유지할 수 없다. 왕좌를 지키기 위해서 완수해야만 하는 자잘하고 비열한 과업들이 언제나 있게 마련이다. 그럴 때는 클레오파트라처럼 당신도 앞잡이를 이용하라.

대개의 경우 당신과 아주 가깝지 않은 사람을 앞잡이로 택하는 것이 좋다. 그래야 자신이 이용당하고 있다는 것을 알아챌 확률이 적기 때문이다. 주변을 잘 살펴보면 당신의 부탁을 기꺼이 들어줄 사람, 최소한의 보상물만 던져주면 기꺼이 움직일 사람을 찾을 수 있다. 그들은 아무런 문제가 없다고 느끼거나 적어도 정당한 사유가 있다고 생각하고 당신이 부탁하는 일을 수행할 것이다. 그러나 사실 그들은 자기도 모르는 사이에 당신 대신 적군을 소탕하고, 당신이 건네준 정보를 살포하고, 당신의 경쟁자를 무너뜨리고, 당신의 목표를 달성하고, 당신을 대신하여 자신의 손을 더럽히고 있는 것이다.

법칙 준수 사례 2: 공산당의 승리를 다져준 장제스

1920년대 후반, 중국 국민당과 공산당 사이에 내전이 일어났다. 1927년, 국민당의 지도자 장제스는 공산주의자들의 뿌리를 뽑겠다고 공표하고 공산당 토벌을 위해 수차례에 걸쳐 대규모 공격을 감행했다. 결국 1934년에서 1935년까지 공산당은 후퇴 전술을 택해 중국 남동부에서 북서부까지 9,600킬로미터에 이르는 험난한 대장정을 떠나기에 이르렀으며 그 과정에서 많은 병사를 잃었다. 1936년 말 장제스는 마지막 토벌 작전을 계획하고 있었으나 반란군에게 체포되고 말았다. 얼마 전까지만 해도 장제스의 지휘를 받던 군인들이 반란을 일으켜 그를 잡아 공산당에게 넘긴 것이다. 장제스에게는 최악의 상황이었다.

한편 그 무렵에 일본이 중국을 침략했다. 공산당 지도자인 마오쩌둥은 장제스에게 협상을 제안했다. 공동의 적인 일본에 대항해 공산당과 연합하여 싸우겠다고 동의하면, 목숨을 살려주고 그를 공산당군과 국민당군

소문을 퍼뜨리는 방법
알 카타브의 아들 오마르는
이슬람으로 개종한 후에 그
사실을 사람들에게 하루빨리
알리고 싶었다. 그는 마마르
알주마히의 아들인 자밀을
찾아갔다. 자밀은 비밀을
빨리 누설하는 것으로
유명했다. 누군가
그에게 비밀을 말하면 그는
참지 못하고 즉시 다른
사람한테 말해버리곤 했다.
오마르는 자밀에게 말했다.
"나는 이슬람교도가
되었다네. 아무한테도
말하지 말고 비밀로 해주게.
절대 입을 열어선 안 돼."
자밀은 오마르와
헤어지자마자 거리로 달려
나가 외쳤다. "알 카타브의
아들 오마르가 이슬람교도가
되지 않았다고 하면
여러분은 그 말을
믿겠습니까? 앙요. 그 말을
믿지 마십시오!
그는 이슬람교도가
되었으니까요!" 오마르가
이슬람으로 개종했다는
소식은 금세 퍼졌다.
바로 오마르가
원하던 바였다.
- 《치밀한 계략: 아랍의
지혜와 간계》, 13세기

을 이끄는 사령관으로 앉히겠다는 것이었다. 지독한 고문과 처형을 예상하고 있던 장제스는 자신에게 찾아온 행운이 믿기지 않았다. 공산당이 어찌 이렇게 부드럽게 나온단 말인가. 장제스는 일본군을 패주시키고 나서 총부리를 돌려 공산당을 섬멸하면 되리라 생각했다. 그로서는 잃을 것이 전혀 없었다. 마오쩌둥의 제안에 응하면 오히려 득이 될 것이었다.

공산당은 일본군에 대항하여 게릴라 전술을 택했고, 국민당은 재래식 전술을 사용했다. 그들의 국공합작은 성공을 거두었고 마침내 일본군이 중국에서 축출되었다. 그러나 장제스는 마오쩌둥의 속셈을 그제야 알아챘다. 장제스의 군대는 일본군의 포에 정면으로 맞서 싸우느라 군사력이 현저히 약화되어 있었다. 다시 힘을 회복하려면 수년은 걸릴 듯했다. 반면 공산당은 일본군의 정면 공격을 교묘히 피해 가며 시간을 번 덕에 힘을 회복했고, 중국 전역에 걸쳐 영향력을 확보해둔 상태였다. 일본과의 전쟁이 끝나자마자 다시 내전이 시작되었다. 이번에는 공산당이 국민당을 물리치고 서서히 승리자의 모습을 굳혀갔다. 일본군은 결국 공산당의 승리를 위한 기반을 닦아줌으로써 자기도 모르는 사이에 마오쩌둥의 앞잡이 노릇을 한 셈이다.

해석 ──

장제스 같은 거물을 포로로 잡은 대부분의 리더들은 그를 처형해버릴 것이다. 그러나 마오쩌둥은 그렇게 하지 않고 또 다른 기회로 활용했다. 노련한 거물인 국민당의 지도자 장제스를 없애버렸다면 일본을 중국 땅에서 몰아내는 데 훨씬 많은 시간이 걸렸을 뿐 아니라 치명적인 결과를 맞이했을 것이다. 영리한 마오쩌둥은 일석이조의 효과를 노렸다. 그는 공산당의 궁극적인 승리를 위해서 두 가지 방식으로 앞잡이를 이용했다. 먼저 장제스에게 항일전을 지휘하는 사령관 역할을 맡기겠다고 제안했다. 그는 장제스가 이끄는 국민당 군대가 공산당과의 전투에 병력을 소모하지 않는다면 항일전의 힘든 전투 대부분을 소화해낼 것이라고 믿었다. 즉 마오쩌둥은 국민당 군대를 일본을 몰아내기 위한 앞잡이로 이용한 것이다. 동시에 일본 군사력이 재래식 전술을 쓰는 국민당 군사력을

바보와 지혜로운 자
지혜로운 사람이 혼자 길을 걷고 있는데 바보가 그의 머리에 돌을 던지며 귀찮게 굴었다. 지혜로운 사람이 바보에게 고개를 돌리고 말했다. "친구, 돌 한번 잘 던지는군! 여기 몇 프랑이 있으니 받게. 그냥 고맙다는 말로는 부족하니 이걸 가지게. 모든 노력에는 보상이 따라야 하니까. 그런데 저기 가는 저 남자 보이나? 저 남자는 나보다 돈이 많아. 그에게 자네 돌을 선물해보게. 나보다 훨씬 많은 돈을 줄 테니까." 이 말에 혹한 바보는 그쪽으로 달려가 돈 많은 남자에게 돌을 던지기 시작했다. 그러나 이번에는 돈 많은 남자의 하인들이 달려와 바보를 붙잡은 뒤에 흠씬 두들겨팼다. 궁정에도 이런 눈엣가시 같은 존재가 있게 마련이다. 그들은 당신을 짓밟아서 자기 주인을 웃게 만든다. 당신을 비웃는 그들의 목소리를 잠재우기 위해서 가혹한 벌을 주어야 할까? 하지만 당신에게 그만한 힘이 없을 수도 있다. 그럴 때는 그 눈엣가시로 하여금 당신이 아닌 다른 누군가를 공격하도록 유도하여 벌을 받도록 만들어라.
– 《우화집》, 장 드 라퐁텐(1621~1695)

현격히 약화시킬 것도 알고 있었다. 공산당이라면 수십 년 걸려 국민당에게 입힐 타격을 일본이 단시간에 입힐 것이었다. 그렇다면 공산당의 시간과 인력을 낭비할 이유가 없지 않은가? 종국에 공산당이 중국을 장악할 수 있었던 것은 이와 같이 앞잡이를 순차적으로 이용한 작전 덕분이었다.

앞잡이를 이용하는 방법에는 두 가지가 있다. 하나는 체면을 유지하는 것이고(클레오파트라처럼), 또 하나는 에너지와 힘을 절약하는 것이다. 특히 후자의 경우, 몇 수 앞을 미리 내다보고 일시적으로 한 발 물러서는 것(예를 들어 장제스를 살려준 것)이 결국 몇 걸음 더 앞으로 나아가는 발판이 된다. 당장은 약해지는 것 같더라도, 당신의 의도를 숨기는 연막으로서 그리고 당신 일을 대신해줄 앞잡이로서 주변 사람과 상황을 이용하면 결국 당신이 이득을 얻게 된다. 적에 대항하여 당신과 공동전선을 형성할(때론 적과 싸우는 이유가 당신과 달라도 상관없다), 힘을 가진 제3자를 찾아라. 그리고 그를 앞잡이로 삼아 그의 강한 힘을 이용하라. 당신은 많은 에너지를 낭비하지 않고도 앞잡이를 통해 적을 쉽게 무너뜨릴 수 있다. 때에 따라서 당신은 점잖은 태도를 유지하면서 그를 전투로 몰아넣어야 한다. 공격적이고 호전적인 자를 앞잡이로 선택하라. 그는 기꺼이 피 튀기는 전장에 뛰어들 것이고 당신은 목적에 맞는 적절한 전투를 고르기만 하면 된다.

법칙 준수 사례 3: 다이젠의 은밀한 도움

구리야마 다이젠은 차노유(일본의 다도) 전문가였으며 다도의 대성자인 센 리큐의 제자이기도 했다. 1620년경 다이젠은 친구인 호시노 소에몬이 빚더미에 앉은 친척을 도와주기 위해서 남에게 큰돈(300냥)을 빌렸다는 사실을 알게 되었다. 그런데 소에몬은 친척을 구해주고 재정적인 부담은 자신이 혼자 떠안았다. 다이젠은 소에몬을 잘 알았다. 소에몬은 돈에 대해 크게 신경 쓰는 타입이 아니라서 빌린 돈을 빨리 갚지 않고 꾸물거리다가 곤경에 처할 수도 있었다. 그 돈을 빌려준 사람은 가와치야 사네몬이라는 부유한 상인이었다. 만일 다이젠이 소에몬의 빛을 갚아주겠다고 하면 소에몬은 자존심 때문에 거절할 테고 불쾌하게 생각할지도 모를 일이었다.

그러던 어느 날 다이젠이 소에몬의 집을 방문했다. 그들은 정원을 둘러보며 소에몬이 아끼는 모란꽃을 구경한 후에 응접실로 들어갔다. 그곳에서 다이젠은 유명한 화가 가노 단유가 그린 그림을 보았다. 다이젠은 감탄하며 말했다. "아, 정말 멋진 그림이군. 지금까지 본 그림 중에 이렇게 내 마음에 드는 그림은 없네." 그가 거듭 찬탄의 말을 쏟아내자 소에몬은 어쩔 수 없이 이렇게 말했다. "자네가 그렇게 마음에 들어하니, 그 그림을 자네한테 선물하겠네."

다이젠은 처음엔 사양했다. 그러나 소에몬이 고집을 피우자 할 수 없이 수락했다. 다음 날 소에몬은 다이젠이 보낸 꾸러미를 하나 받았다. 그 안에는 아름다운 꽃병이 들어 있었다. 전날 소에몬이 준 그림에 대한 감사의 표시로 보내는 것이니 받아달라는 편지도 함께 들어 있었다. 다이젠은 그 꽃병이 센 리큐가 손수 제작한 것이며 명장 히데요시의 서명이 새겨진 것이라고 설명했다. 그러면서 혹시 꽃병이 마음에 안 들더라도 다도를 수련하는 다른 누군가에게 선물하면 좋을 것이라고 말했다. 또 평소에 가와치야 사네몬이 그 꽃병을 갖고 싶어하더라는 말도 전했다. 그리고 이렇게 덧붙였다. "듣기로는 그 사람한테 자네가 관심을 가질 만한 문서가 한 장(300냥짜리 차용증) 있다던데, 그것과 교환하자고 제안해보는 게 어떻겠나?"

소에몬은 친구의 말이 무슨 의미인지 알아챘다. 그는 꽃병을 들고 가와치야 사네몬을 찾아갔다. 사네몬은 꽃병을 보자 깜짝 놀라며 말했다. "어떻게 이것을 손에 넣었소? 이 꽃병에 대해 이야기는 많이 들었지만 직접 보기는 처음이오. 이렇게 귀중한 물건이 다시 세상에 돌아다니게 해서는 안 되지!" 사네몬은 즉시 꽃병과 차용증을 교환하는 데 동의하고, 300냥을 더 주겠다고 제안했다. 그러나 돈에 관심이 없는 소에몬은 차용증만 받겠다고 했다. 소에몬은 그 길로 다이젠을 찾아가 현명하게 자신을 도와준 것에 대해 감사의 말을 전했다.

인도의 새
한 상인이 새장에 새를 키우고 있었다. 그는 새가 태어난 고향인 인도에 볼일을 보러 가면서, 새한테 원하는 것이 있으면 말해보라고 했다. 새는 자유를 달라고 부탁했다. 하지만 상인은 거절했다. 그래서 새는 상인에게 인도의 숲 속에 가서 자신이 새장에 갇혀 있다는 사실을 다른 새들한테 말해달라고 부탁했다. 상인은 그 부탁은 들어주었다. 그런데 그가 숲 속에서 그 말을 전하자마자 새 한 마리가 나무에서 떨어져 정신을 잃었다. 상인은 그 새가 새장 속의 새와 친척이 틀림없다고 생각했다. 그리고 자기가 한 말 때문에 그 새가 죽은 것이 가슴 아팠다. 집에 돌아오자 새가 상인에게 좋은 소식을 가져왔느냐고 물었다. 상인이 대답했다. "아니. 안됐지만 나쁜 소식뿐이야. 네가 갇혀 있다고 말하니까 네 친척 하나가 나무에서 떨어져 죽고 말았어." 상인의 말이 끝나기가 무섭게 새장 속의 새가 정신을 잃고 새장 바닥으로 툭 떨어졌다. 상인은 생각했다. '친척이 죽었다는 소식에 이 새도 충격으로 죽었구나.' 상인은 슬픈 마음으로 축 처진 새를 꺼내 창턱에 올려놓았다. 그러자 새는 푸드덕거리며 날아갔다. 새는 가면서 이렇게 말했다. "이제 알겠죠? 당신이 나쁜 소식이라고 생각했던 게 사실 나한테는 좋은 소식이었어요. 내가 자유를 얻기 위한 방법을 당신이 알려줬어요." 마침내 자유로워진 새는 멀리 날아가 버렸다.
- 《탁발승 이야기》, 이드리스 샤)1967

다이젠은 친구에게 호의를 베풀 때 경솔하게 해서는 안 된다는 것을 알고 있었다. 야단스럽게 생색을 내며 호의를 베풀면 상대방은 갚아야 할 은혜가 생긴 것을 부담스럽게 느끼게 마련이다. 은혜를 베푼 사람에게 잠시 힘이 생길지 모르지만 결국 그에게 득 될 것이 없다. 그렇게 힘이 생긴 자에 대해서는 결국 상대방이 반감을 느끼게 되기 때문이다. 따라서 우회적인 방법으로 호의를 베푸는 것이 효과적이다. 다이젠은 직접적인 방식으로 도와주면 소에몬이 불쾌해하리라는 것을 알고 있었다. 대신 소에몬이 자신에게 그림을 선물하도록 만듦으로써 그 대가로 주는 꽃병 선물을 부담스럽게 느끼지 않도록 했다. 결국 다이젠과 소에몬과 사네몬, 세 사람 모두 만족스러운 결과를 얻었다.

다이젠은 자신이 스스로 앞잡이 역할을 한 셈이다. 그는 꽃병을 주는 것이 조금 아깝긴 했지만 대신 훌륭한 그림을 얻었을 뿐만 아니라 힘을 지닌 자가 되었다. 영리한 궁정신하는 장갑을 낀 손으로 자신에게 오는 공격을 약화시키고 자신이 입은 상처는 가리되, 우아하고 깨끗한 모습으로 상대를 위기에서 구해준다. 그리고 상대를 도움으로써 결국 자기 자신도 이익을 취한다. 다이젠의 사례는 친구나 동료에게 호의를 베풀 때 어떤 방식을 취해야 하는지 알려준다. 일방적이고 직접적으로 은혜를 베풀지 말라. 간접적이고 우회적인 방법으로 상대를 위기에서 구할 방법을 모색하여, 상대가 당신에게 갚아야 할 빚을 졌다는 부담을 느끼지 않게 하라.

> 너무 직접적이고 곧은 사람이 되지 말라. 숲에 가보라. 곧은 나무는 금방 베어지고, 휘어진 나무는 살아남는다.
>
> ─ 카우틸랴(기원전 3세기)

권력의 열쇠: 앞잡이를 활용하라

리더로서 당신이 늘 부지런히 일하고 남보다 더 열심히 일하는 모습을 보이는 것이 권력을 나타내는 것이라고 생각할지 모른다. 그러나 사실은 반대 효과를 낸다. 그것은 약하다는 표시이기 때문이다. 왜 그렇게 열심히 일하는가? 당신이 무능해서 남보다 더 노력하지 않으면 안 되기 때문일지도 모른다. 권한이나 일을 위임하는 방법을 모르고 모든 일에 관여하려 들기 때문인지도 모른다. 진짜 힘을 가진 사람들은 허둥대거나 쌓여 있는 일로 괴로워하지 않는다. 다른 이들이 몸이 부서져라 일하는 동안 그들은 여유 있는 모습을 보인다. 그들은 적절한 사람에게 일을 맡긴 뒤에 자신은 힘을 비축하고 위험한 일에 손을 대지 않는다. 마찬가지로, 당신은 더럽고 불쾌한 일을 직접 하면 힘이 생기고 사람들이 당신을 두려워할 것이라고 생각할지 모른다. 하지만 그렇게 하면 추해 보이고 높은 지위를 악용하는 사람으로 보일 뿐이다. 진정한 권력을 가진 사람은 손을 깨끗하게 유지한다. 그들은 주변에 좋은 일만 존재하도록 만들고 자신의 영예로운 업적만을 이야기한다.

물론 힘을 들여 노력해야 할 때도 있고 추악하지만 꼭 필요한 일을 완수해야 할 때도 있다. 그러나 절대 직접 하지 말고 대신해줄 앞잡이를 찾아라. 적절한 기술을 발휘하여 그 역할을 해낼 사람을 찾아 이용하고, 목적이 달성되면 적절한 때에 그를 제거하라.

중국의 위대한 전략가 제갈량은 중요한 전투를 코앞에 두고 심각한 위기에 직면했다. 적과 은밀하게 내통했다는 오해를 받고 있었던 것이다. 제갈량은 충성을 증명해 보이기 위해서 사흘 안에 화살 10만 개를 만들어오라는 명령을 받았다. 그렇게 하지 못하면 죽음에 처할 상황이었다. 사흘 안에 화살 10만 개를 만드는 것은 불가능한 일이었다. 제갈량은 묘책을 냈다. 그는 여러 척의 배에 볏짚을 가득 실었다. 그리고 짙은 안개가 낀 늦은 오후에 그 배들을 적진을 향해 나아가게 했다. 제갈량이 무슨 꾀를 쓰고 있는지도 모른다고 생각한 적들은 안개 속에 희미하게 보이는 배들을 향해 섣불리 접근해오지 못했다. 그 대신 강기슭에서 무수히 많은 화살을 쏘아 공격했다. 제갈량의 배들이 점점 가까이 갈수록 더 많은 화살이 날아와 두터운 볏짚들에 꽂혔다. 몇 시간 후 볏짚 배 안에 숨어 있던 병사들이 재빨리 뱃머리를 돌려 제갈량이 있는 곳으로 돌아왔다.

다윗과 밧세바
왕들이 전쟁터에 나가는 봄이 되었을 때 다윗은 요압과 다른 부하 장교들과 이스라엘 사람들을 전쟁터에 보냈다. 그들은 암몬 사람들을 무찌르고 랍바 성을 공격했다. 그동안 다윗은 예루살렘에 머물러 있었다. 어느 날 저녁 다윗은 침대에서 일어나 왕궁 옥상을 거닐다가 아름다운 여인이 목욕을 하고 있는 것을 보았다. 다윗은 종을 보내 그 여자가 누구인지 알아보게 했다. 종이 대답했다. "그 여자는 엘리암의 딸 밧세바로서 헷 사람 우리아의 아내입니다." …… 다윗은 요압 앞으로 보내는 편지를 써서 우리아로 하여금 그 편지를 전하게 했다. 다윗이 쓴 편지의 내용은 이러했다. "우리아를 싸움이 가장 치열한 곳으로 보내라. 그런 다음에 우리아만 혼자 남겨두고 물러나라. 우리아를 싸움터에서 죽게 하라." …… 요압은 …… 적군이 가장 강하게 막고 있는 곳을 알아내고 우리아를 그곳으로 보냈다. 성의 군인들이 밖으로 나와 요압과 맞서 싸웠다. 다윗의 부하들 중 몇 명이 죽었고 헷 사람 우리아도 죽었다. 요압은 사람을 보내 싸움터에서 일어난 모든 일을 다윗에게 보고했다. …… 밧세바는 자기 남편이 죽었다는 소식을 듣고 남편을 위해 울었다. 밧세바가 슬픔의 기간을 다 지내고 나자 다윗은 종들을 보내 밧세바를 왕궁으로 데려오게 했다. 그리고 밧세바는 다윗의 아내가 되어 다윗의 아들을 낳았다.
- 구약성서 사무엘하 11장

제갈량은 화살 10만 개를 손에 넣을 수 있었다.

제갈량은 남이 대신할 수 있는 일은 절대 직접 하지 않았다. 그는 항상 이러한 전략을 썼다. 이 전략이 성공하기 위해서는 미리 앞을 내다볼 줄 알아야 하며, 당신의 일을 대신하도록 상대를 꾀는 방법을 알아야 한다.

이 전략의 핵심은 당신의 목표를 가리는 것이다. 당신의 의도는 짙은 안개 속에 어렴풋하게 보이는 배처럼 희미하게 가려져 있어야 한다. 당신의 목표를 알지 못하면 상대는 결국 자신의 이익에 반대되는 방향으로 행동하게 된다. 즉 실제로는 상대가 당신의 앞잡이 역할을 하는 것이다. 당신의 목표를 위장하면, 당신이 원하는 바에 기여하는 쪽으로 상대가 움직이도록 유도하기가 훨씬 쉽다. 이를 위해서 당신은 앞일의 몇 단계를 미리 내다보고 움직여야 할 수도 있다. 당구대의 측면을 몇 번 되튄 다음에 목표 공을 맞히는 당구공을 떠올려보라.

20세기 초 미국의 유명한 사기꾼 '옐로 키드' 베일은 자신이 아무리 교묘하게 목표물에 접근해도 낯선 사람이기 때문에 의심을 받을 수 있다고 생각했다. 그래서 목표물을 잘 아는 다른 사람을 앞잡이로 이용하곤 했다. 지위가 낮아서 누가 봐도 사기의 대상이 될 것 같지 않은 사람에게는 의심도 덜 품는 법이다. 베일은 그러한 앞잡이에게 엄청난 돈을 벌 수 있는 계획을 들려주어 호기심을 부추겼다. 그러면 대개 앞잡이는 자기 상사나 돈 많은 친구를 끌어들이는 것이 좋겠다고 말했다. 돈 많은 친구가 참여하면 전체 판돈이 커질 테고, 그러면 자기한테 돌아오는 몫도 커질 것이기 때문이다. 결국 애초부터 베일의 목표였던 대상이 계획에 참여하게 되고, 그는 자기가 믿는 친구의 말이기 때문에 전혀 의심을 하지 않는다. 권력을 가진 사람에게 접근할 때는 이러한 방식을 취하는 것이 좋을 때가 많다. 친한 지인이나 부하를 앞잡이로 이용해 당신의 목표물을 낚아라. 그가 당신의 신용을 높여줄 것이고, 당신이 너무 노골적으로 무언가를 설득하려 하여 상대의 얼굴을 찌푸리게 만들 일도 없어진다.

앞잡이를 이용하는 가장 쉽고 효과적인 방식은 앞잡이에게 특정 정보를 알려주고 그가 그 정보를 목표물에게 흘리도록 하는 것이다. 특히 아무에게도 의심받지 않을 만한 사람이 그러한 정보를 흘리면 더욱 효과적이다. 당신은 정보의 출처가 아닌 것처럼, 아무것도 모르는 사람처럼 행동하면 된다.

심리 치료사인 밀턴 H. 에릭슨 박사는 환자로 온 부부들 가운데 아내는 치료를 원하는데 남편은 치료를 완강하게 거부하는 경우를 종종 겪었다. 그럴 때 에릭슨 박사는 남편을 직접 설득하려고 애쓰는 대신 다른 방법을 취했다. 그는 아내하고만 상담을 진행하면서, 그녀의 이야기를 듣는 중간 중간 남편의 행동에 대해 해석하고 평가하는 말을 했다. 만일 남편이 들으면 화를 낼 만한 말들이었다. 에릭슨의 예상대로, 아내는 상담 후에 돌아가서 남편한테 그 말들을 그대로 전했다. 그러면 몇 주 뒤에 남편이 화가 잔뜩 나서는, 아내와 함께 박사를 만나 오해를 풀겠다고 제 발로 찾아오곤 했다.

마지막으로, 당신 스스로 앞잡이가 됨으로써 궁극적으로 더 큰 권력을 얻을 수 있는 경우도 있다. 이는 현명한 궁정신하가 애용하는 책략이다. 월터 롤리 경은 더러운 흙바닥에 자기 망토를 깔아서 엘리자베스 여왕이 지나갈 때 발을 더럽히지 않도록 한 적이 있다. 윗사람이나 동료가 곤란이나 위험을 겪지 않도록 보호하는 역할을 하면 당신은 존경을 받을 뿐 아니라 보상도 얻는다. 기억하라. 상대가 부담을 느낄 만큼 야단스럽게 생색을 내는 대신에 미묘하고 조용하게 도움을 제공하면, 당신은 훨씬 만족스럽고 커다란 보상을 얻을 수 있다.

| 이미지 | 고양이의 발. 고양이에게는 물건을 잡을 수 있는 긴 발톱이 있으며, 그 발바닥은 걸을 때 소리가 나지 않도록 부드럽게 되어 있다. 고양이를 잡은 뒤에 그 발톱을 이용해 불 속의 물건을 꺼내라. 그것을 이용해 적을 할퀴고, 잡은 쥐를 먹어치우기 전에 갖고 놀아라. 때로는 고양이를 다치게 해야 하지만 대개 고양이는 아무것도 느끼지 못한다.

| 근거 | 항상 좋은 일은 당신이 직접 하고 나쁜 일은 다른 사람을 이용하라. 전자를 통해 당신은 사람들의 지지를 얻을 수 있고, 후자를 통해 사람들의 원한을 피할 수 있다. 중요한 거사에는 보상과 처벌이 따를 때가 많다. 보상의 주인

공은 당신이 되고 처벌의 주인공은 남이 되게 하라.

– 발타사르 그라시안(1601~1658)

뒤집어보기

앞잡이와 희생양은 신중하게 이용해야 한다. 그들은 당신이 더러운 일에 연루되어 있다는 것을 대중 앞에서 가려주는 장막 같은 역할을 한다. 그런데 만일 그 장막이 걷히고 당신이 조종자라는 사실이 드러나면 상황이 돌변한다. 조종하는 당신의 손이 보이는 날에는, 심지어 당신과 아무 관련이 없는 일에 대한 비난까지 들을 수도 있다. 일단 진실이 밝혀지면 상황을 통제하기 힘들어져 사태가 눈덩이처럼 커진다.

1572년 프랑스의 왕비 카트린 드 메디시스(Catherine de Médicis)는 해군제독이자 위그노(프랑스 신교도) 지도자인 가스파르 드 콜리니(Gaspard de Coligny)를 제거하려는 음모를 꾸몄다. 콜리니가 카트린 왕비의 아들인 샤를 9세와 가깝게 지내면서 젊은 왕에 대해 영향력을 행사하는 것이 못마땅했기 때문이다. 그래서 당시 가장 강력한 가문 중의 하나인 기즈 가문 사람을 시켜 콜리니를 암살하게 했다.

그러나 카트린은 마음속으로 또 다른 계획도 염두에 두고 있었다. 위그노파가 자신들의 지도자를 죽인 기즈 가문에게 원한을 품고 복수하기를 바란 것이다. 위협적인 두 경쟁 세력, 즉 콜리니와 기즈 가문을 한꺼번에 처치하겠다는 속셈이었다. 하지만 두 계획 모두 틀어지고 말았다. 암살자는 콜리니를 죽이지 못하고 부상만 입히는 데 그쳤다. 콜리니는 암살 음모를 꾸민 사람이 카트린이라고 확신하고 샤를 9세에게 말했다. 결국 암살 미수 사건과 뒤이어 일어난 갈등들이 일련의 사건을 촉발해 가톨릭과 위그노 사이에 피비린내 나는 전쟁이 일어나기에 이르렀다. 이는 수천 명의 신교도들이 목숨을 잃은 성 바르톨로메오 축일의 학살에서 절정에 이르렀다.

중대한 계획에서 앞잡이나 희생양을 이용하는 경우 각별히 신중해야 한다. 너무 일을 크게 벌이면 오히려 일이 틀어질 수 있기 때문이다. 그런 경우에는 계획 가운데 가급적 깨끗한 단계에서 앞잡이를 활용하여, 혹시 실수나 문제가 발생했을 때 당신이 입을 타격을 최소화하라.

　마지막으로, 때로는 당신이 연루되어 있다는 사실을 감추거나 책임을 피하지 말고 실수를 인정하는 것이 낫다. 당신이 확고한 권력을 갖고 있다면 때로는 참회하는 척하라. 당신보다 약한 자 앞에서 슬픈 표정을 지으며 용서를 구하라. 이는 나쁜 일을 저지른 뒤에 백성들을 위하여 자신이 희생한 것이라고 말하는 왕이 사용하는 책략이다. 또 때로는 부하들에게 두려움을 심어주기 위해 당신이 직접 벌을 내리는 장본인이 되어야 할 때도 있다. 그럴 때는 앞잡이를 이용하는 대신 당신의 위협적인 모습을 직접 보여주어라. 하지만 그런 방법을 너무 자주 사용해서는 안 된다. 두려움이 분노와 증오로 바뀔지도 모른다. 그러한 감정들이 쌓이고 쌓여 당신도 모르는 사이에 강력한 반대 세력이 생겨나 언젠가 당신을 무너뜨릴 수도 있다. 일단은 앞잡이를 이용하는 것을 원칙으로 삼으라. 그것이 훨씬 안전하다.

대담하게 행동하라

...

자신감의 힘

행동의 명분에 대한 확신이 없으면 아예 시도조차 하지 말라.
의심과 주저는 실행을 오염시킬 뿐이다.
소심은 위험을 야기할 가능성이 높으니
행동하려면 대담하게 시작하는 것이 더 낫다.
대담하게 나아가다 실수를 저지르는 경우,
더 대담하게 나가는 것이 해결책이다.
대담한 사람은 모두 존경하지만,
소심한 사람은 아무도 거들떠보지 않는다.

대담함과 우유부단함의 심리학적 비교

두 모험가 이야기
쾌락을 좇는 길을 따르면
영예를 얻을 수 없나니!
헤라클레스가 비범한 업적을
이룬 것은 용맹한 모험정신
때문이었다. 우화에서든
역사에서든 헤라클레스에
필적할 만큼 용맹한 자는
거의 없다. 그러나 한 무술
수행자의 이야기가 기록으로
전해 내려온다. 이 무술
수행자는 동료 모험가와
함께 행운을 찾아 떠났다.
길을 떠난 지 얼마 안 되어
동료 모험가가
다음과 같은 내용이 적힌
푯말을 발견했다. "용감한
모험가여, 세상에 그 어떤
무술 수행자도 본 적이 없는
것을 발견하고 싶다면,
이 급류를 건너 코끼리를
품에 안고 단숨에 산
정상까지 올라가라." 동료
모험가가 말했다. "하지만
물살도 거센 데다 깊을지도
모르잖아. 설령 저 물을
건넌다고 해도 무거운
코끼리를 들어야 하는데?
저런 걸 해낼 수 있는 사람이
어디 있어?" 그는 침착하게
생각하고 계산해보더니,
코끼리를 들고 네 발자국
정도는 갈 수 있을지
모르지만, 단숨에
산꼭대기까지 옮기는 것은
인간에게는 불가능한
일이라고 말했다. 지팡이
끝에 올려놓을 수 있을 만큼
조그만 코끼리가 아닌
말이다. 그리고 그런 모험을
해낸들 무슨 대단한 영예가
생기겠느냐고 콧방귀를
뀌었다. 그리고 이렇게
말했다. "이 푯말에는 뭔가
속임수가 있는 게 분명해.
애들이나 재밌어 할
수수께끼일 거야. 난 다른
곳으로 가겠어." 그러고는
떠나버렸다. 하지만 용맹한
무술 수행자는 눈을 질끈

대담함과 우유부단이 상대로부터 이끌어내는 심리적 반응은 매우 다르다. 우유부단은 당신 앞길에 장애물을 세우지만 대담함은 장애물을 제거한다. 이 점을 이해하면 당신은 타고난 소심함을 극복하고 대담함의 기술을 연마할 필요성을 느끼게 될 것이다. 대담함과 우유부단이 가져오는 뚜렷한 심리적 효과 몇 가지는 아래와 같다.

대담한 거짓말이 더 효과가 크다. 사람은 누구나 약점을 갖고 있다. 그러나 대담하게 행동하면 놀랍게도 약점을 감출 수 있다. 사기꾼은 대담하게 거짓말을 할수록 더 효과가 크다는 사실을 알고 있다. 사람들은 대담한 이야기를 더 쉽게 믿으며 그 안에 담긴 작은 모순점들을 알아채지 못한다. 거짓말을 할 때나 협상을 할 때는 애초에 마음먹은 것보다 더 과감하게 나가라. 무모하게까지 보이는 언행을 시도해보라. 의외로 잘 먹히는 데에 놀라게 될 것이다.

사자는 머뭇거리는 먹잇감을 공격한다. 사람들은 남의 약점을 직감적으로 파악한다. 처음 만났을 때 타협하거나 주저앉거나 후퇴할 것 같은 분위기를 비치면, 평소에 온순하게 굴던 사람도 사자로 돌변한다. 당신이 어떻게 인식되느냐에 모든 게 달려 있다. 당신이 금세 방어적인 태도를 취할 사람으로, 협상하거나 굴복할 사람으로 보이면, 상대는 당신을 가차 없이 내리누를 것이다.

대담함은 두려움을, 두려움은 힘을 창출한다. 대담하게 행동하면 당신은 실제보다 더 크고 강한 사람으로 비친다. 그리고 뱀처럼 은밀하고 민첩하게 움직여 불시에 대담함을 보여주면 두려움을 불러일으킨다. 과감한 행동으로 위압감을 주면 당신은 일종의 선례를 만들게 된다. 이후부터 사람들은 당신을 두려워하게 되어 알아서 저자세를 취하게 된다.

확신 없이 움직이는 것은 무덤을 파는 행위다. 확실한 자신감이 없이 행동을 개시하는 것은 스스로 무덤을 파는 것과 같다. 그러면 문제가 발생했을 때 혼란을 느끼게 되고, 엉뚱한 곳에서 방법을 모색하며, 자신도 모르는 사이 문제는 더욱 심각해진다. 잔뜩 겁을 집어먹고 사냥꾼에게서 허둥지둥 도망치는 토끼는 쉽게 덫에 걸린다.

주저하면 틈이 생기고, 대담하면 틈이 없어진다. 당신이 시간을 두고 생각하거나 망설이면 틈이 생겨서 상대방도 생각을 하게 된다. 소심한 태도를 보이면, 당신을 따르던 사람들 사이에 거북한 분위기가 조성되고 사람들이 당황하기 시작한다. 사방에서 의심이 일어난다.

대담함은 그러한 틈을 제거한다. 재빠른 움직임과 힘 있는 행동은 사람들에게 의심하거나 걱정할 여지를 주지 않는다. 특히 누군가를 유혹할 때 우유부단함은 치명적이다. 상대가 당신의 의도를 간파하게 되기 때문이다. 대담한 행동은 유혹을 성공으로 이끈다. 생각할 시간을 주지 않기 때문이다.

대담하면 무리와 다른 특별한 존재로 부각된다. 대담한 행동은 당신의 존재감을 강화하고 당신을 실제보다 더 크게 보이도록 만든다. 소심한 행동은 사람들의 시야에 포착되지 않지만 대담한 행동은 관심을 끌며, 관심의 대상이 되는 자는 힘을 얻는다. 사람들은 대담한 사람에게서 시선을 떼지 못한다. 그리고 다음번 대담한 행동을 한시라도 빨리 보고 싶어한다.

법칙 준수 사례 1: 에펠 탑 철거 계획

1925년 5월, 프랑스 고철업계의 주요 5개 기업의 경영자들에게 '공무(公務)'와 관련하여 '극비리에 진행되는' 회의에 참석해달라는 소식이 전해졌다. 파리의 최고급 호텔인 크리용 호텔에서 개최될 이 회의에는 체신부 차관도 참석할 예정이었다. 경영자들은 호텔 맨 꼭대기 층에 있는 호화로운 스위트룸에서 루스티히라는 이름의 차관을 만났다.

감고 급류를 건넜다. 물의 깊이나 거센 물살도 그를 막지 못했다. 물을 건너니 건너편 둑에 코끼리가 누워 있었다. 그는 코끼리를 들고 산꼭대기까지 올라갔다. 그곳에 올라가니 도시가 하나 있었다. 코끼리의 비명소리에 도시 사람들이 놀라서 무기를 들고 뛰쳐나왔다. 그러나 무술 수행자는 조금도 기가 죽지 않고 영웅으로서 죽음을 맞이할 각오를 했다. 사람들은 그 모습에 경외감을 느끼고, 그를 최근에 죽은 그 도시 왕의 후계자로 삼겠다고 말했다. 모험을 마다하지 않는 자만이 위대한 일을 성취할 수 있는 법. 앞날에 발생할 가능성이 있는 모든 어려움과 장애물을 너무 세세하게 계산하는 사람은 우물쭈물하다가 때를 놓친다. 대담한 자는 그때를 붙잡아 가장 고원한 목표를 이룬다.
– 《우화집》, 장 드 라퐁텐 (1621~1695)

경영자들은 회의에 불려온 이유를 몰랐기 때문에 어리둥절했다. 와인을 간단히 든 후에 차관이 입을 열었다. "제가 여러분을 초대한 것은 철저한 보안이 필요한 기밀사안 때문입니다. 정부는 에펠 탑을 철거하려는 계획을 갖고 있습니다." 경영자들은 깜짝 놀랐다. 차관은 최근 뉴스에 보도된 바와 같이 에펠 탑을 수리해야 하는 상황이라고 설명했다. 에펠 탑은 1889년 파리 박람회를 기념하기 위해 세운 건축물이었다. 그런데 세월이 흐르면서 유지 비용이 늘어났고, 그것을 수리하는 데도 수백만 프랑이 들기 때문에 철거하기로 했다는 얘기였다. 파리 시민들도 에펠 탑을 눈에 거슬리는 흉물로 여기고 있어 오히려 좋아할 것이라고 차관은 설명했다. 세월이 흐르면 관광객들도 차츰 에펠 탑을 잊을 것이며, 사진이나 엽서 속의 기념물로만 남을 것이다. 그리고 루스티히는 이렇게 말했다. "에펠 탑의 고철 값을 매겨달라고 요청하기 위해서 여러분을 이렇게 부른 것입니다."

루스티히는 에펠 탑의 고철 톤수 등의 자료가 기재된 정부 공문서를 경영자들에게 건넸다. 경영자들은 입이 딱 벌어졌다. 에펠 탑에서 나오는 고철로 벌 수 있는 수익이 어마어마했기 때문이다. 잠시 후 루스티히는 대기하고 있던 고급 리무진에 그들을 태우고 에펠 탑에 갔다. 루스티히는 정부 고관 배지를 옷깃에 달고 그들을 데리고 다니며 재미있는 일화나 경험담을 들려주었다. 그날 일정이 끝날 무렵, 그는 경영자들에게 감사의 인사를 전한 뒤 나흘 이내에 각자 제안 가격을 알려달라고 했다.

다섯 명이 제안 가격을 제출한 지 며칠 후, P의 입찰가가 채택되었다는 소식이 전해졌다. 거래를 확정짓기 위해서 P는 이틀 내에 루스티히가 있는 호텔 스위트룸을 방문해야 했다. 아울러 총 금액의 4분의 1에 해당하는 약 25만 프랑(지금의 약 100만 달러에 해당)의 지불보증 수표를 가지고 와야 했다. 수표를 건넴과 동시에 P는 에펠 탑의 소유자임을 증명하는 서류를 받을 예정이었다. P는 무척 흥분했다. 파리의 상징인 에펠 탑을 사들여 철거한 인물로 역사에 기록될 테니까 말이다. 하지만 수표를 들고 스위트룸에 도착했을 때, P는 의심이 일기 시작했다. 정부 건물이 아니라 왜 호텔에서 만날까? 다른 정부 관리들이 에펠 탑 매매건을 언급하는 것을 들어본 적도 없지 않은가? 혹시 사기가 아닐까? 루스티히가 에펠 탑의 처리와 관련된 이런저런 계약 사항을 설명하는 동안 P는 속으로 계약 취소를 신중하게 고려했다.

그런데 그 즈음 차관의 어조가 갑자기 달라졌다. 에펠 탑 이야기는 접고, 봉급이 낮다는 등 아내가 모피코트를 사고 싶어한다는 둥의 말을 늘어놓았다. 아무리 뼈 빠지게 일해도 아무도 알아주지도 않는다고 푸념했다. 순간 P는 차관이 뇌물을 요구하는 것이라는 생각이 들면서 내심 안도했다. 이제 루스티히가 진짜 정부 고관이라고 믿을 수 있었기 때문이다. 그가 이제까지 만나본 공무원들은 하나같이 뇌물을 요구했다. 이제 철석같이 믿게 된 P는 루스티히의 호주머니에 수천 프랑을 찔러넣고 약속했던 수표도 건네주었다. 대신 그는 자못 위엄이 느껴지는 매매증서를 넘겨받았다. P는 앞으로 얻을 부와 명예를 상상하며 부푼 마음으로 호텔 문을 나섰다.

그러나 며칠을 기다려도 정부로부터 아무런 소식이 없었다. P는 뭔가 잘못되었음을 직감했다. 뒤늦게야 여기저기 전화를 걸어 알아본 P는 주저앉고 말았다. 정부에 루스티히라는 이름의 차관은 없을 뿐 아니라 에펠 탑 철거 계획도 없다는 것이었다. 25만 프랑이 허공에 날아간 것이었다!

P는 경찰에 신고하지 않았다. 사기꾼한테 속았다는 소문이 퍼지면 자기 꼴만 우습게 될 게 뻔했기 때문이다. 창피해서 사람들 앞에 나다니지도 못할 뿐 아니라 그의 사업에도 치명적인 타격을 입을 것이었다.

언제나 무모한 것이 아닐까 하는 의심을 버리고 행동에 착수하라. 제3자가 보기에 실행하는 자가 마음속으로 실패를 두려워하면 그것은 이미 실패를 보여주는 증거다. ……옳은 판단일지 망설이며 행동하는 것은 위험하다. 차라리 아무것도 하지 않는 편이 더 안전하다. – 발타사르 그라시안 (1601~1658)

해석 ──

만일 빅토르 루스티히가 개선문이나 센 강의 다리나 발자크 상(像)을 팔려고 했다면 누구나 한번쯤은 의심해보았을 것이다. 하지만 에펠 탑은 너무나 거대한 건축물, 감히 사기꾼이 거짓말로 팔아먹을 것이라고는 상상하기 힘들었다. 때문에 루스티히는 나중에 똑같은 수법을 또 써먹을 수 있었다. 그는 6개월 후 파리에 돌아와 다른 고철 사업가한테 에펠 탑을 '또' 팔았다. 이번에는 더 높은 금액, 지금의 150만 달러도 넘는 금액을 받고 말이다.

거짓말의 규모가 엄청나게 크면 사람들은 쉽게 속는다. 주의를 흐트러 뜨리고 경외감을 불러일으키기 때문에, 사람들은 그 안에 어떤 환상이나 기만이 존재하리라고 생각하지 못한다. 과감하고 대담해져라. 최대한 거 짓말을 꾸며내 밀어붙여라. 만일 상대가 의심의 빛을 내비치면 루스티히 처럼 과감한 전략을 택하라. 루스티히는 뒤로 물러서거나 가격을 낮추는 대신, 오히려 뇌물을 요구했다. 당신이 더 많은 것을 요구하면 상대가 갖 고 있던 의심의 싹이 잘려나가며, 그 과감함이 상대를 제압하게 된다.

법칙 준수 사례 2: 이반 뇌제의 대담한 반격

1533년, 모스크바 대공이자 러시아의 수많은 독립 공국을 통일한 바 실리 3세(Vasily III)가 임종하면서 자신의 세 살짜리 아들 이반 4세(Ivan IV)를 후계자로 선포했다. 또한 바실리 3세는 이반 4세가 성년이 될 때 까지 자신의 젊은 아내 옐레나가 섭정을 하도록 명했다. 그동안 바실리 3세로부터 탄압을 받았던 귀족들(보야르)은 은근히 기뻐했다. 후계자가 세 살짜리 코흘리개에 불과한 데다 젊은 대공비가 통치권을 쥐었으니, 귀족들은 자신들이 왕실을 누르고 다시 권력을 되찾을 수 있을 것이라고 생각했다.

귀족들의 위협을 느낀 옐레나는 총애하는 신하인 이반 오볼렌스키의 도움을 받아 나라를 통치했다. 그러나 섭정을 시작한 지 5년이 되는 해 에 옐레나가 갑자기 죽었다. 가장 강력한 귀족인 슈이스키 가문 사람에 게 독살을 당한 것이다. 슈이스키 가문은 정부를 장악하고 오볼렌스키를 감옥에 보냈다. 오볼렌스키는 감옥에서 굶어죽었다. 여덟 살인 이반 4세 는 냉대를 받는 고아가 되었고, 그에게 관심을 가지는 귀족은 추방당하 거나 처형당했다.

이반은 남루한 옷차림을 하고 굶주린 채 궁전 여기저기를 배회하면서 슈이스키 가문 사람들의 눈을 피해 다녔다. 눈에 띄면 가차 없이 모욕을 당했기 때문이다. 슈이스키 사람들은 가끔 이반을 잡아다가 왕실 가운을 입히고 홀(笏)을 쥐어준 뒤 왕좌에 앉혔다. 그를 조롱하기 위해 가짜로 의식을 거행하는 것이었다. 그렇게 실컷 놀리고 난 후에는 곧 쫓아버렸다. 어느 날 저녁에는 러시아정교 대주교가 슈이스키 사람들에게 쫓기다가 이반의 방에 숨어 들어왔다. 잠시 후 슈이스키 사람들이 들어와 욕설을 퍼부으며 대주교에게 무참히 폭력을 행사했고, 어린 이반은 공포에 떨며 그 모습을 지켜봐야 했다.

이반에게는 믿을 수 있는 신하이자 귀족인 보론초프라는 사람이 있었다. 그는 이반을 위로하고 조언도 해주었다. 하루는 이반과 보론초프, 새 대주교가 궁정 휴게실에서 이야기를 나누고 있는데, 슈이스키 사람들이 들어와서 보론초프를 마구 구타하고 대주교의 옷을 찢으며 모욕을 주었다. 그런 다음 보론초프를 모스크바에서 추방했다.

이 모든 일을 겪으면서도 이반은 침묵을 지켰다. 귀족들은 그런 이반을 보면서 자기들 계획대로 되어간다고 좋아했다. 이반이 잔뜩 겁을 먹고 말 잘 듣는 멍청이가 되었다고 생각한 것이다. 그들은 이반을 완전히 무시하고 내버려두었다. 그러나 1543년 12월 29일, 열세 살의 이반은 안드레이 슈이스키 공을 자기 방으로 불렀다. 안드레이가 도착해보니 방은 경비병들로 가득했다. 어린 이반 4세는 안드레이를 가리키며 그를 체포한 뒤에 죽여서 시체를 사냥개들한테 던져주라고 명령했다. 그 후 며칠에 걸쳐 이반은 안드레이의 측근들을 모두 체포해서 추방해버렸다. 방심하고 있다가 이반의 갑작스럽고 대담한 공격에 놀란 귀족들은 어린 왕을 두려워하게 되었다. 이반은 치밀하게 계획하며 5년을 기다렸다가 일거에 대담함을 보여주어 권력을 공고히 했다. 이 소년이 바로 훗날의 이반 뇌제(雷帝)다.

해석 ——

세상에는 이반 4세 시대의 귀족 같은 사람들로 가득하다. 당신을 경멸하고, 당신의 야망이 실현되는 것을 두려워하고, 자신의 줄어드는 영역을 지키려고 안간힘을 쓰는 사람들 말이다. 당신이 권력을 확립하고 존경을 얻으려고 노력해도, 그들은 당신의 힘이 커지는 순간 훼방을 놓을

부끄러운 기색이나 열등감을 전혀 드러내지 않았소. 이는 그가 빚에 쫓겨 돈을 빌리러 온 것이 아니라는 뜻이오. 그런 사람은 미쳤거나 자기가 하는 일에 자신감이 충천하거나, 둘 중 하나요. 하지만 대담무쌍한 눈빛과 우렁찬 목소리로 보건대, 그는 뛰어난 두뇌를 가진 비범한 인물이오. 그래서 믿을 수 있겠다 생각했소. 나는 돈을 알고 사람을 압니다. 대개 돈은 사람을 작게 만들지만, 저 사람은 큰돈을 만질 인물이오. 나는 큰 인물이 큰일을 하도록 도와서 기쁘기 그지없소."
— 《열하일기》, 박지원 (1737~1805)

것이다. 이반은 그러한 상황에서 지혜로운 전략을 구사했다. 그는 마음속의 야망이나 불만을 겉으로 드러내지 않고 조용히 웅크리고 있었다. 그렇게 기다리다가 때가 왔을 때 궁정 경비병들을 자기편으로 포섭했다. 경비병들은 잔인한 슈이스키 사람들에게 신물을 느끼고 있던 터였다. 일단 경비병들의 동의를 얻자, 이반은 뱀처럼 민첩하게 공격을 가하여 안드레이 슈이스키에게 대응할 시간을 주지 않았다.

위의 귀족과 같은 상대와 타협하려고 들면 당신은 그에게 기회만 주는 셈이 된다. 작은 타협의 여지만 보여도 상대는 그 틈을 비집고 들어와 당신을 무너뜨릴 것이다. 의논이나 경고 없이 불시에 과감한 행동을 보이면, 상대가 노릴 틈이 없어지고 당신은 힘을 얻을 수 있다. 그러면 당신을 의심하거나 경멸하던 사람에게는 공포를 심어주고, 과감한 행동을 존경하는 많은 사람들의 신뢰를 얻게 된다.

법칙 준수 사례 3: 코끼리 한노의 마지막 유언

1514년, 스물두 살의 청년 피에트로 아레티노는 로마의 한 부유한 가문에서 심부름꾼으로 일하고 있었다. 그는 위대한 작가가 되어 이름을 떨치겠다는 꿈을 갖고 있었다. 하지만 미천한 심부름꾼이 어떻게 그 꿈을 이룬단 말인가?

그해에 교황 레오 10세(Leo X)는 포르투갈 왕이 보낸 사절단을 맞았다. 사절단은 많은 선물을 가져왔는데 그 중에서도 코끼리가 단연 돋보였다. 교황은 이 코끼리를 '한노'라고 부르며 무척 아꼈고 각종 장식물로 치장했다. 하지만 교황의 사랑에도 불구하고 코끼리는 몹쓸 병에 걸렸다. 의사들이 달라붙어 온갖 약을 써보았지만 소용이 없었다. 결국 코끼리는 죽었고 교황은 매우 슬퍼했다. 그는 마음을 달래기 위해 화가 라파엘로(Sanzio Raffaello)를 불러, 실물 크기의 한노 그림을 그려 한노의 무덤에 세우고 "자연이 빼앗아간 것을 라파엘로가 그림으로 복원하다"라고 새기게 했다.

며칠 후 작은 책자 하나가 로마 시내를 떠돌아다녔다. 시민들은 그 내용을 읽고 매우 재미있어 했다. '코끼리 한노의 마지막 유언'이라는 제목의 그 책자에는 이런 내용이 들어 있었다. "산타 크로체 추기경에게 내 무릎을 주어 그가 비굴하게 무릎을 꿇을 수 있도록 하라. …… 산티 콰르토 추기경에게는 내 턱을 주어 교회의 돈을 더 잘 꿀꺽할 수 있게 하라. …… 메디치 추기경에게는 내 두 귀를 주어 그가 모든 사람의 이야기를 들을 수 있게 하라." 호색가로 소문난 그라시 추기경에게는 자신의 생식기를 남긴다고 적혀 있었다.

익명의 저자가 쓴 이 소책자는 로마의 수많은 권력자와 엘리트층을 공격하고 있었다. 심지어 교황도 예외는 아니었다. 각 구절에서 그들의 가장 잘 알려진 약점을 겨냥해 풍자했다. 마지막 구절은 이렇게 끝났다. "아레티노를 반드시 친구로 삼으라/그를 적으로 삼아 좋을 것이 없으므로/그는 말만으로 교황도 파멸시킬 수 있으므로/하느님, 모든 이들을 그의 혀로부터 보호해주소서."

해석 ——

가난한 구두공의 아들이자 보잘것없는 심부름꾼이었던 아레티노는 짧은 소책자 한 권으로 대번에 유명해졌다. 로마 시민들은 이 배짱 좋은 젊은이가 누구인지 궁금해했다. 심지어 교황도 그의 대담함과 뻔뻔함을 높이 사서, 그를 찾아내 교황을 섬기는 직책을 하사했다. 훗날 그는 '군주들의 골칫거리'라는 별명을 얻었으며, 특유의 신랄한 표현 때문에 프랑스 왕에서부터 합스부르크 황제에 이르기까지 많은 권력자들에게 존경과 두려움의 대상이 되었다.

아레티노의 전략이 가르쳐주는 교훈은 간단하다. 당신이 다윗처럼 작고 희미한 존재라면 골리앗을 찾아 공격하면 된다. 목표물이 크고 대단할수록 당신에게 더 많은 관심이 쏟아진다. 또한 과감한 공격을 할수록 당신은 무리와 다른 특별한 존재로 보이며, 그만큼 존경도 더 얻게 된다. 세상에는 대담한 생각을 속으로 품으면서도 그것을 드러내거나 실천할 배짱은 없는 사람들이 수두룩하다. 사람들이 느끼는 것을 당신이 표현하라. 모두가 공감하는 바를 표현하면 큰 지지를 받는다. 가장 두드러지고 대단한 목표물을 찾아 대담하게 공격하라. 세상 사람들은 당신의 모습을 즐거운 마음으로 지켜볼 것이고, 설령 당신이 패배한다 해도 당신에게 영예와 힘을 줄 것이다.

권력의 열쇠: 대담하게 행동하라

우리들 대부분은 소심하다. 우리는 긴장과 갈등을 피하고 싶어하고, 모든 사람에게 사랑받길 원한다. 때로는 과감한 행동을 생각해보지만 실천하는 경우는 드물다. 우리는 과감한 행동이 가져올 결과를 두려워하고, 다른 이들이 우리를 어떻게 생각할지 걱정하고, 평소의 범주를 벗어나 행동할 경우 사람들이 적대감을 품을까 봐 두려워한다.

우리는 소심함을 타인에 대한 배려 때문이라고, 다른 이들의 감정을 상하지 않게 하기 위해서라고 위장한다. 실은 그 반대다. 우리는 자기 자신에게 몰두해 있기 때문에, 다른 사람들의 시선이 걱정되기 때문에 소심하게 행동하는 것이다. 반면 대담함은 내면이 아니라 바깥으로 향한다. 대담한 행동은 자의식이 적고 덜 억압되어 있기 때문에, 사람들을 더 편안하게 만드는 경우가 많다.

대담함은 특히 유혹에서 큰 힘을 발휘한다. 유혹의 고수들은 뻔뻔스러울 만큼 대담한 언행으로 성공을 거둔다. 카사노바의 대담함은 단순히 여자에게 접근하는 방식이나 여자에게 속삭이는 호방한 말들에 있는 것이 아니다. 그의 대담함은 여자에게 완전히 자신을 내어주는 능력에, 그가 여자를 위해 무엇이든 할 것이라고(심지어 목숨까지 내놓을 것이라고) 믿게 만드는 능력에 있다. 실제로 카사노바는 여러 차례 목숨을 걸었다. 목표물이 되는 여자는 그가 무엇이든 주저 없이 자신에게 줄 것이라고 믿었다. 이는 어떤 찬사나 화려한 말보다도 여자를 행복하게 하는 것이다. 카사노바는 유혹하는 도중에 한 번도 머뭇거리거나 성공을 의심하지 않았다. 실제로 주저하는 마음을 느낀 적이 없었기 때문이다.

유혹당하는 것이 매력적인 이유 중의 하나는 무언가에 빨려 들어가는 느낌, 잠시 우리 자신에게서 그리고 의심으로 가득한 일상에서 벗어나는 느낌을 주기 때문이다. 하지만 유혹하는 사람이 머뭇거리는 순간 그 매력은 깨져버린다. 우리가 유혹의 과정을 의식하게 되고, 상대방의 의도적인 노력을, 상대의 자의식을 의식하게 되기 때문이다. 대담성은 주의를 바깥으로 돌리게 하고 환상을 유지해준다. 대담하게 행동하면, 유혹의 과정을 의식하여 어색하거나 당황하는 순간이 생기지 않는다. 우리는 대담한 사람을 존경하고 그들의 주변에 머물고 싶어한다. 그들의 자신감이 우리에게 전염되어 우리도 내부 세계에서 바깥으로 나오게 되기 때문이다.

태어날 때부터 대담한 사람은 거의 없다. 나폴레옹도 생과 사의 경계를 넘나드는 전장에서 대담해지는 법을 익히고 터득한 것이다. 사교적인 자리에서 나폴레옹은 소심하고 서툴렀다. 하지만 그런 성격을 극복하고 삶의 매 순간에 대담해지는 연습을 했다. 대담함이 엄청난 힘을 가져다준다는 것을, 자신을 커다란 존재로 만들어준다는 것을 알았기 때문이다 (나폴레옹처럼 체구가 아주 작은 사람조차도 말이다). 이반 뇌제도 이러한 변화를 보여준 인물이다. 유약한 소년이었던 그는 과감한 행동을 취함으로써 한순간에 강력한 젊은 황제로 변모했다.

당신도 대담함을 훈련하고 개발해야 한다. 대담성은 다양한 경우에 유용하게 활용할 수 있다. 대담한 행동을 실천하는 가장 좋은 공간은 협상 테이블이다. 특히 당신이 스스로의 값을 매겨 제시해야 하는 경우를 생각해보라. 너무 적게 요구함으로써 스스로의 가치를 떨어뜨리는 경우가 얼마나 많은가. 크리스토퍼 콜럼버스는 스페인 왕실에 항해를 지원해달라고 요청할 때, 자신을 '대양의 위대한 제독'이라고 불러달라는 뻔뻔스럽고 대담한 요구를 했다. 왕실은 그 요구를 들어주었다. 콜럼버스는 자신에게 매긴 값대로 대우받았고, 자신을 존경해달라는 요청만큼 존경받았다. 헨리 키신저 역시 협상을 할 때 조금씩 양보하며 타협점을 찾으려 노력하는 것보다 대담하게 요구하는 편이 훨씬 효과적이라는 사실을 알고 있었다. 당신의 가치를 높게 매기고, 높은 수준을 요구하라. 그러고 나서 루스티히처럼 더 높은 것, 더 많은 것을 요구하라.

대담함이 타고나는 것이 아닌 것처럼 소심함도 마찬가지다. 그것은 타

편지, 쾌락주의적 철학(Life, Letters, and Epicurean Philosophy of Ninon de Lenclos)), 니농 드 랑클로 (1620~1705)

인과의 갈등을 피하려는 욕구에서 만들어진 후천적인 습관이다. 소심함에 사로잡혀 있다면 즉시 그것에서 빠져나오라. 과감한 행동의 결과에 대한 두려움은 다분히 비현실적인 것이며, 사실은 소심함과 우유부단이 가져오는 결과가 훨씬 치명적이다. 당신의 가치는 떨어지고 당신은 의심과 재앙이 되풀이되는 악순환을 겪게 된다. 기억하라. 대담한 행동으로 인해 문제가 생기면 더 대담하고 뻔뻔한 행동으로 위장하라. 또 때로는 그럼으로써 문제를 해결할 수 있다.

| **이미지** | 사자와 토끼. 사자는 가는 길에는 틈이 없다. 사자의 움직임은 민첩하고, 그의 턱은 날쌔고 강력하기 때문이다. 소심한 토끼는 위험에서 빠져나가기 위해 갖은 방법을 쓰지만, 빨리 도망가려고 허둥대다가 오히려 덫에 걸리고 사자의 입속으로 들어간다.

| **근거** | 나는 당연히 조심성 있는 것보다 성급한 것이 낫다고 생각한다. 행운은 여자이고 만일 그녀를 정복하고 싶다면 힘으로써 정복해야 하기 때문이다. 행운은 침착하게 일을 진행하는 사람보다는 과감한 사람에게 정복당한다. 그러므로 여자와 마찬가지로 행운은 언제나 젊은이의 친구다. 젊은 사람이 조심성이 적고 더 격렬하며, 대담하게 그녀를 정복하기 때문이다.

– 니콜로 마키아벨리(1469~1527)

뒤집어보기

대담함을 당신의 모든 행동을 지탱하는 전략으로 삼는 것은 곤란하다. 그것은 적절한 순간에 사용해야 하는 전술적 도구다. 미리 생각하고 계획을 짜라. 그리고 마지막에 대담한 행동을 취함으로써 승리를 얻으라. 다시 말해, 대담함 역시 하나의 학습된 행동 방식이므로 적절하게 통제하고 마음대로 이용하는 법을 익혀야 한다. 평생 대담성만 추구하는 것은 당신을 지치게 할 뿐 아니라 결국 불행을 초래한다. 대담성을 통제하지 못하는 사람들이 보여주듯이, 당신은 너무 많은 사람들에게 상처와 불쾌감을 주게 된다. 그 좋은 예는 롤라 몬테즈다. 그녀는 대담함 때문에 승리를 쟁취하고 바이에른의 왕을 유혹할 수 있었다. 하지만 대담함을 제어하지 못했기 때문에 결국 몰락했다. 또한 대담함과 잔인함(또는 광기)은 경계선을 두고 서로 인접해 있다. 이반 뇌제도 몬테즈와 유사한 운명을 맞이했다. 대담함이 권력을 가져다주자 이반 뇌제는 대담함에 집착했고, 결국 평생 폭력과 극단적 잔학성으로 얼룩진 삶을 살았다. 그는 대담함을 발휘해야 할 때와 자제해야 할 때를 구분하는 능력을 잃어버린 것이다.

권력의 세계에서 우유부단함을 위한 자리는 없다. 그러나 때로는 우유부단을 가장함으로써 이득을 얻을 수 있다. 물론 이 경우에 우유부단한 가면은 강력한 공격 무기가 된다. 소심하고 유약한 모습으로 상대를 속인 후, 나중에 대담하게 움직여 강타를 날릴 수 있기 때문이다.

당신이 돌린 카드로 게임하게 하라

...

선택권 통제

최상의 기만책은 상대에게 선택권을 주는 것처럼 보이는 것이다.

상대는 자신이 통제권을 쥔 것으로 생각하겠지만

사실은 당신의 꼭두각시가 된 것뿐이다.

어느 쪽을 택하든 당신에게 유리한 결과가 나오도록

선택 사항들을 조작하라.

상대에게 불리한 것(당신의 목적에는 부합하는 것) 중에서

그나마 덜 나쁜 쪽을 택하게 만들고,

상대를 딜레마에 빠지게 만들어라.

어느 쪽을 택하든 상대는 상처를 입게 될 것이다.

법칙 준수 사례 1: 독재를 선택한 모스크바

후에 이반 뇌제로 알려진 러시아의 이반 4세는 통치 초기에 중대한 고민에 빠졌다. 개혁이 절실한 상황이었지만 그의 힘으로는 역부족이었던 것이다. 가장 큰 걸림돌은 상당한 권력을 행사하고 있던 귀족층 보야르였다.

1553년, 스물세 살의 이반 4세는 중환으로 드러눕게 되자 보야르들을 불러 모아 자신의 어린 아들을 후계자로 정하고 충성 서약을 하게 했다. 몇몇 보야르는 머뭇거렸고 심지어 몇몇은 서약을 거부했다. 이반은 자신이 보야르를 통제할 힘이 없음을 절감했다. 이후 그는 병에서 회복되었지만 병상에 있을 때 깨달은 사실을 마음속 깊이 새겼다. 보야르 세력이 그를 권좌에서 끌어내리고 싶어한다는 사실이었다. 실제로 몇 년 후에 보야르들은 러시아의 적국인 폴란드나 리투아니아로 달아나서 차르를 타도할 음모를 꾸몄다. 심지어 이반의 가까운 친구인 안드레이 쿠르브스키 공작도 1564년에 갑자기 리투아니아로 달아나 이반의 강력한 적이 되었다.

쿠르브스키가 모스크바 침략을 위해 군사력을 키우고 있을 때, 황실은 커다란 위험에 처해 있었다. 서쪽에서는 망명한 귀족들이 침략을 꾀하고 있었고, 동쪽에서는 타타르족이 힘을 키우고 있었으며, 국내에서는 보야르 세력이 위협적인 움직임을 보였기 때문이다. 러시아의 방대한 영토 때문에 이들을 효과적으로 방어하기는 힘들어 보였다. 이반이 한쪽 방향을 친다 하더라도 다른 방향에서 다른 세력이 밀고 들어올 것이 뻔했다.

이반은 곰곰이 생각했다. 1564년 12월 3일, 모스크바 시민들은 이상한 광경을 목격했다. 크렘린 궁 앞 광장에 수백 대의 썰매가 서 있었던 것이다. 썰매에는 차르의 보물들과 황실 식구들이 먹을 식량이 실려 있었다. 이반 4세는 가타부타 설명도 없이 황실 사람들을 데리고 썰매를 타고 모스크바를 떠났다. 그리고 모스크바 남쪽의 한 마을에 머물렀다. 이후 한 달 동안 모스크바 시민들은 불안과 공포에 시달렸다. 그들은 차르가 자신들을 잔인한 보야르 손아귀에 버려둔 채 떠났다고 생각했다. 가게들은 문을 닫았고 곳곳에서 폭도들이 날뛰었다. 마침내 1565년 1월

독일제국의 총리 비스마르크는 루돌프 피르호(Rudolf Virchow, 병리학자이자 자유주의 성향의 정치가)가 끊임없이 자신을 비판하는 것에 화가 났다. 그래서 피르호에게 결투를 신청했다. 그 소식을 들은 피르호가 말했다. "내가 결투 신청을 받은 쪽이니, 내가 무기를 결정하겠소. 내가 택할 무기는 이것이오." 피르호는 똑같이 생긴 소시지 두 개를 높이 들어올려 보였다. "이 둘 중 하나는 치명적인 병균에 감염되어 있고, 나머지 하나는 안전하오. 총리께 어떤 것을 드실지 선택하라고 전하시오. 그럼 내가 나머지 하나를 먹겠소." 이 이야기를 들은 비스마르크는 즉시 결투를 취소하겠다는 전갈을 보냈다.
— 《일화집》,
클리프턴 패디먼 편, 1985

3일, 차르가 보낸 편지가 모스크바에 도착했다. 보야르들의 배신 행위를 더 이상 두고 볼 수가 없어서 퇴위하겠다는 내용이었다.

편지의 내용이 알려지자 시민들이 들썩이기 시작했다. 성난 시민과 상인들은 거리로 몰려나와 귀족을 향한 분노를 표출했다. 곧 교회, 영주, 일반 시민 대표단이 이반을 찾아가 러시아를 위해 부디 복귀해달라고 간청했다. 그래도 이반은 마음을 바꾸지 않았다. 며칠 동안 간청이 계속되자 그는 백성들에게 직접 선택을 하라고 했다. 그에게 마음대로 나라를 다스릴 절대적인 권력을 주든가, 아니면 새로운 지도자를 뽑으라는 것이었다.

시민들은 내전과 독재 권력의 인정 사이에서 하나를 택해야 했고, 거의 대부분이 강력한 차르를 '선택'했다. 그들은 이반이 모스크바로 복귀할 것을 원했고, 법과 질서가 다시 회복되기를 소리 높여 외쳤다. 그해 2월 이반은 시민들의 환영을 받으며 모스크바로 돌아왔다. 시민들은 이제 그가 독재를 해도 불평할 수가 없었다. 그들 자신이 이반에게 그러한 권력을 주었기 때문이다.

해석 ——

이반 뇌제는 골치 아픈 딜레마에 빠졌다. 보야르에게 굴복하는 것은 자신의 파멸을 뜻했다. 그리고 내전은 또 다른 파멸을 부를 뿐이었다. 설령 내전에서 승리한다 해도, 나라가 황폐해지고 분열은 더 심각해질 것이었다. 그가 과거에 즐겨 쓰던 방법은 과감하고 공격적인 행동이었다. 그러나 이제 그런 방식은 전혀 이로울 것이 없었다. 대담하게 나갈수록 적들의 반발만 더욱 커질 상황이었다.

힘을 과시하는 것의 가장 큰 문제점은 사람들이 적의(敵意)를 품게 된다는 점이다. 그러면 결국 당신의 힘도 줄어든다. 권력의 원리를 꿰뚫고 있던 이반은 승리에 이르는 유일한 길은 물러나는 척하는 것임을 알았다. 그는 백성들에게 강요하는 대신 '선택권'을 주었다. 퇴위냐(정치적, 사회적 대혼란이 뒤따를 것이 분명했다) 절대 권력이냐, 둘 중 하나를 택하라고 말이다. 이반은 "나의 퇴위를 방관할 테면 해봐라. 그리고 이 나라가 어떻게 되는지 똑똑히 지켜보라"고 말했다. 백성들은 그가 퇴위하도록 내버려두지 않았다. 이반이 물러나 있는 한 달 동안 백성들은 타타르족의 침입이나 내전 등(이들 사건은 이반 사후에 결국 발생했다) 러시아에 닥칠 혼란 때문에 불안에 떨어야 했던 것이다.

물러나거나 사라지는 것은 선택을 통제하기 위한 고전적인 방법이다. 당신이 없으면 찾아올 혼란을 사람들에게 인식시킨 후에 '선택권'을 주어라. 나는 물러나 있을 테니 다가올 결과를 감당하라, 나는 이러이러한 상황이 돼야만 돌아올 것이다, 라고 말하는 것이다. 이런 식으로 선택을 통제하면, 사람들은 당신에게 권력을 주는 쪽을 택한다. 나머지 한쪽은 더 끔찍한 대안이기 때문이다. 그들이 선택권을 쥔 것 같지만 사실은 당신이 간접적으로 강요하는 것이다. 선택권을 갖고 있다고 느끼면 사람들은 당신이 쳐놓은 덫에 제 발로 걸어 들어온다.

법칙 준수 사례 2: 니농 드 랑클로의 '순교자'와 '지불인'

17세기 프랑스 화류계에서 이름을 날리던 니농 드 랑클로는 만족스러운 삶을 살고 있었다. 귀족과 상류사회의 연인들이 지성과 재치로 그녀를 즐겁게 해주었고 그녀의 육체적 욕망을 충족시켜주었다. 연인들 덕분에 풍족한 생활을 했고 그들로부터 존중을 받았다. 그러한 삶은 확실히 결혼생활보다 더 나았다. 그러나 1634년 니농의 어머니가 갑자기 세상을 떠나자, 스물셋의 니농은 세상에 혼자 남겨졌다. 그녀에게는 가족도, 재산도, 의지할 곳도 없었다. 불안과 막연한 두려움에 휩싸인 니농은 연인들과의 화려한 생활을 접고 수녀원에 들어갔다. 그리고 1년 뒤 수녀원에서 나와 리옹으로 갔다. 1648년 니농이 다시 파리에 나타났을 때 수많은 남자들이 그녀에게 구애했다. 그처럼 기지가 뛰어나고 유쾌함을 주었던 그녀의 빈자리가 컸던 것이다.

그러나 예전의 니농이 아니었다. 그녀는 남자들을 대하는 방식을 완전히 바꾸었던 것이다. 공작과 영주와 귀족은 그녀와 하룻밤 자고 싶어도 선택권을 가질 수 없었다. 그것은 전적으로 니농의 기분과 선택에 달려 있었다. 그들이 돈을 지불하고 얻는 것은 그녀와 잘 수 있는 가능성이었다. 만일 니농이 상대와 한 달에 한 번만 잠자리를 하고 싶어하면, 그렇게 해야만 했다.

니농은 자신에게 돈을 지불하는 남자를 '지불인(payeur)'이라고 불렀다. 지불인 그룹에 포함되고 싶지 않은 남자들은 '순교자(martyr)' 그룹에 속할 수 있었다. 순교자 그룹에 속하는 사람들의 수는 나날이 늘어갔다. 이들은 니농과 우정을 쌓고, 그녀의 톡톡 튀는 재치를 즐기고 류트 연주를 들으러 그녀의 집을 찾아왔다. 몰리에르, 라 로슈푸코, 생테브르몽 등 당대의 뛰어난 인물들과 교류하기 위해 오는 사람들도 있었다. 하지만 순교자 역시 '가능성'을 가질 수 있었다. 니농이 그들 가운데서 정기적으로 '총애받는 사람(favori)'을 뽑았기 때문이다. 총애받는 사람은 돈을 지불하지 않아도 니농의 연인이 될 수 있었지만 모든 것은 니농의 마음에 달려 있었다. 지불인은 총애받는 사람이 될 수 없었고, 순교자 역시 총애받는 사람으로 뽑힌다는 보장이 없었다. 그래서 순교자는 니농의 연인이 되기를 갈망하면서 평생을 보내기도 했다. 예를 들어 시인 샤를발(Charleval)은 한 번도 총애받는 사람이 되지 못했지만 항상 그녀의 집을 찾아갔다.

이런 소문이 퍼지자 상류사회 여성들은 일개 매춘부인 니농이 남자들을 쥐락펴락한다는 사실에 분개했다. 하지만 남자들은 니농의 방식을 불쾌하게 생각하지 않았다. 오히려 니농을 더욱 애타게 원했다. 그들은 니농의 지불인이 되어 그녀의 생활을 유지해주는 것을 영광으로 생각하면서, 연극 공연장에 동행하고 그녀가 원할 때 잠자리를 함께 했다. 순교자들은 언젠가는 총애받는 사람이 될 수 있다는 희망을 품고 그녀와의 교류를 즐겼다. 사랑의 기술에서는 그 어떤 여성도 니농을 능가할 수 없다는 소문이 퍼지자 상류사회의 많은 남자들이 그녀를 찾아갔다. 그들은 니농의 '지불인'이 되거나 '순교자'가 되거나 둘 중 하나를 택했다. 그리고 어느 쪽이든 니농에게 만족을 가져다주었다.

해석 ——

고급 매춘부는 기혼 여성들은 누릴 수 없는 권력을 가졌지만 거기에는 위험도 따랐다. 돈을 지불한 남자가 그녀를 소유했으며, 언제 그녀를 품고 언제 그녀를 차버릴지 결정했기 때문이다. 게다가 나이가 들면 찾는 남자도 없어 말년에 고생하지 않으려면 젊었을 때 돈을 모아야 했다. 따라서 매춘부는 지극히 현실적인 필요성에서 탐욕을 부리는 것이지만 그럴수록 매력이 반감될 수밖에 없다. 돈만 밝히는 여자를 좋아할 리 없기 때문이다.

니농 드 랑클로는 남자에게 의존하다가 늙어서 비참하게 살고 싶지 않았다. 그녀는 일방적으로 남자에게 종속되는 삶을 원치 않았다. 그래서 자기만의 시스템을 개발했다. 이 시스템은 희한하게도 그녀 자신뿐 아니라 남자들에게도 만족감을 주었다. '지불인'은 돈을 지불하면서도, 니농이 원할 때만 잠자리를 한다는 사실에서 성취감과 흥미를 느꼈다. 남자들은 그녀가 욕망에 굴복하는 모습을 보면서 즐거움을 느꼈다. '순교자'는 수치스럽게 돈을 지불하지 않는다는 사실 때문에 모종의 우월감을 느꼈다. 그러면서도 언젠가는 '총애받는 사람'으로 선택될지 모른다는 희망을 품었다. 그리고 니농은 남자들에게 둘 중 하나를 택하라고 강요하지 않았다. 남자들은 자신이 원하는 쪽을 '선택'할 수 있었고, 그러한 자유는 남자로서의 자존심을 지켜주었다.

사람들에게 선택권을 주거나 선택권을 가졌다는 환상을 주면 당신은 힘을 가질 수 있다. 그들은 결국 당신이 돌린 카드를 쥐고 게임을 하는 셈이기 때문이다. 이반 뇌제가 명백한 위험과 혼란이 예상되는 대안을 백성들에게 제시했다면, 니농은 상대가 어떤 선택을 하든 자신이 만족하게 되는 상황을 조성했다. 지불인을 통해 그녀는 생활을 유지하는 데 필요한 돈을 얻었다. 그리고 순교자를 통해서는 권력의 핵심 요소를 얻었다. 자신을 갈망하고 추종하는 무리를 항상 주변에 두고, 그 중에서 자신이 원하는 연인을 선택할 수 있는 힘을 가졌기 때문이다.

니농의 시스템은 한 가지 중요한 요소에 의존했다. 그것은 언젠가 순교자에서 총애받는 사람이 될 수 있다는 희망이었다. 부와 영예와 육체

J. P. 모건 1세가 보석상 주인에게 진주 넥타이핀을 구해달라고 부탁했다. 몇 주 뒤 보석상 주인은 근사한 진주를 발견했고, 그것을 박아 아름다운 넥타이핀을 제작해서 5천 달러짜리 청구서와 함께 모건에게 보냈다. 다음 날 소포가 되돌아왔다. 소포에는 다음과 같은 모건의 메모가 붙어 있었다. "넥타이핀은 마음에 들지만 가격이 마음에 안 듭니다. 4천 달러 수표를 동봉하니, 그 가격을 수락할 용의가 있다면 소포를 뜯지 말고 다시 내게 보내주십시오." 화가 난 보석상 주인은 4천 달러 수표는 필요 없다고 말하며 심부름꾼을 쫓아버렸다. 그는 넥타이핀을 꺼내려고 상자를 뜯었다. 거기에는 넥타이핀은 없고 5천 달러짜리 수표가 들어 있었다.
- 《일화집》, 클리프턴 패디먼 편, 1985

적 만족이 언젠가 내 것이 되리라는 환상은 거부할 수 없는 달콤한 유혹이다. 그 희망 하나 때문에 남자들은 터무니없는 상황마저도 받아들였다. 미래에 커다란 행운을 거머쥘 수 있다는 기대와 선택권을 가지고 있다는 착각, 이 둘을 결합시키면 아무리 강력한 상대도 당신의 거미줄에 걸려들게 만들 수 있다.

권력의 열쇠: 당신이 돌린 카드로 게임하게 하라

'자유', '선택', '선택권' 같은 단어는 비록 현실적인 이익에서 멀리 떨어져 있지만 그 가능성과 희망 때문에 힘을 발휘한다. 가까이서 살펴보면 우리의 선택은(시장에서든, 선거에서든, 구직 활동에서든) 분명한 한계를 갖고 있다. 대개 그것은 A와 B 둘 중 하나를 선택하는 문제이며, 나머지 대안은 시야에서 제외되기 때문이다. 그럼에도 '선택'이라는 공허한 단어가 귓가에 울리면 우리는 나머지 대안들을 까맣게 잊어버린다. 우리는 공정한 게임이 진행되고 있다고, 우리에게 자유가 있다고 믿어버린다. 선택의 자유에 대해서는 깊이 생각하지 않는다.

이처럼 선택의 제한된 특성에도 불구하고 사람들은 너무 많은 자유가 일종의 불안을 야기하기 때문에 그것을 무시한다. '무제한적인 선택'이라는 말은 이상적으로 들리지만, 실제로는 우리를 마비시켜 선택을 불가능하게 만든다. 우리는 선택의 폭이 제한될 때 편안함을 느낀다.

따라서 똑똑한 사람은 이러한 원리를 통해 기만을 행할 수 있는 기회를 발견한다. 눈앞에 놓인 대안들 가운데 선택을 하는 사람들은 자신이 조종당하거나 속고 있다고 생각하지 않기 때문이다. 그들은 당신이 적은 양의 자유를 주면서 실제로는 당신의 의사(意思)를 강력하게 강요하고 있다는 점을 알아채지 못한다. 따라서 항상 좁은 선택의 폭을 제공하는 것이 중요하다. 새를 제 발로 새장에 들어가게 만들면 훨씬 더 아름답게 노래 부른다는 말도 있지 않은가.

다음은 '선택을 통제하는' 일반적인 방법들이다.

선택 항목을 위장하라. 이는 헨리 키신저가 애용한 방법이다. 리처드 닉슨 행정부의 국무장관이었던 키신저는 자신이 닉슨보다 훨씬 많은 정보를 갖고 있으며 따라서 대부분의 상황에서 자신이 최선의 결정을 내릴 수 있다고 생각했다. 그러나 키신저가 정책을 좌지우지하려는 것처럼 비치면, 닉슨의 감정을 자극하거나 분노를 일으킬 것이 분명했다. 그래서 키신저는 서너 가지의 선택 사항을 제시하되, 자신이 원하는 선택 사항이 나머지에 비해 훨씬 탁월한 해결책인 것처럼 보이도록 꾸몄다. 닉슨은 매번 미끼에 걸려들었다. 그러면서도 자신이 키신저가 원하는 방향으로 움직이고 있다고는 전혀 생각하지 못했다. 이는 불안정한 윗사람에게 사용하면 큰 효과를 발휘하는 방식이다.

저항자를 몰아붙여라. 1950년대 최면요법의 선구자였던 밀턴 H. 에릭슨 박사는 환자들의 병이나 버릇이 자꾸 재발하는 것 때문에 고민에 빠졌다. 환자들은 빠른 속도로 회복되는 것처럼 보였지만 그들의 내면 깊은 곳에는 저항이 자리하고 있었다. 시간이 조금 흐르면 곧 예전의 행동 습관으로 돌아갔고, 의사를 탓했으며, 결국 치료를 거부했다. 이를 해결하기 위해 에릭슨은 환자들에게 예전의 나쁜 상태로 돌아가라고 '지시' 했다. 처음 진료를 받으러 왔을 때처럼 나쁜 기분을 느끼고 스스로에게 만족하지 못하는 상태로 돌아가고 싶으면 그렇게 하라고 말한 것이다. 그러자 환자들은 예전 상태로 돌아가는 것을 피하기로 '선택'했다. 물론 그것은 에릭슨이 원하는 결과였다.

이것은 당신의 요청과 반대로만 행동하려는 고집 센 사람이나 청개구리 같은 아이들에게 효과적인 방법이다. 당신이 원하는 쪽과 반대편을 옹호하는 척함으로써, 결국은 상대가 당신이 원하는 방향으로 움직이도록 '선택'하게끔 몰아가는 것이다.

활동 영역을 변경하라. 1860년대에 존 D. 록펠러는 석유 독점을 꾀하기 시작했다. 그런데 작은 석유회사들을 인수하려고 시도하면, 그들이 록펠러의 속셈을 파악하고 저항할 것이 분명했다. 그래서 록펠러는 석유를 수송하는 철도회사들을 은밀하게 사들였다. 그 후 석유회사를 인수하려고 접근했을 때 저항에 부딪히자 석유 수송을 중단하거나 수송료를 인상하겠다고 압박했다. 록펠러는 활동 영역을 잠시 변경함으로써, 석유회사들이 그의 요구에 굴복할 수밖에 없게 만들었다.

이 경우에 상대는 당신이 무언가를 강요하고 있다는 사실을 안다. 하지만 그것은 중요하지 않다. 어차피 당신이 어떤 태도를 취해도 반항할 상대 앞에서 사용하는 방법이기 때문이다.

선택의 폭을 줄여라. 이 방법을 능숙하게 사용한 사람은 19세기 말의 프랑스 화상 앙브루아즈 볼라르(Ambroise Vollard)다. 세잔의 그림을 사러 볼라르의 가게에 온 손님이 있다고 가정하자. 볼라르는 손님에게 그림 세 점을 보여준 다음 가격도 말해주지 않고 꾸벅꾸벅 조는 척했다. 손님은 마음을 결정하지 못하고 돌아간다. 그러면 대개 손님은 다음 날 그림을 다시 보러 왔다. 이번에 볼라르는 전날과 같은 그림이라고 생각하는 척하면서, 전날보다 못한 그림들을 보여주었다. 당황한 손님은 좀더 생각해보겠다며 그냥 돌아갔다. 그러고 나서 다시 똑같은 상황이 발생한다. 손님이 또 오면 볼라르는 더 안 좋은 그림을 보여주었다. 마침내 손님은 지금 보고 있는 그림을 얼른 사는 것이 현명하다고 생각하게 되었다. 다음 날이 되면 훨씬 더 안 좋은 그림을, 그것도 어쩌면 더 비싼 값에 사야 할지도 모르기 때문이다.

구매자가 망설이면서 하루를 또 보낼 때마다 가게 주인이 가격을 올리는 것도 이와 유사한 방법이다. 이러한 흥정 방식은 우유부단한 사람을 상대할 때 효과적이다. 그들에게 내일까지 기다리는 것보다 오늘 더 싼 값에 살 수 있다고 하면 쉽게 넘어올 것이다.

약한 사람은 궁지로 몰아라. 약한 사람은 선택을 통제함으로써 쉽게 조종할 수 있다. 17세기 프랑스 정치계에서 선동가의 면모를 발휘했던 레츠 추기경은 우유부단하기로 소문난 오를레앙(Orléans) 대공을 비공식적으로 돕고 있었다. 오를레앙 대공은 항상 망설이고, 이런저런 대안을 따져보고, 마지막 순간까지 기다렸기 때문에, 주변에 있는 사람들이 늘 애를 먹었다. 하지만 레츠 추기경은 그를 다루는 방법을 터득했다. 레츠 추기경은 모든 위험 가능성에 대해 크게 과장하여 설명했다. 오를레앙 대공이 사방을 둘러보면 끔찍한 결과들만 보였고, 결국 남아 있는 하나를 택할 수밖에 없었다. 물론 그것은 레츠 추기경이 원하는 길이었다.

이 방법은 앞서 소개한 '선택 항목 위장하기'와 유사하다. 하지만 약한 상대를 대할 때는 더 공격적으로 나갈 수 있다. 그들의 감정을 이용하라. 상대의 공포와 두려움을 자극해 행동하게 만들어라. 이성적인 방식을 시도하면 그들은 자꾸 미룰 구실만 찾을 것이다.

공범으로 끌어들여라. 이는 사기꾼들의 고전적인 수법으로, 상대를 모종의 음모에 끌어들여 끈끈한 연결 관계를 만들어놓는 것이다. 상대가 당신의 작전에 동참해 함께 죄를 범하면 당신은 그를 조종하기가 훨씬 쉬워진다(제36법칙에 소개한 샘 기질의 이야기를 떠올려보라). 1920년대 프랑스의 유명한 사기꾼 세르주 스타비스키(Serge Stavisky)는 사기극에 정부를 끌어들였기 때문에 정부는 감히 그를 기소하지 못하고 결국 내버려두는 쪽을 '선택'했다. 이 방법을 쓸 때는, 만일 당신의 계획이 실패할 경우 당신에게 가장 큰 피해를 입힐 사람을 끌어들이는 것이 좋다. 그러면 사람들은 그들이 연루되어 있다는 사실을 눈치 채지 못한다. 그리고 연루가 드러날 것 같은 분위기가 조금만 조성되어도 그들이 선택할 수 있는 폭은 줄어들고, 그들은 입을 다물 수밖에 없다.

딜레마에 빠뜨려라. 미국 남북전쟁 때 윌리엄 셔먼(William Sherman) 장군이 이 전술을 훌륭하게 보여주었다. 셔먼 장군은 북군을 이끌고 조지아 주를 지나고 있었다. 남군은 셔먼이 어느 방향을 향해 가고 있는지는 알았지만, 그가 왼쪽에서 공격할지 오른쪽에서 공격할지는 정확하게 알 수가 없었다. 셔먼이 군대를 둘로 나누어놓았기 때문이다. 만일 남군이 한쪽의 공격을 용케 피한다고 해도 나머지 한쪽에서 공격을 당할 것이 뻔했다. 이는 변호사들이 법정에서 흔히 쓰는 방식이다. 변호사는 증인에게 두 가지 가능한 설명을 제시하며 선택하라고 하지만, 결국 두 가지 모두에 함정이 숨겨져 있다. 증인은 어느 쪽이 옳다고 대답해도 궁지에 빠질 수밖에 없다. 이 작전의 핵심은 빠르게 움직이는 것이다. 상대에게 빠져나갈 궁리를 할 시간을 주어서는 안 된다. 결국 상대는 딜레마에서 빠져나가려고 애쓰다가 무덤만 더 깊이 파게 된다.

기억하라. 상대와 싸우는 과정에서 때로 당신은 어쩔 수 없이 상대에게 해를 입혀야 한다. 그런 경우 만일 당신이 가해자로 비치면 당신은 역습이나 복수의 대상이 될 것이다. 하지만 만일 상대가 자신의 불행을 스스로 자초했다고 생각하면 그는 조용히 결과를 받아들인다. 이반 뇌제가 모스크바를 떠났을 때, 그가 돌아오기를 바라는 국민들은 절대 권력을 달라는 이반의 요구에 기꺼이 동의했다. 이후 국민들은 그의 전제적이고 포악한 정치에 불만을 드러내지 못했다. 그들 스스로 이반에게 그러한 권력을 주었기 때문이다. 상대가 스스로 독이 든 잔을 들도록 선택권을 주어라. 그리고 당신이 모든 것을 계획했다는 것을 감추어라.

| **이미지** | 황소의 뿔. 황소는 뿔로 밀면서 상대를 구석으로 몬다. 이때 한 개의 뿔을 사용해 상대가 쉽게 빠져나갈 수 있게 하는 것이 아니라, 한 쌍의 뿔을 이용해 상대를 꼼짝없이 가둔다. 황소 앞에 선 자는 오른쪽으로 달아나든 왼쪽으로 달아나든 그 뾰족한 뿔에 받히고 만다.

| **근거** | 사람이 스스로 또는 자신의 선택에 의하여 입는 상처나 피해는 궁극적으로 타인에 의한 상처나 피해에 비하여 덜 고통스럽다.

– 니콜로 마키아벨리(1469~1527)

뒤집어보기

선택을 통제하는 중요한 목적은 당신이 힘을 행사하거나 피해를 입힌 장본인임을 숨기는 것이다. 따라서 이 전술은 권력이 비교적 약한 사람,

너무 공공연하게 힘을 행사하면 상대의 의혹이나 분노를 살 수 있는 사람이 활용하는 것이 효과적이다. 그러나 일반적으로 볼 때도 직접적이고 강압적으로 힘을 행사하는 것은 그리 바람직하지 않다. 아무리 안정적이고 막강한 권력을 지닌 자라 하더라도 말이다. 사람들로 하여금 스스로 선택하고 있다고 착각하게 만드는 것이 훨씬 우아하고 효과적이다.

한편 상대의 선택 가능성을 제한하면 당신의 선택 가능성도 줄어드는 경우가 종종 있다. 상대에게 더 많은 자유를 허용하는 것이 결과적으로 당신에게 이득인 경우가 있다. 상대에게 자유를 준 다음, 그의 움직임을 면밀히 관찰하면서 정보를 모으고 작전을 짤 수 있기 때문이다. 19세기의 금융가 야코프 로트실트는 이러한 방법을 좋아했다. 그는 상대의 움직임을 통제하면 상대의 전략을 파악해 더 효과적인 계획을 짤 수 있는 기회를 잃게 된다고 생각했다. 즉 그는 단기적으로 상대에게 더 큰 자유를 줄수록, 장기적으로는 더 효과적이고 강력하게 상대를 공격할 수 있다고 생각했다.

사람들의 약점을 공략하라
...
심리적 무장해제

성벽에 틈이 있듯이 사람에게는 약점이 있게 마련이다.
약점은 대개 불안정을 초래할 수 있는 어떤 것이거나
통제할 수 없는 감정 혹은 상대적으로 부족한 어떤 면 등이며,
경우에 따라서는 은밀히 즐기는 사소한 쾌락일 수도 있다.
흔한 약점이든 독특한 약점이든 일단 찾아놓기만 하면,
그 허점을 당신은 언제든 유리하게 이용할 수 있다.

허점 파악하기: 전략적 행동 계획

사람들은 모두 저항하는 습성이 있다. 변화가 찾아오거나 친구나 라이벌이 간섭하려고 하면 방어를 하기 위해 끊임없이 무장하게 된다. 뭔가를 마음대로 하도록 내버려두는 것만큼 우리가 좋아하는 것도 없다. 사람들의 그런 저항에 항상 맞서려다 보면 에너지 소모가 크다. 그런데 사람은 누구나 약점이 있다는 것을 잊지 말라. 사람들은 심리적 무장을 하지만, 그 중에는 (당신이 발견해 압박을 하기만 하면) 미처 저항을 하지 못하고 당신의 의지에 따라 움직이게 되는 부분이 있다. 공공연히 약점을 드러내는 사람이 있는가 하면 약점을 위장하는 사람들도 있다. 약점을 위장하는 사람들은 대개 그 약점을 찔렸을 때 본모습이 완전히 드러난다.

습격을 계획할 때는 다음과 같은 원칙들을 염두에 두라.

몸짓과 무의식적인 신호들에 주의를 기울여라. 지그문트 프로이트(Sigmund Freud)는 이렇게 말했다. "비밀을 지킬 수 있는 인간은 없다. 입을 다문다 해도 손가락 끝으로 이야기를 하고, 땀구멍 하나하나로 비밀을 내보내는 게 인간이기 때문이다." 누군가의 약점을 찾을 때 기억해야 할 중대한 대목이다. 약점은 겉보기에 사소한 몸짓이나 지나가는 말 속에 드러나기 때문이다.

이때 어떤 정보를 구하느냐 하는 것뿐 아니라, 정보를 어디서 어떻게 구하는가 하는 방법도 중요하다. 일상적인 대화에는 취약점이 가장 많이 숨어 있으므로 거기에 귀를 기울이는 훈련을 해야 한다. 항상 상대방 말에 관심이 있는 것처럼 보여라. 남의 말을 공감해서 듣는 것처럼 보이면 사람들은 더 잘 입을 열게 마련이다. (19세기의 프랑스 정치가 탈레랑이 잘 썼던 방법으로) 상대방에게 마음을 탁 터놓은 것처럼 보여 비밀을 공유하면 영리한 계책이 된다. 그런 비밀은 당신이 완전히 꾸며낸 것일 수도 있고, 사실이기는 하지만 당신에겐 하등 중요하지 않은 것일 수도 있다. 이때 중요한 것은 그 비밀이 반드시 진심에서 나온 것처럼 '보여야' 한다는 것이다. 그래야 상대방으로부터 그만큼 솔직하고 진심 어린 반응을 이끌어낼 수 있고, 바로 이런 반응에서 취약점이 드러난다.

어떤 사람에게 특히 약한 부분이 있다고 생각되거든 간접적으로 탐색해보라. 예를 들어 어떤 남자가 사랑을 받고 싶어하는 욕구가 있다는 감이 들면 대놓고 추켜세운다. 그런 노골적인 칭찬을 그가 덥석 받아들이면 제대로 짚은 셈이다. 세세한 것을 알아보는 눈을 길러라. 웨이터에게 팁을 주는 방식, 기쁨을 얻는 대상, 입고 있는 옷에 숨겨진 메시지 등을 말이다. 사람들의 우상, 즉 열렬히 숭배해서 그것을 위해서라면 뭐든지 하려는 대상이 무언지 알아내라. 아니면 당신이 사람들에게 그런 우상에 대한 이미지를 만들어줄 수도 있다. 기억하라. 누구나 자신의 약점을 숨기려 하기 때문에 의식적인 행동 속에서 알아낼 수 있는 것은 거의 없다. 의식적 통제를 벗어난 사소한 행동 속에서 당신이 알고자 하는 정보가 흘러나온다.

무방비 상태의 어린아이를 찾아내라. 사람들의 약점은 대부분 자아가 방어 체계를 갖추기 전인 어린아이 때부터 생기기 시작한다. 어린 시절 특히 응석을 부리며 자란 부분도 있을 테고, 충족되지 못한 감정적 욕구도 있을 것이다. 그렇게 넘치고 모자랐던 부분은 나이가 들면서 속으로 묻힐 뿐, 완전히 사라지는 것은 아니다. 따라서 어린 시절의 욕구를 알아내는 것은 상대방의 약점을 캐내는 핵심적 열쇠가 된다.

당신이 상대방의 어떤 부분을 건드렸을 때 그가 아이처럼 반응한다면 그 부분이 바로 약점이다. 그러니 어른답지 않게 행동하는 부분에 주의를 기울여라. 당신의 제물이나 라이벌이 어린 시절 부모의 뒷바라지를 충분히 받지 못했다면, 당신이 그 역할을 해주거나 부모의 뒷바라지에 버금가는 것을 해주어라. 반대로 어린 시절부터 몰래 탐닉해오던 은밀한 취향이 있다면 마음껏 즐기도록 해주어라. 그러면 두 경우 모두 상대방이 당신에게 저항하지 못하게 될 것이다.

반대 특징을 찾아내라. 사람들이 공공연히 내세우는 특징은 그 정반대 특징을 은폐하고 있는 경우가 많다. 큰소리치는 사람 중에는 지독한 겁쟁이들이 많고, 겉으로 품위 있는 척하는 사람들이 속으로는 음탕할 수 있다. 또 겉으로 고지식한 사람들이 모험을 갈구하고, 겉으로 소심한 사람들이 관심을 받고 싶어 안달하는 경우가 많다. 겉모습을 넘어 그 이면을 탐색하라. 그러면 사람들이 당신에게 내보이는 것과 정반대되는 특징 속에서 그들의 약점을 발견할 수 있을 것이다.

약한 고리를 찾아라. 약점을 찾다 보면 '무엇'보다 '누가'가 중요할 때가 있다. 현대판 궁정에서는 막후 실력자가 외양상 가장 윗자리에 있는 사람에게 막강한 영향력을 행사하는 경우가 많다. 바로 그 막후 실력자가 그 집단의 약한 고리다. 그의 총애를 사면 당신도 왕에게 간접적으로 영향을 미칠 수 있다. 심지어 겉으로 보기엔 일사불란하게 움직이는 것처럼 보이는 집단에서도(공격을 받으면 외부 세력에 저항하기 위해 집단 내부의 결속이 강해지는 경우처럼) 약한 고리는 언제나 있게 마련이다. 압력을 견뎌내지 못하고 휘어질 사람을 찾아내라.

빈자리를 채워주어라. 사람들에게 채워주어야 하는 감정적 공허감은 주로 불안과 불행, 이 두 가지다. 불안한 사람들은 사회적 인정을 받기 위해서는 무엇이든 달려드는 경향이 있다. 한편 만성적 불행에 시달리는 사람들의 경우에는 그 불행의 원인이 무엇인지를 찾아라. 불안하고 불행한 자들은 약점을 가리는 능력이 턱없이 부족하다. 그들의 감정적 공허감을 채워줄 수 있다는 건 권력을 손에 넣을 수 있는 커다란 힘이자, 언제까지고 오래도록 이용할 수 있는 힘이다.

통제 불가능한 감정들을 이용하라. 통제 불가능한 감정은 편집증적인 두려움(상황에 걸맞지 않은 두려움을 말한다)이 될 수도 있고, 욕정, 탐욕, 허영심, 증오와 같이 마음의 밑바닥에 깔린 동기가 될 수도 있다. 이런 감정에 사로잡힌 사람들은 스스로를 통제하지 못하는 경우가 많다. 이점을 이용하면 당신이 그들을 통제할 수 있다.

법칙 준수 사례 1: 루이 13세의 약점을 간파한 리슐리외

1615년, 서른 살의 뤼송 교구 주교가 프랑스의 3계급(성직자, 귀족, 평민) 대표단 앞에서 연설을 하게 되었다. 그는 후일 리슐리외 추기경으로 알려진 인물이다. 아직 젊고 명성도 별로 없는 그가 성직자 대표로 연설하게 되는 막중한 임무를 띤 것이다. 리슐리외는 중요한 이슈에 대해서는 교회의 기본 노선을 따랐다. 하지만 연설이 막바지에 이르자 리슐리외는 교회와는 전혀 상관없는 자기 이력에 관한 이야기를 꺼냈다. 그러면서 당시 열다섯 살의 루이 13세와 그 옆에 앉은 모후 마리 드 메디시스(Marie de' Médicis)를 바라보았다. 당시 마리는 어린 아들을 대신해 섭정을 하고 있었다. 모두들 리슐리외가 어린 왕에게 뭔가 호의 어린 말을 할 거라 예상했다. 하지만 리슐리외는 모후를 똑바로 바라보더니 모후를 추켜세우는 장광설로 연설을 마무리 지었다. 칭찬이 얼마나 대단했는지 교회의 입장이 약간 난처해질 정도였다. 하지만 모후는 무척이나 흐뭇해하며 의미심장한 미소를 지어 보였다.

1년 후 모후는 리슐리외를 국무장관 자리에 임명한다. 젊은 주교로서는 대단히 이례적인 성공이었다. 이제 권력의 중심부에 입성한 그는 궁정이 어떻게 돌아가고 있는지를 연구했다. 모후의 총애를(엄밀히 말하면 사랑을) 받는 이탈리아인 콘치노 콘치니(Concino Concini)라는 인물이 최고 실세로 영향력을 떨치고 있었다. 리슐리외는 허영심 많고 멋 부리기 좋아하는 콘치니를 완벽하게 다룰 줄 알았다. 그를 왕처럼 받들어 모신 것이다. 몇 달 만에 리슐리외는 콘치니가 가장 아끼는 측근에 낄 수 있었다. 하지만 1617년, 갑작스러운 일이 벌어졌다. 그동안 바보 같은 짓만 일삼던 나이 어린 왕이 콘치니를 죽여버리고 그와 어울리던 측근들을 감옥에 집어넣은 것이다. 루이 13세는 일거에 모후를 밀쳐내고 프랑스의 통치권을 수중에 넣었다.

리슐리외가 수를 잘못 놓았단 말인가? 콘치니와 마리 드 메디시스 모후를 모시던 고문이나 대신들이 하루아침에 왕의 신임을 잃고 일부는 체포되기까지 했으니 말이다. 모후도 루브르 궁에 갇혀 죄수나 다름없는 신세였다. 리슐리외는 잠시도 허비하지 않고 행동에 들어갔다. 모두가 마리 드 메디시스를 버린다 해도 자기만은 그녀 곁을 지키겠다고 나섰다. 루이 13세가 모후를 없애지는 못할 것을 알았기 때문이다. 실제로 왕은 아직 어린 데다 모후에 대한 애착이 강했다. 리슐리외는 유일하게 마리의 막강한 친구로 남은 채 왕과 어머니 사이에서 연락망 역할을 톡톡히 해냈다. 그리고 그는 그에 대한 보답을 받았다. 모후의 보호 아래 쿠데타에서 살아남았을 뿐 아니라 세력을 더 키우기까지 했던 것이다. 1622년에는 추기경이라는 막강한 지위에 올랐다.

1623년에 루이 13세가 궁지에 빠졌다. 왕은 누구의 조언도 믿지 못했고, 모후의 섭정에서 벗어났지만 정신적으로는 여전히 미숙해서 국사(國事)를 버겁게 여겼다. 이때 모후는 왕에게 리슐리외를 강력하게 추천했다. 루이 13세는 리슐리외라면 치를 떨었다. 그나마 그를 참아주고 있는 건 순전히 모후 때문이었다. 하지만 궁정에서 고립무원의 처지가 되자 결국 모후의 뜻에 따라 리슐리외를 최고 고문으로 삼고 나중에는 총리 자리까지 맡겼다.

이제 리슐리외는 마리 드 메디시스가 필요 없었다. 그는 모후를 찾아가 아부하는 일을 그만두었다. 더 이상 그녀의 요구를 들어주지도 않았으며 심지어 그녀와 언쟁을 벌이고 그녀의 뜻에 반대하기도 했다. 그 대신 왕에게 집중해서 이 새로운 군주에게 없으면 안 되는 존재가 되었다. 이전의 총리들은 어린애처럼 미숙한 왕이 궁지에서 빠져나오게 하려고 애를 쓰곤 했다. 하지만 노회한 리슐리외는 왕을 다른 식으로 다루었다. 왕이 야심찬 계획을 추진하도록 부추겨서 위그노를 상대로 십자군 전쟁을 벌이게 하고 종국에는 스페인과도 큰 전쟁을 벌이게 했다. 이런 계획들은 규모가 워낙 방대했기에 왕은 막강한 총리의 힘에 더욱 기댈 수밖에 없었다. 왕국의 질서를 유지할 수 있는 건 오직 그뿐이었다. 그리하여 이후 18년 동안 리슐리외는 왕의 약점을 십분 활용해 프랑스를 자신의 뜻에 따라 통치하고 그 틀을 짜나갔다. 프랑스를 통일시켜 이후 수 세기 동안 유럽의 강국으로 만든 것이다.

해석 ——

리슐리외는 모든 것을 일종의 군사작전으로 보았다. 적의 약점을 간파해 압박하는 것은 가장 중요한 전술이었다. 1615년, 연설을 할 때 이미 권력의 사슬에서 가장 약한 고리가 모후라는 걸 간파했다. 모후가 겉보기에 약해 보였다는 뜻은 아니다. 그녀는 프랑스와 아들 모두를 손에 쥐고 있었다. 하지만 모후도 알고 보면 끊임없이 남자의 관심을 갈구하는 불안정한 여자였다. 그래서 넘치는 애정과 존경을 쏟아붓고 모후가 가장 아끼는 콘치니에게까지 아첨을 한 것이다. 언젠가는 어린 아들이 왕위에 오르겠지만, 모후 앞에서는 언제까지나 어린아이로 남아 있을 수밖에 없다는 점 역시 간파하고 있었다. 따라서 루이 13세를 뜻대로 움직이려면 그의 신임을 얻는 게 방법은 아니었다. 하룻밤 새에 그의 신임을 잃을 수도 있기 때문이다. 그보다는 모후를 움직여야 했다. 아들의 어머니에 대한 사랑은 절대 변하지 않을 것이기 때문이었다.

그는 총리의 자리에 오르자 모후를 가차 없이 버리고 그다음으로 약한 고리를 찾아 움직였다. 바로 왕의 품성이었다. 왕에게는 더 높은 권위를 필요로 하는 응석받이 아이 같은 면이 있었다. 리슐리외는 왕의 이런 약점을 기반으로 자신의 권력과 명성을 확립한 것이었다.

유념하라. 궁정에 들어가거든 가장 약한 고리를 찾아야 한다. 실제 권력을 쥐고 있는 건 왕이나 여왕이 아닌 경우가 많다. 왕이나 여왕의 총애를 받는 신하나 여왕의 남편, 심지어 궁중의 어릿광대가 막후에 숨어 있는 실세다. 이런 사람들은 약점이 왕보다 많을 것이다. 그의 권력은 그의 힘으로 어쩔 수 없는 온갖 변덕스러운 요소에 기반하고 있기 때문이다.

마지막으로 결단력이 없는 어린아이 같은 사람들을 다룰 때는 그들의 약점을 이용해 위험천만한 모험을 하도록 내몰아라. 그러면 그들은 당신에게 더욱 의지할 수밖에 없을 것이다. 궁지에서 빠져나와 안전한 곳으로 갈 때 당신을 의지할 어른으로 삼을 것이기 때문이다.

사소한 것이 중요하다

시간이 갈수록 나는 작은 약점들을 찾아내기 시작했다. …… 정말로 중요한 건 그런 사소한 것들이기 때문이다. 한번은 오마하에 있는 한 대형 은행 은행장을 상대로 일을 벌인 적이 있다. 나는 미시시피 강을 가로지르는 다리를 포함해 오마하의 시내 전차 노선을 매입하겠다는 내용으로 (가짜) 거래를 꾸몄다. 그리고 나의 상사들은 독일인이라 협상을 베를린에서 해야 한다고 했다. 그리고 그쪽에서 소식이 있길 기다리면서 은행장에게 광산주 매입 계획서를 보여주었다. 은행장이 부자였기 때문에 나는 판돈을 많이 걸기로 마음을 먹었다. …… 그러면서 은행장과 골프를 치기도 하고 그의 집을 찾아가기도 하고 은행장 부부와 함께 극장에 가기도 했다. 은행장은 나의 주식 사업에 어느 정도 관심을 보이긴 했지만, 거래하겠다는 확신은 아직 없었다. 당시 나는 125만 달러의 투자금이 필요하다는 이야기를 꺼내놓은 터였다. 그중 90만 달러를 내가 부담하고 은행장이 35만 달러를 부담하자고 제안했다. 그래도 그는 망설였다. 어느 날 저녁을 먹으러 그의 집에 가면서 나는 코티 사의 '에이프릴 바이올렛'이라는 향수를 뿌렸다. 당시 사람들은 향수란 여자들이나 쓰는 것이라 생각했다. 그런데 은행장의 부인이 그 향수를 아주 맘에 들어했다. "향수를 어디서 구하셨어요?" "아주 귀한 물건이지요. 저를 위해 프랑스의 향수 제조가가 특별히 만들어준 겁니다. 마음에 드세요?" "정말

법칙 준수 사례 2: 허장성세에 속은 초보 사업가

1925년 12월, 플로리다 팜비치에서 가장 화려하다고 손꼽히는 호텔에서 손님들의 호기심 어린 눈이 일제히 한곳을 향했다. 일본인 기사가 운전하는 롤스로이스에서 한 남자가 내리더니 호텔 안으로 걸어 들어왔다. 이후 며칠 동안 이 잘생긴 남자는 멋진 지팡이를 들고 걸어 다니며 쉴 새 없이 전보를 받고 이따금씩만 대화를 나누었다. 소문에 따르면 그는 유럽에서 가장 부유한 집안 출신의 빅토르 루스티히 백작이었다. 하지만 사람들이 알아볼 수 있는 건 거기까지가 전부였다.

그런 루스티히 백작이 어느 날 별 볼 일 없는 엔지니어링 회사 사장 허먼 롤러(Herman Loller)에게 다가가 말을 거는 것을 보고 사람들은 깜짝 놀랐다. 롤러는 최근에 재산을 모은 인물이었기에 사회적 인맥을 다지는 것이 무척이나 중요했다. 그는 영광스럽기도 하고, 그 세련된 남자에게 다소 주눅이 들기도 했다. 루스티히 백작은 외국인 억양을 약간 풍기긴 했지만 완벽하게 영어를 구사했다. 이틀 사이에 둘은 친구가 되었다.

물론 이야기는 대부분 롤러가 했다. 그러던 어느 날 밤 롤러가 사업이 힘들게 돌아가고 있다고 털어놓았다. 그러자 루스티히도 자기 역시 심각한 자금 문제를 겪고 있다고 털어놓았다. 공산당원들이 가문의 땅과 자산을 몽땅 몰수했다는 것이었다. 나이가 많아 새로운 일을 벌이기에도 늦었다고 말했다. 그런데 운 좋게도 해결 방법을 하나 찾았다는 것이었다. "바로 돈 만드는 기계라네." "돈을 위조한다고?" 롤러가 깜짝 놀라 귀에 대고 소곤거렸다. 루스티히는 그런 건 아니라고 하면서 지폐를 똑같이 복사해주는 기계를 갖고 있다고 했다. 1달러를 집어넣으면 화학적 과정을 거쳐 6시간 후 2달러가 나오는데 두 장 모두 완벽한 지폐가 된다고 했다. 루스티히는 더 나아가 그 기계를 유럽에서 밀수해 들여온 과정이며, 독일인들이 영국인들을 괴롭히려고 그 기계를 만들었다는 얘기, 그 기계가 자신에게 몇 년 동안이나 든든한 힘이 되어주었다는 이야기를 했다. 롤러가 그 기계를 보여달라고 하자 둘은 루스티히의 방으로 갔다. 거기에서 백작은 슬롯과 크랭크, 다이얼이 여러 개 달린 커다란 마호가니 상자를 꺼냈다. 롤러는 루스티히가 상자 안에 달러 한 장을 집어넣는 걸 지켜보았다. 다음 날 아침 일찍 루스티히는 지폐 두 장을 꺼내 보였다. 두 장 모두 화학 물질에 젖은 채였다.

루스티히가 그 지폐를 건네자 롤러는 그것을 들고 당장 은행으로 달려갔다. 은행에서는 두 장을 모두 진짜로 받아주었다. 이제 사업가 롤러는 자신에게 그 기계를 팔라며 루스티히에게 애걸복걸하는 상황이 되었다. 백작이 이 기계는 세상에 오직 한 대뿐이라고 하며 뒤로 빼자 롤러는 2만 5천 달러를 불렀다(현재로 따지면 40만 달러가 넘는 금액이다). 루스티히는 그래도 망설이는 기색이었다. 친구한테서 그렇게 많은 돈을 받는 것이 도리가 아닌 것 같다고 했다. 하지만 결국에는 그 가격에 팔기로 합의했다. 그가 마지막으로 덧붙였다. "자네가 지불한 돈은 아무것도 아닐걸세. 그 기계가 며칠 새에 회수해줄 테니까 말이야." 루스티히는 이런 기계가 있다는 것을 아무에게도 말하지 않겠다는 다짐을 받은 후 돈을 받아들었다. 그리고 그날 늦게 호텔을 떠났다. 그 후 롤러는 1년이 지나도록 지폐를 한 장도 복제하지 못하고 마침내 경찰을 찾았다. 루스티히 백작이 달러 지폐 두 장과 화학 물질과 아무 쓸모도 없는 마호가니 상자로 자신에게 사기를 쳤다는 사연과 함께.

해석 ——

루스티히 백작은 다른 사람의 약점을 알아보는 날카로운 눈이 있었다. 그는 사소한 몸짓 하나에서도 약점을 간파했다. 예를 들어 롤러는 웨이터에게 팁을 후하게 주고, 호텔 안내인과 이야기를 나눌 때 초조해 보였으며, 자기 사업 이야기를 떠벌렸다. 롤러는 사회적 인정과 존경을 받고 싶어했고, 부가 그것을 해결해줄 거라고 믿고 있었다. 루스티히는 롤러의 그런 약점을 꿰뚫어보았다. 또 롤러는 만성적인 불안에 시달리고 있었다. 사실 루스티히는 먹잇감을 사냥하러 그 호텔에 온 것이었다. 그는 롤러 안의 철없는 아이에게 다가갔다. 자기 마음의 빈자리를 누군가 채워주길 간절하게 바라는 사람에게로 말이다.

루스티히는 롤러에게 우정을 베풂으로써 롤러가 다른 사람들로부터 존경받고 싶어하는 욕구를 충족시켜주었다. 또 백작의 지위를 이용해 갓 부자가 된 이 사업가에게 오랜 시간 쌓아온 부로 이룬 화려한 세계를 접할 수 있게 해주었다. 그리고 최후의 일격으로 롤러를 근심에서 해방시켜줄 기계를 갖고 있는 척했다. 그 기계만 있으면 롤러는 그 대단한 루스티히와 동격이 될 수 있을 것이다. 루스티히도 그 기계를 이용해 자기 지위를 유지하지 않았던가. 롤러가 미끼를 덥석 문 것은 당연한 일이었다.

유념하라. 마음 약한 사람을 찾을 때는 어딘가 불만족스럽고 불행하고 불안한 사람들을 눈여겨봐야 한다. 그런 사람들은 여러 가지 약점들로 구멍이 숭숭 뚫려 있고, 당신이 그것들을 채워주리라는 욕구를 가지고 있다. 홈처럼 파인 그들의 욕구에 당신 엄지손가락을 쑥 밀어넣으면 그들을 당신 뜻대로 움직일 수 있다.

법칙 준수 사례 3: 카트린 왕비의 미인계

1559년, 프랑스 왕 앙리 2세가 마상 시합을 벌이다 그만 죽고 말았다. 그의 아들 프랑수아 2세(François II)가 왕위를 이었으나 카트린 드 메디시스(Catherine de' Médicis) 왕비가 자리 잡고 있었다. 그녀는 오래전부터 국사를 노련하게 다루어왔다. 이듬해 프랑수아 2세마저 세상을 떠나자, 그녀는 자신의 아들(후일 샤를 9세가 되는 이 왕자의 나이는 당시 열 살에 불과했다)을 대신해 섭정했다.

대비의 권력에 위협이 된 주요 세력은 나바라의 왕인 부르봉의 앙투안과 콩데의 막강한 제후였던 그의 동생 루이였다. 이들은 카트린이 이탈리아 사람임을 내세워 자신들이 섭정을 맡겠다고 나설지도 몰랐다. 그래서 카트린은 재빨리 앙투안을 중장에 임명했다. 그의 야심을 어느 정도 만족시켜주어 그를 궁정에 붙들어놓음으로써 그를 지켜보겠다는 속셈이었다. 하지만 그다음에 놓은 수가 훨씬 더 영리했다. 앙투안이 여자를 밝히기로 유명했기에 미모가 출중한 자신의 궁정 시녀 루이즈 드 루에(Louise de Rouet)를 시켜 앙투안을 유혹하게 한 것이다. 루이즈는 앙투안에게 바싹 붙어서 그의 일거수일투족을 카트린에게 보고했다. 이 방법이 제대로 먹혀들자 카트린은 콩데 공 루이에게도 시녀 하나를 붙였고,

그리하여 젊은 미녀들로 구성된 그녀의 '유격대'가 탄생하게 되었다. 카트린은 이들을 활용해 궁정 안의 남자들을 자기 뜻대로 움직였다.

카트린은 1572년에는 자신의 딸 마르게리트 드 발루아를 나바르의 새 왕이자 앙투안의 아들인 앙리에게 시집 보냈다. 하지만 숙적이었던 가문이 권력에 너무 가까워지는 게 불안했던 카트린은 자신의 '유격대'에서 가장 사랑스러운 대원인 소브 백작부인을 풀어 앙리에게 보냈다. 몇 주 후 마르게리트는 회고록에 이렇게 적었다. "소브 부인이 나의 남편을 완전히 사로잡아버려서 남편은 이제 나와 자려고도 하지 않을 뿐 아니라, 이야기도 나누지 않으려 한다."

백작부인이 스파이 노릇을 완벽하게 해낸 덕분에 카트린은 앙리를 자기 마음대로 움직일 수 있었다. 그런데 막내아들 알랑송 공작이 앙리와 너무 가까워지자 카트린은 둘이 힘을 합쳐 모반을 꾀할지 모른다고 걱정했다. 백작부인은 곧 막내아들을 유혹했다. 두 젊은이는 그녀를 두고 싸움을 벌이게 되었다. 그렇게 둘의 우정에 금이 가면서 모반의 위험도 말끔히 사라졌다.

해석 ——

카트린은 정부(情婦)가 권력자에게 막강한 영향력을 미친다는 걸 일찍부터 간파하고 있었다. 그녀의 남편 앙리 2세의 정부가 다름 아닌 악명 높은 디안 드 푸아티에였기 때문이다. 카트린은 그 일을 통해 그녀의 남편과 같은 남자는 (자기 손으로 이룩한 게 아닌 선대에서 물려받은) 지위가 아닌 자신의 능력으로 여자를 손에 넣고 싶어한다는 걸 알아냈다. 그러한 욕구에는 맹점이 있었다. 여자가 자신이 정복당한 것처럼 행동하면, 남자는 정부가 자신에게 권력을 행사하고 있다는 사실을 눈치 채지 못한다. 디안이 바로 그러했다. 그런 약점을 역으로 활용해 남자를 정복하고 뜻대로 움직이는 방편으로 활용하는 것이 바로 카트린의 전략이었다. 이를 위해 그녀가 할 일은 별로 없었다. 궁정에서 가장 아름다운 여인들로 구성된 자신의 '유격대'를 자기 남편과 같은 약점을 가진 남자들에게 풀기만 하면 됐던 것이다.

이 문제를 논하면서 언급해야 할 사실이 하나 더 있다. 사람은 사소한 일을 다룰 때 그 성격이 드러난다는 것이다. 사소한 일에서는 경계심을 풀기 때문이다. 이런 때는 사람의 이기주의가 끝이 없으며, 인간은 타인을 배려하지 않는 존재임을 살펴볼 좋은 기회다. 사소한 일이나 그 사람의 전반적인 거동에서 그러한 단점들이 엿보이면, (그는 감추려 하겠지만) 중요한 일과 관련된 행동에서도 그런 단점들이 나타난다는 걸 발견할 수 있을 것이다. 이런 기회는 놓쳐선 안 된다. 일상의 사소한 일들에서 배려할 줄 모르며, 다른 사람의 권리를 침해할지라도 자신에게 이익이 되고 편한 것만 찾고, 또 모두가 똑같이 사용하게 되어 있는 물건을 자기 맘대로 다루는 사람이 있다고 해보자. 그럴 경우 그의 마음에는 정의감이 조금도 없으며, 단지 법이나 강제력에 손이 묶여 있을 뿐 알고 보면 건달에 지나지 않는 사람이라 확신해도 무방할 것이다.
– 아르투르 쇼펜하우어 (1788~1860)

상대방의 통제할 수 없는 열정이나 애착을 눈여겨보라. 열정적인 사람일수록 겉으로는 강해 보이지만 쉽게 무너질 수 있다. 이 말이 놀랍게 들릴 수도 있다. 하지만 알고 보면 이들은 그저 자신의 끼로 무대를 채우고 있을 뿐이다. 그것으로 자신의 나약한 모습을 감추려 하는 것이다. 여자를 정복하고 싶어하는 남자는 사실 엄청난 무력감을 감추고 있다. 탐욕, 욕정, 강렬한 두려움 등 유난히 두드러지는 부분을 살펴라. 이것들이 바로 그들이 숨기지 못하는 감정이자, 제어하지 못하는 감정이기 때문이다. 그들이 통제하지 못하는 것을 당신이 대신 제어할 수 있다.

법칙 준수 사례 4: 조지프 듀빈의 고객 접대

19세기 말의 유명한 철도회사 재벌 콜리스 P. 헌팅턴의 아내 애러벨러 헌팅턴은 미천한 출신이었다. 그래서 부유한 사람들 사이에서 사회적 인정을 받으려 애를 썼다. 하지만 그녀가 샌프란시스코의 대저택에서 파티를 열었을 때 상류층 인사들은 거의 모습을 보이지 않았다. 그녀를 같은 부류로 인정하지 않고 남자나 유혹하는 여자라 여겼기 때문이다. 미술품 거래상들이 갑부의 아내인 그녀에게 아부를 떨었지만 그녀를 졸부로 여기는 눈치가 역력했다. 딱 한 사람만이 그녀를 다르게 대했는데, 바로 조지프 듀빈이었다.

애러벨러를 알고 지낸 지 몇 년 동안 듀빈은 그림을 파는 데는 관심이 없는 것처럼 보였다. 대신 고급 상점들을 따라 다니면서 자기가 알고 지내는 여왕과 공주들에 대한 이야기를 끊임없이 늘어놓았다. 마침내 그녀는 이 남자가 자신을 상류층의 일원으로 존중해준다고 생각하게 되었다. 한편 듀빈은 그림을 팔려는 노력은 하지 않았지만 자신의 미학적 가치를 그녀에게 주입하고 있었다. 최고의 작품은 가장 비싼 작품이라는 생각을 말이다. 어느새 애러벨러도 그러한 가치관을 받아들이게 되었고, 듀빈은 자신을 만나기 전 애러벨러의 미학적 수준은 형편없는 수준이었음에도 그녀가 줄곧 고상한 취향을 가지고 있었던 것처럼 대했다.

1900년 콜리스 헌팅턴이 세상을 떠나자 애러벨러가 그의 재산을 상속

파르살루스 전투

(율리우스 카이사르와 폼페이우스의) 두 군대가 파르살루스에 진을 쳤을 때, 폼페이우스는 예전과 마찬가지로 싸우는 게 유리할 것 같지 않다는 생각이 들었다. …… 하지만 병사들은 승리를 확신하고 있었다. …… 벌써 카이사르의 군대를 정복하기라도 한 것 같았다. …… 특히 기병대는 싸우려는 의지가 대단했다. 화려하게 무장을 하고 늠름하게 말에 올라탄 그들은 자신들이 기르는 준마나 자신의 근사한 몸에 대한 자부심이 대단했다. 뿐만 아니라 카이사르의 기병대는 천 명인 데 비해 자신들은 5천 명이었으니 수적으로도 우세했다. 보병대 숫자는 그보다도 턱없이 모자랐다. 폼페이우스의 보병대는 4만 5천 명이었고 카이사르의 보병대는 2만 2천 명이었다. (다음 날) 보병대가 주력 전투를 벌이고 있는 사이, 사기가 충천한 기병대가 외곽을 치고 들어와 진을 넓게 펼쳐 카이사르 군대의 우익을 둘러싸려 했다. 그런데 카이사르의 보병대가 달려 나와 그들을 공격했다. 그것도 멀리서 창을 던지거나, 보통 때처럼 허벅지나 다리를 노리지 않고 얼굴을 노렸다. 카이사르가 그렇게 하도록 시켰던 것이다. 폼페이우스 기병대는 한창 젊음이 넘치는 나이였고 머리를 길게 기르고 있었다. 전투 경험이 별로 없는 데다 얼굴을 겨냥하는 적의 공격에 겁을 먹고 당장의 위험은 물론이고 나중에 몸에 상처가 생길까 봐 싸움을 피할 것이라고

582 | 권력의 법칙

받았다. 그녀는 갑자기 렘브란트나 벨라스케스의 작품들을 사들이기 시작했다. 오로지 듀빈을 통해서만 말이다. 몇 년 후 듀빈은 그녀에게 게인즈버러(Gainsborough)의 〈푸른 옷의 소년〉을 최고가에 팔았다. 미술품 수집에 도통 관심이 없었던 가문이 고가에 그림을 사들인 것은 세상이 깜짝 놀랄 일이었다.

해석 ——

조지프 듀빈은 애러벨러 헌팅턴이 어떤 사람이고, 어떻게 하면 그녀를 움직일 수 있는지 곧바로 알아봤다. 그녀는 상류층의 일원으로 대접받고 그들과 어울리고 싶어했다. 하층민 출신이라는 열등감 때문에 새로운 사회적 지위를 인정받고 싶은 욕구는 더욱 강렬했다. 듀빈은 바로 그 점을 노렸다. 그래서 서둘러 그림을 팔려는 노력 대신 그녀의 약점들을 미묘하게 공략했다. 자신이 그녀에게 관심을 보이는 건 그녀가 갑부의 아내라서가 아니라 그녀에게 특별한 개성이 있어서라는 생각을 가지게 한 것이다. 그리고 이 점이 애러벨러의 마음을 완전히 녹여버렸다. 듀빈은 애러벨러 앞에서 절대 저자세로 굴지 않았다. 그리고 애러벨러에게 가르치려 들지 않으면서 간접적으로 자신의 생각을 주입했다. 그 결과 애러벨러는 듀빈의 최고 고객이 되었고, 듀빈에게서 〈푸른 옷의 소년〉을 최고가에 사들였다.

인정받고 싶어하는 사람들의 욕구, 즉 중요한 사람으로 대접하고 싶어하는 욕구는 이용하기 좋은 약점이다. 그 이유는 첫째, 이런 욕구는 거의 누구에게서나 찾아볼 수 있기 때문이다. 둘째, 이런 약점은 이용하기가 지극히 쉽기 때문이다. 당신은 그저 사람들이 자신의 취향이나 사회적 지위, 지적 능력을 미화하게 할 방법만 찾으면 된다. 그리고 몇 년이고 걸려든 물고기를 계속해서 낚아 올리기만 하면 되는 것이다. 사람들이 자기 손으로 얻지 못하는 것을 주니 당신은 사람들에게 긍정적 역할을 해주는 셈이 된다. 사람들은 당신이 자신을 이용하고 있다고는 꿈에도 생각지 못할 것이다. 설령 안다고 해도 개의치 않을 것이다. 당신 덕분에 스스로를 더 나은 사람으로 생각하게 되었으니 말이다. 사람들은 어떤

생각했던 것이다.
카이사르의 생각은 적중했다. 폼페이우스의 기병대는 투창 공격을 받아내기는커녕 투창을 보는 것만으로도 겁에 질려 말의 방향을 돌리고 얼굴을 가렸다. 한번 혼란에 빠지자 그들은 곧 말을 돌려 달아났다. 가장 부끄러운 일은 그로써 모든 게 엉망이 되었다는 것이다. 기병대를 공격했던 보병대는 곧장 보병대의 측면까지 포위하고 후방을 공격해 부대를 뿔뿔이 흩어지게 만들었다. 반대편에서 군을 이끌고 있던 폼페이우스는 자신의 기병대가 무너져 달아나는 걸 보자 제정신이 아니었다. 뿐만 아니라 자신이 대(大) 폼페이우스라는 사실마저 잊고 신이 그의 분별력을 빼앗아가기라도 한 것처럼 한마디 말도 없이 막사로 돌아왔다. 그리고 부대 전체가 돌아올 때까지 가만히 앉아 그 일에 대해 생각했다.
– 《율리우스 카이사르의 생애(The Life of Julius Caesar)》, 플루타르코스 (기원후 46~120년경)

대가를 치르고라도 그런 기분을 맛보고 싶어하는 법이다.

법칙 준수 사례 5: 비스마르크의 목숨을 담보로 한 설득

1862년, 프로이센의 왕 빌헬름은 오토 폰 비스마르크를 총리 겸 외무장관에 임명했다. 비스마르크는 대범하고, 포부가 크며, 군대의 힘을 키우는 데 관심이 있는 인물이었다. 왕의 측근에는 자유주의자들이 많았고, 이들은 벌써부터 비스마르크의 권력을 억누르고 싶어했기에, 비스마르크를 그 자리에 임명한 것은 지극히 위험한 일이었다. 아우구스타 왕비가 남편을 만류했지만 이번만큼은 끝까지 고집을 꺾지 않았다.

비스마르크는 총리가 된 후 수십 명의 대신들 앞에서 군대의 규모를 늘려야 한다는 취지의 연설을 했다. 그는 다음과 같은 말로 연설을 마무리 지었다. "이 시대의 중요한 문제들은 연설이나 다수결로 해결되지 않을 것입니다. 오로지 무기와 피로 해결될 것입니다." 비스마르크의 연설 내용은 독일 전역으로 퍼져 나갔다. 왕비는 비스마르크가 야만적인 군국주의자라며 결국엔 프로이센 왕국의 통치권을 빼앗으려 들 것이니 해임시켜야 한다고 주장했다. 정부 내 자유주의자들의 생각도 마찬가지였다. 그 요구가 얼마나 거셌던지 빌헬름은 비스마르크를 계속 총리 자리에 앉혀두면 프랑스의 루이 16세처럼 자신도 단두대의 이슬로 사라지는 건 아닐까 걱정할 정도였다.

비스마르크는 자신이 말의 수위를 적절하게 조절하지 못했으며, 너무 늦기 전에 손을 써야 한다는 사실을 잘 알고 있었다. 하지만 그는 사과는 커녕 오히려 정반대 노선으로 나가기로 결정했다. 왕이 어떤 사람인지 잘 알았기 때문이다.

두 사람이 만났을 때 빌헬름은 예상했던 대로 왕비의 말에 현혹돼 극도의 흥분 상태였다. 왕은 자신이 단두대에서 처형을 당하게 될까 두렵다고 말했다. 그러자 비스마르크는 이렇게 답했다. "그렇습니다. 우리는 죽게 되겠지요! 우리는 조만간 반드시 죽습니다. 그런데 그보다 더 영광스러운 죽음이 또 있을까요? 저는 제가 모시는 왕이자 주인의 대의를 위해서 싸우다 죽을 것입니다. 폐하께서는 하느님의 은총으로 내려주신 왕의 권리를 폐하 자신의 피로 봉하며 죽음을 맞으시는 겁니다. 단두대에서 죽든 전장에서 죽든, 하느님의 은총으로 내려주신 권리를 위해 영광스럽게 목숨을 바치는 것은 똑같습니다!" 비스마르크의 말이 이어질수록 빌헬름은 명예가 얼마나 중요하고 군대 수장으로서 자신의 위치가 얼마나 대단한지 실감했다. 어떻게 한 나라의 왕이 백성들에게 떠밀려 다닐 수 있단 말인가? 말싸움보다 독일의 영광이 더 중요한 일 아니겠는가? 비스마르크는 왕이 왕비와 의회에 휘둘리지 말도록 설득했을 뿐 아니라, 자신의 평생 숙원이던 군사력 강화를 추진하도록 왕을 설득했다.

해석 ——

비스마르크는 왕이 주위 사람들에게 억눌린다고 생각한다는 걸 잘 알았다. 또 군사적 배경이 있으며 명예 의식이 높지만, 왕비나 정부 관리들 앞에서는 겁 많은 자신을 부끄럽게 여긴다는 사실도 잘 알았다. 빌헬름은 속으로는 위대하고 강력한 왕이 되고픈 열망이 있었지만, 루이 16세와 같은 운명을 맞을까 두려워 그런 야심을 입 밖에 내지 못했다. 남자가 용기를 과시하는 것은 소심함을 숨기려는 경우가 많은데, 거꾸로 빌헬름은 자신의 소심함으로 용기를 과시하고 당당해지고 싶은 욕구를 덮어버렸다.

비스마르크는 빌헬름이 내세우는 평화주의의 이면에 영광에 대한 갈망이 있다는 걸 감지했다. 그래서 왕을 부추겨 결국 세 번의 전쟁을 치르게 하고 독일 제국을 탄생시켰다. 소심함은 이용하기 좋은 약점이다. 소심한 사람들은 자신과 정반대인 나폴레옹처럼 되고자 하는 열망을 가진 경우가 많기 때문이다. 하지만 이들은 심지가 굳지 못하다. 그러니 당신이 그들의 나폴레옹이 되어 그들이 대담한 행동을 하도록 떠밀어야 한다. 당신을 의지하게 만들면서 당신의 필요에 이바지하는 일을 하게 하는 것이다. 항상 정반대 면을 살펴보라. 사람들이 겉으로 보여주는 모습을 그대로 믿어선 안 된다.

| **이미지** | 홈이 파인 나사. 당신의 적은 비밀이 있고, 어떤 생각을 남들에게 드러내지 않으려 한다. 하지만 자신도 모르게 드러나고 만다. 바로 그 부분이 그 사람의 머리나 심장 혹은 복부에 파여 있는 약점의 홈이다. 그 홈이 어디에 있는지 제대로 찾아냈으면, 거기에 당신의 엄지손가락을 넣고 그 사람을 당신 뜻대로 움직여라.

| **근거** | 사람들마다 약한 부분이 있게 마련이다. 그것을 찾아낸다면 상대 행동의 주요 동기를 알 수 있다. 이때는 단순히 결의가 아닌 기술이 필요하다. 사람들의 어떤 약점을 파고들어야 하는지 알아야 하는 것이다. 사람들의 행동에는 언제나 취향에 따른 특별한 동기들이 작용한다. 사람들은 모두 저마다 중요시하는 게 있다. 명예나 이기심에 따라 움직이는 사람이 있는가 하면, 대부분이 쾌락을 위해 움직인다. 바로 이러한 것들을 파악해 사람들을 움직이는 힘으로 활용해야 한다. 사람들이 움직이는 주요 동기만 알아내면 그것이 바로 그의 뜻을 알아내는 열쇠가 된다.

– 발타사르 그라시안(1601~1658)

뒤집어보기

사람들의 약점을 이용할 때는 한 가지 중대한 위험이 따른다. 상대방의 심기를 건드려 당신 힘으로 어쩌지 못할 행동을 유발할 수 있기 때문이다.

권력 게임을 벌일 때는 몇 단계를 미리 생각해서 그에 따르는 계획을 세워야 한다. 당신은 감정적이고 다음 행동을 예측하기 어려운 사람을 이용할 수도 있다. 그런데 자신의 감정을 제어하지 못하는 사람의 약점을 활용하다가 뜻하지 않은 여러 감정을 이끌어내어 애초의 계획이 엉망이 될 수도 있다. 소심한 사람들이 대담한 행동을 하도록 떠밀었는데 그들이 도를 넘어설 수도 있으며, 관심이나 인정을 바라는 사람들의 욕구를 채워주다 보면 당신이 생각하는 것보다 더 많은 것을 요구하게 될 수도 있다. 사람들의 약하고 철없는 면을 이용하는 것이 당신에게 불리하게 작용할 수도 있다는 말이다.

약점의 감정적인 부분이 크면 클수록 더 위험하다. 이런 식으로 승부를 걸 때의 한계가 무엇인지 명확히 인식하라. 그리고 당신의 제물에 행사하는 힘에 도취되어서는 안 된다. 당신이 원하는 것은 권력이지, 누군가를 통제할 때 느끼는 짜릿함이 아니다.

Law
44

가질 수 없는 것들은 경멸하라

...

무시 전략

인정을 해주면 사소한 문제도 존재감과 무게를 갖게 된다.
적도 마찬가지다.
관심을 쏟을수록 더 강하게 만드는 셈이 된다.
작은 실수도 고치려고 하면
오히려 더 나빠지고 더 눈에 띄게 되는 경우가 많다.
때로는 그냥 내버려두는 것이 최선이다.
원하지만 가질 수 없는 어떤 것이 있다면
그에 대해 경멸감을 표시하라.
관심을 덜 보일수록 당신은 더 우월해 보인다.

법칙 위반 사례: 윌슨이 키운 반란군

멕시코 반란군의 지도자 판초 비야(Pancho Villa)는 애초엔 산적 두목에 불과했으나, 1910년 멕시코에서 혁명이 일어난 후에는 국민적 영웅으로 떠올랐다. 열차를 탈취해 가난한 사람들에게 돈을 나누어주고, 과감한 급습을 이끄는가 하면, 낭만적인 사건들을 벌여 여자들을 사로잡았다. 비야는 로빈 후드와 돈 후안이 반반 섞인 사람인 것처럼 보였다. 미국인들도 그에게 매료되었다. 하지만 몇 년에 걸친 고된 싸움 끝에 멕시코 혁명의 승리는 카란사(Carranza) 장군에게로 돌아갔다. 패배한 비야와 그의 군대는 본거지였던 멕시코 북부의 치와와로 다시 돌아갔다. 군대의 수가 점점 줄어들자 그는 다시 산적질을 일삼았고, 인기에도 타격을 입었다. 그는 자신이 곤경에 빠진 것을 모두 미국인 탓으로 돌렸다.

1916년 3월, 판초 비야가 뉴멕시코의 콜럼버스를 급습했다. 비야와 그 패거리들은 도시를 휘젓고 다니며 미국 군인들과 민간인 17명의 목숨을 앗아갔다. 우드로 윌슨(Woodrow Wilson) 대통령은 예전엔 그를 호의적으로 생각했으나 이제 이 산적을 응징해야겠다고 결심했다. 고문들도 멕시코로 군대를 보내 비야를 잡아들여야 한다고 부추겼다. 미국 같은 강대국이 영토 침범을 당하고도 응수를 하지 않는 것은 체면을 구기는 것이라고 주장했다. 더욱이 많은 미국인들은 윌슨의 평화주의 원칙을 폭력 대응 방식으로는 탐탁지 않아 한다는 것이었다. 윌슨은 무력 사용을 명해 그가 기개 있고 남자답다는 걸 입증할 필요가 있었다.

이러한 압박 속에서 윌슨은 3월이 가기 전에 카란사 정부의 승인을 얻어 판초 비야를 잡을 병력 1만 명을 파병했다. 이 '토벌 원정'을 이끈 사람은 필리핀 게릴라와 미국 남서부의 인디언들을 소탕한 전력이 있는 존 J. 퍼싱(John J. Pershing) 장군이었다.

토벌대는 사람들 사이에서 화젯거리였기 때문에 일단의 미국 기자들이 퍼싱을 따라 전장에 갔다. 기자들은 이번 작전이 미국의 힘을 시험하는 무대가 될 것이라고 했다. 병사들은 최신식 무기로 무장했고, 무선통신을 이용했으며, 공중 정찰 지원도 받았다.

초기 몇 달 동안 군대는 소규모 분대로 나뉘어 멕시코 북부의 황야 지대를 이 잡듯 샅샅이 뒤졌다. 비야를 잡을 단서를 제공하면 5만 달러를 주겠다고 선전했다. 멕시코 국민들은 비야가 다시 산적질을 시작했을 때 그에 대한 환상을 버렸지만, 그토록 막강한 미국 군대에 맞서는 모습이 이제 영웅으로 보였다. 그래서 퍼싱에게 거짓 정보를 주었다. 비야가 이 마을이나 저 산의 은신처에 있다는 정보를 입수하고 비행기까지 동원해 가며 군대가 출동했지만 허탕을 치곤 했다. 약삭빠른 산적은 미국 군대보다 항상 한 발 앞서 있는 것처럼 보였다.

그해 여름, 토벌대 병력은 12만 3천 명으로 불어났다. 병사들은 진을 빼는 무더위와 모기, 황야 지대 때문에 고생했다. 시골에서는 전부터 미국 군대라면 질색이었는데, 그들이 비야를 잡겠다고 마을을 누비고 다니자 동네 주민과 멕시코 정부 모두 치를 떨었다. 판초 비야가 멕시코 군대와의 소규모 접전에서 총상을 당해 산속 토굴에서 상처를 회복하고 있을 때 퍼싱은 녹초가 된 미국 군대를 이끌고 산악 지대를 이리저리 누비고 다녔다. 하지만 그들이 목표물에 가까워질 기미는 보이지 않았다.

겨울에 접어들 때까지 내내 비야는 이 쫓고 쫓기는 게임을 계속했다. 미국인들은 아무런 성과가 없는 토벌작전을 한 편의 시끌벅적한 코미디로 여기게 되었다. 오히려 전력이 우월한 미군을 요리조리 피하는 재간에 비야는 다시 인기를 끌었다. 1917년 1월 윌슨은 마침내 퍼싱에게 퇴각 명령을 내렸다. 미군이 퇴각하는 길에 멕시코 반란군이 추격을 해왔다. 그 바람에 미 육군은 비행기까지 동원하여 후방을 막아야 했다. 오히려 토벌대가 응징을 당한 셈이었다. 미군은 그 어느 때보다 치욕스러운 모습으로 퇴각했다.

해석 ——

우드로 윌슨은 힘 과시용으로 토벌 원정대를 조직했다. 그는 판초에게, 그리고 세계에 한 수 보여줄 작정이었다. (규모가 크든 작든) 막강한 미국을 공격하거나 당해낼 자는 없다는 사실을 말이다. 몇 주면 원정이 마무리될 것이고, 사람들은 비야를 잊을 것이었다.

하지만 일은 그렇게 돌아가지 않았다. 원정이 길어질수록 미국은 무능

한번은 조지 버나드 쇼(George Bernard Shaw)가 G. K. 체스터턴(G. K. Chesterton)의 경제적 견해를 신문에서 남용한 일이 있었다. 친구들은 체스터턴이 대응하기를 기다렸지만 허사였다. 역사가였던 힐레르 벨록(Hilaire Belloc)이 그를 채근했다. 그러자 체스터턴이 말했다. "이보게 벨록, 난 벌써 응수한 걸세. 쇼처럼 위트 넘치는 사람에겐 침묵이 최고의 맞받아치기야."
— 《일화집》, 클리프턴 패디먼 편, 1985

당나귀와 정원사
당나귀가 사고로 꼬리를 잃었다. 그것은 당나귀에게는 쓰디쓴 고통이었다. 그래서 꼬리를 찾아 다시 붙일 수 있을 거란 생각으로 사방팔방 꼬리를 찾아 헤매고 다녔다. 당나귀는 초원을 지나 얼마 후 정원으로 들어갔다. 정원사는 자기가 심어놓은 풀과 나무를 당나귀가 짓밟아놓은 것을 보고 참을 수가 없었다. 화가 치밀어오른 정원사는 당나귀에게 달려가 두 귀를 모두 자르고 몽둥이질을 해서 당나귀를 정원 바깥으로 내쫓았다. 꼬리를 잃고 시름에 잠겨 있던 당나귀는 이제 두 귀마저 잃고 더 고통에 시달려야 했다.
— 《우화집(Fables)》, 필페이(Pilpay), 4세기

하고 비야는 똑똑하다는 사실만 부각되었다. 사람들은 비야가 아니라, 그 모든 일의 발단이었던 콜럼버스 침략 사건을 잊게 되었다. 하찮은 골칫거리가 국제적 망신거리가 되자 화가 난 미국인들은 더 많은 병력을 멕시코에 보냈지만 비야는 용케 잘도 빠져나갔다. 쫓는 자와 쫓기는 자의 규모가 커지면서 상황은 더 우스꽝스러워졌다. 결국 이 덩치 큰 군대는 멕시코에서 철수하는 수모를 겪어야 했다. 토벌대의 애초 계획과는 달리 비야를 잡지 못했을 뿐 아니라 그의 인기만 더욱 높여준 셈이다.

윌슨에게 다른 수는 없었던 것일까? 윌슨은 멕시코 정부를 압박해 비야를 잡아달라고 할 수도 있었다. 아니면 멕시코인들이 비야에게 염증을 내고 있을 때 조용히 멕시코 국민들과 협력해 소규모 공격으로 산적 무리를 소탕할 수도 있었다. 아니면 비야의 습격을 예상해 함정을 놓을 수도 있었다. 그것도 아니면, 멕시코인들이 자발적으로 나서서 비야를 처리하도록 기다릴 수도 있었다.

유념하라. 무언가 당신을 괴롭히는 것은 당신이 '선택'했기 때문이다. 당신을 건드리고 짜증나게 해도 얼마든지 그것에 신경 안 쓰기로 '선택'할 수 있다. 이것은 막강한 수다. 당신이 응수하지 않는데 당신을 무익한 교전으로 끌어들일 수는 없는 법이다. 자존심을 개입시킬 것 없다. 각다귀처럼 귀찮게 달라붙는 것들에게 해줄 수 있는 최선의 대응은 무시해서 아무것도 아닌 것으로 만드는 것이다. (판초 비야가 미국인들의 목숨을 앗아간 것처럼) 도저히 무시할 수 없는 상황이라면 몰래 음모를 꾸며 처리하라. 알아서 사라지거나 죽어버릴 귀찮은 벌레에 일부러 신경 쓸 건 절대 없다. 그런 일에 시간과 에너지를 낭비하는 건 당신 잘못이다. 경멸이란 패를 내놓고 장기적으로 해가 되지 않을 것에는 과감히 등 돌리는 법을 배워라.

생각해보라. 미국 정부는 나를 잡으려고 1억 3천만 달러를 들였다. 나는 미군을 험준한 산악 지대로 끌어들였다. 그들은 80킬로미터를 가도 물 한 모금 마시지 못할 때도 있었다. 미군들은 태양과 모기 맛만 실컷 봤다. …… 아무것도 얻지 못한 채.
- 판초 비야(1878~1923)

법칙 준수 사례: 헨리 8세의 무시 전략

1527년 헨리 8세(Henry VIII)는 아내 캐서린(Catherine of Aragon)을 쫓아낼 궁리를 하기 시작했다. 캐서린은 왕조를 이을 후계자를 낳지 못했는데, 헨리 8세는 다 이유가 있다고 생각했다. "형제의 아내를 취하는 것은 불결한 일이다. 그것은 형제를 범하는 것과 같으니, 그들에겐 자식이 없으리라"라는 성경 구절이 있지 않던가. 캐서린은 헨리 8세의 형 아서의 미망인이었다. 아서가 결혼 5개월 만에 죽자 헨리 8세는 적당한 때를 기다렸다가 캐서린과 결혼했다.

캐서린은 아라곤 왕 페르난도 2세와 카스티야 여왕 이사벨라 1세의 딸로, 헨리가 그녀와 결혼한 것은 스페인과의 동맹관계를 지키기 위해서였다. 그런데 헨리가 둘의 관계를 근친상간으로 보고 결혼을 무효화시키려하자 캐서린은 아서와의 결혼 생활 동안 순결을 잃지 않았다고 주장했고, 교황 클레멘스 7세(Clemens VII)도 결혼을 정식 인정하여 그녀의 편을 들어주었다. 하지만 캐서린은 몇 년이 지나도록 아들을 낳지 못하고, 1520년대 초반에 폐경을 맞았다. 그러자 헨리 8세는 그녀가 처녀였다는 말은 거짓이었고, 근친상간을 저지른 죄로 하느님이 그들에게 벌을 내린 것이라고 주장했다.

헨리가 캐서린과 이혼하려고 했던 이유는 또 있었다. 앤 불린(Anne Boleyn)과 사랑에 빠졌던 것이다. 왕은 젊은 앤 불린과 결혼해 후사를 낳고 싶었다. 그러려면 캐서린과 이혼해야 하는데 교황 클레멘스 7세는 절대 불가라는 입장을 밝혔다.

1527년 여름, 헨리 8세가 클레멘스 7세의 반대에도 불구하고 이혼할 거라는 소문이 유럽 전역으로 퍼져 나갔다. 헨리 8세는 캐서린에게 수녀원으로 들어갈 것을 종용했지만, 캐서린은 왕비 자리를 내놓을 생각이 전혀 없었다. 하지만 헨리 8세에게도 나름의 전략이 있었다. 그는 형수와 잠자리를 할 수 없다며 그녀를 피했고, 캐서린을 아서의 미망인을 뜻하는 웨일스 공 미망인이라 불렀다. 1531년, 헨리 8세는 캐서린을 왕실에서 쫓아내 배에 태워 멀리 있는 성으로 보내버렸다. 교황은 캐서린을 다시 왕실로 데려오지 않으면 파문을 시키겠다고 위협했지만 헨리 8세는 무시했다. 그리고 캐서린과의 이혼을 선언하고 1533년에 앤 불린과 결혼식을 올렸다.

클레멘스는 그 결혼을 인정하지 않았지만, 헨리 8세는 신경 쓰지 않았다. 그는 더 이상 교황의 권위를 인정하지 않았고, 나아가 로마 가톨릭과 인연을 끊고 영국 국교회를 세워 수장을 맡았다. 새로운 영국 국교회는 앤 불린을 잉글랜드의 합법적인 왕비로 선포했다.

교황은 온갖 수단을 동원해 헨리 8세를 위협했지만, 헨리 8세는 간단하게 무시해버렸다. 클레멘스는 화가 머리끝까지 치밀었다. 이제까지 그에게 그토록 심한 모독을 준 사람은 없었다. 하지만 교황은 아무 힘도 쓸 수 없었다. 가톨릭교도에게는 가장 큰 형벌인 파문 징계조차도(교황은 헨리를 파면시키겠다고 위협했지만 결코 실행에 옮기지 못했다) 아무 소용이 없었다.

캐서린 역시 헨리에게서 쓰디쓴 모멸감을 맛봤다. 그에게 맞서 싸우려 했지만 헨리는 그녀의 말을 귓등으로 들었고, 이내 아무도 그녀 말에 귀 기울이지 않았다. 왕실에서 홀로 고립되어 왕에게 무시당하자 캐서린은 분노와 절망감에 차서 몸이 쇠약해졌고, 1536년 1월에 세상을 떠났다.

해석 ——

당신이 어떤 사람에게 관심을 가지면, 둘은 일종의 동반자가 되어 상대방의 반응에 보조를 맞추게 된다. 그러다 보면 선수 칠 기회가 사라진다. 이는 모든 상호작용에 나타나는 역학이다. 다른 사람을 인정하면 그 사람의 영향을 받지 않을 수가 없기 때문이다(심지어 싸움에서도 마찬가지다). 만약 헨리 8세가 캐서린과 맞부딪쳐 싸웠다면 궁지에 빠졌을 것이다. 끝없이 언쟁을 벌이다 보면 결의가 약해지고 결국엔 지쳐 나가떨어졌을 것이기 때문이다. (캐서린은 대차고 고집 센 여자였다.) 또 클레멘스 7세를 설득하거나, 그와 타협 혹은 협상을 했다면 클레멘스 7세의 전술에 말려들었을 것이다. 교황은 시간을 벌면서 융통성을 보여주겠다고 약속하고는 실제로는 항상 자기 뜻대로 일을 진행시키곤 했다.

헨리는 이런 모습을 일절 보이지 않았다. 대신 상대방을 철저히 모독

함으로써 권력 게임에서 압도적인 힘을 보여주었다. 사람들을 무시한다는 건 그들의 존재를 지우는 것이다. 그러면 사람들은 불안해하고 격노한다. 하지만 트집 잡을 것이 없기 때문에 아무것도 할 수 없다.

이것은 제44법칙의 공격적인 면에 해당한다. 경멸이란 패는 엄청나게 강력하다. 분쟁의 제반 여건을 결정할 수 있는 힘이 당신에게 넘어오기 때문이다. 한마디로 당신 뜻대로 전쟁을 치를 수 있다. 이는 궁극적인 권력의 자리다. 당신은 왕이 되어 당신을 공격하는 것을 무시할 수 있다. 이 전술을 쓰면 사람들이 얼마나 격분하게 되는지 유심히 살펴보라. 사람들은 당신의 관심을 염두에 두고 행동할 텐데, 당신이 그럴 기미를 전혀 안 보이면 절망감에 몸부림칠 것이다.

> 그를 걷어차라. 용서받을 것이다. 그에게 아부하라. 당신 의중은 들킬 수도 있고 들키지 않을 수도 있다. 하지만 그를 무시하면 미움을 사게 될 것이다.
> — 이드리에스 샤, 《꿈의 대상》, 1968

권력의 열쇠: 가질 수 없는 것들은 경멸하라

열망은 역설적인 효과를 낳는 경우가 많다. 무언가를 간절히 원해 열심히 그 뒤를 쫓으면 쫓을수록 그것은 당신을 피해 달아난다. 관심을 더 보이면 보일수록, 당신이 열망하는 그 대상을 열심히 쫓아버리는 셈이다. 그것은 당신의 관심이 너무 강하기 때문이다. 사람들은 그런 모습을 거북해하고 심지어 두려워한다. 통제 불능의 열망을 가지고 있으면 당신은 약하고 하찮고 불쌍한 사람으로 보인다.

당신은 자신이 원하는 것에 등을 돌리고 경멸감과 모독을 줄 필요가 있다. 이것은 당신의 목표물을 광분으로 몰아갈 수 있는 강력한 반응이다. 그들은 나름의 열망을 갖고, 당신에게 영향력을 미치려 안달할 것이다. 당신을 소유하거나 당신을 해치려는 식으로 말이다. 당신을 소유하고 싶어한다면, 유혹의 첫 단계를 잘 밟은 것이다. 한편 당신을 해치고 싶어한다면, 그들을 불안하게 하고 게임 주도권을 잡은 것이다(사람들에게 미끼를 던져 행동을 유도하는 제7법칙과 제38법칙을 참조하라).

경멸은 왕의 특권이다. 왕이 시선을 두는 곳, 왕이 보기로 마음먹은 것은 존재감을 가진다. 한편 왕이 무시하거나 등을 보이는 것은 죽은 것이나 다름없다. 바로 이것이 루이 14세의 무기였다. 그는 어떤 사람이 마음에 안 들면 그가 없는 것처럼 행동했다. 상호 교류의 역학을 아예 차단해 자신의 우월한 입지를 유지하는 것이다. 경멸이란 패를 꺼내들 때 생기는 힘이 바로 이것이다. 이따금 사람들에게 당신이 그들 없이도 잘 지낼 수 있다는 사실을 보여주어라.

무시가 힘을 키우는 방편이라고 한다면, 그 반대인 헌신과 열중은 당신의 힘을 약화시킨다는 결론이 나온다. 보잘것없는 적에게 필요 이상의 관심을 보이면, '당신이' 보잘것없어 보인다. 그리고 그런 적을 쳐부수는 데 시간이 오래 걸릴수록, 적은 더 엄청나 보인다. 기원전 415년, 아테네가 시칠리아 섬을 침공하러 나선 것은 거인이 난쟁이를 공격하는 꼴이었다. 하지만 시칠리아의 도시국가 시라쿠사는 아테네와의 전쟁을 오래도록 끌면서 나라의 위상과 자신감을 키울 수 있었다. 그러고는 마침내 아테네를 물리쳐 이후 수 세기 동안 명성을 떨쳤다. 근래 들어서는 존 F. 케네디 대통령이 쿠바의 피델 카스트로를 상대하다 비슷한 실수를 저지른 적이 있다. 1961년 피그만 침공이 실패로 돌아가면서 오히려 카스트로를 영웅으로 만든 것이다.

두 번째 위험은 짜증거리를 뭉개버리는 데 성공할 경우(심지어 그저 상처만 입혀도) 약한 쪽이 동정을 받게 된다는 것이다. 프랭클린 D. 루스벨트의 비판자들은 정부가 공공사업에 엄청난 돈을 들인다며 혹독하게 비난했지만, 국민들은 그들의 공격에 공감하지 않았다. 국민들이 보기에 대통령은 대공황을 끝내기 위해 열심히 노력하는 중이었다. 반대파는 대통령의 낭비벽을 보여주는 좋은 실례가 하나 있다고 생각했다. 바로 대통령의 아낌없는 사랑과 관심을 받던 애완견 팔라였다. 반대파는 대통령이 사리분별이 없다고 몰아세웠다. 많은 국민들이 빈곤에 허덕이고 있는데 세금을 거둬 애완견에게 쓰고 있다는 것이었다. 하지만 루스벨트도 가만있지 않았다. 어떻게 방어할 힘도 없는 작은 개를 공격할 수 있느냐

온갖 일을 이야깃거리로 삼는 사람이 있는가 하면, 온갖 일을 가지고 야단법석을 떠는 사람들도 있다. 이들은 항상 이야기를 과장하고, 모든 일을 심각하게 받아들이며, 그것을 싸움거리와 미스터리로 만든다. 웬만해서는 어떤 일을 진심으로 받아들여 슬퍼하지 말라. 스스로 쓸데없는 걱정을 떠안은 것일 뿐이다. 아무렇지 않게 넘길 일을 진지하게 받아들이는 것은 본말이 전도된 것이다. 당시에는 중요해 보여도 막상 무시하면 아무것도 아닌 것이 되는 경우가 많다. 한편 겉보기에 사소한데 당신이 관심을 기울이는 순간 엄청난 문제로 보이는 것들도 있다. 처음에는 손쉽게 처리되는 일도, 시간이 지나면 처치 곤란해진다. 치료책 자체가 질병을 일으키는 경우도 많다. 아무것도 하지 않고 내버려두는 것, 그것이 만족스러운 삶의 규칙이 되는 경우는 적지 않다.
– 발타사르 그라시안
(1601~1658)

고 응수했다. 팔라를 방어한 그 연설은 그가 했던 최고의 연설로 손꼽힌다. 이 경우 대통령의 애완견이 약자로 내몰리면서 공격은 불발로 돌아갔다. 오히려 장기적으로 여론은 대통령을 더욱 두둔하게 되었다. 미국 국민들이 수적으로는 밀리면서도 노련했던 판초 비야를 동정하게 되었던 것처럼, 사람들은 대개 수세에 몰린 '약자' 편을 들게 되어 있다.

실수를 바로잡고 싶은 게 사람의 마음이지만, 그러한 노력이 상황을 악화시키기도 한다. 때로는 실수를 그냥 내버려두는 게 현명한 방책이다. 1971년 뉴욕 타임스에서 《국방부 기밀문서(Pentagon Papers)》를 펴낸 일이 있었다. 거기에는 2차 세계대전 때부터 1968년 5월까지 미국이 인도차이나 반도의 정치에 개입한 역사가 담겨 있었다. 헨리 키신저는 불같이 화를 냈다. 닉슨 정부가 기밀 누설에 취약하다는 사실에 격노한 키신저는 정부에 권고해 기밀 누설 방지를 담당하는 집단을 만들었다. 나중에 워터게이트 호텔 빌딩에 있던 민주당 사무실을 침입한 것이 바로 이들이었다. 이 워터게이트 파문으로 닉슨은 실각하게 된다. 사실 《국방부 기밀문서》는 정부에 심각한 위협이 되지 않았는데, 키신저가 과민 반응하는 바람에 일이 커졌다. 문제 하나를 바로잡으려다 다른 문제가 터져버린 것이다. 안전에 대한 공포증이 결국 정부에는 훨씬 큰 해가 되었다. 《국방부 기밀문서》를 아예 무시해버렸다면, 그로 인한 파문도 시간이 지나면 잠잠해졌을 것이다.

뜻하지 않게 문제를 부각시키지 말라. 그 문제가 얼마나 많은 우려와 불안을 낳고 있는지를 공공연히 드러내 사태를 악화시키지 말고, 콧대 높은 귀족처럼 구는 것이 훨씬 더 현명하다. 괜히 은혜를 베풀어 그 문제가 존재한다는 걸 인정해줄 필요가 없다. 이 전략을 실행하는 방법은 여러 가지다.

첫 번째는 여우의 '신 포도' 전략이다. 무언가 갖고 싶은데 현실적으로 가질 수 없을 때, 불만을 토로해 실망감을 표출하는 것은 최악의 대처 방법이다. 그보다는 애초부터 전혀 관심 없다는 듯 행동하는 것이 막강한 전술이다. 1861년, 조르주 상드의 지지자들은 아카데미 프랑세즈에 그녀가 여성 최초로 들어갈 수 있도록 추천을 했다. 상드는 협회가 그녀를 받아들일 뜻이 없다는 걸 알았다. 그녀는 불평을 늘어놓는 대신 진부하고 과대평가되고 세상과 동떨어진 말만 늘어놓는 협회에는 전혀 관심 없다고 공언했다. 그녀가 경멸로 응수한 것은 완벽했다. 자신을 배척하는 것에 분노를 표출했다면 그 협회에 커다란 의미를 두고 있었다는 뜻이 된다. 그녀는 협회를 노인네 클럽으로 규정지었다. 그런 작자들과 시간을 보내지 않아도 되는데 화나거나 실망할 이유가 무엇인가? 가질 수 없는 것을 '신 포도'라 부르는 모습이 때로는 약하게 비칠 수도 있다. 하지만 알고 보면 이는 강자의 전술이다.

두 번째, 별 볼 일 없는 사람이 공격을 해올 때는 그 공격을 대수롭지 않게 받아쳐 사람들의 관심을 흩뜨려라. 공격을 외면하거나 오히려 친절함을 보여 그 공격을 신경 쓰지도 않는다는 모습을 보여주는 것이다. 이와 유사한 전략으로, 당신이 어쩌다 큰 실수를 저질렀을 때는 실수를 가볍게 취급해 별것 아닌 일로 만드는 것이 최선책이다.

17세기 일본의 고사이(後西) 천황은 다도를 숭상했다. 그에게는 진기한 골동품 다기(茶器)가 있었다. 어느 날 쓰네히로가 그 다기를 햇빛 속에서 자세히 살펴봐도 되겠는지 물었다. 천황은 그 다기를 무척 소중하게 여겼지만 기분이 좋았던지 이를 허락했다. 쓰네히로가 다기를 툇마루 난간 쪽으로 가져가 햇빛을 향해 들어올렸는데 그만 다기가 손에서 미끄러져 정원의 바위 위로 떨어져 산산조각이 나고 말았다.

천황이 진노하자 쓰네히로는 머리를 깊숙이 조아리며 말했다. "이렇게 다기를 떨어뜨리다니 소신이 정말 부주의했습니다. 하지만 생각해보면 그렇게 아쉬울 것 없습니다. 이 다기는 너무 오래되어서 앞으로 얼마나 더 쓸 수 있을지 장담할 수 없는 상황이었습니다. 게다가 사람들이 두루 쓰는 물건도 아니니 이런 식으로 깨진 것이 오히려 다행이라는 생각이 듭니다." 이 놀라운 반응은 즉각 효과를 가져왔다. 천황이 마음을 진정시킨 것이다. 쓰네히로는 난리를 떨거나 굽실거리지 않고, 자신의 실수를 별것 아닌 것으로 넘겨 스스로의 가치와 힘을 보여주었다. 그러자 천황도 품위를 지키며 대범한 척하지 않을 수 없었다. 화를 내면 천박하고 속 좁아 보일 게 뻔했기 때문이다.

지위가 동등할 경우 이 전술은 역효과를 부를 수 있다. 태연함이 냉담함으로 비칠 수 있기 때문이다. 하지만 윗사람을 대할 경우, 민첩하게 행동하면서 요란을 떨지 않으면 이 전술은 커다란 효과를 가져올 수 있다. 윗사람이 화를 내면 문제를 슬쩍 넘겨서 그가 시간과 에너지를 들여가며 그 문제를 두고두고 생각하지 않게 하라. 윗사람에게는 이것이 자기가 속 좁지 않다는 것을 대중에게 알릴 기회가 된다.

실수를 저지르거나 사기를 당했을 때 핑계를 늘어놓거나 부인을 하면 공연히 긁어 부스럼만 내는 꼴이다. 반대로 나가는 것이 훨씬 현명할 때가 많다. 르네상스 시대의 작가 피에트로 아레티노는 자신이 귀족 혈통이라고 자랑하며 다녔는데, 당연히 꾸며낸 이야기였다. 그의 아버지는 제화공이었다. 아레티노의 적이 마침내 이 황당무계한 사실을 알아내 폭로했고 (당시 아레티노가 살던) 베네치아 사람들은 모두 그의 거짓말에 경악했다. 이때 아레티노가 자신을 방어하려 애썼다면 그는 더욱 궁지에 빠졌을 것이다. 하지만 그는 멋지게 응수했다. 그는 자신이 제화공의 아들이라는 사실을 인정했고, 그것이 자신이 위대하다는 증거라고 말했다. 밑바닥 출신이 꼭대기까지 올라왔으니 그렇지 않은가. 그 후 아레티노는 자신이 예전에 했던 거짓말에 대해서는 단 한마디도 꺼내지 않고, 대신 새로이 얻은 지위를 뽐내며 다녔다.

유념하라. 누군가 당신을 흠 잡거나 속 좁게 괴롭히거나 짜증나게 할때, 경멸과 모독을 주는 것이 강력한 방법이다. 그것이 당신에게 영향을 주고 있다거나, 당신이 그것 때문에 상처를 받고 있다는 인상을 절대 주지 말라. 그건 문제를 인정한다는 뜻일 뿐이다. 경멸이란 음식은 아무 감정도 없이 차갑게 내놓아야 가장 좋다.

| **이미지** | 조그만 상처. 상처는 작아도 고통스럽고 짜증난다. 당신은 온갖 약을 써보고, 불평을 늘어놓고, 딱지를 긁어 부스럼을 만든다. 의사들은 사태를 악화시키기만 할 뿐이다. 조그만 상처도 엄청난 문제로 만들어버리니 말이다. 애초부터 상처를 그냥 놔두었다면 시간이 절로 치료를 해주어 당신이 걱정할 일도 없었을 것이다.

| **근거** | 경멸이라는 패를 이용할 줄 알아야 한다. 그것은 가장 현명한 복수 방법이다. 세상에는 유명한 적들이 상대해주지 않았다면 아무 관심도 못 받았을 이들이 많다. 그들을 잊는 것만큼 좋은 복수는 없다. 그것이야말로 그자들이 별 볼 일 없다는 사실 속에 그들을 묻어버리는 격이기 때문이다.

– 발타사르 그라시안(1601~1658)

뒤집어보기

경멸이란 패는 조심스럽고 세심하게 다뤄야 한다. 가만히 내버려두면 사소한 문제들은 대부분 알아서 사라진다. 하지만 개중엔 관심을 기울이지 않으면 점점 커져 곪아터지는 문제도 있다. 당신보다 지위가 낮은 사람을 무시했는데 나중에 그가 적으로 자랄 수 있는 것이다. 그는 당신의 경멸에 복수의 칼을 갈았을 것이다. 체사레 보르자가 젊은 나이에 아버지 알렉산데르 6세의 군대에서 장군으로 있을 때만 해도, 이탈리아의 강성한 제후들은 그를 무시했다. 그러다 막상 그에게 관심을 가지게 되었을 때는 이미 늦었다. 이제 그 애송이는 한 마리 사자가 되어 이탈리아를 기세 좋게 집어삼키고 있었다. 따라서 공공연히 경멸감을 표출할 때도 속으로는 그 문제에서 눈을 떼지 말아야 한다. 문제가 얼마나 큰지 계속 살피고, 확실히 사라질 때까지 마음을 놓아선 안 된다. 사소한 문제가 암세포로 자라게 놔두어서는 안 된다.

사소한 문제를 감지하고 그것들이 처치 곤란으로 커지기 전에 다스리는 기술을 익혀라. 장차 재앙으로 번질 수 있는 문제와, 조용히 놔두면 알아서 사라질 사소한 짜증거리를 구별하는 법을 배워야 한다. 하지만 어느 경우든 그 문제에서 완전히 눈을 떼서는 안 된다. 기운이 완전히 죽지 않은 한 문제는 언제든 다시 피어올라 불꽃을 일으킬 수 있기 때문이다.

모든 것을 한번에 바꾸려 하지 마라

...

급진적인 개혁의 부작용

모두들 추상적으로는 변화의 필요성을 이해하지만,
일상생활 수준에서 보면 사람들은
습관의 굴레를 벗어나지 못한다.
너무 많은 혁신은 정신적 쇼크를 유발하며 반감을 일으킨다.
만약 당신이 새롭게 권력의 자리에 오른 사람이거나
권력의 기반을 구축하기 위해 애쓰는 외부인이라면,
과거의 관행을 존중하는 모습을 보여주어라.
만약 변화가 필요하다면, 약간의 개선을 가하는 것으로
느끼게 만들어라.

법칙 위반 사례: 크롬웰의 급진적인 개혁

크리스마스는 어떻게 시작됐을까?
새해를 축하하는 것은 고대부터 내려온 풍습이다. 로마인들은 12월 17일부터 23일까지 농경의 신인 사투르누스를 위한 축제, 사투르날리아를 열었다. 그것은 연중 가장 흥겨운 축제였다. 노동과 교역이 모두 중단되고 거리에는 인파와 흥겨운 분위기가 넘쳤다. 노예도 잠시 해방되었고, 월계수 가지로 집 안을 장식했다. 사람들은 친지들을 방문하여 양초나 작은 점토인형 같은 선물을 주고받았다. 예수가 태어나기 훨씬 전부터 유대인들도 8일에 걸친 빛의 축제를 벌였다. 게르만인들은 한여름과 동지에 성대한 축제를 열었다. 동지 축제 때 사람들은 태양의 부활과 위대한 풍요의 신 보탄과 프레이야, 도나르(혹은 토르), 프레이르를 찬양했다. 콘스탄티누스 황제는 기독교를 로마 국교로 선포한 뒤에도, 빛과 풍요의 환생을 축하하는 기독교 이전 축제의 전통을 완전히 없애지는 못했다. 274년에는 로마 황제 아우렐리아누스가 태양신 미트라를 위한 의식을 제정하고 그의 생일인 12월 25일을 국경일로 선포했다. 아리아인의 태양신인 미트라 숭배는 페르시아에서 소아시아를 거쳐 그리스와 로마, 게르만 영역, 영국까지 전파됐다. …… 특히 로마 군단은 미트라를 풍요와 평화, 승리를 가져다주는 신으로 숭배했다. 따라서 354년, 교황 리베리우스 치하의 기독교 교회가 미트라의 생일을 흡수해서

1520년대 초반, 영국 왕 헨리 8세는 캐서린 왕비와 이혼하기로 결심했다. 그녀가 아들을 낳지 못한 데다 그는 젊고 아름다운 앤 불린과 사랑에 빠졌기 때문이다. 교황 클레멘스 7세는 왕을 파문하겠다고 위협하며 이혼을 반대했다. 가장 막강한 영향력을 행사했던 헨리 8세의 성직자, 울지 추기경 또한 이혼에 반대했다. 그는 결국 왕의 미움을 사 지위와 목숨을 잃었다.

헨리의 각료 가운데 토머스 크롬웰(Thomas Cromwell)은 왕의 이혼을 지지했을 뿐만 아니라 그것을 실현시키는 데 필요한 방책도 제시했다. 과거와 완전히 결별하는 것이었다. 그는 로마 교회와 관계를 단절하고 새로운 영국 교회를 설립한 뒤 왕이 직접 교회의 수장이 되라고 조언했다. 그러면 캐서린과 이혼하고 불린과 결혼할 수 있다는 것이다. 1531년, 헨리 왕도 크롬웰의 방법이 유일한 해결책이라고 생각했다. 크롬웰의 단순하지만 뛰어난 아이디어에 대한 보상으로, 왕은 이 대장장이의 아들을 추밀 고문관으로 승진시켰다.

1534년에 크롬웰은 국왕의 비서가 되었고, 왕의 막후 실력자로서 강력한 권력을 행사했다. 하지만 그에게 로마 교회와의 단절은 단순히 왕의 성적인 욕망을 채우는 것 이상의 의미였다. 그는 영국에 등장할 새로운 신교도 종파를 꿈꾸며, 가톨릭교회의 힘을 분쇄하고 그들이 가진 막대한 재산을 왕실과 정부에 귀속시키려고 했다. 같은 해 그는 영국의 교회와 수도원에 대한 전면적 조사에 착수했다. 조사 결과 교회가 수 세기에 걸쳐 축적한 보물과 재산은 상상을 초월했다.

크롬웰은 자신의 계획을 정당화하기 위해 영국 수도원의 부패와 권력 남용, 원래는 그들이 봉사해야 하는 평민들에 대한 수탈 등의 소문을 퍼뜨렸다. 의회도 수도원을 폐쇄하라고 지지하고 나서자 크롬웰은 수도원의 재산을 압류하고 수도원을 하나씩 없앴다. 동시에 신교 신앙을 강요하며 종교의식을 바꾸고 가톨릭을 고수하는 사람들을 탄압했다. 이제는 가톨릭이 이단으로 불리고 영국은 신교로 개종했다.

온 나라가 공포에 휩싸였다. 사람들은 오랫동안 가톨릭교회 아래에서

신음했지만, 가톨릭의 교리와 의식은 영국인들의 마음속에 깊이 뿌리박혀 있었다. 그들은 성모 마리아와 성인의 성상들이 부수어지고 스테인드글라스 창문들이 산산조각 나며 교회의 재산이 몰수되는 것을 지켜보며 공포에 떨었다. 가난한 사람들을 지원하던 수도원이 파괴되자 거리에는 걸인들이 넘쳐났다. 심지어 수도사들도 걸인으로 전락했다. 이 모든 사태의 정점에서 크롬웰은 높은 세금을 부과해 종교개혁의 자금을 마련했다.

1535년, 잉글랜드 북부에서 강력한 반란이 일어나 헨리의 왕좌를 위협했다. 다음 해까지 그는 반란을 진압하는 데 성공했지만, 동시에 크롬웰의 개혁이 엄청난 비용을 초래한다는 사실을 깨달았다. 왕은 이렇게까지 개혁을 추진할 마음이 없었다. 그는 단지 이혼을 원했을 뿐이다. 이제 크롬웰은 왕의 총애를 잃었고 불안에 떨면서 상황을 지켜봐야 했다. 헨리 왕은 서서히 크롬웰의 개혁을 폐기하며 그가 금지시킨 가톨릭의 상징과 기타 의식을 원상태로 복귀시켰다.

1540년, 크롬웰은 왕의 마음을 되돌리기 위해 도박을 벌였다. 왕에게 새로운 왕비를 찾아주기로 한 것이다. 헨리는 몇 년 전에 세 번째 부인 제인 시모어가 죽은 후 새 아내를 간절하게 원하고 있었다. 크롬웰이 점찍은 왕비는 독일 제후국의 공녀인 클레베의 앤(Anne of Cleves)이었고, 무엇보다 그녀가 신교도라는 게 중요했다. 크롬웰은 화가 홀바인(Holbein)에게 앤의 초상화를 매력적으로 그려달라고 주문했다. 헨리는 그녀의 초상화를 보고 결혼에 동의했다. 크롬웰은 다시 왕의 총애를 회복한 것처럼 보였다.

하지만 왕은 공녀를 직접 만나보고 완전히 실망했다. 첫 번째는 잘못된 발상의 종교개혁 때문에, 그리고 이번에는 외모도 별로인 데다 신교도인 아내를 떠넘긴 크롬웰을 더 이상 참을 수 없었다. 그해 6월 크롬웰은 체포되어 런던 탑에 감금되었다. 신교 극단주의자이자 이단자라는 혐의였다. 6주 뒤 그는 열광하는 군중들 앞에서 목이 잘렸다.

해석 ──

크롬웰은 단순한 이상을 갖고 있었다. 교회의 권력과 재산을 붕괴시켜

12월 25일을 그리스도 탄생일로 선포한 것은 아주 현명한 조치였다.
— 《노이에 취리허 차이퉁》,
안네-주잔네 리쉬케
(Anne-Susanne Rischke),
1983년 12월 25일

영국에 신교의 초석을 다지려고 했던 것이다. 그는 그 일을 무자비할 정도로 신속하게 추진했다. 빠른 개혁으로 인한 고통과 분노도 몇 년 안에 수그러질 것이라고 믿었다. 그는 자신이 변화를 진두 지휘하여 새로운 질서의 지도자가 되고자 했다. 그러면 국왕도 그에게 의지할 수밖에 없을 것이었다. 하지만 그의 전략에는 한 가지 문제가 있었다. 당구공이 쿠션에 너무 세게 부딪히면 도로 튀어나오듯이 그의 과격한 개혁에 따른 반작용이 있을 거라고는 예측하지 못했기 때문에 사태를 통제할 수 없었다.

강력한 개혁을 시도할 경우 불만의 표적이 되기 쉽다. 결국은 개혁에 대한 반동이 그를 파멸시키게 된다. 사람들은 급격한 변화를 원하지 않기 때문이다. 설사 그것이 유익한 것이라고 해도 말이다. 세상에는 온갖 종류의 불안과 위험이 도사리고 있기 때문에, 우리는 익숙한 얼굴에 의지하고 세상을 좀더 편하게 살아가기 위한 습관이나 의례들을 만들어낸다. 변화도 유쾌할 수 있으며 어떤 경우에는 바람직하기도 하다. 하지만 변화가 너무 극심하면 사람들은 불안해하고 결국 어느 순간 반동으로 분출된다.

사람들의 내면에 감춰진 보수적 기질을 과소평가하지 말라. 그것은 견고하게 뿌리를 내리고 있다. 어떤 관념의 유혹이 이성을 마비시키도록 해서는 안 된다. 사람들이 당신과 같은 시각으로 세상을 보게 만들 수 없는 것처럼 고통스러운 변화를 겪어가며 미래에 적응하도록 그들을 급격하게 내몰 수도 없다. 그랬다가는 그들의 거센 반란에 부딪힐 것이다. 만약 개혁이 반드시 필요한 경우라면, 그에 대한 저항을 미리 예상하고 가급적 변화가 눈에 띄지 않게 하면서 독을 달게 삼킬 수 있는 방법을 강구하라.

법칙 준수 사례: 전통을 활용한 마오쩌둥

1920년대 젊은 공산주의자 마오쩌둥은 공산당이 승리할 가능성이 거의 없다는 사실을 잘 알고 있었다. 공산당은 지지 기반이 약할 뿐만 아니라 자금도 부족했고, 군사 경험도 전무했으며, 무장도 빈약했다. 마오쩌둥은 거대한 중국의 농업인구를 끌어들이지 못한다면 승리의 희망은 어디에도 없다고 판단했다. 하지만 중국 농부들은 가장 보수적이고, 끈질기게 전통을 고수하는 사람들이었다. 아무리 거센 혁명 앞에서도 결코 자신의 전통 문화를 포기할 것 같지 않았다. 유교사상은 공자가 살던 시대만큼이나 생생하게 살아 있었다. 비록 현 체제의 압제가 고통을 주기는 하지만, 과연 중국의 농민들이 오랜 전통을 버리고 공산주의라는 완전히 새로운 사상을 받아들일 수 있을까?

마오쩌둥은 간단한 속임수로 이를 해결했다. 공산주의 혁명에 과거의 옷을 입히는 것이었다. 그렇게 함으로써 사람들의 눈에 편안하고 정당한 것으로 보이기로 했다. 마오쩌둥이 즐겨 읽었던 책은 《수호지》였다. 그는 기회가 있을 때마다 자신이 거느린 혁명군을 《수호지》에 나오는 영웅들에 비유했고, 공산주의 혁명을 억압당한 농민들이 폭군에 대항하여 싸우는 투쟁에 비유했다. 과거의 전통이 공산주의 명분을 포용할 뿐만 아니라 정당성을 부여하는 것처럼 보이게 만든 것이다. 농민들은 그런 이미지에 편안함을 느꼈고 더 나아가 그처럼 과거에 뿌리를 두고 있는 집단에 지지를 보냈다.

공산당이 권력을 장악한 뒤에도 마오는 공산당을 과거와 연관시켰다. 그는 중국판 레닌이 아니라 현대판 제갈량의 이미지로 대중들 앞에 나섰다. 제갈량은 3세기에 활약했던 전략가로 《삼국지》에서 가장 두드러진 인물로 등장한다. 제갈량은 단순히 위대한 장군이 아니었다. 그는 시인이자 철학자였으며, 도덕적 이상주의자였다. 따라서 마오쩌둥은 자신을 제갈량과 같은 시인 전사이자, 철학을 추구하는 전략가이며, 새로운 윤리의 전도사로 표현했다. 문무를 겸비한 과거 중국의 어떤 영웅처럼 보이게 만든 것이다.

마오쩌둥은 연설이나 글에서 중국의 역사적 사실을 인용하곤 했다. 예를 들어, 그는 위대한 진시황을 상기시켰다. 진시황은 기원전 3세기경 최초로 중국을 통일한 황제였다. 진시황은 공자의 서적을 모두 불태웠고, 만리장성을 보강하고 완성했다. 중국이란 이름도 그가 세운 첫 번째 통일국가의 이름에서 유래한 것이다. 진시황처럼 마오쩌둥도 중국을 하나로 통합시켰고, 과거의 억압에서 해방되기 위해 과감한 개혁을 추구했다. 사실 진시황은 폭군이었고 결국 그의 제국은 단명했다. 마오쩌둥이 추구한 전략의 눈부신 점은 그와 같은 약점을 살짝 비켜가는 동시에 중국의 현실에 맞게 진시황을 새롭게 해석했다는 것이다. 그렇게 함으로써 그의 역할에 정당성을 부여했고, 새로운 질서를 정착시키기 위해 필연적으로 따르게 될 폭력들을 정당화시켰다.

1960년대 말 문화혁명이 실패한 뒤, 중국 공산당 내부에서는 권력 투쟁이 벌어졌다. 당시 마오쩌둥의 최대 라이벌은 한때 절친한 친구였던 린뱌오(林彪)였다. 마오쩌둥은 자신의 철학과 린뱌오의 철학의 차이를 분명하게 보여주기 위해 다시 한 번 과거를 활용했다. 그는 자신의 적에게 유학자의 이미지를 심어주었는데, 실제로 린뱌오는 끊임없이 공자의 말을 인용했다. 그리고 유교는 과거를 유지하려는 보수주의를 상징했다. 반면 마오쩌둥 자신은 법가 사상 편에 섰다. 법가 사상은 한비자의 저서에 잘 예시되어 있다. 법가 사상가들은 공자의 윤리학을 경멸했다. 그들은 새로운 질서를 정착시키기 위해 폭력이 필요하다고 믿었다. 그들은 힘을 숭배했다. 권력 투쟁에서 자신에게 무게가 쏠리도록 하기 위해, 마오쩌둥은 유교를 배격하는 국가적 선전운동의 기운을 거세게 일으켰으며, 이번에는 유가 대 법가라는 대립 구도를 이용해 젊은이들을 부추겨 구세대에 반기를 들게 했다. 이 거대한 흐름 뒤에는 권력 투쟁이 도사리고 있었고, 마오쩌둥은 다시 한 번 대중의 마음을 얻어서 적들을 타도했다.

해석 ——

중국인들은 과거에 깊은 애착을 가진 민족이다. 그러한 보수성은 개혁의 장애물이었다. 마오쩌둥의 전략은 단순했다. 그는 과거에 대항하여 싸움을 거는 대신, 급진적인 공산주의자들의 이미지를 중국 역사 속의 낭만적인 인물들과 결합시켰다. 《삼국지》의 이야기를 미국과 소련, 중국 사이의 투쟁사로 엮어내서 자신을 제갈량에 비유했다. 중국인들에게는 아버지와 같은 이미지의 존경의 대상이 필요하다는 사실을 잘 이해했던 그는 마치 중국의 황제들처럼 종교적 광신에 가까운 대중적 숭배를 기꺼이 받아들였다. 그리고 농촌을 근대화시키려 했던 대약진운동이 참담하게 실패한 뒤, 그는 같은 실수를 반복하지 않았다. 그 이후 급진적 변혁은 항상 과거라는 마음 편한 겉옷을 걸치게 되었다.

교훈은 단순하다. 과거는 강력하다는 것이다. 과거에 벌어진 일들은 무조건 위대하게 보인다. 관습과 역사는 어떤 종류가 됐든 행동에 무게를 실어준다. 이 교훈을 당신의 이점으로 활용하라. 당신이 낯익은 것을 파괴했을 때, 당신은 공허, 즉 진공 상태를 초래하게 된다. 사람들은 그런 진공 상태를 채우게 될 혼돈을 두려워한다. 당신은 무슨 수를 쓰더라도 그와 같은 공포감이 조성되지 않게 해야 한다. 과거로부터 무게와 정당성을 빌려 써라. 아무리 먼 과거의 것이라고 해도, 그것이 편안하고 낯익은 현재를 창조해줄 것이다. 그러한 현재는 당신의 행동에 낭만적인 연상물을 제공하며, 그 연상물은 당신의 현재에 추가되어 당신이 추구하는 변화의 본질을 가려줄 것이다.

> 새로운 질서를 수립하는 것보다 더 수행하기 어렵고, 전망이 불투명하고, 처리하기 어려운 일은 없다는 것을 명심하라.
>
> – 니콜로 마키아벨리(1469~1527)

권력의 열쇠: 모든 것을 한 번에 바꾸려 하지 마라

인간 심리는 수많은 이중성을 내포하고 있다. 그 중 하나는 사람들이 변화의 필요성을 느낄 때조차 변화가 그들에게 직접 영향을 미치면 분노하고 당황한다는 것이다. 그들은 변화가 불가피하며 참신성이 일상의 지루함에서 자신을 해방시켜준다는 사실을 알고 있지만, 내면 깊은 곳에서는 여전히 과거에 집착한다. 추상적으로는 변화, 즉 표면적인 변화를 원하지만, 중요한 습관이나 틀에 박힌 일과를 뒤엎는 변화는 그들을 깊은 불안에 빠뜨린다.

어떤 혁명도 이후 강력한 역풍을 맞지 않았던 경우는 없다. 인간이란 존재는 그것이 초래한 진공 상태를 감당할 때 엄청난 불안을 느낀다. 무의식적으로 그런 공백을 죽음이나 혼란과 연관시키기 때문이다. 변화와 쇄신의 가능성은 사람들을 매혹시켜 혁명을 지지하게 만들지만, 열정은 언젠가 식게 마련이다. 일단 열정이 식어버리면, 공허감만 남게 된다. 사람들은 이제 과거에 대한 열망에 빠지게 되고 그러면 과거가 비집고 들어올 틈이 생긴다.

마키아벨리는 변화의 필요성을 설파하고 그것을 추구하는 예언가는 오로지 무기를 들어야만 살아남을 수 있다고 보았다. 대중이 과거를 그리워하는 상황이 발생했을 때, 예언자는 가차 없이 무기를 사용할 준비가 되어 있어야 한다는 것이다. 하지만 무기를 든 예언자는 결코 오래가지 못하며, 결국 실패하기 전에 옛것을 대체할 수 있는 새로운 가치와 의식을 신속하게 창조하여 변화를 두려워하는 사람들의 근심을 잠재울 수 있어야 한다. 하지만 그것보다는 속임수를 쓰는 것이 훨씬 더 쉽고 유혈도 적다. 변화를 주장하고 실제로 개혁을 추진하면서도, 사람들에게 과거의 사건이나 전통에서 유래된 편안한 외형을 제공하는 것이다.

서기 8년부터 23년까지 중국을 지배했던 황제 왕망(王莽)은 거대한 역사적 소용돌이 속에서 권력자로 부상했다. 중국인들은 질서를 갈망했고, 그들에게 질서는 유교의 가르침을 의미했다. 하지만 약 200년 전에 진시황이 유가의 책을 모두 불태워버린 뒤였다. 그런데 몇 권의 책이 화를 피해 어떤 학자의 집에 보관되어 있다는 소문이 돌았다. 그 책들은 진본이 아닐 가능성도 있었지만, 왕망에게는 좋은 기회였다. 먼저 그는 그 책들을 압수하고 서예가를 동원해 그가 시도하고 있는 변화를 지지하는 것처럼 보이는 구절들을 그 속에 추가했다. 그가 책을 공개하자 왕망의 개혁은 유교의 원리에도 부합하는 것처럼 보였다. 사람들은 안심하고 적극적으로 변화를 수용했다.

당신은 죽은 과거를 마음대로 해석할 수 있다. 당신의 명분을 강화하기 위해 과거의 사실에 약간의 조작을 가하라. 과거는 하나의 글에 불과하다. 그 속에 자신의 구절을 삽입한다고 해서 당신에게 해로울 것은 없다.

오래된 이름을 사용하거나, 조직 내에서 똑같은 숫자를 쓰는 것과 같은 단순한 행동만으로도 당신은 과거와의 연결고리를 만들 수 있다. 바로 그 역사라는 권위가 당신의 권력을 강화해줄 것이다. 마키아벨리가 말했듯이 로마인들은 군주제에서 공화국으로 바뀔 때 그런 방법을 사용했다. 그들은 왕 대신 두 명의 집정관을 세웠지만 왕 밑에 열두 명의 릭토르(lictor)가 있었기 때문에 집정관 밑에도 열두 명의 관리를 두었다. 또 왕은 해마다 신에게 제물을 바치는 의식을 직접 집행하면서 거창한 볼거리를 제공했는데, 로마 공화국 역시 그 행사를 그대로 유지했다. 다만 그 임무를 로마인들이 특별히 '제사의 왕이라고 불렀던 제사장'에게 넘겼을 뿐이다. 그 밖에도 비슷한 조치들을 통해 사람들을 만족시키고 그들이 왕정복고를 주장하는 사태가 벌어지지 않도록 미연에 방지했다.

변화를 위장하는 또 다른 방법은 과거의 가치를 공공장소에서 큰 목소리로 과시하는 것이다. 광신적인 전통 수호자로 보이게 되면, 사람들은 당신이 사실은 얼마나 비전통적인지를 알아차리지 못한다. 르네상스 시대의 피렌체는 한 세기 동안 공화제의 전통을 유지해왔다. 그것의 가치를 우습게 아는 사람에게는 의심의 눈초리를 보냈다. 코시모 데 메디치는 공화제에 대한 열렬한 지지를 공공연하게 표명하면서도 뒤에서는 그 도시를 자기 가문이 지배하기 위해 공작을 벌였다. 겉으로는 공화제의 형태를 유지했지만, 본질적으로 그들은 공화정을 무용지물로 만들고 있었다. 그들은 은밀하게 급진적 변화를 추진하면서 동시에 전통을 수호하는 척했다.

과학은 진리의 탐구를 요구하며, 진리는 보수주의와 습관의 불합리성으로부터 과학을 보호하는 것처럼 보인다. 즉 과학은 혁신의 문화다. 하지만 찰스 다윈(Charles Darwin)이 진화론을 발표했을 때, 종교 당국보다 동료 과학자들이 더 격렬하게 그의 주장에 반대했다. 그의 이론은 너무나 많은 고정관념에 도전장을 던졌던 것이다. 조너스 솔크가 면역학에서 급진적 혁신을 이루었을 때도 같은 장벽에 부딪혔고, 막스 플랑크(Max Planck)가 물리학에서 혁명을 일으켰을 때도 같은 일을 겪었다. 후일 플랑크는 당시 과학계의 저항을 이렇게 기록했다. "새로운 과학적 진리는 반대론자를 설득하여 그것을 인정하게 함으로써 승리하는 것이 아니라, 반대론자들이 점차 죽고 그 진리에 익숙한 새로운 세대가 자라남으로써 승리하는 것이다."

보수주의에 대한 해결책은 궁정신하의 게임을 하는 것밖에 없다. 갈릴레오는 과학계에 발을 들여놓은 순간부터 그것을 수행했다. 훗날 그는 과거에 대립하는 경향을 보였다가 그에 따른 대가를 톡톡히 치렀다. 그러니 전통에 대해서는 적절히 입에 발린 소리를 할 줄도 알아야 한다. 당신의 혁명에서 과거에 기반을 둔 것처럼 보이는 요소를 찾아내라. 현실에 적합한 말만 하고, 과거와 일치하는 면만을 보여주면서 다른 한편으로는 당신의 이론이 급진적인 효과를 최대한 발휘하게 만들어라. 형세에 맞춰 행동하고 과거의 관례를 존중하라. 이것은 과학계조차 예외가 될 수 없으며 모든 분야에 똑같이 적용된다.

영향력 있는 사람들은 시대정신에 주의를 기울인다. 개혁이 시대에 너무 앞서 있다면, 그것을 이해하는 사람이 극히 드물 것이다. 불안감이 조성되고 개혁에 대한 오해로 인해 심각한 사태를 초래할 것이다. 당신이 시도하는 혁신을 실제보다 덜 혁신적으로 보이게 위장하라. 영국은 크롬웰이 원했던 것처럼 신교 국가가 됐지만, 그렇게 되기까지 한 세기에 걸친 점진적 변화가 필요했다.

시대정신을 주목하라. 혼란한 시기에는 과거의 안락함, 전통, 의식의 복귀를 주장함으로써 권력을 얻을 수 있다. 반대로 안정된 시기라면, 개혁과 혁명의 카드를 꺼내야 한다. 하지만 그것이 어떤 사태를 촉발시킬지 항상 경계하라. 결국 혁명을 시작한 사람과 완수한 사람이 일치하는 경우는 거의 없다. 만약 당신이 변화에 뒤따르는 저항을 미리 예상하고 선수를 치지 않는다면, 이 위험한 게임에서 승리하지 못할 것이다.

| **이미지** | 고양이. 고양이는 습관의 동물로 익숙한 것에서 느끼는 온기를 좋아한다. 일상적인 습관을 뒤집고, 공간을 혼란에 빠뜨리면, 고양이는 미쳐버릴 것이다. 습관적 의식을 지켜줌으로써 고양이를 달래라. 만약 변화가 필요한 경우, 과거의 냄새를 남겨서 고양이를 속여라. 전략적인 위치에 익숙한 물건을 배치

하라.

| 근거 | 한 나라의 정부를 개혁하려는 이상을 갖고 있거나 이미 그것을 시도하고 있다면 적어도 과거의 껍데기만이라도 유지해야 한다. 그렇게 하면 사람들은 제도의 변화를 느끼지 못하며, 설사 과거의 체제와 완전히 다른 조직이 등장하더라도 신경 쓰지 않게 된다. 인류의 대다수는 사실보다는 외향에 치중하기 때문이다.

– 니콜로 마키아벨리(1469~1527)

뒤집어보기

과거는 당신이 원하는 대로 이용할 수 있는 일종의 시신이다. 최근에 고통스럽고 가혹한 일이 있었다면, 그것을 당신과 연관시키는 것은 자살 행위와 다름없다. 나폴레옹이 권좌에 올랐을 때, 모든 이들에게 프랑스혁명은 신선하게 여겨졌다. 만약 나폴레옹의 궁정이 루이 16세와 마리-앙투아네트의 호화로운 궁정과 비슷하게 보였다면, 나폴레옹의 궁정신하들은 항상 자신의 목을 걱정하면서 지냈을 것이다. 대신 나폴레옹은 진지하고 겉치레 따위는 없는 궁정을 만들었다. 그의 궁정은 노동의 가치와 군사적 미덕을 높게 평가하는 곳이었다. 이런 새로운 형태는 적절하면서 든든하게 보였다.

시대의 흐름을 존중하라. 만약 당신이 과거로부터 과감한 변화를 일으켰다면, 무슨 수를 쓰든 공백, 즉 진공 상태만은 피해야 한다. 그러지 않으면 공포가 조장될 것이다. 심지어 불행했던 최근의 기억조차 빈 공간보다는 나아 보이게 된다. 그 공백을 새로운 의식과 형태로 즉시 메워라. 불안감을 진정시키고 친근한 분위기를 조장하라. 이러한 느낌이 대중 속에서 당신의 지위를 지켜줄 것이다.

예술이나 패션, 기술 분야에서는 과거를 창조적이고 급진적으로 파괴하는 것에서 권력이 발생하는 것처럼 보인다. 사실 그와 같은 전략이 권력을 부여하기도 하지만, 거기에는 위험이 도사리고 있다. 어느 날 다른 사람이 당신의 혁신을 추월하게 되는 것은 불가피한 일이다. 더 젊고 신선한 인물이 갑자기 새로운 방향을 추구하여 어제의 과감했던 당신의 혁신을 지루하고 단조로운 것으로 만들어버린다. 따라서 당신은 끊임없이 노력해야 한다. 당신의 권력은 빈약하고 수명도 짧다. 이제 당신은 더 견고한 것에 뿌리를 둔 권력을 원한다. 과거를 이용하고 전통과 손을 잡으며 인습을 따르면서 동시에 그들을 타파하는 전술은 당신의 창조물에 순간적인 매력 이상의 것을 부여해줄 것이다. 현란한 변화의 시기에도 그 밑바닥에는 과거에 대한 갈망이 숨어 있다. 결국 과거를 자신의 목적에 맞게 이용하는 것이 과거와 완전히 단절하는 것보다 더 큰 권력을 당신에게 부여해줄 것이다. 과거와의 단절은 무익할 뿐만 아니라 스스로를 해치는 행위다.

Law 46

상대의 마음을 유혹하라

···

은밀한 설득

강제는 결국 당신에게 해롭게 작용할 반응을 일으킬 뿐이다.
사람들이 스스로 원해서 당신이 정하는 대로 움직이게끔 해야 한다.
그렇게 당신에게 가슴과 머리를 빼앗긴 사람은
당신의 심복이 된다.
사람들을 유혹하는 방법은
그들의 개인적 심리와 약점을 공략하는 것이다.
사람들의 감정을 이용해서,
즉 그들이 소중히 여기는 것과 두려워하는 바를 이용하여
저항 심리를 누그러뜨려라.
사람들의 마음을 무시하면, 당신은 증오를 얻게 된다.

법칙 위반 사례: 버림받은 마리-앙투아네트

루이 15세의 통치가 끝나갈 무렵 프랑스 국민들은 변화를 간절히 원하고 있었다. 루이 15세의 후계자로 예정된 사람은 그의 손자 루이 16세였다. 루이 16세가 열다섯 살의 오스트리아 황녀 마리-앙투아네트(Marie-Antoinette)와 결혼했을 때, 국민들은 희망적인 미래에 대한 막연한 기대감을 품었다. 마리-앙투아네트는 빼어난 미모에 생기가 넘쳤다. 그녀는 루이 15세의 방탕한 생활로 침체되어 있던 궁정 분위기를 단번에 변화시켰다. 심지어 그녀를 만나본 적이 없는 일반 국민들도 흥분한 태도로 마리-앙투아네트에 관해 이야기를 나누곤 했다. 루이 15세를 쥐락펴락하던 후궁들에게 신물이 나 있던 프랑스인들은 이제 진정한 왕비를 섬길 수 있게 되기를 기대했다. 1773년, 그녀가 처음으로 파리 거리에 모습을 드러냈을 때 국민들은 열렬하게 환호하며 그녀의 마차 주위에 모여들었다. 그녀는 자신의 어머니에게 이렇게 편지를 썼다. "별다른 노력도 하지 않았는데 이렇게 커다란 사랑을 받는 자리에 와 있다니, 너무나 기쁩니다."

1774년, 루이 15세가 죽자 루이 16세가 왕좌에 앉았다. 마리-앙투아네트는 왕비가 된 후 쾌락과 사치에 전념했다. 값비싼 옷과 보석을 몸에 걸치고, 역사상 가장 복잡하고 화려한 헤어스타일을 하여 1미터에 가까운 머리장식을 붙이고 다녔으며, 가면무도회와 파티를 열곤 했다. 거기에 들어가는 비용 따위는 전혀 신경 쓰지 않았다.

마리-앙투아네트가 가장 즐긴 일은 프티 트리아농(베르사유 궁전 한쪽에 있는 작은 성)에 자기만의 에덴동산을 꾸미는 일이었다. 이 정원은 가급적 '자연 그대로'의 모습으로 꾸며졌다. 이를 위해 일꾼들이 손으로 나무와 돌들에 이끼를 입혔다. 또 전원의 풍광을 만들어내기 위해 농부의 아낙네들을 데려다가 멋진 소들의 젖을 짜게 했는데, 그들은 소젖을 고급스러운 도자기 단지에 받았다. 또 마리-앙투아네트가 직접 디자인한 농부 옷을 빨래하는 사람과 치즈 만드는 사람에게 입혔으며, 목동들은 실크 리본을 목에 두른 양들을 돌보았다. 마리-앙투아네트는 수시로 프티 트리아농 근처의 숲 속에서 꽃을 꺾거나 자신의 '훌륭한 농부'들이 '농장일'을 하는 것을 구경했다. 이곳은 그녀가 특별히 허락한 이들만 둘러볼 수 있는 별세상이었다.

마리-앙투아네트의 기분이 바뀔 때마다 프티 트리아농에 들어가는 비용도 하늘 높은 줄 모르고 올라갔다. 그러는 동안 프랑스의 상황은 악화되고 있었다. 기근이 찾아와 굶주리는 사람들이 늘어났고 국민들의 원성이 드높았다. 또 마리-앙투아네트가 신하들을 어린아이 대하듯 하자 신하들의 불만도 쌓였다. 그녀는 자기가 총애하는 사람만 챙겼고, 그런 사람의 수는 갈수록 적어졌다. 그럼에도 마리-앙투아네트는 이런 상황에 대한 문제의식을 느끼지 못했다. 그녀는 신하가 건네는 보고서를 한 번도 읽어보지 않았고, 국민들을 만나러 밖으로 나가지 않았으며, 그들의 마음을 얻으려고 노력하지 않았다. 파리 시민들과 한 번도 어울리지 않았고 시민 대표단을 맞은 적도 없었다. 그녀는 국민들이 당연히 왕비인 자신한테 애정을 주어야 한다고 생각했다. 그러면서도 그들에게 사랑을 되돌려주지는 않았다.

1784년, 마리-앙투아네트는 스캔들에 휘말렸다. 한 사기꾼이 사기극을 꾸며 마리-앙투아네트가 유럽에서 가장 값비싼 다이아몬드 목걸이를 구입한 것처럼 되어버렸고, 나중에 그 사기꾼의 재판을 진행하는 과정에서 마리-앙투아네트의 사치스러운 생활이 세상에 낱낱이 드러난 것이다. 국민들은 그녀가 평소 보석과 옷과 가면무도회에 어마어마한 돈을 쓴다는 사실을 알게 되었다. 마리-앙투아네트에게는 '적자 왕비'라는 별명이 붙었고, 국민들의 분노와 적개심은 점점 커졌다. 그녀가 오페라 극장에 모습을 드러내면 사람들은 야유를 퍼부었다. 심지어 궁정신하들도 등을 돌렸다. 그녀가 엄청난 사치를 누리는 동안 프랑스는 파멸을 향해 치닫고 있었기 때문이다.

5년 후인 1789년에 프랑스 혁명이 일어났다. 마리-앙투아네트는 걱정하지 않았다. 한낱 평범한 시민들이 반항한들 뭐 그리 대단하겠냐고, 곧 세상은 다시 잠잠해지고 자신은 예전의 즐거운 삶을 되찾을 것이라고 생각하는 듯했다. 그해 시민들은 베르사유까지 행진해 들어왔고, 왕실 사람들에게 궁전을 떠나 파리로 가라고 압력을 넣었다. 이는 혁명 세력의

않고도 이보다 천 배나 큰 즐거움을 얻을 것이오. 하지만 내 말에 따르지 않으면 어제와 같은 고된 일을 수없이 하게 될 것이오. 내 말을 들으면 여러분은 자유를 얻게 되오. 나는 여러분을 해방시킬 운명을 지고 있소. 나는 여러분이 메디아와 맞서 싸울 능력을 충분히 가졌다고 믿소. 그러니 지체하지 말고 당장 아스티아게스의 속박에서 벗어납시다."
페르시아인들은 메디아에 예속되어 있는 것에 대해 오래전부터 불만을 품고 있었다. 이제야 지도자를 찾은 그들은 앞으로 맞이할 자유를 생각하며 열렬히 환호했다. …… 키루스가 이끄는 페르시아인들은 메디아에 맞서 일어났으며 이후 아시아를 제패하는 주인공이 되었다.
– 《역사》, 헤로도토스, 기원전 5세기

북풍과 해가 서로 자기가
더 강하다며 말다툼을
벌이다가, 나그네의 옷을
벗기는 쪽이 이기는 것으로
인정하기로 했다. 북풍이
먼저 시도했다. 그러나 세찬
바람이 불어오자 나그네는
옷깃을 더욱 세게 여몄다.
바람이 더 세게 불자
나그네는 추위를 느낀
나머지 외투까지 걸쳤다.
마침내 북풍은 지쳤다. 이제
해의 차례였다. 해는
처음에는 적당한 온도로
따뜻하게 비추었다. 그러자
나그네는 외투를 벗었다.
해가 더 강렬한 볕을 보내자,
나그네는 더위를 참지
못하고 옷을 벗고는 근처
강물로 풍덩 뛰어들었다.
설득이 힘보다
훨씬 효과적이다.
– 《이솝 우화》, 기원전 6세기

승리를 의미하는 순간이었지만, 한편으로는 그간 마리-앙투아네트가 백성들에게 준 상처를 달래주고 그들과 소통할 수 있는 기회이기도 했다. 그러나 왕비는 아무것도 깨닫지 못했다. 그녀는 파리에 있는 궁에 머무는 동안 한 발자국도 밖으로 나가지 않았다. 왕비의 낭비벽 때문에 백성들이 고통을 겪는데도 말이다.

1792년, 왕과 왕비는 감옥에 갇혔고 혁명 세력은 왕정 폐지를 공식적으로 선언했다. 다음 해 루이 16세는 유죄 판결을 받고 처형당했다. 마리-앙투아네트 역시 같은 운명을 기다리고 있었지만 아무도 그녀를 도와주지 않았다. 왕실에서 가까이 지낸 지인들도, 유럽의 다른 왕들도(그들 역시 한 나라의 왕가 사람으로서 혁명이 바람직하지 않다는 입장을 견지했으면서도 말이다), 심지어 이제 오스트리아 왕이 된 그녀의 형제도 그녀를 도와주지 않았다. 마리-앙투아네트는 세상에서 버림받은 여인이 되었다. 1793년 10월, 그녀는 단두대에 서는 순간까지도 뉘우치지 않는 거만한 태도를 보였다.

해석 ——

마리-앙투아네트는 어린 시절부터 위험한 태도가 몸에 배었다. 오스트리아 공주였던 그녀는 늘 아부와 듣기 좋은 말만 들으며 자랐다. 프랑스 왕비가 되기로 예정되었기 때문에 사람들의 관심을 한 몸에 받았다. 그녀는 다른 사람을 기쁘게 하거나 남의 비위를 맞춰주는 것을 해본 적이 없었다. 또 다른 사람의 마음과 심리에 자신을 맞출 필요도 없었다. 자기 뜻을 이루기 위해 노력할 필요도, 치밀한 계획을 세우거나 설득의 기술을 발휘할 필요도 없었다. 어릴 때부터 응석받이로 지낸 사람들이 으레 그렇듯 그녀는 타인의 마음을 전혀 헤아릴 줄 모르는 사람으로 자랐다.

마리-앙투아네트는 프랑스 국민의 불만과 분노의 표적이 되었다. 타인의 마음을 얻기 위해 아무런 노력도 기울이지 않는 사람은 분노를 사게 마련이다. 그녀가 과거의 인물일 뿐이라고, 또는 아주 드문 유형의 사람이라고 생각하지 말라. 그녀와 같은 유형은 오히려 지금 더 흔하게 볼 수 있다. 그런 사람들은 자기가 만든 착각의 거품 속에 산다. 자신이 왕이나 여왕이라고, 모두가 마땅히 자신에게 관심을 기울여야 한다고 여긴다. 타인의 특성이나 기분은 안중에도 없고, 마리-앙투아네트와 같은 독선과 오만함으로 똘똘 뭉쳐 있다. 아이처럼 응석을 부리면 모든 걸 가질 수 있다고 믿는다. 또 자신의 매력을 확신하기 때문에 상대를 유혹하거나 설득하기 위한 노력을 기울이지 않는다.

권력의 세계에서 그런 태도는 비극을 부른다. 당신은 주변 사람들에게 늘 관심을 기울여야 하며, 그들 각각의 심리 상태를 헤아리고 그들을 유혹하는 데 적절한 말을 해야 한다. 이를 위해서는 노력과 기술이 필요하다. 높은 자리에 있을수록 아랫사람의 마음에 더 귀를 기울여야 한다. 그래야 권력의 정점을 유지할 수 있는 지지 기반을 확보할 수 있다. 그러한 기반이 없으면 권력은 흔들릴 것이고, 상황이 조금만 바뀌어도 아랫사람들이 기꺼이 당신의 몰락을 도울 것이다.

세상을 바꾼 인물들은 지도자를 움직인 것이 아니라 언제나 대중을 움직였다. 지도자를 움직이는 것에는 음모가 수반되며 이는 최고의 결과보다 못한 결과를 낳는다. 그러나 대중을 움직인다는 것은 천재적인 솜씨이며 이는 세상의 모습을 변화시킨다.
– 나폴레옹 보나파르트 (1769~1821)

법칙 준수 사례: 제갈량의 민심 달래기

225년, 촉한의 정치가 제갈량은 위기 상황에 직면했다. 위나라가 북쪽에서 촉한을 향해 전면 공격을 해오고 있었다. 게다가 위나라는 촉한의 남쪽에 있는 오랑캐들과 동맹을 맺고 있었다. 오랑캐들을 이끄는 우두머리는 맹획(孟獲)이라는 자였다. 제갈량은 북쪽에서 다가오는 위의 세력을 물리치기 전에 먼저 남쪽의 위협을 막아내야 했다.

제갈량이 오랑캐와 싸우기 위해 남으로 진군할 준비를 하자 한 지혜로운 신하가 조언을 했다. 오랑캐들을 힘으로 완전히 진압하는 것은 불가능하다는 얘기였다. 맹획을 물리칠 수는 있을지 모르나 제갈량이 위의 세력을 막기 위해 북쪽으로 돌아서자마자 맹획이 다시 공격해올 것이라고 신하는 말했다. "도시를 얻는 것보다 마음을 얻는 것이 현명합니다. 무기로 싸우는 것보다 마음으로 싸우는 것이 낫습니다. 부디 그자들의 마음을 얻으시길 바랍니다." 제갈량은 이렇게 대답했다. "자네가 나의 생각을 읽었군."

제갈량의 예상대로 맹획은 거세게 공격해왔다. 그러나 제갈량은 꾀를

알렉산드로스 대왕의 생애
알렉산드로스는 군대를
이끌고 다리우스를 쫓고
있었다. 11일 동안
600킬로미터 이상을
행군하며 지칠 대로 지친
병사들은 포기하고 싶은
마음이 굴뚝같았다.
무엇보다도 마실 물이
모자라는 것이 큰 문제였다.
그러던 중 마케도니아 병사
몇 명이 강을 발견해
가죽부대에 물을 담아
노새에 싣고 정오경
알렉산드로스가 있는 곳으로
왔다. 알렉산드로스는 갈증
때문에 숨이 막힐 것 같았다.
그 모습을 본 병사가
투구에 물을 가득 받아
알렉산드로스에게 바쳤다.
…… 알렉산드로스는
투구를 받아들고 주위를
둘러보았다. 많은 병사들이
목을 길게 빼고
알렉산드로스가 물을
마시려는 모습을 쳐다보고
있었다. 알렉산드로스는
고맙다는 말과 함께
물이 든 투구를 병사에게
돌려주었다. 물은 한 방울도
마시지 않은 상태였다. 그는
말했다. "나 혼자만 물을
마시면 나머지 병사들의
기운이 빠질 것이다."
병사들은 알렉산드로스의
자제력과 아량에 놀랐다.
그리고 알렉산드로스에게
자신들의 진군을
이끌어달라고 입을 모아
외치더니 말을 채찍질하며
달리기 시작했다. 그들은
그런 지도자 밑에서라면
피로와 갈증 따위는 이겨낼
수 있다고 말했다. 병사들은
거의 불사신이라도
된 듯이 느껴졌다.
– 《알렉산드로스 대왕의
생애(The Life of Alexander
the Great)》,
플루타르코스(46~120년경)

써서 맹획과 그의 병사들 대부분을 생포했다. 하지만 그는 포로들을 벌하거나 처형하지 않고, 그들의 족쇄를 풀어준 뒤에 음식과 술을 융숭하게 대접하고 말했다. "너희는 모두 착한 사람들이다. 너희에게도 고향에서 기다리는 부모와 처자식이 있을 터, 너희가 죽으면 그들은 가슴을 치며 슬퍼할 것이다. 살려줄 테니 집으로 돌아가 가족들을 위로해주어라." 포로들은 눈물을 흘리며 제갈량에게 고마워했다. 잠시 후 제갈량은 맹획을 불러 말했다. "너를 살려주면 무엇을 하겠느냐?" "군대를 다시 모아 당신의 군대와 싸우겠소. 그러나 나를 또다시 생포한다면, 그때는 당신이 이겼음을 인정하겠소." 제갈량은 맹획을 풀어주었고 말과 안장까지 선물로 주었다. 부관들이 흥분하며 왜 풀어주느냐고 묻자 제갈량이 말했다. "나는 호주머니에서 물건을 꺼내는 것만큼이나 쉽게 저 자를 다시 생포할 수 있네. 나는 저 자의 마음을 얻으려고 하는 것이야. 그러면 남쪽에 평화는 저절로 얻어질 걸세."

맹획은 자신의 말대로 다시 공격을 해왔다. 그러나 제갈량에게 관대한 대우를 받았던 그의 부하들이 반란을 일으켜, 맹획을 잡아다가 제갈량에게 넘겼다. 제갈량은 지난번과 같은 질문을 맹획에게 던졌다. 그러자 맹획은 자신이 공정하게 패배한 것이 아니라 부하들의 배신 때문에 진 것이라면서, 자신을 살려주면 또 싸울 것이고, 만일 세 번째 생포되면 그때는 제갈량의 승리를 인정하겠다고 말했다.

그 후 몇 개월 동안 제갈량은 기지를 발휘해 세 번이나 더 맹획을 잡았다. 그때마다 맹획의 병사들은 사기가 떨어졌다. 제갈량이 매번 훌륭하게 대접했기 때문에 싸울 마음이 없어진 것이다. 그러나 제갈량이 항복을 요구할 때마다 맹획은 핑계를 대면서 그럴 수 없다고 했다. 이번엔 당신이 속임수를 썼다, 이번엔 내게 운이 따르지 않았다, 하는 식으로 말이다. 그는 언제나 다음에 또 잡히면 그때 항복하겠다고 말했다. 그러면 제갈량은 풀어주었다.

제갈량에게 여섯 번째로 붙잡혔을 때 맹획이 말했다. "당신이 나를 일곱 번째로 잡으면, 당신에게 충성을 바치고 다시는 반항하지 않겠소." 제갈량은 대답했다. "좋아. 하지만 그때는 절대 풀어주지 않겠다."

풀려난 맹획은 부하들을 거느리고 오과국(烏戈國)으로 향했다. 여러 번 패배를 당한 맹획에게 남은 희망은 이제 하나였다. 그는 막강한 군대를 거느린 오과국의 왕 올돌골(兀突骨)에게 도움을 청하기로 했다. 올돌골의 군사들은 기름에 담갔다가 말려서 단단해진 등나무로 엮은 갑옷을 입고 있었다. 맹획과 올돌골의 군대는 제갈량을 향해 진군했다. 천하의 제갈량도 이번에는 겁을 먹었는지 병사들을 데리고 황급히 후퇴했다. 하지만 그것은 함정이었다. 제갈량은 올돌골의 군대를 좁은 계곡으로 유인한 뒤에 사방에 불을 놓았다. 불꽃이 올돌골 병사들의 갑옷에 붙자 순식간에 군대 전체가 불길에 휩싸였다. 갑옷에 기름이 배어 있어서 쉽게 불이 붙었던 것이다. 올돌골의 군대는 전멸했다.

제갈량은 아수라장이 된 계곡에서 살아남은 맹획과 그 측근들을 잡아왔다. 이번이 일곱 번째였다. 상대편의 군대를 무참히 살육한 뒤라 제갈량은 차마 맹획을 마주할 수가 없었다. 그는 대신 부하를 보냈다. "무후께서 당신을 풀어주라 하셨소. 다시 군대를 모아 싸우러 와서 승부를 내보라고 하셨소." 맹획은 눈물을 흘리며 땅에 주저앉더니 양손과 무릎으로 제갈량 있는 곳까지 기어가서 항복을 표했다. "무후께서는 하늘같은 은혜를 베푸셨습니다. 우리 남쪽 사람들은 다시는 반항을 꾀하지 않겠습니다." 제갈량이 물었다. "이제 진정 항복하겠소?" "맹씨 일가는 자자손손 무후의 한량없는 은혜를 가슴 깊이 새기겠습니다. 어찌 항복하지 않겠습니까?"

제갈량은 성대한 연회를 열어 맹획을 먹이고, 그를 다시 남방의 왕위에 앉혔으며, 빼앗은 땅도 돌려주었다. 그리고 남쪽에 주둔군도 남겨두지 않은 채 군대를 이끌고 북으로 향했다. 제갈량은 다시 남쪽을 치려고 내려올 필요가 없었다. 맹획이 이미 충성스러운 동맹이 되어 있었기 때문이다.

해석 ——
제갈량에게는 두 가지 방법이 있었다. 하나는 남쪽의 오랑캐들을 일거에 공격해 무찌르는 것이고, 다른 하나는 시간을 두고 그들을 천천히 자신의 편으로 만드는 것이었다. 대부분의 사람들은 자신이 적보다 힘이 세면 당연히 첫 번째 방법을 택한다. 그러나 진짜 힘을 가진 사람은 더 멀리 내다보고 행동한다. 첫 번째 방법이 쉽고 빠를지는 모르나, 시간이 지날수록 정복당한 자의 마음속에는 적의가 생겨난다. 그들의 적의는 증오로 바뀌고, 그들이 앙심을 품으면 당신은 끊임없는 불안 속에 살아야 한다. 또 당신은 얻은 것을 지키기 위해 힘을 쏟아야 하고 병적인 불안과 방어심리를 갖게 될 수도 있다. 두 번째 방법은 좀더 어렵기는 하지만 마음의 평화를 가져다줄 뿐만 아니라 잠재적인 적을 든든한 동맹자로 바꿀 수도 있다.

어떤 상대를 만나든지 일단 한 걸음 물러서서 천천히 상대의 감정과 심리적 약점을 헤아려라. 힘은 저항을 부를 뿐이다. 대부분의 사람을 대할 때는 마음이 중요하다. 그들은 아이들 같아서 감정에 쉽게 지배받는다. 그들을 당신이 원하는 방향으로 순조롭게 움직이려면 가혹함과 자비를 적절히 번갈아 보여라. 그들이 지닌 기본적인 두려움도 이용하고, 사랑하는 감정(자유, 가족 등에 대한)도 이용하라. 일단 그들을 제압하면 당신은 평생의 친구나 충성스러운 동맹자를 얻는다.

> 정부는 사람들을 커다란 집단으로만 본다. 그러나 인간들은 각기 다르기 때문에 조립물이 아니라 개별적인 존재들이다. …… 각 인간의 마음속에는 왕국이 하나씩 들어 있다.
>
> – 《지혜의 일곱 기둥(Seven Pillars of Wisdom)》, T. E. 로렌스(1888~1935)

권력의 열쇠: 상대의 마음을 유혹하라

권력 게임에서 당신은 자기에게 돌아오는 이익이 없는 한 절대로 당신을 도와주지 않는 사람들을 만나게 된다. 자기가 취할 이익이 없다고 판단되면 그들은 당신을 적대적으로 바라본다. 그들에게 당신은 그저 또 다른 경쟁자, 교류해봐야 시간 낭비인 사람으로 보이기 때문이다. 이러한 냉정한 시선을 극복할 수 있는 방법은 상대의 마음을 열어 당신 편으로 끌어들이는 것이다. 그러나 대부분의 사람들은 권력 게임의 이러한 측면을 알지 못한다. 그들은 새로운 상대를 만나면 한 발 물러서서 상대의 독특한 기질을 파악하기보다는 자기 자신에 대한 이야기를 하고 자신의 의도와 편견을 강요한다. 또 자기주장을 하고 자기 힘을 자랑하고 떠벌린다. 스스로는 의식하지 못할지라도 사실 그것은 적과 저항자를 만드는 행동이다. 개성을 무시당하고 심리적 상태를 인정받지 못하는 것만큼 기분 나쁘고 화나는 일은 없기 때문이다.

기억하라. 설득의 열쇠는 상대를 부드럽고 점잖게 제압하는 것이다. 양면적인 방식으로 상대를 유혹하라. 그들의 감정적 측면과 지적인 약점을 동시에 이용하라. 남들과 다른 상대만의 특징(개인적인 심리)과 보편적인 특징(일반적인 감정 반응) 모두를 주시하라. 사랑, 미움, 질투 등 기본적인 주요 감정에 주목하라. 상대의 감정을 움직이면 그는 당신의 설득에 훨씬 쉽게 넘어온다.

제갈량은 경쟁국의 중요한 장군이 조조와 동맹을 맺는 것을 막으려고 할 때, 장군에게 조조의 잔인성을 설명하지도, 조조를 도덕적으로 비판하지도 않았다. 대신 제갈량은 조조가 그 장군의 젊고 아름다운 아내에게 흑심을 품고 있다는 암시를 넌지시 비쳤다. 이는 장군의 감정을 건드렸고, 장군은 쉽게 제갈량 편이 되었다. 마찬가지로 마오쩌둥은 언제나 대중의 감정에 호소했으며 간단하고 쉬운 언어로 말했다. 마오쩌둥 자신은 좋은 교육을 받았고 박식한 인물이었지만, 연설에서는 본능적이고 단순한 비유를 사용했으며 대중 마음속 깊은 곳의 불안을 건드리고 그들이 집회에서 불만을 외부로 발산하도록 유도했다. 또한 그는 특정한 제도의 실천 방안을 강조하기보다는 그 제도가 대중에게 현실적으로 미치는 영향을 설명했다. 이러한 방식이 문맹이나 교육받지 못한 자들에게만 효과가 있을 것이라 생각하면 오산이다. 이는 어떤 상대에게나 효과가 있다. 우리는 모두 죽음이라는 두려운 끝을 향해 가고 있으며, 애정과 소속감에 대한 욕구를 가지고 있기 때문이다. 그러한 감정들을 자극하고 이용하면 상대의 마음을 얻을 수 있다.

이를 위한 최고의 방법은 극적인 충격을 주는 것이다. 제갈량이 극형을 예상하고 있던 포로들을 먹이고 풀어준 것처럼 말이다. 상대를 완전히 흔들어버리면 그들의 마음은 부드러워진다. 또 극적인 대조 효과를 노릴 수도 있다. 상대를 절망으로 몰아넣었다가 꺼내주는 것이다. 비극을 예상하고 있다가 뜻밖에 구원을 얻은 상대는 당신에게 마음을 내준다. 상대를 즐겁게 하고 두려움을 완화시켜주고 안정을 약속하면 대개 당신은 성공할 수 있다.

때로는 상징적 행동이 공감을 얻는 데 중요한 역할을 한다. 예를 들어 자기희생의 모습을 보이면(당신 역시 다른 사람들과 마찬가지로 고통을 겪고 있음을 보여주면), 사람들은 당신에게 동질감을 느낀다. 설령 당신의 희생은 그저 상징이거나 미미한 수준이고 그들의 희생은 진짜라고 할지라도 말이다. 집단에 들어갈 때는 선의의 행동을 보여라. 그러면 집단이 거친 행동으로 치닫지 않도록 누그러뜨릴 수 있다.

T. E. 로렌스는 1차 세계대전 때 중동 사막에서 터키인들을 상대로 싸우면서 한 가지 사실을 깨달았다. 재래식 전쟁이 그 가치를 잃어버린 것처럼 느껴진 것이다. 병사들 하나하나는 거대한 수의 군대 내에서 묻혀버리고, 생명이 없는 장기판의 졸처럼 지시에 따라 움직이고 있었다. 로렌스는 그런 상황을 바꾸고 싶었다. 그는 병사 하나하나의 마음이 그가 정복해야 할 왕국이라고 생각했다. 심리적인 동기에 따라 헌신적으로 움직이는 병사는 꼭두각시보다 훨씬 힘을 다해 창의적으로 싸우는 법이다.

로렌스의 관점은 지금의 세계에서 더 큰 중요성을 띤다. 현대사회의 많은 사람들은 소외감과 익명성을 느끼며 권위의 존재를 의심한다. 때문에 노골적으로 권력이나 힘을 행사하는 것은 오히려 역효과를 낳고 위험을 부를 수 있다. 생명 없는 졸들을 조종하려 하지 말고, 사람들이 당신에 대한 확신을 갖고 당신이 지지하는 대의에 흥분하게 만들어라. 그러면 훨씬 일이 쉬워질 뿐만 아니라, 나중에 그들을 기만할 수 있는 여지도 많아진다. 이를 위해서는 사람들 각각의 심리를 다루는 법을 알아야 한다. 한 사람에게 효과적인 전술이 다른 사람에게도 똑같이 효과를 발휘할 것이라고 착각하지 말라. 상대를 움직이는 열쇠를 찾으려면 먼저 상대가 마음을 열게 하라. 상대가 많은 이야기를 할수록 그가 좋아하는 것과 싫어하는 것이 드러난다. 그런 감정들은 당신이 그들을 움직일 수 있는 손잡이 역할을 한다.

마음을 얻는 가장 빠른 방법은 상대가 얻을 이익을 간단하게 보여주는 것이다. 이해관계는 무엇보다도 강력한 동기다. 훌륭한 대의도 마음을 얻는 데 요긴하지만, 처음의 흥분이 시들해지고 나면 이해관계가 고개를 쳐들게 마련이다. 그것은 고상한 대의보다 훨씬 견고한 기초다. 대의를 사용할 때 가장 효과적인 방식은 이해관계에 대한 어필을 고상한 표현으로 장식하는 것이다. 대의는 상대를 유혹하지만, 이해관계는 거래를 성사시킨다.

예술가, 지적 활동가, 시적인 본성을 가진 사람이 마음에 호소하는 데 뛰어난 능력을 발휘할 때가 많다. 생각은 비유와 심상을 통해서 가장 쉽게 전달되기 때문이다. 따라서 사람들의 마음에 구체적으로 호소할 줄 아는 예술가나 지성인을 한 명쯤 가까운 곳에 두어라. 과거 왕들은 궁정 안에 항상 작가를 두었다. 프리드리히 대왕에게는 볼테르가 있었고(둘 사이에 불화가 생겨 헤어지기 전까지), 나폴레옹 1세는 괴테의 마음을 얻었다. 이와 반대로 나폴레옹 3세가 빅토르 위고를 국외로 추방한 것은 나폴레옹 3세의 인기가 떨어지는 데 기여했으며 그는 결국 몰락했다. 이처럼 뛰어난 표현 능력을 가진 사람들을 소외시키는 것은 위험하다. 그보다는 달래서 이용하는 편이 현명하다.

마지막으로, 사람들의 수를 이용할 줄 알아야 한다. 당신의 지지 기반이 넓을수록 힘이 커진다. 루이 14세는 소외되고 불만을 품은 자 하나가 무리의 불평불만을 일으키는 씨앗이 될 수 있음을 이해했다. 그래서 지위가 낮은 신하들에게도 사랑을 받기 위해 노력했다. 당신 역시 모든 위치에 있는 사람들을 동맹으로 만들어라. 언젠가는 그들이 반드시 필요해진다.

| **이미지** | 열쇠 구멍. 사람들은 남이 다가오지 못하게 벽을 세운다. 강제로 그 벽을 뚫으려고 하지 말라. 벽을 뚫으면 또 다른 벽이 있을 것이다. 그 벽에는 문이 존재한다. 그것은 마음으로 들어가는 문이며, 거기에는 작은 열쇠 구멍이

나 있다. 그 안을 들여다보라. 문을 열 열쇠를 찾아라. 그러면 힘을 사용하는 추한 모습을 보이지 않고도 그들의 마음에 이를 수 있다.

| **근거** | 설득이 어려운 이유는 상대의 마음을 알아야 그것에 맞게 말을 할 수 있기 때문이다. …… 따라서 왕을 설득하고자 하는 자는 왕의 사랑이나 미움, 그의 내밀한 소망과 두려움을 잘 살펴야만 그의 마음을 정복할 수 있다.

– 한비자(기원전 3세기)

뒤집어보기

이 법칙은 뒤집어볼 수가 없다.

Law
47

상대를 허상과 싸우게 하라

...

거울 전략

거울은 현실을 비추지만, 기만의 완벽한 도구가 되기도 한다.
거울에 비치듯이 상대가 하는 그대로 따라하면,
상대는 당신의 전략을 파악할 수 없게 된다.
거울 효과는 상대를 조롱하며 굴욕감을 안겨주고
과잉 반응을 이끌어낸다.
상대의 심리에 거울을 들이대면,
상대는 당신이 자신의 가치를 공유한다는 착각에 빠진다.
상대의 행동에 거울을 들이대면,
당신은 상대에게 교훈을 가르치는 셈이 된다.
거울 효과의 힘에 저항할 수 있는 사람은 별로 없다.

거울 효과

상인과 친구
한 상인이 먼 길을 떠나기로
했다. 그는 그다지 부유한
편이 아니어서 이렇게
생각했다. '재산을 다 갖고
가지 말고 일부를 두고
가야겠어. 여행 중에 무슨 안
좋은 일이 생길지 모르잖아.
재산을 좀 남겨놓아야 다시
돌아왔을 때 먹고살 수
있지.' 그래서 상인은 재산
가운데 가장 값이 나가는
품목인 쇠막대기를 잔뜩
친구에게 맡기고 길을
떠났다. 상인은 여행에서
별 소득이 없었고, 얼마 후
고향으로 다시 돌아왔다.
그는 제일 먼저 친구를
찾아가서 쇠막대기들을
돌려달라고 했다. 하지만
남에게 진 빚이 많던 친구는
그 쇠막대기들을 팔아서
빚을 갚은 상태였다. 친구는
말했다. "자네 쇠막대기들을
방에 넣고 문을 꼭
잠가두었어. 그러면 안전할
거라고 생각했지. 그런데
정말 상상치도 못한 사고가
일어났어. 방 안에 있던 쥐가
쇠막대기들을 전부
먹어치웠지 뭐야." 상인은
아무렇지 않은 척하고
대답했다. "정말 큰일이군.
쇠를 좋아한다는 그 늙은
쥐를 나도 잘 알아. 예전에도
그 녀석들 때문에 여러 번
애를 먹었거든. 어쩔 수 없지
뭐." 친구는 속으로 안도의
숨을 쉬었다. 상인이 쥐가
쇠막대기를 먹었다는 말을
믿어서 얼마나 다행인지!
친구는 혹시나 남아 있을지
모를 의심을 일소하기
위해서, 다음 날 저녁식사에
상인을 초대했다. 상인도
흔쾌히 동의했다. 상인은
시내에 나갔다가 친구의
아이를 만났다. 상인은
아이를 집에 데리고 가서 방
안에 가뒀다. 다음 날 상인이

거울은 우리를 혼란스럽게 만드는 힘을 갖고 있다. 우리는 거울 속 자신을 보면서 보고 싶은 모습, 스스로 가장 편안함을 느끼는 모습만 볼 때가 많다. 너무 가까이 보지 않으려 하고 주름과 여드름은 무시한다. 그러나 거울 속 모습을 자세히 들여다보면, 때로 우리는 다른 사람의 눈을 통해 자신을 보는 듯한 느낌, 다른 사람들 사이에 있는 자신을 보는 느낌을 받는다. 한마디로 자신이 객체화된 기분을 느끼는 것이다. 그러한 느낌이 들면 오싹해진다. 생각과 정신과 영혼이 빠진 자아를 외부에서 바라보는 기분이 들기 때문이다. 우리는 하나의 사물화된 대상처럼 보인다.

거울 효과를 사용하면 이와 같은 혼란스러운 힘을 상징적으로 재현할 수 있다. 상대의 행동을 거울에 비치듯 보여주고 그들의 움직임을 흉내 냄으로써 상대를 흔들어놓고 격노하게 하는 것이다. 사람들은 누가 자신을 흉내 내면서 조롱하면, 자신이 영혼 없는 사물이 되어버린 느낌이 들어 화를 낸다. 또는 거울 효과를 조금 다르게 이용할 수도 있다. 상대의 바람과 욕구를 완벽하게 반사해 보여줌으로써 상대를 무력화시키는 것이다. 이는 거울이 지닌 자기도취적 힘이다. 분노를 일으키든 자기도취에 빠지게 하든, 거울 효과는 상대를 혼란에 빠뜨린다. 바로 그 순간 당신은 상대를 조종하거나 유혹할 힘을 갖게 된다. 거울 효과가 힘을 발휘하는 이유는 그것이 가장 근원적이고 1차적인 인간의 감정을 이용하기 때문이다.

권력의 세계에서 활용할 수 있는 주요한 거울 효과 네 가지는 다음과 같다.

무력화 효과. 그리스 신화에 나오는 괴물 메두사는 뱀으로 된 머리카락을 가졌으며 무서운 이빨 사이로 혀를 내미는 끔찍한 모습을 하고 있다. 그 모습이 너무 무시무시해서 메두사를 쳐다보는 사람은 돌로 변하고 말았다. 그러나 영웅 페르세우스는 거울처럼 닦인 청동 방패를 들고 거기에 비치는 메두사의 모습을 보면서 몰래 접근해, 메두사를 직접 보지 않고도 메두사의 목을 내리쳤다. 이 경우 방패가 거울 역할을 했으며,

동시에 그 거울은 일종의 방패이기도 했다. 메두사는 페르세우스를 보지 못하고 방패에 비친 자기 모습만 볼 수 있었다. 그리고 그 방패 뒤에서 페르세우스는 몰래 다가가 괴물을 죽였다.

이는 무력화 효과의 핵심을 보여준다. 적이 하는 대로 따라하면, 적은 당신의 의도를 알아채지 못한다. 당신의 거울 때문에 시야가 교란되기 때문이다. 적들은 당신 특유의 행동 방식을 기초로 하여 당신에 대한 대항 전략을 세운다. 따라서 당신이 적을 흉내 내면 적을 무력화할 수 있다. 이 전술을 쓰면 상대는 조롱받는 기분을 느끼거나 격분하게 된다. 어린 시절 누군가가 당신이 한 말을 똑같이 따라하면서 당신을 놀리던 경험을 떠올려보라. 상대의 얼굴에 주먹을 날리고 싶은 기분이 들지 않는가. 성인인 당신은 좀더 교묘한 방식으로 상대를 동요시킬 수 있다. 거울을 방패로 이용해 당신의 전략을 가리고 보이지 않는 덫을 놓아라. 또는 상대가 당신을 빠뜨리려 계획해둔 함정에 오히려 상대를 밀어넣어라.

이 강력한 전략은 손자 이래로 여러 군사 전략에서 이용되었다. 오늘날에는 정치 캠페인에서 종종 볼 수 있다. 또한 이 전략은 당신이 특별한 전략을 세워두지 않은 경우에 상황을 위장하는 데 효과적이다. 이 전략은 '전사의 거울'이라고 부를 수 있다.

무력화 효과를 뒤집은 것은 그림자 전략이다. 그림자 전략이란 상대의 움직임 하나하나를 그림자처럼 따라다니되 상대가 당신을 보지 못하게 하는 것이다. 그러면서 정보를 모은 다음, 그것을 이용해 상대의 전략을 무력화함으로써 상대의 계획을 방해할 수 있다. 적의 움직임을 따라다니면 적의 습관과 행동 방식을 간파할 수 있다. 그림자 전략은 특히 탐정과 첩자들이 자주 쓰는 방법이다.

나르키소스 효과. 그리스 신화에 나오는 미소년 나르키소스는 샘물에 비친 자기 모습을 보고 사랑에 빠진다. 그리고 그것이 자기 모습이 비친 것임을, 이룰 수 없는 사랑임을 알게 되자 괴로워하다가 물에 빠져 죽었다. 사람들은 모두 이와 유사한 문제를 갖고 있다. 우리는 우리 자신을 깊이 사랑한다. 그런데 이 사랑은 그 어떤 외부의 대상에 대한 사랑보다

친구 집에 가보니 친구가 큰 걱정에 휩싸인 얼굴이었다. 상인이 시치미를 뚝 떼고 이유를 묻자 친구가 답했다. "초대해놓고 이렇게 울상을 짓고 있어서 정말 미안하네. 실은 아이가 없어졌다네. 아무리 찾아도 도대체 찾을 수가 없어." 그러자 상인이 말했다. "아, 정말 안됐군. 그런데 어제 저녁에 내가 여기 있다 집으로 돌아갈 때, 올빼미가 아이 하나를 발톱에 채어가는 걸 봤다네. 하지만 그게 자네 아이인지는 잘 모르겠어." "말도 안돼! 그런 터무니없는 거짓말을 하고도 부끄럽지 않아? 작은 올빼미가 어떻게 어린아이를 붙들고 날아간단 말이야?" "그게 그렇게 놀라워? 쥐 한 마리가 100톤이나 되는 쇠를 먹어치우잖아. 그런데 올빼미가 아이 하나 들고 날아가는 게 뭐가 그리 놀라워?" 친구는 상인이 자신이 생각한 것처럼 바보가 아님을 깨닫고, 거짓말한 것을 용서해달라고 빌었다. 친구는 쇠막대기 분량만큼의 돈을 상인에게 돌려주고 아이를 다시 찾았다.
– 《우화집(Fables)》, 필페이 (Pilpay), 4세기

도 강하기 때문에, 항상 채워지지 못한 채 남아 있다. 나르키소스 효과는 이러한 보편적인 나르시시즘을 이용하는 것이다. 타인의 영혼을 깊숙이 들여다보라. 그들 내면 깊은 곳의 욕구, 가치관, 취향, 정신을 헤아려보라. 그리고 그것을 거울로 비춰 그들에게 보여주어라. 그들의 영혼과 정신을 비춰 보여주면 당신은 그들을 제압할 힘을 얻는다. 어쩌면 그들은 당신에게 희미한 사랑을 느낄지도 모른다.

이것은 다른 사람을 심리적으로 흉내 내는 능력이다. 그러나 어린 시절의 충족되지 않은 자기애(自己愛)를 겨냥하는 것이기 때문에 커다란 힘을 발휘한다. 대개 사람들은 남에게 '자신의' 경험과 '자신의' 취향을 강요한다. 그리고 남의 눈을 통해 사물을 바라보려는 노력을 좀처럼 하지 않는다. 그런 사람을 보면 밉살스럽지만 당신은 거기서 기회를 발견해야 한다. 상대의 내면적인 감정을 반사해 비춤으로써 당신이 상대를 이해하고 있다는 사실을 보여주면, 상대는 당신에게 매혹당하고 무장해제된다. 당신과 같은 사람을 만나기는 쉽지 않기 때문에 효과는 배가 된다. 외부세계의 누군가에게서 자기 모습을 발견함으로써 느껴지는 일체감을 싫어할 사람은 아무도 없다. 설령 당신의 기만적인 목적이 숨겨져 있다 하더라도 상대는 알아채지 못한다.

나르키소스 효과는 사교생활과 비즈니스 분야 모두에서 놀라운 힘을 발휘한다. 이는 '유혹자의 거울' 또는 '아첨꾼의 거울'이라고 부를 수 있다.

교훈 효과. 말을 사용한 논쟁은 제한적인 힘을 가질 뿐만 아니라 의도했던 것과 반대의 결과를 가져오기도 한다. 발타사르 그라시안은 "대개 진실은 귀를 통해서가 아니라 눈을 통해 알 수 있다"고 말했다. 교훈 효과는 당신의 생각을 행동을 통해 보여주는 방법이다. 간단히 말해, 상대가 쓴 것과 똑같은 방식을 사용함으로써 교훈을 깨닫게 하는 것이다.

상대가 당신에게 한 행동을 나중에 당신이 똑같이 하되, 상대가 했던 것과 같은 방식을 쓰고 있다는 사실을 알게 하라. 그러면 그는 자기 행동이 형편없거나 옳지 않았다는 것을 스스로 느낀다. 상대의 행동에 대해 불평하고 투덜대는 대신 직접 보여주어라. 불만과 비난을 표현하면 상대는 더욱 방어적이 될 뿐이다. 자기 행동의 결과를 거울에 비치듯이 목격하면, 상대는 자신의 반사회적 행동이 얼마나 남에게 피해와 고통을 주었는지 깊이 깨닫는다. 이는 상대방이 부끄러워할 만한 특징을 객관화하여 보여주고, 상대방이 거울 속에서 자신의 어리석은 행동을 보게 만드는 방법이다. 이 전략은 바람직하지 않은 행동이나 무의식적인 행동을 다루는 사람들, 즉 교육자나 심리학자들이 애용한다. 따라서 다른 표현으로 '교사의 거울'이라고 부를 수 있다. 한 가지 덧붙이자면, 사람들이 과거에 당신을 대한 방식이 실제로 잘못되었는지 아닌지 여부는 크게 중요하지 않다. 그 여부와 상관없이, 그들의 행동을 반사해서 보여주면서 그들이 자기 행동에 죄책감을 느끼게끔 유도하면 당신에게 이득이 될 수 있다.

환각 효과. 거울은 매우 기만적인 물건이다. 마치 실제 세상을 보고 있는 느낌을 주기 때문이다. 하지만 사실 당신은 그저 작은 유리 조각을 보고 있을 뿐이다. 그리고 모두가 알듯이 거울은 세상을 있는 그대로 보여주지 못한다. 거울 속의 모든 모습은 반대로 비치지 않는가. 루이스 캐럴(Lewis Carroll)의 《거울 나라의 앨리스》에서, 앨리스는 거울 속으로 들어갔다가 모든 것이 반대로 움직이는 세상을 만나게 된다.

환각 효과는 사물이나 장소, 사람의 완벽한 복제물을 만듦으로써 나온다. 이러한 복제물은 일종의 모조품 역할을 하며 사람들은 그것을 진짜라고 믿는다. 외형적으로 볼 때 진짜와 똑같이 생겼기 때문이다. 이는 특히 사기꾼들이 사용하는 방법이다. 그들은 진짜 대상을 똑같이 흉내 내어 당신을 속인다. 또한 이 전략은 위장이 필요한 모든 영역에 응용할 수 있다. 이것은 '기만자의 거울'이라고 부를 수 있다.

법칙 준수 사례 1: 나폴레옹을 가지고 노는 푸셰

1815년 2월, 나폴레옹 황제는 엘바 섬을 탈출해 파리로 돌아왔다. 그의 귀환은 온 프랑스를 떠들썩하게 만들었다. 나폴레옹은 군인과 시민들을 자기편으로 만들고 루이 18세를 권좌에서 내쫓았다. 그러나 나폴레옹은 3월에 다시 권좌에 오르고 나서 프랑스의 상황이 예전과 크게 달라져 있음을 깨달았다. 온 나라는 황폐해져 있었고, 유럽 국가들 가운데 동맹을 찾을 수도 없었으며, 그의 가장 충성스러운 신하들은 그를 버리거나 프랑스를 떠난 상태였다. 과거의 인물은 딱 한 사람 남아 있었다. 바로 경시총감 조제프 푸셰였다.

나폴레옹은 예전에 푸셰에게 지저분한 일을 많이 맡겼지만 푸셰가 어떤 인물인지 제대로 파악한 적은 없었다. 나폴레옹은 첩자들을 이용해 자신이 거느린 장관들의 뒷조사를 했었다. 그들보다 항상 우세한 위치를 점하기 위해서였다. 그러나 푸셰의 뒤를 캐는 데 성공한 첩자는 한 명도 없었다. 푸셰는 뭔가 부정한 일을 저질렀다는 의심을 받아도 흥분하거나 남들의 비난을 감정적으로 받아들이지 않았다. 순순히 비난을 수용하거나, 미소를 머금은 채 고개를 끄덕이거나, 카멜레온처럼 색깔을 바꾸면서 그때그때 상황에 맞게 행동했다. 처음에는 이런 모습이 왠지 매력적으로 보였지만, 시간이 흐르자 나폴레옹은 속을 알 수 없는 푸셰에게 당하는 기분이 들었다. 언젠가 나폴레옹은 탈레랑을 포함한 주요 장관들을 해고한 적이 있었지만 푸셰는 건드리지 못했다. 1815년 권좌에 돌아와 도움이 필요했던 나폴레옹은 어쩔 수 없이 푸셰를 다시 경시총감에 임명했다.

그런데 몇 주일 후, 나폴레옹의 첩자들이 푸셰가 오스트리아의 메테르니히를 비롯한 외국 정치가들과 은밀히 접촉하고 있다고 알렸다. 가장 중요한 신하인 푸셰가 배신할까 봐 두려워진 나폴레옹은 너무 늦기 전에 상황을 파악해야 했다. 하지만 푸셰에게 직접 물어보는 것은 좋은 방법이 아니었다. 그는 미꾸라지처럼 교묘하게 잘 빠져나가는 인물이었기 때문이다. 나폴레옹은 확실한 증거를 잡아야 했다.

4월에 적절한 기회가 찾아왔다. 푸셰에게 모종의 정보를 넘겨주려고 빈에서 파리로 온 남자가 나폴레옹의 비밀경찰에게 체포당한 것이다. 나폴레옹은 그를 불러다가, 모든 걸 불지 않으면 당장 총살시키겠다고 위협했다. 남자는 푸셰에게 메테르니히의 편지를 전달했다고 인정했다. 눈에 보이지 않는 잉크로 쓰인 그 편지에는 바젤에서 열리는 특수첩자들의 비밀회의 일정이 담겨 있었다. 나폴레옹은 자신의 첩자에게 그 비밀회의에 몰래 참석하라고 지시했다. 만일 푸셰가 배반 음모를 꾸미고 있는 것이 밝혀지면 그를 현장에서 붙잡아 교수형에 처할 생각이었다.

나폴레옹은 회의에 잠입한 첩자가 돌아오기를 초조하게 기다렸다. 그러나 며칠 뒤에 돌아온 첩자의 보고를 듣고 나폴레옹은 당황스러웠다. 푸셰에게서 음모의 증거를 포착하지 못했다는 것이었다. 오히려 회의 참석자들은 푸셰가 나폴레옹을 위하여 자신들을 속이고 있다고 의심하는 분위기였다고 했다. 나폴레옹은 이번에도 푸셰가 자신보다 높은 수를 썼다는 느낌을 지울 수 없었다.

다음 날 아침 푸셰가 나폴레옹을 찾아가 말했다. "폐하, 요 며칠 전에 메테르니히의 편지를 받았다는 말씀을 못 드렸습니다. 더 중요한 다른 일들로 머릿속이 꽉 차 있어서 깜빡했습니다. 게다가 편지를 가져온 사절이 글씨를 보이게 만드는 가루를 주지 않았습니다. 자, 여기 편지를 가져왔습니다." 나폴레옹은 푸셰가 자신을 가지고 노는 것 같아 감정이 폭발했다. "푸셰, 이 배신자! 당장 교수대에 목을 매달아야겠다!" 그는 푸셰에게 질책과 비난을 퍼부었다. 그러나 확실한 물증 없이 파면할 수는 없었다. 푸셰는 크게 놀란 표정을 지었지만 속으로는 미소를 짓고 있었다. 푸셰는 거울 전략을 사용해왔던 것이다.

해석 ——

푸셰는 나폴레옹이 늘 첩자를 이용해 신하들을 감시한다는 사실을 진작에 알고 있었다. 푸셰 역시 첩자들을 고용해 나폴레옹의 첩자들을 감시하게 했다. 그로써 나폴레옹을 무력화시킨 것이다. 바젤 비밀회의에서도 그는 같은 전략을 썼다. 회의 참석자들 가운데 나폴레옹의 이중첩자가 있다는 것을 알았기 때문에, 그 자신 역시 이중첩자처럼 보이게 꾸민 것이다.

푸셰는 마치 거울에 비치듯 주변 사람들과 유사하게 행동함으로써 혼

여우와 황새
어느 날 여우가 황새를 초대했다. 저녁 밥상은 초라하기 그지없었다. 원래 인색한 여우는 특별한 음식을 준비하지도 않았다. 얕은 접시에 담긴 멀건 죽 한 그릇뿐이었다. 1분도 안 돼서 여우는 접시의 바닥까지 깨끗하게 핥아 먹었다. 하지만 황새는 부리로 접시만 쪼다가 한 입도 먹지 못했다. 황새는 앙갚음을 해주려고 그 다음 주에 여우를 초대했다. 여우가 대답했다. "그럼 기꺼이 가야지. 친구 앞에서라면 나는 자존심을 세우지 않아." 약속한 날에 여우는 정확한 시간에 맞춰 황새 집에 도착했다. 그리고 들어서자마자 칭찬을 했다. "취향이 대단한걸! 집 안 분위기가 정말 세련됐어! 그리고 음식도 훌륭해!" 여우는 군침을 삼키며 식탁에 앉아서 집 안 가득 풍기는 고기 냄새를 음미했다. 황새는 잘게 다진 고기를 목이 길고 주둥이가 좁은 단지에 담아서 내왔다. 황새는 목을 구부리고 긴 부리로 맛있게 먹었다. 그러나 여우 주둥이로는 거기에 담긴 음식을 먹을 수가 없었다. 여우는 빈 배를 움켜쥐고 꼬리와 귀를 축 늘어뜨린 채, 그리고 마치 닭한테 잡힌 것처럼 얼굴은 뻘겋게 상기된 채 집으로 돌아갔다.
— 《우화집》, 장 드 라퐁텐 (1621~1695)

란의 시기에도 권력과 부를 누릴 수 있었다. 프랑스 혁명 시기에는 급진적인 자코뱅파가 되었고, 공포정치가 끝난 후에는 온건한 공화주의자가 되었고, 나폴레옹 치하에서는 헌신적인 황제 지지자가 되었다. 나폴레옹이 신하들의 뒤를 캐면, 푸셰는 나폴레옹을 비롯한 모든 사람들의 뒤를 캤다. 때문에 푸셰는 나폴레옹의 계획과 욕망을 예측할 수 있었고, 나폴레옹 자신이 입을 열기도 전에 그의 의향을 알 수 있었다. 푸셰는 거울 전략을 방패 삼아 자신의 행동을 감추면서 들키지 않고 공격을 위한 음모를 꾸몄다.

이는 거울에 비치듯 주변 사람들과 유사한 행동을 보여줌으로써 얻는 힘이다. 먼저, 당신이 다른 사람들과 같은 목표와 생각을 공유하고 있다는 느낌을 줄 수 있다. 둘째, 설령 그들이 당신이 딴 속셈을 품고 있는 게 아닌지 의심하더라도 거울이 방패처럼 당신을 지켜준다. 결국 이 전략은 상대를 분노하게 만들고 동요시킨다. 이중적으로 행동하면 당신은 먼저 선수를 치고, 주도권을 낚아채고, 그들을 무력화시킬 수 있다. 또한 언제, 어떻게 상대를 흔들지 결정할 수 있다. 그리고 거울은 당신의 정신적 에너지를 절약해준다. 다른 사람들의 행동을 그대로 따라하기만 해도 당신의 전략을 위한 충분한 공간을 확보할 수 있기 때문이다.

법칙 준수 사례 2: 대중의 욕망을 반영하는 거울, 알키비아데스

아테네의 야심만만한 정치가이자 군인인 알키비아데스(기원전 450~404)는 젊은 시절부터 권력의 원천이 되는 강력한 무기를 가지고 있었다. 그는 누구를 만나든 상대의 기분과 취향을 금세 파악했고, 상대의 내적인 욕구를 반영하는 말과 행동을 할 줄 알았던 것이다. 그는 상대방의 가치관에 동조하는 것처럼 보임으로써 상대를 유혹했다. 또한 자신의 목표는 상대를 본보기로 삼아 닮는 것이라거나 상대의 꿈을 실현하도록 돕는 것이라는 인상을 심어주었다. 그의 이러한 매력에 넘어가지 않는 사람은 거의 없었다.

그의 매력에 빠진 첫 번째 인물은 철학자 소크라테스였다. 알키비아데스는 소크라테스가 이상으로 여기는 소박함이나 정직과는 거리가 먼 사람이었다. 그는 호화로운 생활을 즐겼고 부도덕하고 지조도 없는 편이었다. 그러나 소크라테스를 만날 때면 소크라테스와 똑같이 진지해지고, 적게 먹었으며, 소크라테스와 산책을 하면서 철학과 미덕을 논했다. 소크라테스도 알키비아데스의 원래 기질과 스타일을 모르지는 않았다. 하지만 알키비아데스가 자신과 함께 있을 때만은 자신의 정숙한 기운에 영향을 받아 감화되는 것이라고 믿었다. 자신만이 그를 제압하는 힘을 가지고 있다고 느낀 것이다. 소크라테스는 이런 생각에 도취되어서 알키비아데스의 열렬한 지지자가 되었다. 전쟁터에서 목숨을 걸고 알키비아데스를 구해주기까지 했다.

아테네인들은 알키비아데스를 훌륭한 웅변가라고 생각했다. 그는 대중의 소망을 겨냥하고 그들의 욕망을 거울처럼 반영하는 뛰어난 능력을 갖고 있었다. 그는 시칠리아 공격을 지지하는 연설을 할 때, 그 공격으로 인해 아테네가 큰 부를 얻고 자신 역시 무한한 영예를 얻을 것이라고 생각하고 있었다. 하지만 연설 내용에서는, 조상들의 승리에 기대어 살기보다는 스스로 영토를 정복해나가고자 하는 아테네 젊은이들의 열망을 강조했다. 또 한편으로는 아테네가 페르시아를 공격하던 영광스러운 시절에 대한 노인들의 향수를 반영하는 표현을 사용했다. 모든 아테네인들이 이제 시칠리아 정복을 꿈꿨다. 알키비아데스의 계획은 시민들의 동의를 얻었고 그는 시칠리아 원정대의 지휘관으로 임명되었다.

그러나 시칠리아 원정에서 알키비아데스는 성상을 모욕했다는 누명을 쓰게 된다. 알키비아데스는 고향에 돌아가면 적들에게 처형당할 것을 알고, 마지막 순간에 조국을 등지고 아테네의 적국인 스파르타로 도망쳤다. 스파르타인들은 그를 환영했지만 그에 대한 평판을 익히 들은 터라 한편으로는 경계심을 품었다. 알키비아데스는 사치를 좋아했지만, 스파르타인들은 검소함과 엄격함을 중시하는 사람들이었다. 때문에 그들은 알키비아데스가 젊은이들을 물들이지 않을까 우려했다. 하지만 스파르타에 온 알키비아데스는 그들의 예상과 전혀 달랐다. 그는 수수한 머리 스타일을 하고, 찬물로 목욕을 했고, 거친 빵과 간소한 재료로 끓인 묽은

도둑맞은 편지
나는 누가 얼마나
지혜로운지, 얼마나
어리석은지, 얼마나 착한지,
얼마나 사악한지, 지금 그가
어떤 생각을 하고 있는지
알고 싶을 때, 가급적
그 사람과 똑같은 표정을
지어본다. 그리고 나에게
어떤 생각이 떠오르거나
어떤 감정이 느껴지는지
지켜본다.
- 에드거 앨런 포
(1809~1849)

수프를 먹었고, 검소하게 옷을 입었다. 스파르타인들은 그가 스파르타의 생활 방식을 아테네보다 훨씬 우월하다고 여기는 것으로 믿었다. 고향을 버리고 스스로 스파르타인이 되기로 '선택'한 인물보다 더 환영을 받을 자가 어디 있겠는가. 그들은 알키비아데스에게 큰 권력을 주었다. 그러나 알키비아데스는 매력의 고삐를 조절하지 못하고 스파르타 왕의 아내를 유혹하여 임신시키는 실수를 범했다. 이 사실이 알려지자 그는 다시 다른 곳으로 도망가야 했다.

이번에 알키비아데스는 페르시아로 갔다. 거기서는 스파르타의 소박함을 버리고 페르시아의 호화로운 스타일을 따랐다. 물론 페르시아인들은 아테네 출신의 남자가 페르시아 문화를 그토록 사랑하는 것을 보고 큰 인상을 받았다. 그래서 그에게 명예와 땅과 권력을 주었다. 알키비아데스가 내민 거울에 유혹당하자, 그들은 그 뒤에서 알키비아데스가 이중 게임을 하고 있다는 것을 알아채지 못했다. 알키비아데스는 아테네가 스파르타와 싸우는 것을 은밀히 도움으로써, 간절히 돌아가고 싶은 고향 사람들에게 점수를 따고 있었던 것이다. 결국 알키비아데스는 기원전 408년 아테네로 다시 돌아갈 수 있었다.

해석 ──

알키비아데스는 성격이 다채롭고 강압적인 사람이었다. 하지만 자기 생각을 강력하게 주장하면 사람들이 따르기는커녕 오히려 더 멀어진다는 것을 알았다. 그는 정치 인생 초반에 이런 사실을 깨달은 이후 권력에 대한 접근 방식을 완전히 바꾸었다. 다수의 대중 앞에서 권력을 확보하는 비결은 자신의 색깔을 강요하는 것이 아니라 카멜레온처럼 주변의 색깔을 흡수하는 것이라는 사실을 깨달은 것이다. 일단 이 기법을 활용하기 시작하자 그의 거짓된 모습은 사람들의 눈에 보이지 않았다.

사람들은 누구나 자기도취적인 껍질에 둘러싸여 있다. 그들에게 당신의 자아를 강요하면 그 껍질은 더 단단해지고 저항은 거세진다. 하지만 그들에게 거울 속 자신의 모습을 보여주면, 즉 그들과 동일한 당신 모습을 보여주면, 그들을 일종의 자기도취적 환희로 끌어들일 수 있다. 자기 영혼의 모습을 내부가 아닌 눈앞에서 보기 때문이다. 그러면 당신은 커다란 힘을 갖게 된다.

그러나 이러한 거울을 무분별하게 사용하는 것은 위험하다. 알키비아데스가 있을 때 사람들은 자아가 두 배로 커진 것처럼 느꼈다. 하지만 그가 떠나자 공허감을 느꼈고 자아가 줄어든 것 같았다. 그리고 그가 자신들한테 했던 것과 똑같이 다른 곳에 가서도 다른 사람들의 거울 역할을 한다는 것을 알고 배신감을 느꼈다. 알키비아데스가 거울 효과를 남용한 나머지 사람들은 이용당한다는 기분이 들었던 것이다. 때문에 그는 자꾸 이곳에서 저곳으로 도망 다녀야 했다. 그리고 결국은 성난 스파르타인들에게 살해당했다. '유혹자의 거울'은 신중하고 분별력 있게 사용해야 한다.

법칙 준수 사례 3: 루이 14세의 첫사랑

과부가 된 만치니 남작부인은 1652년에 가족들을 데리고 로마를 떠나 파리로 갔다. 그곳에 가면 그녀의 형제이자 프랑스 총리인 마자랭 추기경(Cardinal Mazarin)의 보호를 받을 수 있었기 때문이다. 만치니 남작부인에게는 딸이 다섯 있었는데, 네 명은 미모가 빼어나고 성격도 밝아서 궁정 사람들을 감탄케 했다. 아름다운 마자랭의 조카딸들은 곧 궁정의 중요한 행사들에 자주 초대받게 되었다.

그러나 다섯 자매 가운데 마리 만치니(Marie Mancini)는 그런 행운을 누리지 못했다. 다른 자매들에 비해 미모가 떨어졌기 때문이다. 어머니와 자매들, 심지어 외삼촌인 마자랭도 가족의 이미지를 구긴다고 생각해서 그녀를 싫어했다. 그들은 마리에게 수도원에 들어가라고 권유했지만 마리는 거부했다. 대신 마리는 라틴어와 그리스어 외에도 프랑스어를 더 깊이 공부하고 음악적 재능을 닦는 데 전념했다. 가끔씩 가족들이 마리를 궁정 행사에 데리고 갈 때, 그녀는 사람들의 이야기를 주의 깊게 들으면서 그들의 약점과 숨겨진 욕망을 파악했다. 그러다가 1657년에 마리는 루이 14세를 만났다(루이는 열일곱, 마리는 열여덟이었다). 자신을 무시하는 가족들과 외삼촌에게 뭔가 보여주고 싶었던 마리는 이 젊은 왕이

비트겐슈타인은 자기와 대화를 나누는 상대방의 생각을 알아맞히는 특별한 재능을 갖고 있었다. 상대방이 자기 생각을 말로 표현하려고 애쓰면, 비트겐슈타인은 그것이 무엇인지 감지하고 대신 자기가 말로 표현했다. 때로는 신비롭게까지 보인 이런 능력은 그의 오랜 연구를 통해 생겨난 것이 분명하다.
– 《루트비히 비트겐슈타인: 회고록(Ludwig Wittgenstein: A Memoir)》, 노먼 맬컴(Norman Malcolm), 1958

자신을 사랑하게 만들겠다고 결심했다.

보잘것없는 외모를 가진 여성이 품기에는 터무니없는 목표 같았지만, 마리는 왕을 유심히 관찰했다. 그녀는 왕이 자매들의 경박한 언행을 좋아하지 않는다는 것을, 또 궁정에서 늘 벌어지는 정치공작과 술수를 혐오한다는 것도 알게 되었다. 또한 왕이 낭만적인 성격을 갖고 있다는 것도 알게 되었다. 그는 모험소설을 즐겼고, 군대를 이끌 때는 선두에 서길 좋아했고, 높은 이상과 명예에 대한 욕심을 품고 있었다. 궁정은 이러한 그의 욕구를 채워주지 못하고 있었다. 흔해빠지고 피상적인 궁정의 삶은 그에게 지루함만 안겨주었다.

마리는 영예와 로맨스에 관한 루이의 환상과 동경을 거울로 반사해 보여주면 루이의 마음을 얻을 수 있을 것이라 판단했다. 먼저 그녀는 루이가 좋아하는 로맨틱한 소설과 시와 희곡들을 열심히 읽었다. 루이와 대화할 기회가 생기면 그의 영혼을 자극하는 이야기들을 했다. 즉 무의미한 잡담을 하기보다는 궁정 로맨스, 용맹한 기사들의 무용담, 과거 왕과 영웅들의 이야기를 들려주었다. 그녀는 루이가 꿈꾸는 당당한 위용을 갖춘 왕의 이미지를 창조해 보여줌으로써, 명예에 대한 그의 욕망과 갈증을 채워주었다. 그리고 루이의 상상력을 끊임없이 자극했다.

미래의 태양왕 루이 14세는 마리와 점점 더 많은 시간을 보내기 시작했고, 결국 궁정에서 가장 인기 없는 여인을 사랑하게 되었다. 마리에게 엄청난 관심과 애정을 쏟는 루이를 보고 그녀의 어머니와 자매들은 놀라움을 금치 못했다. 루이는 전쟁터에도 마리를 데리고 나갔고, 자신이 싸우는 모습이 잘 보이는 자리에 보란 듯이 그녀를 앉혔다. 심지어 마리에게 왕비로 삼겠다는 약속까지 했다.

그러나 마자랭은 왕이 자신의 조카딸과 결혼하는 것을 반대했다. 마리와 결혼하는 것은 프랑스에 아무런 외교적 이득도 없으며 왕실 동맹에도 도움이 되지 않는다는 이유에서였다. 루이는 오스트리아나 스페인의 공주와 결혼해야 하는 상황이었다. 1658년, 루이는 주위의 압력 때문에 어쩔 수 없이 첫사랑의 여인과 헤어졌다. 그는 한동안 슬픔에서 헤어나지 못했다. 말년에 그는 평생 마리 만치니만큼 사랑한 여인은 없었다고 고

의사는 마치 거울처럼 환자들에게 자신이 본 것만을 보여주어야 한다.
– 지그문트 프로이트
(1856~1939)

백했다.

마리 만치니는 유혹자의 게임을 완벽하게 해냈다. 먼저, 그녀는 한 발 물러서서 목표 대상을 치밀하게 관찰했다. 유혹할 때는 너무 공격적으로 나가면 첫 단계조차 넘어서지 못하는 경우가 많다. 처음에는 항상 물러나 있어야 한다. 마리는 멀리서 왕을 관찰하면서 남들과 다른 그만의 독특한 특성을 파악했다. 그의 높은 이상, 로맨틱한 성격, 정치술수를 경멸하고 고상한 척하는 특성들을 말이다. 그다음으로는 루이 내면에 감춰진 열망과 동경을 거울에 비춰 보여주었다. 신과 같은 절대적인 군주의 모습을 엿보게 한 것이다.

이러한 거울은 몇 가지 역할을 했다. 이는 자신의 모습을 볼 수 있도록 하여 루이의 에고를 충족시켰다. 또한 그에게만 집중함으로써 마리가 루이 한 사람만을 위해 존재하는 듯한 기분을 주었다. 자기 이익밖에 모르는 교활한 신하들에 둘러싸여 있던 루이는 마리의 헌신적인 모습과 집중에 깊은 감명을 받았다. 마지막으로, 마리의 거울은 루이가 따르고 싶은 이상적인 군주상을 보여주었다. 중세 궁정의 고귀하고 용맹한 왕의 모습이었다. 로맨틱한 감성과 높은 야심을 가진 사람은 이상적으로 그려진 자신의 모습을 보면 금세 도취되는 법이다. 사실상 태양왕의 이미지를 창조한 사람은 마리 만치니였다. 나중에 루이 14세도 자신의 화려한 이미지가 구축되는 데 마리가 커다란 역할을 했다고 인정한 바 있다.

이는 '유혹자의 거울'이 보여주는 힘이다. 상대의 취향과 이상을 똑같이 비추어 보여주면 당신이 상대의 심리에 관심을 갖고 있음을 보여줄 수 있다. 공격적으로 밀고나가는 것보다 그러한 관심을 느끼게 하는 것이 훨씬 효과적이다. 상대만이 가진 특징을 파악하라. 그런 다음 그것을 똑같이 비추는 거울을 들이대라. 상대의 이상(理想)을 비춰 보여줌으로써, 권력과 위대함에 대한 그의 환상을 충족시켜주어라. 그러면 상대는 쉽게 굴복한다.

법칙 준수 사례 4: 이반 4세의 대리 황제

1538년에 어머니 옐레나가 죽자 여덟 살의 이반 4세는 고아가 되었다. 그 후 5년 동안 이반 4세는 귀족층인 보야르가 권력을 휘두르는 모습을 무력하게 지켜볼 수밖에 없었다. 보야르들은 종종 어린 이반을 데려다가 왕의 가운을 입히고 홀을 쥐어준 뒤에 왕좌에 앉혀놓고 그를 조롱했다. 그들은 어리고 작은 이반의 다리가 높은 의자 끝에서 대롱대롱 흔들리는 것을 보면서 재미있어 했다. 그러고 나면 이반을 번쩍 들어올려 공중에서 이 사람에서 저 사람에게 건네주면서, 이반에게 치욕과 무력감을 느끼게 했다.

열세 살 되던 해에 이반 4세는 보야르의 지도자 한 사람을 죽임으로써 대담성과 잔인함을 보여주었고, 왕좌에서 강력한 권력을 휘두르기 시작했다. 이후 수십 년간 그는 보야르 세력을 억누르려고 애썼지만 그들은 공공연히 황제에게 반항하곤 했다. 1575년경, 이반 4세는 나라를 개혁하고 외부 세력과 전쟁을 수행하는 데 힘을 쏟느라 많이 지쳐 있었다. 한편 국민들은 계속되는 전쟁과 이반의 비밀경찰, 포악한 보야르들 때문에 불만이 가득했다. 신하들도 이반의 행동을 의심스러운 눈빛으로 쳐다보았다. 이반은 1564년에 잠시 왕좌에서 물러난 적이 있었고, 당시 그는 백성들로 하여금 이반의 권좌 복귀를 간청하지 않을 수 없게 만들었다. 이제 그는 유사하지만 더 강력한 방법을 쓰기로 했다. 퇴위를 결심한 것이다.

이반은 황제 자리를 내놓은 후 자기 대신 시몬 베크불라토비치라는 장군을 왕좌에 앉혔다. 시몬은 최근에 기독교로 개종하긴 했지만 원래 타타르족이었다. 타타르족이 왕좌에 앉자 신하와 백성들은 모욕감을 느꼈다. 러시아인들은 타타르족을 열등한 이교도라고 경멸했기 때문이다. 그러나 이반은 보야르를 비롯한 모든 러시아인들에게 새로운 왕에 대한 충성을 약속하라고 했다. 시몬이 크렘린 궁에 들어가 있는 동안, 이반은 모스크바 외곽의 소박한 거처에서 지냈다. 그는 가끔씩 크렘린 궁을 방문해 시몬 앞에 머리를 조아리고 다른 보야르들과 함께 앉아서 겸손한 모습으로 시몬의 은혜를 간청하기도 했다.

시간이 흐를수록 사람들은 시몬이 이반의 복제물 역할을 하고 있음을 알았다. 시몬은 이반과 똑같이 옷을 입고 이반과 똑같이 행동했지만 진짜 권력이 없었다. 그에게 진정 마음으로 복종하는 사람이 아무도 없었던 것이다. 과거에 어린 이반을 왕좌에 앉혀놓고 조롱했던 보야르들은 묘한 기분에 휩싸였다. 그들은 과거에 어린 이반으로 하여금 나약한 가짜 왕이 된 기분을 느끼게 했는데, 이제는 이반이 나약한 가짜 왕을 왕좌에 앉혀놓았기 때문이다.

2년 동안 이반은 시몬이라는 거울을 러시아인들의 눈앞에 들어 보였다. 그 거울은 이렇게 말하는 것 같았다. '너희의 불만과 불복종으로 인해 나는 진정한 권력이 없는 차르가 되었다. 그 힘없는 차르의 모습을 비춰 너희에게 보여주노라. 너희는 내게 경의를 표하지 않았으니, 나도 너희에게 똑같이 하겠다. 그러면 러시아는 온 세상의 웃음거리가 될 것이다.' 1577년 국민들의 압력 속에서 보야르들은 이반에게 왕좌로 돌아올 것을 간청했고, 이반은 왕좌로 돌아왔다. 그는 1584년 죽을 때까지 강력한 차르로서 러시아를 다스렸다. 시몬 사건 이후로 음모와 불평불만은 사라졌다.

해석 ——

1564년 이반 4세는 왕좌를 물러나겠다고 선언한 뒤에 절대 권력을 얻었다. 그러나 시간이 흐를수록 보야르, 교회, 관료들의 권력 다툼이 빈발하는 가운데 이반의 절대 권력도 조금씩 약해지기 시작했다. 외국과의 전쟁으로 나라는 쇠약해졌고, 국내 갈등도 많아졌으며, 이반이 기강을 확립하려고 하면 사람들의 냉소만이 돌아왔다. 러시아는 시끄러운 교실에서 학생들이 노골적으로 선생님을 비웃는 광경을 연상시켰다. 선생님이 목소리를 높일수록 학생들은 더 심하게 반발했다. 이반은 러시아인들에게 따끔한 교훈을 주기로 했다. 그리고 이를 위해 시몬 베크불라토비치를 거울로 사용했다.

황제가 비웃음과 혐오의 대상이 된 채 2년을 보내는 동안 러시아인들은 교훈을 배웠다. 그들은 차르 이반이 다시 돌아오기를 바랐고, 그가 돌아오자 모든 경의와 존경을 표했다. 이후의 치세 동안 이반은 큰 문제없이 나라를 다스릴 수 있었다.

사람들에게는 각자 자기만의 세계가 있다. 그들의 무감각함과 결점에 대해 당신이 불만을 이야기하면, 그들은 겉으로는 이해하는 척하지만 속으로 저항심을 키운다. 권력의 세계에서는 당신에 대한 상대의 저항심을 낮추는 것을 목표로 삼아야 한다. 그러려면 적절한 기술이 필요하며, 그 가운데 하나는 따끔한 교훈을 보여주는 것이다.

장광설로 설교를 늘어놓는 대신 그들의 행동을 비춰주는 모종의 거울을 창출하라. 그러면 그들은 둘 중 한 가지 태도를 보인다. 당신이 보여주는 거울을 무시하든지, 아니면 자기 자신에 대해 생각하고 반성하기 시작한다. 설령 그들이 거울을 무시하더라도, 그들의 무의식에 반성을 위한 씨앗을 뿌려놓은 셈이니 괜찮다. 그들의 행동을 거울로 보여줄 때는 때로 풍자나 과장을 가미하는 것도 효과적이다. 이반 4세가 타타르족을 왕좌에 앉혔을 때처럼 말이다. 그런 풍자적 요소는 양념과도 같아서, 결국 사람들이 자신의 행동이 우스꽝스럽고 어리석다는 것을 깨닫게 도와주는 역할을 한다.

법칙 준수 사례 5: 에릭슨의 정신분열증 치료법

심리 치료사인 밀턴 H. 에릭슨(Milton H. Erickson) 박사는 일종의 거울 효과를 이용해 간접적으로 환자들을 치료하는 데 효과를 거두었다. 그는 환자들이 문제를 깨닫게 만드는 비유를 사용하여, 그들이 변화에 대한 반감을 드러내지 않도록 유도했다. 예를 들어 그는 성생활에 문제가 있는 부부를 치료할 때, 직접적으로 문제를 언급하면서 해결하려 들면 오히려 저항만 높아진다는 것을 깨달았다. 그래서 성생활이 아닌 다른 평범한 주제를 꺼내 대화를 나누면서, 그 안에서 성생활에 비유할 수 있는 개념이나 습관을 찾으려고 애썼다.

에릭슨 박사와의 면담 자리에서, 한 부부는 식당에서 식사하는 습관에 대해 이야기를 나눴다. 아내는 여유 있게 먹는 것을 좋아했다. 식사 전에 와인을 한 잔 하고, 애피타이저를 먹은 뒤, 적은 양의 메인 코스를 천천히 먹고 싶어했다. 하지만 남편은 그런 습관을 싫어했다. 그는 음식을 가급적 빨리 먹는 것, 애피타이저 없이 바로 메인 코스로 들어가서 많은 양을 먹는 것을 원했다. 대화를 해나가다가 부부는 그것이 자신들의 잠자리 문제와 비슷하다는 것을 눈치 챘다. 하지만 부부가 그걸 알아챘을 즈음 에릭슨 박사는 화제를 바꿔, 진짜 문제를 언급하는 것을 피했다.

부부는 에릭슨 박사가 자신들을 알아가는 중이므로, 다음번 면담 때는 진짜 문제를 직접 다룰 것이라고 생각했다. 그러나 면담이 끝날 즈음 박사는 그들에게 며칠 후 식당에 가서 각자의 방식대로 식사를 해보라고 말했다. 식당에서 아내는 천천히 여유 있게 식사를 하고, 남편은 먹고 싶은 메인 요리만 잔뜩 먹었다. 부부는 자신의 모습이 담긴 거울 속으로 들어가는 셈이었고, 그들은 문제를 스스로 풀 수 있었다.

자기만의 환상 세계에 빠져 사는 정신분열증 환자를 다룰 때, 에릭슨 박사는 그의 환상이 들어 있는 거울로 들어가서 문제를 해결했다. 한번은 자신이 예수 그리스도라고 믿는 환자를 만났다. 그는 몸을 침대 시트로 감싸고 모호한 우화를 들려주면서, 병원 직원들과 다른 환자들을 붙잡고 기독교를 믿으라고 설교를 늘어놓았다. 그 어떤 요법이나 약물도 소용이 없었다. 어느 날 에릭슨 박사는 그 남자를 찾아가 말했다. "당신이 예수라면 목수 일을 해본 경험이 있겠군요." 남자는 예수라고 주장하고 다녔으니 그렇다고 대답할 수밖에 없었다. 그러자 에릭슨 박사는 그에게 예수의 옷을 입고 책꽂이와 여러 가지 목재 소품을 만들어보게 시켰다. 남자는 몇 주 동안 물건들을 만들려고 애쓰는 사이에 자신이 예수라는 환상에서 점차 벗어나고 목공 일에 몰두하기 시작했다. 결국 종교적인 환상이 완전히 없어지지는 않았지만 남자는 사회 구성원의 역할을 할 수 있을 정도로 회복했다.

해석 ——

우리의 커뮤니케이션은 비유와 상징에 의존하는 측면이 많다. 비유와 상징은 언어의 토대이기도 하다. 비유는 구체적인 대상을 비추는 일종의 거울이며, 때로는 문자적인 설명보다 더 분명하고 깊은 뜻을 표현한다. 다른 사람의 완고한 의지와 고집에 대처해야 할 때, 직접적인 커뮤니케이션으로 접근하는 것은 때로 저항만을 야기한다.

사람들의 행동 방식에 대해서, 성행위 같은 민감한 문제에 대해서 이야기할 때 이러한 저항은 두드러진다. 하지만 에릭슨 박사처럼 비유를 사용하면, 해당 상황에 대한 상징적인 거울을 만들어서 사용하면 훨씬 효과적인 변화를 유도할 수 있다. 우화나 비유를 통해 표현하는 것은 종종 교훈을 가르치는 좋은 방법이며, 이는 예수 그리스도가 훌륭하게 보여준 바 있다. 비유를 사용하면 사람들 스스로 진실을 깨닫기 때문이다.

환상의 세계에 빠져 있는 사람들을 다룰 때는 그들의 환상을 깨부수고 진실을 강요하지 말라. 그보다는 그들의 세계로 들어가서 그들이 거울의 방에서 빠져나오도록 유도하라.

법칙 준수 사례 6: 마음을 읽는 다도의 명인, 센 리큐

16세기 일본 다도의 명인 다케노 조오(武野紹鷗)가 어떤 집 앞을 지나가다가 한 젊은이가 꽃에 물을 주고 있는 것을 보았다. 두 가지 사실이 조오의 발걸음을 붙잡았다. 우선 물을 주는 젊은이의 행동거지에 기품이 넘쳤고, 둘째로 정원에 피어 있는 무궁화가 너무나도 아름다웠다. 조오는 젊은이에게 인사를 건넸다. 젊은이는 센 리큐라고 자신을 소개했다. 조오는 그곳에 더 머물고 싶었지만 다른 약속이 있어 급히 자리를 떠났다. 떠나기 전에 리큐는 그에게 다음 날 아침에 차를 마시러 오라고 초대했다. 조오는 흔쾌히 그러마고 했다.

다음 날 리큐의 집을 찾아온 조오는 정원을 보고 깜짝 놀랐다. 그 아름답던 꽃이 한 송이도 남아 있지 않았기 때문이다. 사실 조오는 전날 그 아름다운 꽃을 제대로 감상해보려는 마음이 컸다. 그는 크게 실망했지만 온 김에 센 리큐와 차나 한잔 마시고 돌아가기로 했다. 그런데 방에 들어간 조오는 더욱 놀랐다. 방 안에 있는 꽃병에 눈부시게 아름다운 무궁화가 꽂혀 있지 않은가. 센 리큐는 전날 손님의 생각을 미리 알아채고, 손님과 주인이 서로의 마음에 감응하며 차를 마실 수 있는 분위기를 만들어둔 것이었다.

센 리큐는 이후 다도를 크게 발전시킨 인물이다. 그는 항상 한 발 앞서 상대의 마음을 읽고 거기에 자신을 맞추는 뛰어난 능력으로 상대를 매혹시켰다.

어느 날 리큐는 야마시나 헤치관의 초대를 받았다. 헤치관은 다도를 무척 좋아하고 장난기도 많은 사람이었다. 리큐가 그의 집에 도착했을 때 주인의 모습이 보이지 않았다. 리큐는 대문을 열고 들어가 둘러보았다. 그런데 문 바로 옆의 땅바닥이 이상해 보였다. 가만 살펴보니 누군가 도랑을 파놓고, 그 위에다가 무명천과 흙을 교묘하게 덮어놓은 상태였다. 헤치관의 장난이라는 것을 알아챈 리큐는 일부러 도랑에 빠졌고, 옷이 온통 흙으로 더러워졌다.

잠시 후 헤치관이 깜짝 놀란 표정으로 달려 나왔다. 그리고 몸을 씻을 수 있게 물이 있는 곳으로 리큐를 안내했다(물론 물은 미리 준비되어 있었다). 깨끗이 씻은 후에 리큐는 헤치관과 함께 차를 마시면서, 방금 전 일어난 일을 화제 삼아 유쾌하게 대화를 나눴다. 훗날 센 리큐는 한 친구에게 헤치관의 장난기를 익히 들어 알고 있었다며 이렇게 말했다. "주인의 마음을 읽고 그에 맞춰주는 것을 당연한 목표로 삼아야 한다네. 그래서 나는 알면서도 일부러 도랑에 빠진 게야. 덕분에 그날 차 마시는 분위기는 무척 화기애애했지. 주인과 손님이 서로 감응하며 조화로운 분위기가 이루어지지 않는다면 다도는 아무런 의미가 없네." 헤치관은 점잖은 리큐가 도랑에 빠지는 모습을 보고 즐거워했지만, 리큐의 기쁨은 다른 곳에 있었다. 그는 주인의 마음에 자신을 맞추고 그럼으로써 주인이 즐거워하는 모습을 보면서 기쁨을 느꼈다.

해석 ──

센 리큐는 독심술가도 천리안을 가진 것도 아니었다. 그는 단지 상대를 날카롭게 관찰했다. 그는 상대의 숨은 욕망이 드러나는 미묘한 행동을 읽고 그에 맞는 이미지를 구현할 줄 알았다. 조오는 자신이 무궁화에 매혹되었다는 말을 하지 않았지만 리큐는 조오의 눈빛에서 그것을 읽었다. 상대의 욕구에 맞춰주는 길이라면 도랑에 빠진다 한들 어떻겠는가. 리큐는 아첨꾼의 거울을 영리하게 사용한 셈이다. 아첨꾼의 거울을 사용하면 타인의 마음을 들여다보는 특별한 능력을 키울 수 있다.

아첨꾼의 거울은 당신에게 강력한 힘을 가져다준다. 사람들의 눈빛을 읽고 그들의 행동을 주의 깊게 관찰하라. 그것은 그 어떤 말보다도 그들의 고통과 기쁨을 확실하게 알려준다. 옷차림, 친구를 사귀는 취향, 일상적인 습관, 무심코 던지는 말 등 미묘하고 세세한 부분을 놓치지 말라. 그것들은 그들 내면에 충족되지 못한 욕망을 드러내준다. 표면 아래 숨겨진 것을 알아낸 다음, 당신이 그들의 내면적 자아를 비추는 거울이 되어라. 이는 권력에 이르는 핵심적인 열쇠다. 무궁화가 무척 마음에 든다고 말한 적이 없는데도, 상대가 당신에게 자신을 배려해달라고 부탁한 적이 없는데도 당신이 그가 바라는 바를 먼저 꺼내서 보여주면, 상대의 기쁨은 배가 된다. 기억하라. 무언(無言)의 커뮤니케이션과 간접적인 찬사는 커다란 힘을 발휘한다. 아첨꾼의 거울에 매혹당하지 않을 자는 거의 없다.

법칙 준수 사례 7: '옐로 키드' 베일의 거울 전략

희대의 사기꾼 '옐로 키드' 베일은 기만자의 거울을 즐겨 썼다. 그의 사기극 가운데 가장 대담한 것은 인디애나 주 먼시에 은행을 차린 일이었다. 어느 날 베일은 먼시에 있는 한 은행이 다른 지역으로 이사 간다는 기사를 읽었다. 순간 그의 머릿속에 아이디어가 반짝 떠올랐다.

베일은 돈을 주고 그 은행 건물을 임대했다. 건물 안에는 아직 은행 가구들과 직원창구가 그대로 남아 있었다. 그는 은행용 돈 자루를 구입해 겉에다 새로 정한 은행 이름을 찍고 자루들을 동그란 쇳조각들로 가득 채웠다. 그리고 가짜 지폐 다발들과 함께 창구 뒤쪽에 높이 쌓아놓았다. 은행 직원과 손님들로는 자기가 아는 도박꾼들과 싸구려 술집 여자들, 그리고 입을 맞춘 공모자들을 데려다놓았다. 심지어 은행 청원경찰로 그

지역 갱 단원을 세워놓았다.

　베일은 투자 브로커인 척하며 돈 많은 목표물을 낚아 들이곤 했다. 그는 목표물과 함께 은행에 와서 직원에게 은행장을 만나고 싶다고 말했다. 그러면 은행 '직원'은 잠시 기다리라고 말했다. 오래 기다리게 하면 상황이 더욱 진짜 같았다. 높으신 은행장을 금세 만날 수 있는 은행이 어디 있던가. 베일과 목표물이 앉아서 기다리는 동안 은행 내부는 바쁘게 돌아갔다. 직원이나 손님으로 그럴 듯하게 차려입은 술집 여자들과 도박꾼들이 부산하게 돌아다니고, 돈을 저금하거나 찾아가고, 옆에 선 청원 경찰에게 모자를 들어올리며 인사를 건넸다. 그러면 진짜 은행으로 감쪽같이 속은 목표물은 한 점도 의심하지 않고 어마어마한 돈을 예금하고 돌아갔다.

　수년 동안 베일은 버려진 요트 클럽이나 중개 사무소, 부동산 빌딩, 도박장 등을 이용해 위와 유사한 사기극을 벌였다.

해석 ——

　현실을 똑같이 복제하면 사람들을 속이기 쉽다. 똑같은 제복, 완벽한 발음, 적절한 소도구 등을 이용해 기만을 행하면 좀처럼 알아보기 힘들다. 사람들은 본능적으로 믿고 싶어하는 강한 욕망을 갖고 있다. 때문에 외관이 멀쩡하면 우선 믿어버리고 그것을 현실로 착각한다. 눈에 보이는 모든 현실을 의심만 하면서 살 수는 없는 법이다. 그러니 웬만하면 믿는 것이 사람들의 기본적인 성향이다. 그들은 습관적으로 외양을 받아들인다. 당신은 바로 그것을 이용할 수 있다.

　이 전략에서는 초반이 가장 중요하다. 상대가 초반에 낌새를 채지 못하고 의심을 품지 않으면 당신은 계속 상대를 제압할 수 있다. 일단 당신이 만든 거울의 방에 들어오고 나면, 그들은 현실과 허구를 구별하지 못하므로 속이기가 훨씬 용이해진다. 기억하라. 세상의 외양을 관찰하고 그것을 당신의 습관, 태도, 옷차림에 거울처럼 반영하는 법을 익혀라. 식충식물을 떠올려보라. 아무것도 모르는 곤충들의 눈에 당신은 그저 평범한 식물처럼 보일 것이다.

| **이미지** | 페르세우스의 방패. 이 방패는 거울처럼 사물을 비추도록 닦여 있다. 메두사에게는 당신이 안 보이고 자기 자신의 무시무시한 얼굴만 보인다. 그 거울 뒤에서 당신은 상대를 기만하고 조롱하고 격노케 할 수 있다. 아무것도 모르는 메두사의 머리를 단번에 내리칠 수 있다.

| **근거** | 군사작전에서는 적의 의도대로 움직이는 듯이 보여야 한다. …… 적이 원하는 곳에 가고, 그들이 원하는 바를 감지하고 그대로 움직여라. 자제심을 발휘하여 적에게 맞춰주어라. …… 처음에 당신은 온순한 처녀처럼 보일 것이다. 그러면 적은 당신에게 문을 열어준다. 그런 다음 줄에서 풀린 토끼처럼 움직여, 적이 당신을 쫓아낼 수 없게 만들어라.

– 손자(기원전 4세기)

경고: 거울에 비친 듯한 상황을 경계하라

거울에는 커다란 힘이 있지만 위험도 있다. 그 가운데 하나는 거울에 비친 듯한 상황이 조성되는 것이다. 이전의 상황을 반영하거나 그것과 매우 비슷한(대개는 형식이나 외양의 측면에서) 상황을 조심해야 한다. 당신은 제대로 알지 못한 채 어떤 상황에 들어갔지만, 주변 사람들은 그 상황을 익히 잘 알고 있어서 예전의 상황과 비교할 때가 있다. 그리고 당신은 그러한 비교 때문에 곤혹을 겪게 된다. 이전의 유사한 상황을 겪었던 전임자보다 약하고 못한 존재로 보이거나, 또는 전임자가 사람들에게 남긴 안 좋은 기억 때문에 당신이 피해를 입을 수 있기 때문이다.

1864년 작곡가 리하르트 바그너(Richard Wagner)는 '백조왕' 또는 '광인왕'이라는 별명을 갖고 있는 바이에른 왕 루트비히 2세의 요청으로 뮌헨에 갔다. 루트비히는 바그너 예술에 대한 열렬한 찬양자이자 후원자였다. 루트비히가 강력하게 후원하자 바그너는 자만심을 갖게 되었다. 왕의 보호 아래 뮌헨에서 자리를 잡은 바그너는 마음대로 말하고 행동했다.

바그너는 왕이 사준 호화로운 저택으로 이사했다. 이 저택은·롤라 몬테즈가 살던 집과 매우 가까이 있었다. 몬테즈는 루트비히 2세의 할아버지 루트비히 1세의 정부(情婦)로, 루트비히 1세를 위기로 몰아 결국 퇴위당하게 만든 악명 높은 여인이었다. 사람들은 그런 집에서 가까운 곳에 살면 덩달아 안 좋은 연상 작용을 일으킬지 모른다고 걱정했지만, 바그너는 "나는 롤라 몬테즈가 아니잖아" 하며 콧방귀를 뀌었다. 그러나 얼마 안 있어 뮌헨 시민들은 바그너가 누리는 총애와 부에 대해 분개하며 그를 '제2의 롤라'라고 부르기 시작했다. 바그너는 자신도 모르게 롤라의 선례를 따르고 있었다. 돈을 펑펑 쓰고, 음악 이외의 영역에 간섭하고, 심지어 정치에까지 관여하면서 장관 임명에 대해 왕에게 조언을 하기도 했다. 루트비히는 위엄 없이 지나치게 바그너에게 애정을 쏟는 것 같았다. 그의 할아버지가 몬테즈에게 그랬던 것처럼 말이다.

결국 루트비히의 장관들은 그에게 편지를 썼다. "폐하는 지금 중대한 선택을 내리셔야 합니다. 충성스러운 백성들의 사랑과 존경이냐, 바그너의 '우정'이냐, 둘 중 하나를 택하셔야 합니다." 1865년 12월 루트비히는 바그너에게 떠날 것을 정중하게 요청했다. 바그너는 자신도 모르게 롤라 몬테즈의 거울 속 모습이 된 것이다. 일단 그런 이미지로 비치자, 바그너가 어떤 행동을 해도 뮌헨 시민들은 끔찍한 몬테즈를 떠올렸다. 바그너는 도저히 사태를 되돌릴 수 없었다.

그러한 연상 작용이 발생하지 않도록 경계하라. 거울에 비친 듯한 상황이 되면, 당신과 연결된 다른 누군가의 모습이 연상되는 것을 막을 방법이 없다. 그처럼 당신의 통제력을 벗어난 상황은 위험하다. 설령 이전 사람이나 상황이 긍정적이고 훌륭한 이미지라고 해도, 당신이 그에 필적하는 모습을 보이지 못하면 그것도 문제다. 당신이 있는 현재보다 과거가 더 아름다워 보일 테니 말이다. 사람들이 당신을 과거의 어떤 인물이나 사건과 연관 지어 생각한다면, 어떻게든 당신과 그 기억을 분리시켜 놓고 거울을 부숴버려라.

Law

48

승리를 거두면 멈출 때를 알라

...

승자의 저주

승리의 순간은 종종 가장 위험한 순간이기도 하다.

승리의 열기 속에서 오만과 과신 때문에

애초에 목표했던 지점을 넘어가버리기 쉽기 때문이다.

너무 멀리 나아가면, 지금까지 물리친 것보다

더 많은 적이 생기기 십상이다.

성공이 이성을 지배하게 만들지 말라.

전략과 조심스러운 계획을 대체할 수 있는 것은 어디에도 없다.

미리 세운 목표에 도달하면, 거기에서 멈추어라.

법칙 위반 사례: 키루스의 결정적 실수

기원전 559년, 키루스라는 한 젊은이가 흩어진 페르시아 부족을 결집시켜 메디아의 왕이자 자기 조부인 아스티아게스(Astyages)에 맞섰다. 그는 아스티아게스를 손쉽게 격퇴한 후, 스스로 메디아와 페르시아의 왕이 되어 페르시아 제국을 건설하기 시작했다. 그는 연승 가도를 질주했다. 리디아 왕 크로이소스를 꺾고 이오니아 제도 및 기타 군소 왕국을 정복했다. 바빌로니아로 진군해 무참히 짓밟았다. 이제 그는 전 세계의 통치자 키루스 대왕으로 불렸다.

바빌로니아를 점령한 후, 키루스는 동쪽으로 눈을 돌려 카스피해에 광대한 영토를 가진 반야만 부족 마사게타이에 주목했다. 토미리스(Tomyris) 여왕이 다스리는 거친 전사의 나라 마사게타이는 바빌로니아보다 부유하진 못했지만, 패배를 모르는 절대 영웅이라 자처한 키루스는 어쨌든 침공하기로 결심했다. 마사게타이는 자신의 대군 앞에 맥없이 무너질 것이며, 그의 제국은 더욱 거대해질 것이다.

기원전 529년, 키루스는 마사게타이 왕국의 관문인 아락세스 강으로 진군해 강 서편 제방에 진을 쳤다. 그때 토미리스 여왕으로부터 전갈이 왔다. "메디아의 왕이여, 이 전쟁을 거둘 것을 충고한다. 이 전쟁에서 무엇을 얻을 것인가. 그대 백성이나 다스리고, 내 백성은 내가 다스리도록 지켜봐주기 바란다. 내 충고를 받아들이지 않으면, 그대의 마지막 소원은 평화롭게 살기만 바라는 것이 될 것이다." 토미리스는 자신의 군사력을 믿고 있었다. 그래서 키루스의 군대가 강을 건너오게 하고, 강 동편에서 싸우고자 했다.

키루스는 이에 응했지만, 직접 대결을 피하고 속임수를 도모했다. 일단 강을 건넌 키루스는 강 동편에 진을 친 후 고기와 진미, 독한 포도주를 잔뜩 차려 잔치를 베풀었다. 그런 다음 가장 약한 군대를 진지에 남겨두고 나머지는 강 쪽으로 철수시켰다. 곧 마사게타이 군이 대규모로 진지를 공격해와 페르시아 군을 전멸시켰다. 승리한 마사게타이 군은 진수성찬에 마음이 빼앗겨 진탕 먹고 마시며 즐긴 후 곯아떨어졌다. 그날 밤 물러갔던 페르시아 군이 진지로 돌아와 곯아떨어진 적군 상당수를 죽이고 나머지를 포로로 잡았다. 포로 중에는 스파르가피세스(Spargapises)라는 젊은 장수도 있었는데, 토미리스 여왕의 아들이었다.

여왕은 키루스에게 전갈을 보내 속임수로 자기 군대를 격퇴한 것을 꾸짖었다. "들어라. 그대를 위해 충고하겠다. 내 아들을 돌려보내고 그대 군대를 모두 데리고 내 나라를 떠나라. 마사게타이의 3분의 1을 빼앗은 것으로 만족하라. 거부하면 우리가 섬기는 태양을 두고 맹세하는데 그대가 다 마실 수 없는 피를 실컷 마시도록 해주겠다." 키루스는 여왕의 말을 비웃었다. 여왕의 아들을 돌려보내기는커녕 이 야만인들을 뭉개버릴 심산이었다.

여왕의 아들은 굴욕감에 못 이겨 스스로 목숨을 끊었다. 아들의 죽음에 격분한 토미리스 여왕은 군사력을 모두 동원해 키루스의 군대와 피비린내 나는 전투를 치렀다. 마침내 마사게타이 군이 승세를 잡았다. 분노한 그들은 페르시아 군을 닥치는 대로 죽였고 키루스는 자결했다.

전투가 끝난 후 토미리스 여왕과 병사들은 전장을 샅샅이 뒤져 키루스의 시체를 찾았다. 여왕은 그의 머리를 잘라 사람 피가 가득 담긴 포도주 부대에 처넣었다. 그리고 이렇게 외쳤다. "내 비록 너를 이기고 이렇게 살아 있지만, 네가 야비하게 내 아들을 앗아간 덕분에 무한한 고통 속을 헤맸다. 이제 약속대로 그대 입속에 피를 가득 부어주겠다." 키루스가 죽은 후 페르시아 제국은 급속히 약화되었다. 키루스의 단 한 번의 오만한 행동이 모든 공적을 망쳐버린 것이다.

해석 ——

승리보다 더 위험하고 흥분케 하는 것은 없다.

키루스는 이전 제국의 파멸 위에 자신의 거대한 제국을 세웠다. 100년 전 강력한 아시리아 제국은 멸망했고, 한때 화려했던 수도 니네베도 모래 위 폐허만 남았다. 아시리아가 이런 운명을 맞은 이유는 자신의 목표와 그에 따른 대가를 잊고 도시국가들을 연이어 함락시키며 너무 멀리 나아갔기 때문이다. 아시리아는 지나치게 세력을 확장해 적을 많이 만들었으며, 결국 이들이 힘을 합해 그를 멸망시킨 것이다.

키루스는 아시리아가 주는 교훈을 무시했다. 그는 신탁과 충고자의 경고에 주의를 기울이지 않았다. 여왕의 감정을 해치는 것도 아랑곳하지 않았다. 자신이 거둔 수많은 승리로 그는 자만에 빠졌고 판단력이 흐려졌다. 이미 광대해진 제국을 공고히 하는 대신, 자꾸 앞으로만 나가려 했다. 상황이 다르다는 사실을 인식하지 못하고, 자기에게 익숙한 방식, 즉 무력과 책략으로 다음 전쟁에서도 이길 수 있다고 생각했다.

권력의 세계에서는 이성을 따라야 한다는 사실을 이해해야 한다. 찰나적인 통쾌함이나 감정적인 승리에 행동을 맡기면 그 결과는 치명적일 수 있다. 성공을 거두면 뒤로 한 걸음 물러나서 신중해야 한다. 승리를 거두면 당시 특수 상황이 어떻게 작용했는지 살펴보고 동일한 행동을 단순히 반복하면 절대 안 된다. 역사에는 멈추어 서서 이룩한 위업을 공고히 하지 못한 채 파멸한 제국과 영웅들이 널려 있다.

법칙 준수 사례: 침실 밖에서 만족을 주는 정부

왕의 정부(情婦)는 불안한 삶을 살아야 했다. 어려울 때 의지할 만한 실질적, 합법적 권력 기반이 없기 때문이다. 뿐만 아니라 궁정에는 그녀가 왕의 눈 밖에 나기를 질시 어린 마음으로 바라는 조신들이 진 치고 있었다. 결국 정부의 권력은 육체적 아름다움에 있었으므로, 대개 인생을 초라하게 마감하곤 했다.

프랑스 왕 루이 15세는 통치 초기부터 공식적으로 정부를 두었으며, 왕의 총애는 대부분 수년을 넘기지 못했다. 이때 퐁파두르 후작부인이 등장한다. 그녀는 중산층 은행가의 딸로 본명은 잔 푸아송(Jeanne Poisson)이었다. 그녀가 아홉 살 때 한 점쟁이로부터 언젠가 왕의 총애를 받을 것이라는 말을 들었다. 왕의 정부는 대부분 귀족 출신이었기 때문에, 그것은 비현실적인 얘기였다. 그럼에도 잔은 왕을 사로잡는 것이 자신의 운명이라 믿었다. 그녀는 음악, 무용, 연기, 승마 등 왕의 총애를 받는 데 필요한 재능을 익혔다. 처녀가 된 그녀는 하층 귀족 출신 남자와 결혼하여 파리의 상류사회 사교계에 끼일 수 있게 되었다. 그녀의 미모와 재능, 매력과 지성은 금세 사교계에 퍼졌다.

잔 푸아송은 볼테르와 몽테스키외, 그 외에도 당대 뛰어난 지성들과 친분관계를 맺었다. 그러면서 그녀는 어렸을 때 품었던 목표를 한시도 잊지 않았다. 왕의 마음을 사로잡겠다는 꿈 말이다. 그녀는 왕이 종종 사냥하러 가는 숲에 있는 큰 저택에서 많은 시간을 보냈다. 그리고 가장 매혹적인 옷을 차려입고 산책하거나 멋진 마차를 타고 가면서 '우연히' 왕과 마주치곤 했다. 마침내 그녀는 왕의 눈에 띄었고, 왕이 잡은 사냥감을 선물로 받았다.

1744년, 왕의 정부 샤토루 공작부인이 죽자, 잔은 적극적으로 왕에게 접근했다. 베르사유 궁전의 가면무도회와 오페라 극장 등 그들이 마주칠 만한 곳이면 어디든 모습을 드러내어 왕 앞에서 춤과 노래, 승마, 교태 등 자기 재능을 발휘했다. 왕은 그녀의 매력에 푹 빠져들었다. 1745년 9월, 왕은 베르사유 궁전에서 스물네 살의 잔을 정부로 공식 임명했다. 그녀가 궁전에 자기 방을 갖게 되자, 왕은 언제든 비밀 계단과 뒷문을 통해 그녀의 방에 들어갈 수 있었다. 일부 조신이 그녀의 신분에 불만을 품자, 왕은 그녀에게 후작의 작위를 수여했다. 이때부터 그녀는 퐁파두르 후작부인으로 알려지게 된다.

왕은 권태로움을 참지 못하는 사람이었다. 퐁파두르 후작부인은 왕이 자기 매력에서 빠져나가지 못하도록 끊임없이 왕을 즐겁게 해주어야 한다는 것을 알았다. 그녀는 베르사유 궁전에서 연극 상연이 끊이지 않도록 하고 자신이 주역을 맡기도 했다. 사냥 파티와 가면무도회를 정성껏 마련하고, 침대 밖에서 왕의 관심을 끌 만한 것이면 무엇이든 준비했다. 그녀는 예술을 후원하고 전 프랑스인의 기호와 패션을 주도했다. 그녀에게는 유독 궁정 내에서만 적들이 있었는데, 그녀의 거듭된 성공과 함께 적들도 늘어났다. 그러나 퐁파두르 후작부인은 왕의 정부로서는 전혀 새로운 방식으로 그들의 뜻을 좌절시켰다. 그것은 바로 지극한 겸손이었다. 그녀의 낮은 출신 성분을 못마땅하게 여기는 속물들을 그녀는 매력과 너그러움으로 녹여 자기편으로 만들었다. 무엇보다 특이한 것은, 그녀가 왕비와 친구가 되고 왕이 왕비에게 더 관심을 기울이고 더 다정하게 대한다고 말한 점이다. 왕족들조차 그녀에게 지지를 표했다. 그녀의 영광을 더하기 위해 왕은 그녀에게 공작 작위를 수여했다. 그녀의 영향력은 정치에서도 발휘되었다. 진정 그녀는 직함 없는 외교 사절이었다.

1751년 권력의 정점에 있을 때, 퐁파두르 후작부인은 위기를 맞이했다. 지위에 따른 책임감 때문에 체력이 약해진 그녀는 침대에서 왕을 기쁘게 해주기가 점점 더 힘들어졌던 것이다. 그것은 아름다움이 시들어가는 왕의 정부가 맞는 운명이기도 했다. 그러나 퐁파두르 후작부인에게는 계책이 있었다. 그녀는 베르사유 궁전 내에 일종의 매음굴인 파르 코 세르프(Parc aux Cerfs)를 세우도록 권했다. 거기서 중년의 왕은 아름답고 나이 어린 처녀와 밀통을 나눌 수 있었다.

퐁파두르 후작부인은 자신의 매력과 정치적인 영민함으로 자신이 왕에게 없어서는 안 될 인물이 되었음을 알아챘다. 자신이 프랑스에서 가장 강력한 여자로 계속 입지를 굳혀간다면 침실의 자리를 빼앗긴들 무엇이 문제겠는가? 자기 입지를 유지하기 위해 그녀는 왕비와 더욱 친밀하게 지내고, 교회에도 함께 참석했다. 궁정에 있는 적들이 그녀의 지위를 흔들어놓으려 음모를 꾸며도, 그녀의 평온한 위로가 필요했던 왕은 계속 그녀 편에 섰다. 그녀가 공무에서 영향력을 잃었던 적은 7년 전쟁에서 그녀가 행한 역할에 대한 비난이 드세졌을 때뿐이다.

몸이 허약했던 퐁파두르 후작부인은 1764년, 43세의 나이로 세상을 떠났다. 그녀는 20년간 왕의 정부로 지냈는데, 이는 전례 없는 기간이었다. "모든 이가 그녀를 애도했다. 이는 그녀가 모든 사람들에게 다정하게 대하고 도움을 주었기 때문이다"라고 크로이 공작은 말했다.

해석 ─

자신의 권력이 찰나라는 것을 알았던 왕의 정부들은 왕을 차지한 후 종종 일종의 폭주 상태에 빠졌다. 왕에게서 버림받은 후에도 자신을 보호해줄 수 있는 돈을 모으기 위해 열을 올렸다. 가능한 한 오랫동안 권력을 유지하기 위해 궁정 내 적들을 무자비하게 대하기도 했다. 달리 말하면, 왕의 정부가 자멸한 것은 어쩌면 탐욕과 적들이 품은 앙심 때문이었

> 나무 잘 타기로 이름난 사람이 높은 나무를 오르는 법을 지도하고 있었다. 그는 꼭대기 가지를 꺾어오라 지시했고, 나무에 오른 사람이 아슬아슬한 지경에 있을 때는 아무 말도 하지 않았다. 그 사람이 내려오면서 처마 높이에 이르렀을 때야이 나무 타기 전문가는 "주의해! 발밑을 조심하고"라고 외쳤다. 그는 "왜 이제야 그 말을 하는 겁니까? 마음만 먹었으면 높은 데서 뛰어내릴 수도 있었는데요"라고 물었다. 전문가는 말했다. '바로 그겁니다. 현기증이 날 정도로 높은 데서 가지가 부러질 것 같은 위험을 느끼면 알아서 조심하기 때문에 아무 말도 할 필요가 없지요. 정작 실수는 안전하다고 느낄 때 항상 발생합니다." 그는 최하층민이었지만, 그의 말은 현인의 통찰과 완전히 일치했다. 축구에서도 마찬가지다. 어려운 위치에서 공을 찬 후 다음 사람은 공을 쉽게 다룰 거라 생각하지만 공을 놓치고 만다.
> – 〈도연초〉, 겐코, 14세기

을지 모른다. 그러나 다른 모든 사람이 실패한 그 자리에서 퐁파두르 후작부인은 성공했다. 그녀는 무리수를 둬서 권력을 지키려 하지 않았다. 왕의 정부라는 권력을 이용해 궁내 조신을 위협하는 대신, 그들의 지지를 얻으려 애썼다. 그녀는 조금도 탐욕스럽거나 오만한 티를 내지 않았다. 정부로서 육체적 매력이 다했을 때도 그녀는 누군가 자기 자리를 대신할 것이라는 생각에 안달하지 않았다. 그녀는 왕에게 젊은 연인을 소개한다는 간단한 계책을 꾸몄다. 그들이 더 젊고 예쁠지라도 매력과 세련미에 있어서는 자기를 따를 수 없을 것이며 곧 왕을 싫증나게 할 것을 알았기 때문이다.

성공은 묘하게 현혹시키는 힘이 있다. 승리자는 자기 사전에 실패란 없다고 생각하며 자신의 권력에 도전하는 사람들을 더욱 적대적이고 감정적으로 대하게 된다. 상황 적응력도 떨어진다. 계책이나 계획보다 신분이나 지위가 성공에 더 중요하다고 믿는 것이다. 퐁파두르 후작부인처럼 권력 기반을 공고히 하고 자기 성공에 운과 여건이 어떻게 작용했는지 인식하고 행운의 부침에 적절히 대처하면서, 승리한 그때야말로 계략과 계책이 필요한 순간이라는 사실을 깨달을 필요가 있다. 권력 게임을 연출하고 권력의 법칙에 더욱 주의를 기울일 때가 바로 승리의 순간인 것이다.

> 승리의 순간이 가장 위험한 순간이다.
>
> – 나폴레옹 보나파르트(1769~1821)

권력의 열쇠: 승리를 거두면 멈출 때를 알라

권력에는 리듬과 패턴이 있다. 패턴을 자유자재로 구사하면서, 자기 템포는 유지하는 반면 다른 사람의 균형 감각은 흐트러뜨리는 사람이 게임에서 승리한다. 전략의 요체는 다음 단계를 통제하는 데 있다. 성공에 도취하면 두 가지 면에서 다음 단계에 대한 통제력을 상실한다. 첫째, 성공의 비결을 패턴에서 찾고 그 패턴을 반복하려 한다. 그것이 여전히 최선책인지 돌아보지 않고 계속 같은 방향으로 나아가려 하는 것이다. 둘째, 성공하면 자만에 빠져 감정에 치우치기 쉽다. 득의양양하여 공격적인 자세를 취하면, 애써 이룬 성공이 물거품으로 사라질 수 있다.

교훈은 간단하다. 강자는 리듬과 패턴, 과정에 변화를 주면서 상황에 맞게 대처할 줄 알아야 한다. 발걸음을 앞으로만 내딛기보다 한 걸음 물러서서 어디로 향하고 있는지 살펴보아야 하는 것이다. 그것은 마치 승리의 도취감에 대한 해독제와 같아서, 감정을 조절하고 정점에 이르렀을 때 잠시 휴식을 취하게 해준다. 강자는 자신을 다지고, 지난 과정을 되돌아보는 여유를 가지며, 성공하기까지 상황과 운이 어떤 작용을 했는지 면밀히 검토한다. 승마 학교에서 종종 말하는 것처럼, 말을 다루기 전에 우선 자기를 다스릴 줄 알아야 한다는 뜻이다.

행운과 상황은 권력에서 중요한 역할을 담당한다. 이는 불가피한 요소로서, 이 때문에 게임이 더욱 흥미진진해진다. 그러나 당사자야 어떻게 생각하든, 행운은 불행보다 더 위험하다. 불행을 통해 인내와 적절한 시기, 최악의 상황에 대한 대처 요령에 대해 소중한 교훈을 배울 수 있는 반면, 행운은 반대 방향으로 유도해 자신의 뛰어난 능력으로 난관을 극복할 수 있을 거라고 자만하게 만든다. 운은 결국 바뀌고, 그렇게 되면 전혀 준비되지 않은 채 불운을 맞게 된다.

마키아벨리에 따르면, 체사레 보르자가 그 대표적인 경우다. 그는 많은 승리를 거두었고 실제로 영리한 전략가였지만, 그의 행운이 오히려 불행을 불렀다. 그는 교황을 아버지로 두었지만 아버지의 죽음이라는 불행이 닥치자 아무런 준비가 되어 있지 않았던 탓에 수많은 정적에 의해 몰락하고 말았다. 행운이 약진과 성공을 보장하는 것처럼 보이는 바로 그때가 눈을 부릅떠야 하는 순간이다. 운명의 수레바퀴 아래서 승승장구한 만큼이나 손쉽게 영락의 나락으로 곤두박질할 수 있다. 따라서 이에 대비한다면, 실제 불운한 일이 발생했을 때 타격을 덜 받게 된다.

성공의 가도를 달리는 이들은 열기에 휩싸이기 쉽다. 심지어 이를 의식해 진정하려 애쓸 때조차, 부하들의 부추김으로 목표를 지나쳐 위험한 지경에 빠지기 십상이다. 절제를 강조하면 유약하고 소심해 보일 수 있고, 승리에 박차를 가하지 않아 권력이 약화될 수도 있다.

　기원전 436년, 아테네의 장군이자 정치가였던 페리클레스는 흑해 연안에서 일련의 해전을 승리로 이끌었다. 그의 손쉬운 승리에 고무된 아테네인들은 욕심을 자제하지 못하고 이집트를 정복하고 페르시아를 침공하고 시칠리아까지 세력을 확장하려 했다. 이에 대응해 페리클레스는 한편으로는 자만의 위험성을 경고하며 그들의 감정을 제어하고, 또 한편으로는 만만한 소규모 전투를 치르면서 승리의 여세를 몰아가고 있다는 듯 그들의 욕망을 충족시켰다. 페리클레스가 연출한 이 기교의 진가는 그가 죽은 후 일어난 일을 보면 잘 알 수 있다. 페리클레스가 죽자 권력을 잡은 선동 정치가들은 시칠리아를 침공했고, 한 번의 경솔한 행동으로 제국은 쇠퇴의 길을 맞았던 것이다.

　권력의 리듬상 무력과 계책을 서로 번갈아가며 사용할 필요가 있다. 지나친 무력은 저항을 낳고, 아무리 교묘하더라도 계책이 지나치면 진부한 것이 되고 만다. 16세기의 일본 장수 도요토미 히데요시는 요시모토의 군대를 맞아 대승을 거두었다. 히데요시의 주군이었던 오다 노부나가(織田信長) 장군은 여세를 몰아 다른 강적도 꺾기를 바랐지만, 히데요시는 장군에게 "승리했을 때 투구 끈을 졸라매라"는 옛 일본 격언을 상기시켰다. 지금은 무력 대신 계책을 써 미덥지 못한 동맹관계에 있던 적들이 서로 반목하도록 할 순간이라고 판단했던 것이다. 이렇게 해서 그는 지나친 공격으로 인한 불필요한 저항을 피할 수 있었다. 그러므로 승리하면 몸을 낮추고 적을 달래 무력화시켜라. 이런 식의 리듬 변화는 엄청난 힘을 발휘한다.

　충성심을 보여 윗사람을 기쁘게 하려는 마음에 목표를 넘어서는 경우가 종종 있다. 그러나 지나친 열심이 상사의 의심을 야기할 수 있다. 마케도니아 왕 필리포스는 대승을 거둔 직후 공을 세운 장군을 오히려 강등시킨 일이 여러 번 있었다. 그들이 자만에 빠져 부하가 아닌 경쟁자인 양 오만하게 굴지도 모른다고 생각했기 때문이다. 윗사람을 섬길 때는 승리를 거둔 후에 특히 신경 써야 한다. 영광을 윗사람에게 돌림으로써 그가 불편한 마음을 가지지 않도록 하라는 얘기다. 철저한 순종으로 신뢰를 얻는 것이 지혜로운 처세다. 기원전 4세기, 중국에 무기라는 장군이 있었다. 하루는 부하가 전투가 시작되기도 전에 돌격해 적군 몇 명의 목을 베어 돌아왔다. 그는 충성심을 유감없이 발휘했다고 생각했지만, 무기는 그렇게 생각하지 않았다. 장군은 그 장수의 목을 베라는 손짓과 함께 "재능은 있지만 순종할 줄 모르는 사람"이라고 말했다.

윗사람이 호의를 보이는 순간을 조심하라. 이 작은 성취가 더 큰 기회를 놓치는 순간이 될 수도 있다. 이때 더 많은 것을 바란다면 치명적인 실수가 될 것이다. 당신은 이 호의를 받을 자격이 없다며 겸손해하며 감당할 만큼만 호의를 받아들여야 한다. 즉 호의를 감사히 받아들이며 물러서는 것이 처신을 잘하는 것이다. 더 큰 호의를 보인다면 억지로 움켜쥐는 것이 아니라 주어진 것만을 감사하게 받는다는 연출을 할 필요가 있다.

결국 멈추어야 할 때를 아는 것이 중요하다. 언제나 마지막엔 감탄 혹은 절규가 남게 마련이다. 승리를 거두었을 때야말로 일단 멈추고 마음을 가다듬어야 할 때다. 위험을 무릅쓰고 계속 나아가다가는 그동안의 수고가 무산될 뿐 아니라 실패로 끝날 수도 있다. 반대 심문에 대해 변호인이 말하는 것처럼, "승리하면 멈춰라."

| **이미지** | 추락하는 이카루스. 다이달로스는 아들과 함께 미노타우로스를 피해 미궁에서 벗어나기 위해 밀랍으로 날개를 만들었다. 성공적인 탈출과 비행에 도취된 이카루스는 더 높이 날아올랐고, 결국 뜨거운 태양에 날개가 녹는 바람에 떨어져 죽고 말았다.

| **근거** | 왕과 국가 모두 승리에 자족할 줄 알아야 한다. 과욕은 대개 실패를 부른다. 적에게 모욕적인 언사를 내뱉는 것은 승리를 자만하거나 헛된 승리를 꿈꾸기 때문이다. 승리에 대한 헛된 꿈은 말뿐 아니라 행동에서도 종종 오판을 불러일으킨다. 이 헛된 꿈이 마음을 지배할 때, 인간은 목표를 넘어 확실한 유익을 희생하면서까지 불확실한 미래로 치닫게 된다.

– 니콜로 마키아벨리(1469~1527)

뒤집어보기

마키아벨리가 말한 것처럼, 그를 파멸시키든지 고립무원의 지경에 빠뜨려라. 적당히 벌주거나 해를 입히면, 적은 반드시 앙심을 품고 복수할 것이다. 적을 칠 때는 완전히 짓밟아라. 적을 물리치면 완전히 제거하고, 쓸데없이 새로 적을 만들지 말라. 적에게는 무자비하고, 도를 넘어 새로운 적을 만들지 말라.

승리로 얻은 전리품에 집착해 이전보다 더 조심스러워지는 경우가 있다. 그러나 조심성 때문에 쓸데없이 머뭇거리거나 여세를 몰 수 있는 기회를 놓쳐서는 안 된다. 그보다는 조심성을 성급한 행동의 제동장치로 삼아야 한다. 한편 여세를 몰아 밀어붙이는 것의 효과는 자칫 과대평가되기 쉽다. 잇따른 승리에 우쭐해져 그 여세를 믿고 같은 방식을 되풀이할 뿐 전략적으로 대처하지 못하는 것이다. 더 나은 대안이 없는 이들이나 여세를 믿고 거기에 의지할 뿐이다.

피할 수 없는 권력,
내 것으로 만드는 게 상책

우리를 불편하게 만드는 것들이 있다. 풍경화는 편하지만 추상화는 불편하다. 사랑은 편하지만 동성애는 불편하다. 물론 그 불편함이란 대개 대상을 바라보는 각도를 달리함으로써 해소될 수 있지만, 때로는 대상의 의미를 재정의함으로써 해결되기도 한다. 우리에게 불편함을 주는 단어 가운데 하나가 바로 '권력'이다. 장담하건대, 이 책에 시선을 던진 순간 당신 마음속에도 불편한 심기가 불쑥 고개를 들었을 것이다. 틀림없다.

권력이란 말은 거의 반사적으로 우리 마음속에 반감을 일으킨다. 당신도 부인하기 힘들 것이다. 반대로 선의나 진실, 정의 같은 단어는 공감을 일으킨다. 마땅히 추구해야 할 것, 누가 뭐래도 응당 지지해야 할 것으로 느껴진다. 그렇다면 권력을 추구한다는 것은 어떠한가? 역시 바람직하지 않은 무언가를 행하는 것으로 느껴지지 않는가? 억압이나 강제, 폭력의 수단을 추구한다는 인상을 주기 때문이다. 그렇지만 권력의 의미를 재정의한다면 우리가 느끼는 이런 식의 불편함은 상당 부분 해소될 것이 분명하다.

이 책에서 말하는 권력이 바로 그런 것이다. 영향력과 주도권, 목표를 이루기 위한 토대로서의 힘, 내가 원하는 방향으로 타인을 움직이는 힘, 의도를 관철하는 힘 등을 내포하는 매우 다층적 의미의 권력이라는 얘기다. 이처럼 재정의한 이후의 관점에서 현실세계를 바라보면, 우리 삶에서 권력적 요소가 개입되지 않은 관계와 상황은 없으며, 권력 게임이 행해지지 않고 있는 영역은 없다고 해도 과언이 아니다. 표면적으로는 평온한 듯 보여도 수면 아래 곳곳에서는 치열한 권력 게임이 진행 중이다. 다양한 이해관계와 갈등이 난마처럼 얽혀 있는 오늘날의 현실세계에서 선의와 희생과 진실만을 외치는 것이 과연 실질적인 이익으로 연결될 수 있을까?

이 책《권력의 법칙》은 지난 3천 년간 최고의 권력자들만이 알던 비기를 현대의 권력 세계에 적용한 최고의 저작이다. 영원한 적도 동지도 없는 권력 세계의 모든 것을 담고 있어 '권력 경영의 바이블'이라고도 불린다. 저자인 로버트 그린은 국내에서는《유혹의 기술》과《전쟁의 기술》로 유명해졌지만, 사실상 첫 작품인 이 책으로 일약 '부활한 마키아벨리'라는 명성을 얻으며 세계적 베스트셀러 작가가 된 인물이다. 저자는 도쿠가와 이에야스에서부터 카이사르, 마오쩌둥, 헨리 키신저 등에 이르기까지 모략과 암투가 횡행하는 세계에서 살아남아 역사상 가장 완벽하게 권력을 구사했던 인물들의 생생한 사례는 물론이고, 권력의 희생자나 패배자가 되었던 인물들의 사례까지 다루며, 권력 자체의 본질과 그 역학, 권력의 다중적 특성 등을 특유의 논법과 재치로 설파한다.

권력의 48가지 법칙 중 어떤 법칙은 빈틈없는 분별력을 요하고, 어떤 법칙은 은밀함을 요하며, 어떤 법칙은 무자비한 근성을 요한다. 좋든 싫든 권력의 세계에서 살아가야 하는 현대인이라면 반드시 알고 있어야 할 생존 법칙이라 아니할 수 없다. 물론 저자의 일부 조언들에 대해 다소 거부감을 느끼는 독자들도 있을 것이다. 파렴치하게 느껴질 만큼 이기적인 술수를 접하며 '이렇게까지 해야 하나?' 하는 생각이 들 수도 있기 때문이다. 그런 부분에 대해서는 모종의 실행 지침이라기보다는, 방어적 차원의 조언으로 이해하면 좋지 않을까 싶다.

이 책에서 높은 점수를 주고 싶은 측면 가운데 하나는 인간의 심리를 꽤 예리하게 짚어내고 있다는 점이다. 상대를 유혹할 때 어떤 심리적 역학들이 작동하기 시작하는지, 최고와 2인자 사이에는 어떠한 심리적 간극이 존재하는지, 상대의 이기심이 어떻게 나의 목표를 달성하는 발판이 될 수 있는지, 집단의 내부와 외부에 있을 때 인간의 심리가 어떻게 달라지는지 등에 대한 날카로운 시각을 곳곳에서 읽을 수 있다. 사실 가만히 들여다보면 이 책에 나오는 법칙들을 조용히 떠받치고 있는 것은 다양한 종류의 인간 본성임을 알 수 있다.

마음에 드는 이성을 유혹하고, 동서고금의 전장에서 전투를 지휘하고, 국운(國運)을 좌지우지하고, 궁정에서 은밀한 계략을 실행하는 권력의 고수들을 만나본 소감은 어떤가? 그들을 만나는 동안 분명 일터와 사회와 개인적 인간관계에서 활용할 수 있는 썩 괜찮은 전술과 묘책들을 하나씩 터득했을 것이다. 모쪼록 이 책을 읽는 독자들 모두 권력의 방관자나 희생양이 아닌 권력의 고수로 거듭나는 계기를 마련하기 바라며, 번역에 도움을 준 인트랜스 번역원 식구들에게 감사의 말을 전한다.

덧붙여 이 책의 완역 작업을 진행하면서 느꼈던 부담감을 토로하고 싶다. 9년 전 이 책이 축약본으로 국내에 처음 소개될 때 번역을 맡았던 정영목 선생의 번역이 너무도 탁월했기 때문이다. 이 자리를 빌려 선생의 노고에 경의를 표하는 바다.

2009년 2월
안진환, 이수경

참고문헌

Aesop. *Fables of Aesop*. Translated by S. A. Hanford. New York: Penguin Books, 1954.

Bloodworth, Dennis and Ching Ping. *The Chinese Machiavelli*. New York: Farrar, Straus and Giroux, 1976.

Bowyer, J. Barton. *Cheating: Deception in War and Magic, Games and Sports, Sex and Religion, Business and Con Games, Politics and Espionage, Art and Science*. New York: St. Martin's Press, 1982.

Castiglione, Baldesar. *The Book of the Courtier*. Translated by George Bull. New York: Penguin Books, 1976.

Clausewitz, Carl von, *On War*. Edited and translated by Michael Howard and Peter Paret. Princeton: Princeton University Press, 1976.

Elias, Norbert. *The Court Society*. Translated by Edmund Jephcott.Oxford: Basil Blackwell Publishers, 1983.

de Francesco, Grete. *The Power of the Charlatan*. Translated by Miriam Beard. New Haven: Yale University Press, 1939.

Haley, Jay. *The Power Tactics of Jesus Christ and Other Essays*. New York: W. W. Norton, 1989.

Han-fei-tzu. *The Complete Works of Han-fei-tzu*. Translated by W. K. Liao. 2 volumes. London: Arthur Probsthain, 1959.

Herodotus. *The Histories*. Translated by Aubrey de Sélincourt. New York: Penguin Books, 1987.

Isaacson, Walter. *Kissinger: A Biography*. New. York: Simon & Schuster, 1992.

La Fontaine, Jean de. *Selected Fables*. Translated by James Michie. New York: Penguin Books, 1982.

Lenclos, Ninon de. *Life, Letter and Epicurean Philosophy of Ninon de Lenclos, The Celebrated*

Beauty of the 17th Century. Chicago: Lion Publishing Co., 1903.

Ludwig, Emil. *Bismarck: The Story of a Figfter.* Translated by Eden and Cedar Paul. Boston: Little, Brown, 1928.

Machiavelli, Niccolò. *The Prince and The Discourses.* Translated by Luigi Ricci and Christian E. Detmold. New York: Modern Library, 1940.

Mao Tse-tung. *Selected Military Writings of Mao Tse-tung.* Beijing: Foreign Languages Press, 1963.

Millan, Betty. *Monstrous Regiment: Women Rulers in Men's Worlds.* Windsor Forest, Berks, U.K.: Kensal Press, 1983.

Montaigne, Michel de. *The Complete Essays.* Translated by M. A. Screech. New York: Penguin Books, 1987.

Mrazek, Col. James. *The Art of Winning Wars.* New York: Walker and Company, 1968.

Nash, Jay Robert. *Hustlers and Con Men.* New. York: M. Evans and Co., 1976.

Nietzsche, Friedrich. *The Birth of Tragedy and The Genealogy of Morals.* Translated by Francis Golffing. Garden City: Doubleday Anchor Books, 1956.

Orieux, Jean. *Talleyrand: The Art of Survival.* Translated by Patricia Wolf. New York: Knopf, 1974.

Plutarch. *Makers of Rome.* Translated by Ian Scott-Kilvert. New York: Penguin Books, 1965.

————. *The Rise and Fall of Athens.* Translated by Ian Scott-Kilvert. New York: Penguin Books, 1960.

Rebhorn, Wayne A. *Foxes and Lions: Machiavelli's Confidence Men.* Ithaca: Cornell University Press, 1988.

de Retz, Cardinal. *Mamoirs of Jean François Paul de Gondi, Cardinal de Retz.* 2 vols. London: J. M. Dent & Sons, 1917.

Sadler, A. L. *Cha-no-yu: The Japanese Tea Ceremony.* Rutland, Vermont: Charles E. Tuttle Company, 1962.

Scharfstein, Ben-Ami. *Amoral Politics.* Albany: State University of New York Press, 1995.

Scheibe, Karl E. *Mirrors, Masks, Lies and Secrets.* New York: Praeger Publishers, 1979.

Schopenhauer, Arthur. *The Wisdom of Life and Counsels and Maxims.* Translated by T. Bailey Saunders. Amherst, New York: Prometheus Books, 1995.

Senger, Harro von. *The Book of Stratagems: Tactics for Triumph and Survival.* Edited and translated by Myron B. Gubitz. New York: Penguin Books, 1991.

Siu, R. G. H. *The Craft of Power.* New York: John Wiley & Sons, 1979.

Sun-tzu. *The Art of War.* Translated by Thomas Cleary. Boston: Shambhala, 1988.

Thucydides. *The History of the Peloponnesian War.* Translated by Rex Warner. New York: Penguin Books, 1972.

Weil, "Yellow Kid." *The Con Game and "Yellow Kid" Weil: The Autobiography of the Famous Con Artist as told to W. T. Brannon.* New York: Dover Publications, 1974.

Zagorin, Perez. *Ways of Lying: Dissimulation, Persecution and Conformity in Early Modern Europe.* Cambridge: Harvard University Press, 1990.

감사의 말

먼저 이 책의 편집과 자료조사를 도와준 애너 빌러에게 감사의 말을 전한다. 형식적인 면과 내용적인 면 모두에서 그의 귀중한 조언들이 결정적인 역할을 했다. 애너가 없었다면 이 책은 나오기 힘들었을 것이다.

또한 소중한 친구 미힐 슈워츠에게 감사한다. 그는 내가 이탈리아에 있는 아트스쿨 파브리카와 인연을 맺게 해주고 거기서 내 파트너이자 이 책의 기획자인 주스트 엘퍼스를 소개해준 장본인이다. 파브리카라는 음모 가득한 세계에서 주스트와 나는 마키아벨리의 사상이 시대를 초월하는 보편성을 지닌다는 사실을 깨달았으며, 베네치아에서 우리가 나눈 대화들은 이 책이 탄생한 계기가 되었다.

마키아벨리의 수많은 일화와 자료들을 제공해준 앙리 르 구빈에게 고마움을 전한다. 특히 이 책에 빈번히 등장하는 많은 프랑스 인물들과 관련하여 그에게 큰 도움을 받았다.

레스 빌러와 스미코 빌러 부부는 일본 역사에 관한 자료를 내게 빌려주었고, 이 책에서 일본의 다도와 관련된 부분을 쓸 때 많은 도움을 주었다. 그들에게 진심으로 감사한다. 또한 중국 역사에 관해서 조언해준 멋진 친구 엘리자베스 양에게도 감사한다.

이러한 종류의 책은 자료와 문헌들에 크게 의존하는바, UCLA 학술도서관(UCLA Research Library) 측에 특별히 감사의 뜻을 표한다. 그 어느 곳과도 비교할 수 없는 훌륭하고 방대한 소장 자료를 갖춘 이 도서관에서 보낸 시간들은 내게 즐거움으로 기억된다.

나의 부모님 로레트 그린과 스탠리 그린이 내게 보여준 인내와 응원에는 그 어떤 말로도 다 고마움을 표현할 수 없다.

끝나지 않을 것만 같던 힘든 저술 작업 내내 곁에서 좋은 친구가 되어준 고양이 보리스에게도 고마움을 전한다.

마지막으로, 지금까지 능수능란하게 권력 게임을 이용하여 나를 조종하고 괴롭히고 곤란에 빠뜨린 사람들에게 내가 그 어떤 원한이나 악의도 품고 있지 않음을 밝혀둔다. 오히려 그들이 이 책에 대한 영감을 제공해 주었다는 사실에 감사를 표하고 싶다.

로버트 그린

아울러 이 책의 가치를 믿어준 펭귄북스의 수전 피터슨과 바버라 그로스먼에게 감사한다. 또한 다음 이들에게도 감사의 말을 전한다. 바이킹 펭귄의 전반적인 프로젝트를 감독한 편집자 몰리 스턴, 참신한 디자인을 제공한 소피아 뮤러, 편집에 기여한 데이비드 프랑켈, 그리고 로니 액슬로드, 바버라 캠포, 제이 지멧, 조 이글, 라다 판참, 마리 티멜, 마이클 프래그니토, 웅산 고.

로버트 그린, 주스트 엘퍼스

Credits

권력의 법칙

초판 1쇄 발행 2009년 3월 2일
초판 51쇄 발행 2024년 6월 10일

지은이 로버트 그린 **옮긴이** 안진환 이수경

발행인 이봉주 **단행본사업본부장** 신동해
편집장 김경림 **표지디자인** 이석운
마케팅 최혜진 이은미 **홍보** 반여진 허지호 정지연 송임선
국제업무 김은정 김지민 **제작** 정석훈

브랜드 웅진지식하우스
주소 경기도 파주시 회동길 20
문의전화 031-956-7366(편집) 02-3670-1123(마케팅)
홈페이지 www.wjbooks.co.kr
인스타그램 www.instagram.com/woongjin_readers
페이스북 https://www.facebook.com/woongjinreaders
블로그 blog.naver.com/wj_booking

발행처 ㈜웅진씽크빅
출판신고 1980년 3월 29일 제406-2007-000046호

한국어판 출판권 ⓒ 웅진씽크빅, 2009
ISBN 978-89-01-09294-2 03320